马克思主义发展史

第 七 卷

"二战"后马克思主义
在社会主义各国的发展

(1945—1978)

总主编 庄福龄 杨瑞森 梁树发 郝立新 张 新

本卷主编 秦 宣

人民出版社

中国人民大学科学研究基金项目成果

（批准号：15XNLG03 ）

总　序

19 世纪 40 年代，马克思和恩格斯创立了他们的伟大科学学说——马克思主义。马克思主义的产生是人类思想史上的伟大变革。它对自然界、人类社会和人的思维的本质与规律作了科学回答，使社会主义由空想发展为科学，无产阶级革命实践从此有了科学理论的指导。

马克思主义自形成以来，在世界历史、人类生活、科学和思想文化的发展中，在指导无产阶级实现自身解放的伟大斗争中，留下了深刻的印记，形成了一部内容极其丰富、壮观，既充满曲折又创新不止的历史画卷。正如习近平总书记所说："一部马克思主义发展史就是马克思、恩格斯以及他们的后继者们不断根据时代、实践、认识发展而发展的历史，是不断吸收人类历史上一切优秀思想文化成果丰富自己的历史。"①

马克思主义发展史是马克思主义理论研究的基础。马克思主义发展的经验和规律、关于什么是马克思主义和怎样对待马克思主义的确切答案，就在马克思主义发展的历史中，需要通过对马克思主义发展史的研究获得。

一旦我们进入马克思主义发展史研究，就会发现以下事实：

第一，无论是两位马克思主义伟大创始人，还是他们的战友、学生和后继者中的严格的马克思主义理论家，无不重视对马克思主义发展史的研究，无不是马克思主义理论和马克思主义发展史修养兼备的理论家。

第二，马克思主义发展史作为历史进程中发展着的马克思主义，是马克思主义理论发展史和实践发展史的有机统一。也就是说，完整意义上的马克思主义发展史，既不是单纯的马克思主义理论史，也不是单纯的马克思主义实践

---

① 习近平：《在纪念马克思诞辰 200 周年大会上的讲话》，人民出版社 2018 年版，第 9 页。

史。这决定了马克思主义发展史研究和书写的基本方法论原则是理论与实践的统一。

第三，马克思主义发展史的存在形式是具体的和多样的，有实践的也有理论的，有文本性的也有非文本性的。马克思主义创始人和马克思主义理论家们始终在利用一切可能的形式进行他们的马克思主义理论研究、创造、阐释和传播。一部在内容上充分而且准确地反映马克思主义实际发展过程的马克思主义史，必定是对它的尽可能多的存在形式研究的结果。

第四，以马克思和恩格斯的战友、学生为主体的早期的马克思主义研究，其主要形式和成就正是马克思主义发展史研究。具体表现为：

（1）多种版本的马克思主义创始人传记问世。马克思主义创始人、其他马克思主义经典作家和无产阶级革命领袖的传记，是马克思主义发展史的存在形式之一，因而也是它的研究形式之一。它是在关于马克思主义创始人、其他马克思主义经典作家和无产阶级革命领袖的生平、事业、思想、著作的生成、演变与发展的历史记忆和追述中展示马克思主义形成与发展的过程。恩格斯是马克思传记的第一位作者。他的《卡尔·马克思》和其他未出版的马克思传记作品，在详尽介绍马克思作为伟大无产阶级革命家和理论家如何为无产阶级和全人类的解放而斗争一生的同时，阐述了以唯物史观、剩余价值学说为标志的他的理论、思想形成与发展过程。《弗里德里希·恩格斯》是列宁在 1895 年恩格斯逝世一个月后写的一篇悼文，它向读者介绍了恩格斯的生平、活动，特别是他实现哲学和政治转变的过程。《卡尔·马克思》是 1914 年列宁应邀为《格拉纳特百科词典》撰写的一个词条，在这里他提出马克思主义"是马克思的观点和学说的体系"[①]命题，强调了马克思主义的整体性；把阶级斗争和无产阶级使命的理论纳入"新的世界观"范畴，凸显马克思主义哲学的实践性；阐明无产阶级斗争策略是马克思主义理论体系中不可忽视的内容，凸显马克思主义的现实性。

（2）初步提出马克思主义发展规律问题。当考茨基还是一位马克思主义者的时候，他发表了一篇题为《马克思主义的三次危机》的文章，以纪念马克思逝世 20 周年。在这篇文章中，他用 19 世纪中叶以来欧洲发生的"三个事件"的命运——1848 年欧洲革命的失败、1871 年巴黎公社的失败和 19 世纪末修正

---

① 《列宁选集》第 2 卷，人民出版社 2012 年版，第 418 页。

主义的出现——说明所谓马克思主义"危机"的发生。在他看来,"危机"虽然不是马克思主义发展中的积极现象,但是也不必把它看作威胁到马克思主义命运的现象。它只是表现了马克思主义发展的曲折性。他认为,在上述每一事件发生的前后,马克思主义其实都经历过一个由高潮到危机、再由危机到高潮的过程,并且在危机被克服之后,马克思主义"总是赢得了新的基地"①。这种关于马克思主义"高潮—危机—高潮"的周期性变化、发展的认识,表明考茨基已经有了关于马克思主义发展规律的意识。同时期德国另一位著名马克思主义理论家罗莎·卢森堡善于在马克思主义发展的历史经验中理解马克思主义发展规律。在《马克思主义的停滞和进步》一文中,她通过对造成马克思主义发展中"停滞"现象的原因的分析而阐明了实质说来是马克思主义理论与实践的关系的独特见解。她认为,一定时期和一定地区的马克思主义发展中的"停滞",原因往往不在于马克思的理论落后于工人阶级的"现阶段斗争",而在于"现阶段斗争"以及"作为实际斗争政党的我们"的行为落后于马克思的理论。她说:"如果我们现在因此而觉察出运动中存在理论停滞状况,这并不是由于我们赖以生存的马克思理论无力向前发展或是它本身已经'过时',相反,是由于我们已经把现阶段斗争必须的思想武器从马克思的武库取来却又不充分运用;这并不是由于我们在实际斗争中'超越'了马克思,相反,是由于马克思在科学创造中事先已经超越了作为实际斗争政党的我们;这并不是由于马克思不再能满足我们的需要,而是由于我们的需要还没有达到运用马克思思想的程度。"② 这就是说,在理论与实践的关系上,虽然一般说来实践是主要的决定的方面,理论来源于实践,接受实践的检验。但就 19 世纪末 20 世纪初这一时期的马克思主义发展来说,在卢森堡看来,则是实践落后于理论,落后于马克思的"科学创造"。卢森堡的这个观点在马克思主义理论家中引起了争议。曾是德国共产党理论家的卡尔·柯尔施在题为《关于"马克思主义和哲学"问题的现状(1930 年)》中谈到"马克思的马克思主义理论同后来工人阶级运动的表现形式的关系"问题时,对卢森堡的这个观点提出了批评,认为它"头足倒置地改变了理论对实践的关系"③,并把它"变为一种体系",然后再用这个体

① [德] 卡·考茨基:《马克思主义的三次危机》,载《国际共运史研究资料》第 3 辑,人民出版社 1981 年版,第 238 页。
② 《卢森堡文选》上卷,人民出版社 1984 年版,第 476 页。
③ [德] 卡尔·柯尔施:《马克思主义和哲学》,重庆出版社 1989 年版,第 67 页注⑪。

系解释马克思主义"停滞"的原因。他说，马克思主义"不是一种能够神话般地预见将来一个长时期里工人运动的未来发展的理论。因而不能说随后的无产阶级的实际进步，实际上落在了它自己的理论后面，或者它只能逐渐充实由理论给它规定的构架"①。列宁是把马克思主义发展史研究推向新的高度的马克思主义理论家。《马克思主义和修正主义》、《论马克思主义历史发展中的几个特点》、《马克思学说的历史命运》等是关于马克思主义发展史问题的著名篇章，它们从不同方面阐述了马克思主义发展规律。在《马克思主义和修正主义》中，列宁根据马克思主义发展的经验，得出马克思主义"在其生命的途程中每走一步都得经过战斗"②的结论。在《论马克思主义历史发展中的几个特点》中，列宁提出在"具体的社会政治形势改变了，迫切的直接行动的任务也有了极大的改变"的情况下，"马克思主义这一活的学说的各个不同方面也就不能不分别提到首要地位"。③

（3）阐述了马克思主义发展阶段思想。在《马克思主义的三次危机》中，考茨基关于马克思主义在危机与高潮交替中运行与发展的认识实际包含了马克思主义发展阶段思想。他是把马克思主义发展的高潮时期的起点理解为马克思主义发展新阶段的起点。他认为，马克思主义发展的第一个时期是 1848 年革命失败以前；第二个时期的开端是新高潮在 60 年代初到来的时候，止于 1871 年巴黎公社的失败；第三个时期是"1874 年德国社会民主党在选举中赢得了辉煌的胜利"和 1875 年在抵抗普鲁士政府对它的迫害中"敌对的弟兄们"联合起来的时候，止于 19 世纪末由于修正主义的产生导致的马克思主义的"第三次危机"。考茨基指出，在马克思逝世 20 周年的时候，马克思主义正处于这次危机的结尾，意味着马克思主义的一个新的发展时期的到来。列宁总是"从世界各国的革命经验和革命思想的总和中"④ 理解马克思主义的形成和发展，理解马克思主义发展的阶段性。在《马克思学说的历史命运》中，他按照世界历史的"三个主要时期"的划分，即从 1848 年革命到巴黎公社（1871 年），从巴黎公社到俄国革命（1905 年），从这次俄国革命至 1913 年撰写该文时，阐述马克思主义在每一时期的发展状况，并从中得出总的结论："自马克思主

---

① ［德］卡尔·柯尔施：《马克思主义和哲学》，重庆出版社 1989 年版，第 67 页。
② 《列宁选集》第 2 卷，人民出版社 2012 年版，第 1 页。
③ 《列宁选集》第 2 卷，人民出版社 2012 年版，第 279 页。
④ 《列宁全集》第 27 卷，人民出版社 2017 年版，第 15 页。

义出现以后，世界历史的这三大时期中的每一个时期，都使它获得了新的证明和新的胜利。"①

（4）提出正确对待马克思主义的问题。马克思主义发展的经验表明，正确认识马克思主义和正确对待马克思主义是实现马克思主义对于实践的正确指导和在实践中获得发展的两个密切联系的基本原则。就其对于实践的指导和马克思主义的自身发展来说，它们具有同等重要的意义。在马克思主义经典著作研读和马克思主义理论学习中，我们会发现马克思主义经典作家对于正确对待马克思主义问题的强调，较之如何认识马克思主义问题来得更多更为迫切。马克思主义发展史的这一现象其实是有来自现实生活的根据的。首先，它是问题本身与具体的无产阶级实践的关联。这个关联就是如何正确对待马克思主义的问题往往是在具体的实践中提出的，是实践中的问题。在这个意义上，我们说，怎样对待马克思主义的问题，直接地是一个理论与实践的关系问题。其次，它是马克思主义在发展中发生曲折的主要原因。这个原因往往不在于关于马克思主义的认识，而在于对待马克思主义的方式、态度。前面曾经提到的卢森堡关于马克思主义发展中"停滞"问题的分析，"停滞"的原因在卢森堡看来，就是德国共产党人对待马克思主义的方式与态度不正确。列宁关于正确对待马克思主义的思想则更为充分、鲜明。他认为马克思主义者从马克思的理论中"只是借用了宝贵的方法"②；强调"在分析任何一个社会问题时，马克思主义理论的绝对要求，就是要把问题提到一定的历史范围之内"③；主张要保卫马克思主义，使之"不被歪曲，并使之继续发展"④。

俄国十月社会主义革命胜利以后，世界范围的马克思主义发展史研究形势发生了根本性变化，特别表现在研究领域、主题的广泛拓展，研究的科学性和系统性的极大提升，研究中心有了强大的社会主义制度的支撑。这里首先应该提到的是俄国马克思主义科学研究中心的建立。这个中心的基础是于1918年成立的俄国社会主义学院，特别是它所属的成立于1919年的马克思主义理论、历史和实践研究室，在该室基础上1921年1月成立了马克思恩格斯研究院。该院在列宁的支持和协助下开始了马克思和恩格斯的遗著、遗稿和专用藏书的

① 《列宁选集》第2卷，人民出版社2012年版，第308页。
② 《列宁全集》第1卷，人民出版社2013年版，第166页。
③ 《列宁全集》第25卷，人民出版社2017年版，第232页。
④ 《列宁全集》第6卷，人民出版社2013年版，第251页。

搜集、出版，并开展了主题明确的马克思主义发展史研究。此后苏联红色教授学院、斯维尔德洛夫共产主义大学、莫斯科大学和苏维埃共和国其他城市的大学和研究机构也都开展了马克思主义发展史的研究和教学。至第二次世界大战前，苏联在马克思主义发展史研究方面值得提到的主要成就有：马克思和恩格斯的大量著作、文献的发现和系统发表，特别是《马克思恩格斯全集》、《列宁全集》、马克思诞辰和逝世周年纪念文集的出版，以及俄共（布）中央主办的理论刊物《在马克思主义旗帜下》、马克思恩格斯研究院机关刊物《马克思恩格斯文库》和《马克思主义年鉴》这两个"马克思学"文献的发表。马克思主义经典著作和纪念性书刊和文献的出版，标志着俄国马克思主义从普及到科学研究的过渡；马克思主义发展的列宁主义阶段的提出与共识；马克思主义与其之前优秀思想成果的关系问题的提出和科学阐释，包括马克思的哲学先驱者黑格尔、费尔巴哈和空想社会主义代表人物的著作的出版和研究；关于《西欧哲学史》的讨论使马克思主义哲学的起源和马克思哲学变革的实质问题成为苏联哲学界和理论界注意的中心；"三大重要手稿"（《黑格尔法哲学批判》、《1844年经济学哲学手稿》、《德意志意识形态》）得到集中而深入的研究；马克思主义政治经济学思想的形成与发展、《资本论》创作史研究，以及恩格斯经济学思想研究得到重视；继卢那察尔斯基、梁赞诺夫、阿多拉茨基、波格罗夫斯基、德波林之后，亚历山大罗夫、伊利切夫、康斯坦丁诺夫、米丁、尤金等一批新的马克思主义理论家成长起来，马克思主义史的学者队伍不断形成；《马克思主义形成与发展史略》、《马克思主义哲学的形成（19世纪30年代中期至1848年)》等著作出版。

法国著名马克思主义研究者奥古斯特·科尔纽从20世纪50年代初开始撰写的多卷本的《马克思恩格斯传》，其实是一部马克思和恩格斯思想史著作，特别是马克思主义形成史著作。50年代以后，一批综合性的马克思主义发展史研究著作陆续出版，如A.G.迈耶的《共产党宣言以来的马克思主义》（1954）、R.N.C.亨特的《马克思主义的过去和现在》（1963）、B.D.沃尔夫的《马克思主义学说百年历程》（1971）、S.阿维内里的《马克思主义的不同流派》（1978）。

这里，我们特别要提到国外马克思主义发展史研究的几部著作。第一部是南斯拉夫著名马克思主义哲学家普雷德腊格·弗兰尼茨基的《马克思主义史》，该书先后出了四版。第一版于1961年问世，第二版于1970年出版，1975年发行的第三版是第二版的重印，1977 年出了第四版。1963 年我国三联书店曾分上下卷出版了该书中文版。1986 年和 1988 年根据该书 1977 年版人民出版社先后出版了中文版第一、二卷，1992 年出版了中文版第三卷。弗兰尼茨基的《马克思主义史》（三卷本）是国外较早出版的论述马克思主义发展史的多卷本著作，曾被译成多国文字，在我国和世界其他国家的理论界产生过较大影响。

第二部是英国肯特大学政治学教授、国际著名马克思主义研究者戴维·麦克莱伦的《马克思以后的马克思主义》。该书于 1979 年由伦敦和巴辛斯托克麦克米兰出版公司出版。1980 年和 1998 年先后出了第二、三版。1984 年该书根据 1979 年版译成中文，1986 年由中国社会科学出版社出版。著名马克思主义哲学家、马克思主义哲学史家黄枬森教授写了《〈马克思以后的马克思主义〉一书评介》，载于该书。黄枬森教授指出该书有三个特点：它所涉及的范围十分广泛，几乎包括了马克思主义哲学、政治经济学和科学社会主义在马克思逝世后近百年来在世界各国的传播和发展；它用比较客观的态度提供了丰富的思想材料，对作者显然不同意的观点也能如实地进行介绍；它不仅提供了马克思主义发展史的丰富材料，而且提供了进一步研究的线索。2008 年中国人民大学出版社出版了该书第三版。

第三部是英国著名马克思主义史学家埃里克·霍布斯鲍姆的《如何改变世界——马克思和马克思主义的传奇》。该书收录了霍布斯鲍姆 1956—2009 年间在马克思主义发展史领域所写的部分作品，它们"实质上是对马克思（和不可分开的恩格斯）思想发展及其后世影响的研究"[1]。全书分两个部分，共 16 章。第一部分是"马克思和恩格斯"，从"今日的马克思"谈起，涉及"马克思、恩格斯与马克思之前的社会主义"、"马克思、恩格斯与政治"等专题，然后是"论"马克思和恩格斯的几部代表性著作文章，但这个论述已经不限于对著作内容、结构和知识点的介绍，而涉及更广泛的内容，特别是它们在国际共产主义运动史和马克思主义发展史上的影响、它们的文献学意义等。第二部分是"马克思主义"。从每一章的标题可以看出，其主题是马克思主义发展史各个时期的重要问题。所以，严格来说，它不是一部我们印象中的系统的马克

---

[1] ［英］埃里克·霍布斯鲍姆：《如何改变世界——马克思和马克思主义的传奇》，中央编译出版社 2014 年版，"前言"第 1 页。

思主义发展史著作，而是关于马克思主义发展史重要问题的研究性著作。但是，这并不影响它的实际的系统性，因为作者讨论的问题所在时期是连贯的。霍布斯鲍姆还乐观地谈到 21 世纪马克思主义前景，指出："经济自由主义和政治自由主义，无论是单独还是结合起来，都不可能为 21 世纪的种种问题提供解决的方案。现在又是应该认真地对待马克思的时候了。"① 从占有材料的规范性、问题分析的透彻与精到、见解的鲜明与深刻来看，这是一部难得的马克思主义发展史著作。

第四部是莱泽克·科拉科夫斯基的三卷本的《马克思主义的主要流派》。这是一部大部头的马克思主义发展史著作，也是一部颇有争议的著作。该书第一卷写于 1968 年，第二卷和第三卷分别写于 1976 年和 1978 年。全书在英国出版于 1978 年。莱泽克·科拉科夫斯基 1927 年 10 月 23 日出生于波兰，曾担任华沙大学哲学系教授、系主任，系"东欧新马克思主义"代表人物。1968年被解除华沙大学教职后，先后去了德国、加拿大、美国，最后定居英国，在牛津大学任教。《马克思主义的主要流派》的结构特征是，除个别章节是理论专题外，其他均按人物排列。这些人物都是重要的马克思主义发展史人物，在科拉科夫斯基看来，他们还是某一马克思主义流派的代表。这些人在政治上和理论上当然有其个性，并具有较大影响力，但其中有的硬被说成某一马克思主义流派的代表，或者为其硬要搞出一个所谓马克思主义流派，实属牵强，表明他关于马克思主义流派的划分具有很大的随意性。作为"东欧新马克思主义"代表人物，他的观点与"西方马克思主义"的人本主义流派和西方"马克思学"的观点基本一致，但对于同样坚持人道主义立场的某些"西方马克思主义"人物，如马尔库塞、萨特等，他还是进行了严厉批评，原因很大程度不在于其理论观点，而在于他们与苏联的关系。科拉科夫斯基对社会主义国家的马克思主义和经济、政治体制的认识有很大片面性，许多观点是错误的。但该书在马克思主义发展史研究方面还是提供了丰富的资料，也使我们能够更广泛地了解国外马克思主义发展史研究的动态。

1978—1982 年，意大利埃伊纳乌迪（Einaudi）出版社出版了一部多卷本的《马克思主义史》，霍布斯鲍姆称其是一项"最雄心勃勃的马克思主义史计

---

① ［英］埃里克·霍布斯鲍姆：《如何改变世界——马克思和马克思主义的传奇》，中央编译出版社 2014 年版，第 385 页。

划"。他是该书的联合策划者和联合主编，并参加了第一卷的写作。该书没有中文版。

　　总的来说，我国的马克思主义发展史研究起步较晚。1964年6月，原高等教育部根据中共中央决定批准中国人民大学成立马列主义发展史研究所，标志着我国系统的马克思主义发展史研究的开始。建所之初，马列主义发展史研究所的干部和教师以饱满的热情积极投入到马克思主义发展史资料的搜集、翻译和整理工作中。由于"十年动乱"和中国人民大学解散，还没有进入实际过程的马克思主义发展史研究不得不停步。实际的系统的马克思主义发展史研究是在1978年中国人民大学复校后马列主义发展史研究所由外校迁回后开始的。70年代末至整个80年代，马列主义发展史研究所在不太长的时间内发表了一批在学术界有较大影响的研究成果。先后有马列主义发展史研究所组编的《马克思恩格斯思想史》和《列宁思想史》出版；有在国内最早开启的马克思早期思想研究著作《马克思早期思想研究》和《〈资本论〉创作史》的出版，特别是在《马克思主义哲学史纲要》和《科学社会主义史纲》编写基础上，完成并出版了国内第一部综合性的马克思主义发展史著作《马克思主义发展史》，有《马克思主义与当代辞典》的编写和出版。20世纪90年代是研究所的高产期，仅在前半期就有《被肢解的马克思》、《新视野：〈资本论〉哲学新探》、《毛泽东哲学思想史》（三卷本）、《马克思主义经济思想史》、《〈资本论〉方法论研究》、《马克思"不惑之年"的思考》、《恩格斯与现时代》、《第二国际若干人物的思想研究》、《20世纪马克思主义史——从十月革命到中共十四大》、《马克思主义哲学史辞典》和几部马克思主义经典作家传记的出版。这些著作的出版为90年代初启动的四卷本《马克思主义史》的编写做了理论上的准备。四卷本的《马克思主义史》由中国人民大学马列主义发展史研究所组织编写，庄福龄教授主编，人民出版社1995年、1996年出版。这是由国内学者编写的第一部较大部头的马克思主义发展史著作，出版后获中宣部"五个一工程"奖和国家图书奖提名奖。

　　《马克思主义史》（四卷本）的出版距今已近30年，其间经历了世纪交替，马克思主义逐渐从苏联东欧社会主义制度解体造成的冲击和困境中走出并重新活跃起来，马克思主义研究在更广范围内和更深层次上展开并取得重要成果。一方面对马克思主义理论和马克思主义发展史有了新的认识；另一方面积累了马克思主义创新发展的丰富经验，尤其是马克思主义中国化时代化的经验，从而凸显编写一部反映马克思主义发展最新理论成果、内容更加充实、更高质量的马克思主义发展史著作的必要性。参加十卷本《马克思主义发展史》编写者们对完成这一任务的意义有自觉的意识：

第一，它是适应 21 世纪变化了的世界历史形势和这一形势下无产阶级认识世界和改变世界的伟大实践，特别是当代中国特色社会主义实践需要的。马克思主义的创新发展是在对客观历史形势的正确反映和根据这种反映对世界的积极改造中实现的，是在马克思主义基本原理同各国实际的结合中实现的。马克思主义发展史著作对这个过程的研究、书写，特别是对它的经验和规律的揭示，将为我们正确认识和面对新世纪客观形势的变化，并根据这种变化确定我们的实践主题、发展道路、发展战略提供启示。

第二，它是发展当代中国马克思主义、二十一世纪马克思主义的需要。一般地说，马克思主义发展史的研究对象是历史上的和世界性的马克思主义发展过程，是马克思主义发展的基本经验和规律。但是，从马克思主义的实践的和理论的发展目的出发，这种研究方法又必须是面对现实和面向未来的，因此是"大历史"的，是历史主义与现实主义的统一。而从这一原则和视野出发，我们的马克思主义发展史的研究和书写，一是要特别关注"我们自己正在做的事情"，从理论方面讲，就是要特别关注中国马克思主义的发展，关注马克思主义中国化时代化的历史进程；二是要关注马克思主义的当下发展状况和未来发展趋势。就研究者身在 21 世纪的现实来说，就是要研究二十一世纪马克思主义。关于"二十一世纪马克思主义"这个命题，我们还是要从总体上认识，即要看到它所表征的总的精神是面向马克思主义的未来发展。它既表明二十一世纪马克思主义主体对未来马克思主义发展、马克思主义命运信心满满，又表征对未来马克思主义发展提出更高要求，即它是能够回答新的时代之问的马克思主义发展新境界。

第三，它是对中国人民大学优良传统的继承和发扬。中国人民大学是中国共产党创办的第一所新型正规大学，有着用马克思主义指导办学的传统和经验。这个传统和经验，首先是坚持政治性与学理性的统一。坚持这个统一，既表现在办学方针，教育和教学的指导思想和根本方法上，也表现在科学研究所应坚持的根本方向、目标和方法上。对于马克思主义研究来说，就是为无产阶级革命、社会主义建设和改革的实践服务。这是我们从事马克思主义教育与研究的宗旨。这个宗旨在马列主义发展史研究所成立时就明确了。

1964 年前后，中央强调系统的马克思主义发展史研究，其直接原因在于当时国际政治形势的变化、国际的和社会主义阵营内部的意识形态斗争。中央批准成立中国人民大学马列主义发展史研究所的直接意图就是为了适应这一需要。对此，马列主义发展史研究所的干部和教师的认识是十分明确的。其次是始终坚持用马克思主义指导学校全面工作，把马克思主义贯彻教书育人的全过程，积极打造和夯实马克思主义教学与研究高地，为推进马克思主义中国化时代化进程贡献力量。这个传统是用中国人民大学师生的具体行动铸成的。中国人民大学为国家输送的马克思主义理论人才、为其他高校和教育单位输送的马克思主义理论教育人才、为高校马克思主义理论教学编写的教材、出版的各类马克思主义理论著作，特别是不同版本的马克思主义发展史著作，发挥了极其重要的作用。继四卷本的《马克思主义史》之后，我们今天编写十卷本的《马克思主义发展史》，既是对中国人民大学传统的继承和发扬，也是作为"人大人"的我们这一代马克思主义理论教育者和研究者的责任。

第四，它是适应马克思主义理论学科发展的需要。马克思主义理论学科有七个二级学科，马克思主义发展史是其中之一。相较于其他六个学科的发展现状，马克思主义发展史学科相对薄弱，这与马克思主义中国化研究和国外马克思主义研究从马克思主义发展史的结构中独立出来有关。原来的学科内容变窄了，但研究难度增加了（特别是马克思、恩格斯和列宁著作的研究难度）；马克思主义中国化研究和国外马克思主义研究这两门离我们时间和空间较近的学科从传统的马克思主义发展史体系中划分出来，使之具有的现实性受到一定程度的影响，降低了学科对学生的吸引力。但是，主要原因在于在马克思主义理论学科建立前国内学界缺乏对马克思主义发展史的研究，以致于在马克思主义理论学科建立后，出现许多学校开不出马克思主义发展史课程，甚至在其学校的马克思主义理论学科中排除马克思主义发展史学科的局面。马克思主义理论学科的专家们没有不说马克思主义发展史学科重要的，但真正从事这一学科研究的学者则相对较少。我们希望《马克思主义发展史》（十卷本）的编写能够对这一学科的发展起到推动作用。

根据 20 余年来我们的作者们关于马克思主义发展史研究成果与研究经验的积累，根据中国人民大学现有研究力量，我们认为完成这一编写任务的条件已经成熟。首先是四卷本《马克思主义史》的主编庄福龄教授提议，然后是学校和学院两级领导的支持和学院广大教师的积极响应，2014 年元月正式启动了十卷本《马克思主义发展史》的编写。

经讨论，我们对《马克思主义发展史》（十卷本）的编写主旨取得共识：在客观准确地反映和阐述马克思主义形成与发展的全过程的基础上，特别着眼于对马克思主义发展的新主题的发掘、新材料的吸收、新观点新思想的阐发和新经验的总结，反映和吸收国内和国际马克思主义发展的最新成果，为时代、为人民、为我们的伟大事业贡献一部高质量的马克思主义发展史著作。

为此，我们对《马克思主义发展史》（十卷本）编写提出以下具体要求：

第一，强化马克思主义形成史研究。在对马克思主义形成过程的研究中，实现对尽可能丰富的马克思主义来源的深刻认识，在将马克思主义的产生放到整个欧洲文化乃至人类文化传统中认识时，注意区分马克思主义的来源与对马克思主义的产生发生影响的文化因素，强化对马克思主义形成中马克思和恩格斯与同时代思想家的关系的研究，着力揭示特定历史条件下新思潮产生和思想变革的规律。为实现这一要求，第一卷的编写在深化对马克思主义的"三个来源"的研究的同时，增加了马克思和恩格斯同时代人鲍威尔、赫斯、卢格、施蒂纳、契希考夫斯基和科本等对他们早期思想发生影响的内容。

第二，坚持以无产阶级革命和社会主义建设与改革的重大实践为主导线索。坚持以问题为中心，贯彻理论与实践、历史与现实相统一的原则。要注意认识和总结中国特色社会主义建设和改革开放过程中取得的马克思主义理论创新成果，特别是新时代中国特色社会主义建设实践中取得的马克思主义理论创新最新成果，还要善于从各个历史时期取得的马克思主义理论创新成果中认识和总结马克思主义发展的经验和规律。习近平总书记在党的二十大报告中指出："坚持和发展马克思主义，必须同中国具体实际相结合。我们坚持以马克思主义为指导，是要运用其科学的世界观和方法论解决中国的问题，而不是要背诵和重复其具体结论和词句，更不能把马克思主义当成一成不变的教条。我们必须坚持解放思想、实事求是、与时俱进、求真务实，一切从实际出发，着眼解决新时代改革开放和社会主义现代化建设的实际问题，不断回答中国之问、世界之问、人民之问、时代之问，作出符合中国实际和时代要求的正确回答，得出符合客观规律的科学认识，形成与时俱进的理论成果，更好指导中国实践。"① 习近平总书记在这里提出的坚持和发展马克思主义的根本的方法论原则，也是指导我们从事马克思主义发展史研究的根本的方法论原则，只有坚持这个原则，我们才能写出一部反映马克思主义发展真实过程，适应无产阶级革命和社会主义建设与改革实践要求，适应不断开辟当代中国马克思主义、二十一世纪马克思主义新境界要求的马克思主义发展史。

第三，根据俄国十月社会主义革命胜利后马克思主义发展主题的转换，着重研究社会主义建设和改革的理论及其发展历程，高度重视和阐发中国特色社会主义理论体系的形成与发展对于马克思主义发展的意义，特别是习近平新时代中国特色社会主义思想对马克思主义发展的重大意义。习近平新时代中国特色社会主义思想是马克思主义中国化时代化的最新理论成果。为此，第十卷用主要篇幅充分阐释了习近平新时代中国特色社会主义思想形成、发展过程及其对马克思主义发展的重大贡献。

第四，着眼于国内外马克思主义研究最新成果的发现与研究，尤其是关于马克思主义基础理论、马克思主义文本文献、当代资本主义、当代社会主义、新科技革命、世界发展趋势、当代社会思潮等问题上的研究成果。本来的和完整意义的马克思主义发展史研究是关于马克思主义的过去、现在和未来发展的研究。21 世纪以来的马克思主义实践和理论发展自然应该进入我们的研究视野，并成为理解总体的马克思主义发展史的坐标。

第五，立足于马克思主义整体发展的研究，但不忽略对马克思主义的各个组成部分、各个学科发展的研究。马克思主义主要由它的哲学、政治经济学和科学社会主义三大部分构成，马克思主义发展史研究和书写给予其较多关注是应该的，但是不能由此而忽略马克思主义多学科发展事实。例如，第二卷注意揭示"马克思主义的全面拓展过程"，在关注马克思和恩格斯的自然观和科学观形成与发展的同时，也考察了他们在伦理观、宗教观、美学和文艺观、军事理论等方面的发展。第六卷在系统考察马克思主义在哲学、政治经济学方面的发展的同时，还考察了马克思主义在文艺学、史学方面的发展。

第六，在着重认识与阐释马克思主义在革命、建设和改革的实践中发展的

① 习近平：《高举中国特色社会主义伟大旗帜　为全面建设社会主义现代化国家而团结奋斗——在中国共产党第二十次全国代表大会上的报告》，人民出版社 2022 年版，第 17—18 页。

同时，也对专业性的马克思主义理论研究成果给予必要关注。注意总结不同类型的主体的马克思主义创新经验，注意从不同形式的马克思主义文本中认识马克思主义的新发展。例如，根据包括本卷作者在内的学界最新研究成果，第三卷增加了马克思和恩格斯关于科学技术的社会性质和社会功能、从自然运动向社会运动过渡的理论内容。

第七，关注当代世界马克思主义思潮，在总体的马克思主义发展历史进程中认识国外马克思主义。为此，第七、八、九卷对各国共产党和进步组织、国外各马克思主义研究流派、世界社会主义运动的马克思主义研究等进行了深入考察。要求对它们要有分析、有鉴别，既不能采取一概排斥的态度，也不能搞全盘照搬。

第八，不回避马克思主义研究中的理论难题，敢于以鲜明的态度在重大理论问题上发声。检视在重大问题上的传统认识，善于结合新的实际作出新的判断。既注意总结正确认识马克思主义的经验，也注意总结正确对待马克思主义的经验。着力分清哪些是必须长期坚持的马克思主义基本原理，哪些是需要结合新的实际加以丰富发展的理论判断，哪些是必须破除的对马克思主义的教条式的理解，哪些是必须澄清的附加在马克思主义名下的错误观点。为此，第五卷特别设置了"马克思主义基本原理、本质特征和历史命运的科学阐述"一章，系统阐释列宁的马克思主义观，展示列宁科学认识和对待马克思主义的经验。

本书的卷次划分遵循实践逻辑、历史逻辑和理论逻辑的统一。这个统一特别表现为马克思主义在无产阶级革命和社会主义运动实践中实现发展的若干重要阶段之间的关系。因此，每一卷次标示的时间阶段实质说来不是自然时间，而是历史时间，表征马克思主义发展的一定的阶段性。

阶段的划分是相对的，并且是分层次的。有大阶段，也有大阶段包含的小阶段、次级阶段。马克思主义发展史的大阶段是马克思和恩格斯对马克思主义的创立与发展、列宁主义的形成与发展、以中国马克思主义为标志的当代马克思主义发展。它们分别包含若干小阶段。比如，第一个大阶段包括马克思主义的创立、马克思主义的丰富与系统化、马克思和恩格斯晚年对马克思主义的深化三个小阶段。这三个阶段构成本书的第一至三卷。第二国际马克思主义（1889—1914年）是马克思和恩格斯创立的原初马克思主义与列宁主义之间的过渡。虽然这一时期马克思主义缺乏突出发展，但是由于这个时期的人物、思潮和流派之间的复杂关系以及马克思主义多向演变与发展的可能而凸显其对于马克思主义发展史的特殊意义。基于此，马克思主义在这一时期的发展与演变被设置为独立的一卷（第四卷）。马克思主义发展的列宁主义阶段以俄国十月社会主义革命胜利为界划分为两个阶段，时间段分别为：19世纪末—1917 年、1917—1945 年。前一阶段是列宁主义的形成及其在十月革命前的发展，后一阶段是列宁主义在十月革命胜利后的发展。这个阶段的内容包括列宁晚年关于社会主义发展道路的探索、苏联社会主义模式的形成。这两个阶段还分别包括马克思主义在中国的初期、早期传播和马克思主义中国化的第一个伟大理论成果——毛泽东思想的形成。这就是本书第五、六卷的内容。第七、九、十卷的内容是马克思主义在第二次世界大战后的发展。它们的时间段分别是：1945—1978 年、1978—21 世纪初、1989 年以来。每一卷所包含的内容都是在相应时间段内马克思主义的发展状况，其中主要是苏联和东欧各国对社会主义的探索、中国共产党人和马克思主义者对中国社会主义发展道路的探索，特别是改革开放以来邓小平理论、"三个代表"重要思想、科学发展观和习近平新时代中国特色社会主义思想的形成与发展。为了体现马克思主义发展的连续性，第九卷在着重阐述邓小平理论形成发展过程外，用适当篇幅阐述了苏东剧变过程中及之后非资本主义国家马克思主义的曲折发展和理论反思，时间延续到 21 世纪初。为了完整地和集中地阐释马克思主义中国化时代化最新理论成果，第十卷聚焦中国特色社会主义理论体系的跨世纪发展，对当代中国马克思主义、二十一世纪马克思主义做了重点阐释。马克思主义在非社会主义国家的研究情况比较复杂，时间跨度比较长，为方便读者阅读和了解社会主义国家之外的非社会主义国家的马克思主义研究和发展状况，安排第八卷为 1923 年以来"马克思主义在非社会主义国家的传播与发展"专卷。

"实践没有止境，理论创新也没有止境。"[①] 理论创新没有止境，马克思主义发展史研究就不能停滞不前。十卷本《马克思主义发展史》的出版，不是我们的马克思主义发展史研究的结束，而是新的研究的起点。我们需要根据马克思主义在新的时期新的实践中的发展把马克思主义发展史研究继续下去。

---

① 习近平:《高举中国特色社会主义伟大旗帜　为全面建设社会主义现代化国家而团结奋斗——在中国共产党第二十次全国代表大会上的报告》，人民出版社 2022 年版，第 18 页。

　　《马克思主义发展史》（十卷本）的作者们对编写工作提出了很高要求，力求为推动二十一世纪马克思主义发展、开辟马克思主义中国化时代化新境界，奉献一部能够经得起时间考验的马克思主义发展史著作。但是，由于我们的水平有限，马克思主义发展史的有些方面和问题还未完全掌握和深入研究，呈现在广大读者面前的这份研究成果是否能够承担起它应承担的这样一个使命，是否能够为广大读者满意，我们心怀忐忑。我们愿意听到读者的批评意见。

本书总主编

2023 年 9 月 15 日

（梁树发执笔）

目　　录

卷首语 ……………………………………………………………………001

第一章　"二战"后马克思主义发展的时代背景 ……………………003

　第一节　两大阵营的对峙及冷战格局的形成 ……………………003

　　一、雅尔塔体系的影响 …………………………………………004

　　二、杜鲁门主义的出台 …………………………………………007

　　三、马歇尔计划的实施 …………………………………………011

　　四、两大阵营对峙的形成 ………………………………………013

　　五、马克思主义和世界社会主义面临的新挑战 ………………017

　第二节　新科技革命的发生 ……………………………………021

　　一、新科技革命浪潮的兴起 ……………………………………022

　　二、新科技革命对资本主义经济的影响 ………………………025

　　三、新科技革命对世界格局的影响 ……………………………028

　　四、马克思主义发展的新机遇 …………………………………030

　第三节　世界和平主题的初现 …………………………………036

　　一、战后世界人民对和平的追求 ………………………………036

　　二、法西斯势力的衰落 …………………………………………040

　　三、第三世界国家民族解放运动的兴起 ………………………043

　　四、马克思主义理论发展主题及任务的新变化 ………………045

第二章　欧亚多国社会主义革命和建设道路的探索 ……………049

　第一节　欧亚多国人民民主国家建立 …………………………049

　　一、东欧人民民主革命的历史背景 ……………………………050

二、东欧人民民主国家的建立 ································· 052

三、东欧国家人民民主政权的巩固 ······················· 056

四、战后初期的苏东关系 ································· 057

五、亚洲人民民主国家的建立 ····························· 060

第二节 欧亚多国社会主义建设道路的探索 ··············· 066

一、东欧国家对社会主义建设道路的探索 ··············· 066

二、亚洲国家对社会主义建设道路的探索 ··············· 086

第三章 苏联东欧各国对马克思主义哲学的探讨 ············· 103

第一节 苏联关于马克思主义哲学的讨论 ··············· 103

一、对两本哲学史著作的批判 ····························· 104

二、在生物遗传学领域对摩尔根学派的批判 ··············· 112

三、关于马克思主义与语言学的关系问题 ··············· 121

四、关于社会主义与人道主义关系的探讨 ··············· 124

第二节 东欧的马克思主义哲学研究 ··············· 130

一、南斯拉夫的"实践派"和"辩证唯物主义派" ··········· 132

二、波兰关于人的问题的哲学争论 ······················· 138

三、捷克斯洛伐克的"人道主义的马克思主义" ··········· 146

四、匈牙利"布达佩斯学派" ····························· 150

五、民主德国的"新马克思主义" ························· 154

第四章 毛泽东关于夺取全国胜利和建设新中国的战略思想 ········· 158

第一节 毛泽东关于夺取全国胜利的思想 ··············· 158

一、革命（对敌斗争）的战略策略思想 ··················· 158

二、革命统一战线的理论和策略 ························· 167

三、新中国成立前夕和初期党的建设思想 ··············· 174

第二节 关于新中国成立初期社会基本矛盾、社会经济结构和
经济建设方针的思想 ····························· 181

一、关于社会基本矛盾 ································· 181

二、社会经济结构和经济建设方针 ······················· 187

第三节 由新民主主义过渡到社会主义的最初设想 ········· 193

一、新民主主义社会构想 ····················194

二、刘少奇"巩固新民主主义制度"的构想 ··········199

第四节 人民民主专政理论 ····················203

一、人民民主专政理论的形成和发展 ··············203

二、人民民主专政的理论体系 ··················208

第五节 建设新民主主义的意识形态工作方针 ··········213

一、肃清帝国主义和封建主义的思想文化影响 ········213

二、慎重对待资产阶级思想 ··················219

三、学习宣传马列主义毛泽东思想，发起知识分子改造运动 ····221

第五章 中国的过渡时期总路线和社会主义改造理论 ········226

第一节 毛泽东提出的过渡时期总路线 ··············226

一、毛泽东在过渡问题上的新思路 ··············227

二、过渡时期总路线的基本思想 ················231

第二节 农业、手工业的社会主义改造理论 ············237

一、农业、手工业社会主义改造理论的提出 ··········237

二、中国共产党党内在农业合作化问题上的争论 ······244

三、毛泽东对农业合作化经验的总结 ·············252

四、毛泽东的手工业社会主义改造理论 ············255

第三节 关于资本主义工商业的社会主义改造理论 ········259

一、利用、限制和改造资本主义工商业的政策 ········259

二、中国资本主义工商业改造的国家资本主义理论 ······262

三、对民族资本主义实行和平赎买的理论 ··········267

第四节 社会主义改造时期的意识形态战线 ············273

一、批判资产阶级学术思想和资产阶级唯心主义世界观 ····274

二、关于过渡时期经济基础与上层建筑性质问题的探讨 ····279

第六章 苏共二十大及中苏论战 ··················285

第一节 苏共二十大及秘密报告 ·················285

一、苏共二十大召开及秘密报告出台的背景 ··········286

二、苏共二十大与总结报告 ··················288

三、秘密报告严厉批判个人崇拜，并严厉谴责斯大林·············293

第二节 苏共二十大的国际影响·······························301

一、苏共二十大对发达国家共产党的影响·······················302

二、苏共二十大对社会主义阵营的冲击·······················303

第三节 中苏论战及其教训···································307

一、中苏论战的过程···································309

二、中苏论战的主要原因·································314

三、中苏论战的主要观点·································321

四、中苏论战的巨大影响·································331

第七章 中国社会主义建设道路的艰辛探索····················336

第一节 探索中国社会主义建设道路的提出及其实践过程·············336

一、从"以俄为师"到"以苏联为鉴戒"，走自己的路···············337

二、《论十大关系》与探索中国特色社会主义建设道路的起步··········339

三、发展科学文化的"双百"方针····························344

四、党的八大与探索中国特色社会主义建设道路的初步成果··········347

五、《关于正确处理人民内部矛盾的问题》与关于社会主义

社会矛盾学说的创立································352

第二节 调整时期毛泽东对社会主义建设道路的反思···············357

一、毛泽东在《十年总结》中对新中国成立以来历史的反思··········358

二、在调查研究中对社会主义建设问题的再认识·················360

三、经济、政治领域里的调整·····························368

四、毛泽东独立自主及防止"和平演变"的外交思想···············372

第三节 中国"文化大革命"及其历史教训·····················377

一、"文化大革命"的基本过程····························378

二、"文化大革命"时期的政治经济体制变动···················382

三、"文化大革命"的错误及教训···························385

第八章 苏联和东欧社会主义国家改革的理论和实践···············390

第一节 苏联和东欧改革的初步尝试·······················391

一、苏联改革的初步尝试·································392

二、南斯拉夫自治社会主义 ·· 396

三、东欧国家的改革 ··· 401

第二节　苏联和东欧改革的理论成果 ································ 406

一、对社会主义发展阶段的新认识 ······································ 406

二、经济体制改革的理论 ··· 410

三、政治体制改革的理论 ··· 414

第三节　苏联和东欧改革实践的意义 ································ 417

一、苏联和东欧改革的成绩 ··· 418

二、苏联和东欧改革的教训 ··· 420

三、苏联和东欧改革的国际影响 ··· 422

第九章　其他社会主义国家的马克思主义 ·························· 427

第一节　亚洲：越南、朝鲜、老挝的社会主义思想 ··········· 427

一、越南的胡志明思想 ·· 427

二、朝鲜的主体社会主义 ··· 434

三、马克思主义在老挝的传播和发展 ··································· 440

四、蒙古的社会主义历程 ··· 442

第二节　拉丁美洲：古巴革命与马克思主义在古巴 ··········· 445

一、古巴革命与社会主义制度的建立 ··································· 445

二、切·格瓦拉的马克思主义观 ··· 450

三、卡斯特罗的社会主义思想 ·· 456

参考文献 ·· 461

大事记 ··· 468

索引 ·· 480

后记 ·· 492

编后语 ··· 494

Contents

Preface ·· 001

**Chapter One: The Era Background of The Development of Marxism after
WWII** ··· 003

  1. The confrontation of two camps and the formation of Cold War ················· 003

    1.1 The influence of Yalta system ··· 004

    1.2 The formation of Trumanism·· 007

    1.3 The implementation of the Marshall Plan ·······································011

    1.4 The confrontation of Socialist camp and Capitalist camp····················· 013

    1.5 New challenges facing Marxism and world Socialism ························· 017

  2. The emergence of the new technological revolution······························· 021

    2.1 The rise of the new technological revolution ··································· 022

    2.2 The impact of the new technological revolution on the

       capitalist economy··· 025

    2.3 The impact of the new technological revolution on the

       world structure ·· 028

    2.4 New opportunities for the development of Marxism························· 030

  3. The first appearance of the theme of world peace ······························· 036

    3.1 People's pursuit of peace after WWII·· 036

    3.2 The decline of Fascist Power··· 040

    3.3 The rise of national liberation movements in third world countries ······· 043

    3.4 New changes in the themes and tasks of Marxist theory

       development·· 045

Chapter Two: Exploration of The Road of Socialist Revolution and Construction in Europe and Asia ················ 049

1. The establishment of countries with people's democracy in
Europe and Asia ················ 049

    1.1 The historical background of the people's democratic revolution
in Eastern Europe ················ 050

    1.2 The establishment of the people's democratic countries in
Eastern Europe ················ 052

    1.3 Consolidation of people's democratic power in Eastern
European countries ················ 056

    1.4 The relations between USSR and east Europe Countries
in the early postwar period ················ 057

    1.5 The establishment of the people's democratic countries in Asia ·········· 060

2. Exploration of the road of socialist construction in Europe and Asia ·········· 066

    2.1 Eastern European countries' exploration of the road to socialist
construction ················ 066

    2.2 Asian countries' exploration of the road to socialist construction ·········· 086

Chapter Three: Discussions on Marxist Philosophy in The Soviet and Eastern European Countries ················ 103

1. Soviet Union's discussion on Marxist philosophy ················ 103

    1.1 Criticism on two books of philosophy history ················ 104

    1.2 Criticism of Morgan school in the field of Biogenetics ················ 112

    1.3 On the relationship between Marxism and Linguistics ················ 121

    1.4 Discussion on the relationship between socialism and
humanitarianism ················ 124

2. Studies on Marxist philosophy in Eastern Europe ················ 130

    2.1 "Practicalists" and "dialectical materialism" in Yugoslavia ················ 132

    2.2 Polish philosophical controversy on human issues ················ 138

    2.3 "Humanistic Marxism" in Czechoslovakia ················ 146

    2.4 Hungary "Budapest school" ················ 150

2.5 New Marxism in Democratic Germany·· 154

Chapter Four: Mao Zedong's Strategic Thinking on Seizing National Victory and Building a New China ·· 158

1. Mao Zedong's thoughts on seizing national victory ························ 158

1.1 Strategic thinking of revolution (struggle against the enemy)·········· 158

1.2 The theory and strategy of the revolutionary united front ··············· 167

1.3 The Party's construction thought under the condition of ruling ········· 174

2. Thoughts on the basic social contradictions, socio–economic structure and economic construction guidelines in the early days of the founding of New China··· 181

2.1 About basic social contradictions································· 181

2.2 Social economic structure and economic construction policy·········· 187

3. The initial idea of transition from New Democracy to Socialism············ 193

3.1 New Democratic Society concept···································· 194

3.2 Liu Shaoqi's conception of "consolidating the New Democratic System"··· 199

4. Theory of people's democratic dictatorship···························· 203

4.1 The formation and development of the theory of people's democratic dictatorship··· 203

4.2 The theoretical system of people's democratic dictaitorship·············· 208

5. Ideological work policy for building a new democratic society················ 213

5.1 Elimination of the ideological and cultural influence of imperialism and feudalism··· 213

5.2 Treating bourgeois thought carefully ······························· 219

5.3 Studying and propagating Marxism-Leninism and Mao Zedong Thought, launching an intellectual transformation movement ··········· 221

Chapter Five: China's General Line for The Transition Period and The Theory of Socialist Transformation ································· 226

1. Mao Zedong's general line for the transition period ·················· 226

1.1 Mao Zedong's new thinking on transition ·· 227

1.2 The debate on the internal agricultural cooperation of CPC ············· 231

2. Theory of socialist transformation of agriculture and handicraft ············· 237

2.1 The theory of socialist transformation of agriculture and

handicraft industry ·· 237

2.2 The controversy of the Chinese Communist Party's on

agricultural cooperation ·· 244

2.3 Mao Zedong's experience of agricultural cooperation ·················· 252

2.4 On the socialist transformation theory of capitalist industry

and Commerce ·· 255

3. On the socialist transformation theory of capitalist industry and Commerce ··· 259

3.1 The policy of utilizing, restricting and reforming capitalist

industry and Commerce ··· 259

3.2 The state capitalist theory of China's capitalist industry and

commerce transformation ·· 262

3.3 The theory of peaceful redemption of national capitalism ············· 267

4. The Ideological front in the period of Socialist transformation ················ 273

4.1 Criticizing the bourgeois academic thought and bourgeois

idealist world view ··· 274

4.2 Discussion on the nature of economic foundation and

superstructure in the transition period ······································· 279

**Chapter Six: The 20th National Congress of The Soviet Communist Party
and The Sino-Soviet Debate** ··· 285

1. The 20th national congress of the CPSU and the secret report ················· 285

1.1 The background of the 20th National Congress of the CPSU

and formation of the secret report ··· 286

1.2 The 20th National Congress of the CPSU and its summary report ······· 288

1.3 Secret report severely criticizing personality cult and Stalin in name ··· 293

2. The International Influence of the 20th National Congress of the CPSU ········· 301

2.1 The 20th congress's influence on the communist parties in developed countries·· 302

2.2 The 20th congress's impact on the socialist Camp······················ 303

3. The Sino–Soviet debate and its lessons··· 307

3.1 The process of the Sino-Soviet debate··································· 309

3.2 The main reason for the Sino-Soviet debate ························· 314

3.3 Main points of the Sino-Soviet debate··································· 321

3.4 The great influence of the Sino-Soviet debate ······················ 331

Chapter Seven: The Hard Exploration of China's Socialist Construction Road···· 336

1. The proposal and practice process of exploring China's

socialist construction road ··· 336

1.1 From "taking Russia as a teacher" to "taking the Soviet Union

as a warning", we should take our own road ························· 337

1.2 On ten relations and the beginning of exploring the road of

building socialism with Chinese characteristics ···················· 339

1.3 "Double hundred" policy of developing science and culture ········· 344

1.4 The CPC's 8th congress and the preliminary results of exploring

the road of building socialism with Chinese characteristics ··········· 347

1.5 On correctly handling contradictions among the people and the

establishment of the theory of socialist social contradictions·········· 352

2. Mao Zedong's reflection on the road of socialist construction

in the period of adjustment ··· 357

2.1 Mao Zedong's reflection on the history since the founding

of new China in the summary of ten years························· 358

2.2 Re-understanding of socialist construction issues in

investigation and research··· 360

2.3 Adjustments in the economic and political fields ················· 368

2.4 Mao Zedong's diplomatic thought of independence and

prevention of "peaceful evolution"···································· 372

3. Theory, Practice and Historical Lessons of China's

"Cultural Revolution" ··· 377

3.1 The basic process of the "Cultural Revolution" ·································· 378

3.2 Changes in the political and economic system during the

"Cultural Revolution" ··· 382

3.3 The Errors and Lessons of the "Cultural Revolution" ···················· 385

Chapter Eight: Theory and Practice of Reform in The Soviet Union and

Eastern European Socialist Countries ·· 390

1. Preliminary attempts to reform the Soviet Union and Eastern Europe ············ 391

1.1 Initial attempts at Soviet reform ·· 392

1.2 Autonomous Socialism of Yugoslavia ································· 396

1.3 Reforms in Eastern European countries ····························· 401

2. Theoretical achievements of Soviet and eastern European reforms ············ 406

2.1 New understanding of the stage of socialist development ············· 406

2.2 Theory of economic system reform ································· 410

2.3 Theory of political reform ·· 414

3. The implications of reforms of USSR and east Europe ······················ 417

3.1 The achievements of Soviet and Eastern European reforms ············· 418

3.2 Lessons of Soviet and Eastern European reform ···················· 420

3.3 The international influence of the Soviet and Eastern

European reforms ··· 422

Chapter Nine: Marxism in Other Socialist Countries ····················· 427

1. Marxism in other socialist countries ····································· 427

1.1 Ho Chi Minh Thought in Vietnam ····································· 427

1.2 Juche Socialism in North Korea ······································· 434

1.3 The spread and development of Marxism in Laos ····················· 440

1.4 The socialist journey of Mongolia ····································· 442

2. The Cuban revolution and Marxism in Cuba ······························ 445

2.1 The Cuban revolution and the establishment of the socialist system ······ 445

2.2 Che Guevara's View of Marxism ······································· 450

2.3 Castro's socialist thought ··· 456

References ⋯⋯⋯⋯⋯⋯⋯⋯⋯⋯⋯⋯⋯⋯⋯⋯⋯⋯⋯⋯⋯⋯⋯⋯⋯⋯ 461

Timeline ⋯⋯⋯⋯⋯⋯⋯⋯⋯⋯⋯⋯⋯⋯⋯⋯⋯⋯⋯⋯⋯⋯⋯⋯⋯⋯⋯ 468

Index ⋯⋯⋯⋯⋯⋯⋯⋯⋯⋯⋯⋯⋯⋯⋯⋯⋯⋯⋯⋯⋯⋯⋯⋯⋯⋯⋯⋯⋯ 480

Postscript ⋯⋯⋯⋯⋯⋯⋯⋯⋯⋯⋯⋯⋯⋯⋯⋯⋯⋯⋯⋯⋯⋯⋯⋯⋯⋯ 492

Afterword ⋯⋯⋯⋯⋯⋯⋯⋯⋯⋯⋯⋯⋯⋯⋯⋯⋯⋯⋯⋯⋯⋯⋯⋯⋯⋯⋯ 494

卷 首 语

第二次世界大战后，在马克思主义指导和苏联社会主义的示范影响之下，欧亚又有十几个国家先后进行社会主义革命并建立了社会主义制度，远在拉丁美洲的古巴也取得了社会主义革命的胜利，建立了社会主义制度。社会主义从一国实践到多国实践的发展，社会主义改革在不同国家的兴起，把马克思主义与国际共产主义运动推向了一个新的发展阶段。

这一时期，世界上的社会主义国家从地域分布看，主要有：横跨欧亚两洲的苏联，地处东欧的南斯拉夫、波兰、罗马尼亚、捷克斯洛伐克、匈牙利、保加利亚、阿尔巴尼亚、德意志民主共和国；亚洲的中国、越南、朝鲜、蒙古、老挝、柬埔寨；在拉丁美洲，有古巴。到 20 世纪 70 年代，社会主义国家达到 16 个，陆地面积一度占全球的 24%，这是国际共产主义运动高潮时期，也是 20 世纪社会主义发展的辉煌时期。

这一时期，是第二次世界大战结束后世界格局演变中的冷战时期，也是经济全球化进程中"两个平行市场"各自独立发展的时期。第二次世界大战结束后，在欧洲形成北约与华约两大军事集团对立；在全球形成了以美国、北大西洋公约组织为主的资本主义阵营和以苏联、华沙条约组织为主的社会主义阵营全面对抗的格局。这一格局存在于 20 世纪 50 年代初至 90 年代初，以 1991 年底苏联解体为终点。这一时期，两大阵营之间的对立不仅表现为经济上的相互禁运和封锁、军事上的疯狂竞争，还表现在意识形态上的相互攻击。

这一时期，也是社会主义阵营内部发展矛盾特别突出、斗争特别激烈的时期。以 1956 年苏共二十大为转折，国际共产主义运动遭遇诸多挫折。苏共二十大对斯大林个人崇拜的批判和苏联社会主义模式弊端的揭露，在国际上引

.

起轩然大波。国际范围内资本主义国家以此为契机加紧了对社会主义的"围剿",国际上反社会主义人士再次形成了攻击社会主义的"大合唱",发达资本主义国家共产党迫于舆论的压力纷纷调整策略从而失去其原有的影响力。在东欧,波兰发生了"波兹南事件"、匈牙利发生"匈牙利事件",在中苏之间还出现了"中苏大论战"。在中国,发生了长达十年的"文化大革命"。社会主义阵营内部出现的分裂和社会主义建设遭遇的挫折,也导致社会主义声誉的下降。

这一时期,也是社会主义改革的摸索时期,表现为苏共二十大对苏联社会主义模式弊端的揭露,欧亚社会主义国家开始摆脱苏联社会主义模式的束缚,独立自主地探索适合本国国情的社会主义建设道路。最早进行这种改革探索的是南斯拉夫,最终形成了独具特色的"自治社会主义模式"。此后,波兰的改革形成了"波兰模式",匈牙利的改革形成了"匈牙利道路",保加利亚走上了"保加利亚式"的社会主义道路,其他国家也在独立自主地探索适合本国国情的社会主义建设道路。在中国,以毛泽东同志为主要代表的中国共产党人对适合中国国情的社会主义建设道路也作了初步探索,积累了宝贵的经验,但也留下了深刻的教训。

这一时期,也是马克思主义与不同社会主义国家建设实践相结合的时期,是马克思主义继续本土化、民族化的时期。如何在经济文化落后国家建设、巩固和发展社会主义,成为马克思主义面临的新的时代课题。在苏联,面对国际国内形势的新变化和社会主义建设的新任务,苏联共产党在坚持马克思主义基本原理、否定斯大林社会主义建设的一些错误理论观点的同时,也提出了一些新观点新论断,采取了一些新举措;在东欧社会主义国家,执政的共产党也结合本国实际,形成了坚持和发展社会主义的一些新思想,推进马克思主义的新发展;在亚洲,朝鲜形成了主体社会主义思想,越南形成了胡志明思想,中国的毛泽东思想又有了新的发展;在拉丁美洲,古巴产生了卡斯特罗思想。这些思想都是马克思主义本土化、民族化的结果,它使马克思主义呈现出不同的民族特色,不仅扩大了马克思主义在世界范围内的影响,也进一步丰富和发展了马克思主义,实现了马克思主义的与时俱进。

第一章 "二战"后马克思主义发展的时代背景

　　1945 年 9 月初，迄今为止人类历史上规模最大的世界战争——第二次世界大战，最后以美国、苏联、英国、中国等反法西斯国家和世界人民战胜法西斯侵略者，赢得世界和平与进步而结束。战后，"人类向何处去"这一问题再次被提了出来，人类再次面临着发展方向的选择，马克思主义的发展面临着新的时代课题。

第一节 两大阵营的对峙及冷战格局的形成

　　第二次世界大战结束后，在欧洲形成北约与华约两大军事集团对立，在全球形成了以美国、北大西洋公约组织为主的资本主义阵营和以苏联、华沙条约组织为主的社会主义阵营全面对抗的格局。这一格局存在于 20 世纪 50 年代初至 90 年代初，以 1991 年底苏联解体为终点。这一时期，两大阵营之间的对立不仅表现为经济上的相互禁运和封锁、军事上的疯狂竞争，还表现在意识形态上的相互攻击。

一、雅尔塔体系的影响

(一) 雅尔塔体系的形成及主要内容

所谓的雅尔塔体系，主要指第二次世界大战后期同盟国就战后世界安排的问题所达成的一揽子协议。1943 年，同盟国在苏德战场、北非战场以及太平洋战场都取得了重大胜利，战争格局发生了战略性的转变。随着法西斯轴心国的败局基本确定，如何安排战后世界的问题就日益凸显起来。从 1943 年底开始，美、苏、英、中等国相继在开罗、德黑兰、华盛顿、雅尔塔和波茨坦等地召开会议，就战后世界的划分进行协商。

在这些会议中，1945 年 2 月在苏联克里米亚半岛举行的雅尔塔会议最为重要。在这次会议上，美、苏、英三国首脑重点讨论并议定了处置德国、波兰政府和疆界、联合国、远东事务和苏联参加对日作战等问题。雅尔塔会议对于缓和反法西斯盟国之间的矛盾、加强反法西斯统一战线、协调对德日法西斯的作战行动、加速世界反法西斯战争胜利进程以及在"二战"后惩处战争罪犯、消除纳粹主义和军国主义势力影响等起了重要作用，对第二次世界大战后的欧洲重建和世界局势产生了深远的影响。

在西方，这次会议通过关于分区占领德国及德国赔偿的原则协定、关于波兰疆界和临时政府组成的协议及"被解放的欧洲宣言"等，划分了美英和苏联在欧洲的势力范围。在东方，美英两国通过关于苏联对日作战条件的秘密协定，满足了苏联对蒙古国、库页岛南部、千岛群岛和旅顺大连的要求，苏联则承诺"同中国国民政府签订一项中苏友好同盟协定"，并支持美国的对华政策和整个亚太战略，让美国控制中国并单独占领日本。

英国及法国、荷兰等国在远东的殖民地由于丘吉尔的坚持而被保留下来，德、意、日殖民地则由联合国托管，殖民地独立被纳入大国保护的轨道。

联合国的"大国一致"原则在这次会议上被确定下来，安理会的五个常任理事国享有一票否决权，从而保证了大国在这个战后新的国际组织中的决定性作用。

(二) 雅尔塔体系的形成原因

雅尔塔体系的确立在国际政治史上具有划时代的重大意义。从 17 世纪的工业革命以来,欧洲凭借自身在经济、金融、科技和军事上的优势,一直占据着世界舞台的中心位置。伴随着工业革命浪潮的辐射效应扩大,地处北美大陆的美国和在传统意义上被视为欧洲边缘的俄国(苏联)由于在国土面积、自然资源和劳动人口方面的巨大潜力,其综合国力大踏步地赶上并超越了欧洲强国。如果说第一次世界大战后确立的凡尔赛——华盛顿体系尚且能勉强地维持英法等欧洲国家的世界中心地位,那么第二次世界大战则彻底摧垮了以欧洲为中心的世界秩序,美国和苏联正式成为国际事务的主导力量。

在整个战争过程中,美国的本土并未遭受破坏,而其国民生产总值由于战争的刺激增长了50%以上。战争结束时,美国占有资本主义世界工业产量的2/3,拥有全世界84%的汽车和民用飞机。美国的黄金储备达200亿美元,占世界的2/3,美元成为世界唯一真正的硬通货。在世界贸易中,美国也处于垄断地位,其商船总吨位达5700万吨,占世界贸易总额的32.5%。在军事上,美国最先拥有制造原子弹的技术,并有远程战略轰炸机和横跨大西洋的航空力量,其海军舰艇吨位达380万吨,是世界上最大的海上强国。美国的航空母舰特混编队和海军陆战师使它具有全球的抵达能力,其海外军事基地达484个。在强大国力的基础上,美国在政治上将联合国作为其领导战后大国合作的制度平台,在经济上通过构建美元与黄金挂钩的布雷顿森林体系作为稳定世界各国汇率、促进贸易增长的货币金融基石,从而确立了它在资本主义世界的绝对领导地位。

苏联作为第二次世界大战的主战场之一,在战争中蒙受的损失极其巨大。但在另一面,作为击败法西斯轴心国的主力军,苏联的政治威望和军事实力在战后如日中天。战争结束时苏联拥有世界上最强大的陆军,拥有175个师、2.5万辆一线坦克;另外,苏联空军拥有1.9万架作战飞机和远程战略空军。苏联红军不仅收复了全部国土,而且还跨出国界,深入欧洲腹地、中国东北以及朝鲜半岛,建立起维护其本国利益的"安全带"。这样,苏联成了横跨欧亚大陆的超级政治军事力量。

反观战后的欧洲,各传统强国纷纷陷入严重的衰落之中。德、意等法西斯国家被彻底打垮,不仅失去了殖民地、国外投资和世界市场上的份额,而且本土被占领,大量资产被没收,国民经济陷于崩溃。英法两国虽然是战胜国,但自身实力遭到严重削弱。英国在战争结束时,已从债权国沦为负债累累的债务国,其经济实力和国际地位降到二流国家的水平。法国的工农业生产在战争期间下降了一半以上，再加上维希政府又充当了法西斯德国的附庸，其国际形象已受到严重损害。由于戴高乐坚持抗战，战争后期积极参加盟国的军事行动，因此法国在英国的提携下逐渐跻身"五大国"的行列，但其实际上已沦为三流国家。从经济上看，欧洲的国民生产总值在战争中下降了25%，其在世界制造业总产量中所占的比重低于19世纪初以来的任何时期。

由此可见，欧洲各国（包括日本）在"二战"结束后已不再具备决定世界政治版图的能力，而美苏两国的博弈和力量对比从根本上决定了战后世界格局的走向。雅尔塔体系正是美苏两国首脑意志的体现。

（三）雅尔塔体系的深远影响

雅尔塔体系之所以能够确立，与时任美国总统罗斯福希望与苏联合作有着重要的关系。作为信奉进步主义的民主党总统，罗斯福对与社会主义有关的事物并未一概排斥，并且这在其内政外交中都有所体现。1933年，罗斯福在就任美国总统后不久，即与苏联建立了外交关系，这对于十月革命后一直被孤立的苏联重返国际社会有着极大的帮助；在"新政"当中，罗斯福采取了大量类似于苏联计划经济模式的政策措施，使美国在较短时间内走出了经济危机。关于战后包括苏联在内的大国合作，罗斯福在1943年通过《星期六晚邮报》表达了他的想法，即战后的苏联将成为欧亚大陆唯一的军事强国，英国也不失为在世界上有影响的大国，因此必须通过"合作"把苏英乃至全世界都纳入自己的世界蓝图，才能使美国成为世界盟主；联合国作为单一的全球范围的国际组织，既可以防止苏英等国利用区域组织建立自己的势力范围，也可以通过由美国操纵的多数票对苏联等其他大国施加压力；联合国的核心是由大国组成的安理会，在"大国一致"的原则下只有常任理事国才拥有否决权，这样就既可以使联合国成为大国"合作"对付小国的工具，又可以使美国充当苏英之间的"仲裁者"①。罗斯福的上述想法在雅尔塔体系中得到了体现。

苏联则抓住了这一历史机遇，充分运用雅尔塔体系扩大其战略空间。在与西方大国和平共处的基础上，苏联按照雅尔塔体系巩固了自己在"二战"前后所获得的领土。据不完全统计，苏联在战后根据雅尔塔公报及其与周边国家签

---

① Russell, Ruth B.A., *History of the United Nations*, charter I, The Brookings Institution, Washington, D.C.1958, pp.100-101.

署的领土条约，总共从乌克兰、德国、芬兰、日本等国那里得到了687707[①]平方公里的土地。这样，一个从芬兰经波罗的海三国到东欧，从近东经蒙古、中国东北和朝鲜半岛北部到日本北方四岛的，环苏联安全缓冲地带建立了起来，它为社会主义在欧亚各国的扩展创造了极为有利的地缘政治条件。另外，苏联还利用雅尔塔会议规定处置德国的权利，从它在德国的占领区和美占区拆卸了大量的工业设备运回本国，为其在战后恢复经济并实现工业技术升级打下了基础。

雅尔塔体系是美英与苏联妥协的产物，是双方在当时的世界形势下都能接受的结果。它既体现了一定的历史进步性，又带有大国强权政治的深刻烙印，因此这个体系在两个决然兴起的超级大国和全球范围民族解放运动的共同作用下是注定不能持久的。美苏两国的矛盾在战后由于国家利益、社会制度和意识形态等原因迅速激化，使雅尔塔体系在实质上逐渐演变为两极对峙的局面。苏联加紧同东欧各国在政治和经济上的联系，促成社会主义制度在这些国家的建立，再加上中国革命的胜利，使得社会主义阵营最终形成。美国为了防止共产主义在西欧和日本的兴起而对后者给予大力援助，在欧洲和亚太地区建立由自己领导的政治军事同盟，并在后来的殖民地独立浪潮中与苏联在全球争夺被称为"中间地带"的第三世界国家。

同时也要看到，联合国作为雅尔塔体系的重要内容和遗产，在缓和与制约美苏之间和东西方之间的矛盾与冲突、维系战后的和平方面起着重要的作用。相对和平的世界环境使不少国家都得以集中精力发展经济，不断壮大自身的力量，从而为日后的世界格局多极化的发展趋势奠定了基础。因此可以说，正是在雅尔塔体系的制度框架下，世界才能朝着多极化的方向发展。

二、杜鲁门主义的出台

（一）美苏由合作走向对峙

1945—1947年是美苏两国由战时构建的同盟逐渐走向瓦解、"冷战"政策

---

① 参见刘同舜主编：《战后世界历史长编》（第1编，第2分册），上海人民出版社1975年版，第146页。

酝酿成熟的时期。

"二战"结束后，美国由于其实力、地位的上升和国际影响的扩大，开始推行全球称霸的战略。美国国内扬言，要以拉丁美洲为后院，以太平洋为内湖，以大西洋为内海，以欧洲为重点，将世界纳入美国的领导之下。1947 年，美国总统杜鲁门在演讲中宣称，"美利坚合众国现在是一个强国，没有比它更强大的国家了，这就是说，有了这样强大的力量，他们有权取得全世界组织的领导权……成吉思汗、凯撒、奥古斯都、拿破仑、路易十四……所曾担负的责任，都不能同美国总统担负的责任相比"。[1]

苏联在成为能与美国抗衡的政治军事大国后，逐步使在其控制下的东欧各国走上了人民民主的道路。应该说，这种通过战争支援世界革命的行为是苏维埃政权履行无产阶级国际义务的表现，但它同时也夹杂着民族利己主义和大国沙文主义的动机，意图乘帮助东欧国家走上社会主义道路的机会将其纳入自己的轨道，并且其中还有侵占别国领土的行径。所有这一切客观上都对美国统治集团的决策产生了一定的影响。

事实上，两国矛盾的焦点也确实是东欧问题。1945 年 4 月，杜鲁门在接见前来美国参加联合国制宪大会的莫洛托夫时，一再指责苏联违背雅尔塔协定，要求改组波兰政府，并威胁说，不这样做就将严重动摇美国对苏合作的决心。由于之后的苏联政府拒绝在这个问题上让步，美国打起贯彻"被解放的欧洲宣言"的旗号，坚持要求在东欧各国举行"自由选举"。8 月，美国国务卿贝尔纳斯发表声明，抗议苏联操纵保加利亚选举，并公然恫吓说，新政府若不容纳"一切重要的民主分子"，美国将不承认它，也不会与它缔结和约。

此外，苏联在这一时期也极力将自己的势力伸展到雅尔塔和波茨坦协定并未确定或调整的地区。1945 年 6 月，苏联向土耳其提出包括领土划归、建立军事基地、修改《蒙特勒公约》在内的三项要求，其实质是把后者纳入自己的势力范围。此举遭到美英等国的强烈反对，以至于事态发展到战争的边缘，迫使苏联不得不退却下来。在伊朗问题上，由于苏联拒绝按规定日期撤出驻扎在该国的军队，并且扶植伊朗国内亲苏的阿塞拜疆势力，美英两国随即利用联合国安理会对苏联进行施压，最终使后者放弃了原先的主张。

---

[1] 转引自王晓德：《文化的帝国：世纪全球"美国化"研究》（上），中国社会科学出版社 2011 年版，第 356 页。

这一时期，苏联与美英等国在国际组织中的矛盾也愈演愈烈。罗斯福生前认为国际货币基金组织仍然可以维系战后美苏合作的经济基础，斯大林当时对此也表示同意，然而苏联政府在 1946 年初正式拒绝加入该组织。联合国从 1945 年 10 月成立以来就成为美苏两国进行外交斗争的场所，苏联在头四年中使用的否决权就达 43 次之多。

1946 年 2 月 4 日，斯大林在莫斯科的苏联最高苏维埃选举活动中发表演说，强调资本主义世界的发展不平衡会导致其内部分裂成两个敌对阵营，进而打起仗来，对此苏联必须对战争重演有所准备，否则和平不会真正到来。斯大林的这个讲话在西方政界被渲染为"第三次世界大战的宣战书"[1]。3 月 5 日，英国前首相丘吉尔在杜鲁门的陪同下，在美国密苏里州富尔敦城的威斯敏斯特学院发表演讲，宣称"从波罗的海的什切青到亚得里亚海的里亚斯特，一幅横贯欧洲大陆的铁幕已经降落下来"。丘吉尔在演讲中指责"铁幕"背后的中东欧国家受到苏联的"高压统治"，"根本没有真正的民主"，并且"没有人知道苏俄和它的共产主义国际组织打算在最近的将来干些什么，以及它们扩张和传教的止境在哪里，如果还有止境的话"。[2] 丘吉尔主张面对共产主义"对基督教文明的日益严重的挑衅和威胁"，美英应该结成军事同盟，并配备一支国际武装力量，反对铁幕后的国家。东西方大国的主要领袖几乎在同一时间公开释放出与对方为敌的强烈信号，表明世界局势将由雅尔塔体系过渡到两极对峙的"冷战"格局已不可避免。

（二）"冷战"的理论基础

"冷战"指的是美国对苏联等社会主义国家所采取的除战争以外的一切敌对活动与对抗形式以达到遏制目的的政策。1946 年 2 月，美国国务院向驻苏代办乔治·凯南发出电报，要求后者对苏联不愿意参加世界银行和国际货币基金组织的行为动机进行分析。凯南在回电中分析了苏联外交行为的根源，并初步提出了遏制思想。

凯南认为，苏联官方对外部世界的认识及其行为，是"俄国传统的不安全

① 《斯大林选集》（下卷），人民出版社 1979 年版，第 488—489 页。
② Sohlesinger, Arthur M., The Dynamics of World Power, *A Pocamentary History of U.S. Foreign Policy, 1945-1973*, Vol.2, Chelsea House, New York, 1973, pp. 214-216.

感的产物",而苏联的行为动机正是为了消除这种不安全感。凯南进一步指出,苏联对外部资本主义世界有一种传统和本能的不安全感,资本主义与社会主义是水火不相容的,因而美苏之间无法建立"合作"关系,必须把苏联看成政治上的"敌手"而不是"伙伴";苏联的政策目标是力求分裂资本主义国家的力量和削弱其影响,并在一切合乎时机和会有好结果的地方扩大苏联的势力范围。凯南据此作出结论,"苏联对理智的逻辑无动于衷,但对武力的逻辑却十分敏感"。因此,美国若拥有足够的武力并准备使用它,那就用不着真正动武,便可遏制住苏联,迫使它退却。他还声称必须用"消除非共产主义世界中所存在的大片软弱地区的方法,来遏制苏联"①。

不难看出,凯南在电报中实际上已经完整阐释了美国对苏联的战略遏制思想,即以美国为首的西方国家与苏联存在着根本性的对立关系,因此应把后者作为对手而不是伙伴;对苏联的遏制必须以武力为基础,但不必真正动用武力;应通过争夺世界范围内的"中间地带"不断压缩苏联的战略空间,以配合正面的遏制。上述思想为美国对苏联发动"冷战"奠定了理论基础。

(三)美国杜鲁门主义的提出

在战后头两年与苏联的冲突中,美国无论在理论准备还是在实践经验方面都日臻成熟,因此政策性的转变只是一个时间问题。这一转变的"契机"就是愈演愈烈的"希、土危机"。1946年秋,希腊人民武装再度发动起义,接连粉碎英、希政府军的大规模进攻;与此同时,土耳其境内由苏联支持的民族分离主义势力的反政府活动也严重威胁到该国的国家安全。希腊和土耳其原先都属于英国的势力范围,但此时的英国已陷入严重的经济危机,无力负担希、土两国所要求的2.5亿美元援助。1947年2月,英国政府照会美国,要求美国担负起全面援助希、土的责任,这也意味着英国在内外交困的形势下不得不向美国出让巴尔干半岛和地中海的战略要地。

美国政府意识到,正式抛出全球扩张主义的理念并全面遏制苏联等社会主义国家的机会已经到来。1947年3月12日,杜鲁门在众议院大厅向国会两院联席会议宣读了一篇特别咨文,重点强调了以下内容:(1)强调"自由人民正在抵抗少数武装分子或外来势力征服之意图,美国政策必须支持他们"。除了美

---

① Kennan, George F., *Memoirs, 1925-1950*, Little Brown and Company, Boston, 1967, pp. 547-559.

国以外，希腊无人可求，更没有人愿意和能够向希腊民主政府提供必要的支持。(2) 诬指任何国家的人民革命运动和民族解放运动都会"危及美国的安全"。美国是高踞于其他国家之上的唯一强国，"除非我们愿意帮助自由人民维持他们的自由制度和国家完整，以抵制将极权政体强加于他们的种种侵犯行动，我们就将达不到我们的目标"。讲话虽未直接提到苏联，但指明希腊的威胁来自共产主义。(3) 美国还将援助各国的自由人民。要求国会拨款 4 亿美元援助希腊、土耳其等国，并选派军事人员前往那里执行任务，以防止"共产主义威胁"[①]。

杜鲁门的上述讲话内容在后来被统称为"杜鲁门主义"，它标志着东西方的冷战正式拉开帷幕。"杜鲁门主义"在美国外交史上具有极其重要的意义，它是美国在冷战期间乃至冷战结束后外交政策的总方针。如果说美国政府在 19 世纪初提出的"门罗主义"是把拉美地区作为自己的后院并使自己领导的西半球孤立于"旧大陆"之外的话，那么它在 20 世纪中期提出的"杜鲁门主义"则吹响了向全世界进军的号角，美国从此开始了由区域霸主向世界霸主的角色转变。"杜鲁门主义"的提出，也是美国通过大举介入小国的内部事务而与其他大国进行角力的开始，这是杜鲁门政府成功地利用美国民众对共产主义的疑惧从而推动的外交政策转变。自此以后，美国在不发生正面武力冲突的情况下，不断地在其他的亚非拉国家与苏联、中国等社会主义国家进行对抗，从很大程度上达到了其战略遏制的目标。在"杜鲁门主义"推行的过程中，美国执行的是双重标准，即凡是与社会主义阵营对抗的独裁国家都在它的支持范围之内，并且以共产主义的威胁掩盖了西方国家自身的诸多问题，这就使那些困扰人类世界的深层次问题愈加难以解决。

三、马歇尔计划的实施

欧洲是美国的外交战略重点，也是杜鲁门主义关注的首要地区。根据美国的遏制战略思想，西欧国家是美国对抗苏联的重要盟友，这就要求这些国家是繁荣、稳定与联合的，然而战后的西欧满目疮痍、经济濒于崩溃并遭遇百年难

---

① Sohlesinger, Arthur M., The Dynamics of World Power, *A Pocamentary History of U.S. Foreign Policy, 1945-1973*, Vol.2, Chelsea House, New York, 1973, pp. 309-313.

见的自然灾害。各国尖锐的经济社会矛盾伴随着社会主义运动的兴起，这是美国在推行杜鲁门主义过程中必须要解决的问题。

1946 年冬至 1947 年春，美国政府逐步酝酿形成了针对西欧的大西洋联盟政策，其目的是帮助建立一个繁荣稳定的西欧，使之重回世界舞台的中心并与美国在军事及其他重大问题上紧密合作。美国的最高决策层同时也意识到，只有帮助西欧重新富裕起来，使后者能够购买美国的商品，才能恢复资本主义的世界市场。

1947 年 4 月 24 日，美国国务卿马歇尔在访问苏联回国后，发表了全国广播讲话。在这篇讲话中，马歇尔声称他通过与斯大林的会谈认定苏联希望并相信西欧各国的政府会垮台，因此美国必须立刻援助西欧。讲话后，马歇尔随即指定乔治·凯南等人负责制定援欧的政策方针。5 月 23 日，乔治·凯南正式向国务院提交了援助西欧的政策报告，提出援助时必须将西欧作为一个整体来看待；美国必须尽可能减少成本而由西欧国家承担主要责任；应由西欧国家主动申请，并拟定援助方案。这份报告成为马歇尔计划的政策基础。

6 月 5 日，马歇尔在哈佛大学发表援欧演说，正式抛出了"马歇尔计划"。演说首先强调欧洲已是一片废墟，经济即将崩溃，因此必须获得大量额外援助，不然就会"面临性质非常严重的经济、社会与政治恶化"。美国援助欧洲的目的在于"恢复有效的经济，使自由制度赖以存在的政治和社会条件能够确立起来"，而那些"图谋阻挠他国复兴的政府都不能指望得到我们的援助"。[①]马歇尔还强调，美国的援助不是零星付给或暂时止痛的镇痛剂，因而要进行长期和有效的安排，提供根治疾病的药品；同时，欧洲人应该首先提出倡议，将大部分欧洲国家联合成一个整体，提出通盘的复兴方案，请求美国提供援助。

"马歇尔计划"得到了西欧各国的广泛响应。1947 年 9 月，在巴黎召开的经济会议上，以英国、法国为首的 15 个西欧国家和土耳其共同签署了请求美国援助的总报告，要求美国在四年内援助 224 亿美元。

在水到渠成的形势下，杜鲁门于 1948 年 4 月签署了美国国会通过的《1948年对外援助法》，正式将"马歇尔计划"付诸实施。按照"援助法"的规定，美国在头 13 个月内拨款 53 亿美元，其中 40 亿美元用于复兴西欧，并坚持初

---

① Sohlesinger, Arthur M., The Dynamics of World Power, *A Pocamentary History of U.S. Foreign Policy, 1945-1973*, Vol.2, Chelsea House, New York, 1973, p.53.

年审批,不确定为期四年的总数;法案还规定受援国必须与美国签订双边或多边的贸易协定,购买美国商品,尽快撤除贸易壁垒,取消或放宽贸易限制,并接受美国对使用"美援"的监督,设立由美国控制的"对等基金"等。1948年4月至1952年6月,西欧各国与土耳其通过参加经济合作发展组织总共接受了美国包括金融、技术、设备等各种形式的援助合计131.5亿美元,其中90%为赠予,10%为贷款。受益方除了上述16国外,还有德国西占区、中国国民党政府、国际难民组织和联合国儿童紧急基金。

"马歇尔计划"是杜鲁门主义的重要实践,为美国控制西欧与其共同反共反苏铺平了道路。到1950年,西欧各国的经济已恢复到战前的水平,并开始走向联合,这就为十年后建立"共同市场"奠定了基础。"马歇尔计划"还迅速改变了西欧各国的国内政治态势,削弱了这一地区共产党的影响。该计划扩大了美国的商品和资本输出,为其相对过剩的经济能力找到了出路,也实现了在经济上对西欧的控制。也正是通过这种经济控制,美国推动了西德经济复兴和德法接近,增强了美国对抗苏联的力量,并为西方国家形成正式的政治军事联盟奠定了基础。

四、两大阵营对峙的形成

(一)以美国为首的资本主义阵营

按照罗斯福生前的设想,联合国是维护战后世界和平的国际性机构,因此各国没必要再建立其他的地区性国际组织。然而,美国在"二战"结束后有求于苏联的地方越来越少,而与后者的对立越来越尖锐。基于这一点,美国需要从政治、经济、军事上逐步建立起一个针对社会主义阵营的包围圈。

第一,成立北大西洋公约组织。杜鲁门主义的实质是美国在遏制苏联的过程中将西欧牢牢控制,而马歇尔计划就是这一战略在经济上的重要抓手,即通过经济上的联合促使各国在政治上联合。然而,仅仅有经济和政治的联盟还不够,利用西欧各国的"恐苏症"建立以美国为首的军事同盟才能最终完成对后者的控制。为实现军事上的联合自保,英、法、比、荷、卢五国曾于1948年3月结成"布鲁塞尔条约组织"。美国方面认为该同盟还不足以满足美国的战略目标,杜鲁门表示"必须采取更具有意义的政治行动来消除西欧各国间所存在的恐惧"①。

1949 年 4 月 4 日，美、加、英、法、比、荷、卢、丹、挪、冰、葡、意 12 国的外长云集华盛顿，签署了《北大西洋公约》。同年 8 月，北约组织正式成立。此后，希腊和土耳其于 1952 年、西德于 1955 年、西班牙于 1982 年先后参加了该组织。北约成立后的一项重大任务就是制定统一的战略概念，其主要精神是美国提供核战略保护，构成所谓的"剑"，西欧出地面部队，构成所谓的"盾"，以"盾"来抵御最初的进攻，后备力量则迅速地动员起来支持这面"盾"。北约组织与杜鲁门主义、马歇尔计划一起，构成了美国对西欧的体系化控制，并且意味着美国从政治、经济、军事三管齐下对苏、东欧社会主义阵营进行打击、封锁与包围。

第二，推行"第四点计划"。杜鲁门主义的要点是与苏联在全球展开争夺。因此，美国在欧洲进行战略部署的同时，也把自己的势力伸展到世界其他地区。1949 年 1 月，杜鲁门在其继任总统的就职演说中谈到了美国外交政策的"第四点计划"，即美国"利用现有的先进的科学和发达的工业来改进和发展落后地区"，他强调实行这一计划可以使"越来越多的国家认识到民主制度的好处"，从而"参加到自由世界国家的行列中来"。②1950 年 6 月，美国国会通过《对外经济援助法》，正式将"第四点计划"付诸实施。在争夺亚非拉国家的问题上，美国没有走殖民主义者的老路，比较强调把经济援助和技术输出作为渗透的手段。为了实施该计划，美国在三个财政年度内共拨款 3.11 亿美元，向 35 个国家派出 2445 名技术人员。

第三，构建亚太地区军事体系。随着中国革命的胜利和朝鲜战争的爆发，美国也开始在远东地区构筑军事包围体系，这就是沿阿留申—日本—琉球群岛—中国台湾—菲律宾—澳大利亚一线的新月形军事包围圈。日本在这个军事体系中至关重要，美国也有意以日本取代中国国民党政府作为其称霸亚太的支柱。为了帮助战后的日本打开外交空间，并使业已确立的日美从属关系合法化，美国于 1951 年 9 月召开了对日媾和会议并与之签订片面的《旧金山和约》和双边的《日美安全保障条约》。同时，美国还与其他的亚太国家缔结一系列

① Vannenbery A.H. and J.A.Morris（ed.），*The Private Papers of Senator Vandenberg,* Houghton, MifflinCo., Boston, 1952, p.400.
② 《杜鲁门回忆录》第 2 卷，生活·读书·新知三联书店 1974 年版，第 278 页。

集团性的军事条约。1950年10月，美国与泰国签订军事援助协定。1951年先后缔结《美菲共同防御条约》和《美澳新安保条约》，这两个条约同《日美安全保障条约》一起，被杜勒斯比作"一个车轮上的许多轮轴"，使美国在亚太地区初步建立起"遏制共产主义"的纵深军事体系。1953—1954年，美国先后同南朝鲜和蒋介石集团签署《共同防御条约》，力图拼凑"东北亚防御联盟"。1954年9月，美、英、法、澳、新五个西方国家同菲律宾、泰国、巴基斯坦一起签订《东南亚防御条约》，组成所谓的"东南亚防御集团"。至此，美国在亚太地区的军事体系基本形成。之后，为了将这一体系与北约组织连接起来，构成一个包围社会主义国家的弧形军事联盟，1955年美国策划并支持英国与伊朗、伊拉克、土耳其、巴基斯坦四国组成"巴格达条约组织"。

（二）以苏联为首的社会主义阵营

为了反制美国的战略包围，苏联也着重在东欧地区构筑自己在政治、军事上的安全带，并与后者在经济上连成一体。

第一，设立欧洲九国共产党和工人党情报局。东欧国家是苏联战略防御体系中的重要"缓冲带"，而美国推出的马歇尔计划直接对东欧各国产生了政治上的诱导影响，这是苏联无论如何不能接受的。为了动员和联合民主和社会主义力量反对美国的遏制战略和和平演变政策，保卫东欧各国的人民民主政权，苏联政府开始筹建能够在欧洲国家的共产党和人民民主政权之间加强联系、交流情报并协调行动的国际组织。

1947年9月，苏联、南斯拉夫、波兰、罗马尼亚、保加利亚、匈牙利、捷克斯洛伐克、法国、意大利九国的共产党和工人党代表团在波兰的什卡拉尔斯卡—波伦巴小城举行会议，商讨协调各国共产党活动的问题。苏联代表日丹诺夫在会上作了《国际形势》的报告，指出在战后世界舞台上活动的政治力量已经分化成两大阵营，即以美国为首的帝国主义反民主阵营和以苏联以及新民主主义国家为基础的反帝国主义民主阵营；杜鲁门主义积极援助一切反对民主国家和人民的反动政权，具有公开的侵略性质，而马歇尔计划则是一种更为隐蔽的扩张政策。会议在讨论并通过日丹诺夫报告的基础上发表了谴责美国帝国主义政策的《关于国际形势的宣言》，并决定成立情报局。会议上通过的《关于出席会议的各党交换经验和协调活动的决议》指出：（1）由与会九国共产党的代表组织情报局，由各党的中央委员会各派2名代表组成；（2）情报局担负组织经验交换并在必要时根据协议协调各国共产党活动的任务；（3）情报局设立双周刊的机关报（后改为周刊）；（4）确定贝尔格莱德为情报局所在驻地（后改为布加勒斯特）。

情报局的建立实现了东欧各党和各国之间在政治上的联合，增强了社会主义阵营与资本主义阵营对抗的实力。它的建立不仅表明苏联与欧洲各主要的共产党和工人党在反对美国的冷战政策上达成了共识，也使各国的统一行动有了组织保证。情报局成立后，苏联随即帮助东欧各国巩固人民民主政权，并加强与它们的经济联系，为推行斯大林模式创造条件。从 1947 年 9 月成立到 1956 年 4 月解散，情报局除了具有加强各党之间的联系、组织经验交流的一般性职能外，最关键的是它还拥有了苏联领导人所期望的协调活动的职能。它的存在的确为苏联在欧洲前沿抵御西方国家的渗透和颠覆起到了一定的作用，但也成为苏联推行大国沙文主义、压制各国党内"异端"的工具，从而重蹈了共产国际的覆辙。

第二，成立经济互助委员会。马歇尔计划的出笼对正需要恢复经济的东欧各国产生了诱惑。为了阻止东欧社会主义国家的离心倾向、冲破西方国家对社会主义阵营的经济封锁，苏联提出了旨在加强苏东经济联系的"莫洛托夫计划"。1947 年 7—8 月，苏联政府分别与保加利亚等东欧六国签署双边贸易协定，初步形成了以苏联为中心的经济贸易圈，这些国家的商品开始大量流向苏联，而它们与西方市场的联系基本中断。此外，苏联还向捷克斯洛伐克提供 3300 万美元的赠款。

1949 年 1 月，苏联、保加利亚、罗马尼亚、匈牙利、波兰、捷克斯洛伐克六国发表联合公报，宣布成立经济互助委员会（以下简称经互会）。经互会的宗旨是通过联合和协调各成员国的力量，促进这些国家国民经济有计划地发展，加速其经济技术的进步，提高工业不够发达国家的工业化水平及各成员国的劳动生产率和人民福利。对此，斯大林曾宣称"没有一个资本主义国家能像苏联那样给予各人民民主国家以真正的和技术精湛的帮助"①。

经互会奠定了社会主义国家之间多边经济合作的基础。各成员国在共产党或工人党的领导下，通过人民的辛勤劳动，经济发展的速度曾一度大大超过西欧资本主义国家。经互会也是苏联推行其外交政策的重要步骤，它的成立反映

---

① 《斯大林选集》（下），人民出版社 1979 年版，第 561 页。

出苏联东欧在逐渐形成政治集团的同时，也形成了与资本主义阵营相对抗的经济集团，也就是斯大林所说的"两个平行的也是互相对立的世界市场"①。

第三，组建华沙条约组织。军事上的联盟是苏联战略防御体系中最重要的一环。北约的出现给苏联造成了巨大的战略压力，因此苏联也一直筹划建立类似的区域军事同盟来加以应对。1955 年 5 月上旬，处于东西方对峙最前沿的联邦德国正式被拉进北约组织，该事件最终促使苏联与东欧各国结成军事同盟。5 月 14 日，苏联、阿尔巴尼亚、保加利亚、民主德国、波兰、罗马尼亚、捷克斯洛伐克、匈牙利八国在华沙缔结《友好合作互助条约》，宣布必须为保障自身安全和维护欧洲和平采取必要的步骤。条约规定任何一缔约国在遭受他国武装进攻时，其他成员国应给予包括军事援助在内的一切必要援助；决定组建武装部队联合司令部，设在莫斯科。缔约国联合武装部队总司令由苏联人担任，副司令由各缔约国的国防部长或其他军事领导人担任；设立政治协商委员会，负责商讨和决定缔约国的国防、政治、外交和经济等重大问题，它实际成为华约组织的最高决策机构。

自此，欧洲地区正式形成了由两个超级大国各自领导的政治上制度迥异、经济上互相割裂、军事上严重对峙的两大阵营，其影响遍及整个世界。两极对峙格局的形成，使战后出现的雅尔塔体系名存实亡，这也成为各个共产党执政国家建设本国社会主义和世界社会主义运动发展的最大国际背景。

五、马克思主义和世界社会主义面临的新挑战

第二次世界大战的一个重要成果，就是实现了社会主义国家从一国实践到多国实践的历史性飞跃，这无论对于马克思主义还是对于世界社会主义，都是一次里程碑式的伟大胜利。然而，这样的胜利与马克思和恩格斯对于社会主义的设想是有很大距离的。这样的社会主义胜利，不是在资本主义高度发达的国家取得的，而是在普遍遭受战火摧残的东方国家取得的，并且受到发达资本主义世界在经济、政治和军事上的包围。马克思主义和世界社会主义在迎来光明前景的同时也面临着前所未有的严峻考验。

---

① 《斯大林选集》（下），人民出版社 1979 年版，第 561 页。

第一，艰巨的战后重建任务。第二次世界大战主要是在欧亚大陆进行的，而苏联领导的社会主义国家阵营也是在战争结束后出现在这一块土地上。战火的摧残、西方国家的遏制严峻地考验着包括苏联在内的欧亚社会主义国家能否恢复千疮百孔的经济和社会。苏联是第二次世界大战中抗击德国法西斯的主战场，其在战争中的损失远远超过了西方国家。战争期间，大约有 2000 万军民丧失了生命，这个数字相当于美国人力损失的 60 倍。物质财富方面的损失更是惊人，50%的基础设施被毁，共有 1710 座城镇、7 万多个村庄、31850 个工厂、65000 多公里的铁路和 4100 个车站被毁，40%以上的集体农庄、国营农场被洗劫一空，农业总产量因此锐减 40%左右。1946 年，苏联的一些农村出现了较为严重的饥荒。一些西方政界人物甚至认为，如果没有西方的援助，苏联的国民经济不可能恢复。同为欧亚地区社会主义大国的中国也面临类似的严峻考验。20 世纪前半期的中国一直处于动荡与战乱之中，特别是 1931—1945 年日本对中国发动的侵略战争，对中国的经济和社会的破坏尤为严重。到 1949 年，中国工业生产的倒退非常严重，主要工业品的产量甚至不如之前最高年产量的 1/5；农业产量也大幅下降，并且由于水利失修，全国受灾农田面积达到 1.2 亿亩，灾民 4000 多万人；在交通方面，上万公里的铁路、3200 多座桥梁和 200 多座隧道遭到严重破坏；此外，国民党政府在败退时留下的大量军警和特工人员以及势力猖獗的土匪、封建会道门严重威胁着社会治安和新生政权的巩固。其他诸如波兰、罗马尼亚、民主德国等人民民主国家在经历了战争的摧残后，也同样存在人口大量死亡、工农业生产和社会基础设施破坏严重的状况。这些新生的人民民主国家要想成功地建设社会主义，首先是恢复战后千疮百孔的经济和社会，而这在当时世界上很多人的眼中，是一个不可能完成的任务。

第二，在西方的战略遏制下进行社会主义建设。以美国为首的西方世界从政治、经济、军事、文化等多方面对苏联领导的社会主义阵营实行打压、遏制，其目的就在于让社会主义国家内部发生质变，继而崩溃，以实现其不战而胜的战略企图。1946 年 9 月，苏联驻美大使诺维科夫撰写了《战后美国对外政策》的长篇报告，明确指出美国的对外政策就是要谋求世界霸权，美国的所有力量都在为这一对外政策服务。美国已经制订出广泛的扩张计划，并且正在实施。报告认为，目前美国对苏联的政策是一种遏制政策，也就是说美国不再奉行与苏联合作的政策，它将在"中间地带"以及东欧与苏联展开对抗。报告最后的结论是，美国正在考虑发动针对苏联的"第三次世界大战"。19 世纪经典的马克思主义认为社会主义只能在资本主义高度发达且彼此连成一体的国家同时取得胜利，而 20 世纪的社会主义国家经济文化与发达资本主义国家比较起来普遍相对落后并且与资本主义世界市场彼此隔绝，这不能不说是马克思主义需要回应的一个重大时代课题。

第三，执政的各国共产党之间的矛盾。"二战"前后的世界社会主义运动的最大变化莫过于社会主义由一国变为多国，执政的各国共产党之间如何处理关系是战后需要面对的一个新问题。战后出现的社会主义国家，其建立或多或少与苏联的帮助有关，而苏共对各国共产党的指挥和干预由来已久。1947 年，苏联牵头建立欧洲共产党和工人党情报局，以便从政治上和组织上加强对东欧的社会主义国家以及西欧国家共产党的领导。然而，由于某些其他国家的共产党对苏共的领导积怨已久，再加上战后交往中出现新的利益矛盾，致使冲突很快爆发出来。

主要靠自身力量建立起社会主义制度的南斯拉夫共产党成为首个与苏联共产党公开冲突的组织。南共领导人铁托在领土和主权、巴尔干联邦以及社会主义建设模式等问题上不愿受苏联的摆布，表现出较为强烈的自主意识，因而招致苏联方面的强压。1948 年初，苏联单方面终止与南斯拉夫的贸易谈判并撤走全部专家。随后，苏南双方通过交换信件的方式进行论战。苏共指责南共没有在国内贯彻阶级斗争原则，助长了资本主义因素，并说南共领导人是"可疑的马克思主义者"，冲突由此公开化。6 月，情报局在布加勒斯特召开会议，讨论南斯拉夫问题，南共则拒绝出席。在会上，各国共产党对南共进行了集体批判，宣称其已脱离了马克思列宁主义路线，退化成为"富农党"，并通过决议将南共开除出情报局。面对苏共的压力，南共于 7 月召开第五次代表大会，通过决议坚决拒绝情报局的指控，并表达了对党的路线的肯定和对党中央领导的信任。苏联对此的回应是制裁继续升级。1949 年，苏联策动东欧各国断绝与南斯拉夫的贸易往来，并在与南接壤地区部署重兵，苏南两党关系因此彻底破裂。南共被开除出情报局实际上等于南斯拉夫被逐出社会主义阵营，这给南斯拉夫的社会主义建设造成了严重的困难。为了生存，南斯拉夫首先调整对外政策，与西方国家建立起经贸关系，并在国内探索有别于苏联模式的社会主义自治实践。

苏南两党的冲突是社会主义阵营内部的一场控制与反控制的斗争。在战后初期处理与其他社会主义国家执政党关系的过程中，苏共以"老子党"自居，充分暴露了其大国沙文主义的一面，这使得社会主义阵营在形成不久即出现裂痕，也对后来更大规模的中苏两党冲突的出现起到了某种负面的示范作用。苏南冲突爆发于冷战初期，客观上为西方国家"遏制战略"的推行创造了条件，此后，社会主义阵营的缺口越来越大，最终解体。它的教训，对于执政的大国共产党如何处理与较小国家共产党的关系，以及如何协调好党际关系与国际关系，有着深刻的启示意义。

共产党与社会民主党的矛盾。19世纪末20世纪初第二国际内部出现的伯恩斯坦修正主义导致世界社会主义运动发生分裂，并由于在第一次世界大战中受到以考茨基为代表的社会沙文主义的影响而加剧。随着"二战"的结束，原先已经停止活动的社会主义工人国际逐步地重新建立起来，苏联方面则试图以欧洲共产党和工人党情报局代替之前被解散的第三国际，然而这两个具有重大影响的国际左翼组织并未能利用这一契机缓和彼此之间的关系。当"杜鲁门主义"和"马歇尔计划"接连推出后，苏联认为这是美国使东欧摆脱苏联控制的一个图谋，因而开始对东欧各国的联合政府进行清洗，这其中就包括各国国内的社会民主党。1947年9月，苏共中央书记日丹诺夫在共产党情报局的成立会议上谴责法国社会党领导人是"资产阶级的忠实奴仆"，并且还明确地说，"人们习惯地想，社会党人同我们接近。然而政治形势可以把社会党人拉到显然比其他人更右的位置上去。……他们会成为我们的敌人，我们应当集中我们的火力反对他们"。① 这就等于号召各国共产党必须无条件地与社会党展开坚决无情的斗争。斗争的结果是东欧各国社会党的瓦解和随后与共产党合并。在西欧，社会党与共产党的关系也发展到势不两立的程度。1948年3月，在伦敦召开的国际社会党委员会会议公开点名攻击共产党情报局，说它应对欧洲工人运动的分裂负责，宣布保加利亚等国的社会党自行退出或被开除出该委员会，并要求波兰社会党不与执政的工人党合并（波兰社会党随后宣布退出国际社会党委员会，并与波兰工人党合并为波兰统一工人党）。此后，共产党情报局通过机关刊物对西欧国家的社会党开展强烈的批判，声称它们的领袖"不仅是本国资产阶级的走狗，而且还是美帝国主义的走狗"，西欧各国的共产党也大都宣布与社会党决裂。总的来说，多数国家的共产党由于执行共产党情报局的"左"倾方针，与社会党的关系一直都比较紧张，致使其本身的力量和影响

---

① [俄] 格·阿吉别科夫：《共产党情报局与战后欧洲》，俄罗斯政治书籍出版社1994年版，第50页。

遭到削弱，也使 20 世纪后期的世界社会主义运动逐渐走向低谷。

20 世纪东方国家共产党与西欧国家社会民主党的矛盾，归根结底是世界社会主义运动与国际政治形势发展互相作用的产物。从伯恩斯坦明确提出改良主义的社会主义运动理论开始，西欧各国的民主社会主义政党就逐步地将马克思主义的指导思想边缘化。在理论上，民主社会主义强调民主是社会主义的实现方式，否认资本主义的总危机，否认消灭资产阶级社会和实行无产阶级专政的必要性与合理性，主张在无产阶级与资产阶级的协调与合作中和平长入社会主义；在实践上，各国的民主社会主义政党把从事议会选举作为其政治活动的主要方式，在执政后充分利用"二战"后资本主义世界出现的长期经济繁荣，推行缩短工作时间和提高劳动者工资等政策，在本国建立完善的社会保障体系。由于冷战的国际背景，社会党国际继续对以苏联为首的社会主义阵营采取对立态度。尽管 1956 年的苏共二十大呼吁"克服工人运动中的分裂"，实现共产党与社会党的合作，但社会党国际以社会主义国家的社会党被消灭为由对此予以拒绝，并且在理论上进一步与共产主义政党划清界限。1959 年的《哥德斯堡纲领》标志着德国社会民主党完成了党的纲领与政治任务的统一，在指导理论上彻底放弃了马克思主义。除此以外，英国、法国、荷兰等西欧重要国家的工党和社会党都否认马克思主义在本党思想理论中的指导地位。民主社会主义政党的理论和行动，表明它们已经完全实现了资产阶级化，这与当时以苏联共产党为代表的各国共产主义政党所呈现的马克思主义教条化构成了世界社会主义运动中的两个极端，并且深受冷战的政治影响。因此可以说，20 世纪后期的世界社会主义运动进入低谷，与其内部长期存在和发展的分化与极化有着直接的关系。

第二节　新科技革命的发生

马克思主义的创立和发展，与科学技术的发展有着紧密的联系。科学技术的发展，曾经在历史上极大地推动了马克思主义的产生和发展。"二战"以后，科技革命迎来了新的发展契机。新科技革命的发展，不仅推动了社会意识形态、理论形态的变革，使马克思主义面临许多新的课题；还深刻地影响着社会的经济、政治生活，促使社会主义国家进行改革和探索社会主义的新道路，并要求马克思主义有新的发展和开辟新的研究领域。科技革命不仅没有扼杀马克思主义的生机与活力，反而更显马克思主义的强大生命力，成为发展社会主义的强力助推器。

一、新科技革命浪潮的兴起

（一）新科技革命发生的社会条件

纵观科技革命的发展史我们可以看到，每一轮新的科技革命的发生都需要一定的孕育周期。在这些周期当中，既有理论方面的重大突破，也有社会物质条件的不断成熟。第二次世界大战之后的科技革命之所以能够以迅即蓬勃的态势出现和发展，离不开 20 世纪中叶以前的科学研究积累，也与两次世界大战的推动和垄断资本主义的出现有着密切关系。

科学领域的革命是技术革命的先导。一般认为，人类迄今为止已发生过两次科学革命，并由此带动了三次技术革命。发轫于 15 世纪中后期的第一次科学革命完成了以东方为主的古代科学向完全西方化的近代科学的转变，出现了近代的天文学、医学和经典力学，经典力学的创立直接促发了以蒸汽动力应用为主要标志的第一次科技革命，使纺织、化工、采掘、冶金、机器制造等部门迅速发展起来。第二次科学革命在 19 世纪中叶开始酝酿，到 19 世纪末和 20 世纪初走向高潮，它涵盖了物理学、分子生物学、系统科学等多个领域，其规模和深度远远超过了前一次的科学革命。特别是 20 世纪初开始的物理学革命推动了 20 世纪现代科学的空前大发展，也使得之前的经典物理学和数学的基本原理受到重新审查和挑战，而正是这种基本理论上的重大突破和重新建构使新科技革命的发生有了充足的理论准备。

物理学的重大突破首先表现在爱因斯坦的狭义相对论对牛顿力学的挑战上。爱因斯坦指出，在接近光速的情况下，运动着的尺子要缩短，运动着的时钟要变慢；换句话说，牛顿关于时间和空间都是绝对的基本力学定律在高速情况下并不成立。这一理论的提出，对从宏观领域研究高速运动提供了重要的指导。另一方面，量子力学的提出进一步改变了牛顿力学体系。普朗克、海森堡和薛定谔等人的研究揭示了电子既具有连续的波动性质，也具有不连续的粒子性质，因此在对微观运动的理论解释上，量子力学正式取代了牛顿力学。量子力学与狭义相对论的结合形成了原子核物理学，为制造原子弹、氢弹和建立核电站提供了理论指导。此外，量子力学还为电子、化工、半导体、激光等技术的发展奠定了理论基础。

除了科学理论的创新以外，物质技术层面的准备对于科技革命的开展也是至关重要的。第一次世界大战后，电子、内燃机、冶炼、化工技术获得了长足的发展，推动了电子显微镜、电子示波器、回旋加速器等一大批精密仪器的问世，并为科学技术研究提供了超高压、超低压、超纯度、高真空等实验手段。在第二次世界大战期间，由于参战的各大国为了赢得战争的胜利，都在军事科学领域投入了大量的人力物力，这就使得诸如原子能技术、计算机技术、雷达技术、喷气式飞机和火箭技术以及自动控制技术等部门快速兴起。从20世纪50年代开始，这些成熟起来的技术又逐渐向民用部门辐射，带动了原子能发电站、喷气式客机、民用电子计算机、非军用卫星等技术产品的发展。

20世纪上半叶的战争和经济危机促成了国家干预的不断强化。在第二次世界大战结束后，国家垄断资本主义越出经济领域，进入到科技领域并对后者产生了巨大影响。由于大规模的科研活动需要投入巨额资本，并由许多机构多方面的专业人员共同协作才能完成，国家干预的形式从政府资助和协调私人企业的科研机构，发展到由政府出面主持庞大的科研项目，兴办国家科研机构，在全国范围甚至超越国界进行国际大协作。如1946年美国颁布《原子能法》并成立原子能委员会，委员会由联邦政府主管并负担大部分费用，与通用电气公司及摩根、杜邦、洛克菲勒、梅隆等财团下属的电机、化学、飞机制造等公司签订合同，发展原子能与核武器。因此在"二战"后的科技革命中，科技探索已由个体劳动转变为有组织的社会集体劳动，这对科技的发展有较大的保护和促进作用。

（二）新科技革命的开展

"二战"后的科技革命不仅是个别或少数理论领域或生产部门的工艺技术取得突破，而且在几乎各个科技领域和生产部门都取得重大突破。在此基础上，各种学科互相渗透和促进，在各学科相互联系的关节点上生长出新的边缘学科。因此，战后的各个科技领域，特别是在新能源、新材料、电子工程、宇航工程、生物工程等一系列尖端技术领域，都有惊人的发明和突破。

揭开战后新科技革命序幕的是原子能的开发和利用，它也开辟了人类能源事业的新纪元。1942年底美国建成世界上第一座原子能反应堆，从此人类进入原子能时代。原子能的利用包括核武器的发展和核能的和平利用，后者主要是原子能发电站。从1954年苏联建成第一座原子能发电站开始，到1992年全世界已有424座核发电站，分布在30个国家中，其发电量占到全球发电总量的17%。

电子计算机是20世纪最重大的技术成果之一。1945年美国制成世界上第一台程序"外插型"电子管电子计算机。从那时起，电子计算机的发展速度是极其惊人的。大约每过八年至十年，计算机的运行速度和可靠性就能提高到先前的10倍，而体积和成本则能缩减到先前的十分之一。从20世纪70年代后期开始，出现了集中10万个以上电子元件的超大规模集成电路，之后集成电路的包容量又以几何级数上升，推动计算机向微型化和巨型化两个方向发展。电子计算机技术的飞跃式发展形成了全球性的信息网络，加速提升了生产的自动化水平，特别是模仿和替代人从事各种工作的自动机器和"机器人"不断问世。电子计算机技术的革命不但极大地推动各国的经济发展，而且还对人们的思想观念、生活方式、社会准则等方面产生广泛而深刻的影响，因此它是人类智力解放的里程碑。

空间技术是战后的另一项重大突破。"二战"期间，德国曾研制出液体燃料的火箭并将其用于实战，但未能扭转败局。为了争夺德国的火箭技术遗产，美苏两国在德国投降前夕各自俘房了一批该国的火箭技术专家，并在此基础上发展航天和导弹技术。苏联于1957年8月成功发射超远程多级洲际弹道导弹，10月又成功发射第一颗人造地球卫星，开创了人类向太空进军的新时期。1958年1月，美国的人造卫星也发射成功。之后，法国、澳大利亚、日本、中国和英国等国也相继发射了各自的人造卫星。1961年，苏联的"东方号"载人宇宙飞船发射成功，而美国则于1969年用"阿波罗-11号"将两名宇航员送上月球；1971年，苏联成功发射第一个在宇宙中从事科研工作的空间站"礼炮1号"；1981年，美国"哥伦比亚号"航天飞机试飞成功。

材料科学技术也同样蓬勃发展起来。尽管塑料、合成橡胶、合成纤维等三大合成材料在战前已经问世，但其真正的普遍应用还是在战后。为了适应战后科学技术和社会生产的发展，新的合成材料不断增多。1976 年全世界有各种材料 25 万种，1982 年增为 35 万种。新材料包括能源材料、信息材料及新型功能材料三大类，除了三大合成材料外，还有非晶质金属、功能性高分子、单晶体、超导体、新型陶瓷、光导纤维等一大批适应不同特殊需要的材料。新材料的不断涌现为科技革命的深入发展提供了坚实的物质基础。

生物工程技术包括遗传工程（基因工程）、细胞工程、酶工程和发酵工程（微生物工程）四个方面，它们促进了农业、食品工业、化学工业、医药事业的发展，也使人类按照自己的目的创造新的物种成为可能。

另外，人类在海洋开发、太阳能利用、激光技术以及系统控制科学等方面也取得了巨大的成就和进展。

二、新科技革命对资本主义经济的影响

（一）社会生产力的发展和经济结构的变化

新科技革命对资本主义经济的技术改造是非常深刻的。技术改造决定了劳动生产率的提高，也促使资本主义经济的结构、形态发生改变，并对社会结构和社会生活产生了巨大影响。

马克思说："劳动生产力是随着科学和技术的不断进步而不断发展的"[1]。"二战"后的科技进步对国民经济有着深刻的技术改造作用，促使西方资本主义国家最终形成其现代工业体系的基本格局。

现代工业体系形成的基础是生产力的巨大提高。由于技术的巨大进步带来劳动生产率的提高，世界各国的经济增长速度在"二战"后不降反升。以美国为例：20 世纪五六十年代美国的经济空前发展，其工业生产的年平均增长率在 50 年代为 4.0%，60 年代为 5.0%。作为美国经济三大支柱的汽车、钢铁和建筑行业在战后仍然继续发展，而石油、化工、天然气、电子、航空和宇航、原子能等新兴工业部门，发展更为迅速。在农业方面，这一时期的农业生产实现了高度的机械化、电气化、化学化、良种化，而农业经营管理则实现了专业化与社会化。1950 年，每个农民可供养 15.5 人，1960 年增加到 25.8 人，

---

[1] 《马克思恩格斯选集》第 2 卷，人民出版社 2012 年版，第 271 页。

1970 年又达到 47.1 人。伴随着农业劳动生产率的不断提高，美国的农业人口在 1947—1970 年间减少了 2/3，从占总人口比例的 1/6 降至 1/20。

生产力的提高带来发达资本主义国家的经济结构的变化：第一，农业生产日趋工业化。新技术的大量应用使得农业不再是一个主要依靠体力劳动和自然地理条件的经济部门，它在很多方面都具有了工业生产的特点。在西方发达国家，肉鸡的生产完全可由分工精细的养鸡场来完成，种植业中则出现专营耕种、土壤化验、施肥、播种、植保、收割、储运的农业公司。第二，工业结构内部发生分化。传统的钢铁、纺织、采矿等行业由于其较为依赖资金和劳动力的投入，并且造成能耗高及环境破坏等问题，被称为"大烟囱工业"，这类工业由于技术进步和社会发展等原因逐渐萎缩，而取代它们原先地位的则是电子、核能、宇航、激光、人工合成原料等技术密集型的新兴工业。在生产专业化的趋势下，规模巨大的企业虽然仍在发展，但能够反映时代要求、迅速采取最新科技成果的中小企业增长得更快，因此企业日益向小型化、多样化、分散化的方向发展。与此相适应的是，许多"厚、重、大、长"的产品逐渐为"轻、薄、短、小"的产品所代替。第三，发达资本主义国家的产业结构出现了非物质化的趋势。由于工农业产品的大量增加，各国可以把更多的人力投入到商业、金融业、服务业等行业中去。在各国的国民生产总值中，第一和第二产业的比重不断下降，而第三产业的比重不断上升。1982 年，美国第一产业的产值占国内生产总值的 2.5%，第二产业占 31.7%，第三产业占 65.8%。同一年，英国第三产业的比重为 62.8%，法国为 61.6%，联邦德国大约为 60%，日本为 53.8%。第三产业既包括传统意义上的服务业、商业、交通和通信以及文化事业，也包括新兴的信息、金融、房地产、体育和娱乐、公共管理、社会福利和社会保障等行业。由此可见，第三产业覆盖了社会上几乎所有的非生产性行业，它的蓬勃兴起标志着人类基本上摆脱了物质匮乏的困扰，转而将注意力放在生活质量的提高与社会的文明进步方面。

（二）国家垄断资本主义的巩固

国家垄断资本主义的大发展，是西方各国政府在战后干预经济的普遍特点。它的出现，从根本上说还是在科技革命的持续影响下，生产的社会化程度越来越高的结果。另外，新兴超大型企业的建造、大规模的科学研究、公共基础设施和基础工业的营运都决定了资本主义经济的国有化在当时是必不可少的。国家垄断资本主义的最大标志是国有企业的发展。战后,大部分西方国家国有经济所占的比例并不大,但大多集中在经济部门和国民经济的关键部门,如交通运输、能源动力、城市基础设施、邮电通信、金融保险以及科技开发、基础研究等领域。到20世纪80年代,工业中国有企业的比重,最高的是法国,达到40%;其次是意大利,为35%;奥地利居第三位,为28%。此外,联邦德国占21%;英国占11%;美国和日本则基本没有实行国有化政策。发展国有经济,一方面有助于实现政府的宏观经济政策目标;另一方面也能满足居民对公共物品的需求,但它也确实存在效率比较低下的问题。另外,法、日等国还制定全国性的经济发展计划,虽不是指令性的,但具有指导作用。

(三)居民结构的变化和民众生活水平的提高

由于经济和科技发展的影响,主要资本主义国家以及同一时期的苏联的社会居民结构在战后发生巨大变化:一方面,非生产环节的"白领工人"逐渐取代生产环节的"蓝领工人"。在生产过程中,智能因素的作用越来越突出,人的体力劳动逐渐被自动控制的机器所取代,人的一部分脑力劳动也被电子计算机所取代。它带来的结果就是从事体力劳动的蓝领工人越来越少,从事科研、管理等脑力劳动的白领工人越来越多。以美国为例,白领工人的人数从50年代起就超过了蓝领工人。到1981年,蓝领工人只占全部劳动力的31.1%。另一方面,城市化继续发展。1950—1980年,美国城市人口占总人口的比重从64%增长为80.6%,英国从77.9%上升为88.4%,联邦德国从70.9%上升为84.5%。法国从30年代以来城乡人口较为均衡的局面随着战后的经济发展被打破,城市人口的比重从1950年的55.4%上升为1980年的78.9%。苏联、日本的城市人口比重在1950年仅占39.5%和35.8%,到1980年猛增为65.4%和64%。在发达国家中,不受城市影响的大片农村不复存在。

各国居民生活水平也发生较大变化。由于民主社会主义思潮的影响和对苏联建立社会保障制度的借鉴,西欧各国在战后纷纷建立起"福利国家"。美国则到60年代末才实行比较完整的社会保险。各国实行的社会补助大体包括三方面内容:一是社会保障,对年老、患病、失业者提供补助。这是社会保障的最基本内容。二是社会救济,对贫困者提供各方面的援助。三是社会工作,对教育等社会事业提供支持。居民得到这三个方面的保障,或如一些人所说,得到"从摇篮到坟墓"的保障,基本上解除了对温饱问题的担忧。这是一个重要的社会进步，它的取得是同新技术革命的开展、生产发展、物资丰富分不开的。此外，各国职工工资也大幅度提高。美国私人非农业部门的周平均工资，1950 年为 53.13 美元，1980 年上升为 235.1 美元，30 年内增加 3.4 倍。苏联职工的月工资，从 1950 年的 64.2 卢布上升为 1980 年的 168.9 卢布，增加 1.6 倍。

三、新科技革命对世界格局的影响

自古以来，世界各国争衡的焦点是战争的胜败，因此旧的国际关系都是围绕"军事战争—军事立国—军事殖民体系"而展开。"二战"以后的科技革命在材料、能源、智能、生产工艺等各方面全面展开，这就使科技发达国家的经济、军事、文化产品和软科学的力量都得到质的飞跃，并且集聚成综合国力在全球辐射，达到了"不战而屈人之兵"的效果。由此，各国较量的重点转移到科技创新领域，形成"科技竞争—科技立国—全球科技政治体系"的新的国际关系运行机制。正是在这种国际关系发展逻辑转变的大背景下，战后初期各大国力量的对比发生了重大改变，并日益撼动着原来的美苏两极格局。

第一，美国的世界领先地位得到强化。美国在战后采用"军民并举"发展战略，较快地适应了新科技革命的发展势头。1950 年，美国用于研究与发展的开支为 50 亿美元，到 1969 年时增至 269 亿美元；1940 年，美国科研经费只占国民收入的 0.3%，1960 年达到了 2.3%。由于投入了大量的人力物力，美国在固态电子学、计算机、无线电通信、化学、制药、复印、快速摄影、农业航空运输等方面取得了重大突破。据统计，1953—1973 年世界 500 种重大科技革新项目中，有 265 种出自美国，数控机床、电子复印机、集成电路、太阳能电池、通信卫星微处理机、电荷复合元件等都是美国科学家先开发出来的。科技的进步加上高效的成果转化体系，使美国私营企业的劳动生产率从 1948 年到 1973 年，每年平均提高约 3%。

由于在人工智能、激光技术、宇航技术、复合材料和自然科学的基础研究等方面都处于领先地位，并且在 20 世纪 70 年代掀起的新一轮全球化浪潮中大力输出文化产品和经过包装的价值观，美国的世界领先地位愈益稳固。

第二，日本和西欧各国重新崛起。第二次世界大战之后，日本政府经过几年的经济恢复，及时提出了从欧美各个产业部门引进先进技术和设备，提高劳动生产率、降低成本，加强国际竞争能力的"产业合理化"的经济发展战略。例如，日本钢铁企业由于70年代的机器设备都是从技术先进的国家进口的，从而实现了企业的全面技术改造。在此基础上，企业又不断对引进设备进行革新，推出新冶炼技术，使日本钢铁生产设备的现代化和合理化达到了世界一流水平。20世纪70年代中期以后，日本在科技革命方面已由过去大量引进、消化、提高过渡到了独创阶段。最突出的例子是计算机工业，到1980年日本已取得超大规模集成电路世界市场的统治地位。科技的进步带来了经济飞速发展。1945年，日本人均国内生产总值仅有134美元，1980年已达2.3万美元，成为当时的"世界首富"。经济大国地位的确立使日本不再甘于扮演二流国家的角色，从20世纪末以来，日本一直进行着争当世界政治大国的努力。

70年代以来，随着西欧联合步伐加快，西欧的科技合作和科技联合也在加强，特别是在生物工程和航天工程方面保持着强大优势，并且不断提高基础科学方面的研究水平。例如，西欧11国组成的欧洲航天局研制的阿里亚娜火箭发射成功率很高，并赢得了大约一半的世界商用卫星的发射业务。这种联合不但规模日益扩大，而且高科技的比重日益增大。西欧各国的科技合作促使整个地区的经济实力大增，扭转一度在科技上过分依赖美日的被动局面，美国已不能像战后初期那样在西欧起支配作用。

第三，苏联的国际地位日益下降。"二战"后，苏联一直实行高度集中的计划体制，奉行国际优先的战略和以核武器为龙头的军事技术领先的发展模式。这种体制使它对新技术革命的反应较为迟钝，而且应用于军事领域的技术难以转化为民用。因此，尽管苏联在导弹、核武器、空间技术、电子、激光等尖端技术领域发展很快，但在综合国力方面与西方发达国家的差距逐渐拉大。苏联的国民生产总值，1955年相当于美国的38%，1970年提高到50%，但到了1990年降到只有美国的25%，这最终导致建立在力量均势基础上的两极格局的倾斜和解体。

此外，经济全球化带来的技术扩散给新兴国家带来巨大的发展机遇。以中国为代表的发展中国家通过开放市场引进了许多西方先进技术和设备，使国民经济各部门在短期内得到很大的技术改造。另一方面，中国、印度、韩国等国家在电子计算机、航天技术、汽车工业、生物工程、超导材料研究等领域都取得了重大的研发成果，有的达到了世界前列，这就使它们在其原有资源禀赋的基础上成为世界上举足轻重的新兴经济体。

科技发展带来的经济多极化趋势最终带来政治上的多极化。随着 20 世纪 90 年代苏联解体，两极格局最终由以美国、欧洲、中国、日本和俄罗斯为支点的多极化格局所取代，军事实力逐渐演变为威慑的手段，以科技创新为核心的综合国力成为各国竞争的重点。这种变化，也对 20 世纪末走向低谷的世界社会主义运动提出了新的考验。

四、马克思主义发展的新机遇

自 17 世纪的英国工业革命发生以来，人类世界在整体上朝着现代工业社会的方向不断前进。1929 年爆发于西方各国的"大萧条"，标志着世界历史逐步进入到一个生产过剩而需求不足的新阶段，因此与后工业社会有关的问题也开始进入人们的视野。第二次世界大战结束后，国家垄断资本主义的迅速发展和新一轮科学技术革命的兴起，以及民族解放运动的高涨和国际社会主义运动的蓬勃发展，更是促使具有浓厚的未来主义色彩的后工业社会理论形成和发展起来。

后工业社会理论脱胎于 19 世纪末出现的工业社会理论，仍然把科学、知识、科学家、技术人员、专业人员、技术官员在社会及其发展中的地位和作用作为其所关注的中心问题，但又针对工业社会理论在回答诸如新科技革命给资本主义社会带来的种种变化、社会主义与资本主义的关系以及人类向何处去等问题上的乏力，试图在社会学领域建构一种新的合理主义范式，以应对战后马克思主义带来的挑战。另一方面，这从客观上也为同样关注工业社会历史进程的马克思主义在新的历史条件下批判式的发展提供了契机。

关于"后工业社会"的理论林林总总，但总的来看他们聚焦于以下几个方面的问题：（1）关于社会的发展动力。以"后资本主义社会论"为代表的理论观点认为，人类正在由工业社会向"后资本主义社会"演进。由于"后资本主义社会"的社会矛盾中心已不是经济关系，因而在该社会占统治地位的是政治权威，而不是所有权关系，并且两者也不再具有一致性。这就会导致经济秩序和政治秩序的分离，政治领域的矛盾将成为社会主要矛盾，社会的发展与变革也将由政府权势分子策划和推动。（2）关于社会发展阶段的划分。丹尼尔·贝尔把不断变化的生产力（技术）作为划分社会发展阶段的依据，并且提出"工业社会以机器技术为基础，后工业社会是由知识技术形成的"，在后工业社会"知识处于中心地位"；[①] 阿尔文·托夫勒也强调科学技术在社会发展变化中的决定性作用，并称其为"浪潮文明"。在《第三次浪潮》一书中，托夫勒认为人类迄今已经历过两次"浪潮文明"，它们分别是以农业活动为标志的"农业革命"和以化石燃料、动力技术和大规模销售系统为标志的"工业革命"，而正在到来的第三次"浪潮文明"是以电子工业、宇航工业、海洋工业、遗传工程组成工业群为标志，社会进步也不再以技术和物质生活标准来衡量，而以丰富多彩的文化来衡量；以"后经济学社会论"为代表的理论家则主张以经济成长阶段理论来代替马克思主义的社会形态理论。他们认为，现代社会的发展方向是"后大规模消费社会"，其特点是财产极其丰裕，资源用之不竭，不存在任何短缺与匮乏，经济学的成本管理原则以及工作、效率都失去了意义，社会出现变化速度加快而带来的"文化适应性"创伤。因此，他们把社会的发展划分为五个阶段：前工业社会、局部工业化社会、工业社会、大规模消费社会、后工业社会（即后大规模消费社会）。（3）关于社会革命的主体。后工业社会理论尤其贬低工人阶级的历史地位，不认为它是先进生产力的代表，也不认为它是变革社会的主体力量。此类理论一般都认为，在工业社会中，社会分层的标准是所有权，社会冲突的中心是企业中的权力（这种权力表现为经济制度），因而存在着工人与资本家的对立。工人运动是对技术进步和工业化的抗议。而在后工业社会中，所有权与管理权完全分开。这时，社会基本矛盾是职业专家和技术统治派官僚之间的矛盾；在社会分层标准上起决定作用的是知识和受教育水平；技术、智力、科学等因素将使人与人之间的差别缩小到最低限度，从而工人与资本家在工业社会的那种对立也将不复存在。贝尔认为，工人阶级将在后工业社会中消失，即向"非无产阶级化"蜕变。图兰纳也认为工人阶级将在后工业社会沾染上消费者心理，具有社会等级感，从而演变成一个仅仅由共同的职业利益联系在一起的社会集团。（4）关于未来社会的人。创立"后现代"观点的阿米泰·艾特齐奥尼宣称，后现代社会最大的特点是科学技术和生产的迅速发展对人的价值观念的冲击，其结果是使人的传统价值观念受到更大的威胁，抑或重新得到优先地位。持"后文明社会论"观点的学者认为，知识领域决定了社会发展的方向，因此社会自觉性能够战胜个人自觉性。托夫勒则

---

① ［美］丹尼尔·贝尔：《后工业社会的来临》，高铦等译，新华出版社 1997 年版，第 27 页。

认为，"超工业社会"将为个人的成长、冒险和成功提供新的机会，为个性的发展敞开大门。

不难看出，"二战"后兴起的后工业社会理论以科学技术革命带来的社会变化为切入点，从全面否定社会发展动力、社会革命、社会形态演进规律、人学等方面全面否定马克思主义理论，以重新建构资本主义社会存在的合理性，并试图把握未来社会的发展趋势。但是，与马克思主义的社会学理论比较，它的理论概念和理论范式从根本上看是不科学的。

第一，马克思主义社会发展动力理论并非资本主义改革论所能替代。各种后工业社会理论力图把资本主义改革的作用绝对化，把资本主义发展的"时空"无限化。诸如此类的理论虽然也承认资本主义社会存在各种矛盾、冲突和弊端（如危机、贫富两极分化、劳资矛盾，等等）但却认为这些矛盾、冲突和弊端可以在不从根本上触动资本关系的前提下得到彻底的解决和克服，并由此断言资本关系永远不会成为科学技术和社会生产发展的束缚。理论家们根据资本在现代科学技术条件下还能表现出一定的应变能力和调节能力的事实，宣称资本主义社会的矛盾没有统一的基础和共同的根源，其动荡只是技术经济、社会和政治机构等方面发展不平衡的产物，并且由于资本主义社会的社会基础是由不同社会集团利益的"妥协性"结合而成，故而其改革是自身适应机制不断完善的过程。然而，在马克思看来，资产阶级除非使生产工具、生产关系和全部社会关系不断革命化，否则就不能生存下去，即"生产的不断变革，一切社会状况不停的动荡，永远的不安定和变动，这就是资产阶级时代不同于过去一切时代的地方"①。这就表明，资本主义经济关系的改革是一个不断自我扬弃的过程，而它终将为更高一级的社会形态全面而辩证地加以否定，创造物质和社会关系方面的基础，因为"资本生产力"的发展有其自身的极限，一旦超越这个极限，资本主义改革的历史使命也就终结了。

第二，马克思主义社会革命理论并非歪曲的生产力概念所能否定。马克思在《经济学手稿（1857—1858年）》、《资本论》等著作中把生产力的概念界定为物质生产力与精神生产力的总和，并且明确指出科学本身及其应用都属于精神生产力的范畴。不论是工业社会理论，还是作为其后继者的后工业社会理论，都把生产力的概念技术化、纯自然化、精神化、非人化，将其作为划分社

① 《马克思恩格斯选集》第1卷，人民出版社2012年版，第403页。

会发展阶段的尺度，歪曲了生产力的演变发展与整个社会演变发展之间的关系，并且因此回避或贬低生产关系在社会结构中的地位，从而否定了社会革命的作用。这些理论所讲的"生产力"，已不是马克思所讲的作为人类生存和发展的基础的物质生产力，把错误的、混乱的、不科学的生产力概念作为理论思维的工具，当然不能正确地揭示生产力及其发展与整个社会及其发展之间的关系，从而也就不可能正确地揭示社会革命在社会发展一般规律中的地位和作用。而且，从实践上看，作为精神生产力一部分的科学技术在世界各国的社会发展中所能应用的程度，也与理想主义者的期待大相径庭，远未与物质生产力的发展实现有效的结合。第二次世界大战以后，以美国为首的发达资本主义国家在全球范围内完成了新的经济布局，利用各国经济的高度不平衡，在贸易自由化的旗帜下建立了最有利于跨国垄断资本的国际竞争秩序。科技进步的成果不能在全球范围分享，物质生产力发展在发展中国家受到严重的阻碍。全球性生态危机和2008年以来全球性经济——金融危机就是这个全球性制度框架所必然造成的结果，并且它正在以美国为首的西方国家相继出台科技壁垒政策的新历史背景下得到保护。很明显，在其他因素的干扰下，科学技术的成果并不能在世界范围内得到普遍的应用，全球资本主义体系将会因此随着世界各国社会发展差距拉大而愈益撕裂，社会革命也将不可避免地在这个动荡而不平衡的体系中发生。

第三，马克思主义社会形态理论并非庸俗片面的生产力观所能解构。把社会生产力等同于科学技术，把科学技术等同于理论知识，同时又把整个社会的变化发展归结为理论知识的变化发展，是后工业社会理论否定社会主义代替资本主义的必然性，对抗马克思主义关于社会主义、共产主义是人类社会发展必然趋势学说所依据的方法论思路。在这些理论家看来，科学技术（即理论知识）是社会结构的深层基础，是社会发展的根本动力，因此整个社会的发展变化都是直接由科学技术（或政治权力）决定，而与生产资料所有制无关。既然现代社会的发展变化与生产关系无关，那么社会主义只不过是一种可供选择的方案，而方案的选择也就不具备历史必然性。通过比较可以发现，马克思主义理论强调生产力是社会结构的深层基础，生产关系是最原始、最基本的社会关系，划分社会发展阶段的主要依据就是作为生产力和生产关系的有机统一体即生产方式。以此为依据制定出的社会发展图式，能够准确、全面地反映人的关系和人自身发展的一般规律及其导向实现的机制和具体进程，没有以偏概全的

"毛病"。虽然马克思根据工业革命的发展状况充分论证了科学技术在生产力和整个社会发展中将起越来越大作用的趋势，但他绝不会因此而用科学技术去"涵盖"整个社会物质生产力，用作为知识形态的科学去"涵盖"整个科学技术。

第四，马克思主义人学的理论价值永久存在。马克思主义视域下的人的全面发展，是建立在生产力高度发达的基础上，人的全面发展也在新的层面促进着社会生产力的发展。这种互相促进的辩证发展只有在共产主义社会才能实现。在共产主义社会体系中，各种生产资料和生产资本均属于社会所有，任何人都是社会生产资料的拥有者，所有人都能够依据自身的生产发展需要从社会中获得生产资料。一切社会的资源归社会所有、归一切人所有，因此，失去了私有财产的人也失去了身份地位高低贵贱的差别，社会也将不会有阶级的存在，"在那里，每个人的自由发展是一切人的自由发展的条件"①。马克思主义人学理论的根本就在于它是通过所有制关系的革命，为消除人的相互差距创造条件。资本主义私有制及其衍生的资产阶级法权、治权造成了存在于所有资本主义国家的阶层固化问题，它从事实上阻碍了机会均等、知识共享以及优质资源的普及化。尽管持"后工业社会论"的理论家们畅想一个实现了物质极大丰富和知识革命的未来社会能够为所有人的成长与发展提供无尽的便利，但却不得不面对一个贫富差距日益悬殊、社会整体陷入精神危机、越来越多的社会成员在科学技术革命带来的产业结构变动中被边缘化的现实世界。因此，资本主义的所有制关系是问题的根本，不对此加以解决，科学技术的发展和应用不但不能造福全人类，反而会使人和人之间的矛盾与对立在各国社会内部和全世界范围内更加地尖锐化，这也是马克思主义人学的理论价值所在。

通过以上分析，我们可以肯定马克思主义的真理性不但不会为战后西方的主流社会学理论所颠覆，反而会在对上述问题的深入批判中得到进一步的深化与发展。但同时也必须看到，马克思主义也需要通过回应实践当中不断出现的新情况、新问题而不断发展，这样才能在面对资产阶级理论的挑战时立于不败之地。尽管以"后工业社会论"为代表的西方社会学理论对于现代社会发展的探讨有失偏颇，但我们仍然需要客观地看待其所提出的不少有参考价值的意见和值得思考的问题。例如，在如何解决环境保护、科学技术成果的

① 《马克思恩格斯选集》第1卷，人民出版社2012年版，第422页。

正确应用，以及在消费、家庭、人口、妇女等方面的问题上，后工业社会理论提供了不少可供选择的方案，其所提出的知识在生产过程中日益重要的观点也是从事马克思主义理论工作研究者不能忽视的问题。此外，虽然不能说后工业社会理论对科学技术的发展与社会结构、经济结构、阶级结构、权力中心的变动，以及和社会发展导向之间的关系分析是正确的，但这仍不妨碍我们认真整理和研究其中所包含的大量有关当代资本主义演变和发展的具体资料。

与此同时，由于"二战"后以传统的国际分工为基础的旧的国际经济秩序不但没有因为政治殖民体系的瓦解而被打破，而且还成为西方主要资本主义国家继续推行新殖民主义或经济殖民主义政策的基础，以桑托斯、费兰克、普雷维什、阿明等人为代表的左派学者在战后提出了"依附理论"对此加以批判。在借鉴马克思的剩余价值理论和阶级剥削理论的基础上，依附理论提出世界上所有不同的国家构成了一个经济体系，其中发达国家是中心，发展中国家是外围；外围国家的发展是在全世界资本主义范围内、在中心特别是主要中心的控制下进行的，而中心国家是不会把发展动力充分传播到外围国家的；由于不平等的专业化生产和国家经济秩序，外围国家与中心国家的关系，只能是前者对后者的依附关系。桑托斯还曾归纳了这种依附关系发展的三个不同形态，即殖民地依附、金融和工业依附、科技—工业依附，强调在依附关系中，外围国家起着为中心地区进行原始积累的作用，故不发达的状态愈演愈烈，在越深越广的范围内依附于中心。因此，该理论主张发展中国家要实现自己的发展，就应当摆脱对西方发达国家的依赖，阻止西方贸易、技术、跨国公司、教育与思想的侵入，自力更生。

由此可见，依附理论所要解决的中心议题是探讨不发达国家的落后根源和如何解决这些不平等的发展与依附问题。它在方法论上摆脱了"西方中心论"的束缚，力图把世界经济作为一个完整的单位来研究，直接为20世纪后期"世界体系理论"的提出奠定了基础。它在马克思主义理论范式的基础上，继承了列宁关于帝国主义世界体系的分析框架，试图从世界资本主义体系的中心——外围结构来探讨不发达国家不发展状况的原因，这无疑是值得肯定的。但我们也必须看到，尽管依附理论借鉴和发展了马克思主义的有关理论，但它在关于先进资本主义国家的历史作用、无产阶级的革命性、资本积累的历史意义、如何对待资本主义的生产方式等一系列重要的理论问题上与马克思主义理论大相径庭，以致最后得出不发达国家应该与发达资本主义国家"脱钩"的结论。这在世界社会主义运动的理论领域对马克思主义形成了重大的挑战。必须指出的是，依附理论仍然属于西方国际政治经济学的一种理论流派，其在理论上对马克思主义所形成的挑战，直接影响到以中国为代表的社会主义国家在世界社会主义运动中的话语权，进而不可避免地对科学社会主义在未来世界的发展产生一定程度的对冲作用。借鉴依附理论的合理成果，并就它与马克思主义基本理论的不同之处展开探讨与辨析，同样也是一条捍卫和发展马克思主义的重要路径。

第三节　世界和平主题的初现

19 世纪末 20 世纪初至第二次世界大战结束后的很长一段时期内，战争与革命一直是当时世界的主题，世界历史的主要内容和潮流是帝国主义战争和无产阶级革命。第二次世界大战以后，世界范围内的和平力量得到了巨大的增长，一批国家走上社会主义道路，殖民主义体系彻底崩溃，以联合国为代表的国际组织迅速发展，战后世界范围内的民主运动兴起，西方国家的人民对和平重要性的认识不断加强，反战与和平逐步成为战后民主思潮的重要方面。

一、战后世界人民对和平的追求

由于 20 世纪上半叶的两次世界大战给世界各国人民都带来了深重的苦难，人们对和平的珍视和追求比以往任何时候都要强烈。作为霸权主义和扩张主义的对立方，战后出现的社会主义阵营和独立的第三世界国家都为维护世界和平作出了不懈的努力，顺应了世界人民追求和平的愿望。

（一）苏联的和平外交政策

苏联作为社会主义阵营中的最重要国家，在两极对峙的格局形成后，曾试图缓和与西方国家的关系。斯大林逝世后，苏联新的领导层认识到世界人民渴望和平的意愿不可违背，因此开始酝酿调整对外战略。苏联首先把推动解决奥地利问题作为突破口。奥地利在 1938 年被德国吞并，此后被迫追随纳粹德国进行战争，德国战败后随即被美、英、法、苏四国军队占领。1955 年 4 月，苏联政府邀请奥地利政府代表团到莫斯科，就对奥缔结和约一事与奥方谈判。在与奥方取得共识的基础上，苏、美、英、法四国驻奥大使与奥地利代表于当年 5 月签订和约，之后四国军队撤出奥地利。对奥和约的签订结束了四大国对奥地利的军事占领状态，恢复了奥地利的独立，解决了战后欧洲的一个重大遗留问题，消除了该地区的一个紧张源，这对于缓和欧洲地区的紧张局势具有积极意义。

随后，苏联又在日内瓦会议上与西方国家就裁军、欧洲安全、加强东西方接触以及德国问题开展对话，在很大程度上缓解了冷战以来东西方之间的紧张对立态势。苏联与美、英、法等国的首脑都对会谈给予了很高的评价，认为它减少了战争风险，为人类展现了"一种持久和平的前景"，体现了"一种新的和解精神"。在这种缓和氛围的影响下，苏联很快与联邦德国、日本建立或恢复了外交关系。

苏联的外交努力为两极对峙的走向增加了一种新的可能。从此以后，国际社会出现了对抗与对话并存、东西方在冷战中有意识谋求和平共处的局面。苏联领导人赫鲁晓夫在 1956 年提出的两大制度"和平过渡""和平竞赛""和平共处"的主张与这种缓和的局面有很大的关系。

（二）第三世界的和平主张

在苏联进行外交转变的同时，新独立的亚非国家也在通过互相联合壮大自身的力量。这些第三世界国家以集体的形式走上国际政治舞台，提出自己的政治经济主张，推动着世界朝着多极化方向发展，有力地维护了世界和平。

第一，"和平共处五项原则"的提出。中国和印度在取得民族独立以后，都共同面临着处理西藏问题和边界问题的外交考验。1953 年 12 月 31 日，中印在北京就两国在西藏地方的关系问题展开谈判，周恩来提出处理两国关系的原则，即互相尊重领土主权，互不侵犯，互不干涉内政，平等互惠与和平共处。中印两国在 1954 年 4 月签订的《中印关于中国西藏地方和印度之间的通商和交通协定》中将上述原则明确载入，这是和平共处五项原则首次见诸国际条约。和平共处五项原则的提出为中国同亚非国家关系的发展奠定了良好的基础，成为了处理国际关系的普遍准则，沉重打击了西方的殖民主义和霸权主义，推动了新兴民族国家反对帝国主义侵略政策和战争政策的斗争，对亚洲和世界和平事业的发展产生了深远影响。

第二，倡导和平的"万隆精神"。20 世纪 50 年代，在战后第一轮民族解放浪潮中独立的亚非国家都面临着共同的问题，那就是如何在国际政治中协调相互关系，以维护独立的成果和自身的利益，并且在两极格局中壮大第三世界的力量，推动民族解放运动的进一步发展。1955 年 4 月，来自 29 个亚非国家的约 340 名代表在印度尼西亚的万隆举行会议，就反对殖民主义、促进世界和平与合作以及亚非国家之间友好合作的问题进行了讨论。在会议进程中，印度尼西亚总统苏加诺呼吁亚非各国团结起来，实现完全的独立和繁荣，中国总理周恩来提出了"求同存异"的原则，倡议社会制度不同的国家在反对殖民主义这一共同基础上互相了解和尊重、互相同情和支持。会后发表的公报在"关于促进世界和平和合作的宣言"中提出了各国和平相处、友好合作的十项原则：（1）尊重基本人权和联合国宪章的宗旨和原则；（2）尊重一切国家的主权和领土完整；（3）承认一切种族和一切国家的平等；（4）不干预或干涉他国的内政；（5）尊重每一个国家按照联合国宪章进行单独或集体自卫的权利；（6）不使用集体防御的安排来为任何大国的利益服务；（7）不以侵略行为或侵略威胁或使用武力来侵犯任何国家的领土完整或政治独立；（8）按照联合国宪章，通过和平途径解决国际争端；（9）促进共同利益与合作；（10）尊重正义和国际义务。这些原则充分体现了和平共处五项原则的精神实质，是和平共处五项原则的引申和发展。亚非会议所倡导的反对帝国主义和殖民主义、争取民族独立、加强各国团结、发展友好合作、共同维护世界和平的"万隆精神"，不仅对亚非国家的对外政策产生了重大影响，也有力地促进了世界和平事业的发展。

第三，不结盟运动的兴起。当欧洲列强主导的全球殖民体系瓦解后，美苏两国又开始了对"中间地带"的第三世界国家的争夺。严峻的形势激发了广大第三世界国家的非集团化倾向。为了巩固自身的独立、维护世界和平，一些

"中间地带"国家酝酿发起"不结盟运动",以求通过进一步的团结合作与相互支持形成独立于两大阵营之外的第三种政治力量。"不结盟"的概念最早由印度总理尼赫鲁在1954年提出,之后南斯拉夫总统铁托进一步提出"不结盟运动"的设想。1961年9月,第一届不结盟国家和政府首脑会议在南斯拉夫首都贝尔格莱德召开,会议强调只有根除帝国主义、殖民主义和新殖民主义,才能实现持久和平;要求撤除一切设在别国领土上的军事基地,全面彻底裁军,销毁核武器;呼吁美苏首脑举行谈判,缓和国际紧张局势;强调坚持和平共处五项原则是代替冷战、避免发生核灾难的唯一办法。这次会议的召开标志着以独立自主、不结盟、非集团为基本原则和宗旨的不结盟运动正式形成。在其后的历届不结盟国家首脑会议上,与会国又相继提出建立国际经济新秩序、反对霸权主义和殖民主义、加强南南合作与南北对话等主张,对国际政治产生了深远的影响。

(三)建立国际经济新秩序的努力

第三世界国家与发达国家在经济上的矛盾被统称为南北矛盾,它实际上是率先走上现代化道路的欧洲资本主义国家对亚非拉地区实施殖民主义掠夺的结果。独立后的亚非拉各国愈益认识到,只有摆脱帝国主义的经济剥削与控制,独立地发展民族经济,才能巩固自身的政治独立。因此,在不断加强互相之间经济联系的同时,这些第三世界国家不断地集体发出改革不合理的国际经济旧秩序的呼吁。1964年3—6月,第一届联合国贸易与发展会议在日内瓦举行。会上,发展中国家对发达国家霸占和掠夺自然资源、在国际贸易中坚持不等价交换等做法进行了强烈谴责。其间,77个发展中国家共同发表《77国联合宣言》,表示要加强团结与合作,促使发达国家在国际经济领域采取合理政策,维护自己的经济权益。同年10月,第二届不结盟国家首脑会议首次提出"建立国际经济新秩序"的口号。经过发展中国家的努力,1974年5月召开的联合国第六届特别会议通过了《关于建立新的国际经济秩序的宣言》和《行动纲领》,年底,联大又通过了《各国经济权利义务宪章》。这些文件标志着南北矛盾的存在与解决途径已成为一种世界性的共识,而发展中国家提出的国际经济新秩序的理念也被世界各国普遍接受。缩小经济差距是实现世界政治多极化的前提,这一问题的解决与否将会深刻地影响世界的未来。

二、法西斯势力的衰落

法西斯主义的产生具有深刻的社会历史根源，再加上政权力量的"苦心经营"，其在德、意、日等国有着根深蒂固的社会基础，因此仅凭一场战争还不足以完全消灭它。肃清法西斯的残余势力和影响，是"二战"结束后巩固反法西斯战争胜利成果、维护世界和平与稳定的首要任务，也是同盟国战后合作的重要内容。德、意、日法西斯国家投降后，美国、苏联等战胜国对其采取了强制改造、惩办战犯与缔结和约等措施，较为彻底地清除了法西斯残余势力。

（一）对德国法西斯的处理

在 1943 年的德黑兰会议上，美、苏两国都主张对德国予以严惩，罗斯福总统甚至要求将其分割成 3—5 个国家，并摧毁其工业生产能力。会后，美国提出"摩根索计划"，建议对德国的领土进行缩小和分割，并将其改造成农牧业国家。1945 年 2 月，美、苏、英 3 国最终在雅尔塔会议上就分区占领和管制德国的问题达成了一致。

1945 年 5 月 7 日，德国宣布无条件投降。6 月，美、苏、英、法 4 国占领军司令部共同宣布接管德国自上而下的全部公共权力。德国被分为四个占领区，各占领区司令遵照各国政府训示行使最高权力。7 月，波茨坦会议确定了处理德国法西斯残余势力的若干原则：解除德国全部武装并使之完全非军事化；消灭纳粹党及其附属与监督的机构，解散一切纳粹组织，并确保这类组织不得以任何形式复活，禁止一切纳粹或军国主义的活动和宣传；废除纳粹法律；严惩战争罪犯和纳粹党领导，解除纳粹分子公职及其在经济界的负责职位；铲除或控制一切可用于军事生产的德国工业，对德国经济实行管制，德国一切的经济生活和社会生活均实行民主化和非军国主义化原则。

审判战争罪犯是根除法西斯残余势力影响的关键举措。1945 年 11 月至 1946 年 9 月，纽伦堡国际军事法庭对犯有战争罪、破坏和平罪、违反人道主义罪的 24 名战犯进行了审判。其间开庭 403 次，询问了 116 个证人和 19 个被告，审理了 1809 件证人书面证词，还受理了 3.8 万件作为证据的文件，记录 17000 余页。9 月 30 日至 10 月 1 日，法庭以确凿的证据判处戈林、里宾特洛

甫、凯特尔等 12 人绞刑，赫斯、冯克、雷德尔 3 人无期徒刑，邓尼茨等 4 人
10—20 年不等的有期徒刑。法庭还宣布纳粹党的政治领袖集团、秘密警察和
党卫军保安勤务处、党卫军、冲锋队为犯罪集团和组织。美方首席起诉人罗伯
特·杰克逊指出，"对全世界来说，纽伦堡法庭判决的重要性并不在于它怎样
忠实地解释过去，它的价值在于怎样认真地儆戒未来"①。苏方首席起诉人斯米
尔诺夫强调纽伦堡法庭的判决"是国际刑法史上一部非常重要的文件，它揭露
了希特勒法西斯主义所犯的罪行，并宣布了侵略战争是最严重的罪行"。纽伦
堡审判是反法西斯斗争胜利的继续，它的公正判决使纳粹德国战犯受到应有的
制裁，从法律上杜绝了法西斯势力复辟的可能，向世界昭示了从事法西斯活动
的最后下场。但是，这场审判也存在一些不足，如宣判德军参谋总部无罪，并
宽容了德国金融寡头集团及法西斯宣传机构，等等。对此，苏联法官提出了
异议。

（二）对日本法西斯的处理

日本在战败投降后基本是由美军单独占领，盟军总司令麦克阿瑟通过日本
政府实行间接统治。1945 年 9 月，美国总统杜鲁门批准了《投降后初期美国
对日政策》的文件，把占领日本初期的政策目标定位为两个方面，即确保日本
不再成为美国和世界和平与安全的威胁，促使日本建立一个和平负责、尊重联
合国宪章理想和他国权利、支持美国的政策目标的政府。根据这一占领方针，
美国占领军总部对日本实行改造的政策。

占领军司令部下令实行言论自由，取消对于政治、民权和宗教自由的限
制，无条件地释放各种政治犯，并颁布了政治改革的五项原则：（1）男女完全
平等，解放妇女；（2）促进工人的组织和团结；（3）教育民主化；（4）把日本
人民从专制政治下解放出来；（5）实行经济民主化。这些原则的施行，为日本
这样一个军国主义氛围浓厚的国家去法西斯化奠定了社会基础。在清除日本的
法西斯残余势力方面，美国做了如下的具体工作：

其一，整肃法西斯人员。占领军首先逮捕了战争罪犯，并清理日本政府
内、旧军人、社会各界的军国主义分子，褫夺其公职。解散右翼军国主义的政

① ［民主德国］P. A. 施泰尼格尔编：《纽伦堡审判》上卷，王昭仁译，商务印书馆 1985 年版，第 2 页。

党、团体。

其二，审判战犯。1946年1月成立远东国际军事法庭，负责审判日本的甲级战犯。军事法庭的法官由美、中、苏、英、法、荷、加、澳、新、印、菲11国组成。1946年5月至1948年11月，法庭共开庭818次，记录48000页，出庭作证419人，书面作证779名，受理证据4300余件。法庭判决书依据日本御前会议记录、内阁会议记录、五相会议记录、伪满洲国秘密文献以及伪满皇帝溥仪等千余当事人的证词，揭露日本20年中计划、准备、发动和执行侵略战争的无可辩驳的史实。经过激烈辩论，法庭最后对东条英机、板垣征四郎、土肥原贤二、广田弘毅、木村兵太郎、松井石根、武藤章7人判处绞刑，对荒木贞夫等16人判处无期徒刑，对东乡茂德和重光葵分别判处20年和7年的有期徒刑。在审讯中也曾出现过袒护被告和为其开脱的种种言论，但最终的判决结果还是体现了千千万万被日本法西斯蹂躏的各国人民的意愿。

其三，制定新宪法。盟军总部在1946年2月草拟出日本宪法的修正草案，该草案体现了主权在民和君主立宪的精神。1947年5月，新宪法正式生效，它明确规定了象征天皇制、主权在民、放弃战争和交战权等条款。

其四，解散财阀。为了消除带有军国主义和法西斯性质的家族垄断和商业经营，盟军总部从1946年8月至1947年9月通过日本政府的持股公司整理委员会把56个财阀家族的头目的大部分股票和83家持股公司的全部持股公开拍卖，并勒令这56个财阀家族头目放弃在企业中的所有职务。1948年初，盟军总部又确定了325家必须分割的大型垄断公司。以后，由于美国占领政策的转变，只有18家公司被分割和处理。

其五，缔结对日和约。1951年9月，美国政府在旧金山召开对日媾和大会，会后共有包括日本在内的49个国家签署了《对日和约》（又称《旧金山和约》）。日本政府在和约中承认朝鲜独立，放弃对台湾、澎湖、千岛群岛、前国联委任日本统治的太平洋岛屿的一切权利和要求，承诺以和平方式解决争端，不威胁使用武力。日本政府声明放弃"二战"前在若干国际条约中获得的权利和在中国的一切特权与利益，并对战争中引起痛苦和损害的盟国给予赔偿；另外，日本接受并执行远东国际军事法庭的判决。对日媾和是美国出于称霸亚太地区的战略考虑而采取的外交步骤，但它在客观上巩固了美国对日改造的成果，也对日本法西斯主义的复活给予了国际方面的法律限制。

（三）对意大利等国法西斯的处理

意大利同样是法西斯轴心国的成员，并且是欧洲法西斯主义的策源地。除此以外，罗马尼亚、保加利亚、匈牙利和芬兰4国也是德国法西斯在"二战"中的主要帮凶。战后，同盟国也与这些国家缔结了和约。1947年2月，苏、美、英、中等国与上述五国在巴黎签订了五国和约。在五国和约的政治条款中，都明确规定保证公民享有人权、民主和基本自由的权利，解散法西斯组织并不准其复活，逮捕并审判战争罪犯。在对意和约中规定设立的里亚斯特自由区，由联合国安理会保证该区的完整和独立，意大利放弃其在利比亚、厄立特里亚、索马里各属地的一切权利，放弃《辛丑条约》规定的在华一切权利，取消天津意租界，放弃在上海、厦门的公共租界的所有权，承认并尊重阿尔巴尼亚和埃塞俄比亚的独立和主权。在军事条款方面，对五国的军事力量都作出了具体的限制，特别是意大利必须拆除意法边界和意南边界的永久要塞和军事设施，并且禁止建立新的海军基地和生产原子武器。

三、第三世界国家民族解放运动的兴起

西方国家在实现资本主义现代化的进程中，为满足资本主义生产方式扩张的需要，构建起一个现代的全球殖民体系。到19世纪末，这个殖民体系几乎囊括了所有的亚非拉国家。进入20世纪后，殖民地或半殖民地国家以自主现代化为内核的民族意识开始觉醒，并由此产生出领导民族独立运动的阶级力量和政治力量，此时的西方列强却在彼此的争斗中逐渐衰落，全球殖民体系因此不断地瓦解。

第一次世界大战和俄国十月革命促发了民族解放运动的第一波浪潮。在这一轮的民族独立浪潮中，中国的辛亥革命推翻了帝制，建立起形式上的资产阶级共和国，印度的非暴力不合作运动为其日后的独立奠定了重要的基础，埃及、土耳其则摆脱了英国的殖民统治，实现了民族独立。亚非拉各国在20世纪上半叶的民族解放运动打开了西方殖民体系的缺口，也为以后更大规模更高层次的民族解放运动提供了范例和经验教训。

第二次世界大战结束后，全世界范围内的殖民地和半殖民地国家的民族独

立浪潮再次高涨。经过 20 世纪上半叶的严重经济危机和两次世界大战的消耗，原来作为全球殖民体系中心的西欧各国创伤累累，实力大为下降，已不能维系其庞大的海外殖民帝国，更无法根据自己的意志安排世界事务。因此，对于英、法等老牌殖民国家来说，实力的此消彼长意味着自身已无多少讨价还价的余地，在殖民地要求独立的面前如果顽固坚持殖民主义立场，只会让自己陷于被动，并且背上沉重的包袱。至于德、日这样的战败国，其原来的殖民地被其他大国托管，获得解放也只是时间的问题。

战争极大增强了殖民地和半殖民地人民的民族主义意识，这种意识在战后立即转变为争取独立的思想武器。同时，经过战争的锻炼，殖民地和半殖民地人民在领导力量、组织方式、外部联系、斗争策略等方面都积累了比"二战"前更为丰富的经验，这为他们获得斗争胜利以及独立建设国家提供了政治条件。

"二战"后形成的社会主义阵营也对殖民地和半殖民地人民争取独立的斗争提供国际支持。为了把广大"中间地带"的民族解放运动纳入世界社会主义运动的轨道，组成世界范围内的反帝统一战线，以苏联为首的社会主义阵营对亚非拉各国的民族独立斗争给予了积极支持和大力援助。在苏联、中国等社会主义国家的支持和影响下，亚洲、非洲、拉丁美洲都有一些国家通过武装斗争取得民族独立，并加入社会主义阵营或走上社会主义的发展道路。

从总体上看，战后的民族解放运动持续了大约 30 年，近百个殖民地或半殖民地国家大多在 1945—1975 年间摆脱了殖民统治。从 1945 年到 1960 年间，大多数的亚洲国家和部分非洲国家获得了独立，它们是：印度尼西亚（1945年）、越南（1945 年）、老挝（1945 年）、叙利亚（1946 年）、约旦（1946 年）、菲律宾（1946 年）、印度（1947 年）、巴基斯坦（1947 年）、缅甸（1948 年）、斯里兰卡（1948 年）、韩国（1948 年）、朝鲜（1948 年）、以色列（1948 年）、利比亚（1951 年）、柬埔寨（1953 年）、苏丹（1956 年）、摩洛哥（1956 年）、突尼斯（1956 年）、马来西亚（1957 年）、加纳（1957 年）、几内亚（1958年）。其中不少国家在独立后建立了社会主义制度或选择社会主义发展模式。从 1960 年开始，撒哈拉以南的非洲国家和亚洲、拉丁美洲和大洋洲剩余的殖民地国家也都纷纷独立。1990 年纳米比亚取得独立，宣告了席卷世界的亚非拉民族解放运动赢得了最终的胜利。

西方国家建立的现代全球殖民体系在战后民族解放运动的冲击下土崩瓦

解，它有力地支援了世界范围内的社会主义运动。民族解放运动使原先的殖民地和半殖民地国家完成了政治上的"非殖民化"，以独立的身份登上国际政治舞台。20世纪90年代，在联合国185个成员国中，多数都是"二战"后取得独立的国家，以这些国家为主体的第三世界成为国际政治中的一支举足轻重的力量，是社会主义国家的重要伙伴。

四、马克思主义理论发展主题及任务的新变化

进入20世纪后半叶，随着整个帝国主义的衰落和世界上多数国家的努力，时代主题开始由战争与革命向和平与发展悄然转变。这为马克思主义理论的发展提出了新的问题，也提供了新的机遇。

按照马克思和恩格斯的理论，只有在经济文化高度发达、现代化已经完成的国家才能建设社会主义。"二战"后出现的社会主义国家大多数落后于苏联，也就是说，从经济社会发展的条件来看，除捷克斯洛伐克和民主德国以外的其他社会主义国家，其建设社会主义的难度比第一次世界大战后的俄国还要大。在经济文化普遍落后的国家如何建设社会主义成为"二战"结束后马克思主义理论的主题。

苏联模式是人类历史上第一个成型的社会主义建设样本。这个模式曾经使苏联取得了工业化建设的巨大成功，也留下过惨痛的历史教训。战后，斯大林仍然固守原有的社会主义模式，并在此基础上恢复被战争破坏的国民经济。从1946年开始，苏联只用了一个五年计划（1946—1950年）就治愈了战争的创伤，并很快又走上了高速发展的道路。1946—1947年，苏共党内在讨论新宪法和新党纲草案时曾有过要求体制改革的声音，主要集中在实行经济分散化管理、给地方和部门下放权力、扩大党内民主、实行干部轮换制等方面。斯大林对这些意见都没有采纳，而且还不许扩散。

另外，苏联还在其他社会主义国家推广本国模式。由于"二战"后出现的大多数社会主义国家都是在苏军的帮助下建立的，接受苏联的社会主义发展模式可以说是当时唯一的选择。这些国家建立社会主义制度的步骤一般都是在共产党领导的新政权取得巩固后，着手进行土地改革和工商业的国有化，较完全地摧毁旧的经济制度（中国的情况较为特殊，其土地改革与政权的建立和巩固

同时进行），之后通过制定五年计划开展国家工业化和农业集体化运动，并且在此过程中建立起高度集中的计划经济体制。到了 20 世纪 50 年代初，亚欧各国的社会主义国家基本上都确立了苏联模式的政治经济体制和与苏联大致相同的社会结构。

与此同时，斯大林还从理论上对苏联社会主义模式的合理性进行绝对化的论证。1952 年，斯大林发表了他一生中的最后一部重要理论著作《苏联社会主义经济问题》。在这部著作中，斯大林以不容商榷的、下定义式的语句对社会主义的基本经济规律、社会主义条件下商品生产的特殊性、计划经济在国民经济中的支配地位和资本主义的总危机等问题作了论断，从而构建了以苏联模式（更确切地说是"斯大林模式"）为范本的社会主义政治经济学的体系框架和基本观点，并下令以此作为编写政治经济学教科书的基础。

然而，苏联模式的深刻弊端并不是人为的强制就能掩盖的。在经济上，经济基础落后的社会在短期内通过高度集中的计划体制吸附资源，的确能使国民经济发展迅速。但是，这种过分运用行政命令管理经济的体制对于资源的配置是十分低效的，它压制产业的正常发展，挫伤劳动者的积极性，在浪费资源的同时使民众的生活水平难以得到提高。在政治上，过度集权的党政领导体制和自上而下的干部任命制度导致社会严重压抑，党员群众表达意见困难，软弱低效的监督体制无法有效管控权力，整个社会因此在很大程度上丧失了自我纠错的能力。在思想领域，舆论一律化现象十分严重，未得到官方认可的声音受到压制，民众普遍缺乏独立人格、批判精神与创新意识。苏联和其他社会主义国家在战后一度实现国民经济（主要是工业经济）的高速发展，超过了同时期的西方各国。但是，在工业化取得重大成就以后，经济增长后继乏力、产业结构严重失调等弊病随之暴露出来。经济问题与政治问题、社会问题交织在一起，在社会主义各国都酿成了大小不等的社会危机，使社会主义的建设和发展愈益困难。对原有的苏联模式进行改革，探索符合本国国情的建设社会主义道路成为各个社会主义国家不容回避的最重大任务。

在与苏联的关系恶化后，南斯拉夫人民在铁托的领导下从 20 世纪 40 年代末开始率先突破苏联模式，寻找符合本国实际的社会主义建设道路。从 1949 年起，全国范围内有两百多个企业进行工人自治试点，到 1950 年 6 月颁布《工人自治法令》，掀起了以扩大企业自主权为核心的经济改革运动。同时，扩大了共和国、自治省的权限，放弃了高度集中的国家计划体制，实行社会计划，企业的自主权进一步扩大。南斯拉夫不仅在经济体制改革方面取得了重大突破，在政治体制改革方面实行简政放权，从而调动了地方、企业和劳动者的积极性，提高了国家机关的工作效率，使南斯拉夫出现了 1953—1963 年被誉为自治的"黄金时代"的十年经济繁荣期。

南斯拉夫的独立探索带动了苏联、匈牙利、波兰等国进行程度不等、内容不同的局部性改革，使探索社会主义建设道路的运动由一国扩展到多国。

苏联在斯大林去世后也开始了改革原有模式的探索。苏联领导人赫鲁晓夫着重从经济领域入手，撤销了中央和地方的一大批部委，把计划、财政、管理和物资分配的权力下放给地方，通过改组机构和减少指标的方式改善计划工作，改革农业管理体制和农产品收购制度，并以物质激励的原则改革劳动报酬制度。在政治方面，赫鲁晓夫取消了党、政、军高干的一些特权，力推干部轮换制度，改革党的领导体制和组织结构，以平反斯大林时期冤假错案的工作为抓手加强法制建设。赫鲁晓夫执政期间，苏联政府在思想文化领域的管控有所放松，社会上出现了"解冻"文学，并有了对改革的各种探讨。

东欧各国的改革普遍是在 1956 年苏共二十大后开始的。在经济改革方面，波兰政府削减中央主管部门和计划指标，扩大企业自主权，解散违反农民意愿的合作社；匈牙利在取消农产品义务交售制的基础上实行自由销售和按合同收购制度，削减计划指标并引入市场调节，允许企业在基本工资范围内自定工资；捷克斯洛伐克在减少计划指标的同时提高长期计划的作用和效果，减少工业管理层次，让企业成为具有一定的自主权和独立核算的经济单位。在政治改革方面，多数东欧国家都在实行党政分工、改革选举制度、加强法制建设和人民监督方面取得了一定的成就。

20 世纪 50 年代中期，中国也在如何建设社会主义方面进行了自己的探索。1956 年 4 月，毛泽东在中共中央政治局扩大会议上发表《论十大关系》的报告，向全党提出"以苏为鉴"，探索本国建设社会主义道路的问题。在此期间，中共领导人就计划经济与市场调节、调动中央和地方两个积极性、统筹国家、集体和个人利益，以及社会主义与资本主义的关系方面，提出了很多有益的见解。

总的来说，20 世纪中期兴起的社会主义国家探索本国建设社会主义道路的运动并未达到预期的目标。到 60 年代中期以后，苏联的改革发生倒退，中国国内则在"左"倾思潮愈演愈烈的背景下爆发"文化大革命"，而东欧各国的改革也在苏联的干预下相继停止。这与之前长期形成的对社会主义的教条理解有关，也与当时大的国际环境有关。但是，这场运动毕竟开启了社会主义国家在新的时代主题下继承和发展马克思主义、寻找符合本国国情的建设社会主义道路的新历程。

第二章　欧亚多国社会主义革命和建设道路的探索

　　第二次世界大战后，在苏联社会主义的示范和影响之下，社会主义从一国实践发展到多国实践。世界上的社会主义国家从地域分布看，主要有：横跨欧亚两洲的苏联，地处东欧的南斯拉夫、波兰、罗马尼亚、捷克斯洛伐克、匈牙利、保加利亚、阿尔巴尼亚、德意志民主共和国；亚洲的中国、越南、朝鲜、蒙古。社会主义革命前，这些国家情况差别很大，有较为发达的工业国和贫困的殖民地，有先进的民主共和国和落后的君主独裁王国，有同盟国的战友也有协约国的附庸。社会主义阵营得到长足发展。同时吸引着拉丁美洲的古巴和亚洲的柬埔寨、老挝相继建立人民民主政权。欧亚多国的革命和建设实践使社会主义从理论成为现实的社会制度，社会主义制度的诞生开辟了人类历史的新纪元。20世纪70年代，社会主义阵营的国家达到16国，这也是国际共产主义运动的顶峰时期。

第一节　欧亚多国人民民主国家建立

　　20世纪40年代，随着世界反法西斯斗争的节节胜利，社会主义运动进入新的高潮。中欧和东南欧地区先后诞生了八个人民民主国家，即于1944年3月23日成立的罗马尼亚人民共和国，1944年7月21日成立的波兰共和国，

1945 年 5 月 9 日成立的捷克斯洛伐克人民民主共和国，1945 年 11 月 29 日成立的南斯拉夫联邦人民共和国，1946 年 1 月 11 日成立的阿尔巴尼亚人民共和国，1946 年 2 月 1 日成立的匈牙利共和国（1949 年 8 月改称匈牙利人民共和国），1946 年 9 月 15 日成立的保加利亚人民共和国以及于 1949 年 10 月 7 日成立的德意志民主共和国。

东方一些亚洲国家越南、朝鲜和中国也通过民主革命走上了社会主义道路，建立了人民民主国家政权。1945 年 9 月 2 日，胡志明领导的越盟（即后来的越南共产党）在越南北方的河内宣布独立，胡志明发表《独立宣言》，宣布越南民主共和国成立（即"北越"）。朝鲜民主主义人民共和国于 1948 年 9 月 9 日正式宣告成立。在东方大国中国，1945 年日本无条件投降后，以毛泽东同志为主要代表的中国共产党人带领全国各族人民经过近四年艰苦卓绝的斗争，推翻了国民党的统治，于 1949 年 10 月 1 日在天安门庄严宣告中华人民共和国成立。这些亚洲民主国家的建立，壮大了世界社会主义阵营的队伍，改变了整个世界政治力量的对比，有力推动了世界社会主义运动的蓬勃发展。

这些民主国家的成立，在实践上使社会主义跃出苏联一国地域，在国际上产生广泛影响，并形成一个强大的社会主义国际体系；这些国家不仅自身获得独立自主的地位，而且使世界政治格局发生重大变化。并以此为标志，世界形成了资本主义阵营和社会主义阵营社会制度迥异的两大阵营。这些社会主义国家，在政治上都由共产党领导，以马克思列宁主义为指导思想；在军事上，部分社会主义国家建立"华沙公约组织"同盟，对抗北大西洋公约组织；在经济上，部分社会主义国家成立经济互助委员会，搭建社会主义世界市场的平台，希望各国互助合作促进经济共同发展。社会主义在亚洲、欧洲和拉丁美洲获得大发展，丰富了科学社会主义的内涵和国际共产主义运动的实践，卓有成效地显示了社会主义制度顽强的生命力和创造力。

一、东欧人民民主革命的历史背景

东欧人民民主革命背后隐藏着复杂的历史背景，各国具体情况有所不同，但也有一些共同点。

第一，民族要独立。东欧国家历史上曾长期遭受外来统治与奴役，人民具有长期从事革命反抗外来侵略争取民族解放的历史传统。历史上，东欧各国人民很早就展开了反抗奥匈帝国、德意志帝国以及沙皇俄国的长期统治与欺凌，争取民族解放与国家独立的不懈革命斗争，也多次掀起过革命斗争的高潮，如1848年布达佩斯、维也纳、布拉格高地起义是第一次革命高潮，并涌现出裴多菲等众多民族英雄。第一次世界大战后达到斗争第二次高潮，东欧人民推翻了奥匈帝国、德意志帝国以及沙皇俄国的统治，波兰、捷克斯洛伐克、匈牙利以及南斯拉夫等国实现了民族独立。虽然革命斗争曾不同程度多次遭受挫败，但这些革命斗争为东欧人民抗争外国侵略提供了典范，鼓舞着东欧人民继续掀起新一轮抗争的热潮。

第二，人民要民主。波兰、匈牙利以及捷克斯洛伐克历史上隶属于西欧文明，具有一定的议会民主政治传统，承袭了西欧民主政治体制。1918年10月28日，捷克斯洛伐克独立，建立了资产阶级议会民主制。与之相对，巴尔干地区国家几乎都是实行君主专制政治制度。南斯拉夫、保加利亚、阿尔巴尼亚以及希腊，都由国王宣布实行君主制。由于本地人民受到本国民主政治文化的影响，无论是资产阶级民主制还是君主制，均激起人民不同程度的反抗，这也为东欧人民民主革命的产生奠定了民主政治基础。

第三，经济要发展。东欧各国经济发展水平差距较大。在产业结构方面，除捷克、德国有较发达的工业基础外，东欧其他国家均为落后的农业国，与西方国家相比存在很大差距。东欧各国严重依赖外国资本。例如，第二次世界大战前德国资本控制匈牙利进口贸易的1/3；外国资本在罗马尼亚石油工业中占91.9%，在冶金工业中占74%；捷克的重工业几乎全为国际垄断资本所支配。在人口比例方面，东欧国家的农业人口一般占就业人口的80%左右，且农村保留着大量封建残余，农业正从封建领地制向资本主义大农场过渡，土地多集中在少数大地主手中。如匈牙利占人口0.2%的地主阶层拥有全部耕地的30%左右，而占人口总数85%的农民只占有19.3%的耕地。[1] 总的来看，东欧地区经济比较落后，被认为是第二次世界大战前资本主义发展链条中最薄弱的环节之一。

第四，革命受激励。俄国十月革命胜利很大程度上鼓舞了东欧各国人民的斗志，增强了东欧革命人民的信心。十月革命为东欧革命斗争提供了成功的范

---

① 参见张象：《第四讲　东欧人民民主国家的建立和巩固（上）》，《历史教学》1988年第1期。

例，指明了方向。东欧革命者认识到，社会主义并不是一个遥远的、近乎疯狂的幻想，而是一种可以实现的理想，只要具备了革命的条件，东欧民主革命也可以取得胜利。在这种意义上，东欧革命被认为是十月革命的一种延续和发展。东欧革命又不是简单重复十月革命的历史，没有经历类似于俄国从二月革命转变到十月革命的革命转变过程，而是在特定的国际环境（第二次世界大战中消灭了德国与意大利法西斯）与具体的东欧环境（各国资产阶级民主制和君主专制制度）中所采取的武装夺取政权和建立人民政权的运动。①

二、东欧人民民主国家的建立

东欧人民民主各国的建立或多或少受到苏联的影响。有的国家主要靠独立自主的革命斗争建立了新的人民民主政权，有的则是在苏联军队扶持下建立了新政权。

南斯拉夫、阿尔巴尼亚两国通过本国力量独立自主建立人民民主政权。这一类人民民主政权的建立主要依靠本国所拥有的反法西斯革命武装力量。在本国政党领导之下建立游击队，不断开辟农村根据地以及解放区，并在此基础上建立基层政权即人民解放委员会，逐渐夺取全国的政权。本国政党和革命人民发挥独立自主的精神，在建立人民民主政权过程中发挥了主体作用。

第一次世界大战打垮了奥匈帝国，1918 年 12 月 1 日，塞尔维亚、克罗地亚、斯洛文尼亚联合组成塞尔维亚—克罗地亚—斯洛文尼亚王国，1929 年定名南斯拉夫王国。这是历史上首次出现南斯拉夫这个国家，这个国家文化、民族和宗教异常复杂。1929 年该国解散议会和多个党派，国王实行大塞尔维亚主义（波斯尼亚人、马其顿人、黑山人在南斯拉夫王国时期都被归为塞尔维亚人，其语言视为塞尔维亚—克罗地亚语方言）。1941 年纳粹德国侵入南斯拉夫。铁托领导南斯拉夫共产党和军队，击败法西斯，并于 1945 年 11 月 29 日宣布成立南斯拉夫联邦人民共和国，实行联邦制，有塞尔维亚、克罗地亚、斯洛文尼亚、波斯尼亚—黑塞哥维那（波黑）、马其顿、黑山 6 个共和国。

1939 年 4 月，第二次世界大战爆发前 5 个月，意大利人一举占领了阿尔

---

① 参见马细谱：《十月革命与东欧社会主义道路》，《世界历史》2007 年第 5 期。

巴尼亚，阿尔巴尼亚国王索古逃到英国，其王朝终结。索古为了反对南斯拉夫觊觎阿尔巴尼亚，与意大利签订了同盟条约，成为意大利的附属国。随之，阿尔巴尼亚从意大利那里得到了财政援助。索古还鼓励意大利资本家到阿尔巴尼亚投资。1943 年，意大利战败后，德国人入侵并控制阿尔巴尼亚。1944 年 11 月 29 日，阿尔巴尼亚在共产党的领导下进行的反法西斯民族解放战争夺取政权，并解放全国。1945 年，阿尔巴尼亚举行了选举，共产党的领袖恩维尔·霍查获胜，成为政府首脑。1946 年 1 月 11 日，阿尔巴尼亚人民共和国宣告成立。

罗马尼亚共产党前身为 1893 年 4 月成立的罗马尼亚社会民主工党，1899 年该党解散。1910 年重建后，改名罗马尼亚社会民主党。1918 年又改名为罗马尼亚社会党。1918 年 12 月 24 日，特兰西瓦尼亚公国与罗马尼亚王国合并，罗马尼亚正式统一。1921 年 5 月 8—12 日，罗马尼亚社会党在布加勒斯特召开代表大会，决定把社会党转为共产党，并加入共产国际。1924 年 4 月罗马尼亚共产党（以下简称"罗共"）被宣布为非法，转入地下。同年 9 月罗共"三大"提出，党的最终目标是推翻剥削阶级，由无产阶级同农民阶级一起夺取政权。1931 年 12 月，罗共第五次代表大会制定了完成资产阶级民主革命并向无产阶级社会主义革命过渡的总路线和战略策略。20 世纪 30 年代，罗共领导人民进行争取和捍卫劳动人民的经济利益和政治权利、保卫国家独立和领土完整、建立人民反法西斯阵线和反对国家法西斯化的斗争。第二次世界大战期间，由于畏惧纳粹德国强大的实力，罗马尼亚在 1941 年 11 月 23 日正式加入到了德、意、日法西斯联盟的行列。德军决定进攻苏联的时候，当时的罗马尼亚执政者安东内斯库表示这符合自身的要求，同意参与德军对苏联的进攻，准备了相当数量的罗马尼亚军队参战，并同时增加对德国的石油和农产品供应。1944 年苏联红军进入罗马尼亚。8 月 23 日，罗马尼亚发表声明，宣布接受苏联停战条件，投向反法西斯阵营，调转枪口进攻德国。同日，罗马尼亚共产党领导发动反法西斯武装起义，推翻了安东内斯库政权，罗马尼亚转而加入了反德国法西斯战争。1945 年 3 月 6 日，罗马尼亚成立联合政府。1947 年 12 月 30 日，成立罗马尼亚人民共和国。1955 年加入华约组织。1965 年，改名为罗马尼亚社会主义共和国。

保加利亚在两次世界大战中追随德国，成为战败国。在第二次世界大战中，以国王鲍里斯三世为首的统治集团于 1941 年 3 月，加入德、意、日法西斯三国集团。1944 年 9 月苏联红军进入保加利亚，保加利亚人民在共产党的领导下举行武装起义，在苏联红军支持下，推翻了法西斯政权，成立了祖国阵线政府。共产国际前领导人格奥尔基·季米特洛夫成为国家领导人。1946 年 9 月，保加利亚宣布废除君主政体，当时的国王西麦昂二世被迫流亡西班牙。1946 年 9 月 15 日宣布成立保加利亚人民共和国，此后保加利亚共产党长期处于执政地位。

第一次世界大战后奥匈帝国瓦解，获得解放的捷克与斯洛伐克联合，于1918 年 10 月 28 日成立捷克斯洛伐克共和国。1921 年 5 月 16 日，捷克斯洛伐克共产党在原社会民主党左派组织的基础上成立，并加入第三国际。1924 年第二次代表大会提出为争取党的布尔什维克化而斗争的任务，主张没收大地主的土地分配给农民和建立无产阶级与农民的联盟。1929 年"五大"制定了用暴力推翻资产阶级、建立无产阶级专政的斗争方针。选举哥特瓦尔德（1896—1953）为党的中央总书记。20 世纪 30 年代，捷克斯洛伐克共产党领导人民进行反法西斯的斗争。1938 年底捷克斯洛伐克共产党被迫转入地下，党的领导机关迁至莫斯科。

1938 年 9 月，英、法、德、意四国代表在慕尼黑签署了《慕尼黑协定》，将捷克斯洛伐克的苏台德地区割让给德国。1939 年 3 月捷克斯洛伐克被纳粹德国占领。捷克斯洛伐克共产党领导人民开展抵抗运动。1944 年 8 月捷共领导了斯洛伐克民族起义。1945 年 4 月 4 日成立民族阵线政府，捷共成为主要执政党。5 月，捷共领导了布拉格起义，在苏联红军支援下，解放了全国。1948 年 2 月，捷克斯洛伐克共产党开始执政。1949 年党的"九大"提出了建设社会主义的总路线，开始进行社会主义工业化和农业的社会主义改造。1953 年哥特瓦尔德逝世，诺沃提尼任第一书记。1960 年，国家更名为捷克斯洛伐克社会主义共和国。

波兰与苏俄的关系复杂。俄国历史上曾三次参与瓜分波兰。第二次世界大战刚开始，苏联与德国再一次瓜分了波兰。1939 年 9 月 1 日，德国以闪电战突袭波兰，迅速侵占波兰大部分领土。1940 年 9 月 17 日，苏联领导人斯大林以建立东方防线为由，命令 60 万苏联红军侵入波兰，进攻波兰东部，占领了西乌克兰和西白俄罗斯。9 月 18 日，苏军与德军在布列斯特—立托夫斯克会师，苏、德两军以皮萨河—那累夫河—维斯瓦河—桑河一线为界瓜分了波兰。9 月28 日，德军攻陷华沙，波兰再次沦亡。波兰人民开始了顽强的反法西斯民族解放战争。1941 年德国进攻苏联，占领了波兰全部领土，而后苏联与波兰流亡政府建立外交关系。1942年，流亡政府在国内建立了国民军，同年，苏联支持的波兰共产党人建立了波兰工人党和人民军。

1943年，因认为苏军制造了屠杀波兰军人的卡廷森林事件，波兰流亡政府再次和苏联断交。1944年元旦，在工人党的倡议下，波兰成立了全国人民代表会议，由贝鲁特任主席。1944年7月21日，波兰共和国宣布成立。1947年，波兰举行议会选举，苏联支持的贝鲁特当选总统，社会党人西伦凯维兹任政府总理，波兰走上了社会主义的道路，流亡政府基本被排斥在权力中心之外。1948年12月，波兰工人党和波兰社会党合并，成立了波兰统一工人党，贝鲁特任总书记。1952年7月22日，波兰正式定国名为波兰人民共和国。波兰是华沙条约组织和经济互助委员会成员。1956年3月，贝鲁特病逝于莫斯科，奥哈布继任第一书记。

东欧各国以不同的方式获得民族解放与国家独立，并根据人民的选择组建了新的国家政权。这场革命运动不同于以往的革命运动，主要体现在以下几个方面：第一，东欧人民是获得国家独立的主体依靠力量，不同程度借助于苏联的武装援助。第二，各国都曾建立起广泛的爱国统一战线，这个统一战线紧紧依靠无产阶级政党的领导。无产阶级政党在斗争中发挥了领导核心作用，使统一战线囊括工人、农民、知识分子、流亡爱国人士以及资产阶级爱国人士等。这样庞大的爱国统一战线对于革命的胜利和政权的巩固起到举足轻重的作用。第三，这场革命是在反法西斯斗争中完成的，反法西斯斗争与民族解放斗争融合进行。反法西斯的过程亦是民族解放的过程，民族解放也必须进行反法西斯的斗争。

东欧人民民主革命的胜利具有伟大的历史意义。东欧人民民主革命在实践上和理论上丰富和发展了马克思主义，为世界社会主义运动提供了宝贵的经验。主要体现在以下几个方面：第一，从本国实际出发，东欧人民根据自己的国情与当时的国际环境对无产阶级革命方式和手段进行了新探索和新发展；第二，东欧人民在国际共运史上首创了经济文化落后国家向社会主义过渡的新途径——人民民主制度和人民民主道路；第三，东欧革命实践发展了马克思主义关于国家与无产阶级专政的学说；第四，东欧革命丰富了马克思主义关于统一战线和工农联盟的理论；第五，东欧革命丰富了马克思主义关于社会主义改造的策略思想。

东欧人民民主革命的胜利鼓舞了世界无产阶级和受压迫民族的士气，催生新一轮的民族觉醒与人民抗争的热潮。东欧人民在建立自己的政权之后，也积极实行一系列措施来巩固政权，这些措施虽然与苏联有所不同，但不同程度受到了苏联模式的影响。

三、东欧国家人民民主政权的巩固

在政治方面，进一步巩固民主政权，东欧国家改组相关政权机关，健全和完善国家政权体系。具体措施有：发动肃反运动，在内部进一步肃清法西斯残余势力；改组公用事业及文化部门，促使社会政治生活民主化；进行土地改革。土地问题关乎东欧人民的切身利益，新政权的巩固在很大程度上依赖于人民的拥护和支持。罗马尼亚、保加利亚、捷克斯洛伐克、南斯拉夫等国家率先进行了各项土地改革，力求最大限度地保障农民的切身利益。东欧多国共产党与社会党等左翼政党合并。在建立新政权的斗争中，东欧多国共产党与社会党并肩作战。1946年2月，德国共产党与社会民主党最先合并为"德国统一社会民主党"，这对其他各国起到了表率的作用。罗马尼亚宣布废除帝制，建立共和国；匈牙利召开第一次国民议会，宣布取消君主制，建立共和国；南斯拉夫举行制宪会议废除帝制，实行共和制；阿尔巴尼亚废除帝制，1946年11月1日宣布成立共和国。

在经济方面，东欧人民民主国家迅速着手于国民经济的恢复工作，为新政权的巩固，为向社会主义的迈进与发展提供经济条件。主要措施有：制定经济计划。东欧各国新政权立足本国国情，制定国民经济相关计划，恢复国民经济。保加利亚制定两年经济计划，促使国民经济迅速恢复并远超战前经济水平。南斯拉夫实行五年计划以恢复发展国民经济等。这些经济计划在巩固新政权时期迅速提升经济实力，为人民民主新政权的发展提供了物质保障。推行国有化。东欧各国在巩固新政权时，在全国最大范围最大限度地实行国有化，对银行、交通、邮电等关系国家经济命脉的行业实行国有，同时对战犯以及亲法西斯分子的财产进行依法没收充公。

此外，东欧各国在军事方面对旧军队重新改组，进一步增强军事力量，警惕法西斯残余势力反扑及仇视新政权的力量集结反攻；在文化方面，大力发展社会主义文化，提高人民的精神境界。

民主改革触及了各国内部地主、富农以及资产阶级等阶层的既得利益，遭到这些群体的反抗。各国不同程度地出现群体性的反抗斗争，最为激烈的是1948年捷克斯洛伐克发生的资产阶级争夺政权的"二月事件"。

1946年，捷克斯洛伐克举行了第二次世界大战后第一次国民议会的选举，共产党获得了38%的选票，捷克社会民主党的选票位列第二，共产党领导人哥特瓦尔德成为新政府的总理。由于对各项经济和社会政策持不同意见，从1947年起，其他政党与共产党的关系紧张起来。1948年2月20日，政府中资产阶级政党的12名部长借口内务部长对布拉格公安机关进行改组一事不满，突然提出辞职，企图引起政府危机，迫使共产党领导的联合政府倒台，另组政府。各群众团体在捷克斯洛伐克共产党领导下举行总罢工和武装游行示威，针锋相对地跟资产阶级展开了斗争。在捷克斯洛伐克共产党支持下清洗了各政党各群众团体中的反动分子，建立了新的民族阵线，并要求总统同意这12名部长的辞呈，由新的民族阵线中推举新的部长来接任。此后，除共产党之外，其他政党均被取缔。6月27日，社会民主党清除了党员的右翼领导，并合并入共产党。直至1989年捷克斯洛伐克剧变后，社会民主党恢复了其名称和组织。

四、战后初期的苏东关系

东欧国家传统上是倾向于西方的。除民主德国和捷克外，东欧其余六国都是经济比较落后的国家。在新政权建立前，土地集中在少数地主手中，现代工业多被以美、英为首的外国资本垄断。捷克的大工业有60%掌握在外国资本家手中，罗马尼亚的石油工业有75%被英、美垄断组织所控制，保加利亚的石油贸易97%掌握在美国资本家手里。这些东欧国家在经济上与西方国家联系非常密切。无论是当年的沙皇俄国，还是革命胜利后的苏维埃政权，与东欧国家经济的关系都不能同西方国家相比。历史上，历代沙皇侵略成性，对东欧地区怀有吞并野心，部分国家屡遭沙皇俄国侵略，因而同沙俄结有历史宿怨，存在尖锐的民族矛盾。在政治上，第二次世界大战结束前，东欧各国的地主、资产阶级政党长期追随西方国家奉行反苏反共政策。在第二次世界大战中，罗马尼亚、保加利亚和匈牙利三国是法西斯阵营追随者，并追随法西斯派兵侵略苏联。苏联不能容忍异己在自己的身边建立反苏的前哨阵地。从1944年4月到 1945 年 4 月短短一年的时间里，苏联红军陆续将坦克开至罗马尼亚、波兰、保加利亚、匈牙利和捷克斯洛伐克境内。

战后初期的苏东关系呈现三个特点：第一，苏联竭力拉拢东欧各国加入社会主义阵营。第二，在战后领土争端问题上，苏联仍然咄咄逼人。第三，东欧各国共产党面对严峻的国际国内形势，对苏联"一边倒"，借助苏联的大国力量进行战后重建。

1946 年 3 月 5 日，英国前首相温斯顿·丘吉尔在美国富尔顿城威斯敏斯特学院发表反苏联、反共产主义的演说，运用"铁幕"一词之意攻击苏联和东欧社会主义国家"用铁幕笼罩起来"，此演说被称为"铁幕演说"。铁幕演说也被认为是正式拉开了美苏冷战的序幕。1947 年 3 月 12 日，美国总统杜鲁门在国会两院联席会议上宣读了后来被称为"杜鲁门主义"的国情咨文，发表了敌视社会主义国家的讲话。美国支持自由国家抵御"极权政体"的观念，被普遍地认为是美国外交政策上的一个新的急剧转变。国会两院经过辩论后，分别于 4 月 22 日和 5 月 8 日通过关于援助希腊、土耳其的法案，拨款 4 亿美元援助希腊和土耳其政府，帮助它们镇压人民革命运动。1948 年美国抛出了"马歇尔计划"。国际政治经济格局风云突变，以美、英为首的西方资本主义国家开始了与苏联的全面对抗，"冷战"格局由此正式形成。

苏联推动东欧各国共产党加快"红色政权"建设。从 1947 年 7 月到 1948 年 6 月，东欧各国先后采取措施取缔了反对党派。在罗马尼亚，因其领导人布勒齐亚努企图组织流亡政府，民族农民党被宣布解散。民族自由党也被迫中止活动。特勒斯库派作为资产阶级的最后代表被排除于政府之外，这标志着罗马尼亚政权的性质发生了根本变化。在捷克，"二月事件"爆发后，敌视社会主义的分子被捷克共产党从政府中清除出去。在匈牙利，作为公开的反对派代表小农党中的反动分子，被共产党一举铲除。在保加利亚，共产党通过公开选举击败资本主义政党夺得政权。东欧各国共产党在政权中取得了不与任何党派分享的独占领导权，政权性质由多党联合执政转变为无产阶级专政。

战后初期，苏联与东欧各国关系处于"蜜月期"。苏联组织成立情报局。为了加强各国共产党团结合作，东欧各国纷纷加入共产党工人党情报局，在协商统一的基础上，各国一致行动。在军事上，苏联在东德、波兰、匈牙利、罗马尼亚等国部署三十多个师团。在经济上，苏联与东欧各国建立了"经互会"组织，目的在于加强各国的经济合作，对抗西方的马歇尔计划。经互会的成立，标志着苏东关系的新发展，由从前的双边关系发展到以苏联为中心的多边关系。经互会成为苏联向东欧各国推销自身经济模式的一个合法的组织形式平台。

苏联对东欧的一切所谓不利于"团结"的因素一直存有戒心。苏南冲突中，将南斯拉夫共产党开除出情报局。苏联还直接插手波、匈、阿、罗、保、捷等国清洗"铁托分子"、"民族主义分子"的运动，由此制造了大批的冤假错案。捷克斯洛伐克的斯兰斯基、保加利亚的科斯托夫和匈牙利的拉伊克等一批优秀领导人惨遭迫害。

苏联在处理与东欧关系方面，片面强调团结统一的一方面，而忽视东欧国家要求独立自主的另一面。在国际团结和独立自主这个基本理论问题上就没能正确地处理好。由于东欧各国推行"全盘苏化"政策，忽视本国实际，加上缺乏进行社会主义建设的经验，为东欧各国日后的动荡埋下严重隐患。1953年斯大林逝世，苏联进行了一系列内外政策的调整。1956年召开的苏共二十大上抛出反斯大林的"秘密报告"，反对个人崇拜，平反冤假错案，提出所谓"三和路线"。20世纪50年代的东欧各国或多或少地都受到资本主义阵营"民主炮弹"的影响，各国动荡事件频发，独立自主发展的思潮逐渐蔓延开来。

1953年"东柏林事件"爆发。德意志民主共和国成立后，由于尚未从战争的创伤中完全恢复，又要承担偿付给苏联的大笔赔款，经济在难以承受的重负下陷入困境。工业生产率低下，技术落后，设备陈旧，农业连年歉收，人民生活水平不稳定，民众不满情绪高涨。1953年5月28日，民主德国政府为扭转经济危局，加快工农业生产步伐，决定提高积累的比重，在工资不动的前提下增加工作定额10%。结果导致工人、民众不满情绪的大爆发。6月15日，东柏林建筑工人首先罢工并上街游行，其他行业的工人也起而效仿，罢工和游行示威的浪潮迅速扩展到全国其他城镇。6月16日，德国统一社会党中央政治局决定取消提高劳动定额的规定，未能采取积极措施防止事态的进一步恶化。17日，发展成为一场遍及东德各大城镇的人民群众示威游行。东柏林工人在施特劳斯广场集会，会后举行示威游行，要求降低物价，实行言论和新闻自由，保证罢工参加者及其代言人的人身自由，举行全德自由选举，释放政治犯，撤走一切外国军队。民主德国领袖画像、政治标语被撕，德苏友好大厦、工会大楼、书报亭被烧。苏联驻德国集团军在东德人民警察驱散人群未果后出动坦克上街镇压，酿成55人死亡的流血惨案。

惨案发生后，统一社会党立即采取措施满足工人的合理要求，公开承认了错误。苏联将 33 家大型企业还给民主德国，免除了民主德国尚未清偿的赔款余额 25 亿美元，采取措施缓和苏德关系。1954 年，苏联政府发表正式声明，扩大东德政府的内政、外交自主权。

1956 年波匈事件接连爆发。波兰的工人举行罢工游行，冲击监狱和法院，提出要求政府改革工资制度等问题，政府对其进行武力镇压，政府出动警察进行镇压。双方冲突中，至少 74 人死亡，800 多人受伤，数百人被捕。匈牙利爆发由工人、市民和学生参加的要求改革、保障社会主义民主自由的群众运动，遭到镇压，苏军枪杀匈牙利人民，造成了上万人的伤亡。波匈事件中，两国人民要求"俄国佬滚回去"，反苏情绪高涨。两国人民要求进行政治体制和经济体制的改革，反对苏联的大国主义，要求走适合本国国情的社会主义建设道路。

20 世纪 50 年代赫鲁晓夫执政以后，东欧发生接连不断的动荡，独立自主的呼声越来越高。"独立自主才真正体现了马克思主义。"[①] 社会主义实践的发展使东欧人民逐步认识到不能再继续承受苏共强加给他们的种种桎梏，他们力求冲破苏联控制，独立自主地探索革命和建设道路；对现有的也是从苏联搬过来的政治经济体制，迫切地需要进行改革。

五、亚洲人民民主国家的建立

中国、越南、朝鲜都在共产党的领导下进行了人民民主革命，建立了人民民主国家，推动了亚洲人民民族民主事业的新发展。这些新的人民民主国家的诞生壮大了社会主义力量，极大地改变了社会主义阵营与资本主义阵营的力量对比。

（一）中华人民共和国的诞生

中国是世界上历史最悠久的国家之一。中国各族人民共同创造了光辉灿烂的文化，具有光荣的革命传统。1840 年以后，封建的中国逐渐沦为半殖民地半封建国家。中国人民为民族独立、人民解放进行了前仆后继的英勇奋斗。20 世纪，中国发生了翻天覆地的伟大历史变革。1911 年孙中山先生领导的辛亥革命，废除了封建帝制，创立了中华民国。但是，中国人民反对帝国主义和封

---

① 《邓小平文选》第 3 卷，人民出版社 1993 年版，第 191 页。

建主义的历史任务还没有完成。

中国共产党是马克思列宁主义同中国工人运动相结合的产物，是在俄国十月革命和我国"五四"运动的影响下，在列宁领导的共产国际帮助下诞生的。中国共产党在领导中国各族人民为新民主主义而斗争的过程中，经历了国共合作的北伐战争、土地革命战争、抗日战争和全国解放战争这四个阶段，其间经受了 1927 年和 1934 年两次严重失败的痛苦考验。经过长期武装斗争和各个方面、各种形式斗争的密切配合，终于在 1949 年取得了革命的胜利。

1949 年 6 月 15 日至 6 月 19 日，中国共产党在北平召开新政治协商会议筹备会第一次会议，通过《新政治协商会议筹备会组织条例》和《关于参加新政治协商会议的单位及其代表名额的规定》，并选举毛泽东为筹备会常委会主任，周恩来、李济深、沈钧儒、郭沫若、陈叔通为副主任。同时，在常委会下设 6 个小组，进行具体的筹备安排工作。针对如何定义新国家以及人民密切关注的问题，毛泽东于 1949 年 6 月 30 日发表《论人民民主专政》一文，具体阐述了新中国的理论和基本政策，为新中国的筹备做了必要的理论准备。1949 年 9 月 21 日在北平召开中国人民政治协商会议第一次全体会议，最终通过《中国人民政治协商会议共同纲领》，选举产生以毛泽东为主席的第一届中国人民政治协商会议全国委员会；选出 63 名委员组成中央人民政府委员会，毛泽东为中央人民政府主席，朱德、刘少奇、宋庆龄、李济深、张澜、高岗为副主席，周恩来、陈毅、董必武、贺龙、林伯渠、叶剑英、陈云、邓小平、陈嘉庚、马寅初、马叙伦、郭沫若、沈钧儒、沈雁冰、黄炎培、张治中、傅作义等为中央人民政府委员会委员。同时，会议决定将北平改为北京，新中国定都北京；五星红旗为国旗，《义勇军进行曲》为国歌。1949 年 10 月 1 日下午 3 时开国大典在北京天安门隆重举行。国家领导人登上天安门城楼与 30 万群众见面，毛泽东向世界庄严宣告：中华人民共和国成立，中华人民共和国政府成立，中国人民从此站起来了！

在经历了长期艰难曲折的武装斗争和其他形式的斗争以后，中国人民终于推翻了帝国主义、封建主义和官僚资本主义的统治，取得了新民主主义革命的伟大胜利，建立了中华人民共和国。从此，中国人民掌握了国家的权力，成为国家的主人。壮大了世界和平、民主和社会主义的力量，鼓舞了世界被压迫民族和被压迫人民争取解放的斗争。

中华人民共和国成立以后，社会逐步实现了由新民主主义到社会主义的过渡。生产资料私有制的社会主义改造完成后，人剥削人的制度已经消灭，社会主义制度已经确立。工人阶级领导的、以工农联盟为基础的人民民主专政，实质上即无产阶级专政，得到巩固和发展。中国人民和中国人民解放军战胜了帝国主义、霸权主义的侵略、破坏和武装挑衅，维护了国家的独立和安全，增强了国防。经济建设取得了重大的成就，独立的、比较完整的社会主义工业体系已经基本形成，农业生产显著提高。教育、科学、文化等事业有了很大的发展，社会主义思想教育取得了明显的成效。广大人民的生活有了较大的改善。

中国新民主主义革命的胜利和社会主义事业的成就，是中国共产党领导中国各族人民，在马克思列宁主义、毛泽东思想的指引下，坚持真理，修正错误，战胜许多艰难险阻而取得的。

（二）越南民主共和国的建立

历史上，越南中北部长期为中国领土。968 年，越南正式脱离中国，独立建国。之后历经多个封建王朝并不断向南扩张，但历朝历代均为中国的藩属国。19 世纪中叶后逐渐沦为法国殖民地。

越南第一个共产党人是胡志明。1925 年，他在中国广州创建有共产主义性质的越南革命青年同志会，为成立越南共产党作了准备。1929 年 5 月，在香港召开的越南革命青年同志会的大会上，北圻代表团提出了解散越南革命青年同志会和成立共产党的建议。这个建议未被采纳，北圻代表团便退出大会，回国宣布成立印度支那共产党，并于 1929 年 6 月发表了宣言。1929 年 10 月，越南革命青年同志会南圻的同志也宣布成立安南共产党。受到这些事件的影响，具有进步思想的爱国组织新越革命党也于 1930 年 1 月改组成印度支那共产主义联盟。1930 年 2 月 3 日，阮爱国（即胡志明）以共产国际代表的身份在香港召开会议，将印度支那共产党、安南共产党和印度支那共产主义联盟三个组织合并，称为越南共产党。

1928 年 7 月至 9 月，共产国际在莫斯科召开了第六次代表大会，这次大会提出了代表"左"倾冒险主义的"第三时期"理论。这一理论把第一次世界大战以来的世界革命形势划分为三个时期，认为第一时期是资本主义制度陷于严重危机，无产阶级采取直接革命的时期，这个时期在 1921 年达到了顶峰，以 1923 年德国无产阶级革命十月失败而告终；第二时期是资本主义制度渐趋稳定、资本主义经济逐渐复苏时期，也是无产阶级大军为几次严重失败所削弱后，继续进行自卫斗争的时期；第三时期是世界资本主义经济迅速发展，资本主义内部矛盾愈演愈烈的时期，经过这一时期，导致一个新的时代的产生。

共产国际从"第三时期"理论出发，认为1928年后资本主义体系已面临全面崩溃，殖民地的革命运动蓬勃发展。为了掀起东南亚的革命高潮，建立一个包括越南、老挝和柬埔寨在内的印度支那共产党要比单独组建一个越南共产党更有影响力和战斗力。

1930年10月，在香港举行的临时中央委员会第一次会议，通过了越南《资产阶级民主革命大纲》，提出越南革命的性质和任务，并决定将越南共产党改名为印度支那共产党。党的第一纲领就明确提出民族解放和土地改革的口号，领导人民开展反帝反封建的斗争。1930年至1931年，越共组织群众掀起反对法国殖民者的高潮，并建立"义静苏维埃"短期地方红色政权。1934年，印度支那共产党在澳门建立海外领导委员会，承担临时党中央的任务。1935年3月，在澳门召开了第一次全国代表大会，提出全党面临的三大主要任务：巩固和发展组织、广泛争取群众、反对帝国主义战争。本次大会通过了《印度支那共产党的行动纲领》，作为全党行动指南。

1940年9月日本入侵越南，越南人民随即掀起抗日反法斗争。1941年5月，越共决定组织"越南独立同盟"（以下简称"越盟"），以便广泛发动群众，建立革命根据地，准备武装起义夺取政权。1941年6月，越南独立同盟（以下简称越盟）成立，开展武装斗争，在越南北部建立革命根据地。1943年，印度支那共产党老挝地方委员会成立。1944年12月，第一支人民武装部队宣告诞生。1945年3月12日中央常务委员会发出了《日法火并和我们的行动》指示。抗日救国运动渐趋高涨，共产党和越盟控制的解放区逐步扩大。

越南人民发动了八月起义，成立民主共和国。1945年8月12日越盟发出起义令。8月13日至15日，共产党在宣光省新潮召开全国会议，也决定集中力量，统一行动与指挥，及时发动起义。8月15日，日本投降。8月16日至17日，越南独立同盟在新潮举行国民大会，提出夺取政权、在完全独立的基础上建立越南民主共和国、武装人民和实行民主改革的十大政策，选出以胡志明为主席的民族解放委员会和以武元甲为主席的起义委员会，决定在盟军开进越南之前从日军手里夺取全国政权。河静、广义两省人民首先发动起义。同年8月16日越南解放军攻克太原，揭开起义序幕。从8月17日至28日，全国有60个省市先后起义，从南到北建立了新政权。27日，越南国民大会决定成立越南民主共和国临时政府，推举胡志明为主席。30 日，阮朝末代皇帝保大在顺化宣布退位。八月革命在全国范围内取得胜利。9 月 2 日，胡志明领导的越盟（即后来的越南共产党）在越南北方的河内宣布独立，胡志明发表《独立宣言》，宣布越南民主共和国成立（即"北越"）。

1945 年 9 月 23 日，法国殖民军卷土重来，侵占西贡。9 月 26 日，胡志明致函号召南方同胞奋起抗战，号召全国支援南方。中越两国于 1950 年 1 月 18 日建交，新中国开始向越南无偿提供了累计达几千亿人民币的资金和几百万吨的物资。

1951 年 2 月，印度支那共产党召开"二大"。大会决定将印度支那共产党改名越南劳动党。1955 年 3 月在原印支共产党老挝地方委员会基础上成立老挝人民革命党。1955 年 7 月，柬埔寨用前抗战人员名义，成立公开合法组织"人民派"。1954 年 3 月 13 日下午，奠边府战役打响。5 月 7 日，战役以辉煌的奠边府大捷结束了，越南成功捣毁了法军据点。越南取得"奠边府大捷"后，1954 年 7 月 21 日，有关结束越南、老挝、柬埔寨战争印度支那问题的《日内瓦协议》签署。《日内瓦协议》规定，越南以北纬 17 度为界，南北分治，北方由胡志明领导，南方由保大皇帝统治。1945 年 9 月 2 日胡志明建立越南民主共和国。

1955 年 7 月 17 日，美国撕毁了《日内瓦协议》，取代法国在越南南方的地位，吴庭艳在美国支持下发动政变，废黜保大帝，自己当了总统，建立越南共和国（即所谓"南越"）。

1961 年，越南战争爆发，美国与韩国、菲律宾、泰国、澳大利亚、新西兰等国联军介入了这场战争。中国出动军方和大量人力、物资援越抗美。1973 年 1 月 27 日《巴黎协定》签订，美国承认越南民主共和国在国际上的法律地位，退出越南战争，同年 3 月从越南南方（越南共和国）撤出全部军队及其同盟者军队和军事人员。

1975 年 5 月，越南南方全部解放，越南共和国灭亡，抗美救国战争赢得彻底胜利。1976 年 4 月选出统一的国会，1976 年 7 月，越南南北宣布统一，国号为"越南社会主义共和国"。

（三）朝鲜民主主义人民共和国的建立

1910 年 8 月，日本迫使大韩帝国签订《日韩合并条约》，正式吞并朝鲜半岛，设立朝鲜总督府，进行殖民统治。1919 年，朝鲜独立运动领导人先后在海参崴、上海、汉城成立临时政府。最后，三处临时政府合并于上海"大韩民国临时政府"。1939 年上海沦陷后，临时政府于 1940 年 9 月迁至当时中国的战时陪都重庆。在中国政府帮助下，朝鲜复国运动人士在中国成立"韩国光复军"和"朝鲜义勇队"。1941 年 12 月 7 日太平洋战争爆发，临时政府于 12 月 9 日向日本宣战。1942 年 5 月 15 日，中国军事委员会决定将两支武装合并为韩国光复军，交由临时政府直接统辖。1945 年 11 月 23 日，大韩民国临时政府迁回国内，成为了今天的韩国。

1925 年 4 月，朝鲜共产党成立，早期领导人为金斗奉和朴宪永。1928 年，因共产党内部宗派斗争被共产国际下令解散。此后由于共产国际提出的"一国一党"原则，流亡中国的朝鲜共产主义者未能再组建新的政党。在日本占领时期，朝鲜还存在过高丽共产党、工农总同盟、青年总同盟、韩人社会党、火曜会、汉城青年会等共产主义组织。

1945 年 8 月，日军宣布无条件投降。8 月 15 日，苏联进入朝鲜境内，此时原朝鲜共产党的大多数成员在朝鲜半岛南部从事地下活动，因此苏联方面委托原东北抗日联军中级军官金日成随苏联红军一道返回朝鲜并在朝鲜半岛北部重建朝鲜共产党。根据波茨坦会议中的三八线规定，苏军同朝鲜军队合作迅速解放朝鲜北部及三八线以南地区，在解放区内建立人民委员会。战争结束之后，迅速撤军至三八线以北。8 月 17 日，朝鲜爱国人士在汉城成立朝鲜独立筹备委员会，为朝鲜民主共和国的建立做积极的准备工作，各地纷纷响应成立人民委员会。同年 9 月 6 日，为进一步推动朝鲜独立国家的建立，爱国人士决定成立全国性的民主政权。

9 月 7 日，美国以波茨坦公告的三八线为由，占领了朝鲜南部地区，拒绝承认人民委员会的合法地位，并不顾朝鲜人民的反对解散了朝鲜南部各地的人民委员会，扶持以李承晚为首的亲美分子，1947 年 6 月成立傀儡政权——"南朝鲜过渡政府"。

1945 年 10 月 10 日，北朝鲜共产党中央组织委员会在平壤成立，金日成任中央责任书记。1946 年 3 月，原在中国延安、太行山地区活动的朝鲜独立同盟改组成朝鲜新民党，领导人为金斗奉。1946 年 8 月，北朝鲜共产党与朝鲜新民党合并为北朝鲜劳动党。1946 年 11 月，南朝鲜共产党（1945 年 9 月成立，领导人为朴宪永）、朝鲜人民党（1946 年 11 月成立）、南朝鲜新民党（1946

年7月成立）合并为南朝鲜劳动党。1948年3月28日，北朝鲜劳动党召开党的第二次代表大会，通过了金日成提出的争取祖国自主统一的斗争方针。1949年6月30日，由于韩国的李承晚政府镇压，南朝鲜劳动党的大多数领导人转移到朝鲜半岛北部。朝鲜半岛南北的劳动党合并成统一的朝鲜劳动党，并选举金日成为委员长。

1948年8月和9月，朝鲜半岛南北地区先后成立大韩民国（Republic of Korea）和朝鲜民主主义人民共和国。当时朝鲜半岛总人口为3000万人，三八线以南人口约2100万，三八线以北为900万人口，北南双方各占面积为朝鲜半岛总面积的56%和44%。

1950年6月25日，朝鲜战争爆发。27日，美国正式参战。至8月中旬，朝鲜人民军将美韩军驱至釜山一隅，攻占了韩国90%的土地。9月15日，以美军为主的联合国军在朝鲜半岛西海岸仁川港登陆，开始大举反攻。与此同时，美国飞机多次轰炸和扫射中国东北边境，严重威胁中国的安全。中国人民志愿军于10月25日赴朝，与朝鲜人民军并肩作战把敌军从鸭绿江边逐回三八线附近，1951年7月10日，美国政府同意在开城举行停战谈判。1953年7月27日停战协定签字。

第二节　欧亚多国社会主义建设道路的探索

欧亚多国的社会主义建设道路深受苏联革命和斯大林模式的影响。随着苏共二十大否定斯大林模式，欧亚各人民民主国家纷纷走上了适合本国特色的社会主义道路。

一、东欧国家对社会主义建设道路的探索

东欧国家中，南斯拉夫在斯大林还在世时就已经开始实行改革，探索本国

社会主义道路。苏共因此把南共开除出情报局。其他东欧国家，在苏共二十大否定斯大林的时候，开始改革探索自己的社会主义道路。

（一）铁托主义与南斯拉夫变革

铁托主义是以南斯拉夫社会主义联邦共和国领导人铁托命名的具有南斯拉夫特色的社会主义理论和实践。铁托主义起源于第二次世界大战结束，指根据本国的实际情况，以国家和民族利益为尺度，抛弃僵硬的冷战思维，摆脱意识形态的狭隘偏见，独立自主地处理本国的内外事务，抵制苏联的干涉和控制，坚持民族与国家独立。铁托领导的南斯拉夫共产党拒绝服从由苏联的莫斯科发布"铁托主义"的成因主要有三个方面：战时遗留的龃龉；国家利益的冲突；对外政策的分歧。

铁托主义的特点主要体现在共产党的执政方针和政策的出发点及落脚点上。实现共产主义这一最终目标的过程中所采取的方针和政策，必须基于这个国家本身所特有的条件而有别于其他国家。在铁托时代，这就意味着追求共产主义的目标应该独立于（而且经常是对立的）苏维埃社会主义共和国联盟的政策。南斯拉夫支持以色列的存在和以色列国的建立，这和苏联不同。

第二次世界大战后，在受斯大林主义影响的东欧社会主义国家中，南斯拉夫却保持了独立地位。一方面是因为在南斯拉夫共产党解放南斯拉夫时，苏联红军只提供了有限的帮助。另一方面是因为铁托强有力的领导，在所有东欧社会主义国家中南斯拉夫是唯一一个顶住了压力的、独立于莫斯科的政权，铁托对自己能使南斯拉夫独立引以为傲。

苏联及其卫星国通常指责南斯拉夫是"托派"和法西斯主义。铁托的"南斯拉夫人的南斯拉夫"原则挫败了苏联从政治、经济、军事上全面控制南斯拉夫的企图。执政初期，铁托想要把苏联的经济和政治体制移植到南斯拉夫，工业、外贸和银行实行了国有化，农业集体化由于农民的反对被放弃了。按照南斯拉夫的要求，俄国人打算帮助建立轻工业，但是不提较大的工程。苏联想要把重工业集中在苏联，同时利用南斯拉夫的原材料。南斯拉夫不接受，再加上在其他一些问题上的分歧和怨恨，如的里雅斯特问题、希腊问题、巴尔干与保加利亚联盟问题、铁托的经济计划问题以及苏联对南斯拉夫的操纵等问题，所有这一切导致了铁托与斯大林的严重分裂。1948 年 6 月 28 日，共产国际的后继组织共产党情报局宣布把"铁托集团"开除出世界共产主义运动。在苏联集团入侵的威胁下和经济问题的冲击下,南斯拉夫求助于美国。华盛顿向铁托提供 1 亿多美元各种形式的援助。铁托表达了感激之情,在两个集团的对立中保持中立。

铁托开创了南斯拉夫社会主义自治制度。从 1950 年开始,南斯拉夫在工人自治基础上逐步确立了政治经济和社会发展的根本制度。1950 年 6 月 27 日,在铁托的倡导下,南斯拉夫联邦国民议会颁制《关于劳动集体管理国营经济企业和高级经济联合组织的基本法》,规定由企业全体就业人员以无记名投票方式选举出的工人委员会代表社会,根据国家经济计划,以及振兴法律、法规确定的权利义务对企业进行管理;宣布将生产资料的国家所有制改为社会所有制,实行工人自治。从 1953 年起,又把自治范围扩展到教育、科学、文化、保健和社会的各个领域,实行社会自治。1964 年以后,进一步减弱联邦政府管理经济的职能,扩大企业以及共和国和自治省的自主权,实行经济的分散化管理,把社会主义自治制度确定为南斯拉夫政治经济和社会发展的根本制度。

南斯拉夫社会主义自治制度,是根据南斯拉夫本国情况采用的社会主义社会关系的体系,南斯拉夫开创独立自主建设社会主义的道路。1971 年以后,南斯拉夫开始在经济和社会事业部门实行"联合劳动"体制,对经济自下而上地实行相对集中的管理。但是,过早削弱和取消国家管理经济的职能,过分削弱中央权力和计划指导作用,造成经济建设中的无政府主义、比例失调等问题。1980 年以后,南共联盟在决心坚持社会主义自治制度同时,正在酝酿和讨论改革政治体制和经济体制中的某些弊端,以进一步使其完善和发展。

铁托 1952 年 11 月当选为南共联盟总书记。1953 年起任共和国总统和武装部队最高统帅。1974 年,在南共联盟十大上当选为南共联盟主席,任期无限。同年,被南斯拉夫社会主义联邦共和国议会选为终身总统。1953 年 3 月斯大林死后,南斯拉夫同莫斯科的关系有所改善。1955 年,苏联党的新领导人赫鲁晓夫和总理布尔加宁前往贝尔格莱德,为 1948 年事件致歉。1956 年,苏联干预镇压了匈牙利革命,又将避难于南斯拉夫驻布达佩斯大使馆的纳吉诱出并处死。南斯拉夫同莫斯科的关系再度紧张。南苏关系时冷时热。1963 年,赫鲁晓夫再次访问南斯拉夫,苏南关系又有升温。1968 年,苏联及其盟国入侵捷克斯洛伐克,镇压了"布拉格之春",当苏联向独立自主的罗马尼亚和南斯拉夫发出威胁信号的时候,南斯拉夫调动军队,发动民兵,明确表示南斯拉夫不同于捷克斯洛伐克,将抵抗外来的入侵,苏军撤退。

南斯拉夫的政治、经济、民族关系等多方面存在严重矛盾。实践表明，各共和国关系上的"邦联化"、政体上的"极端民主化"、经济上的过度分散化和违背经济规律的契约化、民族关系上的分立化等倾向日趋明显。与此同时，南共联盟的"联邦化"也日益表面化。1992 年 4 月 27 日，南斯拉夫联邦议会通过了由塞尔维亚和黑山两共和国联合组成的南斯拉夫联盟共和国宪法。这样，原南斯拉夫社会主义联邦共和国已彻底解体。南斯拉夫联邦统一的社会主义自治制度也随之失败。

（二）波兹南事件与波兰的变革

1956 年的苏共二十大，苏联领导人开始了对斯大林的全面批判。波兰也开始了改革。1956 年 6 月 28—30 日，波兰爆发了波兹南事件。波兰政府的镇压行动导致了大量人员伤亡。波兹南事件是 1948—1953 年间波兰人民共和国模仿苏联模式所造成的恶果。这种模式在庞大的官僚机构的指导下，推行一元化领导，推动个人崇拜，产生种种残暴现象。在经济领域则依靠强迫集体化、加速重工业化、扩大积累比重等手段，来追求物质指标。指标的实现给官僚的事业带来了利益，但往往是以损害人民利益为代价的。波兹南事件是波兰逐渐摆脱苏联政治控制的里程碑事件之一。

波兹南事件后，波兰领导人哥穆尔卡一直致力于政治领域的改革。1964 年苏联发生了政变，赫鲁晓夫下台。新的苏联最高领导勃列日涅夫是极度的保守主义者，他反对东欧地区作出任何形式的改革。波兰经济陷入了严重滞后的状态。1970 年，波兰大幅度提高了生活用品的价格，直接导致了大规模的罢工和示威游行。哥穆尔卡宣布辞职，盖莱克出任波兰最高领导人。盖莱克推行新的改革方案，利用波兰的有利位置大量引进西方资金。工业产量进一步提高，人民的生活得到了很大的改善。

盖莱克执政初期的几年时间，波兰的经济高速发展。1975 年，波兰的国民生产总值增长了 29%，超过了韩国和日本快速发展时的速度，当时让各国为之惊呼。但在高速经济增长的背后，隐藏着巨大的危机。为了刺激经济发展，波兰的外债数字也在飙升。截至 1980 年，波兰所欠外债已经超过了波兰当年的政府总收入。为了扭转不利局面，1976 年和 1980 年两次提高商品价格。政府的债务最终强加到了人民的头上。1976 年的提价行动已经导致了一次罢工浪潮，1980 年的再次提价把波兰政府推到了风口浪尖。盖莱克宣布辞职，雅鲁泽尔斯基出任波兰新一届领导人。

1980 年 11 月，波兰团结工会成立。在不到半年的时间里，900 万人参加了团结工会，占到了波兰全国总人口的四分之一，几乎所有的劳动者都参加了工会。有三分之一的波兰共产党党员也参加了团结工会，动摇了波兰共产党的执政地位。团结工会的政治力量越来越强，给波兰共产党造成了很大的挑战。波兰陷入了经济与政府双重动荡的局面。

苏联集结 50 万大军镇压了捷克斯洛伐克的改革之后，对一切政治改革都十分忌惮。苏联担心波兰一旦发生"颜色革命"，会导致东欧各国一连串的连锁反应。1981 年 11 月，苏联在波兰边境集结了 50 多万军队，勃列日涅夫对雅鲁泽尔斯基发出警告："不得再对社会主义的敌人做出让步。"在苏联压力之下，雅鲁泽尔斯基下令波兰进入战时状态，逮捕了包括团结工会主席瓦文萨在内的 5000 多人，取缔了非波兰执政党之外的所有政党和组织，禁止示威、罢工和游行，并对全国主要的国营企业进行了军事管理。

雅鲁泽尔斯基暂时稳定了波兰的局势，但是把政治、经济等一系列问题搅在了一起，加深了各方面的矛盾。由于深陷入侵阿富汗的泥潭和石油经济的崩溃，苏联的经济在 20 世纪 80 年代后期出现了持续的负增长，苏联对东欧各国的控制力越来越弱。1989 年，波兰首先发生了"颜色革命"，波兰团结工会成为执政党。

（三）匈牙利事件与匈牙利的变革

战后，东欧和亚洲的一些国家走上了社会主义道路。这些国家在学习苏联建设经验的基础上取得了一定成就，但由于照搬苏联的社会主义建设模式，弊端日渐暴露，改革势在必行。东欧社会主义国家的改革中比较有特色的是匈牙利的社会主义改革。

1956 年，匈牙利人民要求，扩大社会主义民主，实行政治经济改革，摆脱苏联控制的呼声日益高涨。布达佩斯街头，出现了这样的情形：大群人聚集在街头，其中一些人用绳索套住斯大林的雕像，随着一声呐喊，雕像倒在地上。10 月 23 日，布达佩斯十多万人举行示威游行。当晚，发生了暴力冲突。11 月初，原党中央第一书记卡达尔等人组建了社会主义工人党。几天后，以卡达尔为首的匈牙利工农革命政府宣告成立。苏军侵入布达佩斯镇压了群众游行，平息了事件。

匈牙利社会主义工人党政府总结了事件发生的原因和教训，对政治经济体制进行了改革和调整。卡达尔致力于推行改革。他强调，不应该"奴隶般地模仿外国的模样"。1956 年 12 月，匈牙利社会主义工人党中央在卡达尔主持下通过决议，强调匈牙利社会主义工人党，要和教条主义划清界限，主张独立自主从本国特点出发制定经济政策。

匈牙利社会主义工人党在 1957 年开始推行改革举措：一是扩大企业自主权，减少指令性计划指标，缩小由中央直接分配的产品范围；实行企业利润分红制；给予少数企业进行自主的外贸活动权。二是提高职工工资，进行工资改革。三是允许发展小手工业生产合作社，并用各种优惠鼓励私人小手工业的发展。四是在农业政策方面采取的最重大的措施是废除农产品义务交售制，代之以基于合同制的国家自由收购制度。

1962 年卡达尔在匈牙利社会主义工人党的八大上表示："必须进一步改进国民经济有计划的领导制度"，"我们想扩大直接生产管理的领导者的职权范围、自主权和责任感"，"要使中央的领导和监督更有成效"。会后，党中央成立了经济体制改革委员会，研究和制定改革的基本原则，并组织试点。1965 年 11 月，匈牙利党中央作出了关于经济体制改革的初步指导原则的决议。决议指出：必须进行根本改革。决议提出：逐步缩小和取消给企业下达计划的做法和指令性的经营管理方式，扩大企业自主权；企业自己制定计划，进行独立的经济核算，自行决定工资；在价格制度方面，缩小固定官价范围，广泛实行价格限额和自由价格；通过货币汇率以及中央管理外汇和批准进出口权等手段来提高外贸的效率；在内贸中，允许各种企业和商店之间在国家规定的范围内进行竞争；农业企业要实行企业（合作社）的独立经营；地方议会的经济决定权也将相应扩大。

1966 年 5 月匈牙利社会主义工人党中央举行扩大会议，通过了《关于经济体制改革的指导原则》和《关于经济体制改革的决议》。决议指出，在生产资料社会主义所有制基础上，把国民经济按比例发展的中央管理同商品关系和市场的积极作用有机地联系起来。决议决定：

（1）在社会主义成分占绝对优势的同时，私有成分，包括小手工业、零售商业、自产自销和非农民辅助经济仍有存在的必要。以利于发展生产力，从根本上改善劳动人民的生活水平。

（2）国家仍是在商品生产的基础上组织各项经济活动的中心，同时必须自党地利用市场机制的调节作用。在处理计划与市场的关系上，二者不是对立的，而是有机的统一体。一方面，在国民经济计划中仍由中央一级决定经济发展的主要指标和主要比例，并集中种种手段保证比现今更有效地实现这些指标和比例；另一方面，则在社会主义经济总体中保障给市场机制以更广泛的活动余地，即给供求价格以相互直接的影响，给卖者与买者之间真正的商品关系以广阔的活动余地。

（3）为使企业成为自主经营、自负盈亏的经济实体，可以取消经济管理中"指令性计划下达"，让企业经营单位自主地制订计划。国家用贸易制度来代替由官方统配原料和产品的做法，充分利用受计划和调节手段控制的市场机制，把"直接管理"与"间接管理"相结合，把利润作为中心，并运用价格、利润、税收、工资、资金、利率等形式调节企业的活动，使企业生产适应国民经济计划的运转轨道，更好地为社会主义计划经济的有效活动服务。

1968 年起，匈牙利在全国推行全面经济体制改革，主要是把国家的计划管理和商品生产、市场调节有机地结合起来。针对国民经济比例严重失调的现象，降低积累率，放慢重工业的发展速度，优先发展农业和轻工业。调整农业政策，废除农产品的义务交售制，提高农产品的收购价格，国家取消对合作社和国营农场的指令性计划，改用价格、税收等经济手段进行调节。在工业方面也进行了管理体制的改革。在政治上，改善党的领导，发扬社会主义民主，健全法制，稳定政治局势。

正当匈牙利改革进入全面实施阶段，1968 年苏联出兵侵入捷克斯洛伐克。匈牙利当时改革计划的内容同捷克斯洛伐克高度近似。20 世纪 70 年代初，苏联报刊指责匈牙利的发展是"违背了社会主义计划经济原则"，"助长了资本主义倾向"，要匈牙利来个"方向性的转变"；同时对"市场社会主义经济"加以批判，向匈牙利施加压力。捷克斯洛伐克的新领导批评卡达尔"搞西化"，经济机构正在脱离党的领导，敦促匈牙利立即"刹车"。民主德国对匈牙利的改革展开了公开论战。

匈牙利党内部的争论也日趋激化。1972 年春起，匈牙利报纸杂志陆续发表文章，批评经济改革是"小资产阶级的狂热"，"损害了工人阶级的利益"，把倡导建设社会主义的不同民族模式说成是"鼓吹民族沙文主义"和"否定社会主义建设的普遍规律"。有些人甚至要求重新回到苏联和东欧其他社会主义国家当时实行的传统模式中去。

1972 年以后，由于国内外反对改革势力的阻挠，改革陷于停顿状态。卡达尔在捷克事件 5 年后说过，这一事件对匈的改革"产生了消极的影响"，他因此不得不"小心翼翼地"迈步，失去了许多时机。1973 年秋爆发的世界能源危机，匈牙利的经济蒙受了巨大损失，国家财政赤字增大，国民经济发展速度明显下降。领导人在经济决策方面也发生了一些失误。在对外贸易失去平衡的情况下，仍然片面追求经济发展的高速度，导致外债激增，加剧了经济困难。

1977 年 10 月，匈牙利党中央在分析形势、总结经验教训的基础上，决定调整国民经济的内部结构和比例关系，压缩进口，积极增加出口，力求恢复外贸平衡。同时严格控制投资规模和工资增长幅度。经过几年的努力，经济形势有所好转，基本上实现了外贸进出口平衡。

进入 80 年代以后，匈牙利又采取了一系列改革措施，改革措施难以顺利推进，收效不大。1984 年 4 月，匈牙利党中央作出了继续改革经济管理体制的决议，强调提高产品质量和经济效益，提高国际竞争能力，进一步扩大企业自主权，加强有限制的市场的调节作用。又强调提高经济发展速度。但实际上国内生产结构改造进展缓慢，经济仍然是持续低速度增长。"六五"计划（1981—1985 年）的许多发展指标没有完成。1986 年原计划的国民收入、工业生产、农业生产 3 项增长指标均未实现。1987 年国民收入甚至出现了 40 年来从未有过的负增长，而外债超过了 200 亿美元，人均负债 2000 美元。物价上涨，通货膨胀率上升，居民的实际生活水平有所下降。

在进行经济体制改革的同时，还进行了政治体制改革。初步实行了党政分开的领导体制，改变以往党组织包办一切的做法；提高了国民议会的权力，加强政府工作的监督作用；减少行政管理层次，大力精简机构；加强法制建设，提高国家的立法、司法水平；改革干部制度，完善对干部的选拔、培训、考核各项制度；实行联盟政策，加强全民族的团结，大力发挥各社会团体的作用。自 80 年代中期以后，由于经济连年困难，经济改革难以奏效，匈牙利社会出现了许多不安定因素。

（四）捷克斯洛伐克的变革与"布拉格之春"

1949 年，捷克斯洛伐克共产党九大提出了建设社会主义的总路线，开始进行社会主义工业化和农业的社会主义改造。1953 年捷克斯洛伐克共产党领导人哥特瓦尔德逝世。诺沃提尼任第一书记。

捷克斯洛伐克 1961—1965 年第三个五年计划由于经济困难被迫放弃。国家经济陷入困境，工业总产值连年下降，人民生活困难。捷共第一书记、共和国总统诺沃提尼经过两年试点后，于 1967 年开始推行"新经济体制"。但是，新经济体制未能解决原有的经济困难，反而出现了新的矛盾。一些工人失业，多次发生罢工事件，群众不满情绪日渐增长。1967 年 10 月，捷共中央全会上，杜布切克等人对诺沃提尼提出严厉批评，把国家经济困难和群众不满完全归咎于诺沃提尼，要求他辞职。10 月 31 日，中央全会闭幕的当天晚上，布拉格数千名大学生上街示威游行，与警察冲突中被打死一人、打伤 20 多人、百余人被逮捕。

1968 年 1 月 3 日至 5 日，捷共中央再次举行全会，决定把捷共中央第一书记和共和国总统的职务分开。诺沃提尼的捷共中央第一书记职务被解除，保留其总统职务。杜布切克当选为捷共中央第一书记。杜布切克当选后表示要在马列主义基础上加强党的团结，维护两个民族的统一。

杜布切克开启了名为"布拉格之春"的全面改革。1968 年 2 月 22 日是捷共取得政权二十周年的纪念日。杜布切克发表了重要演说，强调要走"捷克斯洛伐克的社会主义道路"，实行从上到下的全面改革，同时继续加强同苏联的友好合作，加强两党的兄弟关系。杜布切克呼吁全体捷克人民与斯洛伐克人民来帮助他，并特别强调依靠工人们的合作。为了表示民族间的融合，作为斯洛伐克人的杜布切克对布拉格市民说，令他非常愉快的是终于当上了这个市的公民。

1968 年 3 月 28 日至 4 月 5 日，捷克斯洛伐克共产党中央委员会召开全会，通过了党的《行动纲领》。会议强调，纲领是从捷克斯洛伐克的实际出发制定的。纲领明确宣布："我们将进行试验"，"我们要建立一种十分民主的，适合捷克斯洛伐克条件的社会主义新模式。""依靠传统的公式已经不行了"。《行动纲领》提出了涉及社会各个领域的改革建议：

（1）改革国家政体，将国家体制改为捷克和斯洛伐克两个共和国的联邦制；反对以党代政，党的目标"并不是要使自己成为社会万能的'管理者'"。纲领强调发扬党内民主，指出如果在党内不"坚决贯彻民主原则"，"社会中的民主就得不到深入发扬"，反对权力"集中于少数人手中"。

（2）实行新经济体制，主张对计划经济实行民主监督和专业监督，扩大企业经营自主权，放开自由竞争，实行企业领导民主化；成立工厂委员会，重新定位工会的作用；提倡生产和贸易组织搞多样化的结构，取消外贸垄断；农业实行完全的独立经营。

（3）强调民主和自由，保障宪法上规定的言论、出版、集会、结社的自由。制定新闻法、新闻自由、取消书报检查，给以前无辜被判刑和受迫害者恢复名誉。

（4）强调独立的外交政策，民族利益优先，实行一种能"充分体现社会主义捷克斯洛伐克民族利益"的政策。强调不仅要进一步发展同苏联及其他社会主义国家的"联盟及合作"，而且对发达的资本主义国家也"将积极地实行和平共处政策"。

（5）强调民族阵线的作用。强调民族阵线是"社会多方面利益的政治体现者"。民族阵线内各政党和群众组织"都参与国家政策的制定"。不同的观点或争论可通过"政治协商"解决。

4月9日，苏联共产党中央委员会举行全会，勃列日涅夫在会上作了报告。10日通过决议指出：目前的特点是社会主义和资本主义之间意识形态的斗争尖锐化了。帝国主义目前要削弱社会主义国家的团结，涣散进步力量，企图从内部瓦解社会主义。苏联《真理报》在4月12日发表文章说，捷克斯洛伐克反社会主义分子以"民主化""自由化"为掩饰，发表了不少"非马克思主义的意见"，削弱和攻击共产党的领导。4月19日，捷克斯洛伐克《红色权利报》发表题为《论走向社会主义的独特道路》和《谈无产阶级国际主义的某些问题》的文章。文章指出："世界上不存在包罗万象的社会主义样板，可以把它成功地套用到任何一个国家的具体条件中去"。如果在社会主义建设过程中，"把选择不同于苏联的形式，看作是忘恩负义"，那是错误的。因为"机械地模仿苏联的做法会大大损害社会主义的利益"。文章还指出，捷克斯洛伐克对外政策必须从世界社会主义大家庭的共同利益出发，但这不意味着"每个社会主义国家的外交政策应成为苏联政策的附属物"。不应把捷克斯洛伐克社会主义建设"选择自己的形式和道路"看作是"违背国际主义"。同样，把这一努力称为"反马克思主义或反苏"也是不能接受的。

1968年5月4日，杜布切克率党政代表团赴苏访问，苏联对捷克斯洛伐克形势的发展提出尖锐的批评。捷方拒绝这一指责，并进行了解释。苏联对捷方提出的经济援助和4亿至5亿卢布的贷款要求未给予肯定答复。

6月20日，由苏联发起，华沙条约国部队在捷克斯洛伐克境内进行军事演习。华约武装部队联合司令部司令伊万·伊格纳季耶维奇·雅库鲍夫斯基亲临指挥。演习结束后，苏军并没有按约立即从捷境内撤出。

6月27日，捷克斯洛伐克《文学报》《劳动报》等报纸上发表一个《两千字声明》。记者卢·瓦楚利克执笔，公民代表70人签字。声明要求加速改革，但应由共产党领导，否则"既不公平，也不合理"。声明提到，如果"外国势力"实行武装干涉，就要拿起武器保卫本国政府。外国势力干涉捷克斯洛伐克的可能性已引起了很大的不安。这一声明反映了部分知识分子的情绪。6月29日《红色权利报》以《捷共中央委员会主席团谈两千字声明》为题发表文章，表明捷共中央拒绝声明的立场。文章认为，不管声明的主观愿望是什么，但"就其客观后果而言"，都"异乎寻常地加重了"捷克斯洛伐克政策进一步发展的困难，它将为"反共产主义倾向开辟道路"，"煽动民族主义情绪"。7月3日，捷克斯洛伐克共产党中央委员会发表《对〈两千字声明〉的立场》，认为如实现该声明中的观点，将会导致捷克斯洛伐克社会主义性质的改变。苏共对此声明反应强烈。《真理报》7月11日发表题为《对捷克斯洛伐克社会主义基础的攻击》的文章，谴责《两千字声明》破坏苏捷友谊，企图复辟资本主义。

7月14日，苏联、保加利亚、民主德国、匈牙利和波兰五国党政领导在华沙举行会议，在没有捷党政领导参加的情况下，讨论捷克斯洛伐克问题。公报说"与会者特别注意到力图通过破坏活动来颠覆个别国家社会主义制度的帝国主义势力正在加紧活动"。会议通过了五党给捷共中央的联名信。信中说，五党过去和现在都无意干涉捷克斯洛伐克内政，无意破坏各党关系中互相尊重、独立平等的原则，但决"不能同意敌对势力"把捷"从社会主义道路上拉开"，这"威胁着整个社会主义体系的利益"，"已经不仅仅是捷克斯洛伐克一国的事情了"。信中严厉指责捷克斯洛伐克共产党对国家领导不力，没有"回击反动势力"。信中强调，《两千字声明》是"反革命组织的政治纲领"。捷克斯洛伐克局势已威胁到苏联等国的"共同利益"，对此决不能"漠然视之"。

7月15日，捷共中央主席团举行非常会议，要求五党不要通过关于捷克斯洛伐克国内局势的结论。18日，捷共中央主席团给苏共等五党复信，逐条驳斥了联名信对捷的指责，认为，"没有任何理由把捷当前局势说成是反革命的，或存在脱离社会主义大家庭的危险"，"党的领导作用并没有消失"。回信指责五党华沙会议"不利于社会主义的共同事业"，指责苏联一再推迟撤军日期。同日，杜布切克发表电视讲话，表示不改变一月全会以来党的各项政策，强调捷克斯洛伐克要独立地、从有益于社会主义建设出发，制定政策。19 日，他在中央全会讲话中重申忠实于《行动纲领》。他表示捷不想干涉别人的内政，同样别人也不应干涉捷的内政。

7 月 29 日至 8 月 1 日，苏、捷领导人举行会谈。会谈前，杜布切克向全国发表了电视演说，表示为了捷克斯洛伐克"社会主义的未来"，为了人民"完全自由生活的利益"，为了世界"社会主义事业的利益"，捷克斯洛伐克"决不后退一步"。这次会谈，双方展开了激烈的交锋，没有解决任何实质性问题。8 月 3 日，保、匈、民主德国、波、苏、捷六党举行会议，会议没有直接涉及捷克斯洛伐克问题。但是会谈后发表的联合声明却指出，要遵循社会主义的"共同规律"，"不允许任何人离间社会主义国家，破坏社会主义制度的基础"。声明还特别强调："保卫苏联和东欧各国的成果是所有社会主义国家的国际主义义务"。

在 1968 年 8 月 20 日深夜，20 万华约成员国军队和 5000 辆坦克的武装入侵宣告失败。进攻开始 6 小时后，苏军控制了捷克全境。几十万捷军全部缴械，北约也没来得及作出任何反应。杜布切克并没有组织抵抗，在这次事件中仅有 80 个捷克人被杀，与匈牙利事件相比大大减少。

8 月 21 日晨 6 时，杜布切克和联邦议会主席斯姆尔科夫斯基、总理切尔瓦克等五人被库可夫将军挟持到莫斯科。8 月 22 日，捷克斯洛伐克全国举行一小时总罢工，抗议苏军占领。同一天，捷共第十四次非常代表大会在布拉格秘密召开，通过了反对外国武装干涉的决议，选举了由杜布切克等人组成的新的中央委员会。8 月 23 日，捷、苏领导人在莫斯科举行会谈。杜布切克参加了这一会谈。27 日发表《捷苏会谈公报》即《莫斯科议定书》。公报声明，捷方承认苏军占领不是干涉捷内政，同意苏联提出的待"局势正常化"以后撤军的条件，同时命令捷克武装部队不得出现"有可能引起破坏社会秩序的事件和冲突"。苏方强调，不承认捷共第十四次代表大会通过的各项决议。

1969 年 4 月 17 日，捷克斯洛伐克共产党中央举行全会，解除杜布切克捷共中央第一书记的职务，由胡萨克接替，杜布切克仍留在主席团内。次日，解除他国防委员会主席和委员的职务。4 月 28 日，他当选为捷克斯洛伐克国民议会主席。9 月 26 日，他被解除这一职务，同时还解除了捷共中央主席团委员的职务。1970 年 1 月 25 日，杜布切克到达安卡拉，就任捷克斯洛伐克驻土耳其大使。同年 6 月，他被捷共中央全会开除出党，并被解除驻土耳其大使职务和国民议会议员的资格。随即从土耳其召回。回国后，杜布切克到布拉迪斯拉发国家森林管理局工作。1989 年捷克的"天鹅绒革命"后，杜布切克支援瓦茨拉夫·哈维尔的公民论坛运动；共产党下台后，杜布切克复出，1992 年杜布切克出任斯洛伐克社会民主党主席与联邦国会议长。杜布切克著有《希望不死》一书。在捷克和斯洛伐克，杜布切克已经成为民主和人道主义的代言人和象征。

"布拉格之春"是一次有重大意义的国际政治事件，标志着社会主义阵营和华约内部的裂痕已经渐渐显现，可视为东欧剧变的前奏与导火索。

（五）罗马尼亚的社会主义道路探索

罗马尼亚于 1947 年 12 月 30 日废除君主制，成立人民共和国。1948 年 2 月罗共与罗马尼亚社会民主党举行联合代表大会，两党合并为罗马尼亚工人党。大会新章程规定，党的最终目标是消灭人剥削人制度，建立社会主义和共产主义社会。乔治乌－德治当选为罗工人党中央第一书记。1948 年 6 月实行主要生产资料国有化。1949 年 3 月开始实行农业合作化。1960 年 6 月"八大"宣布，罗马尼亚已建立社会主义经济基础并进入完成社会主义建设阶段。

1965 年 3 月乔治乌－德治逝世，尼·齐奥塞斯库继任中央第一书记。同年 7 月罗工人党"九大"提出巩固社会主义建设事业和加强新社会物质技术基础的任务，选举尼·齐奥塞斯库为罗共中央总书记，恢复罗马尼亚共产党的名称。1969 年 8 月，罗共"十大"宣布从 1971 年起进入建设全面发展的社会主义社会的新阶段。1974 年 11 月，罗共"十一大"通过了建设全面发展的社会主义社会和罗马尼亚向共产主义迈进的纲领。1982 年罗共全国代表会议承认，由于国民经济各部门之间出现一些矛盾和世界经济危机的影响，罗产生了一些新问题。因此决定放慢发展速度，调整经济以克服困难。1984 年 11 月"十三大"重申继续执行建设全面发展的社会主义社会和向共产主义迈进的政策。1989 年 11 月"十四大"通过了关于 1991—1995 年社会发展计划和 2000—2010 年远景规划的社会经济发展指导纲要。尼·齐奥塞斯库再次当选总书记。

尼·齐奥塞斯库在任期间实行独裁统治，民主被剥夺，任人唯亲，在政治上手段残暴，还以秘密警察方式监视人民生活。在外交上，他保持独立自主，与苏联保持距离。他曾与美国总统尼克松见面，并和以色列保持外交关系，谴责苏联在勃列日涅夫统治时期侵略捷克斯洛伐克。

经济上的腐败无能使罗马尼亚出现严重危机。尼·齐奥塞斯库过着豪奢的生活，与人民的一般生活脱节。1989 年东欧共产党纷纷倒台后，罗马尼亚人民集会要求民主，遭到齐奥塞斯库残酷镇压，结果引发更大规模骚动。

1989 年 12 月 16 日，因蒂米什瓦拉市当局要求持不同政见者、新教神父拉斯洛·托克什搬迁而引起了该市群众抗议，继而发展成反齐奥塞斯库的游行示威。20 日，齐奥塞斯库宣布在蒂米什县实行紧急状态。21 日，他在首都布加勒斯特召开群众大会谴责蒂米什瓦拉市的动乱，结果导致更大规模的群众反齐奥塞斯库的示威。齐奥塞斯库命令军队镇压。但军队倒戈，与忠于齐奥塞斯库的一部分保安部队发生激战。22 日，齐奥塞斯库和夫人埃列娜·齐奥塞斯库最后准备以直升机从总统府逃脱，结果被罗马尼亚救国阵线委员会逮捕。当晚罗马尼亚救国阵线委员会成立，宣布接管罗马尼亚国务委员会和罗马尼亚政府的一切权力，并发布十条施政纲领。25 日，齐奥塞斯库夫妇经特别军事法庭秘密审判，被控以"屠杀六万人民、积蓄超过十亿美元的不当财产"等罪名，在经军事审讯后被秘密枪决，并没收所有财产。随着 1989 年 12 月 22 日齐奥塞斯库政权被推翻，罗马尼亚共产党被救国阵线宣布为非法组织而停止一切活动。

（六）保加利亚的社会主义道路探索变革

1919 年 5 月，保加利亚社会民主工党召开党的第二十二次代表大会，党名改为保加利亚共产党（紧密派社会主义者）。1923 年 9 月，保共发动并领导了反法西斯武装起义，失败后转入地下。1927 年，保共建立合法的工人党继续进行斗争。1938 年，保共中央将工人党和保共合并为保加利亚工人党。1941 年 6 月，德苏战争爆发后，工人党广泛开展反对德国占领者和本国卖国政府的斗争。1942、1943 年工人党先后成立联合全国一切反法西斯力量的祖国阵线和人民解放起义军。

1944 年 9 月 9 日，起义军在苏军帮助下，推翻了君主法西斯专政，建立了人民民主政权。1944 年 9 月底，党改名为保加利亚工人党（共产党人）。1948 年，保加利亚社会民主工党（广泛派社会主义者）在完全承认保加利亚工人党（共）的思想和组织原则的基础上并入保加利亚工人党（共）。

1948 年 12 月，党的五大决定恢复保加利亚共产党的名称，制定了建设社会主义经济和文化基础的总路线，通过了实现社会主义工业化、农业合作化与机械化为主要内容的第一个五年计划。

1953年，斯大林逝世后，苏共实行了集体领导、党政分开的做法，这在保加利亚引起了反响。保共中央第一书记契尔文科夫辞去了党内的领导职务，专任政府总理。

1954年3月，保共六大上日夫科夫正式接任党中央第一书记。作为东欧国家中最亲近苏联的国家，他对苏联的一切基本上亦步亦趋。苏共党的变动对保加利亚产生重要影响。赫鲁晓夫在苏共党内地位的加强和对斯大林的批评，也在保共党内产生反响。在1956年4月的保共中央全会上，日夫科夫指出，保加利亚要从苏联的事例中吸取教训，他公开批判了契尔文科夫所犯的"个人崇拜"和其他方面的错误。全会撤换了契尔文科夫的总理一职。1957年，日夫科夫在赫鲁晓夫支持下，进一步肃清了党内"反党集团"的活动。

1958年6月，保共七大召开。日夫科夫在向大会所作的报告中总结了保加利亚在两个五年计划以来所取得的建设成就，指出保加利亚已经消灭了剥削和剥削阶级；人民共和国已经从一个落后的农业国变成了一个具有发达的工业和大规模合作化及机械化的农业的社会主义工业—农业国。

保共七大后，保加利亚在加速发展国民经济方面取得了新成就，第三个五年计划（1958—1963年）提前两年完成。在国家和经济领导方面采取了一些新的改革措施。1962年11月，保共八大上，总理于哥夫被指责"极大地侵犯了社会主义法制"，并被撤了职。几天后，在国民议会上，日夫科夫被一致推选为总理。1964年他主持试行国家经济领导新体制，贯彻用经济方法管理经济的精神，兼顾国家、集体、个人三者关系，调动了劳动者的积极性。1966年，这一新体制在全国正式实行。

1971年4月，保共十大通过了被称为"建设发达的社会主义社会的大法"的宪法，宣布保加利亚已从无产阶级专政的国家向"全民国家"转变，进入了建设发达社会主义社会的阶段。5月，全民投票通过了这部宪法。根据这部宪法，国民议会主席团由国务委员会代替。7月，日夫科夫当选为国务委员会主席，总理一职由托多罗夫接任。这次改革主要是在坚持国家集中指令性计划的前提下，突出强调经济杠杆的作用，运用经济手段管理经济。新体制运行的前期，生产关系得到初步理顺，国民经济开始朝好的方向转化。

20世纪70年代以后，经济发展开始出现停滞。1976年，日夫科夫提出经济发展的"高质量—高效率"方案，实行"新经济机制"。这次改革的最大特点是在所有生产和非生产领域都普遍实行独立经济核算和自负盈亏。为经济管理体制进行了改革，同时对国家的领导体制、科技体制进行了相应的改革。这次改革与前两次改革相比，有了明显的深化。

1981年，保共召开了十二大，会上恢复了1949年后被废除的总书记一职，并选举日夫科夫担任此职务。大会在日夫科夫主持下，肯定了以往一系列的改革成果，决定在国家领导和经济管理体制方面继续进行改革。1982年，保加利亚全面实行了新经济体制改革。

80年代以后，在戈尔巴乔夫"新思维"的影响下，日夫科夫代表保加利亚共产党在1987年7月中央全会上提出改革的总构想（"7月构想"），对社会主义所有制的统一和多样化、党的地位和作用、社会主义的自治原则等方面，均提出了新的改革设想。但"7月构想"的结果和前几次改革的结果一样，没有取得预期的效果，反而使国民经济发展遇到了一些意想不到的困难，通货膨胀、商品短缺，严重影响了人民群众的正常生活。

1989年10月，"保卫人民独立组织"趁欧安会35个成员国在索非亚召开环保会议之际，组织进行反对政府高压政治的游行示威。新成立的"支持工会"在不同场合强烈表达了要求政治多元化的主张。"生态公开性"组织以保护环境为借口，组织群众签名，进行政治请愿。

政府对这些反对派的行动采取了极力反对和指责的态度，并动用警察进行制止，但未能奏效。1989年10月28日，"保卫人权组织""生态公开性"等反对派团体上街举行大规模游行集会，强烈要求结束保共一党专政的统治，实行政治多元化体制。10月29日，日夫科夫首次公开表示在保加利亚实行政治多元化，主张"让意见不同、立场不一的正式社团和非正式社团并存"。从此，政治多元化在保加利亚蔓延开来。

与此同时，保共领导对日夫科夫多年采取的"一边倒"的亲苏政策也表示了严重不满。1989年10月，中央政治局委员、外交部长姆拉德诺夫致信中央委员会各位委员，公开宣布了他对日夫科夫所推行的路线和政策的不同意见。11月8日，朱罗夫将军、卢卡诺夫、姆拉德诺夫等中央政治局委员当面要求日夫科夫立即辞职。11月9日，日夫科夫在无可奈何的情况下，被迫辞职。11月10日，保共召开中央全会，解除日夫科夫中央总书记、政治局委员的职务，选举外交部长姆拉德诺夫担任中央总书记。

1989 年 11 月 16 日，中央全会对政治局和书记处做重大改组，亲日夫科夫的 4 名政治局委员和 2 名政治局候补委员被开除出政治局，日夫科夫的儿子弗拉迪米尔·日夫科夫也被逐出中央委员会。12 月 8 日，保共中央全会决定解除日夫科夫等 22 名中央委员职务。11 日，决定开除日夫科夫等人的党籍。此后，日夫科夫被软禁在索非亚郊区一个偏僻的别墅里。1992 年 9 月，保加利亚最高法院判处日夫科夫 7 年监禁，并罚没 2100 万列弗上缴国库。

1990 年 1 月 30 日—2 月 2 日，保共举行第十四次（特别）代表大会，通过《保加利亚民主社会主义宣言》和新党章，提出把党建成民主社会主义政党，直接任务是在保加利亚建设"民主和人道的社会主义"；主张多党制、议会民主；实行市场经济，多种所有制并举；规定保共是马克思主义政治组织，以民主一致和人道原则代替民主集中制，允许党内有派别存在。1990 年 4 月 3 日保共正式改名为保加利亚社会党，党报《工人事业报》改名为《言论报》。1990 年 9 月底保加利亚社会党召开第三十九次代表大会，决定接受"欧洲文明在自由、民主、正义和人道主义方面的最高成就"。

（七）民主德国的社会主义道路探索

1945 年 5 月 8 日，纳粹德国战败投降。根据雅尔塔会议和波茨坦会议的协议，德国战败后将被一分为四，分别由英、美、法、苏四个战胜国占领，并合组一个最高管理单位"盟国管制委员会"来管理德国事务。

德意志民主共和国是在苏占区的基础上形成的。苏占区实行土地改革，没收战犯和纳粹分子的财产，将部分工业企业国有化。按照苏联模式在苏占区内建立人民民主政权。1945 年 6 月 25 日，德国苏占区 5 个州建立了州政府。8 月，建立工业、交通、动力等总管理署，1946 年 4 月 21 日，德国苏占区举行德国共产党和社会民主党联合代表大会，两党联合组成德意志统一社会党。威廉·皮克和奥托·格罗提渥当选为党的主席。1946 年 10 月，德国苏占区举行州议会选举，德国统一社会党得票最多，成为该区的执政党。1948 年 6 月 20 日，西占区实行货币改革，苏联也于 6 月 23 日在苏占区实行货币改革，把原货币改为东德马克，东、西占领区的经济完全被分隔开来，同时政治上的分裂也在加剧。1947 年 12 月 7 日，德国统一社会党发起召开第二届德国人民代表大会，选出了以威廉·皮克为主席的常务委员会。1948 年 10 月 22 日，由统一社会党提出的《德意志民主共和国宪法草案》获得通过。1949 年 5 月 30 日，第三届德国人民代表大会批准了《德意志民主共和国宪法》，德国人民代表大会选出了 400 名人民委员会委员。

1948 年中期开始，苏占区对使用西德马克的西柏林地区进行封锁，为期11 个月，希望通过此举达到完全控制整个柏林地区的目的，但在西方国家持续以空运方式进行物资支援下没有实现。这就是第一次"柏林危机"，又称为"柏林封锁"。1949 年 5 月 12 日，德国苏占区当局解除了对西柏林的封锁。5 月 23 日，德意志联邦共和国（西德）宣布正式成立。10 月 7 日，宣布正式成立德意志民主共和国，首都为东柏林，实行社会主义制度和计划经济体制。

像其他东欧的社会主义国家一样，东德实行计划经济。实行了基本生产资料的国有化。国家建立全面的生产计划、生产目标、价格，并根据计划调拨资源，生产方式几乎完全由国家所拥有。德国统一社会党管理和控制国家的经济以及社会的各方面，拥有最高的领导地位。在采纳总书记的报告并制定了未来的第一个五年计划（草稿）后，德国统一社会党开始在国会正式行使它的领导角色。1950 年，民主德国的农业生产已达到了战前的水平。1951年开始，民主德国实行第一个五年计划，1953 年民主德国全民经济成分就占了工业总产值（不包括建筑业）的 78.9%。1960 年民主德国又实现了农业生产合作化。

民主德国实行德国统一社会党领导下的多党参政制度。政党联盟表现在各政党都参与议会和政府的工作，参与国家政权的行使。在非国家形态的社会主义人民运动之中，各政党共同组成民主联盟和全国阵线这两个非国家形态的人民统一战线组织。在这两个组织内，各政党和组织享有平等的权利，它们的共同目的就是在全国、在各地区，特别是在各居民区团结各党派、群众组织和无党派人士。

民主德国是苏联的一个卫星国，但是，它的很大一部分人都不认同国家的政治和经济体制，1953 年发生了人民要求改革、反对苏联的"六一七"事件，苏联驻德部队参与了镇压。成立初期面临着严重的人口外逃问题，在 20 世纪50 年代有 270 万东德居民由于政治或经济因素非法越境到西德。

1961 年东德政府沿西柏林边境修建了柏林墙以阻止东德居民通过西柏林逃往西方，并对越境者加以射杀。东德的国家安全部"史塔西"对整个社会的异见者和社会活动进行着严密的监控和压制。

1963 年，民主德国提出了"新经济体制"的指导方针。1971 年德国统一社会党八大提出了"在高速度发展社会主义生产、提高效益、科技进步和提高劳动生产率的基础上进一步提高人民物质文化生活水平"的方针。此后 10 年，民主德国劳动生产率平均增长 5%，国民收入平均增长 4.6%。

1989 年，受匈牙利人民共和国宣布开放边境和戈尔巴乔夫的"新思维"思想的影响，民主德国局势发生了急剧变化。同年 5 月起，大批公民通过匈牙利外逃至联邦德国。10 月初，莱比锡等许多城市相继爆发了规模不等的示威游行，要求政府放宽出国旅行和对新闻媒体的限制等。

1989 年 10 月 7 日，民主德国在柏林（东柏林）举行建国 40 周年国庆阅兵式。10 月 18 日，民主德国领导人昂纳克宣布辞职。11 月 9 日，冷战时期著名的标志性建筑——"柏林墙"开放。11 月 28 日，联邦德国总理赫尔穆特·科尔提出关于两个德国实现统一的"十点计划"。

1990 年 2 月 13 日至 14 日，民主德国总理莫德罗首次访问联邦德国。3 月 18 日，民主德国人民议院实行自由选举，德梅齐埃任民主德国总理后，两德统一的步伐大大加快。

1990 年 5 月 18 日，民主德国和联邦德国在波恩签署关于建立货币、经济和社会联盟的国家条约。7 月 1 日，东德马克退出流通，西德马克成为两德共同的货币。8 月 31 日，双方又在柏林签署两德统一条约。9 月 24 日，民主德国国家人民军正式退出华沙条约组织。10 月 3 日，民主德国正式并入联邦德国。民主德国的宪法、人民议院和政府自动取消，原 14 个专区为适应联邦德国行政建制改为 5 个州，并入联邦德国，分裂 40 多年的德国重新统一。

（八）阿尔巴尼亚的社会主义道路探索

1966 年在中国"文化大革命"之后，阿尔巴尼亚领导人霍查发动了本国的文化与意识形态革命。阿尔巴尼亚领导人将重点放在军事、政府官僚体制与经济改革上，为斯大林主义体制寻求新的支持。阿尔巴尼亚取消了军衔，重新在军队实施政委制度，取消志愿兵制度。为了限制"白领作风"，阿尔巴尼亚还大幅削减了中高级官员的工资，将管理和技术人员赶出办公室，送到工厂和农田做苦工。六名部长被处决，包括司法部长本人在内。政府农村集体化一直扩张到遥远的山区。政府打击作家和艺术家异议分子，改革了教育制度，主要是强化了阿尔巴尼亚与欧洲文化的隔绝，目的是消除外部影响。

1967 年，当局在阿尔巴尼亚发动了一场剧烈的消灭宗教运动，宣布宗教分裂了阿尔巴尼亚民族，导致国家发展缓慢。学宣队下到农村，强迫阿尔巴尼亚人停止进行宗教活动。不顾所有人的反对，甚至是劳动党党员的反对，在年底以前所有的教堂、清真寺、修道院以及其他宗教设施都被关闭或改成仓库、体育馆和工厂。通过特别命令废止了全国所有主要宗教团体的运营许可证。这次运动在阿尔巴尼亚宣布成为世界上首个无神论国家时到达高潮，被宣扬为恩维尔·霍查的伟大功绩之一。

阿尔巴尼亚的社会主义模式深受苏联和中国影响。自 1954 年至 1978 年，中国向阿尔巴尼亚提供援款 75 笔，金额 100 多亿人民币，阿成为中国对外援助受援国人均数额最多的国家，1978 年中国正式终止对阿援助。在确认无可能获得新援助后，这年年底，阿领导人霍查在公开讲话中公然把中国列为主要敌人。其随后出版的著作《中国纪事》则全面反华，甚至号召推翻中国时任领导人。毛泽东在世时，霍查对中国已有微词。尼克松访华后，阿尔巴尼亚于 1974 年清洗亲华的国防部长巴卢库，翌年将其枪决。1968 年，在苏联出兵入侵捷克斯洛伐克之后，阿尔巴尼亚退出了在 1961 年加入的华沙条约组织，与苏联彻底断绝关系。1975 年，阿尔巴尼亚面临的经济困难导致了一系列的政治斗争。1976 年修改宪法，改称为阿尔巴尼亚社会主义人民共和国。

霍查主义是以阿尔巴尼亚社会主义人民共和国最高领导人恩维尔·霍查的名字命名的政治理论体系。20 世纪 70 年代，阿尔巴尼亚劳动党和中国共产党产生了一系列严重的意识形态分歧，霍查强烈反对毛泽东的"三个世界"理论。中阿两党矛盾逐渐公开化。国际毛泽东主义运动分裂。1978 年，霍查正式发表理论著作《帝国主义和革命》，猛烈批判各种"修正主义"，尤其是毛泽东主义。这本著作标志着霍查主义的形成。霍查在这本著作中说："毛泽东的思想绝不是马克思主义。"阿尔巴尼亚坚持拥护斯大林及其路线。霍查主义自称坚决保卫了斯大林的思想，真正继承了斯大林主义，猛烈抨击其他共产主义思潮（托洛茨基主义、铁托主义、赫鲁晓夫主义、毛泽东主义、欧洲共产主义、卡斯特罗主义、格瓦拉主义）为"修正主义"。霍查认为当时的苏联、中国、南斯拉夫是三个"社会帝国主义"国家。霍查还声称，在 1978 年后，阿尔巴尼亚是世界上唯一一个真正坚持马克思列宁主义的国家。

1979 年 1 月，阿尔巴尼亚以世界上唯一的社会主义国家的名义，为纪念斯大林诞辰一百周年举办了官方的、民间的庆祝活动。阿尔巴尼亚从 1978 年起能自行生产农用拖拉机，1980 年能够生产所需零配件的 90%。1981 年 12 月 18 日，地拉那电台宣布：自 1954 年以来一直担任部长会议主席、党的领袖恩维尔·霍查的左右手穆罕默德·谢胡因神经崩溃而自杀身亡。1982 年 12 月 7 日，阿尔巴尼亚又在勃列日涅夫的继承人尤里·安德罗波夫上台后发表的第一篇评论中表示："地拉那不曾同赫鲁晓夫、勃列日涅夫发生过关系，也绝不会与安德罗波夫以及任何背信弃义的苏联领导人接触。"

由于体制僵化，阿尔巴尼亚经济状况长期停滞，80 年代，失去外援之后，经济处于崩溃的边缘，人民生活困苦。1985 年，霍查去世，阿利雅取代了他的职务，阿尔巴尼亚逐步改变其内外政策。阿利雅了解到如不进行改革自己将重蹈其覆辙。他签署了保障人权的赫尔辛基协定（其他国家已于 1975 年签署）。在学生和工人们的强大压力下他开始允许政治多元化。

1990 年，东欧局势动荡，年底，阿也宣布开始实行多党制，国家走上"政治多元化"和"议会民主"的道路，放弃"社会主义专政"，军队、公安、司法、外交等重要部门实行非政治化和非党化。1991 年 4 月通过宪法修正案，改国名为阿尔巴尼亚共和国。1998 年 11 月，阿尔巴尼亚经全民公决通过新宪法。宪法规定，阿为议会制共和国，实行自由、平等、普遍和定期的选举。总统为国家元首，由议会以无记名方式选举产生，每届任期 5 年，可连任一届。总统任命总理，并根据总理提名任命政府成员。

二、亚洲国家对社会主义建设道路的探索

第二次世界大战后，亚洲建立了一批社会主义国家，社会主义力量在亚洲呈蓬勃发展之势。在建立独立的社会主义国家之后，面对复杂国际形势与国内百业待兴的局面，各国进入对社会主义建设探索的阶段。

（一）毛泽东思想与社会主义道路探索

新中国成立后，中国共产党带领中国人民先后完成了从新民主主义到社会

主义的过渡、社会主义革命,开始了社会主义道路的探索。

中国的新民主主义革命、社会主义革命和建设深受毛泽东思想影响。以毛泽东同志为主要代表的中国共产党人,根据马克思列宁主义的基本原理,把中国长期革命实践中的一系列独创性经验作了理论概括,形成了适合中国情况的科学的指导思想,这就是马克思列宁主义普遍原理和中国革命具体实践相结合的产物——毛泽东思想。

毛泽东思想包含着丰富的关于社会主义革命和社会主义建设的内容。毛泽东和中国共产党,依据新民主主义革命胜利所创造的向社会主义过渡的经济政治条件,采取社会主义工业化和社会主义改造同时并举的方针,实行逐步改造生产资料私有制的具体政策,从理论和实践上解决了在中国这样一个占世界人口近四分之一的、经济文化落后的大国中建立社会主义制度的艰难任务。毛泽东提出对人民内部的民主方面和对反动派的专政方面互相结合起来就是人民民主专政的理论,丰富了马克思列宁主义关于无产阶级专政的学说。在社会主义制度建立以后,毛泽东指出,在社会主义制度下,人民的根本利益是一致的,但人民内部还存在着各种矛盾,必须严格区分和正确处理敌我矛盾和人民内部矛盾。他提出人民内部要在政治上实行"团结—批评—团结",在党与民主党派的关系上实行"长期共存、互相监督",在科学文化工作中实行"百花齐放、百家争鸣",在经济工作中实行对全国城乡各阶层统筹安排和兼顾国家、集体、个人三者利益等一系列正确方针。他多次强调不要机械搬用外国的经验,而要从中国是一个大农业国这种情况出发,以农业为基础,正确处理重工业同农业、轻工业的关系,充分重视发展农业和轻工业,走出一条适合我国国情的中国工业化道路。他强调在社会主义建设中要处理好经济建设和国防建设、大型企业和中小型企业、汉族和少数民族、沿海和内地、中央和地方、自力更生和学习外国等各种关系,处理好积累和消费的关系,注意综合平衡。他还强调工人是企业的主人,要实行干部参加劳动、工人参加管理、改革不合理的规章制度和技术人员、工人、干部"三结合"。他提出了调动一切积极因素,化消极因素为积极因素,以便团结全国各族人民建设社会主义强大国家的战略思想。毛泽东关于社会主义革命和社会主义建设的重要思想,集中地体现在《在中国共产党第七届中央委员会第二次全体会议上的报告》《论人民民主专政》《论十大关系》《关于正确处理人民内部矛盾的问题》《在扩大的中央工作会议上的讲话》等主要著作中。

（1）过渡时期的七年

从 1949 年 10 月中华人民共和国成立到 1956 年，党领导全国各族人民有步骤地实现从新民主主义到社会主义的转变，迅速恢复了国民经济并开展了有计划的经济建设，在全国绝大部分地区基本上完成了对生产资料私有制的社会主义改造。在这个历史阶段中，党确定的指导方针和基本政策是正确的，取得的胜利是辉煌的。

新中国成立后的头三年，中国肃清了国民党反动派在大陆的残余武装力量和土匪，实现了西藏的和平解放，建立了各地各级的人民政府，没收了官僚资本企业并把它们改造成为社会主义国营企业，统一了全国财政经济工作，稳定了物价，完成了新解放区土地制度的改革，镇压了反革命，开展了反贪污、反浪费、反官僚主义的"三反"运动，开展了打退资产阶级进攻的反行贿、反偷税漏税、反盗骗国家财产、反偷工减料、反盗窃国家经济情报的"五反"运动。对旧中国的教育科学文化事业，进行了很有成效的改造。在胜利完成繁重的社会改革任务和进行伟大的抗美援朝、保家卫国战争的同时，我们迅速恢复了在旧中国遭到严重破坏的国民经济，全国工农业生产在 1952 年底已经达到历史的最高水平。

1953 年，党中央按照毛泽东的建议，提出了过渡时期的总路线：要在一个相当长的时期内，逐步实现国家的社会主义工业化，并逐步实现国家对农业、对手工业和对资本主义工商业的社会主义改造。这个总路线反映了历史的必然性。

在过渡时期中，党创造性地开辟了一条适合中国特点的社会主义改造的道路。对资本主义工商业，创造了委托加工、计划订货、统购包销、委托经销代销、公私合营、全行业公私合营等一系列从低级到高级的国家资本主义的过渡形式，最后实现了马克思和列宁曾经设想过的对资产阶级的和平赎买。对个体农业，遵循自愿互利、典型示范和国家帮助的原则，创造了从临时互助组和常年互助组，发展到半社会主义性质的初级农业生产合作社，再发展到社会主义性质的高级农业生产合作社的过渡形式。对于个体手工业的改造，也采取了类似的方法。在改造过程中，国家资本主义经济和合作经济表现了明显的优越性。到 1956 年，全国绝大部分地区基本上完成了对生产资料私有制的社会主义改造。这项工作中也有缺点和偏差。在 1955 年夏季以后，农业合作化以及对手工业和个体商业的改造要求过急，工作过粗，改变过快，形式也过于简单划一，以致遗留了一些问题。1956年资本主义工商业改造基本完成以后，对于一部分原工商业者的使用和处理也不很适当。但整个来说，在一个几亿人口的大国中比较顺利地实现了如此复杂、困难和深刻的社会变革，促进了工农业和整个国民经济的发展，这的确是伟大的历史性胜利。

中国第一个五年计划的经济建设，取得了重大的成就。一批为国家工业化所必需而过去又非常薄弱的基础工业建立了起来。从1953年到1956年，全国工业总产值平均每年递增19.6%，农业总产值平均每年递增4.8%。经济发展比较快，经济效果比较好，重要经济部门之间的比例比较协调。市场繁荣，物价稳定，人民生活显著改善。1956年4月，毛泽东发表《论十大关系》的讲话，初步总结了中国社会主义建设的经验，提出了探索适合中国国情的社会主义建设道路的任务。

1954年9月，召开了第一次全国人民代表大会，制定了中华人民共和国宪法。1956年1月，党中央召开的知识分子问题会议和随后提出的"百花齐放、百家争鸣"方针，规定了对知识分子和教育科学文化工作的正确政策，促进了这方面事业的繁荣。

1956年9月，党的第八次全国代表大会开得很成功。大会指出：社会主义制度在中国已经基本上建立起来；中国还必须为解放台湾、为彻底完成社会主义改造、最后消灭剥削制度和继续肃清反革命残余势力而斗争，但是国内主要矛盾已经不再是工人阶级和资产阶级的矛盾，而是人民对于经济文化迅速发展的需要同当前经济文化不能满足人民需要的状况之间的矛盾；全国人民的主要任务是集中力量发展社会生产力，实现国家工业化，逐步满足人民日益增长的物质和文化需要；虽然还有阶级斗争，还要加强人民民主专政，但其根本任务已经是在新的生产关系下面保护和发展生产力。大会坚持了1956年5月党中央提出的既反保守又反冒进即在综合平衡中稳步前进的经济建设方针。大会着重提出了执政党的建设问题，强调要坚持民主集中制和集体领导制度，反对个人崇拜，发展党内民主和人民民主，加强党和群众的联系。八大的路线是正确的，它为新时期社会主义事业的发展和党的建设指明了方向。

（2）开始全面建设社会主义的十年

社会主义改造基本完成以后，中国共产党领导全国各族人民开始转入全面大规模的社会主义建设。直到"文化大革命"前夕的十年中，虽然遭到过严重挫折，仍然取得了很大的成就。以 1966 年同 1956 年相比，全国工业固定资产按原价计算，增长了三倍。棉纱、原煤、发电量、原油、钢和机械设备等主要工业产品的产量，都有巨大的增长。从 1965 年起实现了石油全部自给。电子工业、石油化工等一批新兴的工业部门建设了起来。工业布局有了改善。农业的基本建设和技术改造开始大规模地展开，并逐渐收到成效。全国农业用拖拉机和化肥施用量都增长 6 倍以上，农村用电量增长 70 倍。高等学校的毕业生为前七年的 4.9 倍。经过整顿，教育质量得到显著提高。科学技术工作也有比较突出的成果。

这十年中的一切成就，都是在以毛泽东同志为核心的党中央集体领导下取得的。这个期间工作中的错误，责任同样也在党中央的领导集体。毛泽东负有主要责任，但也不能把所有错误归咎于毛泽东个人。这个期间，毛泽东在关于社会主义社会阶级斗争的理论和实践上的错误发展得越来越严重，他的个人专断作风逐步损害党的民主集中制，个人崇拜现象逐步发展。党中央未能及时纠正这些错误。

（3）"文化大革命"的十年

1966 年 5 月至 1976 年 10 月的"文化大革命"，使党、国家和人民遭到新中国成立以来最严重的挫折和损失。这场"文化大革命"是毛泽东发动和领导的。他的主要论点是：一大批资产阶级的代表人物、反革命的修正主义分子，已经混进党里、政府里、军队里和文化领域的各界里，大多数的单位的领导权已经不在马克思主义者和人民群众手里。党内走资本主义道路的当权派在中央形成了一个资产阶级司令部，它有一条修正主义的政治路线和组织路线，在各省、市、自治区和中央各部门都有代理人。过去的各种斗争都不能解决问题，只有实行"文化大革命"，公开地、全面地、自下而上地发动广大群众来揭发上述的黑暗面，才能把被走资派篡夺的权力重新夺回来。这实质上是一个阶级推翻一个阶级的政治大革命，以后还要进行多次。这些论点主要出现在作为"文化大革命"纲领性文件的《五一六通知》和党的九大的政治报告中，并曾被概括成为所谓"无产阶级专政下继续革命的理论"，从而使"无产阶级专政下继续革命"一语有了特定的含义。

毛泽东发动"文化大革命"的这些"左"倾错误论点，明显地脱离了作为马克思列宁主义普遍原理和中国革命具体实践相结合的毛泽东思想的轨道，必须把它们同毛泽东思想完全区别开来。

（4）历史的伟大转折

1978 年 12 月召开党的十一届三中全会，是新中国成立以来中共历史上具有深远意义的伟大转折。全会结束了 1976 年 10 月以来党的工作在徘徊中前进的局面，开始全面地认真地纠正"文化大革命"中及其以前的"左"倾错误。

这次全会坚决批判了"两个凡是"的错误方针，充分肯定了必须完整地、准确地掌握毛泽东思想的科学体系；高度评价了关于真理标准问题的讨论，确定了解放思想、开动脑筋、实事求是、团结一致向前看的指导方针；果断地停止使用"以阶级斗争为纲"这个不适用于社会主义社会的口号，作出了把工作重点转移到社会主义现代化建设上来的战略决策，开启了改革开放和社会主义现代化建设新时期；提出了要注意解决好国民经济重大比例严重失调的要求，制定了关于加快农业发展的决定；着重提出了健全社会主义民主和加强社会主义法制的任务；审查和解决了党的历史上一批重大冤假错案和一些重要领导人的功过是非问题。全会还增选了中央领导机构的成员。这些在领导工作中具有重大意义的转变，标志着党重新确立了马克思主义的思想路线、政治路线和组织路线。从此，党掌握了拨乱反正的主动权，有步骤地解决了新中国成立以来的许多历史遗留问题和实际生活中出现的新问题，进行了繁重的建设和改革工作，使我们的国家在经济上和政治上都出现了很好的形势。

（二）越南社会主义建设道路探索

1945 年越南民主共和国成立之后，并没有立即进入社会主义国家稳步发展时期，而是经历了一系列的艰苦斗争。越南人民在共产党的领导下与法国侵略者进行了 9 年的战争，最终以越南人民的胜利而结束。根据战后协议，越南北方全境获得解放。越南共产党继续带领人民进行抗击美国的战争并获得胜利。1975 年 5 月，越南南方全部解放，抗美救国战争赢得彻底胜利。1976 年 4 月选出统一的国会，1976 年 7 月，越南南北宣布统一，国号为"越南社会主义共和国"，宣告了亚洲又一个社会主义国家的诞生。

越南的革命、建设和改革深受胡志明思想影响。胡志明思想是马克思主义在越南实践中创造性地运用的产物。在胡志明思想指导下，越南共产党成为第一个领导殖民地革命取得胜利的无产阶级政党。胡志明把民族主义与共产主义、爱国主义和国际主义统一起来；突出强调殖民地民族革命的重要性和能动性；指出农民是革命的主要力量；他准确分析把握越南社会的具体情况，正确处理民族问题和阶级问题，提出民族解放与社会解放密切相连，但民族解放高于阶级斗争；他特别强调团结和统一战线的策略；他的思想中带有浓厚的人本主义色彩；他特别强调革命道德的作用。在思维方式和表达形式上，胡志明思想的民族特色表现在它的通俗易懂和具体形象。越共"七大"第一次把"胡志明思想"正式写入文件。"七大"的政治报告指出："胡志明思想正是在我国具体条件下创造性运用马列主义的结果，胡志明思想实际上已成为党和全民族宝贵的精神财产。越共是马列主义同越南人民的工人运动和爱国运动相结合的产物。胡志明主席是这种结合的最完美的化身，是阶级和民族与国际、民族独立和社会主义相结合的光辉象征。""七大"通过的新党章第一次提出"高举胡志明思想的旗帜"，并同"坚持马列主义"并提。

社会主义共和国建立后，越南共产党带领人民进入了社会主义建设时期。继1961年越南北方实行第一个五年计划之后，1976年至1980年实行第二个五年计划。其基本目标是在未来一段时间内，着力促进并实现社会主义工业化进程，逐步实现社会主义现代化大生产模式，改变过去小生产式的经济方式，奠定社会主义政权的雄厚物质基础。

在开展建设的同时，越南一度奉行地区霸权。越南统一后，其军队历经越战锤炼，接受了中国的大量武器和军事物资无偿援助和一些苏联援助的装备及缴获的美制武器，在苏联的强力支持下，越共的扩张思想一度膨胀。1979年，越南趁柬埔寨红色高棉统治残暴、柬埔寨国内民怨沸腾之机大举入侵柬埔寨，将以波尔布特为首的红色高棉赶出了城市，扶植韩桑林政权，并派兵控制老挝；在越南南方发动了大规模排华暴乱，大肆驱赶在越华侨并不断侵占中国边境领土，还侵占了中国南沙群岛96%以上的岛屿，最终中国于1979年进行了对越自卫反击战，中越关系一度恶化。

越南当局为缓解面临的国内外巨大压力，从1980年后开始实施经济"放宽"政策，在农业、工业方面还实行了一系列放宽政策，鼓励人民进行生产，同时在流通领域也允许实行集市贸易等措施。总体来说，这些措施对激发人民的生产积极性起到了一定促进作用。但是，越南当局在1983年又开始实行紧缩政策，限制农业、工业方面的经济自由发展。这一措施的改变立即遭到了全国人民的强烈反对，迫于压力，越南当局于1984年不得不再次实行"放宽"政策。当然，这些放宽性政策只是越南当局应对经济泥潭的一种权宜之计，不适于越南长远发展。

1986 年越共领导人黎笋死后，长征、阮文灵先后继任，实行革新开放，对外调整与中国及东盟邻国的关系，对内进行经济体制改革，使越南走上正确的发展道路。1989 年，越南军队撤离柬埔寨。1991 年，中越实现关系正常化。1995 年，越南与美国建交。

1986 年 12 月，越南共产党六大召开，阮文灵当选为新一届党中央总书记。越共六大全面总结了越南在黎笋总书记领导时期的工作，重新审视以往的路线、方针、政策。会议实事求是承认前期工作中存在的重大失误，认为没有充分认识社会主义发展阶段的规律性，在以往建设中存在急于求成和简单化的功利心理，没有遵循基本的经济发展规律，这是全党思想路线致命性的错误，对其他工作的展开产生了严重的不良影响。针对这些问题，六大提出了一系列改革发展措施：在国际方面，着力修缮与其他国家的关系，为使自己有一个和平稳定的区域发展环境，注重缓和与东盟特别是与中国的关系，稳步发展与西方国家的关系，为发展营造了良好的环境。在国内方面，重新确立正确的思想路线，以经济建设为重心实行经济的全方面改革，激活本国经济活力，激发人民发展经济的积极性，为越南社会主义建设提供全方位的保驾护航。

政治方面，全党加强纪律建设和组织建设，实行强有力的反腐工作，对党内一些干部滥用职权、贪污腐败的情况进行曝光和严肃处理；密切党群关系，将在群众中摆架子的干部全部剔除，实现党员干部的纯洁性与责任性；相关国家机关部门实行精兵简政政策，合并相关部门，提高工作效率的同时压缩相当一部分行政方面的开支。

经济方面，在农业方面，实行家庭承包责任制，激发农民的积极性，保证了粮食产量问题，农业投资的增加也进一步改善了农业生产状况，最大限度保证农民增产增收；在工业方面，国家放宽计划指令，下放管理权力，不再实行全国范围内的计划性指令，这在很大程度上保证了国家相关企业的生产和经营自主权，也调动了工人工作的积极性，自负盈亏的经营模式也极大调动了工人的工作激情和责任心，在企业生产与经营方面获得长足发展，对国家工业发展动向给予了新的动力；国家大力鼓励私营经济的发展，给予私营企业足够的市场空间和活动范围，鼓励城乡之间互动贸易，同时打击了一些地区的非法保护主义，为商业的互动流通提供了通畅的渠道和足够的活动范围；在对外经济方面，实行对外开放政策，积极引进外资发展国内经济，通过外国投资法依法保障本国合法经营，并且合法规范外资经济发展与外资引进程序，在保证本土经济正常发展的同时激发外资经济活力。通过上述一系列措施，越南经济获得了快速而稳健的发展，呈蓬勃姿态向前迈进。

1991年6月召开的越共七大确定越南需要继续沿着改革路子走下去，着力发展经济，在以杜梅为新一届总书记的带领下，继续加大改革力度，完善管理体制，将越南带向新的发展阶段，越南经济发展进入快车道。2001—2006年，越南国民生产总值增长率分别为6.89%、7.08%、7.34%、7.79%、8.43%、8.17%，居东盟各国之首。外界评论其经济增长是仅次于中国的世界第二位。在经济体制改革的同时，越南的政治体制改革也令人瞩目。扩大党内民主、加强党委的监督作用、加快司法独立等改革举措颇具"越南特色"，受到国际社会的广泛关注。

2006年，越南通过加强党的建设、加大反腐力度、解决民生问题等举措，增强凝聚力，维护社会政治稳定。2006年4月18日至25日，越共十大在河内召开，通过《政治报告》、《2006—2010年五年经济社会发展方向和目标的报告》、《党建工作报告》和《补充和修改党章报告》决议，选举产生十届中央领导机构。认为越南已初步形成革新社会主义社会和走社会主义道路的理论体系。修改补充后的党章明确提出越南共产党是工人阶级的先锋队，同时也是越劳动人民和全民族的先锋队。

越南20世纪初的政治改革独具特色。在国家领导体制方面，已经形成了越共总书记、国家主席、国会主席和政府总理的"四驾马车"体制，越共总书记不再兼任国家主席和军队最高统帅。国家主席是国家元首，兼任武装部队总司令和国防与安全委员会主席，统率全国武装力量。国会主席领导立法和司法。政府总理掌管行政，握有实权。如此一来，四权（党权、军权、立法权和行政权）得到分立并形成制衡关系，且这种分权制衡关系已经在很大程度上实体化，党的总书记已经无法掌控所有权力。党内民主得到加强并已定型。

党内民主化改革：（1）越共中央委员和重要领导职务实行差额选举，选举人的资讯公开化。（2）实行集体领导制度，中央委员会对重大事项享有决策权。越共九大取消政治局常委会，代之以中央书记处，由书记处领导党的日常工作，而中央的重大政策主张、重要干部任免、大型工程计划等，都要在中央委员会集体民主讨论的基础上进行无记名投票表决。（3）实行中央委员会质询制度。2002年开始，每位中央委员都可以对包括总书记在内的其他委员提出质询，也可以对中央政治局、中央书记处、中央检查委员会提出集体质询，直至得到满意答复为止。(4)越共允许党内有"内部派系竞争"。党内可以出现不同声音，也可容纳不同人物进而实现利益平衡，杜绝"一言堂"、"家长制"等作风的形成。

（三）老挝社会主义道路探索

1893年，老挝沦为法国保护国。1940年9月被日本占领。1945年8月，老挝人民举行武装起义，10月12日宣布独立，成立了伊沙拉阵线。1946年西萨旺冯统一老挝，建立老挝王国，这是首次老挝君主统治一个统一的老挝。同年，法国再次入侵，伊沙拉政府解体，1950年，爱国力量重建伊沙拉阵线，成立了以苏发努冯亲王为总理的寮国抗战政府。1954年7月，法国被迫签署关于恢复印度支那和平的日内瓦协议，法国从老挝撤军，不久美国取而代之。1962年签订关于老挝问题的日内瓦协议，从老挝撤军。老挝成立以富马亲王为首相、苏发努冯亲王为副首相的联合政府。1964年，美国支持亲美势力破坏联合政府，进攻解放区。1973年2月，老挝各方签署了关于在老挝恢复和平与民族和睦的协定。1974年4月，成立了以富马亲王为首相的新联合政府和以苏发努冯亲王为主席的政治联合委员会。

1975年12月，老挝第一次全国人民代表大会在万象召开，宣布老挝人民民主共和国成立，人民革命党执政，并任命苏发努冯担任国家主席，凯山·丰威汉为总理。由此，老挝彻底废除封建君主制，摆脱了帝国主义列强的殖民奴役，走上社会主义国家改造和建设的道路。老挝历史上600余年君主制终结。

共和国成立之时，国内经济非常落后。境内还有相当一部分人口没有摆脱刀耕火种的耕作方式，缺乏先进的农业技术和管理体制。老挝境内人民所需消费品也几乎是依赖于进口，本国没有能力发展自己的消费品，基本是自给自足性质的小生产，没有多余的产品进行市场流通。此外，全国23.68万平方公里的土地竟然没有一条连贯南北的公路。老挝也曾一度被联合国宣布是世界上最贫穷的国家之一。

由于没有充分认识到社会主义发展阶段的规律性，人民革命党出现了急躁冒进的倾向。1978年至1980年的三年计划，国民经济并没有出现多大改观，反而由于急切心理造成了五年计划没有完成，也在很大程度上挫伤了人民的积极性，使老挝国内经济发展出现徘徊不前的局面。

人民革命党1979年的二届七中全会提出，以往社会主义改造的过程中存在很大问题，主观上没有充分认识到社会主义改造与社会主义建设之间的必然联系，导致制定的路线方针偏离了社会主义建设轨道，主要表现为在改造农业过程中，照搬苏联社会主义模式，在全国范围内实行农业合作化运动，没有顾及到农民主观思想发展程度与意愿，强行推行合作化；实行全面公有制，将原有私营企业全部纳入公有化体系，在全境禁止私营商业发展，严厉打击粮食私自买卖行为，商业完全掌握在国家手中；废除了原有经济体制，在全国范围内实行高度集中的经济管理体制，国家高度控制全国经济计划。全会提出，错误的路线方针政策已经产生了严重的不良后果，老挝境内的工商业者、农民等的积极性被大大挫伤，社会生产力遭到破坏，经济到了徘徊不前的地步，需要高度重视这一局面，并就现在的局面进行调整和改革。此后，老挝虽然对经济发展有一定的调整和改革，但是仍然具有急躁冒进的倾向，经济发展没有多少改观。

1986年11月，人民革命党四大召开。人民革命党全面总结了自社会主义建设以来的经验教训，承认在以往社会主义改造中，国家思想路线存在急躁冒进倾向。大会进一步深刻厘清老挝国情，认为在现阶段，老挝最大的任务是发展社会生产力，改善生产关系，将生产力提高到一个新的水平，足以支撑国内的社会主义建设。同时，转变经济发展方式，稳步发展商品经济，并建立与社会发展相适应的经济结构。允许私营企业以及其他非公有制经济的存在，多种经济成分并存，承认其合法地位，并给予一定的市场发展空间，并将这一决定写进宪法，给予承认和保障。此外，大会首次提出"革新开放"方针，表明全党进行社会主义全新建设的决心。

1989年10月，老挝人民革命党举行四届八中全会，针对老挝国情又提出了"六项原则"，即："坚持社会主义，坚持马列主义是党的思想基础；党的领导是一切胜利的决定因素；坚持在集中原则基础上发扬民主；增强人民民主专政的力量和效力；坚持真正的爱国主义和纯洁的国际主义相结合。"在这些原则的指导下，老挝人民革命党对国家政治进行一系列改革，以期提高政府工作效率。

由四大开始制定的一系列措施比较符合老挝社会主义建设的实际，老挝逐渐走上了稳步发展的社会主义建设道路，并在正确思想路线的指导下，经受住了苏东剧变以及金融危机的考验，全国经济发展呈现平稳发展趋势。人民革命党七大又根据具体国情制定了2001年至2005年的经济计划，决定重点扶持国内农业发展，统筹安排各种经济成分，进一步改善生产关系，发展全国文化事业，提高教育重视程度，提高政府工作效率和服务效率等一系列计划。在人民革命党的领导下，老挝人民激发了社会主义建设的积极热情，投入到社会主义建设浪潮中，并在自己劳动的过程中取得越来越多的可喜成绩。

1991 年 8 月，老挝最高人民议会通过《老挝人民民主共和国宪法》，根据宪法，最高人民议会改名为国会，老挝国徽上原有的红星、斧头和镰刀将被著名古建筑物塔銮图案所取代。

（四）蒙古的社会主义道路探索

蒙古本属中国领土。1921 年 3 月 1 日，在共产国际扶持下，蒙古人民革命党第一次代表大会在恰克图召开，乔巴山和苏赫巴托尔是这次会议的主要组织者。会议宣布蒙古人民党（后称人民革命党）正式成立。代表大会通过了《蒙古人民党告全体人民书》，建立了人民军司令部。1921 年苏联红军侵入蒙古。1921 年 7 月，蒙古人民革命政府成立，乔巴山出任人民政府委员与人民军政治委员。1922 年，苏俄政府授予乔巴山红旗勋章。1923 年苏赫·巴托尔因不明原因死亡后，乔巴山成为蒙古人民政府的实际首脑，乔巴山被任命为政委兼副总司令。

1924 年 6 月，人民党第三次代表大会决定把党改名为人民革命党，制定了党在新的历史时期的总路线：彻底消灭封建残余势力，发展生产力，提高人民的物质生活，根据列宁关于"落后国家在无产阶级专政国家帮助下能够越过资本主义发展阶段"的学说，在社会主义国家的帮助下，超越资本主义阶段向社会主义过渡。8 月，时任部长会议副主席兼军政部长、人民军总司令的丹增，唆使库伦卫戍部队公开叛乱。乔巴山根据大会决定，领导特别委员会逮捕并处决了丹增。之后，乔巴山任蒙古人民军总司令。

1924 年 11 月，蒙古第一届大人民呼拉尔在库伦召开，并于 26 日通过宪法，宣布废除君主立宪制，成立蒙古人民共和国。第一届大人民呼拉尔通过了蒙古人民共和国第一部宪法。宪法规定，在苏联的援助下，消灭帝国主义和封建制度压迫，保证向非资本主义道路发展。乔巴山参与了这部宪法的制定。1924 年蒙古人民共和国成立之后，乔巴山巩固与苏联的关系。在他允许之下，苏联与蒙古订立军事同盟，苏联军队可驻扎于蒙古境内。

1927 年人民革命党第七次全国代表大会与 1928 年第八次全国代表大会清

算了"党内右倾路线",坚持党的阶级路线,纯洁了党的队伍。1928 年 4 月,党中央决定成立由乔巴山任主席的特别委员会,审理遭受右派打击的党员和党组织事件。

1928 年 12 月,召开的大人民呼拉尔上,乔巴山当选为小呼拉尔主席团主席。大会制定了没收封建主财产、排挤外国资本、节制国内资本的政策。规定没收封建主财产分给贫牧和排除外国资本等是民主革命阶段的基本任务。政府还建立由乔巴山领导的专门机构,依靠广大劳动牧民,没收封建主的财产。

1930 年 2 月,人民革命党召开"八大"。大会照搬苏联的经验,认为蒙古革命已进入社会主义建设的阶段。人民革命党不顾蒙古经济是以分散的畜牧业为主,并且十分落后的特点,照搬苏联农业集体化的做法,提出"牧产全盘集体化"的口号,用强迫命令的方法建立集体牧场,用收重税的办法禁止私营工商业、手工业和运输业;强迫喇嘛还俗;对中等牧民采取了没收其财产的政策。结果造成严重的商品荒,牧民大量屠宰牲畜,几年内损失牲畜近 700 万头。有超过 900 座寺庙和修道院被破坏。

1931 年起,乔巴山担任政府中最重要的一个部——畜牧农业部部长。1932 年,人民政府宣布违反自愿原则建立起来的集体牧场可以解散,统一牧民税收条件,取消军事税,调动了牧民的积极性,使畜牧业和国民经济得到迅速恢复和发展。

从 1934 年到 1939 年,为巩固新生的革命政权,乔巴山做了不懈的努力。但在肃清反革命的问题上,他也曾犯了扩大化错误。1932 年至 1933 年进行了一次清党,将"左"倾分子及大批异己分子清除出党。党员人数由 4 万人减少到 7000 多人。在整个 20 世纪 30 年代,估计至少 3 万个和尚死亡。蒙古"红军之父"格勒克道尔吉·德米德元帅于 1937 年被冤杀。

1935 年,乔巴山被任命为部长会议副主席,1936 年兼内务部长。1936 年被授予蒙古人民共和国元帅称号,1937 年任人民军总司令和国防部长,并任部长会议主席。

1940 年 3 月,在国家掌握了国民经济的主要命脉,新兴工业、交通、电讯取得初步发展的形势下,蒙古人民革命党举行了第十次全国代表大会。乔巴山在会上强调,"我们已经避免了资本主义奴役的惨祸,现在还在发展全国的生产,建立人与人之间的新关系,即建立没有人剥削人、人压迫人的关系。"这次大会标志着蒙古从民主主义阶段向社会主义阶段过渡的开端。同年 6 月,第八届大人民呼拉尔通过了乔巴山主持制定的新宪法。新宪法总结了 1924 年以来蒙古人民共和国在消灭封建势力、发展经济文化所取得的成就，规定今后的任务是"保证向非资本主义道路发展，以便今后过渡到社会主义"。蒙古是继苏联之后第二个脱离资本主义世界体系，向社会主义方向发展的国家。

1945 年蒙古进行公民投票，搞起了所谓蒙古独立。1945 年第二次世界大战结束后，乔巴山领导蒙古人民加快了建设社会主义的步伐。1952 年 1 月 26 日，乔巴山因病去世。蒙古民主化后，乔巴山因为大搞个人崇拜、极权统治与附庸苏联以及计划经济的失败而遭到严厉的批判。

（五）主体思想与朝鲜社会主义道路探索

朝鲜的革命、建设和改革深受主体思想的影响。作为一种思想体系和理论基础的主体思想也称金日成主义。主体思想是朝鲜已故国家主席金日成创立的。1955 年 12 月，金日成在对党的宣传工作者讲话中提出，要以朝鲜革命作为"党的思想工作的主体"。这是金日成第一次提出"主体"的概念。此后，曾任朝鲜最高人民会议议长和最高人民会议常委会委员长的黄长烨，主要工作便是研究金日成主体思想。经过不断丰富内容，到了 20 世纪 60 年代下半期，主体思想体系化工作最终由金日成完成。之后主体思想入宪，执政党朝鲜劳动党也将其列入党章，是为朝鲜立国基础。其继任者金正日、金正恩严格执行并加以阐释，作为国家及人民的唯一的活动指导理论，赋予其至高无上的地位。1972 年 12 月，《朝鲜民主主义人民共和国宪法》规定，"把马克思列宁主义创造性地运用于我国现实的朝鲜劳动党的主体思想作为自己活动的指针"。1980 年 10 月，朝鲜劳动党第六次代表大会通过的新党章把"金日成同志的革命思想、主体思想作为唯一的指导方针"。1997 年起，朝鲜弃用公元纪年，以金日成诞生年为主体元年，是为主体纪年；而平壤乃至朝鲜"地标"、寓意"主体思想是指引朝鲜人民前进的灯塔"的主体思想塔，更是主体思想理论绝对权威的象征。

金正日将父亲金日成的主体思想进行了"丰富和发展"。1982 年 3 月，金正日发表了《关于主体思想》一文，阐述了主体思想的哲学原理、社会历史原理、指导原则和历史意义。1986 年 7 月，金正日又发表文章《主体思想教育的若干问题》，阐述了培养忠于党和革命的教育、革命传统教育和阶级教育等，朝鲜劳动党所进行的一切形式的思想教育均是主体思想教育，并强调，全体劳动党党员和劳动者要正确认识革命的主体，以一个思想紧密团结在党和领袖的周围。该著述再次阐释主体思想是把朝鲜革命事业引向胜利的思想。继承者金正恩在 2012 年 4 月 15 日的首次公开场合讲话时，即提及主体思想，以后在很多场合都言及主体思想，并作了强调和一定的理论发挥。2013 年 6 月，朝鲜时隔 39 年首次修改权威性高于宪法和劳动党章程的《树立党的唯一思想体系十大原则》，在主体思想的指引下，新的版本第 10 条第 1 款规定，"应深化树立党的唯一领导体制的事业，并世代延续。第 2 款还规定，应将党（朝鲜劳动党）和革命的血脉白头山血统永远延续下去并坚决保持其绝对的纯洁性"。

朝鲜是由主体思想主导国家政策，由劳动党一党执政。其政治经济体系则由先军政治所主导，是坚持社会主义的国家。朝鲜奉行"自主、和平、友好"的外交政策，主张按照完全平等、自主、相互尊重、互不干涉内政和互利的原则发展对外关系。

金日成在《关于在思想工作中克服教条主义和形式主义，确立主体》的讲话中将人的精神、觉悟、创造性等赋予高度重视和至高无上的地位，强调"主体思想"——不同国家有不同的国情，在革命和建设过程中，必须由人民根据本国国情自主进行。他认为，"由于我国历史发展的特殊性，我国所处的地理环境与条件以及我国革命的复杂性和艰苦性，对我们来说，树立主体的问题是特别重要的问题。"

"主体思想"强调在革命和建设中要坚持四项原则：

一是思想上的主体。即要有自己是革命和建设的主人自觉性，站在主人立场，以本国革命为中心去思考和实践，要用自己的智慧和力量去解决一切问题。要做到思想上的主体，要熟悉祖国历史以及现实情况，要以工人阶级的思想以及党的路线、方针、政策作为武装，结合本国现实进行革命和建设；同时，也必须要具备崇高的民族自尊心和革命的自豪感，坚决反对和摒弃民族虚无主义以及事大主义。

二是政治上的自主。捍卫祖国的民族独立和主权，坚决维护人民利益。为了维护人民的利益，党和国家要充分考虑本国现实，要考虑人民的诉求和利益，独立自主制定和落实各项方针政策，确定本国发展路线。在国内，要保障国家安定、团结，各项工作有序平稳运行，着力发展经济，改善民生；在国际上，要坚决捍卫本国利益和主权，独立自主与其他国家建立外交关系。

三是经济上的自立。建立完全自立的民族经济，建立充分为朝鲜人民服务的、靠本国资源以及人民力量发展的经济，巩固充实社会主义的物质基础。这就意味着要用科技提升经济，加快经济发展，以此满足本国人民生活所需，并综合发展本国重工业、轻工业、农业以及相关产业。同时，经济上的自立并不是闭关锁国、自欺欺人，而是在摆脱别国经济奴役的同时，加强与其他社会主义国家和友好国家经济技术方面的密切合作。

四是国防上的自卫。发展本国武装力量，对内维护本国稳定，对外可以打击敌对侵略势力。要拥有属于自己国家的军事力量、现代化军事体制，能够做到独立指挥、发挥优势兵力进行战斗，这是新政权巩固的硬性措施，也是保障新政权得以生存发展的必备条件。

1953 年朝鲜战争结束，朝鲜国内经济遭受重创。工业总产值为 1949 年的 64%，粮食产量为 1949 年的 88%。为朝鲜从 1954 年至 1956 年实行三年计划，1955 年下半年超额完成三年计划。在此期间，朝鲜对国内各行各业进行社会主义改革和改造，对私营工商业实行社会主义改造，对农业实行合作方式，确立了社会主义经济在国民经济部门的绝对主导地位。1954 年至 1956 年三年计划成功，使朝鲜工农业总产值超过战前水平。

继三年计划完成之后，朝鲜劳动党又根据国情制定了第一个五年计划，即 1957 年至 1961 年。这个五年计划基本目标是基本解决全国范围内人民基本生活所需问题，同时为巩固社会主义经济作进一步提升。在此期间，朝鲜劳动党发动"千里马运动"，在朝鲜全国范围内掀起了建设性的群众运动高潮，五年计划再次超额完成。金日成指出，"千里马运动是我们党的社会主义建设的总路线。这个路线的实质在于用共产主义思想教育和改造全体劳动人民，使他们更加紧密地团结在党的周围，高度地发挥他们的革命热情和创造才能，更好更快地建设社会主义。"1958 年，朝鲜宣布完成了城市、农村生产关系的社会主义改造，建立了社会主义经济制度。

随后，朝鲜劳动党根据现有国情制定了第一个七年计划（1961 年至 1967 年）。这一阶段的基本目标是充分依靠已经胜利的社会主义制度，实行全面的技术改造和文化革命，同时又能够划时代地有效提高全国人民的生活水平。这一时期，朝鲜劳动党进行了许多探索，比如提出"大规模的中央工业和中小规模的地方工业并举"、"经济建设和国防建设并举"方针、"大安工作体系"管理体制等具有创造性的方针政策，对七年计划的有效展开奠定了一定的制度基础。后来朝鲜劳动党对七年计划作出适时调整，最终七年计划推迟到 1970 年完成。1970 年 11 月，朝鲜劳动党宣布，朝鲜目前已经是一个社会主义性质的工业国家，拥有现代化工业和现代化农业，各项行业体系已经趋于成熟，朝鲜作为一个社会主义国家，已完成工业化的历史转变。

在朝鲜劳动党的带领下，朝鲜人民又超额完成 1971 年至 1976 年的六年计划以及 1978 年至 1984 年的第二个七年计划。自 1975 年起，朝鲜建立义务教育体制。1987 年至 1993 年实行第三个七年计划，虽然由于种种原因没有按照预期完成全部任务指标，但也取得了长足的进步。20 世纪 80 年代以后，朝鲜发展陷入困境。体制僵化的弊病日渐凸显。 90 年代以后，朝鲜被迫进行了一系列的改革。由于经济改革以政治利益为基本点，进展缓慢。

第三章 苏联东欧各国对马克思主义哲学的探讨

第二次世界大战后，国际形势发生了巨大变化。一方面，苏联的国际地位空前提高，东欧和亚洲新出现了一大批社会主义国家，国际共产主义运动蓬勃发展；另一方面，以美国为首的资本主义阵营为了遏制国际共产主义，挑起了与社会主义阵营的冷战。在这种背景下，防止资产阶级意识形态的渗透成为苏联学术界压倒一切的主题，这也直接影响到对马克思主义哲学问题的讨论。1947年的哲学讨论会、1948年的生物遗传学讨论会，都不可避免地打上了为政治服务的烙印。1953年以后，苏联学术界出现较为宽松的局面，人道主义问题成为人们关注的焦点。

在东欧，随着社会主义制度的建立，确立了马克思主义在意识形态上的指导地位。1956年苏共二十大以后，东欧各国普遍开始寻求适合本国实际的社会主义发展道路。在这一过程中，"人道主义马克思主义"开始活跃起来，并对东欧各国的政治和社会生活产生了深刻的影响。

第一节 苏联关于马克思主义哲学的讨论

第二次世界大战结束前后到1953年斯大林逝世这一时期，苏联哲学界发生的重要事件主要包括对两本哲学史著作的批判，在生物遗传学领域对摩尔根学派的批判以及斯大林在《马克思主义和语言学问题》（1950）中对哲学问题的探讨。1953 年以后，关于人道主义问题的讨论开始活跃起来。

一、对两本哲学史著作的批判

对两本哲学史著作的批判，主要涉及马克思主义哲学与以往哲学的关系问题，从思想史的角度看，涉及在马克思主义理论创立过程中如何处理与旧哲学的关系。这在学术上本是一个争议不大的问题，但随着意识形态斗争和政治考量介入其中，该问题却掀起了轩然大波。

20 世纪 40 年代，在苏联科学院哲学研究所的集体努力下，由亚历山大洛夫、贝霍夫斯基、米丁、尤金等学者参与编写的《哲学史》得以出版。这是苏联出版的第一部概括性的哲学史著作。该书原计划出 6—7 卷，1940 年和 1941 年第 1、2 卷出版后，受到苏共中央和理论界的一致好评，并荣获斯大林奖金。1943 年出版了《哲学史》第三卷，它主要叙述了 18 世纪末 19 世纪初的德国古典哲学。1944 年，苏共中央作出了《关于十八世纪末十九世纪初德国哲学史阐述中的缺点和错误》的决议，党的机关刊物《布尔什维克》据此在同年的第 7—8 期发表社论，指责《哲学史》第三卷没有正确解决批判与继承的问题，在评价德国哲学的问题上犯了严重的错误。

《布尔什维克》的社论称，该书抹煞了黑格尔哲学的辩证法（进步方面）与其独断论体系（消极方面）之间的矛盾；将黑格尔辩证法错误地描写为完善和无所不包的理论体系，没有看到黑格尔的唯心主义辩证法与马克思主义辩证法的对立反映着资产阶级宇宙观与无产阶级宇宙观的对立；"对黑格尔的反动议论，表扬德国民族为特选民族，其使命在统治其他民族，默不作声"[1]；等等。客观地讲，《哲学史》第三卷确实存在瑕疵，包括对黑格尔辩证法的评价过高，没有看到德国唯心主义哲学家们的社会政治观点的反动本质，技术上缺少一个应对马克思主义哲学史研究原则作出阐述的方法论导论，对哲学发展过程总图景的阐述在很大程度上还停留在描述的水平上，对哲学体系的社会阶级前提和文化历史前提的介绍往往带有表面性

---

[1] ［苏］日丹诺夫：《苏联哲学问题》，李立三等译，新华书店 1950 年版，第 99—113 页。

质等①。《哲学史》第三卷发表时，正值苏联在战场上艰难地抵御德国法西斯的疯狂侵略，所以，官方的批判似乎也在情理之中。但是，在方式方法上，通过中央决议来干涉纯粹的学术问题则显得粗暴。

1947 年 6 月 16 日至 25 日，围绕着批判亚历山大洛夫所著的《西欧哲学史》而召开的全苏哲学讨论会，成为苏联战后哲学发展史上最重大的事件之一，对苏联当代哲学的发展产生了深远的影响。

亚历山大洛夫是苏联哲学界的主要代表人物，苏联科学院院士，专长于西欧哲学的研究。《西欧哲学史》一书是根据他在 1933 年至 1944 年讲授西欧哲学史时的讲稿编写而成的一部较为系统的哲学史著作。该书于 1945 年第一次出版，1946 年经过补充后再版。《西欧哲学史》发表后，许多报刊发表以《一本杰出的西欧哲学史著作》《评一部关于哲学史的学术著作》等为题赞扬该书的文章，称赞该书是一部用马克思列宁主义的观点阐述西欧哲学史的重要且系统的著作，内容深刻，论述生动，具有高度的理论水准，运用具体材料描述了唯物主义与唯心主义、辩证法与形而上学的斗争等②。该书不仅被苏联的高等教育部审定为大学和高等学校人文科学系的教科书，而且被提名获得斯大林奖金。

但是，苏共中央对《西欧哲学史》有着不同的意见，责令苏联科学院哲学研究所于 1947 年 1 月对该书进行讨论。在这次由 15 人参加的讨论会上，该书不仅没有受到批判，反而受到高度赞扬。显然，这次讨论会没有达到苏共中央预期的目的和要求。5 个月后，苏共中央政治局委员、书记处书记日丹诺夫亲自出马，主持召开了全苏哲学讨论会，并作了长篇发言，得出了"这本教科书很坏，需要根本改造"③的结论。具体论点有：

第一，没有对哲学史下一个确切的定义。亚历山大洛夫在《西欧哲学史》导言中有多处谈及哲学史的定义和属性，包括"哲学史是世界文化史的重要组成部分"，"哲学史作为真正的科学，作为特殊的知识部门，它的对象是哲学思

---

① 参见［苏］B. E. 叶夫格拉弗夫：《苏联哲学史》，贾泽林、刘仲亨、李昭时译，商务印书馆 1998 年版，第 468 页。

② 参见贾泽林、周国平、王克千、苏国勋等：《苏联当代哲学（1945—1982）》，人民出版社 1986 年版，第 10 页。

③ ［苏］日丹诺夫：《在关于亚历山大洛夫著"西欧哲学史"一书讨论会的发言》，李立三译，人民出版社 1957 年版，第 22 页。

维的历史"，"马克思列宁主义教导说，哲学史也像任何其他科学史一样，是同人们的现实生活密切地联系着的"，"哲学史是人们的世界观的历史"，"马克思列宁主义的哲学史，是在历史的必然发展中，在哲学上两个基本派别——唯物主义和唯心主义的斗争中，研究认识历史的"，"哲学史就是人类对于周围宇宙的知识之前进、上升、发展的历史"，"哲学史也是许多现代思想发生和发展的历史"等①。日丹诺夫在上述定义中选取了最后两个，展开批判。针对第一个定义，他认为存在的问题表现为"哲学史研究的对象，是与一般科学史相符合的，而哲学本身就好像是科学的科学。这种观点是马克思主义老早已经驳斥了的"②；针对第二个定义，日丹诺夫认为也是不确切的，因为它将"现代"这一名词概念与"科学"这一名词概念相混淆。最后，日丹诺夫给出了自己的定义，即"科学的哲学史，是科学的唯物主义世界观及其规律的胚胎、发生与发展的历史。唯物主义既然是从与唯心主义派别斗争中生长和发展起来的，那末，哲学史也就是唯物主义与唯心主义斗争的历史。"③客观而言，亚历山大洛夫给出的定义固然零碎，但综合起来看，还是与马克思主义的精神和原则相符合的。日丹诺夫的定义凸显了唯物主义世界观的演进这条主线索，但将内容丰富的哲学史简化为唯物主义和唯心主义的斗争史，带有目的论的色彩，则显得不够严谨和科学。

第二，对哲学史的划界存在问题。关于哲学史的划界问题，日丹诺夫有两点批评：其一，认为教科书将哲学史仅仅叙述到马克思主义哲学产生的1848年是毫无理由的，没有叙述1848之后近百年的哲学史，也没有在序言或导言中予以解释，所以，不能称之为合格的教科书。日丹诺夫对这一点不满的主要原因在于马克思主义哲学在《西欧哲学史》中篇幅太少，其主导地位被忽视。其二，认为教科书将哲学史划分为西欧哲学史和俄国哲学史是欠妥的，这样，有三个缺陷：一是它把俄国哲学史从一般的哲学史中抹去了，降低了俄国哲学的作用；二是如此划分方法就等于肯定了资产阶级把文化划分为西欧文化和东方文化的观点，马克思主义则沦为"西欧"的地方性思潮，失去了它的

---

① ［苏］亚历山大洛夫：《西欧哲学史》，王永江等译，商务印书馆1989年版，第3—18页。

② ［苏］日丹诺夫：《在关于亚历山大洛夫著"西欧哲学史"一书讨论会的发言》，李立三译，人民出版社1957年版，第3页。

③ ［苏］日丹诺夫：《在关于亚历山大洛夫著"西欧哲学史"一书讨论会的发言》，李立三译，人民出版社1957年版，第4页。

普遍性；三是没有阐明东方哲学史。对此，亚历山大洛夫在序言中有过解释："文科各系哲学史的讲授自然地分成两大部分——西方哲学史和俄国哲学思想史。因为西方哲学史具有独立的意义，并且是我们大学所授哲学史课程的第一部分，作者以为将这本书作为研究以往哲学思想的参考书提供给读者是适宜的"①，可见这是当时学术界的通行做法，不是亚历山大洛夫自己的首创。

第三，丧失了马克思主义哲学的党性原则。日丹诺夫批评亚历山大洛夫没有像马克思恩格斯和列宁那样与一切唯物主义的敌人做不调和的激烈斗争，反而对哲学敌人持慈悲观念，在批评某个资产阶级哲学家以前，总是先颂扬一番他们的观点，没有看到运用马克思主义分析的影子，为学院派的伪客观主义效劳。日丹诺夫总结说："亚历山大洛夫同志几乎对所有一切旧哲学家都找到了机会说几句恭维话。对于声名越大的资产阶级哲学家也就恭维得越厉害。所有这一切就使得亚历山大洛夫同志成为（也许他自己不觉得）资产阶级哲学历史家的俘虏，这些历史家的出发点首先是把每个哲学家看作是他的同行，然后才把他看作是敌人。这种观点如果在我们这里得到发展机会，必然要引到客观主义，引到对资产阶级献媚，夸大他们的功劳，剥夺我们哲学的战斗进攻精神。而这就是脱离唯物主义的基本原则，脱离唯物主义的阶级性和党性。"②按照日丹诺夫的观点，唯物主义的党性原则意味着完全否定一切唯心主义哲学家的思想，这显然不够妥当。亚历山大洛夫只是对各种哲学学说和观点进行了较为客观的分析和介绍，这样有利于让读者了解每位哲学家思想的本来面目，他并没有忽视哲学历史上的唯物主义与唯心主义斗争，所以，这种态度是正确的，没有违背哲学的党性原则。

第四，没有正确彻底地运用唯物主义分析哲学体系。在日丹诺夫看来，亚历山大洛夫没有完成用唯物主义方法来叙述哲学历史的任务，他把教科书变成了记载各哲学家及其思想的传记，脱离了当时的历史环境，使得本书丧失了科学性。日丹诺夫指出："作者正确地指出了哲学思想的发展归根到底是由于社会物质生活条件决定的，哲学思想的发展只有相对的独立性。可是他自己屡次

---

① ［苏］亚历山大洛夫：《西欧哲学史》，王永江等译，商务印书馆 1989 年版，第 1 页。
② ［苏］日丹诺夫：《在关于亚历山大洛夫著"西欧哲学史"一书讨论会的发言》，李立三译，人民出版社 1957 年版，第 13 页。

违反了这个科学唯物主义的基本原则。他往往在叙述各种哲学体系时，把这种叙述与某一哲学产生的具体历史环境以及社会阶级根源脱节……作者是迷误到哲学思想发展具有独立性和超历史性的观点上去了，而这种观点就是唯心主义哲学具有的特别标志。"① 这一批评与《西欧哲学史》的实际情况并不相符，亚历山大洛夫在导言中多次就历史环境与哲学的关系作出阐述，包括"思想史归根结底是社会发展的某一阶段人们的经济和政治生活的反映"，"哲学史证明，任何一个哲学体系，甚至最抽象的哲学体系，都不能置身于自己时代的社会实践之外"等②。在具体的写作中，亚历山大洛夫也是这样做的，他在阐述每个哲学体系之前，总是专列一节阐述分析当时的经济、政治和文化状况。例如，在阐述封建社会的哲学体系时，就从封建主义的基本特征、教会的作用、中世纪在文化史上的地位等三个方面呈现了"封建主义时代的欧洲"。所以，日丹诺夫的批评并不正确。

第五，作者对哲学史研究的目的表述不明确和有缺点。日丹诺夫批评说，亚历山大洛夫主要是从哲学史讲授的意义和文化教育的任务出发，以消极观察的学院式研究来对待哲学史的全部事业，没有像对待科学那样，探索新的规律，在实践中检验旧的原则，不断用新的原则来代替陈旧的原则。在日丹诺夫看来，包括马克思主义在内的哲学应该是一个不断发展的开放体系，但是，亚历山大洛夫过于突出哲学史的教育目的，"由此就给哲学的发展造成止境，好像马克思列宁主义已经达到了顶点，而发展我们的学说已经不是主要的任务了"③。对照《西欧哲学史》的原著，在导言中，亚历山大洛夫明确将哲学史的培养和教育人的意义放在了第二位，而将批判性的研究放在了首位，他指出："许多资产阶级哲学家认为，为了理解哲学家就必须根据该哲学家的观点并从他的立场出发去观察周围世界。马克思列宁主义哲学史反对这样的做法，因为它的目的是为了更深刻、更迅速地发展当前的哲学和科学，因此就必须批判地对待以往的哲学学说的历史。"④ 所以，在这一点上，日丹诺夫存在以偏概全的问题。

① ［苏］日丹诺夫：《在关于亚历山大洛夫著"西欧哲学史"一书讨论会的发言》，李立三译，人民出版社 1957 年版，第 15 页。

② ［苏］亚历山大洛夫：《西欧哲学史》，王永江等译，商务印书馆 1989 年版，第 6—8 页。

③ ［苏］日丹诺夫：《在关于亚历山大洛夫著"西欧哲学史"一书讨论会的发言》，李立三译，人民出版社 1957 年版，第 19 页。

④ ［苏］亚历山大洛夫：《西欧哲学史》，王永江等译，商务印书馆 1989 年版，第 15 页。

第六，作者错误地将哲学史的叙述与自然科学的发展相脱节。日丹诺夫批评说："作者在阐明自然科学发展问题时也是极不完善的，而离开与自然科学成就的联系来叙述哲学史，就不能不直接损害它的科学性。由于这个缘故，在这本书中就使人无法了解那从现代自然科学成就的强固基础上生长起来的科学唯物主义之产生和发展的条件。"① 亚历山大洛夫受限于自身自然科学知识的有限，在叙述过程中存在不准确之处，但从《西欧哲学史》中可以看出，他特别重视哲学史与自然科学之间的联系，不管是叙述文艺复兴时期的哲学，还是英国哲学、法国哲学、德国哲学，都用了专门的篇幅阐述同时期自然科学的状况。

第七，最核心的批评集中于对亚历山大洛夫没有摆正以往哲学与马克思主义哲学之间关系的不满。在日丹诺夫看来，因为"不懂得马克思和恩格斯创造了新的哲学，在质量上与所有以前的、包括进步哲学体系在内的、一切哲学体系不同的哲学"②，亚历山大洛夫把哲学史以及哲学思想和哲学体系的发展过程，描写为一个量变的过程，而马克思主义只是以前进步学说的简单继承人。日丹诺夫批评说，马克思和恩格斯的发现就是旧哲学的终结，即妄想包罗万象地解释世界的那种哲学的终结，但亚历山大洛夫着重于说明马克思与以前哲学家的联系而不阐明前者开启了哲学历史上一个完全新的时期以及第一次使哲学成为科学的事实，这种做法完全抹煞了马克思和恩格斯之天才发现的伟大革命意义。围绕着马克思主义哲学与以往哲学的区别，日丹诺夫又强调了两点：一是马克思主义哲学具有鲜明的无产阶级立场。他批评说，旧时期的哲学只是少数人的事情，它是一小部分哲学家及其门徒所组成的哲学学派的专有财产，这些人脱离实际生活，脱离人民。相比而言，马克思主义不是这样的哲学派别，"它是征服这种旧哲学，征服这种成为少数特殊人物、贵族知识分子所专有的哲学而产生的。它是哲学史上完全新时代的开始，从此以后，哲学成了无产阶级群众为摆脱资本主义压迫而斗争的科学武器"③。二是相比于以前的哲学，马

① ［苏］日丹诺夫：《在关于亚历山大洛夫著"西欧哲学史"一书讨论会的发言》，李立三译，人民出版社 1957 年版，第 19—20 页。
② ［苏］日丹诺夫：《在关于亚历山大洛夫著"西欧哲学史"一书讨论会的发言》，李立三译，人民出版社 1957 年版，第 5 页。
③ ［苏］日丹诺夫：《在关于亚历山大洛夫著"西欧哲学史"一书讨论会的发言》，李立三译，人民出版社 1957 年版，第 8 页。

克思主义哲学不是站在其他科学之上的科学，而是一种科学研究的工具，是一种贯穿一切自然科学和社会科学的方法，同时这种方法又因这些科学在其发展过程中所取得的成就，而更加丰富起来。所以，"在这个意义上，马克思主义就是对所有以前哲学最完满而坚决的否定。"①但是，综观整本教科书，亚历山大洛夫没有抹煞马克思和恩格斯的贡献，他阐述道："马克思和恩格斯创立了真正的社会科学，并开始用完全不同于过去的做法研究思想史，也包括哲学史"，"马克思列宁主义经典作家第一次将哲学史的分期建立在严格科学的基础上，从历史唯物主义立场上来考察哲学的发展"，"马克思列宁主义哲学史作为科学的最重要的特点之一，就在于对以往的哲学学说进行无条件、全面的批判，对它们作出严格的历史评价"。②

日丹诺夫在发言的第二部分"论我国哲学战线的状况"中指出，这本书存在如此严重且显而易见的问题，它竟然还被提交至斯大林奖金委员会，希望得到斯大林奖金，还把它推荐为教科书，获赞誉无数，这说明其他的哲学工作人员也同意亚历山大洛夫的错误观点，也就表明苏联的理论战线存在严重的病态。他批评说："这本书没有引起多少重大的抗议，以至需要中央委员会和斯大林同志亲自干预，才揭发这本书的缺点，这件事实就表明我们哲学战线缺乏广泛的布尔什维克的批评和自我批评精神。没有创造性的讨论，没有批评和自我批评，就不能不使科学的哲学工作发生严重的病态。"③由此可见，1947年的哲学讨论会最终指向的是整个苏联的哲学理论界。按照苏共中央的观点，哲学是一条非常重要的战线，在这条战线上的哲学家应该兼具战斗精神和扎实的马克思主义理论，他们不仅能够向国内外的资产阶级思想发起全面进攻，更能通过自身对社会主义事业的坚信而将全社会劳动者团结起来。令苏共中央失望的是，苏联的哲学战线问题重重，日丹诺夫嘲讽地说，它"更像一潭死水或者是一个离开战场很远的安静的宿营地。战火尚未烧到面前来，大部分尚未与敌人接触，侦察工作没有进行，武器生锈了，个别战士盲目作战，指挥官或者沉醉于以往的胜利，或者争论着现在是否有力进攻，需不需要外国的帮助，或者

① [苏]日丹诺夫：《在关于亚历山大洛夫著"西欧哲学史"一书讨论会的发言》，李立三译，人民出版社1957年版，第8页。
② [苏]亚历山大洛夫：《西欧哲学史》，王永江等译，商务印书馆1989年版，第6、12、14页。
③ [苏]日丹诺夫：《在关于亚历山大洛夫著"西欧哲学史"一书讨论会的发言》，李立三译，人民出版社1957年版，第22—23页。

争论意识可以落后于现实生活多少，才不会显得过于落后"①。

客观地说，亚历山大洛夫的《西欧哲学史》一书的确存在缺陷，正如日丹诺夫所批判的，该书存在对哲学的党性和阶级性的忽视，以及弱化马克思主义在哲学史上的地位等问题。1947 年的哲学讨论会也并非一无是处，参加者通过讨论会认识到了苏联哲学界存在的教条主义、书斋习气、缺乏战斗精神、自我批评不足等问题，会后，苏联哲学界发表论著的战斗性和批判性明显增强，马克思主义哲学的地位也得到进一步巩固。但是，强烈的行政干预一直左右着苏联哲学的健康发展。1949 年 7 月 8 日至 15 日，在莫斯科召开了全苏高等学校马列主义与哲学教研室主任会议，会议的参加者给斯大林发了一封敬电，电文称："我们将不断地以您的伟大指示为指南，您指示我们要严格遵守理论与实践、哲学与政治的统一，要严格遵守理论的布尔什维克党性原则。我们的活动，将要与生活，与在我国建立共产主义的实际斗争，有日常的有机联系。我们将要用自己的全部活动来为这个斗争服务，用自己的每一个字、每一个思想来为我们伟大的苏联人民服务……我们向您，亲爱的斯大林同志，保证要在反对唯心主义反动学说的斗争中起主导的作用，为先进的苏维埃科学无阻碍地发展而扫清道路。"②由此可见，讨论会后苏联哲学已经失去了自主性，政治批判色彩浓厚。

在马克思主义哲学与以往哲学的关系问题上，1947 年的哲学讨论会后，虽然纠正了矮化马克思主义哲学的问题，却走向了另一个极端，即出现了对以往哲学的"极端的虚无主义"倾向。1955 年《历史问题》杂志第三期发表的题为《关于科学社会主义产生历史的研究》的社论中指出："自从日丹诺夫同志批评了亚历山大洛夫的《西欧哲学史》一书以后，有些同志则陷入另一极端，他们否认马克思主义和它以前的各种先进理论之间的继承关系，以虚无主义的态度去对待科学社会主义的先驱者。"③同年，《哲学问题》第三期发表了题为《提高哲学史研究的思想理论水平》的社论，社论指责"一部分哲学家对过去文化采取'虚无主义态度'，对西方哲学史'最近也相当普遍地采取虚无主义

---

① ［苏］日丹诺夫：《在关于亚历山大洛夫著"西欧哲学史"一书讨论会的发言》，李立三译，人民出版社 1957 年版，第 25 页。

② ［苏］日丹诺夫：《苏联哲学问题》，李立三等译，新华书店 1950 年版，第 94 页。

③ ［苏］贾泽林等编译：《苏联哲学纪事（1953—1976 年）》，生活·读书·新知三联书店 1979 年版，第 28 页。

的态度'，对黑格尔哲学采取'片面的、非历史的观点'"①。在具体操作中，前马克思主义哲学史的讲授被最大限度压缩，而马克思主义哲学史部分则得到了最大限度地扩充，对前马克思主义哲学史的研究实际上被中断了②。

二、在生物遗传学领域对摩尔根学派的批判

在生物遗传学领域对摩尔根学派的批判，涉及到如何看待马克思主义哲学与具体科学之间的关系问题。在 19 世纪的下半叶，二者之间的关系问题就已进入马克思主义创始人的研究视域。这一问题的重要性和意义在于：第一，从本质上看，自然科学主要揭示事物的客观规律，它属于典型的唯物主义科学，不以自然科学家的个人意志和立场为转移，就此而言，自然科学是唯物主义哲学的天然盟友；第二，自然科学是人类社会进步的标志，是生产力水平的重要体现，哲学能否为其发展提供理论解释和方法指导，关乎自身的价值和地位；第三，自然科学是唯物主义和唯心主义斗争的重要战场，某些反马克思主义的哲学家，试图借助自然科学的发展驳倒辩证唯物主义。所以，马克思和恩格斯都对哲学与具体科学之间的关系做过阐述，当然，恩格斯在这方面的论述最为系统。在他们看来，一方面，各具体学科的发展佐证了辩证唯物主义的正确性，尤其是 19 世纪自然科学的"三大发现"；另一方面，马克思主义哲学能够在方法论上给予自然科学以指导。

在马克思和恩格斯研究的基础上，也为了驳斥反动哲学对辩证唯物主义的修正，列宁著述《唯物主义和经验批判主义》和《论战斗唯物主义的意义》，对具体科学中的相关哲学问题以及自然科学家与哲学家的联盟问题给出了精辟的论断。苏联时代，许多哲学家和自然科学家正是在列宁观点的影响下，从理论和实践层面上，开始积极探索哲学与具体科学的融合。20 世纪二三十年代，一些杰出的自然科学家陆续转向马克思主义，他们像许多哲学家一样继承列宁的遗志，为探索自然科学的哲学问题而努力。其中，物理科学的表现尤其引人

① 贾泽林等编译：《苏联哲学纪事(1953—1976 年)》，生活·读书·新知三联书店 1979 年版，第 29 页。

② 参见李尚德：《20 世纪马克思主义哲学在苏联》，社会科学文献出版社 2009 年版，第 160 页。

注目。1934 年 6 月，在纪念《唯物主义和经验批判主义》发表 25 周年的会议上，苏联物理学家约费（A. F. Joffe）院士在报告结束时呼吁"为了同唯心主义斗争，辩证唯物主义者与自然科学家的联盟万岁！"在这一时期，一方面，奠定了运用辩证唯物主义观点解释量子力学、相对论、达尔文学说以及其他一些自然科学问题的基础；另一方面，在与自然科学的碰撞中，诸如必然与偶然、本质与现象、空间与时间、可能性与现实性、物质、因果性等辩证唯物主义的核心范畴都得到了丰富和发展。[①] 但是，受意识形态斗争需要、行政干预、自然科学发展水平以及哲学家与自然科学家认知水平等因素的影响，这种结合并非一帆风顺，李森科的遗传学就是其中的变种。

李森科 1898 年出生于乌克兰的一个农民家庭，1925 年自基辅农学院毕业。他在乌克兰粮食短缺时期提出了"春化"育种法，即在作物种植前先使种子湿润和冷冻，以加速其成长。这一方法并不是李森科所独创，因为这项技术在德国和美国早已被使用过，而且这种方法对粮食产量的提高并没有得到过科学的验证。但李森科善于用意识形态说辞来装饰他的工作，时常宣称，他要为苏维埃的国家利益而改造社会主义农业，这样，正统的生物学家在批评他的成果时就投鼠忌器，因为对李森科的质疑就可能被扣上对苏联农业缺乏信心的帽子。当时的一个重要背景是，苏联农业的集体化激起了农民激烈的反抗和农业专家的消极配合，而李森科则以饱满的热情投身于农业，这样，当权者无疑站在李森科这一边。1929 年，李森科将自己的"春化"育种法与米丘林遗传学嫁接在一起。苏联的生物遗传学领域由此进入黑暗时代。

自 20 世纪 20 年代开始，苏联就存在着生物遗传学的两个学派，即摩尔根学派和米丘林学派。前者主张生物的遗传性取决于细胞染色体上一种叫基因的特殊物质，外部环境不能直接决定生物的遗传特性。后者则强调生物与环境的作用，认为在外界条件作用下生物能够获得新的特性，而且这些新特性可以遗传。客观地讲，两派的主张各有千秋，只是从不同的视角揭示了生物进化的规律，两者也都能在科学中找到依据。然而，1935 年，米丘林去世后，随着李森科成为这一学派的代表人物，两派和平共处的局面被打破。李森科将米丘林学派装饰为社会主义的科学，而将"不可知论"、"唯心主义"等标签抛给摩尔

①　参见 [苏] B. E. 叶夫格拉弗夫：《苏联哲学史》，贾泽林、刘仲亨、李昭时译，商务印书馆 1998 年版，第 310 页。

根学派，用完全否定的态度看待基因遗传理论。虽然摩尔根学派的处境逐渐变得糟糕，但 1948 年以前，该学派仍然可以开展研究工作，也可以在大学里传授自己的理论。随着 1948 年 7 月 31 日至 8 月 7 日列宁全苏农业科学院大会的召开，情况发生了根本变化。在大会上，李森科作了题为《论生物学界的现状》的报告，向基因遗传理论发动全面攻击。具体内容涵盖如下几点：

第一，李森科认为，生物学领域一直存在唯心主义与唯物主义之争，前者的代表是魏斯曼—孟德尔—摩尔根学派及其支持者，他们否认物质环境对生物遗传性的决定作用，后者的代表是拉马克—米丘林学派及其支持者，他们主张客观物质环境对生物遗传的决定作用。

德国生物学家魏斯曼（A.Weismann）1883 年提出了著名的"种质论"，即认为生物体具有两大类型：种质（又叫遗传质）和体质（又叫营养质），生物体受外界环境影响所发生的变化只表现于体质上，与种质无关，生物的体质仅仅是遗传种质的供给养料的地盘，所以，后天获得的性状不能遗传。魏斯曼将他自己的学说称之为新达尔文主义。但李森科批判说："按照魏斯曼的意见说来，遗传质不可能新生，而当生物个体生长的时候它也不能生长，它不会因受到外界影响而起变化。长生不死地、不受生物发展中各种特质的影响独立存在地，支配着生死消长的机体的变化，而本身却又不是由机体中生长出来的这一种遗传质——这就是在'新达尔文主义'的招牌下所搬弄出来的公开唯心主义的、实质上是形而上学的威斯曼的观点。"[①]

在李森科看来，孟德尔—摩尔根学派继承了魏斯曼的主张，即认为在染色体内有某种特殊的"遗传质"，它们存在于生物体内就如同在保险匣里一样，然后再原封不动地移交给下一代，完全不受生物体本身特性及其生活条件的影响。李森科认为，按照这种观点和解释，生物体在其生存生长的一定条件所获得一些新的习性和特征并不能被遗传下去，这些获得性也没有进化的意义，因而在他们看来，外界环境和生活条件对生物体遗传质的变化毫无影响。

在苏联的生物学领域存在另外一种与摩尔根学说相反的观点，即米丘林的获得性遗传说，这正是李森科所推崇的，对于二者的地位，他说："可以毫不夸张地断言，空洞无物的形而上学的摩尔根生物'科学'与我们的真正的米丘

---

① 李森科：《论生物学界的现状》，曹毅风、刘群译，新华书店 1949 年版，第 15—16 页。

林式的农业生物科学是根本不能相提并论的。"①针对摩尔根派批评米丘林路线为新拉马克主义的、完全错误的和不科学的路线，米丘林作出了两点反驳：一是拉马克主义承认外界环境对于生物体的形成具有积极作用，承认获得质的可遗传性，这是完全正确和完全合乎科学的；二是绝不能将米丘林的方向叫作新拉马克主义或是新达尔文主义，因为它排除了前两种理论的错误，同时又摆脱了达尔文学说中受马尔萨斯错误理论影响所造成的一些错误。

　　两种学说之间分歧的核心是：生物体的生活条件之变化能否决定动物体和植物体的性质的改变？李森科总结说："米丘林学说，按其实质说来，乃是辩证唯物主义的学说，以丰富的事实肯定了这种决定性。孟德尔—摩尔根派的学说，按其实质说来，乃是形而上学唯心论的学说，毫无根据地否定了这种决定性。"②在大会发言的第四部分"孟德尔—摩尔根学说的繁琐哲学"中，他又进一步地批判说："与主张动植物体在一定的生活条件下所获得的，个体变异的特征可能遗传这一唯物论学说相对抗，孟德尔—摩尔根学派提出了唯心论的主张，这一学派将生物体分为两种特别的物质：通常的有生有死的物质（即所谓本体），和永生不灭的遗传质——生殖原形质。"③

　　第二，李森科斥责摩尔根学说为"不可知论"，而米丘林学派则正确地坚持了可知论。

　　李森科在大会发言的第五部分"关于'遗传质'学说的不可知论"中重点批评了生物学家施马尔豪森（I.F.Schmalhausen）的观点。施马尔豪森是当时苏联科学院的会员，莫斯科大学达尔文学说主任和教授，他的观点与摩尔根学说处于同一条路线，是反米丘林的，当然会遭到李森科的讨伐。李森科批判说，施马尔豪森从摩尔根学派关于"变异不定性"的非科学的、反动的学说出发，在自己的著作《进化诸因素》中肯定说，遗传性的变化本身并不决定于生活条件，因此也就没有一定方向。为了证明对其批判的合理性，他接着转引了施马尔豪森的一段话："即使果真能达到并影响有机体本身，亦只能引起游离不定的反应……这种影响也只能是不固定的。因此，有机体在过去所没有的一切新变化都是不固定的。而且属于这一生物变异范围内的不仅仅是新的遗传质

①　李森科：《论生物学界的现状》，曹毅风、刘群译，新华书店1949年版，第17页。
②　李森科：《论生物学界的现状》，曹毅风、刘群译，新华书店1949年版，第20页。
③　李森科：《论生物学界的现状》，曹毅风、刘群译，新华书店1949年版，第28页。

的突然变异，并且也包括了一切新的即最初发生的体质变异在内。"①

李森科指出，孟德尔—摩尔根学派为他们所假想出来的神秘的"遗传质"的变化，赋予了不可捉摸的特性，按照他们的观点，物种突然变异，即"遗传质"的变化，仿佛是没有确定的方向的，是不可预见的。李森科认为，摩尔根学派的不可知论在逻辑上与其主张的遗传质独立存在于生物体及其生活条件之外的论点乃是一脉相传的，也就是唯心主义与不可知论的结合。就不可知论的后果来说，李森科认为，它闭塞了科学预见的道路，并因此而解除了农业实践的武装。因为物种变异不可预见，那么科学干涉农业变得既没有意义，也没有必要，这直接触及了以李森科为代表的农业科学家们的利益。

与施马尔豪森等人的观点不同，米丘林学派则坚持生物体的变异是固定和可预见的，李森科指出："米丘林自己及其继承者——米丘林学派——确实已获得了并正在获得着大量的有固定方向的植物体的遗传变异。不顾这一事实，施马尔豪森直到现在在这一问题上还武断地说：'各个变异的发生具有偶然现象的一切特征。我们既不能预见，也不能径自唤起任何一种变异。现在还未能找到在突变性质与外界环境一定变化之间的有规律的联系'。"②

第三，为米丘林学说的"不公正待遇"申诉，也为米丘林学说的合理性作进一步辩护。

针对摩尔根学派的支持者"诽谤"李森科利用农业科学院主席的地位，站在所信仰的米丘林路线的利益上，滥用行政的职权压制米丘林学说的反对者，李森科予以极力驳斥，他指出："我始终未能摸索到使我能充分发挥已经赋予我的职位的能力和智慧，为米丘林的路线的方向在生物科学的各个领域中大步向前发展，即退一步说哪怕是为稍稍限制一下反对路线方面的繁琐哲学形而上学信徒创造各种条件。因此，事实上被压制的，具体说正是被摩尔根派压制的，直到现在为止，正是科学院主席所代表的米丘林的路线。"③为什么李森科说米丘林学说处于弱势地位呢？他讲了两个表现：一是在一切生物和农业的专科学校中，摩尔根—孟德尔学说仍占据着很大的市场，而米丘林遗传学的讲授

① 李森科：《论生物学界的现状》，曹毅风、刘群译，新华书店1949年版，第30页。
② 李森科：《论生物学界的现状》，曹毅风、刘群译，新华书店1949年版，第31页。
③ 李森科：《论生物学界的现状》，曹毅风、刘群译，新华书店1949年版，第34页。

就没有如此广受欢迎；二是在国家的科学团体里，米丘林和威廉斯学说的拥护者经常占据少数，例如在前届列宁全苏农业科学院的会员中米丘林学说的支持者就处于少数。李森科总结道："说建立在纯粹的形而上学和唯心主义的基础上的遗传染色体论至今是被压制的学说，是完全不正确的论断，事实至今为止却恰恰相反。"① 这种结论为这次生物科学会议结束后"清洗"摩尔根学说及其支持者埋下了伏笔。

在大会发言的第七部分"米丘林学说——科学的生物学的基础"中，李森科进一步论证了米丘林学说的科学性和合理性。他指出，米丘林的学说彻底推翻了孟德尔—摩尔根派的基本论点，即关于动植物遗传性质与其生活条件完全无关的论点。李森科解释说，按照米丘林学说的观点，遗传性的变化，新性质的获得，新性质的加强与将其积蓄到后代，永远是由生物体的生活条件所引起的，由于生物体积累了许多世代中获得的新特征与新性质的结果，因而使生物体的遗传性发生了变化并趋于复杂化。可能如此解释还是有些抽象，所以，李森科以其擅长的农业科学知识作为补充。他说："在农业实验中，好的植物品种和好的动物品种，永远是由好的农业条件、好的饲畜条件所创造出来的。在坏的农业条件下，不仅由坏的品种中永远得不出好的来，而在许多情况下，甚至好的精心栽培的品种在这种条件下经过几代以后也要变成坏的了。选种试验的基本原则指出，当植物在下种之后必须加以栽培。为要达到这个目的，必须用园艺方法创造出适合于这些植物遗传性要求的良好条件来。从栽培得很好的植物中，才应当也才能够选出最好的种子来。只有用这种方法才能在实际工作中改良植物的品种，当栽培工作做得不好的时候（即是，采用了很坏的园艺方法），那么任何选择良好植物种子的工作都不会获得应有的结果，在这类型栽培工作下所获得一切种子都会是坏的，而坏种子中最好的种子也还是坏的。"② 据此表明，外界条件对生物遗传的决定性作用。

第四，李森科批评摩尔根学说陷入偶然性的泥潭而无法指导实践，相比之下，米丘林学说坚持联系的必然性，积极推进理论与实践的结合。

李森科批判说，在摩尔根学派那里，生物界乃是没有必然联系和规律的

---

① 李森科：《论生物学界的现状》，曹毅风、刘群译，新华书店 1949 年版，第 35 页。

② 李森科：《论生物学界的现状》，曹毅风、刘群译，新华书店 1949 年版，第 45 页。

割裂的偶然的现象的堆砌，到处为偶然性所支配。他举了几个例子说，按照孟德尔—摩尔根派的理论，"'遗传性'的突变是偶然发生的。染色体的突变同样是偶然的。因此，突变的过程的方向也是偶然的"，"所谓母体与父体的染色体在进行生殖分裂时的分离，也是完全为偶然性所支配的"，"生物体的生长不是建立于对外界环境条件的选择，而是建立于外界物质的偶然的感受上的"。[1] 李森科认为，由于摩尔根学派将学说建筑于偶然性之上，进而否定了生物界的必然联系，那么科学就失去了能动性，根据这样一种学说，有计划的工作、目的明确的实践、科学的预见等就变得完全不可能了。他进一步批判说："科学如果不能给实践指出明确的远景，不能给它以判断方向的力量，不能给它以达到实际目标的保证，这种科学就不配称为科学。"[2] 换言之，摩尔根学说因为无法对实践产生积极的作用，所以，不符合科学的基本要件。

米丘林学说则主张，生物界的生长不管是过去还是现在都在遵守着最严格的规律性，生物机体和物种也按照它们所具有的生物本性的必然性在生长着。所以，只要有理论能够掌握这种必然规律，它就能对实践发挥作用。李森科认为，由于米丘林学说建筑于必然性之上，所以，注重发挥科学的能动性。他说："由米丘林学说出发，就能够科学地预见许多事情，并且因此也就能够使农业实际工作者在实际工作上从偶然性中解放出来。米丘林自己也只是在解决重要实际问题的过程中，在培植优良品种的过程中创造了自己的理论，自己的学说。因此，米丘林学说的整个精神就是与实践不可分离的。"[3] 也就是说，米丘林学说既是实践的产物，又能够指导实践，这迎合了苏联领导人的意图。

上述言论如果仅代表李森科个人的观点还不足以对摩尔根学派构成毁灭性的打击，问题的关键是它代表着当时苏联最高领导人斯大林的意志，因为在会议召开前，斯大林曾亲自修改过李森科的报告，并召见李森科本人，向其面授宣讲事宜。这次会议之后，苏联全面取缔摩尔根学派的实验室、研究所、课程和教科书，相关研究学者被开除或行政撤职。

---

① 李森科：《论生物学界的现状》，曹毅风、刘群译，新华书店1949年版，第71页。
② 李森科：《论生物学界的现状》，曹毅风、刘群译，新华书店1949年版，第72页。
③ 李森科：《论生物学界的现状》，曹毅风、刘群译，新华书店1949年版，第73页。

李森科能够在苏联历史上产生如此大的影响，原因在于：一是新生的苏维埃政权自创建开始就无时无刻不面临着被国内外资产阶级颠覆的危险，意识形态斗争异常激烈，由于它关乎社会主义政权的存亡，在具体实施过程中，就可能存在左倾扩大化的危险。二是在当时苏联社会的压抑气氛中，不讲道德的科学家抓住了意识形态这一敏感问题的漏洞，他们发现，马克思可以被当作打倒自己的对手的棍棒。所以，"许多马克思主义哲学家，甚至还有少数自然科学家，批判他们的同行表现出了'反马克思主义'观点，希望以此来赢得政治当局的宠爱"①。他们中的许多人获得了成功，李森科就是其中一员。1965 年，李森科被推翻，苏联的遗传学家们才开始努力使这个领域复苏，但再也没有恢复到以前的领先地位。在苏联，遭此劫难的不只是生物遗传学，生理学和控制论等也都不同程度地遭受到行政机构的过度干预。相比于西方世界，没有市场经济的刺激，苏联自然科学的发展本就动力不足，行政层面的肆意干涉无疑又进一步禁锢了科学的创新和活力。

1958 年 11 月 21—25 日，在莫斯科的苏联科学院科学家之宫召开了全苏第一届自然科学哲学会议，这是在理论上透视苏联时代（尤其是斯大林和赫鲁晓夫时期）对哲学与自然科学之间的关系认识的重要窗口。在这次会议上，包括福克等在内的苏联著名自然科学家们纷纷表明自己是辩证唯物主义的自觉捍卫者，他们力图在发言中贯彻辩证唯物主义观点。②对于哲学与自然科学的关系，苏联科学院院长涅斯米扬诺夫院士在会议开幕致辞中主要阐述了三点：第一点，科学的正确发展离不开哲学的指引，否则就容易偏向。他认为，哲学与整座科学大厦不可分割地连接在一起，前者是后者的一个极为重要的、不可缺少的部分，哲学概括了科学的全部经验，因而它应当成为科学发展的指南，在科学史上偏离正轨和犯原则性错误的事例很多，都是因为缺乏哲学的思维。第二点，辩证唯物主义就是现代自然科学需要的新哲学。涅斯米扬诺夫认为，辩证唯物主义是唯一彻底的科学的世界观，只有它才能给整个科学的发展和科学各个部门的相互作用指出正确的方向，给科学的各个大大小小部门指出正确的方向，也只有它才能保证唯物主义哲学家和进步自然科学家结成联盟，并促进

---

① ［英］洛伦·R. 格雷厄姆：《俄罗斯和苏联科学简史》，叶式骗、黄一勤译，复旦大学出版社 2000 年版，第 134 页。

② 参见 ［苏］E. H. 切斯诺考夫：《全苏现代自然科学中的哲学问题会议》，《自然辩证法研究通讯》1959 年第 2 期。

现代自然科学的有效的发展。第三点，指出自然科学家和哲学家的任务。涅斯米扬诺夫认为："如果说自然科学专家的任务是深刻地掌握唯物主义辩证法原则，那么哲学专家就应该在深刻地掌握现代科学成果的基础上改进和发展马克思主义辩证方法。"①在会议的闭幕仪式上，苏联著名哲学家费多谢耶夫做了题为《唯物主义思想在自然科学中的胜利》的发言，在自然科学与哲学的关系方面，他指出了两个要点：第一，现代资产阶级是不能创造出完整的综合性的科学世界观的，只有辩证唯物主义才能解决现代自然科学所提出的新问题，并给以彻底科学的回答。辩证唯物主义的全部历史就是解决我们知识的客观发展进程所提出来的科学的根本问题的光辉范例。第二，科学在哲学上是不可能中立的。科学家的责任就是直接地和坚决地拥护唯物主义，反对唯心主义，反对宗教的愚昧无知。

在很多苏联之外的学者和民众眼中，李森科事件似乎是苏联哲学的终极命运，好像整个 20 世纪下半叶，马克思主义哲学在苏联都处于一种被荒诞地解读中。但实际情况并非如此。从 60 年代开始，苏联的哲学家们为恢复和加强哲学与自然科学的正常联系而进行了大量工作。他们既要克服历史积淀下来的沉重包袱，又要"克服不学无术的、外行的、沽名钓誉的哲学家们搞的那套经过曲解的、自然哲学'教育'所带来的后果，这些人大言不惭地教训自然科学家，要他们'放弃'现代科学的许多学科，把这些学科宣布为'资产阶级的'"②。需要指出的，在苏联，除了李森科之流外，还有一批有才干的科学家和哲学家，他们信奉辩证唯物主义，并且把这个思想体系看成是富有革新精神的可供选择的事物，而不是学院式的教条。他们相信应当把辩证唯物主义当作一种强有力的科学哲学，认为如果它与科学家使用的其他科学哲学同样运用时，会帮助科学家创立对人类与物理世界的新的和有创造性的理论。③所以，苏联的自然科学虽然受到政治干预的侵扰，但在物理学、数学、宇航学等领域仍然取得了举世瞩目的成就。

① [苏] 阿·涅斯米扬诺夫：《关于现代自然科学中哲学问题的全苏会议苏联科学院院长阿·涅斯米扬诺夫院士的开幕词》，《自然辩证法研究通讯》1959 年第 2 期。
② [苏] 弗罗洛夫：《60—80 年代苏联哲学总结与展望》，《哲学译丛》1993 年第 2 期。
③ 参见 [英] 洛伦·R.格雷厄姆：《俄罗斯和苏联科学简史》，叶式骊、黄一勤译，复旦大学出版社 2000 年版，第 109 页。

三、关于马克思主义与语言学的关系问题

1950 年，斯大林针对语言学问题发表了一些见解，包括一篇短文和四封信，它们分别是：1950 年 6 月 20 日，在《真理报》上发表的《论语言学中的马克思主义》；1950 年 7 月 4 日，为答复叶·克拉舍宁尼科娃的信件而在《真理报》上发表的《论语言学的几个问题》；1950 年 8 月 2 日，就桑热耶夫等人的三封来信做了相应的答复而以《答同志们》为题在《真理报》上刊出。这些文章结集为《马克思主义和语言学问题》一书而于同年发表。从历史背景看，该书主要针对的是尼古拉·雅科夫列维奇·马尔（Nikolay Marr）提出的"语言新学说"。

马尔（1864—1934）是一位很有天赋的学者，在 20 世纪初他就已成为俄罗斯赫赫有名的语言学家、考古学家和东方学家，1912 年入选俄罗斯科学院院士。马尔的研究专长是考古学和具体语言研究领域，其最好的作品并不是关于语言学的，因为他在这方面的理论观点晦涩难懂，让人感到离奇古怪，但在 1910 年之后，他却将语言学作为主要的研究兴趣和领域。马尔拥有较高的政治觉悟，1917 年，他是为数不多的几个支持十月革命的大学者之一。所以，革命胜利后，马尔的学术声誉持续上升，20 世纪 20 年代，他被某些语言学方面的外行冠之以"联盟最伟大的语言学家""世界上在世的最伟大的语言学家之一"等。1928 年之后，马尔开始将马克思主义的一些概念和理论糅进语言学领域，力图在马克思主义的基础上构建语言学，提出诸如"语言是上层建筑，具有阶级性"等论断。在那个泛意识形态化的时代，马尔的语言学很快就成为语言学领域的马克思主义，代表着无产阶级的语言学，从而成为语言学领域的唯一正确学说。这样，反对马尔主义的批评者就很可能被扣上"反对马克思主义列宁主义"的帽子，"其他学派学者的书和文章现在不仅被看成是'唯心主义'，而且是语言学中的'托洛茨基主义'"[1]。因此，很多马尔的反对者被捕和死亡。尽管如此，反马尔主义的语言学者没有放弃努力的机会，他们想方设法向当时的最高领导人寻求帮助。在斯大林的默许和授意下，1950 年 5 月 9 日，《真理报》上发表了批评马尔主义的文章，开始了两个月的"学术私货"、"敌

---

[1]　[俄] 罗伊·麦德维杰夫：《斯大林与语言学——苏联学术史的一个片段》，《当代世界社会主义问题》2005 年第 1 期。

对的理论"、"学术上的破坏行为"、"社会法西斯主义",甚至是语言学问题讨论。随着斯大林《论语言学中的马克思主义》一文发表,马尔主义主导的"马克思主义语言学"结束了其在苏联的统治。《马克思主义和语言学问题》一书主要内容有:

第一,语言不属于上层建筑。马尔认为,语言是意识形态的一部分,属于上层建筑,会随着经济基础的变化而发生变化。斯大林认为,语言与上层建筑存在根本不同,理由有四点:一是任何经济基础都有与它相适应的上层建筑,如果产生新的基础,就会随之产生新的上层建筑。但语言却是基本稳定的,斯大林以俄语为例,他指出,虽然俄国在十月革命后建立了新的社会主义经济基础,但俄语的基本词汇和语法构造没有像上层建筑那样发生根本变化,只是产生了一些新的词语。二是上层建筑的功能在于为经济基础服务,积极帮助后者形成和巩固,帮助新的制度消灭旧的基础和阶级。但语言创造出来不是为某一个阶级或制度服务,而是满足整个社会及其各阶级的需要。斯大林指出:"语言可以一视同仁地既为旧的衰亡的制度服务,也为新的上升的制度服务;既为旧基础服务,也为新基础服务;既为剥削者服务,也为被剥削者服务。"[1] 在这方面,语言类似于生产工具,既可以为资本主义服务,也可以为社会主义服务。三是上层建筑与经济基础的伴生关系决定着上层建筑的生命是有限的,它会随着一个基础的消失而消失。但是,语言可以横跨数个时代,它比任何经济基础和上层建筑都生存得长久,更不会随着经济基础和上层建筑的消灭而消灭。四是上层建筑的活动范围是有限的,因为它需要通过经济基础的中介才能与生产和人的生产活动发生联系。但是,语言的活动范围几乎是无限的,它无须经过中介,可以直接和立刻地反映生产的变化。

第二,语言是非阶级的,不能赋予语言以阶级属性。马尔及其支持者认为,语言具有阶级性,不存在非阶级的语言和全民的语言。斯大林反对这种观点,他认为,从历史上看,民族语言不是阶级的而是全民的。针对有人引用马克思恩格斯、拉法格、列宁甚至他本人的观点来证明语言的阶级性,斯大林进行了一一反驳,最终得出三个结论:"(一)语言作为交际的工具从来就是并且现在还是对社会是统一的,对社会的一切成员是共同的;(二)方言和习惯语的存在并不否定,而是肯定全民语言的存在,因为方言和习惯语是全民语言的

---

[1] 《斯大林选集》下卷,人民出版社 1979 年版,第 503 页。

支派，并且从属于全民语言；（三）语言有'阶级性'的公式是错误的、非马克思主义的公式。"① 从而挫败了一些人滥用阶级分析的做法。

第三，语言的质变过程是渐进的，而不是爆发式的。事物从量变到质变的形式可以分为爆发式和非爆发式。赞成发展的阶段论的人认为，语言从旧质过渡到新质的条件是突然的爆发。但斯大林对此有不同的看法，他指出，语言从一种质过渡到另一种质是渐进式的，不是经过爆发而一下子就破旧立新，它是经过新质和新结构的要素逐渐积累和旧质要素的逐渐死亡来实现的。斯大林进一步指出："应当告诉那些醉心于爆发的同志，从旧质过渡到新质经过爆发的规律，不仅不适用于语言发展的历史，而且也不是在任何时候都适用于诸如基础或上层建筑之类的其他社会现象。对于分成敌对阶级的社会，爆发是必需的。但是对于没有敌对阶级的社会，爆发就决不是必需的了。"② 他得出这一结论的理由是，社会主义俄国正是依靠自上而下的变革而实现了农业领域从资产阶级的个体农民的制度到社会主义的集体农庄制度的过渡，它没有经过爆发式的推翻现政权和建立新政权来实现。

马尔及其门徒不是真正的马克思主义者，他们只是把马克思主义简单化、庸俗化，打着马克思主义的名义谋求一己之私利，但是，马尔的语言学说迎合了苏联社会泛意识形态化的社会主流。可悲的是，在后来人看来谬误百出的理论竟然统治苏联社会数十年，说明学术界本身已经失去了自我净化和批判的能力，必须经过最高领导人的指示后才能纠错，这反映出苏联社会当时的病态。

《马克思主义和语言学问题》一书是有进步意义的，它在某种程度上是对当时苏联社会存在的"马克思主义庸俗化"问题的一种纠正，也是斯大林对自身理论的一种反思。例如，在质量互变问题上，他曾提出快速性、飞跃性和突变性是质变的必不可少的特征，但在该书中，斯大林放弃了这种看法，认为在和平建设时期，非爆发式也能实现质变。

随着斯大林介入语言学问题，马尔主义的语言学在苏联走下了神坛，但语言学并没有因此就走上科学的道路。因为在个人崇拜盛行的苏联，斯大林的学说很快就成为了真理。苏联的哲学家、语言学家、历史学家等也争相发表文章，极力歌颂斯大林语言学说的价值和意义。其中，波·弗·尤金在1951年

---

① 《斯大林选集》下卷，人民出版社1979年版，第514页。

② 《斯大林选集》下卷，人民出版社1979年版，第519页。

6月22日的《真理报》上发表《斯大林关于语言学问题的著作对于社会科学发展的意义》一文中的观点很有代表性，他说："斯大林同志的著作《马克思主义与语言学问题》，是科学上、首先是语言学问题上的伟大发现。马克思列宁主义的经典著作中曾经提出过许多关于语言的本性和关于语言科学等有指导性的原理，而斯大林同志则第一次在马克思主义的历史上奠定了马克思主义全部语言科学的牢固基础。他从这一知识领域中永远地肃清了唯心论、庸俗唯物论和形而上学，而确立了这一门科学的真正马克思主义的原则。"[1]从这种意义上看，虽然对马尔学派进行了必要的批判，但进步价值也有限。

四、关于社会主义与人道主义关系的探讨

20世纪50年代以前，人的问题在苏联哲学中几乎没有什么位置。1953年斯大林逝世后，对人道主义问题的研究成为苏联哲学发展的重要趋势，这也被认为是战后苏联哲学的转折点。苏联哲学的人道化既有外部因素，也有自身内部因素。

一方面，从外因上看，人道主义是意识形态交锋的焦点，是苏联哲学界无法规避的问题。"二战"结束后，社会主义力量达到了空前的发展，新的社会主义国家不断出现，马克思主义在世界的影响力也与日俱增，这使得资产阶级反动派感到恐慌，他们除了构筑资本主义阵营以围堵和扼杀社会主义外，就是在思想和理论上诋毁马克思主义。一些资产阶级学者和一些跟着他们走的所谓自由派学者，甚至有的激进学者，以为从马克思的早期著作《1844年经济学哲学手稿》中找到了马克思主义是人道主义的根据，极力推崇倡导人道主义的青年马克思，批评走向社会主义道路的国家背离了马克思的真正思想，指责"苏联社会惨无人道和苏联哲学存在'人学空场'"[2]。与此同时，资本主义的卫道士却宣称自己才是人道主义者，是个人自由的忠实拥护者，把资产阶级的人道主义伪造成全人类的福音。在这种背景下，苏联哲学必须回应马克思主义与

① 尤金：《斯大林关于语言学问题的著作对于社会科学发展的意义》，《人民日报》1951年10月17日。
② 安启念：《苏联哲学的人道化及其社会影响》，《高校理论战线》1997年第1期。

人道主义的关系问题。另一方面，从内因上看，人道主义是苏联社会自我纠错的必然趋势。20世纪上半叶，苏联社会为了快速推进工业化、集体化，摆脱经济文化落后的状况，个人的价值和意义长期被湮没在集体利益的操纵中，1953年斯大林的逝世打开了反思以前运动和个人崇拜的"潘多拉魔盒"，人道主义的旗帜被缓缓升起。

1955年5月，《哲学问题》第三期发表了彼得罗相的《马克思主义与人道主义》一文，这是苏联20世纪50年代最早系统阐述人道主义问题的论文。该文谈了三个问题：一是资产阶级人道主义的意义和局限性。彼得罗相指出，资产阶级人道主义在揭露封建制度及其思想体系方面，特别是在揭露封建的宗教道德方面发挥了很大的作用，它论证了用新的"合理秩序"代替旧的封建秩序的合理性，并用"自由、平等、博爱"等进步斗争口号武装了反封建的运动。尽管如此，资产阶级的人道主义在处于进步阶段时就存在重大缺点，表现在：资产阶级思想家不可能把人的解放问题与消灭私有制和剥削联系起来，他们把资产阶级的剥削关系视为一种必然而合理的互利关系。随着资本主义的进一步发展，资产阶级本身取代地主阶级成为社会进步的反动阶级，其人道主义思想的虚伪性逐渐显现出来，日益蜕化为"靠被压迫者和压迫者之间的'友爱和团结'的虚假口号以及通过个人道德的'自我完善'和'自我纯洁'而能达到社会进步的伪善词句来蒙蔽劳动群众的手段，掩饰资本主义制度仇视人类的性质的手段"[1]。二是马克思列宁主义是社会主义人道主义的理论基础。彼得罗相指出，在现代社会，工人阶级取代资产阶级成为真正的人道主义理想的体现者，它是实现人道主义理想的坚定战士，而马克思列宁主义是工人阶级的人道感情的科学表现和理论表达。作为社会主义人道主义的理论基础，"马克思主义科学地论证了：要解决这种伟大而真正人道的任务，就要消灭最后的剥削制度和建设共产主义社会"[2]。三是社会主义生产关系是社会主义人道主义的经济基础。社会主义的胜利为真正的人道主义提供了制度保障，在彼得罗相看来："社会主义铲除了残酷的惨无人道的资本主义竞争原则、弱肉强食的原则，确立了充满人道主义精神的社会主义竞争。消灭生产资料私有制而代之以公有

---

[1]　商务印书馆编辑部：《人道主义、人性论研究资料》第1辑，商务印书馆1963年版，第28页。

[2]　商务印书馆编辑部：《人道主义、人性论研究资料》第1辑，商务印书馆1963年版，第35页。

制，为发展生产力和满足人的日益增长的需要创造了无穷无尽的可能性。"①

同年，施什金发表《社会主义的人道主义》一文，该文的观点主要有三个要点：一是社会主义的人道主义是人道主义的最高类型。施什金指出，要在奴隶社会、封建社会和资本主义社会谈什么人道主义，那是荒诞的，因为这些社会存在剥削阶级，而只要剥削阶级将其他阶级的劳动据为己有就不可能有真正的人道主义。相比之下，社会主义的人道主义在吸收过去时代的人道主义优良传统的基础上，消灭了剥削阶级，所以，能够成为最高类型的人道主义。二是社会主义的人道主义意味着尊重人的尊严和关心人。就人的尊严来说，施什金指出，在马克思那里，人的发展本身就是最大的生产力，人本身就是世界上最重要的宝贵资本，所以要求消灭一切奴役人和屈辱人的条件和关系，要求尊重人的尊严。人的尊严在剥削制度的条件下和非剥削制度的社会主义条件下有不同的衡量标准，前者那里，被压迫者的尊严体现在反剥削的斗争及其对剥削者的憎恨上；后者那里，人的尊严是用其为社会主义所做的劳动衡量。就关心人来说，施什金指出，不同于剥削社会将关心人视为一种慈善事业，社会主义条件下就是"满足世界上最宝贵的资本——工作者日益增长的物质和文化的需要"②。三是憎恨敌人和警惕性是社会主义的人道主义不可分割的方面。施什金认为："社会主义人道主义的一个不可分割的方面是憎恨苏联人民的、社会主义祖国和人类进步的敌人。"③谁如果对敌人表现出宽宏大量，谁就不爱自己的人民和祖国。在施什金看来，对敌人的憎恨要体现在具体的事务上，也就是对敌人的阴谋保持警惕性。对此，他说："为了真正的人道精神，为了使人民免受新的牺牲，就必须对敌人的阴谋有高度的警惕性。"④

1957 年，费多谢耶夫在《社会主义和人道主义》一文中，论证了社会主义和人道主义的契合性，分析了资产阶级人道主义和社会主义人道主义的区

① 商务印书馆编辑部：《人道主义、人性论研究资料》第 1 辑，商务印书馆 1963 年版，第 38 页。
② 商务印书馆编辑部：《人道主义、人性论研究资料》第 1 辑，商务印书馆 1963 年版，第 59 页。
③ 商务印书馆编辑部：《人道主义、人性论研究资料》第 1 辑，商务印书馆 1963 年版，第 65 页。
④ 商务印书馆编辑部：《人道主义、人性论研究资料》第 1 辑，商务印书馆 1963 年版，第 69 页。

别。他认为，社会主义与人道主义并不矛盾，而是把后者提到了一个新的、更高的阶段，赋予它以更加深刻的内容和活力。相比于资本主义的人道主义，社会主义人道主义有几点鲜明特征：一是从哲学基础上看，社会主义的人道主义是建立在唯物主义世界观的基础之上的，它认为"生产资料的社会主义集体所有制和为社会全体成员的幸福而进行的集体劳动，才是人道主义的基础"①，而资本主义的人道主义观是以唯心主义为依据的，由于"不重视人们的物质生活条件，因此他们就只能局限于空泛地宣传'自我完善'、'精神革新'之类的名堂"②。二是从经济基础与上层建筑的关系上看，资产阶级的人道主义是以生产资料私有制不可动摇为依据的，这决定了它在形式上宣扬个人的价值，但实际上却是为维护少数特权者的福利、人身权利和自由作道德上的辩护，它的理想只是使个人成为自由的财产所有者。相比之下，社会主义人道主义"并不满足于宣扬人道原则，而是要求实际消除非人的生活条件，切实保证个人的全面发展"，它的本质"在于争取使人类摆脱一切压迫，摆脱一切剥削，争取建立人类应有的社会生活，争取在生产资料公有制的基础上确立人与人之间的真正人道的相互关系"，它的理想是"使人成为全面发展的自由的人"。③ 三是从解决困扰人类的贫困问题上看，"只有社会主义才能使人免于贫困，因为它保证了劳动的权利和取得应有报酬的权利"④，资产阶级的人道主义者虽然在群众日益高涨的斗争的压力下，提出了"免于贫困"的口号，但这个口号在任何一个资本主义国家里都不可能实现。概而言之，科学共产主义理想是人道主义的新的、最高的形式。

　　1958 年，康士坦丁诺夫等在《马克思主义哲学原理》一书中指出，共产主义是人道主义的最高体现。之所以得出这一结论，主要基于："共产主义使人永远摆脱了同剥削制度不可分离的精神和道德败坏的危险。社会主义国家为了每个人的个性的全面发展和每个人的幸福，不断发展生产力，努力减轻劳动，使人完全成为自然界的主宰，满足人的日益增长的物质和文化需要。"⑤ 该书还进一步指出社会主义人道主义的可贵之处，即在社会主义社会，科学和文

---

① 《哲学研究》编辑部：《苏联哲学资料选辑》第 1 辑，上海人民出版社 1963 年版，第 198 页。
② 《哲学研究》编辑部：《苏联哲学资料选辑》第 1 辑，上海人民出版社 1963 年版，第 200 页。
③ 《哲学研究》编辑部：《苏联哲学资料选辑》第 1 辑，上海人民出版社 1963 年版，第 196 页。
④ 《哲学研究》编辑部：《苏联哲学资料选辑》第 1 辑，上海人民出版社 1963 年版，第 197 页。
⑤ 商务印书馆编辑部：《人道主义、人性论研究资料》第 1 辑，商务印书馆 1963 年版，第 93 页。

化不是为了剥削和愚弄人民，而是为他们谋福利，资本也不再成为束缚人们的锁链，而且从出生到高龄为止的个人一直处于被社会关心的状态，这一切都使每个人的个性得到空前发展，这种局面是以前人类历史所达不到的。

1959年5月，《共产党人》第七期刊发了彼得罗相《共产主义是现实的人道主义的完满体现》一文，该文指出，人道主义就是在深刻尊重人这个世界最崇高的价值的基础上确立人们之间的关系，就是保障世界和平，而在苏联，建设共产主义就是确立社会主义人道主义的最高形式。[1]

1960年，苏联《百科全书》第一卷专门列出由杰尼索娃阐释的"人道主义"词条。杰尼索娃把"人道主义"分"马克思主义以前的人道主义"和"社会主义人道主义"两部分论述，对于前者，主要论述了资产阶级的人道主义和空想社会主义的人道主义的思想内容，对于后者，主要论述马克思主义的人道主义的发展历程，认为其是一种新的高级形式的人道主义，是彻底的科学世界观和工人阶级实践的结合，它的目的是"使一切民族和种族的劳动人民从阶级压迫和民族压迫中，从不平等中解放出来，通过建立共产主义社会的途径以确立人的真正自由和幸福，在那个社会里个性将获得全面发展，在那个社会里将实现最公正的原则——'各尽所能、按需分配'"[2]。

1960年3月，《共产党人》第四期发表了题为《对人的社会主义关怀》的编辑部文章。该文指出，苏联建立的社会主义是高度人道主义的，是以关心人为最高原则的正义制度，它是人类最先进的、人道传统的实际体现。文章说，社会主义经济和文化的一切进步，除了关心人的福利，关心社会主义社会全体公民的全面发展外，没有任何的目的，人道主义是社会主义国家活动的主导原则之一。[3]

1961年，法国《思想》杂志第3—4刊号上发表了彼特拉契克的《马克思主义早期著作中的人道主义问题》一文。该文指出，在意识形态斗争中，马克思主义的反对者最常用的论据之一就是：马克思主义违背人道主义，其阶级斗争理论与人道主义是不相容的，他们试图以青年马克思为切入点攻击整个马克

---

[1] 参见贾泽林等编译：《苏联哲学纪事（1953—1976年）》，生活·读书·新知三联书店1979年版，第119页。

[2] 商务印书馆编辑部：《人道主义、人性论研究资料》第1辑，商务印书馆1963年版，第134页。

[3] 参见贾泽林等编译：《苏联哲学纪事（1953—1976年）》，生活·读书·新知三联书店1979年版，第135页。

思主义。针对此种论调，彼特拉契克分析了马克思人道主义观点的形成与发展过程，包括人的本质、异化等问题，以证明人道主义与马克思主义的契合之处。他归纳说："共产主义是人道主义在实践中的实现，这个基本定义，以及这个达到共产主义的实际手段的特点，是随着唯物史观、无产阶级专政理论、马克思主义经济学理论的日益严密而逐渐深刻化、具体化起来的。"①

1961 年，苏联的《世界文化史通报》第 5 期发表米海也夫《人道主义思想和现代》一文，该文主要分析资本主义国家中存在的现实人道主义的缺陷和进步性。米海也夫认为，现实人道主义的不足之处表现在：主张保存阶级关系方面的原状，公开反对社会主义，主张保存作为资本主义经济基础的私有制，等等；当然也有进步性，表现在谴责法西斯主义、战争、种族歧视、殖民主义等，其中一些主张人道主义的学者还与马克思主义的立场相接近。比较来看，"只有马克思列宁主义才是真正的人道主义，因为它为建立共产主义——体现真正人道主义理想的社会制度——指出了道路"②。

1961 年 10 月，苏联共产党第二十二次代表大会将"一切为了人，为了人的幸福"写进新的党纲。在这个纲领中，即使是为人所诟病的重工业发展战略也被打上了人道主义的烙印，它指出："重工业的主要任务是，充分保证国防的需要，保证生产消费品的国民经济部门的发展以更好地和充分地满足人民的需要、苏联人的切身需要，保证国家生产力的发展。"③ 这个纲领有着浓厚的人道主义色彩，对人的生活水平、文化水平、道德水平、权利自由、首创精神、才能发挥等的关怀贯串于纲领之中。新党纲的发布在苏联掀起了人道主义研究的高潮。

1961 年，《苏共历史问题》杂志第 6 期发表了契斯诺科夫的《共产主义的人道主义》一文，该文从人道主义的角度对苏共二十二大的纲领做出了解读，结论是："在过去，从来还没有一个政治文献和学术文献把具有最充分意义的人道主义问题如此有力地和如此带有实践明确性地提到日程上来。"④

---

① 商务印书馆编辑部：《人道主义、人性论研究资料》第 1 辑，商务印书馆 1963 年版，第 176 页。
② 商务印书馆编辑部：《人道主义、人性论研究资料》第 1 辑，商务印书馆 1963 年版，第 199 页。
③ 《苏联共产党第二十二次代表大会主要文件》，人民出版社 1961 年版，第 219 页。
④ 商务印书馆编辑部：《人道主义、人性论研究资料》第 1 辑，商务印书馆 1963 年版，第 204 页。

　　1963 年，苏联国家政治书籍出版社出版了由罗森塔尔和尤金主编的《哲学辞典》，该辞典收录了"人道主义"这一词条，也反映出人道主义在当时苏联社会属于热点话题。该词条指出，资产阶级的人道主义具有局限性，即它不触及劳动者的物质生活条件，忽视关于劳动者真正自由的问题，把人道主义理想建立在私有制和个人主义的基础上，所以，现代资产阶级思想家尽管提出了很多华丽的人道主义口号，但终究无法化为现实，目的只是为了掩盖资本主义的真正罪恶，掩盖资本主义的反人道本质。该词条较为系统地阐述了社会主义的人道主义观，认为其是一种新型的人道主义，它的理论基础是马克思列宁主义哲学和科学共产主义理论，这一革命理论主张使劳动者从社会压迫下解放出来，建立共产主义，而这是所有人的全面而和谐的发展以及真正的个性自由的必要前提；强调无产阶级是社会主义人道主义的实现力量，因为只有这个阶级通过反对剥削阶级、争取共产主义的斗争而为人类的人道主义理想的胜利创造一切必要条件。该词条指出，通过消灭私有制和剥削，社会主义在人们之间确立起真正人道的关系，人与人之间是朋友、同志和兄弟。人道主义在社会主义阶段还不是终点，共产主义是人道主义的最高体现，一切不平等的残余在这一社会都会被消灭，真正地实现"各尽所能，按需分配"，从而为每个人的全面发展创造了一切条件。

　　从此之后，直至苏联解体，人道主义一直都是苏联社会的时髦话题。但是，人道主义到了戈尔巴乔夫时代就被乔装打扮成了所谓"全人类的价值高于一切"的"新思维"，这在理论上为苏联的崩溃埋下了隐患。

第二节　东欧的马克思主义哲学研究

　　第二次世界大战结束以后，东欧各国纷纷走上了社会主义道路，并确立了马克思主义在意识形态中的指导地位，从而为马克思主义哲学的宣传、普及、研究提供了有利条件和制度保证。在这些国家，一批马克思主义哲学研究机构先后建立；高校普遍设立了马克思主义哲学教研室并向学生讲授辩证唯物主义和历史唯物主义基本原理；大量翻译和出版了马克思主义经典作家的著作；创办了相关刊物，为发表马克思主义哲学研究成果提供阵地等。东欧各国的哲学家怀着极大的热情投入到马克思主义哲学的研究和宣传中，在辩证唯物主义和历史唯物主义基本原理的研究方面，以及在同各种非马克思主义思潮的斗争中，取得了可喜成绩，作出了自己的贡献。但总的来说，他们的研究大多局限于苏联马克思主义哲学教科书的框架，独创性的成果比较少，甚至出现教条化的倾向。

1956 年苏共二十大以后，东欧各国普遍出现了"非斯大林化"倾向，并试图通过改革摆脱苏联模式，寻求适合本国实际的社会主义发展道路。在这个过程中，哲学家们的立场出现了分化：一些哲学家坚持辩证唯物主义和历史唯物主义的观点，而另一些哲学家在把苏联和东欧的社会主义模式当作"国家社会主义"、"官僚社会主义"批判的同时，提出"人道的、民主的社会主义"作为可行的发展方向，并通过"复兴"马克思早期的人道主义和异化理论为这一社会主义模式提供理论依据。

西方现代哲学，尤其是西方"人道主义马克思主义"理论，对于东欧社会主义内部人道主义思潮的形成和发展起了重要推动作用。胡塞尔、海德格尔、伽达默尔以及卢卡奇、萨特、法兰克福学派等都是东欧理论家认真研究并汲取灵感的对象，特别是南斯拉夫于 1964 年创建的一年一度的"科尔丘拉夏令学园"，更是为东西方哲学家之间进行直接对话和交流提供了桥梁。西方一些著名哲学家，像马尔库塞、弗洛姆、哈贝马斯、戈德曼、吕贝尔等都先后参加过这一哲学年会活动，他们的思想对于东欧"人道主义马克思主义"都产生了直接的和重大的影响。

包括在"人道主义马克思主义"思潮中的主要流派有：南斯拉夫的"实践派"，以亚当·沙夫、列斯泽克·科拉科夫斯基为代表的"波兰哲学人文学派"，以卡列尔·科西克为代表的捷克"存在人类学派"，匈牙利的"布达佩斯学派"等。他们以马克思早期著作特别是《1844 年经济学哲学手稿》为依据，对马克思主义做民主的、人道主义的解释。在他们看来，人始终处于马克思的中心视觉。马克思主义是一种关于人和社会解放的理论，这个意义上的人道主义也就是一种"实践"的理论，即把人类实践看成一种艺术、重视自然界的美学和伦理权利的理论。根据这种理论，人的创造性本质应当随着社会主义的到来而得到表现。

从这种理解出发，东欧"人道主义马克思主义"者不同意关于现实社会主义已经消除异化的看法，反之，认为现实社会主义不仅没有消除原有的异化，而且还会产生新的异化形式。在他们看来，社会主义并不是马克思的最终目标，而是应当致力于消除异化。因为"社会主义并不是马克思的最终目标，而是接近最终目标的一个阶段。他的最终目标是建立一个有人性的社会"。[1] 东欧"人道主义马克思主义"者因此普遍赞成实行更大的民主和工人自治的制度，并把它作为克服"官僚社会主义"弊端，从而最终建立一个消除异化和体现个人全面发展的可行方案。

这一"人道主义马克思主义"思潮虽然在当时的意识形态中不占主导地位，但对东欧各国的政治和社会生活产生了广泛而深远的影响，在国际上也引起不小的反响。

一、南斯拉夫的"实践派"和"辩证唯物主义派"

南斯拉夫是东欧社会主义国家中最早同苏联决裂的国家。由于南斯拉夫主要是依靠自己的力量取得革命胜利，因此他们不愿屈从于苏联的控制，也不承认苏联是社会主义的唯一模式，从而不可避免地导致同苏联的正面冲突。1948 年"共产党和工人党情报局"《关于南斯拉夫共产党情况》决议对南斯拉夫的指责，不仅没有使南斯拉夫人屈服，反而更加坚定了他们走自己独立发展道路的决心，并在反复探索和实践中逐步形成了比较完整的社会主义自治制度。1958 年，南共联盟纲领总结了这种"南斯拉夫模式"的本质特征。这个纲领主张多元论，通向社会主义的不同道路的原则以及直接民主制和个人自由。

与此相应，南斯拉夫把人道主义确立为自治社会主义的理论支柱。在他们看来，建设社会主义不是为了某些抽象的目的而是为了活生生的人，共产主义就是人的彻底解放。实行工人自治，正是体现了马克思主义的人道主义精神，体现了"代替那存在着阶级和阶级对立的资产阶级旧社会的，将是这样一个联

---

[1] 转引自 [加] 阿格尔：《西方马克思主义概论》，中国人民大学出版社 1991 年版，第 311 页。

合体，在那里，每个人的自由发展是一切人的自由发展的条件"①的基本思想。

在这一过程中，南斯拉夫理论界掀起了两次批判"斯大林主义"的高潮。第一次是在 1950—1953 年，当时理论界基本上是团结一致的，但一些青年哲学家开始显露出"人道主义马克思主义"的倾向。第二次是在 1958 年，苏共二十大之后，南共召开第七次代表大会，制定了新纲领，强调要坚持把马克思列宁主义的科学同人道主义内在地结合起来。主张多元论、通向社会主义的不同道路的原则以及直接民主制和个人自由。南斯拉夫理论界再度掀起了批判"斯大林主义"的高潮。这次批判最终形成了"辩证唯物主义派"与"实践派"的分野。那些坚持马克思主义哲学是科学和人道主义的结合，反对现代西方哲学和"西方马克思主义"哲学的哲学家组成了"辩证唯物主义派"，其主要代表是安·斯托伊科维奇（1924—2007）、杜尚·涅杰利科维奇（1899—1984）等；而那些强调马克思主义哲学是人道主义，坚持用西方哲学和"西方马克思主义"哲学重新解释马克思主义，力图创造"人道主义马克思主义"哲学的哲学家组成了"实践派"。后者借助于《实践》杂志和"科尔丘拉夏令学园"，不仅探讨一般哲学理论问题，而且愈来愈表现出对现实进行干预的倾向，他们既批判苏联的社会主义模式，也批评本国的自治制度，因而受到包括铁托在内的南共联盟领导人的强烈批评。1974 年，《实践》杂志被停刊，一年一度的"科尔丘拉夏令学园"被停办。次年，贝尔格莱德大学的 8 名"实践派"主要成员被开除教职。此后，"实践派"的活动大大减少，但人道主义传统在整个社会生活中仍有较大影响。"实践派"最著名的人物包括：米哈伊洛·马尔科维奇（1923—2010）、加约·彼得洛维奇（1927—1993）、斯韦托扎尔·斯托扬诺维奇（1931—2010）、鲁迪·苏佩克（1913—1993）、普雷德腊格·弗兰尼茨基（1922—2002）等。

"实践派"的理论涉及领域极广，包括哲学、社会学、政治学、伦理学、美学等，但总起来说，它的全部理论活动都是围绕着两个基本方向：其一，依据马克思的早期人道主义及其异化理论提出自由的人的活动，即"实践"的概念；其二，把这种实践哲学运用于对当代社会主义现实、特别是南斯拉夫的政治和经济结构的分析，并指出实现人类彻底解放的途径。

"实践派"把实践概念看作是理解马克思主义的钥匙，并赋予它以广泛的

---

① 《马克思恩格斯选集》第 1 卷，人民出版社 2012 年版，第 422 页。

意义和本体论的地位。在他们看来，实践不仅是"人的存在的本体论结构"，而且是人的各种活动和各个方面的统一体，它具有下述一系列特征：（1）实践是特定的潜在能力和力量的对象化，是人的自我肯定和自我实现；（2）在自我肯定的同时，也满足他人的需要；（3）实践建立起同他人之间可贵的、充满情谊的联系，从而人成了类存在，既富有个性，同时又是社会存在；（4）实践具有普遍性，即人能够把所有其他生物的活动和其他生产模式融汇到自己的活动中去；（5）实践是理性的，即人能够发现置身其中的自然和社会过程的结构，推断未来，制定目标，寻求实现这些目标的最佳手段；（6）实践是自由的，并且在双重意义上是自由的，它摆脱了来自外界的强制，它是为了自我实现；（7）实践具有审美性，它是服从美的法则的一种活动。"实践派"理论家认为，实践概念既是一种"理想的极限"，又具有历史的可能性。这种理想活动的目的在其自身，它具有根本的价值，同时也是对其他一切活动形式进行批判的标准。

"实践派"理论家反对把实践概念看作是认识的环节引进认识论，相反，他们强调应把认识看作是实践总体的内在环节或形式。从这一角度来看，认识的主体和客体都不是既定的，而是在实践中生成的。人不仅在认识中设定对象，也现实地再生产出活动的主体和客体，人通过自由的、创造性的、普遍的和社会性的实践活动，不断地再生产自身与自身的世界。人和自然、人和社会、主体和客体都在这种现实的实践活动中统一起来。

基于这种理解，"实践派"把辩证唯物主义关于物质第一性、意识第二性的原理攻击为"庸俗唯物主义"，并坚持认为世界的统一性既不在于上帝、理念和精神之中，也不在于物质性之中，而只在于人类的创造性和实践之中。与此相应，"实践派"理论家把历史决定论看作是一种"辩证的决定论"、"灵活的科学决定论"，这种决定论区别于机械决定论，它一方面承认历史过程有某种结构，某种相互重叠又相互抵消的趋势和规律；另一方面又认为，"一旦人们把自己个别的努力组织成一种共同的意志，并决心为一种共同的理想进行集体的努力，那么，历史过程就不再取决于按以往的规律最有可能发生的情况，而是取决于这种新的实践的性质和整个社会局势中所发生的变革的性质了。"①

①　[南斯拉夫] 马尔科维奇：《马克思的社会批判理论》，《南斯拉夫哲学论文集》，生活·读书·新知三联书店 1979 年版，第 273 页。

因此，"历史上并无什么必不可免的事。在某些条件下，规律是有效的。但是人能够改变这些条件，因而创造出使某些新的规律得以生效的新形式"。①

"实践派"人道主义倾向的另一重要方面体现在对异化理论的重视。"实践派"理论家声称：当代世界的基本的人道主义问题都包括在马克思的异化理论之中，整个马克思主义是一个伟大的异化理论。

同关于马克思主义认识中的传统观点把异化看作是与一定的经济、政治和文化相联系的暂时现象的看法相反，"实践派"理论家把异化看作是不仅根源于社会，而且根源于人本身的必然现象。在他们看来，人作为自由的创造性的实践存在物，不断通过自己的活动重新生产出自身和自己的世界，这是对人的本质的确证。但这一活动本身也包含着否定的因素，不断带来新的异化形式。根据这种见解，"实践派"理论家对于异化最终消除的可能性表示怀疑，声称全面消除异化只是一种空想。但他们同时承认，异化的相对消除则是可能达到的，即可以建立起一个原则上没有异化的社会，这种社会将促使非异化的、真正的人的发展。

"实践派"理论家对社会主义是否存在异化的问题作了完全肯定的回答。同那种把异化看作是资本主义社会的特有现象，认为随着社会主义的建立异化将自然消失的观点相反，"实践派"理论家强调，社会主义革命的胜利并不像神话中的"魔杖"一下子就荡涤旧社会的污泥浊水，社会主义不仅仍然存在着许多原有的异化形式，而且由于当代社会主义中经济和文化的发展水平，它还会产生出某些新的异化形式。例如，与商品生产和劳动分工相关联的政治异化，与制造并保持一种人为的统一意志和虚假的自觉信仰的统一相关联的意识形态异化等等，在现实社会主义中无不随处可见。因此，"实践派"理论家指出："同认为社会主义中异化问题是无稽之谈的论点相对立，我们必须极力肯定这一论点：社会主义的中心之点是异化问题。"②为消除异化而斗争，就是为社会主义而斗争，这是一个长期而艰巨的任务。

从把人的自由创造性和人的全面发展摆在中心位置的人道主义立场出发，"实践派"理论家对理想的社会主义重新加以解释。他们指出："社会主义不仅

---

① ［南斯拉夫］马尔科维奇：《马克思的社会批判理论》，《南斯拉夫哲学论文集》，生活·读书·新知三联书店 1979 年版，第 273 页。

② ［南斯拉夫］P. 弗兰尼茨基：《社会主义和异化问题》，南斯拉夫《实践》杂志 1965 年第 2、3 期。

是一种社会的经济形态，而且是一种新的生活方式。在这种生活方式中，人将真正地成为人；对马克思来说，社会主义是一个真正人性的和人道主义的社会；这个社会，为每一个人的自由发展和创造性的发展展示着可能性。"① 按照这种观点，"革命"一词在"实践派"那里获得一种新的含义，不仅被理解为一般的政治革命和社会革命，而且被理解为人的彻底解放。因此，真正意义上的社会主义革命不仅包括社会存在方式的结构的改变，而且也包括人的存在方式的改变，变革社会和造就新型的人只有作为同一进程的两个方面才是可能的。从这种见解出发，那么，社会主义就不仅要考虑超越资本关系、超越货币—商品经济从而摆脱雇佣劳动，而且同时要考虑国家的消亡和建立以"自由劳动联合体"为基础的社会主义的问题。

据此，"实践派"理论家对"斯大林主义"的社会主义模式进行了尖锐的批判。在他们看来，虽然苏联模式的"国家社会主义"在名义上废除了私有制，但却把社会主义和国家等同起来，而在把社会主义和国家、社会主义所有制和国家所有制等同起来的时候，他们便创造了一个强大的国家官僚主义体制。

"实践派"一些理论家把官僚主义称作是一个具有"有机实证主义"特征的社会集团。这种官僚滥用社会实践中的整体概念：在政治方面把"社会主义国家"同社会主义教条地对立起来；在经济方面把严格集中的、计划化的经济同集体生产对立起来；在社会方面把组织机构的意志同个人的、集体的首创精神对立起来；在文化方面把"英明领导"同自由创作观念对立起来。②"实践派"理论家认为，这种建立在"有机实证主义"基础上的"斯大林主义"导致了个人自由的彻底丧失。它不仅把政治、经济和思想权势集中在自己手里，而且把这种巨大的社会权势建筑在人类最深远、最崇高的理想之上，这样，"在斯大林主义实践中，社会主义的信念成了专制武断的主要手段之一，这种信念在某些'更崇高的'、未来目标和'人类的未来幸福'的名义下，成为极端违反人性的和反批判的东西，直至最终成为无情的国家偶像崇拜"。③

"实践派"理论家把自治概念看作是社会主义发展中唯一能够抗衡官僚主

---

① [南斯拉夫] 彼得洛维奇：《官僚主义的社会主义》，《南斯拉夫哲学论文集》，生活·读书·新知三联书店 1979 年版，第 315 页。

② 参见 [南斯拉夫] 苏佩克：《社会实践的辩证法》，《南斯拉夫哲学论文集》，生活·读书·新知三联书店 1979 年版，第 296 页。

③ 转引自《西方马克思主义概论》，中国人民大学出版社 1991 年版，第 319 页。

义的概念，把南斯拉夫的自治社会主义看作是一种可供选择的代替苏联模式的基本道路。因为对他们来说，只有自治社会才真正体现了马克思主义关于"国家消亡"和"联合起来的生产者"的思想，才真正使群众从政治和经济的客体变为主体，并逐步摆脱各种异化形式。

基于此，"实践派"理论家对南斯拉夫自治社会主义实践采取了积极的态度，但同时又对它提出了尖锐批评。在他们看来，作为南斯拉夫社会有机原则的自治并没有得到充分的发展。因为在南斯拉夫，"国家主义"的成分和中央集权强制性的协调仍同工业自治并存着，这种状况妨碍了自治实践的进一步发展。

虽然"实践派"许多成员认为在现有条件下，特别是受到外来威胁的情况下，国家保持强有力的政治结构是必需的，但他们争论说，只有自治成为整个社会的有机原则时，社会主义才是完全的。"实践派"理论家认为，为了使自治实践免遭官僚主义的扼杀而向前发展，在目前尚不具备取消一切国家的条件下，可行的办法是找到一种最理想的民主和非官僚主义的社会和经济的组织形式，并逐步使政治上升到"实践"的水平。他们的设想是：应当把政治职业家的行动保持在一定的限度内，使之不至于因过分强大而导致官僚化。

他们还具体规定了政治活动上升到"实践"水平的条件。这些条件是：（1）政治实践是人对物的统治。由于物在人的世界中是人的劳动客观化的产物，因此，政治实践本质上是对社会力量的控制和合理指导。（2）在这一过程中各种选择的评价标准是以其特定历史条件下的独特表现的全部丰富性来满足真正的人的需求。（3）政治实践目标不是一个社会团体对社会其他人的统治，而是具有普遍性和涉及每个个人的一种活动。（4）政治实践不与其他实践脱离。同异化的政治活动相反，它是建立在一种关于人性和历史的哲学观基础之上的，它不需要违背道德规范，它的选择是以对既定历史状况的一切现实可能性的科学认识为前提的。不仅如此，它还包含崇高的斗争，即竞争的、艺术的因素。（5）人们将把这种没有压抑、没有恐怖的活动看作是极富吸引力的。通过参与这种活动，个人将发展他的社会存在的一个重要方面，并获得充分的机会去表现他的许多潜在能力以及可以证明自己是一个有天赋和创造性的人。"实践派"理论家乐观地认为，这种理想的政治实践不是一种"纯粹想象"和一首"哲学诗"。虽然它在目前的社会主义中都没有成为现实，但它却是未来先进社会的一种可能的前景。

实践概念是马克思主义哲学的重要范畴，南斯拉夫"实践派"强调马克思主义应当重视对"实践"的研究，这无疑是正确的。但它用"实践"来否定辩证唯物主义的基本原则，这显然是偏离了马克思主义的轨道。"实践派"从人道主义的异化理论出发，宣称社会主义的国家是异化的根源，更是直接把矛头指向社会主义制度本身。

与此相比较，"辩证唯物主义派"坚持马克思主义哲学的实质是辩证唯物主义，内在地贯穿人道主义倾向，这种人道主义是现实的、具体的，而不是抽象的；异化理论不应当照搬到社会主义社会中。"辩证唯物主义派"虽然在捍卫马克思主义哲学上作出努力，但由于没有与本国国情结合、缺乏理论创新，因而也无法解决重大的现实问题。

二、波兰关于人的问题的哲学争论

波兰是东欧社会主义阵营中面积最大、人口最多的国家。在第二次世界大战以前，波兰基本上是一个贫穷落后的农业国，在灾难深重的民族史上，它曾经由于德国封建主义和俄国专制主义的瓜分而四分五裂。在这种背景下，波兰人把社会主义看作是他们世代谋求民族自由发展的正当愿望和途径。

在战后的一个短暂时期里，鉴于本国形势的特点，波兰一些党的领导人曾想避免完全屈从于苏联的社会主义模式，但由于波兰所处的地理位置，也由于当时盛行的社会主义只有苏联这样一种模式的观念，因此，波兰人不可能在这方面走得太远。

然而，高度集权的体制暴露出种种弊端，从而导致了1956年"波兹南事件"的发生，并催发了非斯大林化的过程。这为"人道主义马克思主义"思潮的产生和发展提供了政治条件，而这一思潮反过来也为非斯大林化起了不可忽视的作用。在以后的二三十年间，虽然随着政治形势的变化，"人道主义马克思主义"者时而活跃，时而沉默，但他们从未放弃发展一种完备的马克思主义人道主义学说的努力。列斯泽克·科拉科夫斯基（1927—2009）、亚当·沙夫（1913—2006）是这一思潮的主要代表人物。

科拉科夫斯基最初的理论旨趣是反对所谓"斯大林主义"的"制度化的"马克思主义，并提出"理智的"马克思主义与之对立，即不是把马克思主义看作一种包罗万象、尽善尽美的体系，而是看作一种态度、一种方法和一套分析范畴。

科拉科夫斯基人道主义倾向首先表现在他对马克思主义认识论的探讨中。他以马克思早期著作为依据，拒绝辩证唯物主义的认识论。他认为，同恩格斯、列宁的反映论把实践排除在认识之外相反，马克思在 1844 年的手稿中恰恰是致力于把人的实践看作界定其行为认识的一个存在的因素。马克思认识论的基本出发点是相信人与环境之间的关系是种属与其需要的对象之间的关系；这种关系也涉及到人同物的认识关系。人并不是与自然界本身相对立，而是与"人化的自然"相对立，正是在征服自然的实践中，人才能理解自然。从这一立场出发，他断言，现实的图像只是一种人的创造物，因为语言和把世界划分为特殊对象的科学这二者都产生于人的实践需要。在这个意义上，世界的产物必须被看作是人造的。在这一世界上，太阳和星球的存在是由于人能够使它们成为他们的对象。他进一步认为，实践不仅决定人的认识对象，而且也决定人的理解能力。人类是在实践中开阔自己的认识视野，也是在实践中扩大自身的认识能力的。根据这种观点，科拉科夫斯基反对把认识看作是对外部世界的"复写"，也反对把真理看作是人的判断同完全独立的现实之间的相似。

科拉科夫斯基对伦理学问题的探讨，更明显地表现出人道主义的倾向。他抛弃那种把康德"人是目的"的格言看作是典型的资产阶级观念的见解，而把它看作是共产主义学说的一个组成部分。

科拉科夫斯基伦理学的努力在于既要维护现存个人的道德自律，又要保留马克思主义社会决定论的命题，并力图把二者结合起来。一方面，他从历史决定的社会结构中来看道德领域，认为道德不是先天的，而是后天的和被决定的。在他看来，责任是存在的一种形式，由于其具有社会性，道德情感变成历史过程的一个组成部分和影响历史过程的一个因素。责任不过是社会需要的声音。另一方面，他又极力维护个人的道德自律，他反复表明：历史过程与道德无关，个人对自己的行为要负全部责任。他把将伦理标准归结为历史标准称为"伦理学的黑格尔主义"，并借此批评"斯大林主义"。他认为，在"斯大林主义"看来，只要有利于社会—经济的进步，一切行动都是道德上应尽的，从而抹掉了"道德权利"和"历史进步"之间的区别，这实际上是使道德成为历史工具，并把历史作为道德败坏的托词。科拉科夫斯基强调，历史进步和道德权利并不是同一个东西，我们对历史过程或个人行为可以做出"进步"或"落后"的评价，但这种评价完全不同于对它们可能产生的后果的道德评价。他说，如果我们只在一定的历史现象的结果中寻找社会进步的标准，那么，尽管关于"历史进步"的判断包含预先对道德价值标准的认可，它也并不是一个道德判断。

科拉科夫斯基把从"存在"中推出"应当"、从历史必然性中推出责任称作"价值论的专制主义"。他指出，虽然任何重大的政治运动，其基本方向是由社会关系的发展所决定的，但每一个人对政治生活的任何特定形式的参与都是一个道德的行为。他说，即使人们不得不根据历史过程来解释个人的行为，他依然在每一步上都要自己做出选择。道德选择并不是"纯"认识的行为，不是对某种关于事物的观点的被动承认。二者属于不同的世界：一个属于认识的世界，一个属于责任的世界。道德选择并不由于他知道这种选择是被决定的，或知道这种选择的每一成分都是历史前景的一部分而变得更容易些。

因此，在科拉科夫斯基看来，任何人都没有理由以必然性作为道德败坏的托词。他说："没有人能够免除仅仅因为他相信其必然胜利而支持一种罪行的道德责任。没有人能够以他也相信它们是历史的必然性为理由而免除去反对他认为是卑鄙和不人道的某种政治制度、某种学说或某种社会制度。"①

科拉科夫斯基指出，现实生活中的实际选择是在由"应当"规定而不是由"必然性"规定的世界中做出的，即我们在现实生活中的主要选择不是由历史哲学所决定的，而是由我们的道德感所决定的。他说，一个人成为共产党员并不是由于他相信共产主义的不可避免，而是由于他站在被压迫者反对压迫者、不幸的人反对他们的主人、被迫害者反对迫害者一边。科拉科夫斯基由此得出一个结论：实践选择是一种价值的选择，一种道德上的行为，而这意味着个人要对其行为负全部责任。

虽然科拉科夫斯基仍然承认把人的道德信仰归结为对他们社会环境的反映的社会决定论，但他坚持认为这种决定论同个人道德责任是相容的。他指出，虽然一个特定的个人可以接受这一事实，即他的道德价值和行为是受决定的，但他不可能从他对决定论的那些条件的认识中推断出任何关于所接受的价值的正确或错误的结论。每一个人都有自己的道德观点，但他不能通过断言它们导源于某些可确定的外部原因而为它们提供辩护，即没有理由把自觉行动的责任

---

① Leszek kolakowski, *Marxism and Beyond*, Pall Mall Publication, London, 1969, p.161 .

转嫁到任何决定我们行为的外部因素。

科拉科夫斯基毫不隐讳地用康德观点认为，人的某些行为是为自身目的的，而不只是目的的一种手段，而另一些行为是与自身目的相违背的，因而是绝对被禁止的。如果历史必然性被看作是没有确定的最终阶段的无限过程，或如果一种最终目标被认为是尚未达到而仅是未来的前景的东西，以及如果道德判断屈从于历史必然性的实现，那么在当代生活中就没有什么东西可以被看作是自身的目的，严格意义上的道德价值也不复存在了。

科拉科夫斯基理论事实上是以否认社会主义必然性的伦理社会主义来取代科学社会主义。从他的伦理社会主义立场出发，社会主义是这样一种社会价值的总和，即它的实现是个人义不容辞的道德责任；至于在什么程度上这些价值会实际上得到表现的问题完全不同于人们是否应当致力于它们的实现问题。即使我们知道社会主义是不可能的，我们为之奋斗的责任也不会减轻；相反，只有那样，我们的奋斗才获得使它们的道德充分显示出来的英雄主义的光辉。因为道德上的行动意味着出于对责任的纯粹了解，出于纯粹的绝对命令，而不管现实是否会产生符合我们愿望的结果。他说，那些由胜利是不可动摇的确定所鼓舞而参加争取社会主义的人，他们的行动在道德上是没有价值的，真正的社会主义者要冒失败的危险，有时甚至要冒注定要失败的危险而行动。失败的可能性越大，他行动的道德价值就越高。

很显然，科拉科夫斯基试图把道德自律同社会—历史的他律综合起来的努力充满了矛盾。他曾把自己的观点概括为：（1）伦理学的个人主义（"只有个人和他们的行动服从于道德的评价"）；（2）社会决定论（"道德判断是社会决定的"）；（3）对政治决定和制度的道德判断的权利。但实际上，他在论述上面三者关系时，把社会决定论抛在一边了。他的道德观实质上是一种存在主义的，而不是马克思主义的。

亚当·沙夫曾经是波兰共产党的主要理论家，但在对人道主义问题的探讨中，他逐渐背离了传统的马克思主义，而转向人道主义马克思主义立场。

沙夫对人道主义问题的关注，部分是出于同存在主义论战的需要，部分是由于对现实生活中的命运的关切。沙夫的观点集中体现在《人的哲学》和《马克思主义和人类个体》这两本著作中，特别是后一本著作，对马克思主义的个体概念、异化问题、自由问题、人道主义问题、共产主义和个体关系问题作了系统的阐发。

　　沙夫认为，人的问题一直是马克思关注的中心。在他看来，马克思在早期所提出的问题就是哲学人类学问题，即个人及其与自然和社会的关系问题，并成为他的哲学考察的主要问题。马克思正是通过分析人的问题而导致理论上的历史唯物主义和政治上的共产主义。也正是通过对人的分析，特别是异化问题的分析，马克思看到了经济问题的重要性。沙夫对马克思人类学的思路作如下推论：第一，共产主义是一种致力于推翻基本经济异化关系的基础上的社会运动。这很显然，如果目标是为人的个性发展和人的幸福创造最佳条件，如果通向这个目标的道路被经济异化所阻塞，那么进攻的主要对象必然是私有制原则。这意味着共产主义纲领是某种人类学理论、特别是某种幸福理论的结果。第二，马克思必然致力于经济学研究。如果斗争所反对的是经济异化，以及如果主要打击的是财产关系，那么就应当精确地研究这种财产关系。但同时意味着经济学研究不是目的本身，而仅是达到这一目的的手段；而且解决经济问题和解决政治问题如此紧密联系，只是因为一个主要的目的：人的解放。

　　沙夫把个体概念置于马克思主义人类学的中心地位。他说，人的个体概念，单单因为它解决个体的本体状况问题，从而把人类学同整个世界观联系起来，就已经是任何哲学人类学的中心问题。沙夫把自然—社会的规定性和实践看作是个体的人的本质。"人的个体作为自然的部分，是一个客体；个体作为社会的部分——他的立场、观点和评价被解释为一种社会关系的功能；最后，个体作为自我创造的产物，作为历史创造者的人的实践活动的产物——这些就是马克思个体概念的基础。"[1] 从而个体的本体论地位在马克思主义学说的框架中就得到了明确的规定："个人是自然和社会的组成部分，并且这决定了他的本体论地位。他是自然中思维并自觉地创造世界的那一部分，而且同样因此他是社会的部分。作为一个自然—社会的整体，他可以不需要附加的、同客观现实相分离的因素而得到理解。对个体本体论地位的这种探讨——像这样建立在整个马克思主义世界观基础之上——使得有可能构筑一种连贯的以人为中心的哲学人类学。"[2]

　　沙夫还对个性问题作了探讨。他认为人的个性除了社会性一面，还有不可重复性的一面，在这种意义上它是个体的。沙夫论证说，人的个性是社会的产

---

[1]　Adam Schaff, *A philosophy of man*, London, lawrence & wishart, 1963, p. 73.

[2]　Adam Schaff, *A philosophy of man*, London, lawrence & wishart, 1963, p. 100.

物并具有社会性，这只是它的起源的一种解释。事实上，作为一个整体结构，从而作为一个社会心理结构，个体具有不可重复的属性，例如，个人的立场、意向、观点、意志、偏爱和选择等。沙夫由此引出结论："作为一个不可重复的、结构的整体，个人构成了某种价值，这种价值是独一无二的，并只能随着个人的死亡才会消失。"①

从人的个体出发，沙夫引出了异化问题。他把对象化和物化同异化加以区分。在他看来，人的活动的对象化和物化是人的世俗存在的基础，从而是一个基本的人类学范畴。只有在某些条件下，即当人的产物获得一种独立于他和自主的存在，当人无法抵抗他自身产物的自发作用时，当这些产物使人屈从于它们的规律甚至威胁他的生活时，对象化和物化才导致异化。

因此，在沙夫看来，反对异化的斗争就是由人有计划地取代各种力量的基本发展，并使它们服从于人的意愿。换言之，这是为人的自由——真正而不是表面的——而斗争，在这种自由中，人有意识地锻造他的命运。沙夫认为，克服异化，并为人的个性的全面和自由的发展创造条件，实现人的本质，这是共产主义作为一种运动的本质意义，是共产主义从个人幸福问题出发的本质意义。

对沙夫来说，主要关心的与其说是资本主义社会的异化问题，倒不如说是社会主义社会的异化问题。他明确指出："社会主义国家中异化长期存在是可以解释的，而否定它的存在是不能令人信服的——不能设想随着废除生产资料私有制，人们的意识、观念和社会风俗就可能简单地在一夜完成改变。"②沙夫对此的论证与南斯拉夫"实践派"十分相似。他指出，马克思曾经把社会主义的发展区分为社会主义和共产主义两个阶段，这种划分不纯粹只是形式上的，即只是根据废除生产资料的私有制来划分的，而要从现实来看，即要考虑已经建成的社会制度的关系的整个模式和向共产主义的过渡，这个过渡包括废除国家和消除各种异化形式，以及消除要比物质基础延续更长的各种阶级意识。因此，从社会主义向共产主义的过渡时期必然是一个历史时期，在这个时期中，存在各种形式的异化是完全可以理解的。沙夫最后的结论是：社会主义之优越于资本主义，"不是在于它摆脱了一切异化，而是由于它为其自觉地反对异化

① Adam Schaff, *A philosophy of man*, London, lawrence & wishart, 1963, p. 97.

② Adam Schaff, *Marxism and the Human Individual,* New York: McGraw-Hill, 1970, p.128.

提供更好的条件"。①

　　沙夫还系统地分析了马克思主义的社会主义人道主义的含义，并且评价了社会主义条件下人的幸福的本质。他把人道主义规定为这样一种关于人的见解的体系，即把人看作是至高无上的，并旨在实际中保证人类幸福的最佳条件。

　　根据他的观点，首先，马克思主义是一种"彻底的人道主义"，它抓住了事物的根本，这种根本在马克思看来就是人本身。人不仅是出发点，而且通过改造现实，也创造了自身及其世界。其次，它是一种"战斗的人道主义"。沙夫认为，战斗性是马克思人道主义出发点的合乎逻辑的结果。因为如果人的世界和人本身是自我创造的产物，那么人就应当着手自我解放。因此，他的人道主义必然承认为实现自身而斗争的原则，从而成为战斗的人道主义。再次，它是一种完整的人道主义，因为它包括了整个人类并关心每一个人的全面发展。沙夫认为，这种人道主义从个人的异化着手，仔细分析了导致这种实际上是结构的和历史的异化的起因，最后返回到个人：社会主义的目标就是解放每一个人，从而解放整个社会。最后，它是一种"乐观的人道主义"。由于它确信世界是人的产物而人本身是自我创造的产物，因此，人也就具有改造世界和改造自身的无限可能性。

　　沙夫还提出一种同他的人道主义观相适应的"否定的"幸福理论。他指出，应当避免去构筑一种普遍有约束力的人类幸福模式的社会，而应当容许个性在幸福生活领域有尽可能宽广的活动余地，并使每个人以自己的方式去争取幸福。但是，如果说我们不能给人的幸福下一个令人满意的定义，却可以十分轻而易举地指出大量的人类不幸的原因：饥饿、疾病、死亡、监禁、遭受各种剥削和压迫等。而我们争取人类幸福的斗争的基础也就在于此。沙夫强调，要消除产生个人不幸的一切根源是办不到的，但要找出大众苦难的普遍原因却是完全可能的。这种苦难根源不在个人，而在社会条件和社会关系之中。而马克思主义人道主义所要求的正是在于消除这种造成人类不幸的现存社会原因。

　　在关于自由问题上，沙夫认为马克思在对历史发展的客观规律的连贯分析中包含了自由是个人的自觉的和有目的的行动。所谓自由，即是指人在社会决定的行动过程中的选择。沙夫对选择的可能性进行了分析。他解释说，每一种自觉的选择，都是在某种价值体系的框架里做出的，这种价值体系确立了一个

① Adam Schaff, *Marxism and the Human Individual*, New York: McGraw-Hill, 1970, p.138.

价值与无价值、善与恶、高尚与卑贱、正确与错误、对社会有益与无益等的标准。这种价值体系是社会形成的，并通过各种社会教育而灌输给个人。这是个人成为社会所规定的方式之一。但在这样一种社会逐渐形成和社会给予的价值体系中，仍然有大量的活动自由。之所以如此，不仅是由于价值标准有许多级次和个人根据各种因素的平衡来选择他的位置，而且也由于在道德生活中，不同的价值趋向于结合甚至冲突。此外，人的个性本身就是一种价值，从而是一种在各种价值平衡中的个体化的因素。这样，甚至会产生相互冲突的选择：一是不同的价值体系之间的选择的冲突；二是个人在某种价值体系内进行选择而同这一体系相冲突。沙夫因此断言："个人自由因而归结为在各种行动路线之间选择的可能性。人就他能以这种或那种方式行事，从事或抛弃某种行动而言是自由的。"①

沙夫还特别探讨了艺术创造和科学创造的自由问题。他认为，在科学和艺术领域遇到有意识形态方面的敌对行动的场合，政治干涉是合情合理的，但遇到有从马克思主义立场出发的场合，应反对这种干涉。他认为，马克思主义没有为限制文化创造者的自由留下任何地盘，因为共产主义的理想是造就这样一种人，即全面发展他的个性，从而摆脱所有那些在阶级社会中由异化所强加的对自由的限制，在社会主义制度中，如果这种自由受到限制，应当尽快地消除。在这里，沙夫向官方和知识分子分别发出呼吁：对那些在社会主义国家中行使权力和涉及文化政治的人来说，对自由的限制绝不应当大于所必要的程度，对文化事务的领导决不能同对理论和艺术争论行使高压手段相提并论；而对艺术家和知识分子来说，他们应当知道文化和政治之间的关系，对科学艺术问题探讨与对于它们的政治含义的全部责任的意义。同时他们应当坚信，在一切争论中客观真理应是至高无上的目标。

与科拉科夫斯基和沙夫不同，以雅罗舍夫斯基等人为代表的哲学家力图忠实于传统理解的马克思主义人学理论，并提出一系列不同于科拉科夫斯基和沙夫的观点：马克思主义从人的社会实践活动出发，把个人与社会发展的相互制约性作为辩证唯物主义唯一可能的出发点；马克思主义的人性论不是简单不变的抽象概念，它强调必须把握人所特有的生物性、社会性、历史性的统一；马克思主义的人道主义第一次把对社会结构的科学分析同人道主义的最高目标结

① Adam Schaff，*Marxism and the Human Individual*, New York: McGraw-Hill, 1970, p.153.

合起来；现实社会主义对社会关系的革命改造为人性的完善、个人的幸福提供了可能；等等。

综上所述，以沙夫等为代表的波兰哲学家，在认识社会主义与个人的关系，认识波兰社会主义社会中矛盾和问题，反对苏联僵化模式的某些弊端上，曾经发挥了积极的作用，这对于人们清醒地认识苏联模式，进而推动社会主义改革具有一定的积极作用。但他们对马克思主义关于人的理论的理解带有抽象人道主义的特点，未能有效地解决波兰的体制改革和社会问题。而以雅罗舍夫斯基等人为代表的哲学家，鲜明地主张捍卫社会主义制度，对马克思主义人的问题作了一定的创造性探索。但他们局限于固有的理论框架，未能正视苏联僵化模式所带来的问题，对波兰社会出现的问题缺乏必要的理论分析，同样没有真正指出人的解放的现实途径。

三、捷克斯洛伐克的"人道主义的马克思主义"

地处中欧的捷克斯洛伐克在国际共产主义运动史上占有自己的一席之地。在俄国第一个马克思主义组织建立前的 50 年，西欧（以及波希米亚）已经出现了第一次工人运动高潮，而捷克斯洛伐克的社会民主运动也已经有 20 年的经历。在带来捷克工人阶级运动左翼布尔什维克化的内战期间，共产党保持了群众政党的合法运动的特征，即带有"社会民主主义"的特征。在第二次世界大战结束后的一个短暂时期，即 1945—1948 年，由共产党和其他政党组成的联合政府通过了捷克斯洛伐克通向社会主义的理论。共产党和社会民主党并行存在，一部分人把民主社会主义看作是未来的前景。但自 1948 年紧张局势之后，这一理论遭到了批判：民主社会主义作为一种意识形态和社会民主党作为一个政党都从舞台上消失并被排除出政治生活。

1956 年以后，由于苏共二十大对斯大林"个人崇拜"的批判的促动，也由于南斯拉夫的影响，特别是由于本国经济的停滞不前，一些理论家和政界人士开始对现行模式产生怀疑，并重新探索适合捷克实际的社会主义发展道路，这种探索在 1968 年的"布拉格之春"中达到了高潮。在这当中，科西克（Karel Kosik）于 1962 年出版的《具体的辩证法》成为当时影响最大的哲学著作。

《具体的辩证法》致力于恢复人在世界中的地位。科西克通过把存在主义哲学家海德格尔、萨特的思想与马克思的早期著作糅合起来，把现实理解为一种"具体的总体"，而人则通过实践不断地再现他与世界的统一，从而对传统理解的马克思主义作了系统的改造。

科西克力图恢复总体性概念在马克思主义中的活力，把它看作是马克思的辩证唯物主义的主要概念之一。科西克指出，所谓总体性，不是一切事实的总体，而是把现实看作是一个辩证的整体，看作是具体的总体，看作是"一个结构性的、进化着的、自我形成的整体"。[①] 由于总体性概念描述了现实的本质，因而它是一个本体论的概念，而不只是一种方法论的或认识论的概念。

科西克反对一味地咀嚼关于整体大于部分的总和以及关于一切事物均相互联系的整体观，认为这两种整体观都忽略了总体性的本体论意义。科西克也抛开关于辩证法的首要观点是总体性还是矛盾这一问题展开的争论。在他看来，无论强调何者为先，都既剥夺了总体性也剥夺了矛盾的辩证特征：没有矛盾，总体性就是空洞的、静止的；离开了总体性，矛盾就是形式的和任意的。

科西克指出，要理解唯物主义的具体总体性，还应当把它理解为基础和上层建筑之间在基础起决定作用的情况下二者的相互联系、相互运动和发展的总体性。而且，如果没有认识到人是现实的历史主体，是实践的主体，没有认识到在社会的生产和再生产过程中，人既塑造基础又塑造上层建筑，没有认识到他塑造作为一个社会关系、制度和观念的总体性的社会现实，没有认识到在塑造客观社会现实的过程中，他也把自身塑造为具有人性和潜能的历史的和社会的存在，从而实现"使人人化"的无限过程，那么，基础和上层建筑的总体性也还只是抽象的。

科西克认为，要理解具体的总体性的现实，必须通过辩证法和革命实践。在这里，科西克区分了"虚假的具体"世界和真正的具体总体。所谓"虚假的具体"，也就是显现出来的由功利实践所产生的世界，而辩证法的任务就在于破除这种虚假具体性以便达到具体，在外表世界下面发现真正的世界。同时，要达到具体总体性的现实，还必须依靠革命实践。这种革命实践即是"使人人化的过程"，它是历史的唯一意义。对此他说，在历史上，人发展自身，这种历史的发展（它等于人及其人性的形式）是历史的唯一意义。

人在历史中、在宇宙中的地位问题是科西克所要探讨的主要问题。科西克

---

① Karel Kosík, *Dialectics of The Concrete*, Boston, 1976, p.19.

抛开物质和自然的本体论，同时也避免"哲学人类学"，既反对实证主义的倾向，又反对人本主义的观点。他把现实看作一个有机的过程，在这个过程中，人通过变成"自然的"人而实现自身，同时自然被人所展开而变成"人的"自然。他的基本观点是："没有人，现实就不是真实的，正像现实不（只）是人的现实一样。现实作为绝对总体性，是一种独立于人的意识同时也独立于他的存在的现实。它（又）是一种人的现实，这种人作为自然的一部分在自然中形成了超越自然的社会的人的现实，以及通过历史规定他在宇宙中的地位。人并非生活在两个不同的领域之中，也并非以自己的一部分存在生活在历史之中，以另一部分存在生活在自然界之中。人永远是同时既存在于自然界中又存在于历史之中。作为历史的，从而也是社会的存在，他使自然界人化，但又认识和承认自然界是绝对的总体性，是自满自足的自我原因，是人化的条件和前提。"①

像东欧其他"人道主义马克思主义"者一样，科西克把实践范畴看作是马克思主义哲学变革的实质和说明人的生存的实质的中心范畴。在科西克看来，"人和自然，自由和规律，人本主义和科学主义的二元论，不可能从意识和物质的角度克服，而只能在实践的基础上才能克服"。② 实践是"客观的东西转化为主观的东西和主观的东西转化为客观的东西的领域。它是在其中的人的意图得到实现和自然规律得到揭示的'活动中心'"。③

科西克把劳动看作是实践的基本要素之一，并对其哲学意义作了探讨。他把劳动规定为对象性的活动，规定为人和自然在其中得以统一的事件过程或活动过程。这种活动，没有离开经济必然性的范围，但它同时在超越这个范围并在其中创造着人的自由的现实前提。

科西克认为，除了劳动要素外，实践还包括存在要素，因而实践不仅包括人的使自然界改变形状和人格化的对象性活动，而且还包括人的主观性的形成过程，"在这个过程中，焦虑、厌恶、恐惧、愉悦、欢笑、希望等生存要素，不是作为纯粹的'体验'，而是作为争取承认的斗争的一部分，即作为实现人的自由的过程的一部分表现出来"。④ 如果没有存在的要素，"实践"就降到技

① Karel Kosík , *Dialectics of The Concrete,* Boston, 1976, p. 151.

② Karel Kosík , *Dialectics of The Concrete,* Boston, 1976, p. 152.

③ Karel Kosík , *Dialectics of The Concrete,* Boston, 1976, p. 75.

④ Karel Kosík , *Dialectics of The Concrete,* Boston, 1976, p. 138.

术和操作的层次，劳动也就不再是实践的一个要素。除此之外，科西克强调，实践还有另外的一面，即虽然特定的人类现实是在实践的事件中形成的，但独立于人的现实也以某种方式存在于实践中。在实践中，人形成了对一般现实（宇宙和自然现实）的开放性。

科西克指出，当人被包括在现实中和当现实被看作自然和历史的总体性时，解决人的哲学问题的条件就产生了。他说："辩证法是寻找'物自身'的。但'物自身'不是普通的事物；实际上它根本不是事物。哲学研究的'物自身'是人及其在宇宙中的地位，或换一种说法：它是人在历史中揭示的世界总体性，和生存在世界总体性中的人。"①

从实践和总体性的观点出发，科西克对历史唯物主义的一系列原理作了独特的解释。

科西克捍卫历史唯物主义的一元论，承认经济在社会生活中的首要地位。但他把经济因素和经济结构加以区分，认为这种区别是理解经济在社会生活中的首要性的关键和前提，"政治在古代的优先地位，基督教在中世纪的优先地位，经济和物质利益在现代社会的优先地位，正是在唯物主义理论的基础上，通过阐明每一个社会的经济结构才是可理解的"。②

科西克认为，马克思主义哲学作为一种全面的历史观，没有把社会生活中的这一部分或那一部分看作处于必然优先的地位：他论证说，经济在社会发展中的优先地位只是经验的，而不是必然的。而且当生产力巨大发展，物质财富的获得变成第二位的事情的时候，这种优越地位随之消失。但科西克认为，这种消失并没有改变这一事实，即经济结构依然在社会中处于支配地位。

根据科西克的观点，经济结构之所以处于首要地位，是因为，"社会整体（社会—经济形态）是由经济结构所形成和构成的。经济结构形成了社会生活一切领域的统一体和连续性"。③而经济地位、社会地位、政治权力的区分只是在一个特殊的社会—经济形态中享有相对独立性。事实上，财富的分配（"经济"），权力的等级制和结构（"权力"），以及社会地位的等级都是由类似规律的关系所决定的，这些关系在一定发展时期起源于社会制度的经济结构。

① Karel Kosík , *Dialectics of The Concrete,* Boston, 1976, p. 152.
② Karel Kosík , *Dialectics of The Concrete,* Boston, 1976, p. 62.
③ Karel Kosík , *Dialectics of The Concrete,* Boston, 1976, p. 64.

从这种唯物主义一元论出发，科西克对艺术问题进行了评论，主张对艺术作品进行本体论的解释。他指出："诗歌不是比经济低一等的现实。它也是人的现实，虽然是另一类型和另一形式、具有另一使命和另一意义的现实。经济并没有直接地或间接地产生出诗歌。但人创造了经济和诗歌这些人类实践的创造物。"① 他认为，如果我们比较强调经济，那并不是因为它比其他的创造物更具有现实性，而是由于实践和劳动在形成人类现实的过程中的中心意义。

因此，科西克反对把社会意识，把哲学和艺术归结为"经济状况"的观点。他指出："在实践的基础上，人的意识履行着两个不可分割的作用：记录和设计、进行实际调查和计划，它同时既是反映又是设计。"② 由此可见，艺术不仅再现一定的现实，而且，同时又艺术地创造一定的现实，艺术作品是社会现实的一个不可缺少的成分。据此，科西克批评说，如果不把艺术作品作为一个有意义的结构来研究，或者把艺术作品看作仅是社会决定的，那么，既歪曲了社会现实的性质，也歪曲了艺术作品的性质。作品（相对自主的意义结构）就变成一个绝对自主的结构：具体总体性又转变成虚假的总体性。科西克的结论是：艺术作品的生命力在于它是一种以某种方式结合在意义的总体性结构——社会的人的现实——中的特殊意义结构的存在方式。

科西克的理论，特别是他的具体辩证法理论，在一定程度上对辩证法问题作了有益的探讨。但他的思想深受西方现象学和存在主义的影响，其基本趋向是把马克思主义人道主义化，因而他的辩证法观点也远离了马克思主义。他的理论更多关注的是西方哲学观点，忽视了对捷克斯洛伐克社会主义改革中出现的实际问题，无法为社会主义国家的改革提供有益的方法论指导。

四、匈牙利"布达佩斯学派"

"布达佩斯学派"是由聚集在卢卡奇周围的一批学生组成的。该学派形成于 20 世纪 50 年代，活跃于 50 年代后期特别是 60 年代的匈牙利舞台上。主要人物包括：哲学家阿格内斯·赫勒尔、米哈依·瓦加达、捷尔吉·马尔库斯、

---

① Karel Kosík , *Dialectics of The Concrete,* Boston, 1976, pp. 67–68.

② Karel Kosík , *Dialectics of The Concrete,* Boston, 1976, p. 12.

加洛斯·吉斯，社会学家黑格杜斯和文学史学家费伦斯·费海尔等。卢卡奇本人直到在 1971 年的一封信中才正式承认这个学派的存在。在这之前，他一直坚持说他没有"派"。

像东欧其他国家的"新马克思主义"一样，"布达佩斯学派"的理论家们在反对"斯大林主义"的学说中，主张马克思主义的开放性、多元化和自我批判精神，捷尔吉·马尔库斯极力要求自由讨论马克思主义的哲学，要求一切探讨和倾向都不应受到制度的束缚。他认为，马克思主义中的多元论是一种健康的现象，因为马克思主义哲学仍然处于其发展的早期阶段，它还在蒙受"斯大林主义"时期的传统的危害之中，只有通过各种相互冲突的观点的对抗才能实现所要求的综合。他还指出，马克思主义哲学必须跟上正在改变的环境和社会现实的步伐，它不是某种可以一劳永逸地固定其界限的东西。在他看来，马克思主义哲学注重于自我批判，因此各种不同倾向之间的冲突对它是特别适宜的。相反，如果避免不同观点之间的争论，就会造成十分有害的结果。因为把某些问题排除在争论之外，势必会导致马克思主义的僵化，从而最终导致意识形态的瓦解。马尔库斯宣称，作为政治运动和同资产阶级哲学相冲突的意识形态，一种活生生的马克思主义要比一种死气沉沉的马克思主义更为有效。马尔库斯还在与本茨和吉斯合著的《一种批判的政治经济学是完全可能的吗?》论文中提出要提供一种对"国家社会主义"批判的政治学框架，如果必要的话，甚至重新评价某些马克思的经典概念和假设。

"布达佩斯学派"的理论家们从卢卡奇的早期著作《历史与阶级意识》和他对社会存在的本体论的探讨出发，把马克思主义的社会的、革命的职能提到了首位。他们一开始就自称是"社会本体论者"，但他们的重点不在于"本体论"，而在于社会。诸如外部世界或自然界的问题以及物质概念、运动规律，在他们那里都失去了哲学上的重要性。瓦加达否认哲学有研究和提出现实的一般规律的任务，在他看来，哲学的对象是社会实践，哲学通过社会实践的分析而给即将实现的、未来的实践提供一个坚实的基础。社会学家黑格杜斯也宣称，马克思主义最紧迫的任务之一，就是给社会主义社会提出某种"自我批判或自我分析"，并使新制度完善化。在这个意义上，哲学应该集中注意力研究社会问题和历史问题，马克思主义应当成为革命的理论，成为"革命的马克思主义"。马尔库斯也认为，如果要理解"本体论"的话，就应该把它理解为具体的社会状况的分析，理解为"实践本体论"。

出于上述立场，"布达佩斯学派"的成员特别重视对社会（包括对社会主义社会）的批判性考察，他们把卢卡奇的批判精神转换成社会学去研究匈牙利的现实。在这方面，黑格杜斯的观点最具有典型意义。他认为，社会主义正在以两种方式发展：它们或者选择"国家的管理模式"，在那里，生产由官僚精英所决定，以便满足社会的需要；或者选择对资本主义模式的简单模仿，推动市场资本主义，但这种模仿是无益的，它比资本主义更为无效。

黑格杜斯提出的方案是：社会主义的任务是实现"合理化和人道化"的社会。根据这一目标，他认为，生产资料私有制的废除只是社会主义革命的出发点，但随之而来的官僚主义则已成为实现合理化和人道化社会的障碍。黑格杜斯不仅反对正统马克思主义否认社会主义组织形式的官僚主义特征的观点，而且也对当时的改革派提出非议。他断言，在社会主义社会中，不仅可能而且必然会产生官僚集团及其特殊利益。同时他也认为，经济改革势必导致技术官僚的出现。

黑格杜斯宣称，由于社会利益的神话化而产生的官僚主义同民主化要求是完全相矛盾的。他要求根据人民的利益进行管理，管理应当受到来自下面的人民的有效监督。他还指出，"劳动人民的社会组织"是唯一能够依赖社会进行管理的机器，从而有效地反对和阻止官僚主义。

然而，对管理的民主控制只是实现合理化和人道化社会的一个方面，它还有另一个生死攸关的方面，这就是社会中的个人，他的最大可能的选择自由。黑格杜斯认为，私有制的废除对这方面很少有促动作用，个人的状况没有多少改观。个人仍然处在虚假合理的陷阱中，在他的劳动生活中，他仍然受到限制和受消费主义的驱使。黑格杜斯强调，应当使个人作为个体在生活中发挥作用，而不是作为一个被整合到劳动分工中去的工人而起作用；应当赋予个人以这样的地位：他是在社会关系中的主人和有塑造自己命运的地位。

对个人的重视是"布达佩斯学派"的一个重要方面，这也决定了道德哲学在该学派中的突出地位。赫勒尔认为，马克思主义的伦理学尚未制定出来，她希望在这方面有所作为，以便弄清个人的状况、社会利益和个人利益的关系以及政治和道德的关系。赫勒尔的旨趣是对个人的作用作出应有的评价，并在马克思主义理论和"使我们人道主义化的、改造世界的积极性"之间建立联系。在1965年所著的《文艺复兴时期的人》中，赫勒尔选择了文艺复兴时期的人作为研究的主题，在她看来，文艺复兴时期的人的生活状况不只是由权力和金钱所决定的。该书的核心问题是探讨个人能否掌握自己的命运。赫勒尔还强调，一切文化都是需要、冲突和日常生活的问题的产物。在《日常生活》和其他一系列著作中，赫勒尔进一步阐述了这些思想。在探讨生活问题时，她一方面把胡塞尔、海德格尔的现象学同亚里士多德的分析方法结合起来，另一方面又力图忠实于马克思的精神。赫勒尔认为，作为整体的人类再生产活动是个人再生产活动的总体，这种再生产为社会再生产提供了可能。她提出，朝向日常生活的解放关系应当在沉默中、在游戏中以及在自由的人际关系的非一夫一妻制中寻找。通过这种途径，个人在克服特殊性的同时创造自身。

在探讨马克思的需要理论的专著《马克思的需要理论》中，赫勒尔继续她的上述思路，并通过对马克思需要理论的重新思考，第一次阐述了青年马克思关于彻底的革命应当是基本需要的革命这一思想。她通过对马克思晚期的经济学著作的研究，发现马克思理论中存在着一个基本问题，即就"联合的劳动者的社会"的目的而言，谁来决定生产力的分派？例如，谁来决定直接用于消费的商品生产何时开始进行？她说，自然，马克思的回答是每一个人（这正是他谈到联合起来的个人的原因）。但每一个人怎样做出这些决定？马克思没有回答这一问题，因为对他来说，这个问题尚未出现。然而，对我们来说，这个问题或许是当代一切问题中的最重要的问题。赫勒尔认为，在联合的劳动者的社会中，会产生一种新的需要结构，构成日常生活重点的将不再是生产劳动和物质消费，而是那些以自身为目的并成为第一需要的活动和人的关系。这些需要将构成他的独特个性。因此，基本需要构成了我们每天得以生存的手段，并包含了社会主义的生活目的，因为它们的提出是资本主义内部市民社会发展的结果，但在这个社会内部它们是不可能得到满足的。因此，它们既是必然的，又是革命的。从这种基本需要的理论出发，赫勒尔对资本主义和现实社会主义（按照她的观点，唯有"联合的劳动者的社会"才是社会主义）作了分析。在资本主义社会中，需要是受人控制的。而苏联和东欧的社会主义同样满足不了基本的需要，实际上，它们可能比资本主义的更糟。因为这种类型的现存的社会主义是"对需要的专政"，即在一种专制统治中，共同体的需要是由中央机构在没有得到社会同意的情况下提出来的。赫勒尔的需要理论既是社会构成理论，又是革命理论，按照这种理论，一个阶级、一个社会、一个政治纲领或一个运动的革命性质只有通过解放了的人的现实的、表达出来的和意识到的需要才能加以确定。

很显然，"布达佩斯学派"的实践哲学和伦理学是以人的自由为前提的。该学派成员从哲学上对自由问题进行了深入探讨。他们赞成把自由和必然性分开，怀疑关于历史规律的必然性的看法的有效性。他们认为，决定论妨碍个人自由地、积极地参与社会发展的总进程。而马克思主义哲学应当是一种实践哲学，这种哲学应当表明，历史规律绝不是僵死的，绝不是在任何时候都有不变的效力，在历史过程中新情况层出不穷，人们应当研究这些情况，才能把社会变革的计划放在一个坚实的基础之上。

"布达佩斯学派"的成员也探讨了异化问题，并分析了社会主义中的异化现象。在对异化概念下定义时，他们的理解不尽一致，赫勒尔把异化理解为"类本质"同个人的存在之间的矛盾，具体地说就是"类的财产和个人的财产之间的鸿沟"。她由此得出的结论是：异化使个人贫困化。札·托尔代则认为，异化是主体（个体）同客体（社会）之间的冲突，即人的个体在实现他的意图时遭受的妨碍和失败。关于社会主义是否存在异化现象，理论家们的回答是肯定的，同时补充说，社会主义制度下的异化形象同资本主义社会的异化现象具有不同的性质。由于时代的局限，他们对异化问题的研究没有像其他东欧国家的"新马克思主义者"那样广泛，语调也更温和一些。还有一些理论问题没有来得及探讨，或仅仅沾了一点儿边。

五、民主德国的"新马克思主义"

民主德国曾经产生了像恩斯特·布洛赫这样有国际知名度的哲学家，但他的主要成果都是在西方形成和发表的，并且他于1961年就离国出走，因此他的思想通常被列入"西方马克思主义"的范畴。尽管如此，这个国家仍然产生了其他一些哲学家，这些哲学家触及了意识形态和政治方面的一些原则性问题。

20世纪50年代，当时担任柏林《德国哲学杂志》编辑的沃尔弗冈·哈利希提出了同布洛赫和卢卡奇一脉相承的观点，并成为"正统思想对立派"的代表。哈利希像大多数修正主义者一样，起初并不反对"斯大林主义"的意识形态，但本国的实际政治关系和党内状况，使他成了苏联制度的批评家。1956年，他同他那一派人一起制定并讨论了"关于德国走向社会主义的特殊道路"

的声明。在这个声明中，他们一方面保证不做叛逆者，并且不想同马克思主义"决裂"，另一方面他们却批评了党的政策和苏联的"典型的法西斯手段"。按照哈利希派的看法，苏联的社会主义不可能成为所有国家的楷模，即使在苏维埃社会主义联盟内部也不再是榜样了。

在意识形态方面，哈利希和他的同伙反对所谓革命共产党的唯一的要求就是得到领导权的"宗派主义观点"。他们声称要把马克思主义从"斯大林主义"和教条主义中解放出来，并使它回到自己的人道主义的非教条主义的思路上来，哈利希要求给上层建筑、哲学、科学和艺术以更多的自由。

1956年11月，哈利希被指控组织敌视国家的阴谋集团而被捕入狱。1964年出狱后，虽然他的观点正统多了，但他仍然主张公开地进行思想讨论。

在1971年出版的一本小册子中，哈利希提出了与1956年急于实现党的民主化、急于实现东德社会主义统一党与西德社会民主党的重新统一的主张不同的思路。他反对20世纪60年代法国新左派的革命急躁情绪，同时他为无产阶级专政所强加的压制和不民主的统治提供理由，并认为由于历史的原因，斯大林时期的专制是不可避免的。这些观点是当时党的领导人所不能接受的，因为哈利希暗示了在目前条件下，东德只能是一种专政。哈利希甚至指责马克思对革命没有耐心，对历史过于乐观，以及堕入了他本人所要力图拒绝的宗教意识和不切实际的幻想的陷阱之中。

在另一部著作中，哈利希提出了三个与官方意识形态不同的命题：第一，共产主义并不一定在所谓的社会主义国家中首先实现。在他看来，西方有可能更早地达到这种社会形态；第二，国家消亡理论应当被视为无政府主义的乌托邦；第三，只有严密的国家体制才能够解决将来的生态问题和经济问题。

德意志民主共和国的一些哲学家早在1956年以前就已经注意到了西方哲学流派并试图从马克思主义的观点加以利用。君特·蔡姆（耶拿大学）的带有存在主义哲学色彩的"马克思主义人本主义"就是一例。蔡姆从人出发批判"斯大林主义"。他提出，对于人的异化和被"斯大林主义"弄到使人无法承受地步的那种愚昧的状态，不仅无产阶级而且全人类都应与之斗争。

罗伯特·哈弗曼是一个科学家和哲学家，同时也是一个颇有资历的老党员。他曾经是第三帝国时期抵抗运动的积极分子，被纳粹判处过死刑。但他在1961年柏林墙建成后却成了持不同政见者。1962年，他先是在莱比锡后在东柏林进行了一系列讲演。在这些讲演中，他声称辩证唯物主义是"我们时代哲学的最高发展形式"，但它并不是官方所宣传的那种形式。作为官方的意识形态的辩证唯物主义既不是辩证的，也不是唯物主义的。总之，不是马克思主义的。哈弗曼因此成为 20 世纪 60 年代民主德国理论批判的主要代表人物。

在一篇题为《共产主义——乌托邦和现实》的论文中，哈弗曼总结了他在 1962—1964 年间所作的讲演中的旨意。他指责放弃了不可替代的成就，特别是议会民主制。而且，他更进一步要求把共产主义的乌托邦作为对现存社会制度，即"我们业已建立的制度"的一种可行的挑战。这种批评意味着民主德国的制度不是神圣不可侵犯的。

在分别发表于 1968 年和 1969 年的两篇文章中，哈弗曼还表达了他对捷克斯洛伐克 1968 年经验的热忱。他认为，俄国 1917 年革命只是半社会主义的，因为在资产阶级的政治制度和经济制度被废除的同时，民主的因素也遭到了破坏，而不是全面地得到发展。根据他的看法，社会主义革命的另一半发生在 1968 年的捷克斯洛伐克，但这一进程被强行打断了。

哈弗曼对官方最富挑战性的文章涉及到马克思的一个著名格言：自由是对必然的认识。哈弗曼认为，这一格言被党所实行，这种国家的自由是以个人自由的不足为代价的，他称这种国家为虚假的社会主义。哈弗曼认为，社会主义社会的经济目的应当完全不同于资本主义，因而应当拒绝消费主义；进而他指责了党对大量发展私人小汽车的支持。他的结论是：在资源匮乏的世界中，自由只能通过停止对这些资源的不应有的浪费，才能得到保证。

20 世纪 70 年代对党及其制度最有分量的批评来自一位完全不知名的人物。1977 年 8 月，汉堡一家新闻杂志发表了巴罗一部著作 ① 的摘要，这部著作是对现存社会主义的批判。巴罗从历史哲学的角度分析了现有社会主义模式的发展，指出了它在哪些方面和为什么不同于马克思所说的社会主义。他对民主德国制度的分析是毁灭性的，党的机关和国家官僚主义是他批判的焦点。巴罗还描述了他所认为的民主德国通向一种更美好的社会的可行之路，其措施包括取消所谓党的专政和民主集中制。

同哈利希形成对比的是，巴罗反对权威统治并求助于对巴黎公社的分析，他认为国家是社会的寄生虫。同哈利希所认为的一样，对他来说，"斯大林主

---

① ［德］鲁道夫·巴罗：《抉择——对现实存在的社会主义的批判》，严涛译，人民出版社 1983 年版。

义"在当时苏联的特定环境下是不可避免的。然而，他认为人的普遍解放已经变得更加紧迫。巴罗认为，在未来的社会中，自由对必然性而言将保持优先地位。根据他的观点，这种社会可能通过坚持社会组织的联邦原则而得到实现，它体现在自由联合体的思想中。巴罗赞成个人的自由联合而不是使这种自由联合屈从于国家。巴罗的这些观点显然是不能为党所接受的，它们被认为是危险的和反共产主义的。

综上所述，第二次世界大战后的东欧各国哲学往往并存着两种趋向：一种是坚持和维护苏联的马克思主义哲学，并对马克思主义哲学一系列问题进行了有益的探讨和研究，在一定程度上深化了马克思主义哲学，但它们没有把马克思主义哲学与本国国情很好地结合起来，缺乏理论上的创新；另一种则是深受西方哲学尤其是"西方马克思主义"的"人道主义的马克思主义"思潮的影响，它们关于人的问题的讨论虽然对拓宽马克思主义哲学的视野，以及反思苏联模式的社会主义和探索适合本国实际的发展道路，具有一定的积极意义，但它们把马克思主义人道主义化并依此来否定辩证唯物主义和批判乃至完全否定社会主义现实，不可避免地引起思想上的混乱和实践上的有害后果。

第四章　毛泽东关于夺取全国胜利和建设新中国的战略思想

在抗日战争时期，毛泽东思想逐渐走向成熟，并在 1945 年被作为中共指导思想写入党章，象征着马克思主义中国化第一次历史性飞跃的理论成果获得了空前认同。在解放战争时期和新中国成立初期，毛泽东思想在新的革命和建设实践中得到进一步丰富和发展，关于夺取全国胜利和建设新中国的战略思想即为这种丰富和发展的重要体现。

第一节　毛泽东关于夺取全国胜利的思想

作为新民主主义革命时期的最后一个大范围武装斗争阶段，解放战争的爆发令党和人民面临了何去何从的时代课题，在这种历史性的转折时刻，以毛泽东为核心的中共领袖人物，依据国内外形势和社会矛盾的发展变化，从对敌斗争方针、统一战线方略、党的建设举措等方面提出了许多新的思想和观点，制定了系统的策略方针，适时为中国人民指明了正确的革命道路。

一、革命（对敌斗争）的战略策略思想

毛泽东曾经指出："政策和策略是党的生命，各级领导同志务必充分注意，

万万不可粗心大意。"①"党的生命"这一论断强调了策略在革命中的极端重要性，表明了一切实际工作应将策略作为出发点。毛泽东的策略思想着眼于中国错综复杂的阶级状况和政治形势，立足于大局又善于把握重点，将灵活性与原则性相结合，是对马克思主义策略思想的运用和发展。毛泽东这一时期的战略策略思想集中体现在《抗日战争胜利后的时局和我们的方针》、《关于目前国际形势的几点估计》、《以自卫战争粉碎蒋介石的进攻》、《和美国记者安娜·路易斯·斯特朗的谈话》、《集中优势兵力，各个歼灭敌人》、《目前形势和我们的任务》等经典篇章中。

（一）以革命的两手对付反革命的两手

打败日本侵略者后，广大人民渴望过上和平建国的宁静祥和的生活，而蒋介石国民党政权却在美帝国主义支持下奉行假和平真内战、假民主真独裁的政策。为了揭露国民党的阴谋，为国民争取真正的民主，中国共产党以革命的两手对付反革命的两手，"以斗争的方式求团结的目的"。在抗日战争胜利后为时十个月的过渡阶段里，在谈判和作战交替进行、由争取和平民主向准备全面内战的复杂斗争中，党面临了中国革命历史上前所未有的新形势，军事斗争也体现了有别于以往国内革命战争和民族战争的新特点。以毛泽东同志为主要代表的中国共产党人在实践中总结出来的和平谈判和武装斗争相结合的策略原则，"在毛泽东军事思想发展史上写下了新的篇章"②。

1945 年 8 月，毛泽东分析了抗战结束以后的时局，指出："对于蒋介石发动内战的阴谋，我党所采取的方针是明确的和一贯的，这就是坚决反对内战，不赞成内战，要阻止内战。但是，必须清醒地看到，内战危险是十分严重的，因为蒋介石的方针已经定了"。他提醒民众和军队："蒋介石要发动全国规模的内战，他的方针已经定了，我们对此要有准备。全国性的内战不论哪一天爆发，我们都要准备好"。对于具体的斗争方式，他分析说，蒋介石是"寸权必夺，寸利必得"，我的方针是"针锋相对，寸土必争"，蒋介石"左手拿着刀，右手也拿着刀"，我们"就按照他的办法，也拿起刀来"。③ 这一报告准确预测

① 《中共中央文件选集》第 43 册，人民出版社 2013 年版，第 328 页。
② 徐焰等：《毛泽东军事思想发展史》，解放军出版社 2001 年版，第 249 页。
③ 《毛泽东选集》第 4 卷，人民出版社 1991 年版，第 1125、1134、1126 页。

了革命时局的发展，有效消除了民众对蒋介石抱有的和平幻想，提出了科学的斗争策略。由于在抗战结束后立即发动大规模的内战尚有困难，于是蒋介石以共商国是为由，三次电邀毛泽东赴重庆进行和平谈判。为了争取可能的和平、取得政治上的主动，毛泽东决定亲赴重庆谈判，并提出了"和平、民主、团结"的三大口号，明确了"蒋反我亦反，蒋停我亦停"的有理有利有节的斗争原则。在谈判前后，毛泽东都彰显出既力求和平，又谨防敌人战争阴谋；既合理退步，又据理力争的高超应对策略。在谈判前，毛泽东就明确表示："绝对不要依靠谈判，绝对不要希望国民党发善心，它是不会发善心的。必须依靠自己手里的力量"，同时，"如果国民党还要发动内战，它就在全国全世界面前输了理。我党就有理由采取自卫战争，击破其进攻"①。在谈判中，毛泽东就如何反击进犯之敌向聂荣臻强调，"你们越多打胜仗，我们在这里越安全，你们越多打胜仗，我们谈判越主动"；刘少奇代表中央起草的《目前的任务和战略部署》进一步提出了"向北发展，向南防御"的方针，以便"加强全国各解放区及国民党地区人民的斗争，争取和平民主及国共谈判的有利地位"②。在谈判结束后，毛泽东在延安干部会上的报告指出，谈判使国民党承认了和平团结的方针，我们"更有理由采取自卫战争，粉碎他们的进攻"，所以"人民的武装，一支枪、一粒子弹，都要保存，不能交出去"，"人家打来了，我们就打，打是为了争取和平，不给敢于进攻解放区的反动派很大的打击，和平是不会来的"③。

"以革命的两手对付反革命的两手"策略，是灵活运用马克思主义的阶级分析法客观分析时代局势的产物。它的贯彻，彰显了中国共产党争取和平民主的坚定决心和最大诚意，使国民党统治集团彻底暴露出真实面目，从而使我党赢得了广大民众的支持，形成了有利于革命的战略状态。《双十协定》签署以后，国民党政府拒不履行承诺，不断进犯解放区，并制造了"较场口"等事件，在强行攻占张家口后更是召开了一党包办的伪国民大会。毛泽东就此指出蒋介石反苏反共反民主的反动方针一时不会改变，只有经过严重斗争才能使其知难而退。1946 年 7 月，他在给东北民主联军领导者李富春和黄克诚的电报中指出，

---

① 《毛泽东选集》第 4 卷，人民出版社 1991 年版，第 1154 页。
② 《建党以来重要文献选编》第 22 册，中央文献出版社 2011 年版，第 685 页。
③ 《毛泽东选集》第 4 卷，人民出版社 1991 年版，第 1159、1161、1159 页。

对美蒋的压力与要求，"应当有所让步"，但"如无坚决斗争精神，则结果将极坏"①。1946年11月18日，当和谈大门完全被堵死后，毛泽东为中央起草的党内指示第一次用"人民解放战争"一词替代了"自卫战争"的提法，预示了由于客观形势的根本变化，争取国内和平已无实现可能，人民解放战争随之提上日程。

（二）战略上藐视敌人，战术上重视敌人

1946年春季，以美国为首的帝国主义和反动派，加大了反苏反共反人民的力度，并大肆鼓吹"美苏必战"、"第三次世界大战必然爆发"等论调。悍然发起进攻的国民党军队，在美国的扶持下装备精良，物资充裕。国内有些悲观主义者因而高估了帝国主义的影响，低估了人民军队的力量，在同美蒋反动势力的斗争面前表现出消极、软弱的态度，不敢坚决地以革命的战争反对反革命的战争。在这种状况下，毛泽东加大了对反革命力量的揭露和批判，提出了"一切反动派都是纸老虎"的著名论断，彰显出"战略上藐视敌人，战术上重视敌人"的辩证策略思想。

实际上，毛泽东在1940年的《团结一切抗日力量，反对反动顽固派》的演讲中就提到了"纸老虎"的概念："我们今天开大会，就要戳破他们的纸老虎，我们要坚决地反对反共顽固派"②。这一提法，较早体现出毛泽东大无畏的英雄主义态度和革命乐观主义精神。在解放战争中面对庞大而强悍的国民党军队，面对着手持原子弹不断叫嚣的美帝国主义，毛泽东在全面把握国内外形势的基础上，正气凛然地给出了"一切反动派都是纸老虎"的判断，极大地鼓舞了人民的斗志和军队的信心。他在接受美国记者安娜·路易斯·斯特朗的采访时指出："原子弹是美国反动派用来吓人的一只纸老虎，看样子可怕，实际上并不可怕。当然，原子弹是一种大规模屠杀的武器，但是决定战争胜败的是人民，而不是一两件新式武器"。他向公众强调，"蒋介石和他的支持者美国反动派也都是纸老虎"，并就此分析说："拿中国的情形来说，我们所依靠的不过是小米加步枪，但是历史最后将证明，这小米加步枪比蒋介石的飞机加坦克还要强些。虽然在中国人民面前还存在着许多困难，中国人民在美国帝国主义和中

① 《毛泽东文集》第4卷，人民出版社1996年版，第146页。
② 《毛泽东选集》第2卷，人民出版社1991年版，第719页。

国反动派的联合进攻之下，将要受到长时间的苦难，但是这些反对派总有一天要失败，我们总有一天要胜利。这原因不是别的，就在于反动派代表反动，而我们代表进步。"① 这一论证，辩证地揭示了帝国主义和一切反动派既完全可以战胜，又需要长时间来战胜的战略真相，是毛泽东"战略上藐视敌人，战术上重视敌人"策略思想的重要体现。他在论及如何看待蒋介石及其背后的美国援助时更为透彻地阐释了这一策略："我们一方面要藐视他们，非此不足以长自己志气，灭敌人威风，而另一方面又要重视他们，每一仗都要谨慎周密，不要疏忽"②。新中国成立后，毛泽东在同危地马拉总统阿本斯的谈话中再次道出了这一策略的精要之处："我们说美帝国主义是纸老虎，是从战略上来说的。从整体上来说，要轻视它。从每一局部来说，要重视它"③。

在 20 世纪 40 年代，毛泽东多次指出革命者应在宏观战略上藐视敌人，要敢于同其斗争，而在具体的战术上要重视敌人，要做好斗争的充分准备。如他曾以如何应付强敌为例，阐释了战前充分准备所体现的"战术上重视敌人"的策略："如果我们没有必要的和充分的准备，必然陷入被动地位。临时仓促应战，胜利的把握是没有的"④，"有了准备，就能恰当地应付各种复杂的局面"⑤。新中国成立前夕，毛泽东在《丢掉幻想，准备斗争》一文中以为何中国革命必然会胜利为例，从哲学逻辑角度论证了"战略上藐视敌人"的科学依据："捣乱，失败，再捣乱，再失败，直至灭亡——这就是帝国主义和世界上一切反动派对待人民事业的逻辑，他们决不会违背这个逻辑的。这是一条马克思主义的定律"⑥。毛泽东的这些战略思想，是藐视敌人与重视敌人的辩证统一，"体现了革命目的与斗争手段的高度统一，是必胜信心与斗争艺术的完美结合"⑦。有研究者也强调，"战略上藐视敌人，战术上重视敌人"的方针体现了对敌军进行心理进攻的战略战术。它是在马克思主义辩证唯物论和历史唯物论指导下，借鉴我国传统心理战而创立的具有适应人民战争需要，符合人民军

---

① 《毛泽东选集》第 4 卷，人民出版社 1991 年版，第 1195 页。
② 《毛泽东文集》第 4 卷，人民出版社 1996 年版，第 199 页。
③ 《毛泽东文集》第 7 卷，人民出版社 1999 年版，第 73 页。
④ 《毛泽东选集》第 1 卷，人民出版社 1991 年版，第 200 页。
⑤ 《毛泽东选集》第 4 卷，人民出版社 1991 年版，第 1134 页。
⑥ 《毛泽东选集》第 4 卷，人民出版社 1991 年版，第 1486 页。
⑦ 刘继贤:《论毛泽东军事思想体系》，解放军出版社 2014 年版，第 165 页。

队性质的心理战思想。认为这一战略体现出树立敢打必胜的信心，把自己对胜利的筹划建立在客观物质基础之上，采取正确的斗争策略和手段来克敌制胜的思想。如淮海战役的胜利，是毛泽东军事思想和战争指挥艺术的伟大胜利，也是心理战略的科学运用和重大创新。①

（三）集中优势兵力，各个歼灭敌人

全面内战爆发后，人民军队遵照毛泽东和中央军委制定的一系列战争策略方针，接连粉碎了国民党军队的大肆进攻，顺利从战争防御阶段转入战略反攻阶段。1947 年年底，毛泽东将人民解放军所奉行的作战原则和斗争方针概括为十大军事原则。这十大军事原则为：（1）先打分散和孤立之敌，后打集中和强大之敌。（2）先取小城市、中等城市和广大乡村，后取大城市。（3）以歼灭敌人有生力量为主要目标，不以保守或夺取城市和地方为主要目标。（4）每战集中绝对优势兵力（两倍、三倍、四倍、有时甚至是五倍或六倍于敌之兵力），四面包围敌人，力求全歼，不使漏网。(5）不打无准备之仗，不打无把握之仗，每战都应力求有准备，力求在敌我条件对比下有胜利的把握。（6）发扬勇敢战斗、不怕牺牲、不怕疲劳和连续作战（即在短期内不休息地接连打几仗）的作风。（7）力求在运动中歼灭敌人。同时，注重阵地攻击战术，夺取敌人的据点和城市。（8）在攻城问题上，一切敌人守备薄弱的据点和城市，坚决夺取之。一切敌人有中等程度的守备、而环境又许可加以夺取的据点和城市，相机夺取之。一切敌人守备强固的据点和城市，则等候条件成熟时然后夺取之。（9）以俘获敌人的全部武器和大部人员，补充自己。我军人力物力的来源，主要在前线。（10）善于利用两个战役之间的间隙，休息和整训部队。②

十大军事原则，是依据土地革命战争以来的实战经验而作出的系统总结，是马克思主义普遍真理和中国革命战争实践相结合的产物，其核心思想是集中优势兵力，各个歼灭敌人，是敌强我弱、敌大我小时克敌制胜的重要法宝。在土地革命战争时期，毛泽东就强调当敌人集中大量军力进犯时分散于我不利，应集中兵力回击那些不如或稍强于我军的敌人，前三次反"围剿"正是在这一方针的指导下取得了胜利；抗战开始后，毛泽东提出在游击战之外要重视集中

① 参见陈宇主编：《毛泽东军事战略》，解放军出版社 2015 年版，第 396—397 页。
② 参见《毛泽东选集》第 4 卷，人民出版社 1991 年版，第 1247—1248 页。

兵力攻打的运动战方式，即在敌人进犯或是取守势时，采用"化零为整"式的集中攻打以消灭敌人；解放战争中，毛泽东强调要以运动战为主辅之以游击战，号召学习陈赓所率部队集中主力各个歼敌的作战方法。"集中优势兵力，各个歼灭敌人"的方针诠释了以集中兵力为手段，以歼灭敌人为目的的作战理念，是毛泽东"歼灭战和集中优势兵力、采取包围迂回战术，同一意义"[①] 与"对于敌，击溃其十个师不如歼灭其一个师"[②] 等战争原则的综合和发展。在解放战争中，毛泽东先后以军委发出了《战役战斗上不要平均使用兵力》、《注意多打歼灭战少打击溃战》、《每战应以歼灭孤立分散之敌为主》等作战指示，强调了"每一仗只打一部分敌人"的原则，充分发挥了人民解放军自身的优势，起到了保存自己消灭敌人的战略作用，从而取得了战场上的主动权，顺利扭转了战争局势，成为赢得解放战争胜利的主要作战途径。通过这一作战方针，我军从 1946 年 7 月至 1947 年 11 月间，共打死、打伤、俘虏了国民党正规和非正规军 169 万，不仅打退了国民党的进攻，保卫了解放区，并促成了战略反攻阶段的到来，开启了"蒋介石的二十年反革命统治由发展到消灭的转折点"、"一百多年来帝国主义在中国的统治由发展到消灭的转折点"。[③]

以"集中优势兵力，各个歼灭敌人"为核心理念的十大军事原则，是毛泽东对中国新民主主义革命长期以来积累的成功经验的思考和总结，是联系历史经验结合解放战争初期实践而进行的系统概括和论述，确立了"中国革命战争以劣胜优的完整的作战指导理论体系"。十大军事原则囊括了"作战指导、作战形式、作战目标、作战方法、作战阶段和作战准备、作战保障以及战斗作风"等内容，既有很强的思想性和理论性，又有很强的实践意义和指导作用 [④]，为马克思主义军事理论宝库增添了新的内容。

（四）战争的伟力在于人民之中

无论是"以革命的两手对付反革命的两手"的斗争策略，还是"战略上藐视敌人，战术上重视敌人"、"集中优势兵力，各个歼灭"的战争方略，无不体现着毛泽东认为战争的伟力存在于人民之中的核心原则和立论基础。毛泽东和

---

① 《毛泽东选集》第 1 卷，人民出版社 1991 年版，第 237 页。

② 《建国以来重要文献选编》第 20 册，中央文献出版社 1998 年版，第 468 页。

③ 《毛泽东年谱（1893—1949）》下册，中央文献出版社 2013 年版，第 259 页。

④ 参见郑文翰主编：《毛泽东思想研究大系·军事卷》，上海人民出版社 1993 年版，第 56 页。

中央的系列战略部署都深深扎根于人民群众这一坚实的基础，并通过广泛的政治动员，组建起浩浩荡荡的人民军队，在短短 4 年的时间内取得了解放战争的胜利，完成了建立新中国的初衷。

在毛泽东看来，解放战争的伟力之所以存在于人民之中，是因为它是一场正义之战。毛泽东根据马克思恩格斯对于战争的两大分类以及列宁关于"战争是政治继续"的观点，认为战争有正义与非正义之分，战争的性质由战争的目的直接决定。他指出，以蒋介石为首的中国反动派甘愿充当美帝国主义的走狗，发动战争，反对人民，阻止中国人民解放事业的发展，而中国共产党则领导着中国人民解放军坚决进行爱国的正义的革命的战争，反对蒋介石的进攻。正是因为双方从事战争的性质完全不同，毛泽东深信："蒋介石军事力量的优势，只是暂时的现象，只是临时起作用的因素；美国帝国主义的援助，也只是临时起作用的因素；蒋介石战争的反人民的性质，人心的向背，则是经常起作用的因素；而在这方面，人民解放军则占着优势。人民解放军的战争所具有的爱国的正义的革命的性质，必然要获得全国人民的拥护。这就是战胜蒋介石的政治基础"①。在 1947 年 7 月的小河中共中央扩大会议上，毛泽东再次强调在分析国民党发动内战的形势时要看到："全国人民的同情、全世界人民的同情、民族统一战线、土地革命，这些是经常起作用的因素，而国民党军队的优势、发动突然的进攻，这些是临时起作用的因素"②。这一讲话生动诠释了"得道多助，失道寡助"的客观规律，指明了符合民族利益的解放战争必然能赢得人民的广泛支持。

解放战争的伟力存在于人民之中，符合马克思主义唯物史观关于人民群众创造历史的基本原则。通过运用马克思主义分析和观察中国革命实际，毛泽东始终将兵民当作中国革命战争的胜利之本。1934 年，当国民党在根据地周围推进他们的"堡垒"政策时，毛泽东就此指出："真正的铜墙铁壁是什么？是群众，是千百万真心实意地拥护革命的群众。这是真正的铜墙铁壁，什么力量也打不破的，完全打不破的。……在革命政府的周围团结起千百万群众来，发展我们的革命战争，我们就能消灭一切反革命。"③1938 年，他在《论持久战》

---

① 《毛泽东选集》第 4 卷，人民出版社 1991 年版，第 1246 页。
② 《毛泽东文集》第 4 卷，人民出版社 1996 年版，第 269 页。
③ 《毛泽东选集》第 1 卷，人民出版社 1991 年版，第 139 页。

中继续论证了战争伟力最深厚的根源存在于民众之中："动员了全国的老百姓，就造成了陷敌于灭顶之灾的汪洋大海，造成了弥补武器等等缺陷的补救条件，造成了克服一切战争困难的前提"①。1946年7月，在全面内战爆发后，毛泽东在号召以自卫战争粉碎蒋介石进攻时，分析了民众的选择对于胜利的重大影响："蒋介石虽有美国援助，但是人心不顺，士气不高，经济困难。我们虽无外国援助，但是人心归向，士气高涨，经济亦有办法，因此，我们是能够战胜蒋介石的"②。在论及解放战争不断取得的胜利时，毛泽东特别强调：蒋介石匪帮的失败是"因为我们的战略战术是建立在人民战争这个基础上的，任何反人民的军队都不能利用我们的战略战术"；"全国人民拥护自己的人民解放军，取得了战争的胜利"，人民解放军顺利消灭了近600万国民党军队"是全中国人民的胜利"。也正是有感于人民群众之于中国革命的主体作用，毛泽东满怀信心地预测："中国的命运一经操在人民自己的手里，中国就将如太阳升起在东方那样，以自己的辉煌的光焰普照大地，迅速地荡涤反动政府留下来的污泥浊水"。③他甚至总结说："世间一切事物中，人是第一个可宝贵的。在共产党领导下，只要有了人，什么人间奇迹也可以造出来"。④

战争的伟力存在于人民之中，体现出依靠群众敢于斗争的精神，也体现出独立自主、自力更生的作战原则。将群众有效组织和动员起来，就能转变武器和装备不如敌人的劣势，就能充分挖掘人民群众中的巨大能量，从而坚定独立自主、不依赖外援的决心和信心。解放战争时期，面对美帝国主义扶持下的蒋介石军队的进犯，有些同志难免产生寄希望于苏联援助的想法。毛泽东针对这一想法，提醒我军不要对苏联寄予太多期望，而应牢固树立独立自主作战的观念。他指出："我们的方针要放在什么基点上？放在自己力量的基点上，叫做自力更生。我们并不孤立，全世界一切反对帝国主义的国家和人民都是我们的朋友。但是我们强调自力更生，我们能够依靠自己组织的力量，打败一切中外反动派。"⑤毛泽东对独立自主、自力更生的强调和自信，源自于解放战争的正义性，源自于最广大人民的拥护。解放战争胜利的根本，就在于能以各种形式

① 《毛泽东选集》第2卷，人民出版社1991年版，第480页。
② 《毛泽东选集》第4卷，人民出版社1991年版，第1187页。
③ 《毛泽东选集》第4卷，人民出版社1991年版，第1248、1464、1467页。
④ 《毛泽东选集》第4卷，人民出版社1991年版，第1512页。
⑤ 《毛泽东选集》第4卷，人民出版社1991年版，第1132页。

将人民群众最大范围地纳入斗争，毕竟真正强大的不是帝国主义或反动派，而是人民群众的支持和参与。正因为如此，毛泽东深信"只有原子弹而没有人民的斗争，原子弹是空的"①。在人民群众人力物力源源不断的支持下，英勇善战的人民解放军最终打败了外强中干的美蒋反动势力，用事实诠释了"战争的伟力在于人民之中"的深刻道理。仅淮海战役中支前民工就达到了 500 万之多，这一被陈毅形容为"人民群众用小车和扁担保证了军队作战"的战役，以摧枯拉朽之势促进了蒋介石集团赖以维持其统治的军事力量的消亡。

二、革命统一战线的理论和策略

解放战争时期，为了粉碎蒋介石的进攻，毛泽东提出了"与人民亲密合作，争取一切可以争取的力量"的统一战线任务。当时的统一战线包含了两大联盟，一个是工人阶级与农民及其他劳动者的联盟，另一个是工农联盟与其他非劳动者的联盟。为了组建"包括全民族绝大多数人口的最广泛的统一战线"，毛泽东在解放区调整土地政策，在国统区加强对民主运动的引导，对民主党派采取又团结又斗争的方针，并强调了党在统一战线中的领导权。

（一）适时调整土地改革政策，调动解放区人民的革命积极性

1927 年，毛泽东在考察湖南农民运动时，就指出了中国革命的实质是农民革命，农民是中国革命的主要力量。进行土地改革，则是废除封建剥削制度、实现现代化的必要环节，是团结和争取农民支持的重要手段。土地问题一直被中国共产党视为新民主主义革命阶段的"中心问题"。毛泽东在七大上论述中国的土地问题时指出：国共两党的争论"就其社会性质说来，实质上是在农村关系的问题上"②。在解放区则能否适应民众需要，采取合理的土地政策，就成为党能否组建并巩固革命统一战线的关键所在。

抗日战争时期，党为了保障农民和地主的利益并将其同时团结在共抗外敌的队伍中，采取了减租减息的土地政策。解放战争时期，阶级矛盾取代民族矛

---

① 《毛泽东选集》第 4 卷，人民出版社 1991 年版，第 1133 页。
② 《毛泽东选集》第 3 卷，人民出版社 1991 年版，第 1077 页。

盾上升为社会的主要矛盾，减租减息已难以满足农民的土地要求。鉴于国内阶级关系的变化，在全面内战爆发的前夕，中共中央作出调整土地政策的决定，发布了《关于清算减租及土地问题的指示》（即《五四指示》）。《五四指示》指出："在广大群众要求下，我党应坚决拥护群众在反奸、清算、减租、减息、退租、退息等斗争中，从地主手中获得土地，实现'耕者有其田'"。这一指示重新确立了废除封建剥削制度的土改政策，提出"耕者有其田"为我党目前"最基本的历史任务，是目前一切工作的最基本的环节"[1]，强调它是"百分之九十以上人民群众的正当要求，合乎孙中山主张与政协协议，而且对各色人等及地主富农有相当照顾"[2]。为了推动土地改革运动的深入开展，1947 年 7 月，中共中央工委召开的全国土地会议讨论并制定了《中国土地法大纲》。大纲明确规定："废除封建性半封建性剥削的土地制度"，"乡村中一切地主的土地及公地，由乡村农会接收，连同乡村中其他一切土地，按乡村全部人口，不分男女老幼，统一平均分配"[3]。解放区由此陆续掀起了轰轰烈烈的土改热潮，党在执行彻底而坚决的土地改革政策中获得了较之抗日战争时期更多农民群众的衷心拥护。

为了进一步引导和规范土地改革运动，毛泽东于 1948 年 1 月为中共中央起草了《关于目前党的政策中的几个重要问题》的决定。这一决定明确了土地改革应遵循的数项原则：将贫雇农的利益和贫农团的带头作用，放在第一位；避免对中农采取任何冒险政策，富裕中农的土地不征得本人同意不能平分；继续保护并奖励一切于国民经济有益的私人工商业的发展，地主富农的工商业一般也应予以保护；对于学生、教员、教授、科学工作者、艺术工作者和一般知识分子分别情况加以团结、教育和任用，极少数反革命分子才经由群众路线予以处置；同开明绅士合作完全必需；将新富农和旧富农加以区别；生活方式改变达到具体年限的地主富农可改变成分；对大中小地主以及地主富农中的恶霸和非恶霸，在平分土地的原则下也应有所区别；等等。这些政策无疑为"耕者有其田"和"平分土地"根本原则的具体化，具有很强的可操作性，体现出区别对待的方略以及最大限度地孤立敌人的统一战线精神。同年 2 月，毛泽东给刘少奇的电报中又提出了"在不同地区实施土地法的不同策略"：在老解放区

---

[1] 《刘少奇选集》上卷，人民出版社 1981 年版，第 378 页。

[2] 《刘少奇选集》上卷，人民出版社 1981 年版，第 382 页。

[3] 《建党以来重要文献选编》第 24 册，中央文献出版社 2011 年版，第 417 页。

只调整部分土地，而非按照土地法再次分配土地；在半老解放区完全适用土地法，普遍地彻底地分配土地；在新解放区不应当企图一下分配土地，而应分两个阶段进行。这一策略是对不论男女老幼平分一切土地政策的再次补充和说明。两个月后，毛泽东在晋绥干部会议上将土地改革的总路线概括为："依靠贫农，团结中农，有步骤地、有分别地消灭封建剥削制度，发展农业生产"[①]。他提出土地改革的主要和直接任务是满足贫雇农的要求，但必须注意团结中农，有阶段有区分地开展，而不能"提倡绝对的平均主义"。否则，土地改革会因中农动摇或被地主富农所利用而归于失败。

解放区土地政策的及时调整，封建剥削制度的直接废除，对于当时的革命统一战线产生了三方面的深远影响：一是使广大农民从经济上彻底翻身作主人，反蒋统一战线中的工农联盟更加巩固；二是使解放区人民生活水平的提高与国统区民众生活的水深火热形成了鲜明对比，在一定程度也动摇了国民党政权的民意支持率；三是对于投诚的国民党官兵给予本人或家属分配土地的土改规定，使主要由农民构成的国民党部队的士气受到很大影响，一些国民党官兵为了获得土地甘愿在战场被俘。

（二）引领民众多种形式的斗争，发挥国统区第二条战线的作用

抗战胜利后，国民党政府派出到原沦陷区进行接收的官员，"劫收"巨额敌伪财产，大发国难财，引起民众的不满。内战爆发后，为了筹措战争经费，国民党政权在对民众征收苛捐杂税外，无限制地发行纸币，造成了国统区的物价飙升和民不聊生。100 元法币在 1940 年可以买一只猪，到 1947 年只能买1/3 盒火柴。在官僚勒索和通货膨胀之下，民族工商业一步步走向破产，失业工人数量陡增。农村经济也急剧衰退，饥民饿殍载道。[②] 坚持独裁、内战、卖国政策的国民党政权面临着日益深化的政治和经济危机，挣扎在饥饿和死亡线上的民众除了与其进行你死我活的斗争，别无他路。

中国共产党始终很重视对国统区民主斗争的引领。1945 年，毛泽东起草的《中共中央关于同国民党进行和平谈判的通知》里就提及："我党应当努力

---

① 《毛泽东选集》第 4 卷，人民出版社 1991 年版，第 1314 页。
② 参见《中国共产党的九十年》（新民主主义革命时期），中共党史出版社 2016 年版，第289 页。

学会合法斗争的一切方法，加紧国民党区域城市、农村、军队三大工作"。内战爆发后，中共中央加大了对国统区爱国民主运动的领导力度，并将目标明确为推翻蒋介石的反动统治。为了在国统区更好地开展民众统战工作，中共中央设立了以周恩来和李维汉分别为正、副部长的城市工作部，并先后在《关于加强对蒋管区学生运动的组织与领导的指示》、《关于国民党统治区工作的指示》、《关于蒋管区工作方针的指示》等文件中提出了许多深入开展统战的策略。为了配合解放区的胜利，推动全国革命新高潮的到来，国统区的斗争在"精干隐蔽，平行组织，单线领导，城乡分开"等方针的指导下，主要坚持了这些原则：一是长期性原则，"蒋管区城市工作，一切要从长期存在打算，以推动群众斗争，开展统一战线"。二是隐蔽性原则，"从城市派人往外县乡村去发动、组织与领导武装斗争，必须与城市其他任何工作及人员分开，免致牵连。高级领导机关更须十分隐蔽，少开会，少接头"。三是合法性原则，面对蒋介石政权的镇压政策，"应扩大宣传，避免硬碰，争取中间分子，利用合法形式，力求从为生存而斗争的基础上，建立反卖国、反内战、反独裁与反特务恐怖的广大阵线"；"同时在斗争中要联系到、有时要转移到经济斗争上去，才能动员更广大群众参加，而且易于取得合法形式"。四是保护性原则，"在蒋管区统治尚严的地方尤其是蒋管区大城市中的工作方针，就是要保护我党及民主进步力量，以继续加紧开展人民运动"。①

正是在政治斗争与经济斗争、秘密斗争与公开斗争、合法斗争与非法斗争相结合的巧妙斗争策略的指导下，国统区的统一战线取得了圆满成果，既保存并扩大了自身革命力量，又推动了学生和各界民众的民主运动，加速了国民党军队大后方的动摇和崩溃。如1945年，昆明进行了声势浩大的反内战运动，当局残酷镇压所酿成的"一二·一"惨案以血的事实教育了群众，推动了民主运动的发展；1946年北平抗议美国士兵强暴中国女大学生的运动，引发了全国50多万学生的参与，赢得了广大民众的同情；1947年，上海"反饥饿、反内战"的示威游行，使反内战斗争遍及多个城市，"五二〇"血案激化了更多民众的愤怒。毛泽东将当时国统区统一战线所取得的成就形容为："中国境内已有了两条战线。蒋介石进犯军和人民解放军的战争，这是第一条战线。现在又出现了第二条战线，这就是伟大的正义的学生运动和蒋介石反动政府之间的尖锐斗

① 《周恩来选集》上卷，人民出版社1980年版，第269—271页。

争"①。他同时预测道:"学生运动的高涨,不可避免地要促进整个人民运动的高涨"。后来民主运动的发展证明了这一预测的科学性。1947 年间,有 20 多个城市出现了大规模的工人罢工,饥饿市民为自救开展的"抢米"风潮席卷多地;农村抗粮抗税抗丁的民变运动发展到了 300 多个县,甚至揭竿而起进行了武装起义;台湾民众不堪忍受国民党当局的暴政,纷纷夺取武器进行斗争;等等。全国各地不同形式的民主运动此起彼伏,一浪高过一浪。这些波澜壮阔的斗争,参与者从工人、农民、教师、学生、商人、摊贩,到资本家、公务员、文艺界人士,使蒋介石陷入了全民包围之中。国统区统一战线的拓展,加速了蒋介石政权在众叛亲离中的覆灭,也为解放军后来接管城市做好了奠基工作。

（三）采取既团结又教育的方针，赢得民主党派的全力支持

经过抗日战争时期相对宽松的环境,民主党派在中国政治舞台上逐渐壮大起来。在中国面临着两种命运、两种前途的十字路口,民主党派作为中间势力在国共之间的选择,对于时局的发展有着至关重要的影响。然而,民主党派并非由单一阶级所组成,而是包含了民族资产阶级、上层小资产阶级、爱国知识分子等阶级阶层人士。周恩来也曾将民主党派的这一复杂性形容为政治倾向上有着"从君主立宪一直到新民主主义革命"的差别,在成员构成上有着"从统治阶级内部的反对派一直包含到进步分子"的区分。对于人民民主统一战线的这一重要组成部分,毛泽东领导下的中共主要对其采取了又团结又教育的方针,从而赢得了更多民主党派和民主人士对我党的支持,并为新中国成立后中国共产党领导下的多党合作制打下了基础。

为了最大限度地争取民主党派,中国共产党或向其阐述时局政策,或邀其共商国是,或维护其合法利益,做出了诸多努力。如毛泽东在重庆谈判期间,曾与张澜、黄炎培、沈钧儒等多次进行商谈,共同探讨中国未来的发展道路。团结民主党派的这些努力,不仅增进了民主党派对我党方针政策的更多认同,而且鼓舞着他们与中国共产党人一道推动了中国的民主事业。如民主党派领导人马叙伦、雷洁琼曾组织赴南京的请愿团,向国民党呼吁和平;还有很多民主党派人士曾顶住国民党的威逼利诱,在抵制"伪国大"中与中共并肩奋斗。

然而,当时在战后中国何去何从的问题上,民主党派也有一些人希冀在国

————————
① 《毛泽东选集》第 4 卷,人民出版社 1991 年版,第 1224—1225 页。

民党的独裁统治和中国共产党彻底革命的道路之外另辟蹊径，寻求"中间道路"亦即第三条道路。他们幻想"以民主的方式争取民主"、"以合法的行动争取合法的地位"，自称以"不偏不倚"的态度和"不苟同亦不立异"的方针，追求"英美式的民主政治"，实行"改良的资本主义"，达到"国家的和平、统一、团结、民主"。面对"中间道路"宣传的甚嚣尘上，毛泽东在给统战工作领导人的指示中强调要对民主党派继续坚持团结和争取的总策略："对一切可以争取的中间派，不管他们言论行动中包含多少动摇性及错误成分，我们应采取积极争取与合作态度，对他们的错误缺点，采取口头的善意的批评态度"。同时也毫不含糊地指出了进行适度斗争和教育的必要性："要在报纸上刊物上对于对美帝及国民党反动派存有幻想、反对人民民主革命、反对共产党的某些中产阶级右翼分子的公开的严重的反动倾向加以公开的批评与揭露，文章要有分析，要有说服性，要入情入理"①。

我党通过必要的斗争和教育，使民主党派逐渐意识到"只能在靠近共产党或靠近国民党中选择道路，而不能有其他道路"②。1947年，国民党政府开始对民主人士随意逮捕和监禁，后来更是宣布民盟为非法团体加以取缔，进一步击碎了中间道路理论持有者对蒋介石的幻想，使他们更为深刻地认识到"绝不能够在是非曲直之间有中间态度"。人民解放战争的节节胜利，又在一定程度上加速了中间派的分野，使民主党派完全抛弃了"第三条道路"，与我党在新民主主义纲领上结成了巩固的同盟。1948年4月30日，中共发出团结各民主党派和人民团体召开新政治协商会议、召集人民代表大会、成立民主联合政府的倡议，令民主人士无比欢欣。1949年1月22日，民主党派和无党派人士联合发布时局意见，表示"愿在中共领导下，献其绵薄，共策进行，以期中国人民民主革命之迅速成功，独立、自由、和平、幸福的新中国之早日实现"③。这一宣言，标志着民主党派政治立场的彻底转变，体现了我党统一战线策略的巨大成功。解放战争时期，民主党派通过进行政治宣传、支持群众运动、援助财力物力、投身军事斗争、策动敌方官兵起义等多种形式的积极作为，为推翻蒋家王朝的统治，为新中国的筹建作出了重要贡献。

① 《毛泽东文集》第5卷，人民出版社1996年版，第15页。
② 《周恩来选集》上卷，人民出版社1980年版，第284页。
③ 中国民主同盟中央文史资料委员会编：《中国民主同盟历史文献》，文史资料出版社1983年版，第505页。

（四）重视党对统一战线的领导权，重视被领导者在革命年代的物质福利

在阵营庞大的人民民主统一战线中，中国共产党不仅是统一战线的组织者和维护者，而且是这一战线的核心和领导者。毛泽东曾就此分析说："中国新民主主义的革命要胜利，没有一个包括全民族绝大多数人口的最广泛的统一战线，是不可能的。不但如此，这个统一战线还必须是在中国共产党的坚强的领导之下。没有中国共产党的坚强的领导，任何革命统一战线也是不能胜利的。"①关于如何实现党在人民民主统一战线中的坚强领导，毛泽东在1947年底、1948年初先后在不同场合进行过阐述。在杨家沟中共中央扩大会议上，毛泽东结合敌我形势指出："关于革命统一战线中领导者同被领导者的关系问题，共产党要实现领导需要两个条件：第一个要率领被领导者坚决同敌人作斗争，第二要给被领导者以物质福利和政治教育。共产党的领导权问题现在要公开讲，不公开讲容易模糊党员干部和群众的思想，坏处多于好处。"②在《关于目前党的政策中的几个重要问题》中，毛泽东将"在革命统一战线中领导者和被领导者的关系问题"单列为一个问题，并论述道："领导的阶级和政党，要实现自己对于被领导者的阶级、阶层、政党和人民团体的领导，必须具备两个条件：（甲）率领被领导者（同盟者）向着共同敌人作坚决的斗争，并取得胜利；（乙）对被领导者给以物质福利，至少不损害其利益，同时对被领导者给以政治教育。没有这两个条件或两个条件缺一，就不能实现领导。"③毛泽东关于统一战线领导权如何实现的理论，是对革命统一战线、工农民主统一战线、抗日民族统一战线经验和教训的总结，是立足于时代状况和阶级关系对马克思主义统一战线理论的丰富和发展。毛泽东对于对敌斗争和物质福利的同时强调体现出对解放生产力和发展生产力的兼顾，他对政治教育和物质福利的共同强调彰显了我党在革命年代注重民生的社会建设思想。

实现统一战线思想领导权的两大先决条件的达成，有助于防止同盟者的动摇，有利于最大限度地团结一切可以团结的对象。毛泽东在1945年就曾发出

---

① 《毛泽东选集》第4卷，人民出版社1991年版，第1257页。
② 《毛泽东文集》第4卷，人民出版社1996年版，第332—333页。
③ 《毛泽东选集》第4卷，人民出版社1991年版，第1273页。

了《减租和生产是保卫解放区的两件大事》、《一九四六年解放区工作的方针》两次指示，提倡全力改善人民生活，并指出减租和生产任务的能否完成，"最后地决定解放区政治军事斗争的胜负"。[①] 即便是对于地主，毛泽东也主张在土地改革完成后对他们拉一把，让他们与农民一样通过生产富足起来。1946年，毛泽东在《三个月总结》中提到："凡坚决和迅速地执行了五月四日的指示，深入和彻底地解决了土地问题的地方，农民即和我党我军站在一道反对蒋军进攻。凡对《五四指示》执行得不坚决，或布置太晚，或机械地分为几个阶段，或借口战争忙而忽视土地改革的地方，农民即站在观望地位"[②]。这一总结表明对农民迫切的土地要求能否及时满足，在一定程度上影响着他们投身人民解放战争的革命积极性。对于其他阶级和阶层的切身利益，毛泽东也很重视。如1948年，毛泽东在为中央起草的党内指示强调：民族资产阶级"中间的左翼分子依附于共产党，右翼分子则依附于国民党，其中间派则在国共两党之间采取犹豫和观望的态度"，我党"对这个阶级的经济地位必须慎重地加以处理，必须在原则上采取一律保护的政策。否则，我们便要在政治上犯错误"[③]。由于贯彻了坚决维护群众利益的方针，我党赢得了广大民众的衷心拥护，随着人民解放战争从防御转为进攻，蒋介石的灭亡也就在所难免了。

三、新中国成立前夕和初期党的建设思想

当解放战争胜利在望时，中国共产党即将在所处环境上面临从险恶战争年代向和平建设年代的跨越，在自身角色上完成从在野党向执政党的转变，在历史任务方面开始从带领群众破坏旧秩序向组织人民建设新世界的转变。因而，以毛泽东为代表的中共领袖人物在国共决战前夜，在新中国建立初期就执政条件下如何进行党的建设进行了思考，在实践中推进了党的建设的系统工程，使中国共产党胜利完成了角色的转换，保障了新中国建设的顺利开展。

---

① 《毛泽东选集》第4卷，人民出版社1991年版，第1176页。
② 《毛泽东选集》第4卷，人民出版社1991年版，第1208页。
③ 《毛泽东选集》第4卷，人民出版社1991年版，第1289页。

（一）重视作风建设，开展整风运动

在革命战争年代，中国共产党党员冒着随时可能被屠杀的生命危险为理想信念而前赴后继，彰显出将个人生死置之度外的精神风范，根本顾不上贪图安逸。在物资匮乏和战事频繁中，党员干部普遍能吃苦耐劳，勇于牺牲，作风优良。但是，当自身地位发生转化、当手中权力逐渐增大时，党员干部是否还能继续保持密切联系群众、全心全意为人民服务等革命传统，则成为我们党在全国范围内执政后必然要面临的新考验。

正是出于这些考量，毛泽东在七届二中全会上不无担忧地指出："因为胜利，党内的骄傲情绪，以功臣自居的情绪，停顿起来不求进步的情绪，贪图享乐不愿再过艰苦生活的情绪，可能生长。因为胜利，人民感谢我们，这点已经得到证明了。资产阶级的捧场则可能征服我们队伍中的意志薄弱者。可能有这样一些共产党人，他们是不曾被拿枪的敌人征服过的，他们在这些敌人面前不愧英雄的称号；但是经不住人们用糖衣裹着的炮弹的攻击，他们在糖弹面前要打败仗。我们必须预防这种情况。"[1] 他高瞻远瞩地提出了党防腐拒变的时代性课题，实事求是地分析了党员干部可能面临自身意志减弱和外部环境诱因增多两大因素的不良影响。因而，他提出了"务必使同志们继续地保持谦虚、谨慎、不骄、不躁的作风，务必使同志们继续地保持艰苦奋斗的作风"[2] 的重要性，这"两个务必"论断为执政条件下如何开展党的作风建设指明了方向。为了保持革命战争年代的优良作风，抵制资产阶级腐化思想的侵蚀，七届二中全会经毛泽东提议做出了"六不"规定：不做寿、不送礼、少敬酒、少拍掌、不以人名作地名、不要把中国同志跟马恩列斯平列。1953 年，毛泽东在全国财经会议上再次强调党员干部要谨防胜利面前骄傲自满，并就"六不"规定逐一作了具体分析。他解释说："七届二中全会有几条规定没有写在决议里面。一曰不做寿。做寿不会使人长寿。主要是要把工作做好。二曰不送礼。至少党内不要送。三曰少敬酒。一定场合可以。四曰少拍掌。不要禁止，出于群众热情，也不泼冷水。五曰不以人名作地名。六曰不要把中国同志和马、恩、列、斯平列。这是学生和先生的关系，应当如

① 《毛泽东选集》第 4 卷，人民出版社 1991 年版，第 1438 页。

② 《毛泽东选集》第 4 卷，人民出版社 1991 年版，第 1438—1439 页。

此。遵守这些规定，就是谦虚态度。"① 这一讲话实际上是对西柏坡"两个务必"党风建设要求的重申。

革命胜利后，毛泽东所担心的居功自傲情绪的确在党内开始有着某些体现。绝大多数党员干部都经受住了新环境的考验，但有的农村党员憧憬着"三十亩地一头牛，老婆孩子热炕头"的自给自足生活，革命意志明显衰退；有的党员争权夺利，个人主义膨胀起来；有些干部官僚主义和主观主义作风严重，对群众态度粗暴恶劣，有损党和政府的威信；有些意志薄弱者在资产阶级的糖衣炮弹前，开始利用手中权力谋取私利，自甘堕落②。这些腐化和违纪现象的出现，使党意识到整顿作风是保持与人民群众紧密联系，是使国家建设继续前进的必要环节。为了及时克服党内存在的这些问题，中共中央于 1950 年发出了《关于在全党全军开展整风运动的指示》，决定在全国范围内进行整风。整风的重点为整顿官僚主义和命令主义，以改善党与人民的关系，更好地适应新中国成立后的新形势。在《为争取国家财政经济状况的基本好转而斗争》的书面报告中，毛泽东就如何开展整风提出了具体意见："全党应在一九五〇年的夏秋冬三季，在和各项工作任务密切地相结合而不是相分离的条件之下，进行一次大规模的整风运动，用阅读若干指定文件，总结工作，分析情况，展开批评与自我批评等项方法，提高干部和一般党员的思想水平和政治水平"③。1950 年下半年进行的这场整风运动虽然持续时间不长，但是初步遏制和纠正了各级党政领导机关干部的作风问题。由于新中国各项制度建设尚不完善，党政机关许多贪污浪费现象在爱国增产节约运动中被暴露出来。刘青山和张子善在担任天津地委书记、天津行署专员期间的腐化蜕化，更是引起了毛泽东的高度重视。于是，中共中央在 1951 年年底发起了反贪污、反浪费、反官僚主义的"三反"运动。与整风运动主要采取批评和自我批评方式所不同的是，"三反"主要以群众运动的形式开展，成为党在全国执政后保持自身廉洁，反对贪污腐化的第一场战役。这场大张旗鼓的社会革新运动，全面清除了旧社会遗留的贪污腐化风气，很好地教育了党员干部，在全国范围内确立了艰苦奋斗作风。

---

① 《毛泽东年谱（一九四九——一九七六）》第 2 卷，中央文献出版社 2013 年版，第 150 页。
② 参见《中国共产党历史》第 2 卷（上册），中共党史出版社 2011 年版，第 167—168 页。
③ 《毛泽东文集》第 6 卷，人民出版社 1999 年版，第 72 页。

（二）加强民主集中制，整顿党的队伍

新民主主义革命时期，由于我党长期处于被敌人分割的游击战争环境下，主要分散活动于农村地区，因而各地党组织和军事领导机关都被赋予了很大的自由权。这种状态，有利于各地党组织结合区域特色发挥主动性和能动性，有助于因地制宜地克服革命中的各种困难。但同时也难免滋生出无纪律状态和地方主义做派，任其发展势必会影响到革命的大局。因而，毛泽东在1948年指出："目前的形势，要求我党用最大的努力克服这些无纪律状态和无政府状态，克服地方主义和游击主义，将一切可能和必须集中的权力集中于中央和中央代表机关手里，使战争由游击战争的形式过渡到正规战争的形式"①。他在《一九四八年土地改革工作和整党工作》的党内指示也谈道："必须坚决地克服许多地方存在着的某些无纪律状态或无政府状态，即擅自修改中央的或上级党委的政策和策略，执行他们自以为是的违背统一意志和统一纪律的极端有害的政策和策略；在工作繁忙的借口之下，采取事前不请示事后不报告的错误态度，将自己管理的地方，看成好像一个独立国。这种状态，给予革命利益的损害，极为巨大。"②当时各地党组织的分散或隔离状态，已经影响到了党政策略的贯彻和实施，削弱了党的集中统一领导。在这种背景下，毛泽东强调必须将各级党委一切可能和必须集中的权利，都集中于中央和中央代表机关。

为了加强民主集中制，中共中央于1948年开始在党内建立报告制度，要求各中央局和分局每两个月向中央和中央主席作一次综合报告。在革命已经进入新的高潮时期，许多解放区已经连成一片，许多城市已经解放或即将解放，党内定期报告制度的设立加强了党内民主集中制，也便于了解各地情况，集中党内智慧来保障党的有效领导和科学决策。同年，毛泽东为中共中央起草了《关于健全党委制》的党内指示，强调党委是保证集体领导、防止个人包办的重要制度，一切重要问题都须交给委员会讨论后再做决定并分别执行，还提到"集体领导和个人负责，二者不可偏废"，"军队在作战时和情况需要时，首长有临时处置之权"。1949年，毛泽东在七届二中全会上，就党委会工作方法做出了数条原则性概括：如党委书记要善于当"班长"、要把问题摆到桌面

---

① 《毛泽东选集》第4卷，人民出版社1991年版，第1346页。
② 《毛泽东选集》第4卷，人民出版社1991年版，第1332页。

上来、"互通情报"、不懂得或不了解的东西要问下级、学会"弹钢琴"、胸中有"数"、"安民告示"、"精兵简政"等。这些原则有助于民主基础上的集中与集中指导下的民主的有机结合，保障了党委会工作的高效和科学。1949年，中共中央决定设立纪律检查委员会，以维护党章和其他党内法规，检查党的路线方针的执行情况，协助党委会进行党的建设，为民主集中制的加强提供了组织和制度保障。1954年，在毛泽东的提议下，七届四中全会通过《关于增强党的团结的决议》，强调应以中央作为唯一的团结中心，应严格遵守民主集中制和集体领导来保证党的团结，反对将个人凌驾于组织之上的不合适行为。这一决议从增进全党团结的角度论述了巩固民主集中制的重要性。

新民主主义革命时期，我们党的队伍历经了跃进式发展。至1947年时，党员已经由1937年的几万人扩大到了270万，队伍空前壮大，成为夺取解放战争胜利的中坚力量。但在党员数量激增的同时，队伍中的问题也日益凸显。许多未经过严格考核就混进党员队伍中的地主分子、富农分子和流氓分子，把持着农村党政机关和民众团体，作威作福，欺压民众，对党的政策阳奉阴违，使得这些组织脱离了群众，使革命和建设的具体任务也受到不同程度影响。针对党组织中鱼龙混杂的现象，毛泽东1947年就提出整顿党组织的任务。在他看来，解决党内不纯，整编党的队伍，使党和最广大劳动群众完全站在一个方向并领导他们前进，是"解决土地问题和支援长期战争的一个决定性的环节"[1]。1947年至1948年，党内就农村基层组织成分不纯的问题作了开门整顿。这种开放性整顿通过邀请群众代表参与整党，对犯错误的党员作出了处理，对阶级异己或蜕化分子作了清理，并将群众中的积极分子吸纳进党的队伍。周恩来将这一整顿的影响形容为："既整顿了党的队伍，又整顿了群众的队伍，建立起党内外的民主生活，将极大地提高党的威信"[2]。毛泽东在整党过程中提出既要反对忽视成分的做法，又要反对唯成分论的宣传，确保了整顿工作的正确航向。

由于人民解放战争的伟大胜利，作为执政党的中国共产党在新中国成立后迎来了更多的新党员，仅在1949就发展了140万新党员。绝大多数党员都在思想上和政治上达到了合格党员的标准，但也有部分党员是趁机混入组织内部

---

① 《毛泽东选集》第4卷，人民出版社1991年版，第1253页。

② 《周恩来选集》上卷，人民出版社1980年版，第295页。

的投机分子甚至是破坏分子。1950年，毛泽东在中共七届三中全会上提出要在整顿中巩固和发展党的组织："鉴于我们的党已经发展到四百五十万人，今后必须采取谨慎地发展党的组织的方针，必须坚决地阻止投机分子入党，妥善地洗刷投机分子出党"[①]。1951年，刘少奇在全国第一次组织工作会议上作了《关于整顿党的基层组织的决议》，概括了中国共产党党员应该符合的八项标准，并号召"为更高的共产党员的条件而斗争"。此后，整党运动开始在全国范围内部署。毛泽东强调应在整党中普遍进行共产党员教育，使所有党员明白基本标准，并训练组织工作人员，将经过教育仍不合党员条件者劝退出党。这一场持续了三年时间，结束于1954年的整党运动，借鉴了解放前整党的经验教训[②]，将党员成分和思想状况了作了明确分类[③]，并采取了相应的整顿办法，纯洁了党的队伍，提升了党的战斗力。

（三）重视干部培养，增进建设本领

党自身角色和工作重心的转变，给党的建设提出了新要求。毛泽东在七届二中全会上指出，夺取全国胜利只是"万里长征走完了第一步"，在几十年后看中国人民民主革命的胜利，就会"感觉那好像只是一出长剧的一个短小的序幕"，而且革命以后的"路程更长，工作更伟大，更艰苦"。他满怀信心地指出："我们不但善于破坏一个旧世界，我们还善于建设一个新世界"。这些论述表明，无产阶级取得政权不是革命和奋斗的终结，而意味着全新建设任务的伊始。建设新世界的任务，甚至要比革命斗争中摧毁旧制度更为艰难。新中国成立后，党面临着国民经济恢复和全面建设社会主义的艰巨任务，能否领导人民完成好这些历史任务，在于党的建设的加强，在于干部队伍治理能力的提升。

毛泽东在党内较早指出了党员干部增长建设本领的重要性。1948年10月，他提出加强城市和工业的管理工作，"要求我党迅速地有计划地训练大批的能够管理军事、政治、经济、党务、文化教育等项工作的干部"[④]。《中共中央关

① 《中共中央文件选集》第3册，人民出版社2013年版，第144页。
② 主要吸取了1948年整党运动中曾发生的"搬石头"的"左"的偏向教训，所谓"搬石头"，即抛开原来的党支部，撤换原来的基层干部，大批取消地主、富农出身的党员的党籍。
③ 主要有四大分类：一是具备党员条件的；二是不完全具备党员条件的；三是不够党员条件的；四是混入党内的阶级异己、叛变、投机、蜕化等分子。
④ 《毛泽东选集》第4卷，人民出版社1991年版，第1347页。

于准备五万三千个干部的决议》也指出，战争的迅速发展，业已将干部培养的任务紧急地提到了我党面前，要求各级党委、各大军区、各个地区创办各种专门学校，"以培养将来为政治、经济、文化各方面工作所需要的较高级的人才"①。1948年底，《中央关于大量提拔培养产业工人干部的指示》再次提出："我党必须立即训练和准备大批接管全国各大城市及大工商业的干部，否则，决不能应付迅速发展的客观形势"②。这一指示明确要求挑选"大批思想进步、工作积极、忠实可靠、懂得技术，并有组织才能和办事才能的优秀分子"，通过短期普通政治训练、组织纪律训练和城市政策教育后，在自愿条件下征调到新解放区工作。

1949年，毛泽东又指出：准备随军南下的五万三千名干部对于我们将要占领的及其广大的地区来说，还很不够用，而人民解放军永远是一个战斗队、工作队，必须准备把"二百一十万野战军全部地化为工作队"、必须把"二百一十万野战军看成一个巨大的干部学校"，党和军队必须"用极大的努力去学会管理城市和建设城市"③。显然，毛泽东主张在开设专门的干部培训学校之外，辅之以全军建设本领的提升才能更好地适应即将到来的执政任务。他多次提到全党全军要增长建设本领，尤其要提升经济建设能力。他分析了将重心从革命战争转入经济建设的艰难和加强学习的必要性："严重的经济建设任务摆在我们面前，我们熟习的东西有些快要闲起来了，我们不熟习的东西正在强迫我们去做。这就是困难。帝国主义者算定我们办不好经济，他们站在一旁看，等待我们的失败。我们必须克服困难，我们必须学会自己不懂的东西。我们必须向一切内行的人们（不管什么人）学经济工作"④。军队工作重心的转变，为新中国的建设准备了宏大的干部队伍。

新中国成立后，毛泽东和其他领导人多次强调提升领导干部的专业技术能力。1955年，毛泽东在中国共产党全国代表会议上提及，我们已经进入主要从事并钻研社会主义工业化、社会主义改造、现代化国防甚至原子能的历史新时期，"适合这种新的情况钻进去，成为内行，这是我们的任务"⑤。第二年，

---

① 《建党以来重要文献选编》第25册，中央党校出版社2011年版，第600—601页。

② 《建党以来重要文献选编》第25册，中央党校出版社2011年版，第741页。

③ 《毛泽东选集》第4卷，人民出版社1991年版，第1426、1427页。

④ 《毛泽东选集》第4卷，人民出版社1991年版，第1480—1481页。

⑤ 《毛泽东文集》第6卷，人民出版社1999年版，第395页。

毛泽东论及第八届中央委员会的选举时提出，目前的中央委员会还是政治中央委员会，而非科学中央委员会，其缺点为科学家或专家太少；在三个五年计划之内要造就很多知识分子，那时"党的中央委员会的成分也会改变，中央委员会中应该有许多工程师，许多科学家"①。同年，邓小平也提出：党的重要任务之一就是"大量地培养和提拔新的干部"，党必须"注意培养精通生产技术和其他各种专门业务知识的干部，因为这是建设社会主义的基本力量"②。这些论述实际上是对党的干部队伍选拔和评价提出了"又红又专"的标准，要求他们政治与业务相统一，重视科学技术在工作中的应用。党从干部培养方面加强自身的建设，保持了党的先进性，提升了党治国理政的能力，巩固了党的执政地位，为新中国开展全面建设提供了坚实的组织保障。

第二节　关于新中国成立初期社会基本矛盾、社会经济结构和经济建设方针的思想

作为毛泽东思想的核心内容，新民主主义理论既包括新民主主义革命理论，也包括新民主主义社会理论。以毛泽东为代表的中共领导人关于新中国成立初期社会基本矛盾、社会经济结构和经济建设方针的相关论述，是立足于革命和建设实践对《新民主主义论》内容的丰富和补充，是新民主主义社会理论的重要组成。

一、关于社会基本矛盾

毛泽东曾在《中国革命和中国共产党》一文中指出，认清中国社会的性质

① 《毛泽东文集》第 7 卷，人民出版社 1999 年版，第 102 页。
② 《邓小平文选》第 1 卷，人民出版社 1994 年版，第 251 页。

亦即中国国情，乃是认清一切革命问题的基本依据。同理，准确判断新中国的基本矛盾，是阐述社会经济结构、制定经济建设方针的基本前提。在新中国尚未建立之时，毛泽东等领袖人物就新生中国将会面临的基本矛盾有过多次探讨。早在 1936 年 11 月至 1937 年 4 月间，毛泽东在读苏联《辩证法唯物论教程》一书的批注中就写道："苏联过渡期的主要矛盾是社会主义与资本主义的矛盾，这个矛盾不断发生的基础是富农的存在。其他一切矛盾，都受这个主要矛盾所规定。只有由于工业化及农业社会化，才能将此主要矛盾解决，但有用内部力量解决此矛盾之可能"①。这一个批注虽然论述的是苏联过渡时期的主要矛盾，但也多少能洞察毛泽东关于如何看待并解决社会主要矛盾的初步思考。

　　继这次思考后，1948 年中共有多位领导人论及新中国成立后会面临的主要矛盾。在当年的九月会议上，刘少奇在谈及新民主主义的经济建设时说道："在新民主主义经济中，基本矛盾就是资本主义（资本家和富农）与社会主义的矛盾。在反帝反封建的革命胜利以后，这就是新社会的主要矛盾。"②在解放区内部，主要的矛盾则是无产阶级劳动人民与资产阶级的矛盾。毛泽东在这次会上也提及："资产阶级民主革命完成之后，中国内部的主要矛盾就是无产阶级与资产阶级的矛盾，外部就是与帝国主义的矛盾"③。同在这一月，刘少奇在《论新民主主义的经济与合作社》中再次谈道："资产阶级和富农与无产阶级及其他劳动人民的矛盾"是在推翻"三座大山"后逐渐发展起来的"新社会中的基本的和主要的矛盾"④。张闻天也在这一时期起草了曾获中央修改和肯定的文件——《关于东北经济构成及经济建设基本方针的提纲》。提纲谈道："无产阶级与资产阶级的矛盾，是在彻底消灭帝国主义、封建主义与官僚资本主义的压迫以后，新民主主义社会中的基本矛盾"⑤。三位领导人虽然使用了"矛盾"或"主要矛盾"、"基本矛盾"等不同的提法，但对于矛盾的内容论述都一致，亦即认为新民主主义革命胜利之后，无产阶级与资产阶级之间的矛盾是新民主主义社会最为突出的矛盾。

　　1949 年 3 月，在七届二中全会上，毛泽东在指出党的工作重心从乡村转

---

① 《毛泽东哲学批注集》，中央文献出版社 1988 年版，第 69 页。

② 《刘少奇年谱》下卷，中央文献出版社 1996 年版，第 161 页。

③ 《毛泽东年谱（1893—1949）》下册，中央文献出版社 2013 年版，第 345—346 页。

④ 《刘少奇论新中国经济建设》，中央文献出版社 1993 年版，第 14—15 页。

⑤ 《张闻天选集》，人民出版社 1985 年版，第 398 页。

入城市后所应采取的政治经济文化政策时，就即将面临的社会矛盾又进行了说明。他认为："中国革命在全国胜利，并且解决了土地问题以后，中国还存在着两种基本的矛盾。第一种是国内的，即工人阶级和资产阶级的矛盾。第二种是国外的，即中国和帝国主义国家的矛盾。因为这样，工人阶级领导的人民共和国的国家政权，在人民民主革命胜利以后，不是可以削弱，而是必须强化。对内的节制资本和对外的统制贸易，是这个国家的经济斗争中的两个基本政策"①。这一讲话，同样将新中国成立之初的基本矛盾概括为国内的无产阶级和资产阶级矛盾，只是由于其他矛盾因素的存在，两者之间并非一开始就是你死我活的激烈斗争，而是在经过"强化政权"和"节制资本"后的相互发展中逐步加剧的。同年 5 月，刘少奇在天津市委扩大会议上就无产阶级和资产阶级的矛盾作了进一步说明，强调国外矛盾即与帝国主义的矛盾当时还是主要的，"所以我们还要和资产阶级合作，还要引导人民注意国外矛盾"。他还提到："除开国外矛盾，单就国内矛盾来说，无产阶级与资产阶级的矛盾的确是基本的矛盾，但无产阶级与资产阶级尚不能互相脱离，可以拖十来年，到无产阶级不需要资产阶级也能活下去的时候，就可搞社会主义"②。6 月，刘少奇在《关于新中国的经济建设方针》的党内报告提纲中又分析说：新民主主义经济内部社会主义的因素和趋势与资本主义的因素和趋势之间的斗争，"就是无产阶级与资产阶级的斗争"，"这就是在消灭帝国主义势力及封建势力以后，新中国内部的基本矛盾"，"这种矛盾和斗争，将要决定中国将来的发展前途到底是过渡到社会主义社会，抑或过渡到资本主义社会"③。7 月，在代表中共中央给联共（布）中央斯大林的报告中，刘少奇批判了立即将工人与资本家的矛盾当作主要斗争的错误做法："一个政权如果以主要的火力去反对资产阶级，那便是或开始变成无产阶级专政了。这将把目前尚能与我们合作的民族资产阶级赶到帝国主义那一边去"④。

　　这些论述表明，党内已经研判出无产阶级与资产阶级是当时社会的主要矛盾，但并不是主张立马就要消灭资产阶级，因为中国从双半社会走来而需要在一定时期内继续发挥资本主义经济的积极作用。对于这一点，毛泽东在《论联

① 《毛泽东选集》第 4 卷，人民出版社 1991 年版，第 1433 页。

② 《刘少奇年谱》下卷，中央文献出版社 1996 年版，第 208 页。

③ 《刘少奇选集》上卷，人民出版社 1981 年版，第 427 页。

④ 《建国以来刘少奇文稿》第 1 册，中央文献出版社 2005 年版，第 7 页。

合政府》的报告里头也曾提及："在新民主主义的政治条件获得之后，中国人民及其政府必须采取切实的步骤，在若干年内逐步地建立重工业和轻工业，使中国由农业国变为工业国。新民主主义的国家，如无巩固的经济做它的基础，如无进步的比较现时发达得多的农业，如无大规模的在全国经济比重上占极大优势的工业以及与此相适应的交通、贸易、金融等事业做它的基础，是不能巩固的。"① 也就是说，只有经过一段时间的发展，使新民主主义社会巩固之后，才能着手彻底解决无产阶级和资产阶级的矛盾。

革命胜利后开始的政治和经济等方面的改组，必然会给社会带来某些暂时的冲击甚至是破坏，也就不可避免地造成某些民众关系一时的紧张。如与民族资产阶级的关系就搞得很紧张，惶惶不可终日的他们对现状心存不满；习惯了分散生产的一批小手工业，也不太满意生活中的变动；尚未实现土地改革的解放区农民，对公粮摊派颇有微词。在这种背景下，如何处理好错综复杂的社会矛盾，成为我们党面临的又一重大考验。当时在如何对待资产阶级的问题上，社会上就存在某些过激的做法。1950 年 4 月，毛泽东批评某些同志在统战工作会议上带有"左"倾情绪的发言时指出，将资产阶级作为当时主要斗争对象的定位是错误的。他强调："今天的斗争对象主要是帝国主义、封建主义及其走狗国民党反动派残余，而不是民族资产阶级。对于民族资产阶级是有斗争的，但必须团结它，是采取既团结又斗争的政策，以达团结它共同发展国民经济之目的"②。6 月份，毛泽东在七届三中全会更明确地谈道："我们当前总的方针是什么呢？就是肃清国民党残余、特务、土匪，推翻地主阶级，解放台湾、西藏，跟帝国主义斗争到底。为了孤立和打击当前的敌人，就要把人民中间不满意我们的人变成拥护我们"。他特别提出要正确对待民族资产阶级："民族资产阶级将来是要消灭的，但是现在要把他们团结在我们身边，不要把他们推开"。他因此在全会上发出"不要四面出击"号召，提出了"绝不可树敌太多"的原则③。从这一会议的背景来看，毛泽东强调要妥善处理好与民族资产阶级等群体的关系，并不是改变了此前关于无产阶级和资产阶级之间的矛盾为社会基本矛盾的提法，而是针对过激做法，强调理性把握整体格局，最大限度地团

---

① 《毛泽东选集》第 3 卷，人民出版社 1991 年版，第 1081 页。
② 《毛泽东文集》第 6 卷，人民出版社 1999 年版，第 49 页。
③ 《毛泽东文集》第 6 卷，人民出版社 1999 年版，第 74、75 页。

结一切力量来消灭当时更具有破坏性的国民党等残余势力。

在无产阶级和资产阶级的矛盾尚未激化时，"不要四面出击"的方针，是为了集中力量完成民主革命遗留任务，是对新民主主义社会基本矛盾理论的重要补充。学界对"不要四面出击"的考察可谓见仁见智。有学者撰文指出"不要四面出击"是个战略方针，也有学者强调"不要四面出击"是一个策略方针，还有研究者认为"不要四面出击"是个战略策略方针。在持后一观点的学者看来，"不要四面出击"所具有的战略和策略的二重性是与民族资产阶级自身的二重性分不开的，也与毛泽东对新民主主义社会主要任务和主要矛盾的认识分不开。资产阶级具有既革命又妥协的特征，使毛泽东向来从战略高度去认识与他们的联合，并根据不同的情况对其采取或利用或限制的策略。"不要四面出击"就带有在不超过《共同纲领》界限的范围内缓和资无矛盾的战略意义。同时，毛泽东将我国经济基础落后当作"一切问题的基本出发点"，在提出国内基本矛盾为无产阶级与资产阶级矛盾的同时，强调党的重心任务是动员一切力量恢复和发展生产事业，在条件没有成熟前不应向资产阶级出击，这就具有权宜的策略意蕴。对"不要四面出击"战略和策略意义的强调，更符合毛泽东的本意。他在七届二中全会上倡导"不要四面出击"时，就曾以这样的话语作结："我们的政策就是这样，我们的战略策略方针就是这样，三中全会的路线就是这样"。

在土地改革基本完成、国民经济很快恢复后，缓和与资产阶级矛盾的权宜之计随即被改变。毛泽东在中共中央《关于民主党派工作的决定（草案）》上批注说："在打倒地主阶级和官僚资产阶级以后，中国内部的主要矛盾即是工人阶级与民族资产阶级的矛盾，故不应再将民族资产阶级称为中间阶级"①。这就意味着毛泽东开始考虑将消灭资产阶级提上日程，并着手向社会主义的彻底过渡。至此，毛泽东思想中的新民主主义社会矛盾理论得以全面呈现。中央始终将无产阶级与资产阶级的矛盾作为社会的基本矛盾，只是根据各时期的迫切任务对于党的工作重心规划有过变化。而当时社会矛盾本身的错综复杂性，以及党的工作重心和矛盾焦点的变化，在一定程度上影响了人们对社会矛盾理论的全面把握。因而，新中国成立初期学界即存在新民主主义社会的基本矛盾究竟是什么的论争，《关于建国以来党的若干历史问题的决议》通过后学者们对

---

① 《毛泽东文集》第6卷，人民出版社1999年版，第231页。

于这一理论问题也有过较大分歧，20 世纪以来仍然有学者提出这一问题还可以继续探讨①。

学界就新中国成立初期国内主要矛盾的论争中最具代表性的观点主要有三种。第一种观点认为工人阶级同资产阶级的矛盾为主要矛盾，第二种观点认为中国人民同地主阶级和国民党残余势力的矛盾为主要矛盾，第三种观点认为中国民众同帝国主义、封建主义和官僚资本主义的矛盾为主要矛盾。这三种观点在 50、80 年代的学术界讨论中都有体现。另外，学界还有两种很值得关注的观点。一种是认为当时的矛盾为落后的社会生产与民众生活需求间的矛盾。如认为"党的中心工作，从政策上反映出社会主要矛盾是发展生产与满足人民需要的矛盾，阶级矛盾则是处于第二位的"②；或是强调当时凸显的矛盾应为"中国经济的极端落后的现实和中共要确保人民大众最基本的物质生活条件，巩固新民主主义社会形态和中共政权，并为进入社会主义社会创造必要的经济基础的目标之间的矛盾，而不是无产阶级与资产阶级、社会主义与资本主义之间的矛盾"③。另一种观点认为这一时期的矛盾具有交叉性和二重性。如龚育之指出，传统的社会基本矛盾提法抓住了过渡时期无产阶级同资产阶级斗争这个新因素，但是有两个缺陷：一是没有把经济及建设已经开始成为中心任务反映出来，"因而同建国之初党中央一系列文献均已明确的以恢复和发展经济为中心的指导方针脱节，也同党提出的过渡时期总任务以社会主义工业化为主体的指导方针相脱节"；二是没有把过渡时期开始时大量民主革命遗留的任务尚待完成反映出来，"因而同建国之初党中央一系列文献所确定的首先集中力量打击地主阶级、解决土地问题的指导方针相脱节"。基于这些考虑，他在 1987 年就提出对于从新民主主义革命取得全国胜利开始的过渡时期的主要矛盾应作出新表述。他认为，这个新表述应将人民的物质文化需要同落后的社会生产之间的矛盾摆在视野之内，应该将阶级斗争和社会改造同经济建设共同置于主要矛盾和中心任务的位置上。具体说来，这一新表述，"应该同过渡时期总任务的双重性（一化、三改）相适应，而不能只顾阶段斗争一个方面，或者只顾经济建设一个方面；应该反映这个时期阶级关系的前后变动，而不能只顾后不顾前，

---

① 参见孙其明：《也论建国初期中国社会的主要矛盾》，《同济大学学报》（社会科学版）2002 年第 6 期。

② 甄宝亭：《关于建国初期的革命性质、任务和主要社会矛盾》，《社会科学》1982 年第 9 期。

③ 董国强：《论建国初期的国内主要矛盾》，《南京大学学报》（哲学社会科学版）1995 年第 1 期。

或只顾前不顾后"。①

　　毛泽东等中共领导人关于新民主主义社会基本矛盾的论述，把握住了新中国建立之后最为突出的无产阶级与资产阶级之间的矛盾，并根据社会实践的发展就这一矛盾理论作了丰富和补充，多少呈现了社会主要矛盾日趋激化的演进过程。学者们就新中国成立初期社会矛盾判断所产生的分歧，虽未能在主要矛盾的内容究竟是什么方面达成共识，但是为如何继续思考这一矛盾论断提供了新颖思路，也多少诠释了为何就这一问题众说纷纭的内在缘由。在更全面的论断获得认可之前，毛泽东关于新中国成立初期社会基本矛盾的观点仍然是最为权威的阐述。他的分析在第二个历史决议中也得到采用："新民主主义革命在全国胜利和土地制度改革在全国完成以后，国内的主要矛盾已经转为工人阶级和资产阶级之间、社会主义道路和资本主义道路之间的矛盾"②。

二、社会经济结构和经济建设方针

　　在对社会基本矛盾分析的基础上，毛泽东等党内理论家总结了根据地和解放区的建设经验，就新中国的经济结构和经济建设方针作了系统论述，富有针对性地回答了新民主主义社会如何进行经济改造和建设的重大问题。

（一）社会经济结构

　　新民主主义社会虽然存在着无产阶级与资产阶级的矛盾，但同时有着国民经济恢复任务以及民主革命遗留任务，因而，在新中国成立初期保留着多种经济成分。1940 年，毛泽东在《新民主主义论》中谈道："在无产阶级领导下的新民主主义共和国的国营经济是社会主义的性质，是整个国民经济的领导力量，但这个共和国并不没收其他资本主义的私有财产，并不禁止'不能操纵国民生计'的资本主义生产的发展，这是因为中国经济还十分落后的缘故"③。他

---

① 龚育之：《龚育之论中共党史》（上），湖南人民出版社 1999 年版，第 193—194 页。

② 《三中全会以来重要文献选编》下册，人民出版社 1982 年版，第 799 页。

③ 《毛泽东选集》第 2 卷，人民出版社 1991 年版，第 678 页。

在强调允许资本主义适度有限度的发展时，特别提到要走"节制资本"道路，决不能让"少数人所得而私"。1945 年，毛泽东在《论联合政府》中又提到，新民主主义国家的经济必须是"由国家经营、私人经营和合作社经营三者组成的"①，这就对新民主主义经济的形态有了更具体的阐述。1947 年，毛泽东又在《目前形势和我们的任务》中就社会经济结构作了更细致的论述：政治上的打击和经济上的消灭是两件事，新民主主义革命所要消灭的对象只是封建主义和垄断资本主义，而不是一般地消灭上层小资产阶级和中等资产阶级；由于中国经济的落后，还必须在革命胜利之后的在一个长时期内，允许上层小资产阶级和中等资产阶级所代表的资本主义经济存在，它们在整个国民经济中还是不可缺少的一部分②。这一论述，对于理解新中国成立初期经济结构的主要构成，甚至理解新民主主义矛盾的表现形式都不无帮助。中国经济的落后，决定了新民主主义社会尚需资本主义经济中一切有益于国民经济的部分继续发展，所以要注意区分政治上适当打击和经济上适度保护的对立统一，要注意把握国民经济发展任务与社会基本矛盾的内在关系。

在毛泽东关于节制而非消灭资本的战略方针的指导下，中央关于新中国成立初期经济结构的理论在 1948、1949 年被系统建构。1948 年 9 月，张闻天以东北经济为例，分析了以国营经济、合作经济、国家资本主义经济、私人资本主义经济、小商品经济五种成分的形成和地位。这一提纲所论述的东北多元化经济成分为新中国成立初期的经济构成提供了重要参考。1949 年 3 月，毛泽东的《在中国共产党第七届中央委员会第二次全体会议上的报告》就新民主主义经济结构做进一步阐述，并剖析了新中国经济会呈现这种结构的根源所在。他指出：抗战胜利以前的国民经济中，现代性工业比重仅为百分之十左右，农业和手工业占百分之九十，这是"帝国主义制度和封建制度压迫中国的结果"，是"旧中国半殖民地半封建社会性质在经济上的表现"，也是"在中国的革命时期内和革命胜利以后一个相当长的时期内一切问题的基本出发点"。6 月，刘少奇起草的党内报告提纲——《关于新中国的经济建设方针》，对新民主主义经济结构作了某些补充。这三篇文献蕴含了关于新民主主义社会经济建设的丰富思想，剖析了五种经济成分的作用和地位，新中国的经济结构理论在其中

① 《毛泽东选集》第 3 卷，人民出版社 1991 年版，第 1058 页。
② 参见《毛泽东选集》第 4 卷，人民出版社 1991 年版，第 1254—1555 页。

得以完整构建：

第一，国营经济。中国的现代化工业产值虽然只占国民经济总产值的百分之十左右，但由于它极为集中，最大的和最主要的资本都集中在"帝国主义者及其走狗中国官僚资产阶级的手里"，因而没收这些资本归无产阶级领导的人民共和国所有，就使人民共和国掌握了国家的经济命脉。新中国成立初期对官僚资本的没收，同时具有新民主主义革命和社会主义革命的性质。官僚资本属于封建买办资本，对它的没收就具有了完成民主革命遗留任务的性质；官僚资本是垄断性资本，将它收归社会主义国营经济，自然带有社会主义革命的意义。

需要注意的是，国营经济是社会主义性质的经济，而不是资本主义性质的经济。它是新民主主义政治的经济基础，是新民主主义经济的主要支柱，是无产阶级在经济战线上反对投机操纵，和资本主义进行经济竞争的有力武器。因而，必须使它获得一切可能的发展，把它放在国民经济建设的最主要的地位。无产阶级领导的新民主主义国家所经营的这种社会主义性质的经济和私人资本主义的经济是处于对立位置的，它和私人资本主义经济发生经济竞争是不可避免的。

第二，合作社经济。合作社经济，是"以私有制为基础的在无产阶级领导的国家政权管理之下的劳动人民群众的集体经济组织"。农业生产中主要是劳动互助组织，亦即"建立在个体经济基础之上的集体劳动组织"。这种合作社可以提高生产力，"以增加生产品，增加小生产者的财富，养成小生产者的劳动互助的习惯，给将来农民的集体化准备若干有力条件"。城乡的供销合作社，则像一条经济的桥梁和纽带，免去了商人的中间剥削，"把小生产者与国家在经济上结合起来，把小生产者的生产合作社与国家的国营经济结合起来"。

对于合作社经济的重要地位，毛泽东有过这样的评价："单有国营经济而没有合作社经济，我们就不可能领导劳动人民的个体经济逐步地走向集体化，就不可能由新民主主义社会发展到将来的社会主义社会，就不可能巩固无产阶级在国家政权中的领导权"[1]。他主张组织生产、消费、信用等合作社，以及中央省市区县各级合作社的领导机构。张闻天则在起草的报告中提出了科学领导合作社经济发展的具体要求：要有一大批懂得马列主义理论，并清楚新民

---

[1] 《毛泽东选集》第 4 卷，人民出版社 1991 年版，第 1432 页。

主主义社会经济发展具体规律，精通合作社业务和全心全意为劳动人民服务的干部，去领导这种合作社，才能系统执行无产阶级关于合作社的正确领导路线①。

第三，私人资本主义经济。中国的私人资本主义工业，占现代性工业的第二位，是一支不可忽视的力量。受到"三座大山"压迫的中国民族资产阶级及其代表性人物，在人民民主革命战争中一般能参加或是采取中立立场。因而在中国经济尚处于落后阶段，在革命胜利以后的相当长时间内，可以发挥私人资本主义经济的积极性，以促进国民经济发展。容许其发展，不仅不可避免，而且十分必要。不过，它的存在和发展并非不受限制，并非任其泛滥，而是在活动范围、税收政策、市场价格、劳动条件等多方面受到限制。一方面，要根据各地、各业、各时期情况，对于私人资本主义采取恰如其分的有伸缩性的限制政策；另一方面，为了整个国民经济的利益，为了工人阶级和劳动人民当时和将来的利益，不能对私人资本主义经济限制得太死，应"容许它们在人民共和国的经济政策和经济计划的轨道内有存在和发展的余地"。对私人资本主义采取限制政策，必然会遭到资产阶级尤其是私企中的大企业主大资本家各种程度和方式的反对，所以，限制和反限制是新民主主义国家内部阶级斗争的主要形式。

对待私人资本主义，要注意防止两种错误倾向。一种是右倾错误，认为不要限制资本主义，应抛弃"节制资本"口号；另一种是"左"倾错误，认为应当对私人资本主义限制得更大更死，或是很快消灭私人资本主义。实际上，凡国营经济及合作经济所不及的地方，私人资本主义经济的相当发展，在生产和交换上都有一定的建设与积极意义。同时，由于无产阶级政治与经济力量的强大，私人资本主义经济的发展并不可怕，而且这种发展是被限制在有利于国计民生的范围，一部分私人资本主义甚至会被引导到国家资本主义的轨道上去。

第四，个体农业经济和手工业经济。封建土地所有制在各地已被或即将被废除，就使农业和手工业逐步地向着现代化发展有了可能性，但在很长一个时期内，农业和手工业在基本形态上还是或还将是分散的和个体的。对于占国民经济总产值百分之九十的分散的个体的农业经济和手工业经济，不能任其自

① 参见《张闻天选集》，人民出版社1985年版，第404页。

流，而是要谨慎、逐步地、积极地引导它们朝着现代化和集体化方向发展。由于小商品经济是"站在资本主义和社会主义间十字路口的经济"，因而在其发展过程中，必然会产生无产阶级与资产阶级在他们中间争取影响和领导权的斗争。无产阶级应利用一切办法，把小生产者组织在合作社内，使之与国营经济结成联盟，以利于他们走向社会主义，并使资产阶级孤立起来。

第五，国家资本主义经济。国家资本主义经济是将私人资本置于国家的管理和监督之下，使之成为国民经济建设计划的一个组成部分。这种经济，是国家为了经济发展的需要，同资本家根据自愿和两利原则订立合同，给私人资本家以进行生产或交换的一定的必要条件，令其从中获取一定利润，并对资本家的活动进行必要管理和监督的经济形式。它的发展方向，是有利于新民主主义经济的。其形式主要有出租制、加工制、订货制、代卖制等。多个资本家的合资或合股，推动着小资本向大资本的集中，小生产向大生产的发展，令国家的管理监督更为便利。张闻天强调：对于发展国家资本主义不能采取关门主义态度，尤其是对于国家无力经营的地方或领域，不应盲目排斥私资的政策。

这些新民主主义的经济中，国营经济是社会主义性质的，合作社经济是半社会主义性质的。它们与私人资本主义、个体经济、国家与私人合作的国家资本主义经济，共同构成了新中国成立之初的经济成分。在发展中，始终坚持了一条明确的无产阶级领导路线，亦即以发展国营经济为主体，普遍地并依靠群众发展合作社经济，扶助并改造小商品经济，容许与鼓励有利于国计民生的私人资本主义经济尤其是国家资本主义经济。刘少奇起草的党内提纲特别强调，在日后的经济建设中要防止两种倾向：一种是资本主义的倾向，"把一切希望寄托于私人资本主义经济的发展"；另一种是冒险主义的倾向，"过早地、过多地、没有准备地去采取社会主义的步骤"①。

（二）经济建设方针

1949 年 9 月，《中国人民政治协商会议共同纲领》规定了新中国的经济政策：中华人民共和国经济建设的根本方针，是以公私兼顾、劳资两利、城乡互助、内外交流的政策，达到发展生产、繁荣经济之目的。国家在经营范围、原

---

① 《刘少奇选集》上卷，人民出版社 1982 年版，第 430 页。

料供给、销售市场、劳动条件、技术设备、财政政策、金融政策等方面，调剂国营经济、合作社经济、农民和手工业者的个体经济、私人资本主义经济和国家资本主义经济，使各种社会经济成分在国营经济领导之下，分工合作，各得其所，以促进整个社会经济的发展①。这一经济建设方针即著名的"四面八方"政策。四面即公私关系、劳资关系、城乡关系、内外关系，八方即公私两方、劳资两方、城乡两方、内外两方。"公私兼顾，劳资两利，城乡互助，内外交流"的工作政策，是为了"从四面八方努力，四面八方照顾到，实现发展生产"②。它的提出，是对七届二中全会精神的贯彻落实，反映了当时社会经济发展的客观需要，是对新民主主义社会理论甚至社会主义理论的重要探索。

言及"四面八方"政策，学界公认其提出者为毛泽东。实际上，"四面八方"政策的提出，有毛泽东的理论铺垫和凝练概括，也离不开刘少奇集中阐述的思想贡献。毛泽东在 1945 年党的七大所作《论联合政府》的政治报告中就谈道："在新民主主义的国家制度下，将采取调节劳资间利害关系的政策……使公私、劳资双方共同为发展工业生产而努力"。1947 年，他在中央十二月会议上宣布："新民主主义国家经济的指导方针，必须紧紧地追随着发展生产、繁荣经济、公私兼顾、劳资两利这个总目标。一切离开这个总目标的方针、政策、办法，都是错误的"。毛泽东对"公私兼顾、劳资两利"的反复提及，为后来"四面八方"政策的提出明确了其中的"两面"和"四方"。1949 年 4 月11 日，刘少奇到天津后写下的《天津工作问题》调查提纲中提到："为在党的总路线之下实现发展生产的目的，必须正确建立与改善以下各方面的关系：即公私关系，劳资关系，城乡关系，内外关系。这四面八方的关系即全面关系都必须很好地照顾到。"他在这份提纲中提出了"四面八方"概念，随后又用了"四个必须"对这四对关系作了进一步说明，即"必须切实组织对外贸易""必须切实迅速通畅城乡关系，物畅其流""必须贯彻公私兼顾的政策""必须贯彻劳资两利的政策"。在提纲的最后，他还再次提出要解决好"劳资、公私、内外、城乡"八个方面的问题。中旬，当薄一波向毛主席汇报了刘少奇到天津后处理经济问题的许多思想时，毛主席认为刘少奇的讲话除"剥削越多越好"不太妥

---

① 参见《建党以来重要文献选编》第 26 册，中央文献出版社 2011 年版，第 763 页。

② 《毛泽东年谱（1893—1949）》下册，中央文献出版社 2013 年版，第 495 页。

外，其他如"四面八方"都不错，并概括出"公私兼顾、劳资两利、城乡互助、内外交流"的提法。① 可见，毛泽东充分肯定了刘少奇提出的"四面八方"思想，并在此基础上，通过"兼顾、两利、互助、交流"核心词汇的添补，将如何处理四面八方的关系作了简要、完整概括。此后，"四面八方"思想正式在全党提出，并于同年写进了《共同纲领》。

　　"四面八方"政策提出之时，新中国经济的发展正面临着诸多困难，社会经济结构由旧转新必然带来许多阵痛。国营经济的发展刻不容缓，而私人资本主义经济在少了官僚资本主义和封建主义的压迫后也急需发展，"挂红旗五心不定，扭秧歌进退两难"可谓当时私营工商业的写照；工人群众当家作主后希望提升福利，而资本家又有着对利润的无限追求，一些遭遇暂时发展困难的企业劳资矛盾尤其突出；城乡关系受到长期战乱的影响，流通不畅，交换滞塞，农产品积压与工业品滞销的问题同时存在；对外贸易在西方帝国主义的敌对态度和经济封锁下，贸易额度陡然下降。"四面八方"经济政策的出台，闪耀着马克思主义辩证法的理论光芒，通过对经济中各方关系的统筹兼顾，极大地调动了社会上各种力量的积极性。政策实施后，人民政府与国营经济、私人资本主义经济之间的关系得到调整，劳资协商等合理的新型关系逐步建立，原材料和商品在城乡购运业务中更为顺畅地流通，对外独立自主贸易扩大了与苏联等人民民主国家的交流，并在西方国家的经济封锁和禁运中打开了往来缺口。这一政策促进了国民经济的恢复，为后来大规模的社会主义经济建设创设了条件，打下了基础。

第三节　由新民主主义过渡到社会主义的最初设想

　　在半殖民地半封建的落后国家如何建立社会主义，是新民主主义革命取得胜利后中国共产党人所必然要面临的理论难题。是民主革命一胜利就建立社会

_____

① 黄小同：《"四面八方"经济政策思想源于刘少奇》，《中共党史研究》1999 年第 1 期。

主义国家，还是在历经一个阶段的过渡之后再确立社会主义制度？是一建成新民主主义社会就向社会主义过渡，还是巩固新民主主义制度后再谈社会主义的过渡？围绕着这些理论困惑，结合中国革命和建设的实践发展，以毛泽东和刘少奇为代表的中共领袖人物，依据各自对马列主义相关观点和苏俄革命经验的认识，给出了不同的答案。

一、新民主主义社会构想

马克思主义中有关过渡时期的相关论述，为我国的新民主主义社会构想铺垫了理论基础。马克思在《哥达纲领批判》中指出："在资本主义社会和共产主义社会之间，有一个从前者变为后者的革命转变时期。同这个时期相适应的也有一个政治上的过渡时期，这个时期的国家只能是无产阶级的革命专政"[1]。这一著名的论断较早提出了过渡时期的原则性设想。列宁也强调："在资本主义和共产主义之间有一个过渡时期，这在理论上是毫无疑义的。这个过渡时期不能不兼有这两种社会经济结构的特点或特性。这个过渡时期不能不是衰亡着的资本主义与生长着的共产主义彼此斗争的时期"[2]。他的论述进一步表明了过渡时期对前后两种社会制度的有机衔接作用及这一衔接阶段最为显著的社会经济结构特征。1926年，共产国际的文献也就中国革命的前途论述说："这个国家将是无产阶级、农民和其他被剥削阶级的民主主义专政，这将是向非资本主义（社会主义）发展的过渡时期的反帝革命政府"[3]。这一论述更富有针对性地表明，非资本主义性质的过渡时期，是社会主义社会建立前必然要历经的物质条件准备阶段。这一观点与毛泽东构建的新民主主义社会理论是一脉相承的。毛泽东在新民主主义社会理论的构建过程中，也很注意借鉴邻国的建设经验。他曾在七大上提到，人家社会主义革命胜利了，还要经过新经济政策时期，又经过第一个五年计划，到第二个五年计划时，才提出消灭富农[4]。这一讲话未直接提及新民主主义，但是通过介绍苏联过渡的具体做法批评了国内某些急于

---

[1] 《马克思恩格斯选集》第3卷，人民出版社2012年版，第373页。
[2] 《列宁选集》第4卷，人民出版社2012年版，第59页。
[3] 《共产国际有关中国革命的文献资料》第1辑，中国社会科学出版社1981年版，第278页。
[4] 参见《毛泽东文集》第3卷，人民出版社1996年版，第323页。

消灭资本主义的错误心态。

毛泽东以对经典作家过渡理论和苏联过渡实践经验的了解为基础，立足于中国作为东方落后大国的特殊国情，细化并发展了过渡时期理论。1938年，他在会见国民党人施方白时就谈到，中国在完成民族民主革命后要建立新的民主共和国，将来完成社会主义革命后建立更进步更完满的社会主义共和国。这是对中国革命要分两步走的较早论述。1940年，他在《新民主主义论》中更为清晰地描述说："中国现时社会的性质，既然是殖民地、半殖民地、半封建的性质，它就决定了中国革命必须分为两个步骤。第一步，改变这个殖民地、半殖民地、半封建的社会形态，使之变成一个独立的民主主义的社会。第二步，使革命向前发展，建立一个社会主义的社会"①。这一文章吸收了《中国革命和中国共产党》中的新民主主义观点，系统论证了"第一步"革命已经不是一般意义的民主主义，而是中国式的、特殊的、新式的民主主义，勾勒出了半殖民地半封建社会的中国须经由新民主主义才能达到社会主义的社会发展趋势。毛泽东不仅在文章中创造性地分析了"两步走"的内在逻辑，而且强调新民主主义共和国既与资产阶级专政的资本主义共和国截然不同，又与苏式无产阶级专政的社会主义共和国相区别。

在分析了历经新民主主义社会的历史必然性后，毛泽东进一步论述了这一社会的性质。在他看来，一切殖民地半殖民地国家的革命，在一定历史时期所采取的国家形式，只能是新民主主义这种"过渡而不可移易"的必要形式。1940年，他将新民主主义的过渡性质形容为"暂时的"、有如"楼梯"、"将来还要上楼，和苏联一样"②。1948年9月，他在规划新中国建设蓝图时指出：将我们的社会经济称为"新资本主义"是不妥当的，这种叫法没有说明起决定作用的是国营、公营经济，无产阶级领导的这种经济是社会主义性质的，农村个体经济和城市私人经济在数量上有优势但不起决定作用，因而名字还是叫新民主主义经济好，要通过努力发展国家经济来将新民主主义经济过渡到社会主义③。这些论述表明，新民主主义社会是以社会主义为目标的过渡阶段，有着以公营经济为主导的多种经济构成。从1949年新中国的成立，中国便进入

① 《毛泽东选集》第2卷，人民出版社1991年版，第666页。
② 《毛泽东年谱（1893—1949）》中册，中央文献出版社2013年版，第175页。
③ 参见《毛泽东年谱（1893—1949）》下册，中央文献出版社2013年版，第345—346页。

了新民主主义的过渡时期，这一多种经济成分动态发展的阶段属于"社会主义体系的和逐步过渡到社会主义社会去的过渡性质的社会"①。

关于从新民主主义向社会主义过渡的条件。1935 年，毛泽东在《论反对日本帝国主义的策略》的报告中提及："在将来，民主主义的革命必然要转变为社会主义的革命。何时转变，应以是否具备了转变的条件为标准，时间会要相当地长。不到具备了政治上经济上一切应有的条件之时，不到转变对于全国最大多数人民有利而不是不利之时，不应当轻易谈转变"②。正因为对中国的政治经济现状有着理性的分析，他较早在党内提出了新民主主义社会向社会主义社会转变的艰难性。1945 年，毛泽东在《论联合政府》中谈到，没有新民主主义联合统一的国家，没有新民主主义国家经济的发展，没有私人资本主义经济和合作经济的发展，没有民族的科学的大众的文化即新民主主义文化的发展，没有几万万人民个性的解放和发展，要想在殖民地半殖民地半封建的废墟上建立起社会主义社会来，那只是完全的空想。他再次明确了向社会主义过渡的基本条件，是以新民主主义共和国政治、经济和文化、精神生活等多方面的充分发展为前提的。1950 年，毛泽东在全国政协一届二次会议上指出，我们的国家是稳步前进的，历经战争、新民主主义改革，在将来国家的经济、文化事业大为兴盛以后，在各种条件具备以后，在全国人民考虑成熟并在大家同意以后，就可以"从容地和妥善地走进社会主义的新时期"③。他对政治、经济、文化发展条件甚至民众认可程度的一再强调，表明了向社会主义过渡的转变不可能一蹴而就，而且在新民主主义社会的建设过程中要慎防"左"倾急性病的影响。

关于新民主主义社会的主要任务。新民主主义社会的建立，是因为中国尚不具备向社会主义直接过渡的物质条件，因而这一过渡性社会的主要任务是保护和利用一切有利于国计民生的社会生产力，从而为社会主义社会的到来奠定物质基础。基于对新民主主义社会转变前提条件的判断，毛泽东多次论述了过渡时期应以经济的发展为主要任务。在中共七大上，毛泽东指出，新民主主义的政治条件获得以后，中国人民及其政府必须采取切实步骤，在若干年内逐步建立重工业和轻工业，使中国从农业国变为工业国。在七届二中全会上，他再

①《建国以来重要文献选编》第 4 册，中央文献出版社 1993 年版，第 697 页。
②《毛泽东选集》第 1 卷，人民出版社 1991 年版，第 160 页。
③《毛泽东文集》第 6 卷，人民出版社 1999 年版，第 80 页。

次表示，革命胜利以后，新民主主义共和国要迅速恢复和发展生产，并对付国外帝国主义，使中国稳步地从农业国转为工业国，将中国建设成一个伟大的社会主义国家。他不止一次提到，夺取政权以后的工作都是围绕着生产建设这个中心工作，并为这个中心工作服务的。1949 年 9 月，他在提到苏联会帮助中国完成新民主主义向社会主义过渡的准备时，也强调它"首先帮助我们发展经济"[①]。中国经济的落后和发展的不平衡性，决定了恢复与发展经济的首要，决定了新民主主义社会建设与改造并举的必要。

关于从新民主主义向社会主义过渡的时间。在新中国成立前后，党内多位领袖人物就新民主主义的具体转变时间都有过论述。他们在时间判断上的变化，体现出中共第一代领导集体对社会主义确立难度的不同认识。在这一时期，毛泽东对过渡具体节点的思考最引人瞩目，也最为频繁。1948 年 9 月，在中共中央政治局论及新民主主义社会的经济形态时，毛泽东在刘少奇关于不能马上消灭资本主义的讲话中，插话说全国胜利后还要 15 年才能全线进攻。他后来为会议作总结时又强调，中国还要一二十年时间才能在经济上完成民族独立，因而要努力发展经济，促成新民主主义向社会主义的过渡。1949 年 1 月，毛泽东在西柏坡讨论形势和任务的会议上指出，合作化必须要发展，但大概要准备十几年工夫的长期稳健发展；太快搞社会主义会翻筋斗，中共用近三十年的全国革命完成了"铲地基"的任务，"起房子"的任务要几十年工夫，"全国打开"会感觉"比打仗还难"[②]。1949 年 7 月，毛泽东在中央团校第一期学员毕业典礼上提到尊重唯物史观"一步一步前进"的做法，亦即经过二十年的工业发展，准备好力量后，视情况稳步转入社会主义。1950 年 6 月，毛泽东在政协会议的闭幕词中提到，还要在很远的将来才能实行私营工业国有化和农业社会化。1951 年 2 月，毛泽东根据形势的发展和时代的客观需要，总结提炼了"三年准备、十年计划经济建设"的方略。在新中国成立前后，任弼时、朱德、刘少奇、周恩来也就新民主主义社会何时开始过渡有过相关论述。如任弼时在 1949 年 3 月七届二中全会上的发言中提及，单有军事政治条件，没有经济、工业发展，不可能实现向社会主义的转变[③]；朱德在 1949 年 7 月的全国工

① 《毛泽东文集》第 5 卷，人民出版社 1996 年版，第 146 页。
② 《毛泽东年谱（1893—1949）》下册，中央文献出版社 2013 年版，第 432 页。
③ 参见《任弼时选集》，人民出版社 1987 年版，第 465 页。

会工作会议上提到，只有将中国稳步从农业国变成工业国之后，才能实现从新民主主义向社会主义的转变①；刘少奇在 1949 年 9 月解释《共同纲领》为何不写入社会主义的前途时，论述到在中国采取相当严重的社会主义步骤还是相当长久的将来的事情②；周恩来在 1950 年 4 月的全国首次统战工作会议上强调，条件尚不成熟就不要急于转变为社会主义，大家都认为搞社会主义还要十五年时间③。从数位领导人的论述来看，他们对新民主主义社会向社会主义转变时间的思考，虽然有"变成工业国""工业发展""很远的将来""相当长久的将来"等模糊判断，也有"十几年""十五年""二十年""几十年"具体时间的大致估量，但是都就新民主主义这一新生事物的发展历程做出了可贵探索，并在满足经济物质条件后才能实现转变上达成了共识，为新中国成立初制订合理的国民经济发展计划提供了指南。

关于从新民主主义向社会主义过渡的方式和步骤。毛泽东在 20 世纪 30 年代多次提到了向社会主义转变的方式问题。他在 1937 年就指出：我们是革命转变论者，主张从民主革命向社会主义方向的转变，希望并力争不流血的转变，结果将看群众的力量如何④。第二年，他又分析说，中国不一定要经过如同西方各国那样的资本主义发展阶段，也不一定需要如同十月革命那样的流血革命，"中国可能和平地走到社会主义"⑤。新中国成立后他在不同场合提到的经民众同意后"从容"地转入社会主义，都表明毛泽东的理论构想中，新民主主义社会是以和平而非革命方式转入社会主义社会的。这是基于中国资本主义发展特点和民族资产阶级特征而作出的科学结论。而毛泽东在多次论及新民主主义的谈话和文章中，也体现出他关于转变具体步骤的设想。他所设想的新民主主义向社会主义的过渡，必然要先经过较长一段时间的新民主主义建设，实现工业化，为社会主义转变准备物质条件，然后以"全线进攻"的和平方式，一举采取"严重的社会主义步骤"，消灭资本主义，消灭私有制，实现整个过渡。

以毛泽东同志为主要代表的中国共产党人关于新民主主义社会性质、任务、过渡条件、时间和步骤等重大理论问题的探讨，是在民主革命理论基础上

① 参见《朱德选集》，人民出版社 1983 年版，第 262 页。
② 参见《刘少奇选集》上卷，人民出版社 1981 年版，第 435 页。
③ 参见《周恩来统一战线文选》，人民出版社 1984 年版，第 166 页。
④ 参见《毛泽东选集》第 1 卷，人民出版社 1991 年版，第 276 页。
⑤ 《毛泽东年谱（1893—1949）》中册，中央文献出版社 2013 年版，第 71 页。

对新民主主义理论的丰富和深化。虽然后来随着实践的发展，过渡时间有了调整，过渡方式有了变化，但当时构建的先建设后过渡、先工业化后社会主义改造的方案是完全符合中国的政治经济文化特点的。而新民主主义向社会主义具体转变时间设定上的模糊，则造成了毛泽东与刘少奇是否要"巩固新民主主义制度"的某些分歧。

二、刘少奇"巩固新民主主义制度"的构想

由于新民主主义的国家形态和政权形态，"对于我们是完全必要和完全合理同时又区别于俄国制度的特殊形态"[①]，毛泽东曾在 1948 年 9 月政治局扩大会议到 1949 年 3 月七届二中全会期间就新民主主义社会的具体建设和前途问题有过深入思考，其他领导者也曾对其进行过理论探讨，尤其是刘少奇对于新民主主义的转变有着完整的理论构建。新中国成立前，刘少奇作为中央工委书记兼任华北局书记，在接管全国政权和领导新中国经济建设中发挥了重要作用。当时毛泽东为军事斗争运筹帷幄，而受党内委托组织具体建设工作的刘少奇，就新民主主义社会如何从理论走向实践进行了深度思考，提出了一些较有影响力的主张和方案。这些思想，与毛泽东建构的新民主主义社会理论有许多一致的地方，也有不少独特之处。

刘少奇在多个场合就新民主主义社会的具体建设和前途问题作了阐发，如 1948 年 9 月中共中央政治局扩大会议的讲话，1949 年 4、5 月间于天津等地的多次讲话，1951 年 7 月在中南海春藕斋向马列学院第一班学员所作的报告。他所起草的《论新民主主义的经济与合作社》《关于新中国的经济建设方针》《共产党员标准的八项条件》等文章或报告提纲，都体现了他关于新民主主义社会的建设方略。在不断的探索中，他逐步发展形成了"巩固新民主主义制度"的个人设想，于 1951 年在第一次全国组织工作会议上号召共产党党员"现在为巩固新民主主义制度而斗争，在将来要为转变到社会主义制度而斗争，最后要为实现共产主义制度而斗争"[②]。他关于"巩固新民主主义制度"的构想主

---

① 《毛泽东选集》第 3 卷，人民出版社 1991 年版，第 1062 页。
② 《刘少奇选集》下卷，人民出版社 1985 年版，第 62 页。

要有：

第一，私人资本主义经济在新民主主义社会的存在和发展必要而有益。在新民主主义社会中，国民经济中存有相当比重的私人资本主义经济，它的存在并不可怕。这种经济在一定程度上的发展是必要的，是有益的。在恢复和发展生产中，除了国家的经济以外，私人资本主义经济也需要发展。今天的中国资本主义处于年轻时代，要充分发挥私人资本的积极作用。今天的中国不是资本家太多，太发展了，而是太少，太不发展。不真正贯彻公私兼顾、劳资两利政策，不可能将农业国变成工业国。在新民主主义经济下，要让资本家在劳资两利条件下存在和发展几十年。资本家虽剥削工人，但这种剥削方式是资本主义而非封建主义，"今天我们不但不反对，而且要发展，等到将来发展到生产过剩，再限制，让它过渡到社会主义去"①。

第二，资产阶级与无产阶级的矛盾会体现为经济上的和平竞争。小生产在新民主主义社会中更加需要发展，它的发展会不断、自发、大量地产生资本主义成分。私人资本主义经济、小生产与国营、合作经济之间必然会发生竞争，这种竞争会愈演愈烈，并持续很长时期。资产阶级与富农、无产阶级、劳动人民的矛盾都会通过这种经济上的和平竞争表现出来，谁胜谁负则由将来的发展情况决定。与私人资本家在新民主主义社会中的斗争方式为贯穿在各方面的和平经济竞争，其中有谁战胜谁的问题。我们竞争赢了，革命就可以和平转变，亦即无须经过政权的推翻就能完成革命任务。所以，固然不能过早地采取社会主义政策，但对无产阶级劳动人民与资产阶级的矛盾要有清醒估计②。

第三，民族资产阶级一般是团结和争取对象，而不要当作斗争对象。七届二中全会决议已经指出，为了向帝国主义、国民党、官僚资产阶级作决绝的斗争，并一步一步取得胜利，有必要争取可能多的能够合作的自由资产阶级，或使其保持中立。天津有些干部在思想上不清楚对资产阶级有斗争但重点在团结，就会犯路线错误。对自由资产阶级，光团结不斗争就容易右倾，光斗争不团结就会"左"倾，而目前重点在于团结。甚至在相当长时期内，这个团结的重点不会变。在目前的中国，革命的敌人有以国民党为集中代表的帝国主义、封建主义、官僚资产阶级三个，革命的朋友有工人阶级、农民、小资产阶级、

① 《刘少奇年谱》下卷，中央文献出版社 1996 年版，第 209 页。

② 参见《刘少奇年谱》下卷，中央文献出版社 1996 年版，第 161—162 页。

民族资产阶级四个，必须要分清楚敌友，建立四个阶级的联盟。将民族资产阶级当作敌人，将其打倒，有违工人阶级利益。不强调去联合愿意与我们合作的资本家，会导致资本家恐慌，导致生产半瘫痪。党内实际存在"立即消灭资产阶级"的"左"的倾向，这种倾向体现的是小资产阶级平均主义、农业社会主义的错误甚或反动，决非无产阶级路线。这种冒险主义路线，也与党的方针政策相违背。

第四，五种经济成分及相互关系将会在建设过程中逐步发生变化。国营经济、合作社经济、国家资本主义经济、私人资本主义经济和个体经济，都会在新民主主义社会中发展。它们共同发展的结果是，工业比重逐渐增大，农业比重相对缩小；社会主义与半社会主义性质的经济比重和作用逐步增大，私人资本主义经济和个体经济的比重和作用相对缩小；经济上的变化会导致思想、政治、组织上的变化，党与工人阶级的作用增强，国家作用凸显。这一政策对人民有利，对资产阶级既有利又不利，因而，对资产阶级要采取既联合又斗争、既排挤又收容的政策。这种情形是整个新民主主义阶段的情形，估计持续至少十年，多则十五年，二十年①。

第五，向社会主义的过渡将一举地和平实现。经过五种经济成分的前述发展变化以后，工业和农业都将有了大的发展，"国家经济的领导更加强了，变成绝对的了，经济管理的干部成熟了，数量也多了，党的技术干部也有了，工人阶级和农民的联盟在政治上经济上都巩固了，那时，就会采取进入社会主义的步骤"。进入社会主义的步骤主要是先工业国有化，后农业集体化的两大步骤，并辅以其他小步骤和准备步骤。无产阶级领导的国家政权、人民代表会议、国营经济与合作经济的加强，以及苏联及其他社会主义国家对我国经济的合作和帮助，决定了这两大步骤可以和平地执行。这两大步骤不是逐步实行，而是在逐步准备好后当作一个重大步骤采取，是经过一个大运动达成，而非零散地一点点建立。因而，"对私有制或私有基础采取逐步动摇、削弱以至否定的想法，在目前是冒险的，'左'的，带破坏性的，在将来是右的，改良主义的"②。

刘少奇关于巩固新民主主义制度的这些阐释，虽夹有"剥削有功"等不当

① 参见《建国以来刘少奇文稿》第3册，中央文献出版社2005年版，第541页。
② 《建国以来刘少奇文稿》第3册，中央文献出版社2005年版，第545页。

言论，个别观点跟朱德"在现阶段忍受资本家一定限度以内的剥削"的精准论断有一定差距，但是，通过强调对资本家又联合又斗争的方针，剖析"过快消除资本主义"急性病的错误之处，稳定了资产阶级情绪，提高了工人政治觉悟，推动了"四面八方"经济建设方针的落实和贯彻，促进了生产的恢复和发展。1952 年，当毛泽东转变此前的设想，开始思考提前向社会主义的过渡时，刘少奇"巩固新民主主义制度"的有关观点就与当时的政策基调显得有些格格不入了。1953 年，毛泽东在中央政治局会议上阐述过渡时期总路线时，说道："'确立新民主主义社会秩序'，怎样确法？每天在变动，每天都在发生社会主义因素。所谓确立，是很难哩！比如商业，今年下半年准备确立，明年就不确了。农业合作互助也年年在变。所谓过渡时期，就是很剧烈很深刻的变动。按照它的社会的深刻性来说，资本主义到十五年基本绝种了"①。显而易见，刘少奇关于新民主主义社会的理论是以毛泽东新民主主义理论为基础的，同时又有某些补充和发展。两者在大方向上是一致的，如新民主主义社会的前途只能是社会主义、实现社会主义革命要采取重大步骤、五种经济成分应各得其所地发展等。两者也有很多理论分歧：如是需要经过一段时间的发展才完成过渡，还是立即完成向社会主义的转变；农业是先机械化后合作化，还是通过合作化来促进机械化；对于资产阶级是强调有团结的限制，还是坚持有限制的团结；等等。正因为有这样的种种分歧，所以，薄一波认为毛泽东对"确立新民主主义秩序"的批评，也适用于刘少奇。

学界就毛泽东与刘少奇的分歧进行过不少研究，代表性评述有三种：有研究者认为刘少奇的见解背离了毛泽东的观点。"巩固新民主主义制度"的提法与新民主主义社会过渡性质相冲突，巩固等同于确立，过于绝对化，未能突出新民主主义社会内部的动态、深刻变动。也有研究者认为刘少奇的见解符合毛泽东的观点。"巩固新民主主义制度"强调的是巩固向社会主义过渡的制度，是为向社会主义社会的转变创造更为深厚的基础，强调的是水到渠成式的转变。还有研究者认为刘少奇的见解与毛泽东的观点为论述视角不同的相似观点。毛泽东担心让纯粹的资本主义任其自流地发展，强调新民主主义向社会主义过渡的前途。刘少奇则看到了实践中过快消灭资本主义的倾向，强调的是新民主主义社会不同于社会主义社会的显著区别。第三种观点无疑更为全面、客

---

① 参见薄一波：《若干重大决策与事件的回顾》（上），中共党史出版社 2008 年版，第 46 页。

观。综观毛泽东与刘少奇的有关论述，前者更侧重生产关系的变革，所以希望抓住合适的机遇，促成社会主义社会的尽快建立；后者看重生产力的发展，因而强调总体生产力水平的落后，提倡资本主义经济要有较长时期的发展。两者并无本质的不同，而是随着新民主主义实践的发展从不同的角度给出了理论回答。

第四节　人民民主专政理论

无产阶级专政理论一般被视为马克思主义学说的精髓，而将其与中国国情相结合所构建的人民民主专政理论则是毛泽东思想的核心内容。人民民主专政理论是无产阶级专政理论在中国的创造性运用，是马克思主义国家理论在中国的重要发展。以毛泽东为代表的中共领袖人物对于人民民主专政理论的探索及其实践，为当代中国的发展创设了基本政治前提和制度基础。

一、人民民主专政理论的形成和发展

被列宁誉为马克思主义在国家问题上"最卓越最重要"思想的无产阶级专政理论，在经典作家笔下多有涉及。如马克思的《哥达纲领批判》中提及，与从资本主义向社会主义转变过程相适应的政治过渡时期，只能采取无产阶级的革命专政。列宁的《国家与革命》也强调：阶级斗争学说运用到国家和社会主义革命问题上，必然导致无产阶级专政；阶级专政对于介于资本主义和共产主义之间整个历史时期都很必要，无产阶级掌握国家政权才能镇压剥削者的反抗并领导民众调整社会主义经济；同时承认阶级斗争和无产阶级专政才能算作马克思主义者。斯大林在《列宁主义问题》中也概括出无产阶级专政主要具有保卫国家并镇压剥削者、领导和吸引群众参加社会主义建设、将国家组织和过渡到社会主义社会三大方面的内容。这些论述，对于无产阶级专政的历史地位和具体内涵都进行了阐述，对于中国共产党人进行人民民主专政理论的早期探索和后继实践都产生了深远影响。

十月革命一声炮响，给中国送来了马克思主义，但马克思主义的中国化明显滞后于马克思主义在中国的传播。20 世纪 20 年代初期，初步具有共产主义思想的知识分子就接受了无产阶级的专政学说。如蔡和森在 1920 年就提出了"无产阶级专政"的概念。他在给毛泽东的信中分析了采取无产阶级专政的使命和方法："我现认清社会主义为资本主义的反映。其重要使命在打破资本主义经济制度。其方法在无产阶级专政，以政权来改建社会经济制度"①。与他同时代的陈独秀和李达也在筹建共产主义小组的过程中，分别论及了"劳动阶级专政""劳工专政"等词语。可见，无产阶级专政学说在当时中国的影响。1921 年，毛泽东向新民学会成员具体诠释了中国"最宜采用"阶级专政的理由之一："激烈方法的共产主义，即所谓劳农主义，用阶级专政的方法，是可以预计效果的"②。他们的这些见解，在党的一大通过的《中国共产党纲领》中得到明确。一大与会代表就"承认无产阶级专政直到阶级斗争结束，即直到消灭社会的阶级区分"③等条文取得了共识，指明了将无产阶级专政当作社会改造方法和过渡时期国家政权形式的必要性和长期性。只是，这次大会尚未解决将马克思主义的国家学说与中国特殊国情真正相结合的时代难题。

1922 年党的二大在将马克思主义基本原理与中国实际情况相结合方面取得了突破。《中国共产党第二次全国代表大会宣言》明确了中国革命需要分两步走的战略，强调"用阶级斗争的手段，建立劳农专政的政治，铲除私有财产制度，渐次达到一个共产主义的社会"。这次大会指出了党的最低纲领与最高纲领的内在统一，发出了建立"民主主义联合战线"的倡导。"建立真正民主共和国"的政治主张，彰显了党对于半殖民地半封建的基本国情和中国革命的性质有了更为深入的把握。1925 年 11 月，毛泽东在填写少年中国学会改组委员会的调查问卷时，更为鲜明地表达了自己的政治信仰和革命主张："用无产阶级、小资产阶级及中产阶级左翼合作的国民革命，实行中国国民党之三民主义，以打倒帝国主义，打倒军阀，打倒买办、地主阶级（即与帝国主义、军阀

---

① 《蔡和森文集》第 1 册，人民出版社 2013 年版，第 56—57 页。

② 《毛泽东文集》第 1 卷，人民出版社 1993 年版，第 2 页。

③ 《建党以来重要文献选编》第 1 册，中央文献出版社 2011 年版，第 1 页。

有密切关系之中国大资产阶级及中产阶级右翼），实现无产阶级、小资产阶级及中产阶级右翼的联合统治，即革命民众的统治"。同年冬天他在《国民党右派分离的原因及其对于革命前途的影响》一文中，结合当时局势的变化，论述了实际投身革命的为"小资产、半无产、无产这三个阶级成立的一个革命的联合"，革命的目的是"建设一个革命民众合作统治的国家"。[①] 这些分析表明，以毛泽东同志为主要代表的中国共产党人在联合谁反对谁方面有了更为明确的区分，并从笼统主张无产阶级专政进步到对革命阶级联合专政的倡导，逐渐意识到了中国将要建立的专政既非欧美式的资产阶级专政，也非苏俄式的仅有无产阶级的专政。在建党初期逐步结合中国革命特点的探索，标志着以毛泽东为主要创立者的人民民主专政理论的酝酿和萌发。

　　大革命失败后，革命统一战线破裂，中国共产党人关于阶级专政的学说也作了相应调整。1928年，党的六大分析了民族资产阶级已经脱离革命，革命动力只有无产阶级和农民的现实，指出了"用武装暴动革命的方法，推翻了帝国主义的统治和地主军阀及资产阶级国民党的政权，建立苏维埃的工农民权独裁在无产阶级的领导下"[②] 的新阶段任务。1931年，中华苏维埃第一次全国代表大会于江西瑞金召开，成立了以毛泽东为主席的中华苏维埃共和国临时中央政府，通过了《中华苏维埃共和国宪法大纲》，指出了中华苏维埃是属于工人、农民、红军士兵及一切劳苦民众的政权。1934年，在中华苏维埃第二次大会上，毛泽东就苏维埃政权的工农民主专政性质进行了阐述，强调这一政府实行对工人与农民的革命民主专政，对工农和民众是广大的民主，对占有人口中极少数的军阀、官僚、地主、豪绅和资产阶级则是专政。作为处于白色政权包围之中的红色政权，中华苏维埃在具体建设方面取得了一些难能可贵的探索，抵制了不重视政权建设的流动游击思想，区分了党和政府的不同职能，形成了选举、监督等民主机制，初步践行了民主集中制。这一时期的工农民主专政，较之国民革命时期所倡导的几个革命阶级的联合或合作统治，专政主体范围明显缩小，但是促进了当时根据地和苏区的建设，积累了区别于以往旧政权的建设经验，是人民民主专政理论的最初表达和局部实践。

　　华北事变以后，中日民族矛盾日益激化，国内阶级关系发生变化。毛泽东

---

① 《毛泽东文集》第1卷，人民出版社1993年版，第25页。
② 《建党以来重要文献选编》第5册，中央文献出版社2011年版，第377页。

适时分析了民族资产阶级和小资产阶级参与抗战的可能性，指出了扩大工农民主政权范围的必要。随着抗日救亡运动的掀起，1935 年年底的瓦窑堡会议确立了抗日民族统一战线新政策，并作出了将"苏维埃工农共和国"改为"苏维埃人民共和国"的决议。毛泽东阐释说，人民共和国是以工农为主体，同时容纳其他反帝反封建的阶级。它在工农、小资产阶级之外，还加上了一切阶级中愿意参加民族革命的分子，代表着反帝国主义反封建主义的各阶级人民的利益。这一改变，是工农民主专政向人民民主专政的又一次飞跃。随着时代形势的发展，中共中央于 1936 年又作出了以"民主共和国"口号代替"人民共和国"提法的决定，强调"民主共和国"是抗日民族统一战线的最高形式，是最适当的统一战线的口号。这种"民主共和国"不同于一般的资产阶级性质的民主共和国，而是新民主主义共和国。毛泽东曾在《新民主主义论》中分析道："现在所要建立的中华民主共和国，只能是在无产阶级领导下的一切反帝反封建的人们联合专政的民主共和国，这就是新民主主义的共和国，也就是真正革命的三大政策的新三民主义共和国"。他认为新民主主义的政治表现为"各革命阶级联合专政"的国体，表现为"民主集中制"的政体。[①]

毛泽东在《新民主主义论》中提出的组建革命阶级联合专政的政治主张，在抗日根据地的"三三制"政权中得到贯彻。这一适应抗日民族统一战线需要，由中国共产党领导的具有新民主主义性质的政权，其构成为共产党员、左派进步分子、中间分子和其他分子各占三分之一，具有很强的包容性和广泛的代表性，反映了当时国内复杂的政治状况。这一政权用参议会制度代替了工农兵代表会议制度，实行普遍的选举，以民主集中制为基本组织原则。"三三制"政权，既不是共产党的一党专政，也不是别的党派的一党专政，而是多个阶级联合专政的统一战线政权。它保障了抗日战争的最终胜利，也为新中国成立后中国共产党领导下的多党合作制积累了重要经验，是人民民主专政理论的重要发展阶段。

当抗日战争即将取得胜利，中国共产党人就如何成立新中国给出了民主联合政府的主张。1945 年，毛泽东在《论联合政府》的报告中，指出了中国要建立的不应该是大地主大资产阶级专政的国家制度或纯粹的民族资产阶级专政的旧式国家，也不具备实行社会主义国家制度的社会经济条件。因而，要建立

---

① 参见《毛泽东选集》第 2 卷，人民出版社 1991 年版，第 675、677 页。

的是"以全国绝对大多数人民为基础而在工人阶级领导之下的统一战线的民主联盟的国家制度"①，亦即新民主主义的国家制度。毛泽东曾经回忆说：大革命时期我们提了"联合战线"，后来搞土地革命，六大规定的是工农民主专政，没有估计到资产阶级民主分子在帝国主义压迫下还可以跟无产阶级合作。合作是后来发生的，因为有了日本侵略，我们又回到了大革命中的正确时期。② 他在就《论联合政府》的专门说明里还提到：以前没有指出一般纲领与具体纲领的区别，在北伐战争时期、土地革命战争时期、抗日战争时期的一般纲领都没有变；工农民主专政是新民主主义的本质，具体在各阶段则有所不同，联合政府就是具体纲领，是统一战线政权的具体形式③。可见，有别于建党前后的理论不成熟状态，中国共产党人在革命战争中日益重视结合实践的变动，在马克思主义无产阶级专政理论的运用中作出了科学的动态调整，坚持了一般纲领与具体纲领的有机结合。后来由于国民党发动了内战，民主联合政府的主张未能付诸实践，但在酝酿民主联合政府过程中中央所倡导的平等协商做法，也为后来的人民民主专政提供了相关理论准备和实践基础。

1948 年 6 月，中共中央宣传部在《关于重印〈左派幼稚病〉第二章前言》中论述了"人民民主专政"的建国目标，并分析了它与列宁所说的无产阶级专政的差别。前言强调人民民主专政不是推翻一般的资本主义，而是要建立各革命阶级联合专政的国家和新民主主义的社会。同年 9 月，毛泽东进一步明确了人民民主专政的性质，指出它是以无产阶级领导的，以工农联盟为基础的，有工农和资产阶级民主分子共同参加的政权。他还提出建立的各级政府、政权机关和法院都要在前面冠以"人民"两字，以体现与蒋介石政权的根本不同。1949 年 6 月，《论人民民主专政》一文的刊发，标志着人民民主专政理论的正式形成。这一篇章，坚持辩证唯物主义的科学原则，系统总结了近代以来中国人民革命斗争的历史经验，对新民主主义的国家学说作出了更高层次的概括，就人民民主专政的性质、地位、职能等基本内容作了系统论述。他将中国革命的经验归结为"工人阶级（经过共产党）领导的以工农联盟为基础的人民民主专政"。随后人民民主专政在全国范围内确立，保障了新民主主义革命的胜利

---

① 《毛泽东选集》第 3 卷，人民出版社 1991 年版，第 1056 页。
② 参见《毛泽东文集》第 5 卷，人民出版社 1996 年版，第 135 页。
③ 参见《毛泽东选集》第 3 卷，人民出版社 1991 年版，第 1063 页。

成果，创造了由新民主主义向社会主义过渡的制度前提。1954 年 9 月，《中华人民共和国宪法》正式规定，中华人民共和国是工人阶级领导的、以工农联盟为基础的人民民主专政的社会主义国家。

二、人民民主专政的理论体系

以科学社会主义中的无产阶级专政学说为指南，以毛泽东同志为主要代表的中国共产党人在中国革命和建设实践中形成了一套完整的人民民主专政理论体系。这一理论主要体现在《新民主主义论》《论联合政府》《论人民民主专政》等著述中，是毛泽东思想中极富民族特色的国家学说。

（一）人民民主专政的国体和政体

任何国家都表现为一定的国体和政体。国体是指各阶级在国家中的具体地位，体现的是国家的性质。政体是政权的组织形式，是指统治阶级采用何种具体统治方式。国体决定政体，政体体现国体，两者之间有着内在的统一。

关于国体。毛泽东在《新民主主义论》中谈到，中国人从前清末年起，对于国体这个问题"闹了几十年还没有闹清楚"，其实，它只是指社会各阶级在国家中的地位。1948 年 9 月，毛泽东在中共中央政治局会议上的报告中明确指出："我们政权的阶级性是这样：无产阶级领导的，以工农联盟为基础，但不是仅仅工农，还有资产阶级民主分子参加的人民民主专政"。1949 年 6 月，在《论人民民主专政》中，毛泽东将"人民"的范围作了说明："人民是什么？在中国，在现阶段，是工人阶级，农民阶级，城市小资产阶级和民族资产阶级。这些阶级在工人阶级和共产党的领导之下，团结起来，组成自己的国家，选举自己的政府"[①]。这些界定，明晰了新民主主义政权中的各阶级构成及其作用。后来，毛泽东在《关于正确处理人民内部矛盾的问题》中指出，人民的概念在不同的国家和各个国家的不同时期，有着不同的内容。在社会主义制度确立后，人民中的"两个联盟"就相应发生了变更。之前的工农联盟及其与非劳动者的联盟，被工人、农民、知识分子组成的新社会主义劳动者联盟及其与拥护

---

① 《毛泽东选集》第 4 卷，人民出版社 1991 年版，第 1475 页。

社会主义和统一大业的爱国者联盟所取代。

关于政体。毛泽东认为，所谓政体，是指政权的构成形式，指的是一定的社会阶级用何种形式去组织那反对敌人保护自己的政权机关。中国现在的政体为民主集中制，由各级代表大会选举政府。各级人民代表大会有全国人民代表大会、省人民代表大会、县人民代表大会、区人民代表大会直到乡人民代表大会。在选举上，我国采用的是不分男女、信仰、财产、教育差别的真正普遍的平等选举，这种民主集中制，才能充分发挥人民的意志。没有真正的民主制就体现不出"非少数人所得而私"的精神，就叫作政体和国体的不相适应。[1]1945年，在《论联合政府》中，毛泽东就民主集中制作了再次阐释："民主集中制，由各级人民代表大会决定大政方针，选举政府。它是民主的，又是集中的，就是说，在民主基础上的集中，在集中指导下的民主。只有这个制度，才既能表现广泛的民主，使各级人民代表大会有高度的权力；又能集中处理国事，使各级政府能集中地处理被各级人民代表大会所委托的一切事务，并保障人民的一切必要的民主活动"[2]。正因为民主集中制能最大限度地发挥各阶级在国家建设和管理中的积极性、创造性，能更好地维护国家的权威和人民的意志，因而毛泽东指出在政权的制度形式选择上，民主集中制明显较议会制更适合中国，而不必去搞资产阶级的议会制或是三权鼎立。

（二）人民民主专政的基础和领导力量

关于人民民主专政的基础。毛泽东在新中国成立前夕指出：人民民主专政的基础为工人阶级、农民阶级、城市小资产阶级三者的联盟，其中主要为占到全国人口百分之八十到百分之九十的工农联盟。工人阶级和农民阶级，在推翻帝国主义和国民党反动统治中发挥了重要作用，新民主主义向社会主义的过渡也主要依靠他们的联盟。

关于人民民主专政的领导力量。人民民主专政的领导力量为工人阶级。在帝国主义时代，只有工人阶级而非别的阶级能领导中国革命取得胜利。中国的小资产阶级和民族资产阶级都不能承担起这一领导责任，他们在历史中所领导的多次革命的失败已证明了这一点。无论是小资产阶级，还是民族资产阶级，

---

[1]　参见《毛泽东选集》第2卷，人民出版社1991年版，第677页。

[2]　《毛泽东选集》第3卷，人民出版社1991年版，第1057页。

他们的经济地位决定了自身的软弱性，又缺乏远见和勇气，都不能真正实现孙中山所主张的"唤起民众"或"扶助农工"。而工人阶级"最具有远见、大公无私、最富于革命彻底性"等先进性，决定了它是新民主主义革命的领导者，也是人民民主专政的领导力量。

毛泽东也特别指出：民族资产阶级在新民主主义社会还有很大的重要性。由于尚有来自帝国主义的威胁，中国现代工业在整个国民经济中的比重还很小，新中国成立之初采取的方针是节制资本主义，而不是消灭资本主义。在中国利用一切有利于国计民生而不是有害的城乡资本主义因素，有助于提高落后的经济，有助于对付帝国主义的压迫。但是，充当不了革命领导者的民族资产阶级，不应当在人民民主政权中占主要地位。

（三）人民民主专政的职能和任务

在论及人类的远景发展时，毛泽东指出政党和国家机器都将随着阶级的消灭而逐步衰亡，直至完结自身的历史使命，走向更高级的人类社会。共产党的领导和人民专政的国家权力，就是为促使国家权力和政党的消灭、促进共产主义阶段的到来而创设条件。毛泽东在指出了人民民主专政的历史使命后，具体分析了它的现实职能和任务。他指出：中国现阶段的主要任务是强化人民的国家机器亦即军队、警察和法庭，借以巩固国防和保护人民利益。在这种条件下，使中国有可能在工人阶级和共产党的领导之下稳步地从农业国进到工业国，由新民主主义社会进到社会主义社会和共产主义社会，消灭阶级和实现大同。在思想方面，有了人民的国家，人民才能在"全国范围和全体规模"上，通过民主的教育方法，改造自己从旧社会带来的坏习惯和坏思想，并向着社会主义和共产主义社会前进。① 毛泽东也高瞻远瞩地指出了人民民主专政的对外职能，提出要在平等、互利和相互尊重领土主权的基础上和世界上一切可能的国家建立外交关系，要在新中国成立初坚持"一边倒"政策的同时看到"要做生意""联合世界上以平等待我之民族"的必要性。

这些分析，实际上从政治条件、经济基础、思想建设、外交方略四个方面概括了人民民主专政在当时的主要职能，揭示了人民民主专政肩负着在新民主主义阶段完成过渡、在社会主义阶段组织建设并在未来向共产主义转变的重要

---

① 参见《毛泽东选集》第 4 卷，人民出版社 1991 年版，第 1476 页。

任务。由于新民主主义时期的人民民主专政已带有无产阶级专政的诸多要素，如以工人阶级及其政党共产党为领导，已直接消除或改造了作为中国资本主义主要部分的官僚资本主义，在国际上属于社会主义阵营的一部分等，它是顺利实现从新民主主义向社会主义过渡的工具。人民民主专政国家政权，是新民主主义与社会主义之间由此及彼的桥梁，人民民主专政理论在两个社会发展阶段以及后续发展过程中的连续性、稳定性也说明了这一点①。

1957 年 2 月，在最高国务会议第十一次扩大会议上，毛泽东又结合当时的国内外形势，就人民民主专政的职能和任务作了新阐述。他指出专政有两大作用：第一个作用是解决国内敌我矛盾，压迫国家内部的反动势力和社会主义建设的破坏者；第二个作用是防御国家外部敌人可能的颠覆和入侵。这些职能的目的和任务是保障全民的和平劳动，把我国建成具有现代工业、现代农业和现代科学文化的社会主义国家。② 可见，社会主义改造完成之后，人民民主专政依然是保障人民革命胜利成果，抵制敌人颠覆和入侵阴谋，进行社会主义建设的有力武器。任何时期，我们都要坚持人民民主专政，而不能有须臾动摇。

（四）人民民主专政的实质和特征

人民民主专政虽与无产阶级专政的主体构成不完全一致，但同样属于无产阶级专政的范畴。1949 年 1 月，毛泽东在西柏坡会见斯大林委派来的苏共中央政治局委员米高扬时强调：将要建立的新政权，是无产阶级领导的工农联盟为基础的人民民主专政，虽然政府的组织形式与苏联、东欧国家有所不同，但其性质和宗旨仍然是在共产党领导下的，将来的目标是实现社会主义和共产主义③。1953 年 12 月，中共中央在《关于目前政权性质问题的指示》中指出："人民民主专政实质上就是无产阶级专政"。1956 年，刘少奇在中共八大上就这一实质特别解释道，我国的人民民主专政经历资产阶级民主革命和社会主义民主革命两个阶段：全国胜利前各革命根据地的人民民主专政变革了封建土地关系，解决了资产阶级民主革命任务；新中国成立后的人民民主专政消灭了私有

① 参见庄福龄主编：《马克思主义史》第 3 卷，人民出版社 1996 年版，第 726、719 页。

② 参见《毛泽东文集》第 7 卷，人民出版社 1999 年版，第 207 页。

③ 参见《毛泽东年谱（1893—1949）》下册，中央文献出版社 2013 年版，第 450 页。

制度，建立了社会主义公有制，这样的政权实质上只能是无产阶级专政。他还进一步指出，我国现阶段的人民民主专政实质上是无产阶级专政的一种形式，与吸收其他阶级、其他党派和无党派民主人士参加政权并不矛盾，因为"无产阶级专政不但需要无产阶级对于国家机关的坚强领导，而且需要最广大的人民群众对于国家机关的积极参加，二者缺一不可"①。

马列主义经典作家都就无产阶级专政有过专门论述，而且论及了不同的民族可以在专政的形式选择上有所差别。如马克思和恩格斯曾经指出：发达资本主义国家阶级对立简单化，整个社会主义主要为资产阶级和无产阶级两大阵营的对立；工人革命的第一步就是使"无产阶级上升为统治阶级，争得民主"②；法国和德国的人民主要由无产者、小农和小资产者构成，无产阶级专政可以采取间接统治。列宁也谈道："无产阶级专政是劳动者的先锋队——无产阶级同人数众多的非无产阶级的劳动阶层（小资产阶级、小业主、农民、知识分子等等）或同他们的大多数结成的特种形式的阶级联盟"③；无产阶级的专政是"不可避免地应当是新型民主的(对无产者和一般穷人是民主的)和新型专政的(对资产阶级是专政的)国家。"④ 这些论述，都指出了专政与民主同为无产阶级专政的职能，只是由于客观情形的不同，都未将民族资产阶级在实践中纳入专政的主体。而中国的社会主义改造完成之前，拥护共产党的领导、拥护《共同纲领》的民族资产阶级属于人民的范畴，而不是被当作专政的对象。毛泽东阐释说，对人民内部的民主和对反动派的专政互相结合起来，就是人民民主专政。可见，人民民主专政扩大了民主的范围，在提法上同时突出了民主与专政的必不可少，体现了内容与形式的统一，较之"无产阶级专政"的概念更能表达我国政权的构成、内容和职能。

人民民主专政属于无产阶级专政，而且是具有显著中国特色的无产阶级专政。两者具有相同的领导力量，都以工人阶级（经过共产党）为领导；具有同样的阶级基础，都以工农联盟为基础；具有相似的国家职能，都主要承担保卫国家、保障人民民主、组织社会经济文化建设等职能。人民民主专政也是对无产阶级专政理论的丰富和发展，是对科学社会主义理论的重大发展。具体说

① 《刘少奇选集》下卷，人民出版社 1985 年版，第 243 页。
② 《马克思恩格斯选集》第 1 卷，人民出版社 2012 年版，第 421 页。
③ 《列宁全集》第 36 卷，人民出版社 2017 年版，第 362—363 页。
④ 《列宁选集》第 3 卷，人民出版社 2012 年版，第 140 页。

来，它在人民构成方面，扩大了无产阶级专政的阶级基础，丰富了马克思主义无产阶级斗争理论；它在国家职能的界定方面，完善了无产阶级专政的具体职能，拓展了无产阶级专政的历史任务；它在政权组织方面，创设了多党合作制度，丰富了马克思主义的国家学说。

第五节　建设新民主主义的意识形态工作方针

1949 年新中国的成立标志着新民主主义革命的基本胜利，在全国范围内建立了工人阶级领导的以工农联盟为基础的人民民主专政的国家政权。但是，帝国主义、封建主义和官僚资本主义在意识形态领域的影响并不会随着新政权的建立而迅速根除，需要经过长期的思想教育才能逐步解决。为此，具有新中国临时宪法性质的《中国人民政治协商会议共同纲领》确立了发展新民主主义亦即民族的、科学的、大众的文化教育政策，规定了肃清帝国主义、封建法西斯主义、官僚买办思想，提高人民文化水平，培养国家建设人才等历史性任务。

一、肃清帝国主义和封建主义的思想文化影响

新民主主义革命时期，中国共产党就极为重视肃清帝国主义和封建主义在思想文化领域的影响。毛泽东在《新民主主义论》中论述了中国自近代以后，居统治地位的旧文化就是殖民地、半殖民地、半封建的文化，而中华民族的新文化，就是新民主主义的文化，即无产阶级领导的人民大众的反帝反封建的文化。这一论述成为《共同纲领》中确立新中国文化教育政策的思想指导。新中国成立前夕，毛泽东又先后发表《丢掉幻想，准备斗争》等五篇文章，五评美国国务院发表的《美国与中国的关系》白皮书和艾奇逊给杜鲁门的信，阐明"为了侵略的必要，帝国主义给中国造成了数百万区别于旧式文人或士大夫的新式

的大小知识分子"①，深刻揭露了帝国主义反动宣传的实质，以爱国主义精神进一步激发了人民群众对中国共产党和新生政权的拥护，使抱有"民主个人主义"思想和对帝国主义充满幻想的人受到一次革命思想的教育。

新中国成立后，为适应人民民主政权建设的需要，继续完成民主革命的任务，党和政府在宣传、教育和社会民主改革等领域采取了一系列措施，肃清帝国主义和封建主义思想文化的影响。

（一）规范全国范围的新闻出版工作，加强党的宣传教育工作

近代以来，西方列强在加紧对华经济掠夺和剥削的过程中，设置了庞大的宣传机构，通过报刊、广播电台、通讯社等为其侵略行径作舆论掩护，同时宣扬西方的价值观念，抹黑中国共产党和中国人民的革命斗争。在一些刚刚解放的城市和地区，党中央决定暂时允许外国在华宣传机构继续其新闻活动。新中国成立后，为了停止帝国主义分子的不法活动，并保全和支援海外进步报纸、新闻电讯的发展，党要求禁止与新中国无外交关系的国家的记者继续在华拍发新闻、电讯。②

如果说解放初期党对国外宣传机构的处理尚有外交方面的考虑，那么对于国民党宣传机构的处理则更加直接和彻底。在三十多年的统治中，国民党在各大城市建立了系统的通信机构，为国民党的反动统治服务。党在解放这些大城市时，直接派军管会人员进驻国民党通讯社进行接管，使其改造为新华社的一部分。对于曾由国民党的党、政、军官僚机构直接控制或进行系统反动宣传的私人新闻出版机构，党要求各地可即令停刊，对其财产予以没收。对于这些机构原有的编辑和通讯记者，要求他们一律停止工作，而属于一般技术部门的旧工作人员则基本上继续留用，让他们在党的领导下继续工作，并宣布要为人民服务。由民族资本家独自创办或与官僚资本合办的新闻出版机构在社会上同样占有一席之地，除了对其中的官僚资本加以严格没收外，党和政府对民族资本采取了保护政策。各私营报纸、杂志和通讯社在向军管会登记获得许可后，在不违反党的政策的前提下允许其继续开展业务。

除了接管旧的新闻出版和宣传机构外，党十分重视发挥党报和中央通讯社

---

① 《毛泽东选集》第 4 卷，人民出版社 1991 年版，第 1485 页。

② 参见《中共中央文件选集》第 1 册，人民出版社 2013 年版，第 1 页。

的喉舌作用。在 1949 年 8 月，党中央决定将华北局机关报《人民日报》正式
改版为党中央机关报，并在全国范围公开发行。①1949 年 9 月 21 日，中国人
民政治协商会议在北京召开，这次会议的新闻报道工作全部由新华社统一负
责，充分发挥了新华社作为国家通讯社的职能。新华社和《人民日报》通过及
时向群众宣传党的政策和发表社论等形式，积极引导舆论走向，帮助人们分清
是非，为肃清帝国主义和封建主义反动思想影响树起一面旗帜。

　　随着党的宣传机构在全国范围内逐渐建立并日益完善，各种形式的宣传教
育活动也逐渐开展起来。党十分注重以重大节日、纪念日为契机进行爱国主义
和党的政策的教育。1950 年的 5 月 1 日是新中国成立后党和人民迎来的第一
个劳动节，中共中央要求"各中心城市应举行热烈纪念，并组织群众游行"②。
随后，中央制定了全国统一的庆祝劳动节口号，从而使节日庆祝活动成为一场
广泛、生动的群众性思想教育活动。如进行抗美援朝的宣传教育，使全国人民
深刻认识到美帝国主义的反动本质，基本上扫清了历史上长期存在的亲美、崇
美、恐美的错误心理；动员人们参加或参观农村土地改革运动，使人们对党的
政策有了进一步的认识，建立了为人民服务的初步的阶级观念；通过大张旗鼓
地镇压反革命，使各阶层人民对反革命分子有了充分的认识，划清了敌我界
限。各地还结合实际情况，运用各种宣传工具，如电影、文艺、幻灯，开展座
谈会等，组织了系列各具特色的反帝反封建的宣传活动，在社会各界产生了积
极影响。

　　全国范围内广泛开展的宣传教育活动为肃清帝国主义和封建主义思想文化
影响创造了热烈的氛围，但是也存在一些亟须解决的问题。一些地方出现了对
执行宣传工作中的统一制度表现怠工，对于全国性的政策未经向中央请示轻易
发表意见，对于全国重要性的信息未经中央统一发表而首先在地方报纸和广播
电台上发表等无组织、无纪律现象。全国各项建设任务有序开展之后，有必要
明确党在新时期的宣传工作方针任务，建立统一的宣传工作制度，消除党在宣
传教育工作中的混乱现象。1951 年 5 月，中国共产党第一次全国宣传工作会
议在北京召开。刘少奇在以《党在宣传战线上的任务》为题的总结报告中，首
先分析了革命胜利后进行马列主义学习、研究和宣传的有利条件，提出"用马

---

① 参见《中国共产党历史》第 2 卷（下册），中共党史出版社 2011 年版，第 146 页。
② 《中共中央文件选集》第 2 册，人民出版社 2013 年版，第 332 页。

列主义的思想原则在全国范围内和全体规模上教育人民,是我们党的一项最基本的政治任务"①。规定党的宣传工作,一方面要围绕党的中心工作,开展时事政策的宣传;另一方面要加强对马列主义基本原理的宣传。要求党员要加强理论学习,同时广泛动员党外的积极分子、马列主义者做好宣传工作,改善工作方法,充分利用报纸、刊物、戏剧、电影等各种宣传工具,做好宣传教育工作。这次宣传工作会议确定了党在新民主主义时期宣传教育工作的方针和任务,明确了党委对宣传工作的领导职责和宣传部的具体职责,为在全国范围内用马列主义观点教育人民,特别是在人民中间肃清帝国主义思想和封建主义思想,提供了思想指导,从而使党在意识形态领域的各项工作开始在正确的轨道上有序进行。

(二)改革旧的学校教育制度,使教育为工农兵和生产建设服务

学校是党进行马克思主义思想教育和党的政策教育的重要阵地,关系到党在意识形态领域领导作用的发挥。新中国成立前,全国主要的教育机构被国民党政权控制,这些教育机构中存在大量反革命课程,给青年灌输反共反人民的思想。在农村地区存在大量旧式教育,渗透着许多封建主义的思想文化因素。社会上还有许多西方国家开办的教会学校,向中国人民宣传西方的价值观和宗教思想。毛泽东在1945年就富有针对性地提出:"一切奴化的、封建主义的和法西斯主义的文化和教育,应当采取适当的坚决的步骤,加以扫除"②。

新中国成立后,国家建设事业的发展,迫切需要通过改革旧教育,发展新教育,使广大群众的知识水平和思想理论水平得到迅速提高。毛泽东在给周世钊的信中提出,"完成土地制度的改革及提高人民政治觉悟水平,这些任务均有待于文教工作的协助"③。为此,党和政府一方面按照《共同纲领》规定的新民主主义文化教育的方针政策,对旧的教育机构进行逐步改造,使高等教育"向工农开门,培养工农出身的新型知识分子"④,为革命斗争和生产建设服务;另一方面,通过建立完全新式的学校为教育事业输送新鲜血液。

各地在刚刚解放时,为维护社会秩序和学校教学秩序的稳定,除了对于国

---

① 《毛泽东周恩来刘少奇朱德论党的宣传工作》,中共中央党校出版社1989年版,第31页。
② 《毛泽东选集》第3卷,人民出版社1991年版,第1083页。
③ 《毛泽东书信选集》,中央文献出版社2003年版,第318页。
④ 《周恩来教育文选》,教育科学出版社1984年版,第6页。

民党的党政军高官或特务分子开办的学校一律进行接管并没收财产外，新政府对旧的学校在形式上基本上采取维持现状的方式，同时进行了初步但是必要的改革。废除反动的和封建落后的课程，取消反共反人民的训导制，禁止以宗教内容作教材，增设固定的政治课，进行马克思列宁主义、毛泽东思想的教育和社会公德教育。对学校领导机构进行逐步改造，组织成立由师生代表共同参加的校务委员会，委派新的校长，使学校处于党的领导之下。经过初步的改革，使学校教育稳步地转移到党和人民手中，为新中国教育事业的发展创造了良好基础，并为进一步全面的教育改革提供了前提条件。

1949 年 12 月 23 日至 31 日，教育部召开第一次全国教育工作会议。这次会议在改革旧教育、旧学校，建立起合乎中国国情的新教育制度方面作出了很大贡献：一是决定创办中国人民大学，学习苏联生产建设经验，培养新中国的建设人才，这是新中国完全新式的高等教育的起点；二是提出举办工农速成中学，发展工人业余补习教育，进行全国规模的识字教育；三是确立普及与提高相结合的新中国教育方针，逐步提高人民群众的科技水平和政治素养；四是讨论了改革北京师范大学的方案，提出了加强教材编审的具体任务，以解决师资和教材问题；五是在新解放区学校进行政治和思想教育，改革旧式教育制度、内容和方法，帮助教师和青年学生逐步建立革命人生观。这次会议是中国教育史上的重大转折，引导全国教育走上了为人民服务的宽广道路[①]。从 1952 年开始，根据苏联高等教育发展经验，全国各高校逐步开展院系调整工作，形成了一批综合性大学和工、农、医、师等专门学校，为新中国的建设提供了大量专业性人才。改革过程中由于缺乏经验，存在照搬苏联教育发展模式的弊端，但是整体上实现了教育为工农兵服务、为生产建设和革命斗争服务的目标，为发展新民主主义性质的教育，在思想文化领域肃清帝国主义和封建主义的影响创造了新的条件。

（三）改革旧的婚姻制度，在根除旧习陋俗中促进妇女解放

女性解放是实现人的解放的重要内容。中国几千年的宗法社会沿袭的是男尊女卑的封建道德观念，在婚姻家庭中女性处于无权地位。与封建主义的婚姻制度相联系的还有一整套限制女性自由的社会习俗，它们是维系中国传统的封

---

① 参见《在全国教育工作会议上　钱俊瑞副部长总结报告要点》，《人民日报》1950 年 1 月 6 日。

建宗法制度的纽带，也是产生封建落后思想深厚的社会土壤。清除封建主义的思想文化和道德观念的影响，以废除旧的婚姻制度为重要内容，在社会改革领域开辟了新的战场。

1950 年 4 月 30 日，毛泽东签署命令发布新中国第一部基本法《中华人民共和国婚姻法》，宣布在全国范围内废除封建主义的婚姻制度，实行新民主主义的婚姻制度，建立自由平等、权利与义务相统一的婚姻关系和家庭关系。《婚姻法》不但使封建社会的女性从受压迫的地位中解放出来，也使整个社会经历了一次摆脱封建主义思想禁锢的蜕变，为广大女性积极参加社会生产和进行文化学习扫除了来自思想、社会和家庭等方面的阻碍。"冰冻三尺，非一日之寒"，扫清封建主义婚姻制度的思想余毒不是仅靠一部法律就可以实现的。《婚姻法》颁布以后，一些人"对婚姻法缺乏正确的理解，处理人民婚姻问题时，还没有很好地贯彻这一法令，甚至发生了某些较大的偏向"[1]。只有经过长期的宣传和思想教育，对错误的观点积极展开批评，才能使新的婚姻和家庭观念深入人心。为此，一方面依托党政军宣传组织机构，对《婚姻法》的内容进行了迅速的宣传，开展贯彻《婚姻法》的群众性运动，使政策与群众见面；另一方面，发挥戏剧、电影、画报等各种文艺形式的作用，从而对人们产生潜移默化的影响。

劳动的解放是实现女性解放和清除封建思想残余的根本。封建主义思想文化的道德观念在人们心中根深蒂固，要想铲除封建思想对女性的压迫，就必须在土地改革和各项民主改革中同时调动女性的革命和生产积极性，在革命运动和生产劳动中灌输男女平等的观念。在农村，组织妇女一同参加土改运动，妇女也获得了一份土地；组织妇女参加耕种、修堤、纺织、养殖等生产活动；培养和选拔农村妇女中的积极分子参与农民协会等领导工作，发动妇女参加人民代表的普选，使各项活动能够反映和照顾妇女的合法权益。在大城市中，开展大规模清除妓院的运动，对妓女和舞女进行教育改造，为她们重新进入社会创造条件，"使这种在旧社会绵延几千年的丑恶现象绝迹"[2]。

新中国成立初期的思想文化工作方针以及各项工作的开展，在一定程度上根除了封建主义和帝国主义对人们的精神压迫和思想毒害，涤荡了社会风气，

---

[1]　许德珩：《正确执行婚姻法　消灭封建的婚姻制度》，《人民日报》1951 年 4 月 30 日。

[2]　柳建辉、曹普主编：《中国共产党执政历程》第 2 卷，人民出版社 2011 年版，第 93 页。

传播了新民主主义的思想文化、道德观念、价值取向，增强了人们的阶级意识，使人民群众不但在社会地位上站起来，而且在思想认识上站起来。通过肃清帝国主义和封建主义的思想文化影响，使人民群众对党和新中国政府有了新的认识，增强了人们的民族自尊心和民族自信心，为全国人民团结一心进行新中国建设提供了精神支撑。

二、慎重对待资产阶级思想

资产阶级在一定时期的存在并参与新中国政权的建设，是中国共产党处理与资产阶级关系和制定各项政策的出发点。根据新民主主义建设需要，在经济上对有利于国计民生的资本主义采取保护政策，对于什么时候向资本家阶级"全面进攻"，过渡到社会主义，要十分慎重。与之相适应，对资产阶级思想也要采取慎重对待的方针。以爱国主义和《共同纲领》的精神团结教育资产阶级，允许资产阶级思想存在，在"反帝反封建的基础上将他们团结起来，并加以教育"①，反对过早提出用无产阶级社会主义思想改造资产阶级思想的错误。

（一）允许资产阶级思想在一定范围内的存在

慎重对待资产阶级思想，允许资产阶级思想的存在，首先是由新民主主义社会的主要矛盾决定的。新中国成立后，帝国主义、封建主义和官僚资本主义在各方面的影响还广泛存在，全国还有三亿多人口的地区没有进行土地改革，中国共产党和人民政府面临着继续完成民主革命的艰巨任务。为了缓和与民族资产阶级以及旧知识分子的关系，团结一切可以团结的力量共同完成民主革命的任务，党中央和毛泽东制定了"不要四面出击"的方针，对资本主义工商业进行合理调整，而不是消灭资产阶级。资产阶级的存在这一客观事实，必然在思想上得到反映。

在新民主主义建设时期允许资产阶级思想的存在是具有法律和政策依据的。在颁布新中国宪法前，《共同纲领》具有临时宪法的性质。根据《共同纲领》的原则要求，民族资产阶级与工人阶级、农民阶级、小资产阶级和其他爱

① 《毛泽东文集》第6卷，人民出版社1999年版，第146页。

国民主分子同属于人民的范畴，享有思想、言论、出版、集会、结社等自由权利。同时，《共同纲领》充分尊重民族资产阶级的合理诉求，实行公私兼顾、劳资两利、城乡互助、内外交流的政策，在国家政策范围内允许资本家适度获取利润，奉行了"鼓励其经营的积极性，并扶助其发展"[①]的基本方针。在新民主主义社会时期，资产阶级思想的存在可以发挥积极性的作用。资产阶级思想相对于封建主义思想是更先进的意识形态，有利于肃清封建主义思想文化的影响。诞生于半殖民地半封建社会的民族资产阶级大多具有深厚的爱国主义情感，主张实业救国，能够在中国共产党的领导下为迅速恢复发展国民经济和维护国家的安全统一增砖添瓦。

允许资产阶级思想的存在并不是指万事都依靠资产阶级，更不是说资产阶级思想不需要改造。早在纪念中国共产党成立 28 周年时，毛泽东就于《论人民民主专政》中指出："民族资产阶级不能充当革命的领导者，也不应当在国家政权中占主要的地位"。1951 年初，毛泽东强调加强城市工作必须依靠工人阶级，"明确依靠工人阶级应成为党的指导思想""着重地研究和解决依靠工人阶级的思想问题，工厂管理问题，工会工作问题"[②]。在经济建设中以工人阶级为主要的依靠力量，自然也要以工人阶级思想为指导，为以后实现对资产阶级思想进行改造埋下了伏笔。

（二）以爱国主义和《共同纲领》团结教育资产阶级

为迅速恢复发展国民经济，支援抗美援朝战争，党和政府号召群众开展爱国增产节约运动。随着运动的广泛开展，社会上暴露出一些党政干部严重的贪污、浪费、官商勾结，侵吞国家资产的行为。党中央认为这是不法资本家向党员干部猖狂进攻的结果。毛泽东曾在七届二中全会的报告中警示"资产阶级的捧场可能征服我们队伍中的意志薄弱者"，共产党人要注意抵制"糖衣炮弹"的攻击。当一些党员干部被资产阶级腐朽思想所侵蚀时，党中央和毛泽东必然对不法资本家进行必要的反攻。1951 年 12 月党中央发出《关于实行精兵简政、增产节约、反对贪污、反对浪费和反对官僚主义的决定》，"三反"运动在全国相继展开，1952 年初又开展了针对不法资本家的"五反"运动。"三反""五

---

① 《中国人民政治协商会议共同纲领》，《人民日报》1949 年 9 月 30 日。
② 《毛泽东文集》第 6 卷，人民出版社 1999 年版，第 133 页。

反"运动沉重打击了资产阶级剥削思想对党的侵蚀，维护了工商业正常的市场秩序，使资产阶级受到一次守法经营的教育。

在"三反""五反"运动中，不只在经济领域，而且在教育界、文艺界都出现了要求彻底肃清资产阶级思想的"左"倾情绪，党中央和毛泽东对此持非常冷静和慎重的态度。刘少奇在 1951 年就指出"对于资产阶级、小资产阶级、农民阶级的思想体系，即非马列主义、非无产阶级的思想体系，要批评，但不能肃清，也肃不清"[①]。1952 年毛泽东在修改黄炎培的讲话稿时更加明确地提出，在新民主主义阶段，只应当责成资产阶级接受工人阶级的领导，亦即接受《共同纲领》，不能超过这个限度，要用爱国主义思想、共同纲领的思想帮助资本家改造"五毒"思想。[②] 这些要求对于及时纠正意识形态工作中的"左"倾错误具有重要指导意义。

对资产阶级思想采取慎重对待的方针，其中重要的经验是坚持以法律为准绳。在"三反""五反"运动中，斗争对象的判处、审查和制裁，要严格按照党的政策和政府法令执行，"不得放纵一个坏人，不得冤枉一个好人"[③]。毛泽东特别要求，在"法庭审判、追赃定案阶段，必须认真负责，实事求是，不怕麻烦，坚持到底"，并认为这是"共产党人统治国家的一次很好的学习"。[④] 在群众性运动中坚持按照法律要求办事，可以防止经济领域斗争扩大到意识形态领域。只是，由于新中国成立初期法律体系建设尚不健全，具有临时宪法性质的《共同纲领》为新民主主义社会各项建设提供了根本方针政策的指导，但是缺乏具体规范和对法律行为的详细界定，致使运动过程中出现个别过火行为。

三、学习宣传马列主义毛泽东思想，发起知识分子改造运动

新中国成立初期，为稳定社会秩序，使全国各项建设快速步入正轨，党和政府对旧的公教人员实行"包下来"政策，取得很好效果。随着新中国各项事业的开展，一些新的矛盾日益凸显出来。从党自身来说，中国共产党成为全国

① 《刘少奇选集》下卷，人民出版社 1985 年版，第 82 页。
② 参见《毛泽东文集》第 6 卷，人民出版社 1999 年版，第 236 页。
③ 《毛泽东文集》第 6 卷，人民出版社 1999 年版，第 202 页。
④ 《毛泽东文集》第 6 卷，人民出版社 1999 年版，第 204 页。

性的执政党后，党员队伍迅速扩大，一些尚不具备党员资格的人也被吸收入党。为保持党的战斗力和纯洁性，需要开展一次深入的整党整风运动。在对旧的公教人员实行"包下来"政策下，一些在历史上存在劣迹的人仍然留在新政府内工作，需要对他们进行清理、教育和改造。从社会方面来看，在对学校进行改革调整的过程中，教育界有一部分人存在抵触心理。为推进教育制度改革顺利开展，打通人们的思想认识，需要在教育界开展一次批评与自我批评的自我改造运动。在文艺界，同样存在严重的思想混乱现象，人们对马克思主义的认识有待提高。马克思主义作为党的指导思想，只有经过不断的宣传教育，才能使其上升为在全社会居统治地位的意识形态。在新形势下，号召人们学习宣传马列主义毛泽东思想，发起知识分子改造运动，不但成为必要，而且也具有了可能。

（一）设立编译机构，出版马克思主义经典著作

马克思主义经典著作的编译出版是学习马克思主义理论的基本前提条件。革命战争时期，党通过自己掌握的报社、出版社、书店等机构发行了一系列马克思主义经典著作和丛书，极大促进了马克思主义理论在中国的传播。但是革命时期在白色恐怖的包围之下，出版工作受到很多限制，在国民党统治区更是需要以秘密的方式进行，正如刘少奇所说，"几十年来，宣传马列主义是被禁止的，而且禁止得相当厉害"[1]。同时，由于缺少从事马克思主义著作翻译工作的专门人才，所出版的著作质量参差不齐，不利于人们对马克思主义的研究和学习。新中国成立后，马克思主义著作的编译出版具备了全新的条件，为马克思主义的学习和宣传、提高全国人民的思想觉悟和理论水平，创造了优越的环境。

早在 1943 年，党中央就在延安设立了中央编译局。1949 年北平解放后，中央编译局迁往北平，改名为中共中央俄文编译局。中共中央俄文编译局不但编译出版了大量马克思主义著作，而且承担了为中央各业务部门培养俄文干部的任务。此后，中央宣传部又成立了斯大林全集翻译室。1953 年，中央决定将中央俄文编译局与中央宣传部斯大林全集翻译室合并，在此基础上成立马恩列斯著作编译局，其任务是有系统有计划地翻译马克思、恩格斯、列宁、斯大

---

[1] 《刘少奇选集》下卷，人民出版社 1985 年版，第 80 页。

林的全部著作。在党中央的统一领导和部署下，马克思主义经典著作的编辑出版工作在全国如火如荼地进行。除了全集、选集外，社会上各种出版机构还以单行本的形式出版了一批著作，成为当时人们学习研究马克思主义的重要文本资料。

《毛泽东选集》的编辑出版工作是新中国成立后的一件大事。新中国成立前，各地区已经出现各种版本的《毛泽东选集》和毛泽东著作单行本。为了使全国人民更好地学习研究毛泽东思想，1950年中央政治局成立中共中央《毛泽东选集》出版委员会，由人民出版社承担《毛泽东选集》的出版工作。1951年，《毛泽东选集》第1卷得以在全国同时发行。毛泽东思想是中国共产党将马克思主义基本原理与中国实践相结合的产物，是马克思主义中国化的第一次飞跃。《毛泽东选集》的出版和广泛传播促进了马克思主义大众化，加深了人们对中国共产党历史和党的政策的认识，使全国人民在毛泽东思想的旗帜下达到了新的团结统一。

（二）提升党员干部思想理论素养，培养马克思主义专门人才

党员干部特别是党的高级干部，是党和国家事业发展的关键力量。党员干部的马克思主义思想理论素养，不但反映了中国共产党自身的理论水平，也关系到全国的意识形态建设。学习宣传马列主义、毛泽东思想，首先需要在党员干部中开展马克思主义理论的学习教育活动。

学习理论是为了解决实际问题。党在全国建立统一的政权组织后，一些党员干部在处理与党外群众的关系时犯了关门主义错误，不愿或不善于和党外群众和民主人士团结合作。为此，1950年中共中央发出关于学习斯大林、毛泽东论共产党员要善于和非党群众团结合作的指示，并摘录了1949年中文版的《列宁主义问题》和北京新华书店1949年版的《整风文献》供党员学习，为党在新形势下建立和非党群众的紧密联系提供了理论指导。

整风是党进行马克思主义思想教育的重要经验。从1951年下半年开始，中共中央和毛泽东在全党范围内进行了一次马克思主义的整风整党运动。在运动中，向全体党员开展共产主义思想和共产党政策的教育、共产党员标准的教育，提高了党员和干部的思想理论水平。为配合全党整风的开展，一些党的高级干部根据工作需要，通过自订阅读计划，自觉学习马克思主义理论。在高级干部中加强马克思列宁主义和毛泽东思想的学习，对于党和国家工作的改进具

有决定性意义。

学校是学习宣传马克思主义的重要阵地。长期以来，由于缺少高质量的政治理论师资力量，学校的马克思主义理论教学水平普遍不高。在基本完成教育制度改革和院系调整后，各高等、中等学校亟须配备通晓马克思主义的专门人才。因此，中央决定由教育部负责筹划，首先，在中国人民大学开设了马克思列宁主义研究班，有系统地学习马克思列宁主义理论，为各高等院校培养了一部分政治理论师资力量。另外，在各大行政区选择有条件的高等院校，如西北大学同样开设马克思列宁主义研究班，设立政治教育系或政治教育专修班，为高等、中等学校培养马克思主义专门人才。在高等学校中部署马克思主义教育工作，为在学校和全社会宣传马克思主义储备了后备力量，为马列主义、毛泽东思想的广泛传播产生了直接影响。

（三）开展知识分子思想改造运动

党一向重视知识分子思想改造工作。毛泽东在一次讲话中提到，"思想改造，首先是各种知识分子的思想改造，是我国在各方面彻底实现民主改革和逐步实行工业化的重要条件之一"[1]。新中国成立初期，党对知识分子采取"包下来"政策，使他们能够继续为新中国建设事业贡献力量。在党看来，从旧社会走来的知识分子往往受资产阶级、小资产阶级思想影响，缺少为劳动人民服务的革命立场，在条件成熟时需要对他们进行逐步的教育和改造，使他们能够真正为新中国建设服务。

1951 年 9 月，北京大学校长马寅初根据学校政治学习的经验，主动邀请中央领导人到北大担任政治学习运动教师，并借以推动学校的教育改革。为此，周恩来向京津各高校 3000 余名教师作了《关于知识分子的改造问题》的报告。周恩来的报告"先从自己讲起"，循循善诱地引导人们"靠自己觉悟"树立工人阶级立场，确立鲜明的革命态度。他提到，知识分子应坚持为绝大多数人民的最高利益着想的人民立场，并由人民的立场再进一步站到工人阶级立场，尤其是工人阶级立场的确立需要长期摸索、学习和锻炼，在以毛泽东思想为革命指南针的同时还要开展自己的革命实践。[2] 他的报告深入阐述了知识

---

[1] 《毛泽东文集》第 6 卷，人民出版社 1999 年版，第 184 页。

[2] 参见《周恩来选集》下卷，人民出版社 1984 年版，第 65 页。

分子思想改造的方向、步骤和途径，在高校教师中引起了强烈反响，极大推动了整个教育界以批评和自我批评为主要方式的思想改造运动。

席卷整个知识界的思想改造运动形式多样，影响深远。各界的知识分子通过学习政策文件，组织参观土地改革、抗美援朝、镇压反革命和"三反""五反"等实践活动，在政治上分清了是非，普遍树立了爱国主义和为人民服务的思想，得到了党和人民的认可。

第五章　中国的过渡时期总路线和
社会主义改造理论

新中国成立后，党领导亿万中国人，创造性地运用马克思主义的基本原理，科学借鉴苏联改造和建设的经验教训，在理论和实践中回答了中国如何实现向社会主义过渡的问题。经过新中国成立后头三年的国民经济恢复，以毛泽东同志为主要代表的中国共产党人与时俱进地发展了之前的新民主主义社会设想，不失时机地提出了过渡时期的总路线，成功开启了富有中国特色的社会主义改造，从而解决了在一个人口众多、经济文化落后的国家如何建设社会主义的重大课题。

第一节　毛泽东提出的过渡时期总路线

在新民主主义革命胜利前后，毛泽东多次就新民主主义社会向社会主义社会的转化作过深入探讨，就过渡的时间、步骤和方式等基本问题给出了系统方案。但是，毛泽东对这一问题的探索和思考从未止步，而是随着新中国经济社会的不断发展，在新民主主义向社会主义过渡的时间、方式和内容上有了新的认识。他对过渡和改造问题认识的不断发展和变化，历经了一个较长的酝酿过程，这也说明中国过渡时期总路线的提出不是偶然的，而是经过慎重思考和实践检验的成熟方略。

一、毛泽东在过渡问题上的新思路

在创立科学社会主义理论时，马克思主义经典作家曾就新民主主义向社会主义的过渡问题有过相关论述。如马克思和恩格斯很早就指出：无产阶级将利用自己的政治统治，一步步夺取资产阶级的全部资本，把一切生产工具集中在国家即成为统治阶级的无产阶级手中，并尽快增加生产力总量[①]。恩格斯还提到他和马克思从不认为"赎买在任何情况下都是不容许的"，相反，若能用它变革所有制将是"最便宜不过了"[②]。他们实际上指出了将私有制变为公有制，是建设共产主义社会必然要历经的过渡阶段，也论及了社会主义改造可能的方式。列宁则结合俄国革命的实践强调：落后国家在先进无产阶级的帮助下，可以不历经资本主义发展阶段，而直接过渡到苏维埃制度，然后经过一定的发展阶段再过渡到共产主义社会。所以，他深信"社会主义革命和资产阶级民主革命之间并没有隔着一道万里长城"[③]。列宁在马克思和恩格斯论述的基础上，发展了他们的革命转变思想，提出了东方国家可以依据自身国情，采取合适方式完成向社会主义社会的过渡。经典作家的这些分析，坚定了中国从新民主主义社会向社会主义社会成功过渡的信心，也启迪了中国共产党人依据马克思主义过渡理论在具体实践中摸索出更符合本国情况的过渡方式。

中国共产党在建党之初，就依据马克思主义确立了社会主义的奋斗目标，但在新民主主义革命胜利以后究竟要建立一个怎样的国家、什么时候开始向社会主义的过渡，这些理论问题是在后来的革命和建设实践中不断找到答案，并不断丰富和完善的。与之前"先建设后改造"设想很不同的是，毛泽东在1952年之后逐渐提出了"建设与改造并举"的全新过渡思路。

较早体现出毛泽东过渡思想开始发生变化的是1952年6月6日毛泽东给中央统战部的一个指示。他在指示中批示道："在打倒地主阶级和官僚资产阶级以后，中国内部的主要矛盾即是工人阶级与民族资产阶级的矛盾，故不应再将民族资产阶级称为中间阶级"[④]。将民族资产阶级划出需要团结和争取的中间

---

① 参见《马克思恩格斯选集》第1卷，人民出版社2012年版，第421页。
② 《马克思恩格斯选集》第4卷，人民出版社2012年版，第375页。
③ 《列宁选集》第4卷，人民出版社2012年版，第564页。
④ 《毛泽东文集》第6卷，人民出版社1999年版，第231页。

阶级，并将它与无产阶级的矛盾当作主要矛盾，足见毛泽东此前对民族资产阶级所主张的又联合又斗争的方针已经开始悄悄起变化了。这种变化是与他对新民主主义向社会主义具体转变时机的新考量相联系的。

1952 年 9 月 24 日，毛泽东表达了马上向社会主义过渡的新想法。他在当天中央书记处会议上听取了周恩来关于"一五"计划的方针任务后，谈道：我们现在就要开始用 10 年到 5 年时间基本上完成向社会主义的过渡，而不是 10 年或是以后才开始过渡。七届二中全会提出的限制与反限制的斗争问题，现在这个内容更加丰富了。工业中，私营占 32.7%，国营占 67.3%，是三七开。再发展 5 年，私营比例会更小。5 年、10 年、15 年后怎么样，要想一想。到那时私营工商业的性质也变了，是新式的资本主义，公私合营、加工订货、工人监督、资本公开、财务公开，他们已经挂在共产党的车头上，离不开共产党了。农村也要向互助合作发展，前 5 年不准地主、富农参加，后 5 年可以让他们参加①。对于当时就向社会主义过渡的新思路，毛泽东采取了谨慎的态度。同年 10 月，他曾委托访苏的刘少奇向斯大林就制度转变的时机向斯大林征求意见。刘少奇向斯大林征询了"关于中国怎样从现在逐步过渡到社会主义去的问题"，阐述了十年以后中国将私人工业不费力地收归国家经营，十年到十五年内将基本上实现农业经济集体化等目标。斯大林就此给出了明确答复："我觉得你们的想法是对的。当我们掌握政权以后，过渡到社会主义去应该采取逐步的办法。你们对中国资产阶级所采取的态度是正确的"②。已经成功建成社会主义国家的领导者斯大林的赞许，无疑是对毛泽东关于过渡时期新思路的重要肯定和支持。

此后，毛泽东关于过渡时期的方略逐渐明朗起来。1953 年 2 月 27 日，他讲到了在湖北视察时与孝感地委同志的谈话内容：什么叫过渡时期？过渡时期的步骤是走向社会主义……类似过桥，走一步算是过渡一年，两步两年，三步三年，10 年到 15 年走完……在 10 年到 15 年或更多一点时间内，基本上完成国家工业化及对农业、手工业、资本主义工商业的社会主义改造。要水到渠成，防止急躁情绪。③ 从毛泽东一年中的数次论述可以看出，毛泽东改变了主

---

① 参见《毛泽东年谱（1949—1976）》第 1 卷，中央文献出版社 2013 年版，第 603—604 页。
② 《建国以来刘少奇文稿》第 4 册，中央文献出版社 2005 年版，第 525、533—534 页。
③ 参见薄一波：《若干重大决策与事件的回顾》（上），中共党史出版社 2008 年版，第 152 页。

张经过一段时间的建设再完成过渡的预设，而是作出了提前向社会主义过渡的决定。这一决定并非心血来潮或是灵机一动，而是根据中国经济社会发展的新进展并参照了邻国社会主义改造经验而相应作出的调整。

1953 年 9 月 8 日，周恩来在全国政协常委会上阐释过渡时期的总路线时指出："这个问题本来不是一个新的问题。从中华人民共和国成立时起，我们就认定新民主主义要过渡到社会主义。《共同纲领》中虽然没有写社会主义的前途，但这是因为考虑到当时写上去还不成熟。所谓不成熟，不是说在领导分子中间还不了解，而是说还要经过对广大群众的宣传教育。现在提出这个问题，是为了把它更加明确起来，使它具体化。"[1] 他的分析，在一定程度上指出了毛泽东在过渡问题上的新思路实际上是对中共第一代领导集体共同探索的继承和深化，是在新民主主义过渡问题获得更广泛认同之后的一种顺势而为。周恩来在讲话中还提到，认为过渡时期总路线的提出与朝鲜停战相关的见解不无道理，因为毛主席指导工作有一个原则，当一个任务完成了的时候，就会赶快提出新的任务以免松懈。但是这一分析并不完全，过渡时期总路线确实是新的任务，它的提出更与当时国内外的各种条件密切相关。周恩来对过渡时期新思路出台缘由的分析无疑是客观的，当时的政治经济基础、改造经验积累、国内主要矛盾、国际总体环境等多重原因，催生了毛泽东关于社会主义改造思想的完善。

政治经济基础。历经了土地改革、镇压反革命以及"三反""五反"等运动和斗争后，新生的人民民主专政政权得到巩固，从而为新民主主义社会向社会主义社会的过渡铺垫了政治前提。经过对官僚资本主义的没收和三年国民经济的恢复，中国的经济得到较快发展，国营经济在国民经济中取得了绝对的领导权。至 1952 年，在工业总产值中的国营经济比重已经超过了百分之五十，国营经济基本掌握了国民经济命脉。新民主主义社会的国营经济，既是维持国家财政和经济稳定局面的重要力量，也是开展大规模经济建设、进行社会主义改造的基本物质基础。1953 年下半年，毛泽东在多个重要场合论及社会主义过渡时期总路线时，都强调了它是以一定的政治经济条件为前提的。如在 7 月 29 日的中央政治局扩大会议上的讲话中，毛泽东提道："使独立的私人资本主义企业变为受限制的国家资本主义，这是一个大的进攻，只有有了抗美援朝、土地改革、镇压反革命、'三反''五反'、思想改造这五个条件，加上社会主

---

① 《周恩来选集》下卷，人民出版社 1984 年版，第 104 页。

义工业和经济的发展，才能这样搞"①。可见，过渡时期总路线的提出，社会主义改造的开始，是立足于当时国内政治经济社会的发展状况而作出了因时制宜的决策。

改造经验积累。新中国成立初期的三年，对资本主义工商业的利用和限制，不仅积累了一些社会主义的改造经验，而且实际上成为对资本主义进行社会主义改造的最初步骤。在对资本主义工商业一系列加工订货、经销代销、统购包销等不同形式的改造中，加强了对资本主义工商业生产经营的管理和监督，密切了它们与国营经济的联系，使其逐步被纳入到国家资本主义轨道中。在农村进行土地改革后，也在部分地区发展了不同形式的农业互助合作运动，组建了初级农业生产合作社，开始了对农业进行社会主义改造的初始步骤。个体手工业，通过组织供销合作社、生产合作社，迈出了互助合作的实际步伐。这些不同领域不同程度的社会主义改造，在积累重要改造经验的同时，也提出了如何进一步规范和引领的现实难题，促进了过渡时期总路线的酝酿和提出。

社会矛盾变化。社会经济结构的变动，也带来了社会矛盾的变化。随着新民主主义革命遗留任务的完成，对国民党残余势力的消除，工人阶级与资产阶级的矛盾，社会主义道路与资产阶级道路的矛盾日益明显。被限制发展的私人资本主义经济，在体现出有利于国计民生的积极作用的同时，也出现了某些破坏国民经济发展的消极影响。尤其是在"五反"运动中，资本家唯利是图、损公肥私、损人利己的本性暴露无遗，某些不法资本家与工人的冲突加剧。其"五毒"行为对国家经济和社会发展的某些危害，引起了党和政府的警觉，对他们的社会主义改造已刻不容缓。1953 年，毛泽东同农村工作部负责人就农村互助合作的谈话指出："有句古语，'纲举目张'。拿起纲，目才能张，纲就是主题。社会主义和资本主义的矛盾，并且逐步解决这个矛盾，这就是主题，就是纲。提起了这个纲，克服'五多'以及各项帮助农民的政治工作、经济工作，一切都有统属了"②。这一谈话虽然论及的是解决资无矛盾对于农业开展社会主义改造和发展农村生产力的重要性，但是也指明了当时已带有总纲性质的这一矛盾的尽早解决，对于整个国家的进步意义非凡。

---

① 《毛泽东文集》第 6 卷，人民出版社 1999 年版，第 285 页。
② 《毛泽东文集》第 6 卷，人民出版社 1999 年版，第 302 页。

国际总体环境。在帝国主义对中国的重重包围和经济封锁中，中国只能奉行"一边倒"的外交政策，正在蓬勃发展的社会主义国家苏联无疑对于我们起到了榜样和示范作用。而抗美援朝所取得的伟大胜利，也预示了新的世界大战在短期内难以发生，中国赢得了相对和平的建设环境。争取发展契机，完成制度转变，促进经济繁荣和国防巩固，也就成为了毛泽东作出提前向社会主义过渡的初衷之一。

基于这些考量，提前向社会主义过渡被毛泽东提上议事日程，并经过深思熟虑后于1953年12月的中央文件中形成了完整系统的表述。毛泽东关于过渡时期的总路线在《为动员一切力量把我国建设成为一个伟大的社会主义国家而奋斗》一文中被概括为："从中华人民共和国成立，到社会主义改造基本完成，这是一个过渡时期。党在这个过渡时期的总路线和总任务，是要在一个相当长的时期内，逐步实现国家的社会主义工业化，并逐步实现国家对农业、对手工业和对资本主义工商业的社会主义改造"[1]。周恩来在《过渡时期的总路线》的报告中强调："现在开始五年计划经济建设，国际国内形势都是有利的；提出过渡时期的问题，也是适时的"[2]。

二、过渡时期总路线的基本思想

经过1952年酝酿，于1953年下半年正式提出的过渡时期总路线，主要就过渡时间、过渡方式、过渡内容、过渡意义等基本问题做出了阐释。过渡时期总路线，简称为"一化三改"，"一化"是指实现国家的社会主义工业化，"三改"是指对农业、手工业和资本主义工商业的社会主义改造。这一路线所蕴含的基本思想包括：

一是过渡的时间。毛泽东将过渡的起点明确为新中国的成立。他解释说：标志着革命性质转变、标志着新民主主义革命阶段基本结束和社会主义革命阶段开始的东西是政权的转变，是国民党反动政权的灭亡和中华人民共和国的成立，并不是说社会主义改造这样一个伟大的任务，在中华人民共和国成立以后

---

[1] 《中共中央文件选集》第17册，人民出版社2013年版，第266页。

[2] 《周恩来选集》下卷，人民出版社1984年版，第108页。

就可以在全国一切方面着手施行了。实际上，新中国成立初还必须在广大农村解决封建主义与民主主义即地主与农民之间的矛盾。那时农村的主要矛盾是封建主义与民主主义之间的矛盾，而不是资本主义与社会主义之间的矛盾，因而需要两三年实践在农村实行土地改革。在农村实行土地改革的同时，在城市着手接收了官僚资本主义企业使之变为社会主义的企业，建立了社会主义的国家银行、国营商业、合作社商业，并对私人资本主义企业开始实行了国家资本主义措施。这些显示了我国过渡时期头几年中的错综复杂形象。基于这些分析，毛泽东将过渡时期的时限定义为"从中华人民共和国成立，到社会主义改造基本完成"。① 这就表明，新民主主义社会的建设时期本身就是过渡时期，新民主主义革命胜利后就意味着社会主义革命的开始，而非经过一段时间的恢复和发展才开始的。

二是过渡的方式。与之前设想若干年建设后一举采取严重步骤实现社会主义的理路所不同的是，毛泽东在过渡时期总路线方针中强调了逐步实现的必要。1953 年 6 月，他在审阅李维汉《关于利用、限制和改组资本主义工商业的若干问题（未定稿）》时批注道："几点错误观点：（一）确立新民主主义的社会秩序；（二）由新民主主义走向社会主义；（三）确保私有财产。党的任务是在十年至十五年或者更多一些时间内，基本上完成国家工业化和社会主义的改造。所谓社会主义改造的部分：（一）农业；（二）手工业；（三）资本主义企业。逐步对于将资本主义逐步过渡到社会主义的认识——社会主义成分是可以逐年增长的，资产阶级的基本部分是可教育的。"② 显然，被他所批评的三种提法，都体现出阶段性的稳定发展后采取的突变转入方略，都与"逐步"过渡的理念格格不入。同一天晚上，毛泽东在主持中央政治局讨论这一报告时又强调：过渡时期的时间多长？考虑来考虑去，讲十年到十五年或者更多一些时间比较合适。逐步过渡到社会主义的提法比较好，因为社会主义因素是逐年增长的，不是说到第十六个年头上突然没收资本主义工商业。根据过去四年的经验，资本主义企业中社会主义因素是逐年增长的，不要认为十五年资本主义经济十五年原封不动，不要把资本主义经济看成一块铁板、看是不变化的。我们对当时的私营企业采取了"有所不同、一视同仁"的政策，目前尚无资格一脚

---

① 《毛泽东文集》第 6 卷，人民出版社 1999 年版，第 316 页。
② 《毛泽东传》第 3 册，中央文献出版社 2011 年版，第 1215—1216 页。

踢开资本主义企业。①这一分析，以资本主义工商业的改造为例，更为具体地诠释了逐步的可行性。他所提及的"有所不同，一视同仁"政策，是在经济地位上区分国营经济和私营经济，在原料供应、贷款提供、工资待遇等方面同样对待两种不同性质经济的做法，是"逐步"改造理念的贯彻。

逐步改造的理念，体现的是稳步前进的新思路。正因为与之前设想的方式有很大的差异，为了防止在社会主义改造中可能出现的急躁冒进，毛泽东多次就这一方式反复说明。他在接见中国新民主主义青年团成员时，指出党在过渡时期的总任务要经过三个五年计划，"一年一小步，五年一大步，三个大步就差不多"，而且这三步是指基本完成，不等于全部完成。他在中央政治局的一次扩大会议上指出：现在所说的改造，还不是取消资本家私人所有制，使之变为社会主义企业的最后改造步骤，而是指在承认资本家的受限制的不完全的私人所有制条件下，使资本主义企业逐步变为国家资本主义企业。他在就中华人民共和国宪法草案发表的意见时，也谈到了改造问题：在全国范围内一天实现社会主义形式上是很革命的，但由于缺乏灵活性会遭到反对而失败。国家资本主义的建立就采取了"逐步"和"各种"原则，亦即逐步实现各种形式的国家资本主义，以达到社会主义全民所有制。②毛泽东对社会主义改造程度上所强调的"基本完成"，对私人资本主义改造步骤上所指出的"非一举消灭"，对社会主义改造方式上所阐述的"各种形式"，都从不同的侧面进一步补充论证了实行"逐步"过渡的方略，彰显出方向的坚定性与道路的多样性、原则的坚定性与举措的灵活性的有机结合。

周恩来在宣传过渡时期总路线时，也重点论述了社会主义改造的逐步原则和渐进方略。他指出，我国根据国际条件尤其是国内各阶级联盟和经济发展的情况，社会主义的过渡并不采取激烈的突然变革，而采取温和的逐步过渡方法。由新民主主义到社会主义虽然是一场革命，但可以采取逐步的和平转变的办法，而不是在一天早晨突然宣布实行社会主义。在过渡时期中，要使社会主义成分的比重一天一天地增加。将来是"阶级消灭，个人愉快"，就是说采取逐步过渡的办法，做到"水到渠成"。他同样以对资本主义改造的程度演变为

---

① 参见《毛泽东年谱（一九四九——一九七六）》第 2 卷，中央文献出版社 2013 年版，第 116—117 页。

② 参见《毛泽东文集》第 6 卷，人民出版社 1999 年版，第 280、286、326—327 页。

例，提到对资本主义工商业的社会主义改造，当前还不是最后的改造，而是逐步过渡中的改造，最后的改造是取消生产资料所有制，将其变成国家所有制或是集体所有制。这些改造不是最后的改造，而是有领导有进化地逐步纳入总路线的轨道，逐步引导到社会主义。① 以和平的渐变式转化途径，达成激进革命的过渡目标，这不能不说是毛泽东过渡思想的独创之处。

三是过渡的内容。过渡时期总路线主要由"一化"和"三改"两方面的过渡任务构成，这两者也被视作"一体两翼"的关系。其中，工业化是主体，是关键，而三大改造是支撑，是基础性保障，它们之间是"一化"带动"三改"的相互关联和密不可分。

社会主义工业化在过渡时期总路线中占有主导性地位。实现过渡时期总路线，就是要充分发展社会主义工业，使我国从落后的农业国变成先进的工业国，将非社会主义工业变成社会主义工业，使社会主义工业对整个国民经济的发展起决定性作用。党中央当时印发的过渡时期总路线学习和宣传提纲指出：社会主义工业是整个国民经济实行社会主义改造的物质基础，只有充分强大的社会主义工业才能吸引、改组和代替资本主义工业，才能够支持社会主义的商业改造和代替资本主义，才能用新的技术来改造个体的农业和手工业，才能最迅速地扩大生产，积累资金，造就社会主义的建设人才，培养社会主义的习惯，从而创造保证社会主义完全胜利的经济上、文化上和政治上的前提。② 这一宣传提纲深入分析了工业化对于农业、手工业和资本主义工商业顺利改造的引领和支撑作用。社会主义工业化的影响是多方面的，它对于巩固国防、增加财政收入、巩固工农联盟、提升民众生活水平、保证非社会主义经济成分改造等，都至关重要。毛泽东曾不无忧虑地指出："现在我们能造什么？能造桌子椅子，能造茶碗茶壶，能种粮食，还能磨成面粉，还能造纸，但是，一辆汽车、一架飞机、一辆坦克、一辆拖拉机都不能造。"③ 新中国工业的落后状态，距经济社会发展的需要相去甚远。工业尤其是重工业的发展，已成为社会主义工业化、农业机械化的重要突破口。一个六亿人口大国的工业化，也绝不是一蹴而就的。因而，毛泽东提出要经过三个五年计划，为社会主义工业化打下一个基

---

① 参见《周恩来选集》下卷，人民出版社 1984 年版，第 105—106、111—112 页。
② 参见《中共中央文件选集》第 14 册，人民出版社 2013 年版，第 499—500 页。
③ 《毛泽东文集》第 6 卷，人民出版社 1999 年版，第 329 页。

础，而要达到"差不多"的状态则至少需要五十年也即十个五年计划的充分发展。

三大改造，是指扩大社会主义的全民所有制和合作社社员的集体所有制，将农民和手工业者以自己劳动为基础的私人所有制改造为合作社社员的集体所有制，将以剥削工人阶级剩余劳动为基础的资本主义私人所有制改造为全民所有制。若不及时将农业、手工业和资本主义工商业实行社会主义改造，任其自流发展，必然会影响社会主义工业化的进展，从而影响着过渡时期总路线的根本目的。[1] 工业化的推进，必然对粮食和原料作物有更多的需求，但小农经济的分散性与国家有计划的建设很不相适应，它们之间的矛盾日益暴露出来，因此要按照社会主义原则对农业逐步改造。农业必须走合作化的道路，过渡时期的工农联盟也是建立在工人阶级领导农民走社会主义道路的基础之上。手工业在国民经济中也占有很大的比重，1952 年的比重为百分之十三左右，城乡手工业从业者一千万余人，因而，对个体手工业的社会主义改造，也是过渡时期总路线和总任务不可或缺的组成部分。资本主义工商业在一定时期对于国计民生有着积极作用，但消极作用也不可忽视。资本主义生产的无政府状态与国家有计划的经济建设之间存有矛盾，资本主义企业内部的工人同资本家存在矛盾，这些不可调和的矛盾影响着国民经济的发展和社会主义工业化的进程，因而利用、限制和改造资本主义工商业将是过渡时期内工人阶级与资产阶级之间斗争的一种新形式。三大领域的改造，都为过渡时期总路线的重要组成部分，而且三者之间也互不可缺。毛泽东曾将互助合作和国家资本主义形容为国营经济的两个翅膀即两翼[2]，农业、手工业、资本主义工商业三大领域改造的齐头并进推动着国民经济的发展和社会主义工业化的进程。

四是过渡的意义和实质。毛泽东指出，过渡时期总路线是"照耀我们各项工作的灯塔"，各项工作离开它就要犯右倾或"左"倾错误。"灯塔"一词，刻画出了总路线对于当时各项工作的总领性作用，体现了它在经济社会发展中的历史地位，周恩来也用"文章就是过渡时期总路线一篇"表达过同样的意思。毛泽东强调说：认为过渡时期太长，容易发生急躁情绪，就要犯"左"倾错误；认为民主革命胜利后仍停留在原地，不懂得革命性质转变，不搞社会主义改

---

[1]　参见《中共中央文件选集》第 14 册，人民出版社 2013 年版，第 499—500 页。

[2]　参见《毛泽东文集》第 6 卷，人民出版社 1999 年版，第 295 页。

造，就要犯右倾错误①。毛泽东对"左"右倾错误具体表现的界定和说明，彰显了他坚持过渡时期总路线不动摇的决心，也表明了既不能将过渡当作遥遥无期的远景设想，也不应急躁冒进盲目求改造，都为正确贯彻过渡时期总路线的题中应有之义。这实际上补充说明了在实践中科学落实过渡时期总路线的刻不容缓。

对于过渡时期总路线的实质，毛泽东也进行过多次分析。他在论及农村合作化问题时，指出，解决供求矛盾，就要解决所有制与生产力的矛盾问题，总路线就是解决所有制问题。他认为，将私有制变成集体所有制和国营，才能提高生产力，才能解决供求矛盾。正因为所有制是生产关系的基础，所以，总路线就是逐步改变生产关系，将私有制逐步变为不合法。后来，他在审阅中宣部编写的总路线宣传提纲时，更为系统地指出，"党在过渡时期的总路线的实质，就是使生产资料的社会主义所有制成为我国国家和社会的唯一的经济基础"。他将这一做法的原因解释为："只有完成了由生产资料的私人所有制到社会主义所有制的过渡，才利于社会生产力的迅速向前发展，才利于在技术上起一个革命，把在我国绝大部分社会经济中使用简单的落后的工具农具去工作的情况，改变为使用各类机器直至最先进的机器去工作的情况，借以达到大规模地出产各种工业和农业产品，满足人民日益增长着的需要，提高人民的生活水平，确有把握地增强国防力量，反对帝国主义的侵略，以及最后地巩固人民政权，防止反革命复辟这些目的"②。虽然受苏联社会主义建设经验的影响，将社会主义所有制当作改造唯一目标的认识有失偏颇，但是毛泽东提出的过渡时期总路线主要是以所有制为着力点，通过变革当时的产生关系，以促进技术上的革新、生产力的发展、民众生活水平的提高以及新生政权的巩固。这一分析指出了过渡时期总路线的实质，也再次诠释了实施过渡时期总路线的深远意义。

毛泽东提出的过渡时期总路线，随着《为动员一切力量把我国建设成为一个伟大的社会主义国家而斗争——关于党在过渡时期总路线的学习和宣传提纲》文件的出台，在全国上下得到广泛宣传。对这一路线的集中宣传，在全国范围内对人民群众作了一次很好的社会主义理念普及教育，使党员干部和广大

---

① 参见《毛泽东年谱（一九四九——一九七六）》第2卷，中央文献出版社2013年版，第116页。

② 《毛泽东文集》第6卷，人民出版社1999年版，第316页。

民众从思想上对新民主主义向社会主义的必然转变有了更深入的认知，进一步明确了中国只能走社会主义道路的信心，坚定了通过社会主义道路实现工业化的信念。过渡时期总路线被提出和广泛宣传后，成为当时党和国家一切工作的指南，开启了一场具有中国特色的、伟大的社会变革运动。

第二节　农业、手工业的社会主义改造理论

新中国成立之初，在开展大规模的有计划的经济建设的同时，党领导了农业、手工业领域的生产资料的变革运动。在全面对生产资料私有制的社会主义改造过程中，中国开创出了一条以自愿互利、循序渐进、典型示范和国家帮助为主要原则的独特改造之路。在具有这些特点的农业和手工业社会主义改造理论的指导之下，1953年后，我国掀起了一场轰轰烈烈的变革，虽然在1955年夏季后历经了一些曲折，但这场变革总体上体现出稳步前进和健康发展的特征，顺利完成了农业和手工业的合作化，促进了农村生产力的发展，推动了社会主义制度在中国的确立。

一、农业、手工业社会主义改造理论的提出

无产阶级夺取政权以后必须通过合作化途径走向社会主义，是马克思主义理论已经明确的基本原则。然而，作为一个有着数亿农民的落后大国，中国如何进行社会主义的改造，是一个事关社会主义革命和建设前途的重大问题。对农业和手工业开展的社会主义全面改造始于1953年，但是，毛泽东在中国革命的进程中就合作化有过较长时间的探索。他基于农村调查和深入研究，在分析中国特定历史条件和现实发展困境后作出了合作化的实践选择，并在长期的思考中借鉴苏联改造和建设经验，逐渐形成了系统的农业和手工业的社会主义改造理论。

　　大革命时期，毛泽东是同时代中共领导人物中重视调研和分析农村问题的杰出代表。他不仅曾在农民运动讲习所多次讲授与农村合作社相关的课程，而且在《湖南农民运动考察报告》中指出了开展合作社对于革除当时农村中某些弊病的有效性。1927年3月，他在历经了对湖南农村32天的考察后，撰写了共包含14个部分的长篇调查报告，其中一部分便以"合作社运动"为题。他写道："合作社，特别是消费、贩卖、信用三种合作社，确是农民所需要的"，"假如有适当的指导，合作社运动可以随农会的发展而发展到各地"①。这一报告，分析了合作社存在的合理性和推广的可行性，尤其突出了它能使农民在买卖货物时免除地主、商人、高利贷者重重盘剥的重要作用。

　　土地革命战争时期，以毛泽东同志为主要代表的中国共产党人对合作社的认识又进了一步。党的六大提出，农村要在国有城市大工业的领导之下，进行集体的农村经济，发展合作社，经过合作社而使数千万农民经济与城市的社会主义工业经济相联合②。这一号召，虽然无法在当时的社会条件下落实，但反映了合作化这种组织形式在党内已经很受关注，而且已被与社会主义经济联系在一起。1934年1月，毛泽东在瑞金召开的全国工农兵第二次代表大会上的报告里提及："我们的经济建设的中心是发展农业生产，发展工业生产，发展对外贸易和发展合作社"。他谈到，当时苏维埃的国民经济，主要由国营事业、合作事业和私人事业三方面组成；不同于散漫手工业的无计划性，由国家经营和合作社经营的事业，应当有相当精密的生产计划。当时的合作化发展迅速，1933年江西和福建的17个县共有合作社1423个。他因而相信，合作社经济和国营经济配合起来，经过长期的发展，"将成为经济方面的巨大力量，将对私人经济逐步占优势并取得领导地位"。他特别提到，劳动互助社和耕田队组织是春耕夏耕等重要季节中动员和督促农民，解决劳动力问题的必要方法。在尚不具备国家农业和集体农业的创办条件时，他在倡导组织犁牛合作社之余，强调各地组织小范围的农事试验场，以促进农业发展。③与大革命时期仅倡导农村流通领域的合作社所不同的是，这一时期综合性合作社在农业、手工业中开始更大范围地实践和推广，已成为一种主要的经济形式，能有效缓解根据地劳动力

---

①　《毛泽东选集》第1卷，人民出版社1991年版，第40、41页。

②　参见《建党以来重要文献选编》第5册，中央文献出版社2011年版，第421页。

③　参见《毛泽东选集》第1卷，人民出版社1991年版，第130—131页。

的不足及物资的匮乏。

抗日战争时期，毛泽东的合作化理论更为完善，合作社是党在经济上组织群众的最重要形式。1943 年 11 月，毛泽东在中共中央招待陕甘宁边区劳动英雄的大会上指出，中国农民几千年以来都是分散的个体经济，要克服农民自己陷于永远穷苦的状况，唯一的办法就是"逐渐地集体化"，而达到集体化的唯一道路就是依据列宁所说的"经过合作社"。当时的边区，有好几种形式的合作社。一种是"变工队""扎工队"之类的农业劳动互助组织。规模从几人到几百人不等，性质有临时的，也有永久的，主要在人力、畜力、工具方面的互助，农忙时候也有集体吃饭住宿。这是群众自己发明出来的集体互助并自愿参与的组织。第二种为延安南区合作社，包括生产、消费、运输（运盐）、信用合作的综合性合作社。另外，人民群众参与的合作社还有运输合作社(运盐队)和手工业合作社等形式。党通过这些形式将群众组织成为一支劳动大军，群众的积极性和创造性得到大大提升，连二流子也通过参与合作社而洗心革面。因此，毛泽东主张在华北华中各抗日根据地大范围推广集体互助的生产合作社。一年多后，毛泽东在陕甘宁边区劳动英雄和模范工作者大会上，再次详细地论述了采用互助团体的重要意义。他提到，农村劳动力和生产工具的普遍落后以及绝大多数土地还为地主所有，使我们主要采取了减租减息和组织劳动互助两方针，以提高农民的生产兴趣和农业劳动的生产率。华北华中根据地的发展，也证明了在劳动互助生产组织形式的长期运用下，产量增长，政治进步，文化提高，卫生改善，流氓改造，风俗改变，工具改良。感受着劳动互助所带来的多方面积极影响，毛泽东深信农村社会也会因此一步一步地建立在新的基础上。[①] 显然，在这一时期，我们党对合作社在变革所有制形式、改造生产力和生产者等方面的积极意义，有了更为深度的认识。合作社在局部执政范围内得到广泛实践，为党领导人民群众顺利渡过物质匮乏等经济难关发挥了重要作用，也为新中国成立后的社会主义改造积累了许多成功经验。

解放战争时期，伴随着"耕者有其田"的土地改革的推进，毛泽东的合作社理论也得到丰富。他曾经在《论联合政府》的报告中放眼中国的政治经济大局，立足于新民主主义的已有胜利，展望了日后解放区推广合作社的深远意义。他指出："变工队一类的合作组织，原来在农民中就有了的，但在那时，

---

① 参见《毛泽东选集》第 3 卷，人民出版社 1991 年版，第 931—932、1016—1017 页。

不过是农民救济自己悲惨生活的一种方法。现在中国解放区的变工队，其形式和内容都起了变化；它成了农民群众为着发展自己的生产，争取富裕生活的一种方法"①。这是对日后解放区合作化性质变化的科学分析，同样是合作社，但土地从封建地主所有制到农民个人私有制的变革，决定了这种经济组织形式的价值目标也有着根本性改变。毛泽东甚至着眼于社会主义制度确立的长远目标，指出：中国人民的文化落后和没有合作社传统，可能使我们遇到困难，但是完全可以组织，必须加以推广和发展。他在《论人民民主专政》中进一步提出了实现农业社会化要教育好农民，并要与工业化相配合的两大注意事项。他分析说："严重的问题是教育农民。农民的经济是分散的，根据苏联的经验，需要很长的时间和细心的工作，才能做到农业社会化。没有农业社会化，就没有全部的巩固的社会主义。农业社会化的步骤，必须和以国有企业为主体的强大的工业的发展相适应。人民民主专政的国家，必须有步骤地解决国家工业化的问题"②。从合作社上升到农业社会主义化，从民众的广泛组织到与工业发展的相适应，解放战争时期毛泽东合作化理论的丰富为后来社会主义的三大改造与工业化的有机结合铺垫了理论基础。

新中国成立以后，随着土地改革的深入，广大农村发生了翻天覆地的变化。在农民的生产积极性空前高涨，农村生产力得到提高的同时，也出现了一些新的问题。在思考中国农业何去何从的过程中，毛泽东改变了之前先机械化后合作化的想法，开始作出趁热打铁，通过互助合作来变革农村所有制的规划。他决定提前开始社会主义农业改造，主要出于以下考量：

一是集体化是阻止农民两极分化的唯一办法。经过土地改革后，在经济上同样翻身得解放的农民，由于个人能力、经营等方面的差异，呈现出明显的两极分化。一些人上升为富农，许多富裕中农也在努力朝着富农迈进，农村自发的资本主义势力天天增长。有些人却因为生产资料的不足，继续处于贫农的位置。还有些人则欠下了不少债务，靠出租甚或出卖土地维持生活。如果对这种情况视而不见，农村中的两极分化现象将会愈来愈明显。毛泽东对"现在农村中存在的是富农的资本主义所有制和像汪洋大海一样的个体农民的所有制"感到忧心忡忡，因而提出，"各级农村工作部要把互助合作这件事看作极为重要

① 《毛泽东选集》第3卷，人民出版社1991年版，第1078—1079页。
② 《毛泽东选集》第4卷，人民出版社1991年版，第1477页。

的事"①。甚至强调，对于农村这块阵地，社会主义如果不去占领的话，资本主义就会去占领。他认为，组织农民卖地的唯一办法就是合作社，而且，若互助组还阻止不了这种现象，就需要更大的合作社才行。他的分析重在强调农村走社会主义道路的刻不容缓。《中共中央引发关于农业生产互助合作的决议（草案）的通知》也指出，农民在土地改革基础上发扬起来的积极性，主要有两方面的表现，亦即个体经济的积极性和劳动互助的积极性②。决议草案进一步揭示了农村两极化现象背后的两种完全不同的积极性，论证了适时引导农民发挥互助积极性，走上社会主义道路的可能。

二是社会主义改造是促进农业发展的重要途径。中国由于人口众多，农用地明显不足，再加上生产力水平低下，各种自然灾害还时有发生，农民的经营方法还落后，农业的长足发展面临很多困境。广大农民的生活得益于土地改革，较之新中国成立前有很大的改善，但是，许多群众依然生活困难。农民要摆脱贫困，改善生活，抵御灾荒，只能联合起来，向社会主义道路前进。在全国的贫农和非富裕农民中，普遍产生了通过走社会主义道路来改变现状的觉悟，切身意识到了"除了社会主义，再无别的出路"。毛泽东指出，个体所有制的生产关系必须过渡到集体所有制，过渡到社会主义，才能提高生产力；相反"确保私有"，不搞社会主义无异于言不及义的小惠。他向农村工作部负责人强调："搞农贷，发救济粮，依率计征，依法减免，兴修小型水利，打井开渠，深耕密植，合理施肥，推广新式步犁、水车、喷雾器、农药，反对'五多'等等，这些都是好事。但是不靠社会主义，只在小农经济基础上搞这一套，那就是对农民行小惠。这些好事跟总路线、社会主义联系起来，那就不同了，就不是小惠了"③。这些论述，指明了彻底变革小农经济，才能真正有利于农业发展和国计民生，其他不触及生产关系的举措，难以完全解决农村所面临的问题。

三是合作化是保障工业化顺利发展的基础。针对当时有人认为农业合作化不必如工业化般尽快推进的片面，毛泽东指出这是忽视了苏联经验，而且着重从三方面论述了农业合作化对于工业化顺利推进的必要。首先是工业化需要大

① 《毛泽东文集》第 6 卷，人民出版社 1999 年版，第 437、299 页。
② 参见《中共中央文件选集》第 7 册，人民出版社 2013 年版，第 412 页。
③ 《毛泽东文集》第 6 卷，人民出版社 1999 年版，第 429、302 页。

量的商品粮食和工业原料。如果不解决农业合作化问题，不能由使用畜力农具的小规模经营上升为使用机器的大规模经验，就无法满足不断增长的粮食和原料需求，就无法完成工业化目标。其次是农业合作化能扩大农民对工业产品的购买力。社会主义工业化，将会带来拖拉机等农用机器、化肥等生产资料、煤油和电力等资源生产的大幅度提升，然而，只有在合作化的大规模生产经营中，农业才能需要或是大量需要这些产品。最后是农业合作化能为工业化提供资金。完成工业化和农业的技术改革，需要大量的资金支持。这些资金的构成，除了直接的农业税，还来自大量农业产品与工业产品的交换。这种交换满足了农民的生活需要，也为国家发展工业积累了资金。

四是社会主义改造是巩固工农联盟的有效方式。毛泽东强调，如果不重视农业合作化，让农村向两极化发展，会影响到工农联盟的巩固。因为失去土地和继续处于贫困地位的农民将要埋怨政府不帮助他们解决困难，向资本主义方向发展的富裕中农也会因满足不了他们的要求而心生不满。而农业合作化在农村消灭富农经济制度和个体经济制度，能使全体人民走向共同富裕，使工农联盟在新的基础上获得巩固。[①] 在七届六中全会闭幕式上，毛泽东曾更为直接地指出：工人阶级过去与农民在土地改革的基础上建立了联盟，但当前农民已不再满足于这一基础，只有社会主义才能给他们带来新的利益，所以，要领导农民走社会主义道路，使农民群众共同富裕起来，并且"富裕的程度要大大超过现在的富裕农民"。他还提到，只有在农业彻底实行社会主义改造的过程中，才能彻底地隔断城市资产阶级和农民的联系，才能够彻底地把资产阶级孤立起来。[②] 从毛泽东的相关论述来看，社会主义改造至少从三个方面促进着工农联盟的巩固：使贫困民众走上富裕道路，能吸引他们更为紧密地团结在工人阶级周围；及时对农业开展社会主义改造，消除了数量极为可观的中农群体的资本主义道路倾向；对粮食和工业原料的掌握，对民族资本家获得了更多掌控，也更大程度地削减了这一阶级对农民的影响。

扎根于中国国情的毛泽东合作化思想在新中国成立初期已经成熟并系统化。它包含了毛泽东就合作化组织形式、基本原则、主要内容、政治保障等核

---

① 参见《毛泽东文集》第 6 卷，人民出版社 1999 年版，第 437 页。

② 参见《毛泽东年谱（一九四九——一九七六）》第 2 卷，中央文献出版社 2013 年版，第 448—449 页。

心要素的独创性观点，是对马克思主义合作化思想的重要发展，为中国农业的社会主义改造提供了理论指导。

在合作化形式上，有着从低级到高级的循序渐进。通过分析我国小农经济的内在特点，毛泽东认为农业合作化可以分为三个阶段，亦即互助组阶段、初级合作社阶段、高级合作社阶段。在互助组中，只有简单的集体劳动，土地等生产资料仍为个人私有。它是由几户或是几十户农户组成的带有社会主义萌芽性质的组织，是合作化的最初过渡形式。在初级合作社中，农户之间的互助虽然还是建立在私有制基础之上，但是个人所有的土地都入了股，大牲口和大农具归社里集中使用，实行统一经营和一定程度的按劳分配。这是具有半社会主义性质的合作化组织。在高级合作社中，农民在土地及其他生产资料都归集体所有的基础之上联合起来，实行集体劳动，统一经营，按劳分配。这就具有完全社会主义性质的农业生产合作社。在农业的社会主义改造中，采取从小至大，由低级到高级的渐进式发展，有利于民众在实践经验中能从思想上更好地提升社会主义觉悟程度，在生活方式的转变中更好地适应集体所有制的生活，也有利于在较长的合作社发展历程中更好培养大量的合作社管理者和技术人员。

在合作化原则上，坚持了自愿和互利两大方针。毛泽东提出在合作化过程中要始终坚持自愿原则，坚决反对命令主义。要根据村民经济和思想状况的不同，采取不同的入社策略。对于贫农和新中农间的下中农、老中农间的下中农，要分批吸收进合作社。入社积极性高的，早吸收。还不想入社的，暂缓拉入，要耐心等待他们受教育后的觉悟。对于新中农间的上中农和老中农间的上中农，真正自愿加入的可以吸收入社，其余暂时不要勉强拉入，等待大多数人都入社或是合作社单位面积产量足够提升了，他们意识到继续单干不利时，再考虑不迟。合作化基本建立或是合作社已经巩固后，可以分批分期接受并继续改造已放弃剥削的地主和富农。毛泽东同时强调发展合作社必须要坚持互利原则。也就是说，参与互助合作组织的农民都应该互助互利，不论是贫下中农还是富裕中农，其利益都不应该受到损害。

在合作化内容中，实行技术革命与所有制革命的有机结合。合作化不能割裂工业与农业，社会主义工业化与社会主义农业改造之间的密切联系。在过渡时期，一方面进行的是将生产资料从私有制变更为公有制的革命；另一方面进行的是生产技术从手工业生产发展为大规模现代化机器生产的革命。如果只是片面地强调其中的一个方面，而忽略另一方面，双方的影响都会弱化。中国只有既完成社会主义经济所有制的改造，又完成技术方面的变革，才能使社会经济面貌真正改观。也正因为这样，农业生产合作社，要有规模和数量方面的扩大，也要有生产和质量方面的提升。要注重提高耕作技术，也要注意增加生产资料。

在合作化保障方面，强调要坚持党的领导。对于农业合作化这场大型群众运动，毛泽东提出要采取"全面规划，加强领导"的方针。党的领导体现在对全国各地合作化分期情况的规划，更体现在依照实际情况对分期规划的不断修正上。各级党委和团委都要加强对合作化工作的研究，从外行变为内行，从被动领导变成主动领导。随着合作化运动的推进，党的领导和规划，不仅要熟悉新社的创建，还要懂得老社的发展；不仅要重视合作社的扩大，也要注重互助组的提高；不仅要考虑当年的规划，也要计划第二年甚至第三年的发展。只有这样，才能使农业合作真正"积极发展、稳步前进"，顺利全面推进。

引导手工业者走合作化道路，也是过渡时期总路线的重要内容。由于我国工业基础薄弱，手工业向来在国家和社会发展中占有重要地位。它虽然具有很大的分散性，生产规模有限，生产的条件和技术相对落后，抵御风险的能力很弱，但是在地方工业中有着重要影响，在满足民众日常需要中起到了不可低估的作用。对手工业开展社会主义改造，主要是引导从业者走上社会主义的集体化道路。1950 年至 1954 年间，中华合作社联合总社召开了数次全国手工业者生产会议，手工业合作化的方针、步骤和方法日益成熟并系统化，手工业的生产管理和合作领导机构也得以建立。我国对手工业的社会主义改造，也采取了从小到大，由低级发展到高级的稳步前进方针。通过自愿互利、典型示范和国家帮助等原则，广大手工业者逐步接受了手工业生产小组、手工业供销生产合作社、手工业生产合作社三种不同形式的改造。在同地方工业、同农业和资本主义工商业的统筹兼顾中，手工业的社会主义改造运动也有序开展。

二、中国共产党党内在农业合作化问题上的争论

20 世纪 50 年代，在我国农业合作化的过程中，中国共产党内部曾经就什

么时候开始全面的农业社会主义改造、以怎样的速度推进农业改造、依靠谁对农业进行改造等具体的问题有过一些分歧，最为明显的分歧主要存在于毛泽东分别与刘少奇、邓子恢之间就这些问题的不同见解上。毛泽东是我国农业合作化理论的构建者，是农业合作化运动的引领者，而刘少奇和邓子恢则是农业合作化运动的主要执行者，他们关于农业合作化的某些观点是对毛泽东合作理论的重要补充。

（一）毛泽东与刘少奇就山西老区互助组发展方向的分歧

在 1951 年就山西老区互助组继续发展的方向产生争议之前，毛泽东与刘少奇曾就如何看待东北的变工互助有过不同意见。在东北农村完成土地改革后，农民中大部分生活状况显著提升，也有一部分人因缺乏生产资料，或是受疾病灾害、好吃懒做的影响而生活质量明显下降，还出现了部分党员开始雇工生产的新现象。针对土改后农村的这些新情况，高岗在 1950 年提出必须使大多数农民由个体逐步地向集体方面发展，尽快将变工互助逐步提高为联组生产。其主张的实质是要立即开始向社会主义的过渡，而不主张有独立的新民主主义阶段。刘少奇在签发中央组织部给东北局的回信以及与安子文等人的谈话中，就东北农村问题给出了截然不同的看法。他提出农村资本主义一定限度的发展不可避免，部分党员向富农的发展也并不可怕，不能将变工互助直接过渡到集体农庄，不应将新民主主义与社会主义两个阶段混为一谈，也不要教条式地理解党员便不能有剥削。他的这些见解，虽被周恩来评价为个别字句有些过火，但总体上符合《共同纲领》精神，但是却未能获得就东北农村问题持不同看法的毛泽东的赞许。毛泽东与刘少奇的不同看法，为后来两人在山西老区互助组问题上的分歧埋下了伏笔。

1951 年，山西省委鉴于老区经济经过恢复和发展后，富农明显增多，互助组出现涣散的复杂情形，向中央和华北局提交了主张将互助组织进一步提高的报告。这一报告提出了在互助组织里提高公共积累，强化按劳分配以削弱农民自发趋势的思路。刘少奇在多个场合明确表达了他对山西省委主张的不赞同，如在与华北局同志的会见、在全国宣传工作会议讲话、在给马列学院学生的授课中都反复强调这一主张并不符合实践需要。他认为，害怕农民的自发趋势，企图将农业生产互助组织提高到农业生产合作社，以扭转涣散趋势，无异于空想。因为农业社会化需要工业的支撑，当前对于拖拉机和化肥等生产资料的生产相当有限，尚缺乏动摇私有制的基础，急于用生产合作社使农业走向社会主义现代化，只能是空想的农业社会主义。所以，在他看来，企图在互助组内逐步动摇、削弱甚至否定私有制，以走上农业集体化，是带有破坏性的"左"倾冒险。相反，主要依靠充实生产内容，应巩固以个体经济的私有制为基础的互助组，并对农民进行集体主义教育，以为将来组织集体农场提供必要基础。

据薄一波回忆，对于刘少奇就山西老区互助组问题的看法，毛泽东表示完全不能认同，而对山西省委的意见给出了大力支持。他批评了互助组不能提高为农业生产合作社和现阶段不能动摇私有制基础的观点。他分析说：西方资本主义在其发展过程中有一个工场手工业阶段，尚未采取蒸汽动力机械，却依靠工厂分工就形成了新生产力的阶段，因而中国的合作社，也同样可以依靠统一经营形成新生产力以动摇私有基础。[①] 为了进一步统一关于互助组提高问题的认识，毛泽东指示召开了全国首次互助合作社会议，起草了《关于农业生产互助合作的决议（草案）》。毛泽东在指导决议草案的修订时提出，既要发展常年的农业生产合作社，也要允许临时的互助组和单干户的存在。修改后的决议提到，无视带有社会主义因素的农业生产合作社的过渡作用，亦即将小农个体经济引导向大规模使用机器的集体经济，是消极对待互助合作运动的右的错误倾向；不顾农民意愿和当前条件，盲目否定合作社中农民的私有财产或是企图实行绝对平均主义、过早采用社会主义化的集体农庄，是幻想一蹴而就的"左"倾错误。此后，各级组织被要求将农业互助合作社当作一件大事去落实，农业合作社有了很大的发展，从而成为了1953年过渡时期总路线提出的客观依据之一。在七届四中全会上，刘少奇坦承自己对山西省委提高互助组形式的报告有过错误评价，"没有想到立即就可以大量地组织半社会主义的农业生产合作社""没有抓住以土地入股的半社会主义的农业生产合作社这个组织形式，作为由互助组过渡到集体农场的十分重要的中间过渡形式，因而就以为互助组不能过渡到集体农场，而把二者看成在组织上没有多少联系的两回事"。[②] 他与毛泽东的分歧就此落下帷幕。

毛泽东与刘少奇就东北农村和山西老区发展问题的分歧显然有一脉相承

① 参见薄一波：《若干重大决策与事件的回顾》（上），中共党史出版社2008年版，第135页。
② 参见薄一波：《若干重大决策与事件的回顾》（上），中共党史出版社2008年版，第144页。

性。双方分歧的实质都涉及土改完成后要不要马上向社会主义过渡。在要完成
过渡上是没有分歧的，但过渡的起点却有着不同的理解。刘少奇观点有合理之
处，也有不科学之处。合理之处是及时指出了当时影响我国农村经济发展的某
些错误思想，如"过分害怕农民自发倾向引起的两极分化""把农民的绝对平
均主义当成社会主义""离开工业发展去谈论农业社会主义改造"。不科学之
处在于忽略了《共同纲领》"必须谨慎地、逐步地而有积极地引导"个体农业
经济向现代化和集体化方向发展的有关规定。他把"农业生产互助组提高到
农业成长合作社"，等同于"动摇、削弱直至否定私有制基础"；没有意识到
在不具备建立高级形式的农业生产合作社时，可以自主探索向高级社过渡的
组织形式；过分拘泥于合作化要以工业化和现代化为前提的观点，脱离了中
国自己的国情。① 总体看来，刘少奇与毛泽东的分歧主要涉及三个方面：小
农经济的积极性是否需要充分发挥，农业合作化是否应以机械化为前提，初
级农业合作社究竟是开展和平经济竞争的手段还是进行所有制变革的过渡形
式。刘少奇关于农业合作社的观点与他此前"巩固新民主主义秩序"的提法
也有一定的沿袭性，其中的某些表述和理解确实存在欠妥之处，但主张经过
新民主主义社会阶段的充分发展再开始社会主义改造的理念今天看来仍不失其
科学性。

（二）毛泽东与邓子恢就江浙农业合作社整顿问题的分歧

　　山西老区农业互助组争论之后，全国农业生产合作社得到了快速发展，合
作社数量从 1951 年 12 月的 300 多个剧增至了 1955 年 1 月的近 50 万个。但
是，由于很多合作社是在缺乏条件或是条件很差的基础上所建立，因而退社或
散伙现象多有出现。1955 年 1 月，农村工作部部长邓子恢以简报形式向中央
介绍了合作社发展计划的执行情况。简报提到在合作社发展计划还在扩大的同
时各地出现了合作社巩固的困难，部分农民甚至因为粮食统购统销而抵触情绪
很大。简报指出，为了防止不利于生产发展的现象出现，为了谨防对社会主义
改造的动摇态度，建议制定规范全国农业生产合作社发展的示范章程，建议印
发整顿和巩固农业合作社的通知。中央采纳了这两项建议，在下发的通知中明

---

① 参见薄一波：《若干重大决策与事件的回顾》（上），中共党史出版社 2008 年版，第 143—
146 页。

确指出当前的合作化转入"控制发展、着重巩固"的阶段，强调办社应以全体社员的自愿联合为基础。这一通知基本得到了毛泽东的认同。3 月 3 日，毛泽东在审阅中央关于农村粮食收购问题的指示时，批示说：根据各地反映，目前农村的情况相当紧张，实质是农民群众对农村中若干措施不满的一种警示，互助组合作运动过粗过快也是造成这种情况的原因之一，在明确粮食收购指标的同时，"再把农村合作化的步骤放慢一些，这对于缓和当前农村紧张情况，安定农民生产情绪，有重大的意义"[①]。

由于在全国农村合作化过程中，坚持又快又多式发展的浙江省合作化存在的问题更为严重，农村工作部主要协助了这一省份的整顿工作，并于 3 月 25 日发出了《对浙江省目前合作化工作的意见》。意见建议浙江对农村合作社实行分地区进行实事求是的压缩，巩固有条件的合作社，退回无条件的合作社，并强调合作化是为了保障农民的利益，因而合作化的推进要完全遵照群众的意愿。经过一个多月的整顿后，浙江省的农业合作社由五万多减至三万多，减少了 1.5 万个左右，全国总共减少了 2 万个。这一整顿工作，收到了良好效果，侵犯中农利益的错误做法被纠正，一度紧张的农村关系得到了缓解，农民的生产积极性得到提升，干部的领导能力也得到增强。但由于整顿工作的前期酝酿不够，过于迅猛的压缩，运动式的工作带有草率和粗糙之处，该压缩的和不该压缩的都被压缩了，因而也挫伤了一部分群众走社会主义道路的积极性。

毛泽东虽然在整顿前期与邓子恢观点一致，但从杭州调查返京后，他很快就浙江的整顿措施和结果表达了不同意见。5 月份，他在谈到粮食和合作化问题时强调，南下杭州沿途所见麦子都长得半人高，足以说明生产情绪消极的农民只是小部分，并提醒邓子恢"不要重犯一九五三年大批解散合作社的错误"。毛泽东后来又主持了 15 个省市委书记讨论农业合作化和粮食统筹的会议，在会上给出了"合作化乱子不少但大体是好的""不改变合作化上的消极情绪就会犯大错误"的总体判断。他谈道："对于合作化，一曰停，二曰缩，三曰发。缩有全缩，有半缩，有多缩，有少缩。社员一定要退社，那有什么办法。缩必须按实际情况，片面地缩，势必损伤干部和群众的积极性。后解放的地区就是

---

① 《毛泽东年谱（一九四九——一九七六）》第 2 卷，中央文献出版社 2013 年版，第 349 页。

要发、不是停、不是缩，基本是发……该停者停，该缩者缩，该发者发。"①7
月份，他就浙江"坚决收缩"方针给出了更为严厉的批评。他提到，浙江一下
子解散了包含四十万农户在内的一万五千个合作社，引起群众和干部的很大不
满，这是很不妥当的；有些同志从资产阶级、富农或者具有资本主义自发倾向
的富裕中农的立场出发，错误地观察了工农联盟问题，要求合作化运动"赶快
下马"，我们认为恰好需要赶快上马才能避免工农联盟破坏的危险，"上马"与
"下马"的一字之差却是表现了两条路线的分歧②。

　　从毛泽东与邓子恢就浙江农业合作社整顿的前期默契与后期分歧来看，他
俩都注意到了农业合作化运动中问题的存在，但在如何进行整顿以及怎样评价
浙江整顿后的结果有着不一致的观点。邓子恢倡导对浙江农业合作社进行整顿
的大方向是对的，但是将整顿简单理解成解散，并完全按照农民的自愿来决定
解散与否有一些不合理之处。但他所倡导的坚决收缩政策确实利大于弊。毛泽
东就整顿进行"停、缩、发"三层含义的全面界定以及就收缩具体程度区别的
方针无疑是科学的，但是他低估了全国农业合作化中存在的问题，片面夸大了
浙江省整顿的消极影响，又将与邓子恢的分歧上升为路线和立场上的分歧，显
然有失客观。

（三）毛泽东与邓子恢就全国农业合作社发展速度的分歧

　　1955 年 6 月，毛泽东与邓子恢之间继 5 月份浙江整顿状况的分歧之后，
又在全国农业发展速度上产生了异议。6 月 14 日，在中央政治局讨论全国农
村工作的情况时，农村工作部将 1956 年秋收到来之前农业生产合作社的发展
目标定为 100 万个。不久，从南方视察归来的毛泽东约见邓子恢，提出新区和
老区的农业合作社都应再发展，应将 100 万个的发展目标扩增至 130 万个左右
更合适。但是，邓子恢认为，当前并不适合大发展，只能是老区暂停发展，新
区小发展或是适度发展。

　　刚从苏联和匈牙利访问归来不久的邓子恢，向毛泽东介绍了这两国工业合
作化过快过急的教训，并陈述了我国不能在 100 万个发展目标上再扩大速度的
原因。他就此给出了三个方面的理由：一是整个合作化运动应与工业化进度相

---

① 《毛泽东年谱（一九四九——一九七六）》第 2 卷，中央文献出版社 2013 年版，第 376 页。

② 参见《毛泽东文集》第 6 卷，人民出版社 1999 年版，第 436—437 页。

适应，第一个五年计划只铺垫工业化的初步基础，农业技术改造也只能起步，不应过快发展合作社，不然难以维持增产状态。二是现有六十多万个合作社存在很多问题，若继续过快发展，群众的觉悟程度和领导干部的经验水平都难以跟上，从而使发展和巩固都受到影响。三是各地区的合作化发展很不平衡，老区、新区、边远地区和少数民族地区发展都不一样，应拿出一年左右的时间来巩固合作化基础。①

由于就全国农村合作化运动状况的看法不一致，两人在商讨中都未就农业合作社发展的具体目标妥协。毛泽东基于自己的两次杭州之行和对安徽《农村工作通讯》等材料的阅读，以及身边警卫人员回乡调查后的汇报，得出了"中农叫苦是假的"，"勒令改组，挫伤了农民的生产情绪和基层干部的工作积极性"等印象。7月15日，他在中南海谈农业合作化问题时强调："关于合作社的发展，原来我也主张停一年，在南方不要办得太快。看到浙江、安徽都搞了好几万个社，我的主意变了，为什么其他省不可以多搞一些呢？说合作社办得不好，不巩固，刚办起来当然会有许多问题，像新修的坝一样不坚固，要加工修筑"②。7月29日，他在批阅中央农村工作部的《农业合作化最近简报》时增写道：目前不是批评冒进和"超过了客观可能性"的问题，而是批评不进、不去认识和利用客观可能性的问题，在教育农民不要对中农"揩油"的同时，要教育中农顾全大局，而不是"全妥协"，全妥协就没有社会主义了。在7月31日召开的省市自治区党委书记会议上，他又作了《关于农业合作化问题》的报告。报告谈道：在全国农村的社会主义群众运动高潮就要到来时，有些同志却像小脚女人，东摇西摆还埋怨旁人走得太快；将数不尽的清规戒律和不适当的埋怨忧虑，当作指导农业群众运动的方针，造成了群众走在前面，领导落在后头的现象。报告还提到有些同志利用苏联经验为自己的"爬行思想"作掩护，不点名地批评了邓子恢领导下的中央农村工作部在全国农业合作化进度问题上的所谓立场错误。

在这场争论中，毛泽东与邓子恢就农村合作化的阶级政策也有不同的表述。邓子恢鉴于全国中农和贫农的紧张关系，提出了贫农与中农"合则

---

① 参见薄一波：《若干重大决策与事件的回顾》（上），中共党史出版社 2008 年版，第 242 页。
② 《毛泽东年谱（一九四九——一九七六）》第 2 卷，中央文献出版社 2013 年版，第 404、393、399 页。

两利、离则两伤"的观点，认为合作化中由贫农发展而来的新中农则既是依靠的对象，也是团结的对象。毛泽东根据合作化运动的实践发展，将"依靠贫农（包括全部原来为贫农的新中农在内）巩固地联合中农"的政策作了细化，强调贫农、新中农中的下中农、老农中的下中农都是依靠对象，富裕中农为团结对象。在 10 月份召开的七届六中全会上，毛泽东提出，邓子恢在过去长期革命斗争中作出过许多成绩，但在农业合作化问题上犯的错误属于右倾错误。邓子恢在会上自我批评说："由于我缺乏正确的阶级分析，未把新中农的富裕阶层划出依靠对象之外，而笼统地把所有新中农都列为依靠对象，致各地过早吸收富裕中农入社，增加办社困难；另一方面，又不加区别地把富裕中农的动摇性看成所有中农的动摇性，……把富裕中农的自发资本主义思想看成所有中农都有这种思想，从而产生了对新老下中农倾向社会主义的积极性估计不足"①。毛泽东与邓子恢的分歧，以后者的自我批评而告一段落。

毛泽东关于农村合作化的阶级政策显然比邓子恢的笼统提法更具有实践指导作用，更有利于精准区分群众对于农业生产合作社的态度。但是，邓子恢对全国农业生产合作化速度不能再提升的坚持，体现了他当时对农村合作化运动更实事求是的判断。毛泽东的南下巡视，影响了他在 1955 年 5 月以后对于农业合作化运动的政策制定，他有限的实地调查和柯庆施等人报喜不报忧的农村情况介绍，使他对农村实况的了解远不及邓子恢了解的深度。而毛泽东对于农民走社会主义道路积极性的过高估计，对我国社会主义改造道路艰难性的过低估量，都使得这场党内分歧不可避免。再加上两人对发展农业生产的方式有着不同见解，即毛泽东更看重合作化对农业生产的促进作用，邓子恢更强调个体农民的生产积极性有助于农业生产的发展，使得两人的分歧逐渐加剧。此外，舆论界对毛泽东在合作化中后期有关言论的误导，毛泽东在 50 年代中后期"左"倾思想的不断滋长，都导致了这场分歧的出现②。对邓子恢及中央农村工作部的批判，使农村合作化运动很快像海啸一样席卷中国，毛泽东关于生产合作化的许多好的思想都来不及付诸实践；将党内个人意见的正常分歧草率

---

① 参见薄一波：《若干重大决策与事件的回顾》（上），中共党史出版社 2008 年版，第 250 页。
② 参见高峻：《毛泽东与邓子恢关于农业合作化思想的分歧及其原因探析》，《中国社会经济史研究》1995 年第 3 期。

地界定为政治路线的差别，对我党民主政治生态和经济社会发展产生了不利影响，而且这种影响之深远还不容小觑。

三、毛泽东对农业合作化经验的总结

随着农业合作化运动的发展，毛泽东就其如何深入开展给出了更为具体的指导。这一指导主要体现在他所主编的《中国农村的社会主义高潮》一书及其按语中。此书是由毛泽东在 1955 年 9 月编辑的《怎样办农业生产合作社》一书的基础上作了大量的增删和文字的修改而成。《怎样办农业生产合作社》汇集了多地有关农业生产合作社的材料，其编写初衷是为了向全国呈现农业合作社运动的方向、规模和前景等，从而使"那些动不动喜欢'砍掉'合作社的人们闭口无言"。但到年底时，由于我国已有超过百分之六十的农户加入了半社会主义性质的农业生产合作社，毛泽东精心编写的《中国农村的社会主义高潮》着眼于农业生产合作社等多方面的发展问题。这一读本囊括了涉及各省农业生产合作社的一百多则材料，有着"合作化运动百科全书"之誉，对中国的社会主义革命甚至社会主义建设都产生了重大影响。

由于《中国农村的社会主义高潮》收录了经过毛泽东精挑细选的 176 篇材料，毛泽东将这一编选过程称为他新中国成立后所作的第一次调查。毛泽东倾注大量心血为这一读本所加注的 104 则按语，蕴含了毛泽东关于中国农业合作化运动的诸多重要思想和经验总结。其中的不少按语都体现出毛泽东关于如何进一步办好农村合作社的具体原则：

一是以增产与否作为检验标准。毛泽东强调，一切合作社，都要以增产与否和增产的实际程度，作为检验自身是否健全的主要标准。他提到，任何社会主义的经济事业，都要善于提高劳动生产率，善于节约一切可以节约的人力物力，农业合作社也应当如此。这是他在革命和建设中一贯强调重视生产力标准的体现。他在《关于农业合作化问题》的报告中也曾表达了以增产与否来检验合作社办社状况的评价标准：农业生产合作社必须比单干户或是互助组更能增大产量，如果仅仅与单干户或互助组产量相同，或是减少了产量，那何必要组织合作社？这样的合作化也是失败了的合作社。这一标准实际上是他所倡导的生产力标准的运用和具体化。毛泽东在中共七大《论联合政府》的报告中指出：

"中国一切政党的政策及其实践在中国人民中所表现的作用的好坏、大小，归根到底，看它对于中国人民的生产力的发展是否有帮助及其帮助之大小，看它是束缚生产力的，还是解放生产力的"①。

二是要注重勤俭节约办社。毛泽东指出，勤俭经营不仅应当是全国一切生产合作社的指导方针，而且应该是一切经济事业坚持的方针。无论是办工厂、商店，还是国营事业、合营事业，都应当执行勤俭原则。因为中国当前尚处于贫困状态，即便是几十年以后摆脱了贫困，依然需要特别提倡勤俭，特别要注重节约。合作社中，有不注重节约的不良作风，必须迅速加以纠正，也有勤俭办社的例子，应当加以宣传并推广。

三是政治工作为一切经济工作的生命线。在经济制度发生根本变革的时期，政治工作的作用尤为重要。农业合作化过程中，必然面临着严重的思想和政治方面的斗争，因而要重视对反映旧制度的旧思想残余的清除，才有助于更好地建立社会主义新制度。为了从思想和政治上更好地保障分散的小农经济向大规模的合作化经济过渡，应提倡"以集体利益和个人利益相结合的原则为一切言论行动的标准的社会主义精神"②。毛泽东指出，向群众进行社会主义教育的工作是艰巨的，需要结合农民的生活经验和经济工作一道细致地开展，而不是简单、粗暴、孤立地进行。一种新制度的建立，必然需要开展大范围的宣传，而不善于做宣传工作的同志，企图拿大帽子压服群众。相反，若懂得用当地群众经验做细致的鼓动工作，就会有很强的说服力。毛泽东提到，一切合作社不但不能排斥贫农，而且有责任去帮助鳏寡孤独社员，应确立主动帮助苦难户的社会主义精神。

四是要向劳动的广度和深度拓展。毛泽东认为，合作化会带来人力的节省，多余的劳动力主要还是在农村寻找出路。因为社会主义不仅解放了劳动者和生产资料，还解放了以往旧社会无法充分利用的大自然。人民群众完全可以发挥自己的无限创造力，"向生产的深度和广度进军"，创造更多的福利事业。有些地方感觉劳动力的明显过剩，是因为生产规模还没有扩大，多种经营还没有进行，耕作也没有实现精细化。若劳动的范围向自然界的广度和深度扩张了，劳动力就会感到不足。他还特别提到了浙江上华合作社的养殖计划，不仅

---

① 《毛泽东选集》第 3 卷，人民出版社 1991 年版，第 1079 页。
② 《毛泽东文集》第 6 卷，人民出版社 1999 年版，第 450 页。

合作社集中养猪，每户社员都还各自养猪，能解决肥料、肉食和出口换取外汇等问题。这无疑是向劳动的广度和深度拓展的成功案例。

五是要重视妇女参与社会主义建设。毛泽东提到，中国妇女是一个巨大的人力资源，在进行社会主义建设过程中发动广大妇女群众积极参加，具有极为重要的意义。发动妇女投身生产，就能解决劳动力不足的问题。他特别强调只有在社会主义改造的过程中，才能实现男女真正的平等。要发动妇女积极参与劳动，必须实行男女同工同酬的原则。在这方面，浙江建德县合作社就践行得很不错。

六是要重视水利的适当规划。毛泽东倡导各地要有远景规划，而且提到每个县都应该在自己的全面规划中，适当作出水利规划。对于各地农业合作社来说，兴修水利是保证农业增长的大事。适当的水利规划，除了特大水旱灾害外，一般的旱涝季节都能抵抗。毛泽东深信，在合作社的基础上，广大群众有着巨大的潜能，数千年难以解决的水旱灾害问题，可以通过社员的共同努力在几年之中得到解决。正是对水利的极为重视，毛泽东提及，农业生产合作社在有条件的地方进行开荒生产的时候，必须重视水土保持工作，决不可因为开荒给下游造成水灾。

七是要改进领导的政策和工作方法。毛泽东强调，一个地方能否健全地实现合作化与党的政策和工作方法有很大关系。他在《中国农村的社会主义高潮》按语中提及了加强党对合作化运动科学领导需要注意的几个方面。如对群众的教育工作要耐心细致，要向群众讲清楚自己的政策和办法；从事农村工作的同志应善于观察和分析各阶层动态，从而采取相应的政策；中农是必须团结的，贫农必须向中农做工作以团结他们到自己的阵营中；合作社应当设立监察委员会，以对干部的贪污盗窃行为作坚决的斗争；等等。

毛泽东对于农业合作化运动上述办社原则和方针的总结，为当时全国农业合作社的迅猛发展提供了理论指导。他以给各地合作社材料添加按语的陈述方式，增强了经验总结的针对性和典型性，使对合作化运动不够重视的人们更为重视这一生产组织的发展，使不知道如何具体办社的人们明确了努力的方向和途径。毛泽东所主编的这一读物，传播甚广，对于当时中国的广大农村产生了重要影响。正因为有着这些具有很强操作性的办社经验的指导，全国农业生产合作化历经了运动的高潮，却未出现太多的震荡。而且其中的增产标准、勤俭节约、拓展劳动广度和深度等多项经验总结，今天依然对于我们的中国特色社会主义建设事业不失其指导性。

需要指出的是，毛泽东对于农业生产合作化经验的总结，也有着某些方面的消极影响。如他进行的经验总结是以继续批判农业合作化问题上的所谓"右倾机会主义"为前提的。他所撰写的序言，虽然提到呈现在民众面前的已不是批判农业社会主义改造方面的低速问题，但又强调农业、工业、手工业等领域与经济事业相配合，还是右倾保守思想在作怪，因而不断地批判右倾保守思想完全有必要。他甚至把较为实事求是的观点当作右倾保守思想，号召大家将其当作迷信来破除。又如，他将此前的农村阶级政策作了新发展，强调贫农在合作社中的绝对优势，认为富裕中农后面站着地主和富农等，过多依据富裕程度和参社积极性来划分阶层差别，容易造成越穷越光荣的不良思想，从而对于勤劳致富观点产生冲击。再如，他过早倡导初级社向高级社和大社的转变，对各地情形差异强调不足，从而造成民众对合作社规模越大和公有化程度越高越好的认识偏差。1955 年编写的《中国农村的社会主义高潮》，与同年中共中央召开的 15 个省市区党委书记会议、省市区党委书记联席会议、中共七届六中全会一道，促成了我国农业合作化高潮的提前到来。

农业化运动后来出现的过快过急等问题，说明了在我国进行这场规模空前的农村所有制根本变革运动的艰难和不易。农业合作化的完成，标志着我国基本完成了对小农经济的社会主义改造，广大农民彻底摆脱了个体私有制的束缚，农业生产获得了更为广阔的发展空间，社会主义新农村的建设得以开启。

四、毛泽东的手工业社会主义改造理论

手工业是指使用简单的工具，主要依靠手工劳动，进行小规模的生产或服务的行业。由于从业人数众多，分布范围很广，行业种类齐全，经营方式灵活，手工业可以弥补现代工业的不足，是旧中国十分重要的生产部门，在新中国成立以后依然对于满足社会和民众日常需求不可或缺。然而，手工业和旧式农业一样，同属于个体经济范畴，有着生产分散、资金短缺、技术落后、效率低下等不足，体现出一定的盲目性、落后性、保守性。若对它不加以及时改

造，将严重束缚着行业自身的长足发展和生产者生活的改善，将难以适应大规模的经济建设和工业化的发展，将不能满足国家建设和人民群众不断增长的多方面需要。手工业是个体劳动者，同时也是小私有者和小商品出售者。它无法克服生产和销售方面的困难，也难以避免商业资本和高利贷的盘剥。如果顺其自然地发展，有的手工业将面临破产和灭绝的可能，还有的手工业可能会走上资本主义道路，两极分化的风险随时存在。

毛泽东在七届二中全会上就提出了要重视对手工业的社会主义改造，强调要将手工业谨慎、逐步、积极地引导至现代化和集体化方向。《共同纲领》也提出要对合作化事业采取优待、鼓励、扶助政策。新中国成立前三年，在党和国家的积极扶植政策下，手工业得到了较好的发展。尤其国家在手工业者面临困难最大的供销环节的大力扶助，使那些濒临绝境的手工业重新焕发活力，手工业合作社也在重点试办和典型示范中大量组建。据统计，1949 年我国的手工业合作社有 300 多个，参加者有 8.8 万人左右；至 1952 年，合作社已扩大至2700 多个，从业者约 25 万人。1949 年至 1952 年为手工业合作化运动的"典型试办，摸索前进"阶段，通过选择既具有较高觉悟又具有一定代表性的手工业者来试办合作社，树立旗帜，逐步组织，为广泛开展手工业合作化运动创造了条件，但由于经验不足和缺乏明确的方针，这一时期的合作化带有很大程度的自发性[1]。

1953 年，过渡时期总路线正式公布后，手工业更是迎来在全国普遍发展的阶段。各地合作社如雨后春笋般纷纷涌现，1955 年上半年手工业合作社数量已接近 5 万个，参社人数约 144 万。由于手工业与工业、农业、商业密不可分，所以，对有些手工业开展的社会主义改造与农业、资本主义工商业的改造同步，如农民兼营的商品性手工业由农业合作化来完成，雇佣工人 10 名以上的手工业纳入了资本主义工商业改造之列。当时，我国主要改造了这样五种手工业：以商品生产为生的个体手工业；已基本从农业中分离出来的、农民兼营商品性的手工业；雇佣工人在 10 名以下的资本主义性质的小型工业企业；主要从事日常用品修理或是体现出手艺性的服务性行业；城市建筑公司和农民兼营者以外的城乡建筑、修葺工等。根据党的过渡时期总路线，1953 年年底召开

---

[1] 参见季龙：《逐步实现手工业社会主义改造：季龙回忆录（选摘）》，《中国集体经济》2004年第 8 期。

的第三次全国手工业生产合作会议，总结了新中国成立以来手工业合作化的经验，进一步明确了进行社会主义改造的相关要求，肯定了开展合作化的三种主要形式。这次会议之后，全国手工业合作总社从全国合作社联合总社中分离出来，进一步加强了对手工业合作化的领导和规划，全国手工业合作化运动进入了"普遍发展，稳步发展"的阶段。

受这一会议肯定的三种合作化组织形式为：手工业生产小组、手工业供销生产合作社、手工业生产合作社。手工业生产小组为手工业合作化的初级形式，主要指独立的手工业者或是家庭手工业者通过接受国营企业、供销合作社或是消费合作社的原料供给、产品推销而组织起来。它原有的生产关系并未发生改变，只是在供销方面组织起来，仍然是分散生产，因而最能为个体手工业者所接受。手工业供销生产合作社，是对手工业者进行社会主义改造的过渡形式，主要由几个手工业生产小组或是若干个体手工业者组织起来。它的生产资料仍然私有，同样以加工订货的方式组织，但是在某些生产环节上出现集中生产，并且开始购置公有生产工具，以生产者之间的平等互助代替了原有的雇佣关系，合作的社会主义因素增强。手工业生产合作社，是对手工业进行社会主义改造的高级形式。这一组织内，生产已由分散走向集中。依据生产资料公有程度和按劳分配范围的不同，手工业生产合作社有半社会主义性质和完全社会主义性质的不同区别，完全社会主义性质的手工业生产合作社代表了社会主义改造的方向。手工业合作化的过程，一般由初级到高级，从小组到大社，但是，由于各地经济发展不平衡，各行业千差万别，也有的手工业并未完全遵照循序渐进的原则，而从生产小组实现了直接向高级组织形式的跨越。

1955 年 7 月，毛泽东在《关于农业合作化问题》中对农业合作化运动中所谓"右倾保守思想"的批判，对于手工业合作化运动也产生了很大的影响。年底，他在给《中国农村的社会主义高潮》撰写序言时，也提出手工业的社会主义改造应当争取早一些完成，才能适应农业发展的需要，手工业合作化运动开始以更为迅猛的势头推进。至此，手工业合作化运动进入了"加快发展，提前完成"的阶段。1956 年 3 月 4 日，毛泽东在听取手工业管理局的汇报时，提出手工业改造速度"慢了一点"的整体评价，于是手工业合作化的步伐迈得更快了。毛泽东在听取汇报时也就如何巩固和调整手工业生产合作社给出了许多重要意见。例如，他谈到坚持服务民众的原则，认为组织铁、木业合作社下乡为农业生产服务的做法很好，组织了合作社提高了技术后，就能更好地为农民服务。又如，他强调要注重生产率的提高，指出手工业生产率同机械化、半机械化相比，"最高最低相差达三十多倍"，手工业要向半机械化和机械化方向发展以提高生产率。再如，他提出了兼顾行业特色的方针，提到有些服务性行业的从业者，在串街游乡修修补补中见多识广；手工业中的许多好东西，王麻子、张小泉刀剪一万年也不能搞掉；"我们民族好的东西"被搞掉了要恢复，而且要搞得比以前更好；要提高工艺美术品并重视民间老艺人保护，要尽快落实。① 这些观点都是毛泽东关于手工业合作化思想的重要体现，他甚至在得知手工业改造高潮中群众对修理和服务行业撤点过多而心生不满时，用"天下大势，久分必合，合久必分"来阐发了合作社与个体手工业都不应单一存在的见解。1956 年年底，我国手工业生产合作社已达近 10 万个，参社人数几近 510 万，92%的手工业者都加入了生产合作社，标志着手工业的社会主义改造提前完成。

对手工业的社会主义改造，初始步伐稳当，在 1955 年夏季以后出现过盲目发展大社的情形。引导手工业者迅速走上社会主义道路无疑是必要的，只是由于手工业自身所具有的灵活多样等独特性，过度集中的生产并不能很好适应群众的不同需求，完全统一的经营也使零散订货受到一定影响，曾出现一时的民众生活不便和供销脱节现象。在合作化的过程中，以毛泽东为代表的党的领袖人物对生产中的这些问题足够重视，并采取了相应的改进措施，保障了手工业改造的顺利完成。总体说来，我国的手工业社会主义改造运动取得了历史性的胜利。手工业者大量组织起来以后，不少手工业合作社被转为合作工厂或是直接过渡为国营工厂，成为对地方工业的重要补充。合作化以后，生产分工协作，装备和技术得到改进，大大解放和发展了生产力，增加了手工业者的收入，扩大了劳动就业，培养了批量的手工业生产管理干部。② 手工业社会主义改造的顺利完成，为我国成功实现由新民主主义社会向社会主义社会的转变作出了重要贡献，为我国经济建设的开展铺垫了良好基础。

---

① 参见《毛泽东年谱（一九四九———一九七六）》第 2 卷，中央文献出版社 2013 年版，第 542 页。

② 参见顾龙生：《中国手工业改造的理论与实践》，《中共党史研究》1990 年第 1 期。

第三节　关于资本主义工商业的社会主义改造理论

作为三大改造的内容之一，我国的资本主义工商业也历经了所有制上的根本变革。以毛泽东同志为主要代表的中国共产党人，立足于中国革命和建设实践，对于资本主义工商业提出了利用、限制和改造的方针，并通过运用和发展国家资本主义理论，最终实现了对资本主义工商业的和平赎买。20 世纪 50 年代对于资本主义工商业开展的社会主义改造，是中国共产党人将马克思主义基本原理同中国具体国情有机结合的光辉范例，是科学社会主义运动史上的重要壮举。

一、利用、限制和改造资本主义工商业的政策

与西方国家的资产阶级所不同的是，中国的民族资产阶级在政治上具有显著的两面性。这种两面性体现在资产阶级民主革命时期，民族资产阶级有革命性的一面，又有妥协性的一面；也体现在社会主义革命时期，民族资产阶级有剥削工人阶级取得利润的一面，又有拥护宪法、愿意接受社会主义改造的一面①。与民族资产阶级的政治两面性一样，我国资本主义工商业也在经济上体现出两面性。经济上的两面性表现在它的存在和发展，既起到了有利于国计民生的一面，也产生着不利于国计民生的一面。正是基于对民族资产阶级和资本主义工商业两面性的把握，我党逐渐形成了对资本主义工商业利用、限制和改造的政策。

在新中国成立以前，中国共产党人就如何对待革命胜利后的资本主义经济有过较多理论探讨。如 1940 年，毛泽东在《新民主主义论》中就指出：无产阶级领导下的新民主主义共和国并不没收其他资本主义的私有财产，并不禁止

---

① 参见《毛泽东文集》第 7 卷，人民出版社 1999 年版，第 206 页。

"不能操纵国民生计"的资本主义生产的发展，这是因为中国经济还十分落后的缘故，只能走"节制资本"的道路①。1945 年，毛泽东在《论联合政府》中谈到没有私人资本主义经济和合作经济的发展，要想在半殖民地半封建废墟上建立起社会主义社会只能是空想，进一步表明了利用资本主义经济的必要性。在七届二中全会上，他再次强调：由于民族资产阶级在民众革命中采取参加或是保持中立的态度，由于中国经济还比较落后，因此对于私人资本主义经济在革命胜利以后相当长时间内还要让其发展，只是不会像资本主义国家那样"不受限制任其泛滥的"②。在这一会议上，党已将对资本主义工商业的"节制"策略发展为"利用"和"限制"并举的方针，并在剖析实施这一方针的原因之后，明确了在税收政策、市场价格、劳动条件等方面实行"有伸缩性的限制政策"的具体途径，还提到了新民主主义国家内阶级斗争将主要体现为限制与反限制。1949 年 6 月，当解放战争胜利在望时，毛泽东在《论人民民主专政》中又指出："为了对付帝国主义的压迫，为了使落后的经济地位提高一步，中国必须利用一切于国计民生有利而不是有害的城乡资本主义因素，团结民族资产阶级，共同奋斗。我们现在的方针是节制资本主义，而不是消灭资本主义"③。他对"节制"与"消灭"两个概念的刻意区分及时澄清了误解，为正确理解我党关于资本主义经济的策略提供了参考。

新中国成立后，《共同纲领》正式规定"保护工人、农民、小资产阶级和民族资产阶级的经济利益及其私有财产"，从而使利用和限制资本主义经济的方针有了法律保障。这时尚未对资本主义经济的改造策略做出明文规定，但是在实践中已经拉开了改造的序幕。如 1950 年对工商业开展的整顿中，开始向私营企业采取加工、订货、统购、包销等举措。通过将私营企业在生产和销售环节有计划地组织起来，其投机操纵、偷税破坏等不利于国计民生的方面被限制，其增加生产和扩大商品流通等有利于国计民生的方面被利用。陈云将这些努力称为"逐步消灭无政府状态的手段"，是"通过这种办法，把他们夹到社会主义"。1951 年，他在中央统战部讨论工商联工作会议上提到，工商业中有发展有淘汰，是中国经济正常的改组现象，是"以新的经济轨道代替旧的经济

---

① 参见《毛泽东选集》第 2 卷，人民出版社 1991 年版，第 678 页。

② 《毛泽东选集》第 4 卷，人民出版社 1991 年版，第 1431 页。

③ 《毛泽东选集》第 4 卷，人民出版社 1991 年版，第 1479 页。

轨道"的改组。① 可见，对于资本主义工商业的调整，不仅是对其进行利用和限制的有力举措，而且已经产生了社会主义改造的某些效果。

1952 年，中央发出了开展"五反"斗争的指示，一场大规模反对行贿、偷税漏税、盗窃国家资产、偷工减料、盗窃国家经济情报的斗争在全国各大城市展开了，对资本主义工商业的利用、限制和改造政策得到全面体现。在这场斗争中，投机资本家的不法行为受到打击，民族资产阶级认识到了接受工人阶级领导和走社会主义道路的必要性，工人监督生产和参与管理的制度得以建立。被毛泽东形容为"造成了我们国家有可能完全控制资本主义工商业的局面"的这场斗争，为后来迎来资本主义生产所有制的变革高潮准备了条件。在"五反"运动中，周恩来在中央统战部上《关于中国的民族资产阶级问题》的发言，就"利用""限制""改造"分别有过系统诠释，并提出要向资产阶级指出广阔前途，不要向其隐讳社会主义前途。他认为，所谓"利用"，主要是指尽量利用资产阶级积极的进步的一面，使私人资本主义经济在符合《共同纲领》、遵循新民主主义的发展轨道中发挥积极性。所谓"限制"，是指在新民主主义方针下的节制资本，亦即国家领导下的公私兼顾、工人阶级领导下的劳资两利、有计划的生产、合法的利润等，而不是资本主义的自由经济。所谓"改造"，是指在经济上既发展受限，又有利可图并适当发展；在政治上，吸收资产阶级代表参加政府，并使其受到影响；文化上，对其加强思想教育，逐步改造个体及其家庭。周恩来强调，这种改造的结果使其走上《共同纲领》规定的轨道。② 周恩来的这些分析，是党"利用、限制、改造"资本主义工商业政策的理论雏形，而且体现出"改造"为这一政策的核心要义。

1953 年，由李维汉率领的中央统战部调查组在对武汉、南京、上海等多地就私营经济和工商联开展调查后，向中央提交了《资本主义工业中的公私关系问题》的调研报告。报告提到，私人资本主义经济还大量普遍存在，民族资产阶级在一定时期还具有生命力，不能将其盲目挤垮，而应该采用国家资本主义去利用和限制，将其逐步改造成社会主义企业，并将资产阶级分子经过教育改造带到社会主义。这一报告受到毛泽东的高度重视并被提交给中央政治局会议讨论。讨论中，毛泽东宣布了党在过渡时期的总路线，并明确了将资产阶级

① 参见《陈云文选》第 2 卷，人民出版社 1995 年版，第 93、148 页。
② 参见《周恩来选集》下卷，人民出版社 1984 年版，第 99 页。

分子改造成为社会主义公民，改造成为工人阶级一部分的必要性。根据中央讨论精神，李维汉写成了《关于利用、限制、改造资本主义工商业的意见（草稿）》。① 至此，我党对于资本主义工商业"利用、限制、改造"的政策正式形成。后来，经过毛泽东的系统阐述，逐步发展成为我国对于资本主义工商业和民族资产阶级进行社会主义改造的完整理论。

1954 年，刘少奇在《关于中华人民共和国宪法的报告》中指出：社会主义和资本主义两种相反的生产关系，在一个国家里面互不干扰地平行发展，是不可能的。中国不变成社会主义国家，就要变成资本主义国家，要它不变绝对不可能。而变成资本主义国家，此路早已证明不通，我国只有社会主义国家这一光明大道可走，而且不能不走，"因为这是我国历史发展的必然规律"②。实际上，经过新中国成立以来新民主主义经济的发展，使得党对资本主义工商业采取"利用、限制、改造"的政策很有必要也切实可行。首先，私人资本主义经济与社会主义经济之间存在不可缓解的矛盾。私人资本主义经济中，资产阶级榨取的是剩余价值，追求的是个人利润，而社会主义经济主要是满足人民群众日益增长的物质需求和文化需要，这两种经济的冲突无法避免，对其利用、限制、改造也就在所难免。其次，私人资本主义经济生产的盲目性、经营方式的落后性，自然无法适应国家有计划的大规模经济建设，对其利用、限制、改造也就迫在眉睫。最后，农业合作化高潮掀起后，私营资本主义工商业自身面临的困境也使得对其进行利用、限制和改造为大势所趋。经过新中国成立头几年的改造，私营资本主义工商业在原料、生产和销售方面，完全处在社会主义经济的包围之中，不接受进一步改造就只能倒闭或是破产。在这种情形下，被毛泽东形容为"一只半脚踏进社会主义"的民族资产阶级接受社会主义改造，适应了时代发展潮流，也符合生产力发展要求。

二、中国资本主义工商业改造的国家资本主义理论

中国资本主义工商业的社会主义改造是以列宁创立的国家资本主义理论为

---

① 参见李维汉：《回忆与研究》下册，中共党史出版社 2013 年版，第 575 页。
② 《刘少奇选集》下卷，人民出版社 1985 年版，第 144 页。

基础的。列宁关于国家资本主义的系列观点，为我党实践并发展国家资本主义改造形式提供了重要指导。列宁曾经指出：社会主义国家的国家资本主义不同于资本主义国家的国家资本主义，它是无产阶级所能加以限制并规定其活动范围的资本主义，这种形式的资本主义将在一定时期内为广大农民的生活所需要，因而在这段时期要让其能照常周转①。他认为，在资本主义相当落后的农业国，不应去禁止或封闭资本主义的发展，合理的政策应当是将其努力引上国家资本主义道路，而在一定时期内如何将其引上国家资本主义轨迹，并在不久的将来令其顺利转变为社会主义则是需要解决的问题，需要找出正确的方法②。作为东方落后的农民大国，中国不仅需要采用国家资本主义形式来改造私人资本主义经济，而且在实践中成功探索了具体的运用方式。

毛泽东在《新民主主义论》中强调新民主主义不禁止那些不能操纵国计民生的资本主义生产的发展，较早体现出国家资本主义理论的酝酿。张闻天在东北解放区较为广泛地运用并发展了毛泽东的这一思想萌芽。1946年，东北地区已经探索了出租、加工、订货、代卖等国家资本主义的初级形式。1948年，张闻天立足于这一地区的实践，在为中共中央东北局起草的文件中系统介绍了国家资本主义经济的特征和意义。他解释说："这种国家资本主义经济的特点，是国家为了经济上的需要，给私人资本家以进行生产或交换的一定的必要条件，而私人资本家利用这些条件，从生产与交换活动中挣得一定的利润，是国家根据同资本家依自愿和两利的原则所订立的合同，对资本家的活动进行必要的管理与监督"③。正因为国家资本主义经济从社会需要出发，吸引私人资本为国家服务，并把私人资本置于国家的管理与监督之下，有利于新民主主义经济的发展，张闻天提出要有意识地承认"国家资本主义"的经济范畴，要倡导并组织它的发展。这是中国共产党人对国家资本主义的一次系统而重要的阐述。

毛泽东极为重视张闻天关于东北经济构成情况的报告，并在七届二中全会上明确提出国家和私人合作的国家资本主义经济为新民主主义经济形态的五种构成之一。1949年通过的《共同纲领》在阐释新中国的经济政策时，单列了国家资本主义经济的条目。其中的第31条提道："国家资本与私人资本合作的

---

① 参见《列宁选集》第4卷，人民出版社2012年版，第670页。
② 参见《列宁选集》第3卷，人民出版社2012年版，第35页。
③ 《张闻天选集》，人民出版社1985年版，第406页。

经济为国家资本主义性质的经济。在必要和可能的条件下，应鼓励私人资本向国家资本主义方向发展，例如为国家企业加工，或与国家合营，或用租借形式经营国家的企业，开发国家的富源等"①。这一条文，标志着毛泽东思想中的国家资本主义理论正式确立了。此后，国家资本主义经济从东北等老解放区向全国多地发展，并且在具体组织形式上有了更多的探索。1952年，受毛泽东委托，刘少奇写信向斯大林介绍中国向社会主义过渡的设想时，提到了国家资本主义初级形式的蓬勃发展势头："中国比较大一点的私人工厂差不多都是为国家加工订货，依赖国家提供的原料、收购和推销成品及银行贷款等"。基于国家资本主义初步形式的普遍推行，刘少奇在信中同时提到在将来征收资本家工厂时，设想"劝告资本家把工厂献给国家，国家保留资本家消费的财产，分配能工作的资本家以工作，保障他们的生活，有特殊情形者，国家还可付给资本家一部分代价"②。这一设想，实际上已明确了如何通过各种形式的国家资本主义形式最终实现资本主义工商业的国有化，是国家资本主义理论的又一重要发展。

1953年5月，受中央委派、由李维汉率领的统战部调查小组在深入考察新中国成立头三年私人资本主义的发展变化后，总结了工业方面国家资本主义的发展经验。调查小组给中央呈送的报告论述了国家资本主义发展的状况、形式、地位和作用。调研报告指出：通过各种形式的国家资本主义的发展，这些私营企业已经不再是纯粹私人资本主义的性质，而是在人民政府管理之下、同社会主义经济相联系、接受工人监督的国家资本主义企业；各种形式的国家资本主义都是社会主义经济同资本主义经济在不同形势下的联系和合作，从而使得社会主义经济领导和控制力日益增强，资本主义经济体系正在逐步受到控制和削弱；在各种形式的国家资本主义中，尚处于萌芽状态的公私合营居于领导地位，是国家资本主义形式的高级形式，也是最利于领导企业和资产阶级分子向社会主义过渡的形式③。这些调查结果，成为毛泽东考虑并提出过渡时期总路线的重要参考之一。6月以后，毛泽东多次论述了资本主义工商业改造，我党的国家资本主义理论日渐成熟起来，《共同纲领》第31条方针也开始"明确

---

① 《建党以来重要文献选编》第 26 册，中央文献出版社 2011 年版，第 764 页。
② 《建国以来刘少奇文稿》第 4 册，中央文献出版社 2005 年版，第 526 页。
③ 参见李维汉：《回忆与研究》下册，中共党史出版社 2013 年版，第 574 页。

起来和逐步地具体化"①，中央和地方各级领导者就国家资本主义的地位和作用产生了更广泛的共识。

综合以毛泽东为首的中共领导人物的相关论述，我国资本主义工商业改造的国家资本主义理论主要包含以下几方面的内容：

国家资本主义的主要特征。国家资本主义经济是指在人民政府管理之下，用各种形式和国营社会主义经济联系着的，并受工人监督的资本主义经济。这是一种特殊的资本主义经济，即新式的国家资本主义经济。它的存在不是为了资本家获取利润，而主要是为了供应人民和国家的需要。这种带有很大社会主义性质的新式国家资本主义经济，于工人和国家都有利。我们的国家资本主义，在性质上同苏联的国家资本主义相同，在实行办法方面却有很多不同。②

国家资本主义的必要性。在过渡时期对资本主义工商业的改造，必须通过国家资本主义来逐步过渡到社会主义。也就是说，国家资本主义是改造资本主义工商业并逐步完成社会主义过渡的必由之路。新中国成立初资本主义工商业的改造经验表明，对其采取国家资本主义来完成过渡，是一种比较健全的方针和办法，它将是资本主义工商业逐步被纳入国家计划轨道的主要形式。国家资本主义，是我国利用资本主义工商业来积累资金、训练干部的主要环节，是改造资本主义分子、同资产阶级开展统一战线工作的重要形式。

国家资本主义的可行性。国家资本主义，使独立的私人资本主义变为受限制的国家资本主义，需要准备一定的政治和经济条件。我国实行国家资本主义，是在抗美援朝、土地改革、镇压反革命、"三反"、"五反"、思想改造的基础上，并有了社会主义工业和经济的发展才能进行的"大的进攻"。而从国家资本主义转变为社会主义，也需要三方面的条件：第一，社会主义的几千个大工厂；第二，农业合作化，要有计划、稳步、积极、自愿地搞互助合作；第三，国家资本主义企业内部的条件，包括党组织和工会，加上我们的领导，可以保证企业转到社会主义，取消资本家的所有权，同时把他们安排好。③

国家资本主义的循序渐进原则。1953年，毛泽东在中央政治局扩大会议上强调：对资本主义工商业进行国家资本主义的改造，并不是取消资本家私人

---

① 《毛泽东文集》第6卷，人民出版社1999年版，第291页。
② 参见《毛泽东文集》第6卷，人民出版社1999年版，第282、285页。
③ 参见《毛泽东文集》第6卷，人民出版社1999年版，第285、287页。

所有制，使其变为社会主义企业的最后改造步骤，而是指在承认资本家受限制的、不完全的私人所有制条件下，使资本主义企业逐步变为国家资本主义企业；这种工人阶级领导下的资本主义，带有若干社会主义的性质①。这一阐释表明，采用国家资本主义对资本主义工商业进行的改造是循序渐进的。在这一会议上，毛泽东还提到，对资本主义工商业完成社会主义改造需要分两步走。第一步是将独立、不受限、有自由市场的私人资本主义变成不独立、受限、没有自由市场的国家资本主义；第二步是将国家资本主义变成社会主义，消灭剥削阶级。在逐步推进国家资本主义的改造过程中，毛泽东还提到了坚持"自愿"和"各种"原则的重要性。所谓"自愿"，是指由于国家资本主义是合作的事业，必须在资本家自愿的前提下开展，而不能像对待地主一样去强迫合作。所谓"各种"，是指逐步实行各种形式的国家资本主义来达到社会主义全民所有制，体现出原则性和灵活性的兼顾。

国家资本主义的组织形式。中国共产党人遵照我国具体的历史条件，创造性地形成了一系列从低级到高级的国家资本主义形式。国家资本主义的初级形式，主要是指在资本主义工业中采用了加工、订货、统购、包销等形式的改造，在商业中发展了批购、经销、代销等组织形式，实现了社会主义经济和资本主义经济在企业外部的联系和合作。通过国营经营在原料供应和商品销售等方面对私营经济的限制，资本主义工商业对工人的剥削和自身的无政府主义状态被削弱。这种企业的私有制性质虽未变，但包含了社会主义的萌芽，对国家计划和国营经济的依赖性增强。国家资本主义的高级形式，有个别企业的公私合营和全行业的公私合营两种不同的发展阶段。这种形式的合营，使社会主义经济成分与资本主义经济成分的合作从企业外部深入企业内部，使企业从私人所有过渡为公私共有，直至社会主义公有。个别企业的公私合营具有半社会主义的性质，全行业的公私合营基本为社会主义性质。

我国对资本主义工商业开展的由低级到高级的国家资本主义改造，既适应了生产力的发展要求，又充分发挥了资本主义经济的积极性。这场所有制的渐进性变革，既避免了生产关系急剧变化可能带来的社会波动，又保障了经济建设在生产关系的平稳变革中顺利开展。

---

① 参见《毛泽东文集》第 6 卷，人民出版社 1999 年版，第 286 页。

三、对民族资本主义实行和平赎买的理论

马克思和恩格斯曾指出共产党人可以用"消灭私有制"将自己的理论概括起来，这实际上较早体现出无产阶级肩负着"剥夺剥夺者"的社会主义革命任务。而以何种方式和何种渠道来消灭资本主义所有制，他们也曾有过相关设想。恩格斯在《共产主义原理》中就明确表示共产主义者最不反对用和平的办法废除私有制，在《法德农民问题》中则提到马克思认为若能用赎买办法来改造资产阶级将是最便宜不过的事情了。他们甚至具体设想"一部分用国家工业竞争的办法，一部分直接用纸币赎买的办法，逐步剥夺土地所有者、工厂主、铁路所有者和船主的财产"①，这些假想成为马克思主义经典作家关于资产阶级和平赎买理论的萌芽。

列宁在俄国十月革命胜利以后，研究并发展了马克思和恩格斯关于和平赎买的理论。他提出："一方面对不文明的资本家，对那些既不肯接受任何'国家资本主义'，也不想实行任何妥协，继续以投机和收买贫民等方法来破坏苏维埃措施的资本家，无情地加以惩治；另一方面对文明的资本家，对那些肯接受并能实施'国家资本主义'的，能精明干练地组织真正以产品供应千百万人的大企业而对无产阶级有益的资本家谋求妥协或向他们实行赎买"②。他曾在1918年和1921年两次提出要以国家资本主义来实现对资产阶级的和平赎买。但是，对于苏维埃政权采取敌视态度的俄国资产阶级，拒不接受无产阶级的社会主义改造，并勾结国外势力发动了武装叛乱。在这种情况下，只能借助暴力手段没收资本家的生产资料，列宁的国家资本主义与和平赎买理论未能付诸实践。

毛泽东立足于中国国情阐发并创新了马克思主义和平赎买理论。他并非简单套用这一理论，而是立足自己国家的实际情况，将中国的资产阶级明确划分为官僚资产阶级与民族资产阶级，并对这两大不同的阶级提出了相应的斗争策略。他在制定新民主主义的经济纲领时，就强调直接没收官僚资产阶级的生产资料归国家所有，而对民族资产阶级的工商业则采取了保护态度，为后来在过

---

① 《马克思恩格斯选集》第1卷，人民出版社2012年版，第305页。
② 《列宁选集》第3卷，人民出版社2012年版，第530—531页。

渡时期贯彻和平赎买理论铺垫了良好基础。他不仅主张在经济上慎重对待私人资本主义，而且始终倡导以和平方式来消灭民族资产阶级。如在七届二中全会上的总结发言中，他提道："将来由新民主主义革命转变到社会主义革命那一次就不用流血了，而可能和平解决"①。在《论人民民主专政》一文中，他进一步提出："剩下一个民族资产阶级，在现阶段就可以向他们中间的许多人进行许多适当的教育工作，等到将来实行社会主义即实行私营企业国有化的时候，再进一步对他们进行教育和改造的工作"②。这些论述表明，毛泽东关于对资本主义工商业采取和平赎买的理论正在逐步成熟，而且体现重视对民族资产阶级自身改造的新策略。

1955年下半年，继农业合作化掀起高潮后，资本主义工商业的社会主义改造步伐也开始加快了。10月份，在党的七届六中（扩大）全会召开不久，毛泽东就两次约见工商界代表人士，就大家普遍关心的资本主义工商业改造前途和趋势作了论述，强调当前开展的社会主义改造实际上"就是运用从前马克思、恩格斯、列宁提出过的赎买政策"，并发出了"工商业者要掌握自己的命运"的号召。11月，在毛泽东的提议下，中央召开了关于资本主义工商业改造问题的工作会议。毛泽东在会上批评了认为民族资产阶级不能接受社会主义的错误看法，陈云、周恩来、刘少奇先后作了题为《资本主义工商业改造的新形势和新任务》《关于资本主义工商业社会主义改造的几个问题》《关于资本主义工商业的社会主义改造问题》的报告，和平赎买理论得到进一步完善和补充。这次会议讨论并通过了《中共中央关于资本主义工商业改造问题的决议（草案）》，我国资本主义工商业改造也迎来了新的阶段，此前在私营企业中实行的加工订货、经销代销和个别公私合营形式开始提升为全行业公私合营的高级形式。

从毛泽东和中共其他领袖人物的有关论述来看，我国20世纪50年代对民族资本主义实行的和平赎买主要坚持了以下原则：

制度改造和人的改造相结合。对资本主义经济的和平改造由两方面构成：一方面是对资本主义企业的改造，使其从私人资本主义所有制改造成社会主义全民所有制；另一方面是对资本主义工商业者的改造，使其从榨取剩余价值的

① 《毛泽东文集》第5卷，人民出版社1996年版，第262页。
② 《毛泽东选集》第4卷，人民出版社1991年版，第1477页。

剥削者转变成自食其力的劳动者。刘少奇就提到，我们在对资本主义工商业实现社会主义改造的过程中，是将企业改造和人的改造结合进行的，也就是在对企业改造的同时逐步地改造资本家，从而"变资本家和资本家代理人为劳动者，为工人，为国家经济机关的工作人员"。周恩来也指出："整个社会主义改造的过程就是消灭资产阶级的过程，也是改造资本家个人的过程。阶级消灭，个人改造，最后都变成工人，得到一个愉快的前途。但是，这项改造工作还需要一个相当长的时期"。① 毛泽东则具体分析说："对资本主义工商业的社会主义改造，是把所有的人都包下来。资产阶级作为一个阶级是要消灭的，但人都包下来了。工商业者不是国家的负担，而是一笔财富，他们过去和现在都起了积极作用。中国资产阶级在经济上是现代化的，不是手工业的。在政治上是要求反对帝国主义的，有两面性，有要求革命的一面"②。他后来又补充说：过社会主义这一关，是将私人所有制变为集体所有制，讲阶级起变化、讲消灭阶级，"不是讲把人灭掉，人是可以慢慢变的""要承认有改造的必要"③。显然，中国式的资本主义工商业，将企业与个人改造的结合，是对私有制从思想、经济方面进行的更为彻底的变革，而且在对资本家的全面改造中，既消灭了作为剥削者而存在的阶级，又充分保持了他们在生产技术和经营管理中的积极作用。

党的领导和骨干引领相结合。对民族资产阶级的社会主义改造无疑需要在党强有力的领导下进行，毛泽东对此有过充分论述，并强调领导方法很重要，符合客观规律的领导会使错误少一些，工作好一些。坚持和加强党对各项工作的领导，也是顺利进行"一化三改"的共同前提。此外，毛泽东特别提出要重视民族资产阶级核心人物在资本主义工商业改造中的带头和垂范作用。早在 1952 年 9 月，他写给黄炎培的信中就谈道："对于资产阶级中的少数人，那些有远见的人们"，"可以向他们宣传社会主义，使他们对社会主义事业发生兴趣""我想这是可行的，也是有益的"。1953 年 9 月，他在同民主党派和工商界代表的谈话中指出，对资本主义工商业的改造，"需要有计划地培养一部分眼光远大的、愿意和共产党和人民政府靠近的、先进的资本家，以便经过他们去说服大部分资本家"。1955 年 10 月，他再次向工商界代表谈道，"每个大中

① 《建国以来重要文献选编》第 7 册，中央文献出版社 1993 年版，第 426、416 页。
② 《毛泽东文集》第 7 卷，人民出版社 1999 年版，第 176 页。
③ 《毛泽东年谱（一九四九———一九七六）》第 3 卷，中共中央文献出版社 2013 年版，第 227 页。

城市有那么几十个、百把两百个觉悟比较高的核心人物，经过他们去说服大多数人，这样我们去说更好"。他甚至指出"核心分子非常重要，有核心才能有领导，才能达到有秩序有步骤地进行"。① 在毛泽东看来，之所以要将加强党的领导与注重发挥民族资产阶级先进分子引领作用相结合，是因为这一群体在向本阶级宣传社会主义中具有自身独特优势，并且只有把握好这些"领头羊"才能更好地实现党的领导。他倡导挖掘一批"先知先觉"的舆论引导和先锋作用，也是与他对于民族资产阶级在政治倾向上有先进、中间、落后三种层次的划分所分不开的。

思想教育与利益维护相结合。毛泽东认为新制度代替旧制度的过程，必然要着力从思想上破除旧制度的残余，要在宣传中增进民族资产阶级对新制度的认同。因而，他始终注重思想教育在资本主义改造中的突出作用，强调在这场改造的全面规划中应有完整的宣传教育计划，去向思想觉悟参差不齐的工商界人士开展劝说和教育工作。他还强调参与生产实践和自愿主动学习对于民族资产阶级思想变更的必要性："工商业者的彻底改造必须是在工作中间，他们应当在企业内同职工一起劳动，把企业作为自我改造的基地。但是经过学习改变自己的某些旧观点，也是重要的。工商业者的学习，应当以自愿为基础。"② 在革命战争年代就主张给统一战线成员以看得见的物质利益的毛泽东，在资本主义工商业的改造中，强调了维护资本家合理利益对于促进改造的必不可少。他明确提出，生产关系和生活方式自然要发生变化，但是对工商业者要安排好。这种安排一个是工作岗位，另一个是政治地位。要让民族资产阶级在合适的岗位上工作，以利用好他们在知识、技术、管理和经验等方面的优势。与对待官僚资产阶级和封建地主不同，不能因为社会主义改造而剥夺其政治权利。总之，要让民族资产阶级的基本生活受到保障，而且要使其生活福利逐步提高以证明新制度的优越性。思想改造与利益维护并举的方针，使民族资产阶级此前被毛泽东形容为"十五只吊桶打水，七上八下"的不安得以消除，并增进了他们对社会主义改造的拥护和参与热情。

"四马分肥"和定息方式的赎买。党和政府对资本主义工商业的赎买，主要采用了"四马分肥"和定息制度。这种方式的赎买，不同于对民族资产阶级

① 《毛泽东文集》第 6 卷，人民出版社 1999 年版，第 237、292、489、501 页。
② 《毛泽东文集》第 7 卷，人民出版社 1999 年版，第 224 页。

的直接一次性购买，而是在一定时期内随着国家资本主义形式由低级向高级的推进，用不同的方式向他们支付一定的企业利润。在国民经济恢复时期，在实行加工订货、统购统销等初级形式的国家资本主义时，资本家主要从加工费和货物价中获取部分利润。1953 年，社会主义改造正式开始后，国家资本主义的发展重点从初级形式转向高级形式，赎买的政策更多体现为"四马分肥"，亦即国家资本主义企业的利润主要划分为所得税、公积金、工人福利、资方红利四块来分配。随着公私合营的迅速发展，1956 年元旦过后，各地开始出现资本主义工商业全行业公私合营的高潮。全行业合营中，工人生产积极性提高，企业利润大幅增加，资本家的剥削收入也随之增长，引发了群众的不满，"四马分肥"的赎买政策已难以适应新形势下生产力的发展要求。中央发出了《关于对公私合营企业私股推行定息办法的指示》，由定息办法来取代"四马分肥"成为国家进一步加强社会主义改造的重要举措。定息制度，是指将资本家占有的生产资料核算后折成股份，每年按股份给资本家支付固定红利，其余利润由国家统一支配。由于资本家交出了企业经营权，他们的生产资料开始失去了职能资本作用。开始实施时，全国资本家的年息从一厘至六厘不等，后来由陈云代表国务院统一规定为五厘。鉴于当时有些工人抱有反对和平赎买、主张尽快取消定息的短见，毛泽东专门就如何贯彻党的赎买政策作过阐释。他强调：赎买就是真正的赎买时间太短了不好，不应虎头蛇尾；赎买也是全部的赎买，应说服工人坚持大中小路线，无论是大资本家还是中小资本家的利益都不应被忽视。在这些方针的指导下，定息制度坚持了十年之久。为了更好地团结并改造民族资产阶级，在"四马分肥"和"定息"之外，还保留了资本家带有剥削性质的高薪，对于年老退休者也保障其物质福利，这些都属于赎买的范围。

重视两个联盟的相互影响。毛泽东在七届六中全会上曾就农业合作化和资本主义工商业改造的关系有过系统论述，强调同农民的联盟与同民族资产阶级的联盟在这两个领域的改造中起着相互促进的作用。同民族资产阶级的联盟，使国家可以获得更多的工业品来满足农民的需要，从而交换出更多的农产品，改变了农民对粮食及其他工业原料的惜售行为；同农民的联盟，可以取得粮食和工业原料去牵制资产阶级，使他们在无法克服原料供给受限的困境中不得不将工业品卖给国家，并接受国家资本主义。这两个联盟的相互影响，使农民的自发形式受到限制，使资本家幻想的自由市场和自由销售之路被控制了。因此，农业合作化进程加快，对民族资产阶级的和平赎买也成为可能。毛泽东在八届二中全会上将农业合作化之于工商业资本家接受改造的推动形容为，农村的社会主义高潮一来，"工人群众又在底下顶他们"，使得改造得以快速推进。在大势所趋之下，在赎买方式的利益保障之下，资本家们敲锣打鼓地接受了社会主义改造。

主要体现为上述五项原则的和平赎买理论指引了我国资本主义工商业的社会主义改造顺利进行。实际上，党的领袖都曾强调和平赎买并不意味着没有阶级斗争。如周恩来就指出，由于和平赎买最后要废除资本主义所有制，我们同资产阶级就必然会发生矛盾和斗争，而且这种阶级斗争依然是尖锐的、激烈的、复杂的，只有将阶级斗争处理得当，才使得和平转变胜利实现[1]。也正因为如此，毛泽东多次谈到对资本主义工商业者的社会主义改造要逐步开展、有序进行，要做到"瓜熟蒂落，水到渠成"，而不能使人感到很突然。这种逐步推进的方式，减少了所有制变革的阻力。他后来也总结说："工人阶级和民族资产阶级之间存在着剥削和被剥削的矛盾，这本来是对抗性的矛盾。但是在我国的具体条件下，这两个阶级的对抗性的矛盾如果处理得当，可以转变为非对抗性的矛盾，可以用和平的方法解决这个矛盾"[2]。所以说，和平赎买并不等于不会出现阶级斗争，新中国成立初对工商业的调整以及"三反""五反"实际上也是社会主义改造中阶级斗争的不同程度体现。

通过对国家资本主义与和平赎买理论的贯彻，我国资本主义工商业顺利实现了社会主义改造。这一改造在有序地变革生产关系的同时，保护和发展了生产力，成为我国社会主义改造的又一大特色。所贯彻的和平赎买政策，正确处理了工人群众与民族资产阶级的关系，最大限度地将消极因素转变为积极因素，为我党和工人争取了充裕的时间来学习和提升生产管理经验，也使资本家改造成劳动者后在社会主义建设中发挥了知识和技能优势，促进了工业和国民经济的发展。这场改造，由于对当时已成为我国人民一部分的民族资产阶级采取了正确的赎买政策，使得企业私有制向社会主义所有制的变革是在全国工商界的积极配合中完成，这种大范围的和平急剧变革方式在世界上史无前例。改造的成果雄辩地证明了我党在过渡时期对资本主义工商业采取国家资本主义和

---

[1] 参见《建国以来重要文献选编》第 7 册，中央文献出版社 1993 年版，第 415 页。
[2] 《毛泽东文集》第 7 卷，人民出版社 1999 年版，第 206 页。

和平赎买方针的正确性。1979 年，邓小平曾经评价说："我国资本主义工商业社会主义改造的胜利完成，是我国和世界社会主义历史上最光辉的胜利之一。这个胜利的取得，是由于中国共产党领导全体工人阶级执行了毛泽东同志根据我国情况制定的马克思主义政策，同时，资本家阶级中的进步分子和大多数人在接受改造方面也起到了有益的配合作用"[①]。

不过，需要指出的是，对资本主义工商业者的改造在取得辉煌成就的同时，也不可避免地带有某些失误和教训。如过分强调集中生产和经营，裁并合改步伐过快，某些日用品种类单调，给消费者带来了不便；全行业公私合营时带进了小商小贩、小手工业者，混淆了劳动者与资本家的界限，挫伤了他们的积极性；对部分资方人员重视不够，安排不当，使他们的专长和经验未能充分发挥等。这一时期，毛泽东虽然提出了"可以搞国营，也可以搞私营""可以消灭了资本主义，又搞资本主义"[②] 等重要思想，但都未能付诸实际。这些失误，从总体来看与对"什么是社会主义，怎样建设社会主义"的认识还存有某些偏差不无关系。

第四节　社会主义改造时期的意识形态战线

1951 年 9 月开始到 1952 年秋基本结束的知识分子思想改造运动，彻底批判了封建主义和帝国主义思想，初步划清了小资产阶级和资产阶级思想与无产阶级思想的界限。广大知识分子在运动中树立了为人民服务和爱国主义的思想观念，坚定了服从党的领导的政治立场。随着毛泽东和党中央对新民主主义社会认识的转变和过渡时期总路线的提出，无产阶级思想与资产阶级思想的矛盾成为意识形态领域的主要矛盾。解决这个矛盾，就需要对资产阶级思想进行一次全面的批判，从而在意识形态领域全面确立马克思主义的领导地位。

---

① 《邓小平文选》第 2 卷，人民出版社 1994 年版，第 186 页。
② 《毛泽东文集》第 7 卷，人民出版社 1999 年版，第 170 页。

一、批判资产阶级学术思想和资产阶级唯心主义世界观

批判资产阶级学术思想和资产阶级唯心主义世界观是新中国成立后党的意识形态工作发展的必然结果。文艺和哲学是意识形态的重要体现形式，其中蕴含着作者的思想观念和政治态度，对人们的世界观和价值观有着潜移默化的影响。新中国成立以来，文艺批判和哲学批判始终是意识形态工作的重要形式，是开展宣传工作和落实党的知识分子政策的重要着力点。

1953 年 6 月 15 日，中共中央政治局扩大会议在北京召开，毛泽东在会议上完整表述了过渡时期总路线和总任务的内容，从此开启了对农业、手工业和资本主义工商业进行社会主义改造的历史进程。过渡时期总路线的提出对全国的文学艺术工作产生了直接的影响，周扬在中国文学艺术工作者第二次代表大会上的报告充分体现了这一点。周扬在报告中提出，用爱国主义和社会主义的崇高思想教育人民，鼓舞人民向着社会主义社会前进，这就是文学艺术工作方面的庄严的任务。为此，必须对资产阶级思想的各种表现进行批判的工作，并将社会主义现实主义方法作为文艺创作和批评的最高准则。① 这次文艺工作者会议在政策思想上相对于 1951 年至 1952 年的知识分子思想改造运动向前迈了一大步，它将斗争矛头直接对准了资产阶级思想，使资产阶级思想不但在政治上，而且在社会各领域逐渐丧失其合法地位。1954 年至 1955 年，一场由党领导的针对资产阶级唯心主义的思想批判运动，由毛泽东的一封《关于〈红楼梦〉研究问题的信》正式拉开帷幕。

（一）对俞平伯的批判

俞平伯是国内《红楼梦》研究领域的著名学者，是继胡适后"新红学"的重要代表人物之一。"新红学"主张运用考据方法对《红楼梦》的作者、时代、版本等问题进行严密的考证研究，通过详实的资料恢复《红楼梦》的实际面貌，这相对于"旧红学"而言是重大的历史进步。但是这种考据方法与毛泽东和党中央倡导的社会主义现实主义的研究方法根本不同，它被认为在认识论上是主观唯心主义的，在方法论上是机械唯物主义的。1954 年 9 月至 10 月，两位青

---

① 参见《周扬文论选》，人民文学出版社 2009 年版，第 392、405 页。

年学者在《文史哲》和《光明日报》上先后发表《关于〈红楼梦简论〉及其他》和《评〈红楼梦研究〉》两篇文章，从现实主义的角度对俞平伯的观点和研究方法进行了尖锐的批判。

两位青年学者对俞平伯的红学观点的批评得到了毛泽东的关注和支持。毛泽东认为"这是三十多年以来向所谓《红楼梦》研究权威作家的错误观点的第一次认真的开火"。毛泽东还点名批评了《人民日报》和《文艺报》，尖锐地指出"事情是两个'小人物'做起来的，而'大人物'往往不注意，并往往加以拦阻，他们同资产阶级作家在唯心论方面讲统一战线，甘心作资产阶级的俘虏"。① 毛泽东的指示很明确，就资产阶级知识分子个人而言，我们需要团结他们，而对于资产阶级思想，必须加以严肃认真地批判。《人民日报》作为党的中央机关报刊，对于转载容易引起学术争论的文章非常慎重。毛泽东对《人民日报》的批评意味着，在毛泽东看来，关于《红楼梦》研究的问题不只是一个简单的学术争论问题，而是涉及党的知识分子政策和意识形态建设的全局性问题。

毛泽东的指示精神迅速传达到中宣部、中国作协和中国文联、《人民日报》等单位。10 月 24 日，中国作家协会古典文学部专门举行了关于《红楼梦》研究问题的研讨会，批判胡适派和俞平伯的研究方法。10 月 28 日，《人民日报》发表由毛泽东审阅修改的袁水拍的文章《质问〈文艺报〉编者》。这篇文章指出文艺界长期以来对胡适派资产阶级唯心论表现出容忍麻痹的态度，对于马克思主义思想却摆出老爷态度。中宣部分管文艺工作的领导随即召开中国文联和中国作协两主席团同时参加的联席扩大会议，批评《红楼梦》研究中的资产阶级唯心主义倾向和《文艺报》的错误。

在毛泽东的领导和中央宣传部门的组织、影响下，全国各地展开了对俞平伯学术思想的批判。1955 年，作家出版社编辑出版《红楼梦问题讨论集》（共4集），收录了当时颇有影响力的评论文章百余篇。文章坚持马克思主义文艺观，从不同角度对俞平伯的"红学"思想进行批判，取得了重要学术成果。但是这场学术批判运动并不只限于古典文学领域，也不仅仅止步于《红楼梦》一本书和俞平伯一个人，而是以此为突破口，在哲学、历史学、教育学、语言学等各领域对胡适派资产阶级唯心主义进行全方位的批判。胡适作为西方实用主

---

① 《毛泽东文集》第 6 卷，人民出版社 1999 年版，第 352 页。

义思潮在中国的代表，长期以来在思想文化界具有重大影响力，因而对俞平伯的批判很快发展到对胡适及其思想的批判。

（二）对胡适的批判

新中国成立初期对胡适有组织有计划的批判最早发生于 1951 年 11 月。在新中国成立初知识分子思想改造运动中，成立了由时任教育部部长马叙伦和北京大学法学院院长钱端升领导的"京津高等学校教师学习委员会"，该委员会计划把"批判胡适"作为学习改造运动的重点内容。由于 1952 年下半年开始，中共中央集中精力酝酿过渡时期总路线，对胡适的批判暂被搁置。这一次对胡适的批判主要在高等院校中开展，其范围和影响力都比较有限，但是一些旧知识分子也已经敏锐意识到，只有进行积极主动的学习和改造，才能在新的学术环境中立足。[①]

1955 年 1 月 26 日，中共中央发出《关于在干部和知识分子中组织宣传唯物主义思想批判资产阶级唯心主义思想的演讲工作的通知》，宣告"对俞平伯《红楼梦研究》的错误思想的批判已告一段落，对胡适派思想的批判已经初步展开"。紧接着，3 月 1 日又发出《关于宣传唯物主义思想批判资产阶级唯心主义思想的指示》，指出社会主义改造和社会主义建设的发展，"必须在知识分子中和广大人民中宣传辩证唯物主义和历史唯物主义思想，批判资产阶级唯心主义思想"，并要求各级党委必须把思想领导作为自己领导的首要职责。

《关于宣传唯物主义思想批判资产阶级唯心主义思想的指示》为各级党政机关、宣传组织和学术机构在党的领导下开展思想批判运动提供了纲领性指导，并为在批判资产阶级思想过程中应当注意的一些重要问题制定了八项要求。在党中央统一领导下，社会各界对胡适及其思想的批判逐渐达到高潮。关于胡适的实用主义哲学观点，周谷城认为这是"以主观愿望代替客观存在，以主观愿望的实现过程代替客观存在的发展规律，以实现主观愿望的行动术代替推论真理的逻辑学"[②]。李达在批判胡适的政治理论时提出，胡适政治理论的基础就是"个人主义的社会观"，就是首先把人改造成"个人主义者"，再追求

---

① 参见胡海涛：《建国初期对唯心主义的四次批判》，百花洲文艺出版社 2006 年版，第 75 页。
② 《胡适思想批判（论文汇编）》第 4 辑，生活・读书・新知三联书店 1955 年版，第 154 页。

对社会"一点一滴的去改造"①。何干之批判胡适的文学思想是"把现实主义的古典作品当做作者的自传，用自然主义来歪曲古典作品的形象"②。批判的范围涵盖了胡适的哲学观点、政治观点、教育思想、历史学观点和文学观点等各个方面③。1955年，三联书店汇总出版了《胡适思想批判（论文汇编）》8辑，集中体现了这次运动的学术成果。

总体看来，这次针对胡适派资产阶级唯心主义的思想批判运动无论是广度上还是深度上，成效都是非常显著的。首先，它使全国的知识分子，特别是社会科学和文艺工作者以及广大民众，受到一次马克思主义的思想教育。大多数从旧社会过来的知识分子的态度是真诚的，他们主动学习马克思主义基本原理，以使自己能够适应时代发展的新要求。其次，在运动中培养了大批马克思主义理论研究和宣传人员，他们为推动马克思主义大众化发挥了重要作用，成为未来马克思主义研究领域的骨干力量。再次，这次思想批判运动推动了新中国高等学校的马克思主义学科建设和思想政治理论课教材建设。我国马克思主义理论研究领域的专家学者在吸收借鉴苏联教材编写经验的基础上，自编了一批新的教材和教学资料，基本满足了高校马克思主义理论教学的需要。最后，对资产阶级唯心主义思想的批判，也使广大党员干部受到辩证唯物主义和历史唯物主义世界观的教育，推动了党的思想建设，为在党领导下进行意识形态工作积累了经验。

以激烈的思想批判运动的形式解决意识形态问题，在取得积极成果的同时，也出现了一些偏差。一方面，对胡适有全盘否定的倾向。胡适作为20世纪中国新文化运动的代表人物之一，在批判封建主义思想文化，推动中国文化进步方面作出过重要贡献，这是不能否定的，但是这一点被人们有意无意地忽视了。为此，毛泽东曾说："我们开始批判胡适时很好，但后来就有点片面性了，把胡适的一切全部抹杀了，以后要写一两篇文章补救一下。"④遗憾的是，毛泽东的提醒最终没能扭转对胡适批判"一边倒"的局面。另一方面，在批判过程中不乏出现优秀的学术文章，但是也有一些文章言辞尖刻，甚至出现针对个人的侮辱词汇，这种现象是与中央要求的"学术批评和讨论，应当是说理的，实事求是

① 《胡适思想批判资料集刊》，新文艺出版社1955年版，第160页。
② 《胡适思想批判资料集刊》，新文艺出版社1955年版，第259页。
③ 参见柳建辉主编：《中国共产党史稿》第7卷，四川人民出版社2011年版，第319—324页。
④ 《毛泽东年谱（一九四九——一九七六）》第3卷，中央文献出版社2013年版，第77页。

的""应当分清政治上的反革命分子和学术思想上犯错误的人"这些基本原则相违背的,破坏了党的统一战线政策和团结改造知识分子的政策。由于采取大规模运动的形式解决思想上的是非问题,使得最初的学术批判发展为思想批判,这种思想批判最终又发展为政治批判,产生了某些消极影响,这是值得吸取的教训。

（三）对胡风的批判

在对俞平伯、胡适进行思想批判的同时,文艺界开展了对胡风文艺思想的公开批判。胡风是著名的革命文艺理论家,他长期在国统区生活,从事大量革命文艺活动。早在抗日战争时期,关于胡风的文艺思想,在革命文艺界就有争论。新中国成立之后,党继续开展对胡风的批判,并认为胡风的文艺思想是与马克思主义相对立的资产阶级思想。随着思想批判运动不断向前推进,"对胡风文艺思想的批判很快上升到政治高度"①。

1945年1月,舒芜在胡风主编的杂志《希望》第1集第1期上发表文章《论主观》。这篇文章力图反对左翼文艺中出现的重政治而轻艺术的"教条主义"倾向,特别强调文艺创作中"个性解放"的作用,认为只有"个性解放"才能发挥人的创造性。在很多党内文艺工作者看来,《论主观》是胡风宣扬的"主观战斗精神"的体现,并认为这是一种主观唯心主义的文艺思想,混淆了小资产阶级革命性与无产阶级革命性的区别,违背了毛泽东《在延安文艺座谈会上的讲话》的基本精神。而在胡风、舒芜看来,他们所主张的"主观战斗精神"与马克思主义是一致的。由此引起了关于胡风文艺思想的长期争论。除此之外,在"现实主义"问题、文艺的"民族形式"问题等方面,胡风与许多党内文艺工作者同样存在意见分歧。

1952年,为配合开展知识分子思想改造工作,文艺界开始整风,其中一项重要内容是对胡风文艺思想的批判。1953年,《文艺报》第2、3期上先后发表林默涵的《胡风的反马克思主义的文艺思想》和何其芳的《现实主义的路,还是反现实主义的路》两篇文章,从世界观、文艺创作方法、思想改造问题、文艺的民族形式问题等多个角度对胡风文艺思想进行了全面的批判。1954年,胡风写成《关于几年来文艺实践情况的报告》（即"三十万言书"）对林、何的批判进行了反驳,并对改进文艺工作提了若干意见。

---

① 《中国共产党历史》第2卷（上册）,中共党史出版社2011年版,第288页。

在胡风写"三十万言书"之前，人们对胡风及其文艺思想的不同意见，总体上属于革命文艺界内部的正常争论。此后，这种不同文艺思想之间的争论发生了质的变化。1955年1月15日，毛泽东在批示关于周扬与胡风谈话情况的报告时指出，"应对胡风的资产阶级唯心论，反党反人民的文艺思想，进行彻底的批判，不要让他逃到'小资产阶级观点'里躲藏起来"①。26日，中共中央发布指示，更加明确了胡风的文艺思想"是资产阶级唯心论的错误思想，他披着'马克思主义'的外衣，在长时期内进行着反党反人民的斗争"，并要求各级党委把批判胡风文艺思想当作工人阶级与资产阶级的重要斗争看待②。对胡风文艺思想的批判，实质上混淆了文艺思想内部敌我矛盾与人民内部矛盾的界限，使文艺界内部的思想论争扩大为全国范围内公开的思想批判运动。随着全国范围内批判资产阶级思想整体形势的发展，对胡风及其思想的批判也不断深入。通过对胡风的批判，在全社会开展了揭露各种暗藏的反革命分子的行动，并借此达到纯洁革命队伍的目的③。

从胡风事件的发展脉络来看，这场最初的文艺思想论争，发展为思想批判和政治批判运动，给新中国的文化建设带来一定损失。任何历史事件都不是孤立的，胡风案件从一个侧面反映了新中国成立后从新民主主义过渡到社会主义这一激烈变革时期党的意识形态建设的迫切任务。新中国成立后，特别是过渡时期总路线提出后，党亟须整合社会意识，确立马克思主义的指导思想地位，以此坚定党在人民群众中的信仰，巩固党在政治上的执政地位。历史证明，在执政的条件下，党既要对意识形态建设和文艺发展方向进行必要的领导，更要强调不同文艺主体之间的平等地位与合法权利，如此才能形成健康向上而又繁荣、活泼的文化局面。

二、关于过渡时期经济基础与上层建筑性质问题的探讨

新中国成立后，经过三年的经济恢复与发展，国民经济得到根本改观。根

---

① 《建国以来毛泽东文稿》第5册，中央文献出版社1991年版，第9页。
② 参见《建国以来重要文献选编》第6册，中央文献出版社1993年版，第27页。
③ 参见《建国以来毛泽东文稿》第5册，中央文献出版社1991年版，第148页。

据新的经济和政治发展形势，依据马克思主义关于过渡时期的理论，毛泽东在
1953 年 6 月 15 日的中共中央政治局会议上提出了过渡时期总路线和总任务的
基本内容，改变了过去先经过一段新民主主义建设时期，待条件成熟时再一举
过渡到社会主义社会的看法。

过渡时期总路线是运用马克思主义基本原理指导我国社会主义革命的创
造性理论成果，符合我国当时的具体实际。过渡时期总路线的提出，一方面
加快了我国和平进入社会主义社会的历史进程；另一方面也引起一些理论上
的争论，核心是对中国过渡时期经济基础与上层建筑的性质的理解。之所以
在这个问题上引起学术界的争论，既因为人们对马克思主义理论的理解在思
想上不统一，也因为中国过渡时期的经济基础和上层建筑确实具有相当的复
杂性。

关于过渡时期的理论，在马克思主义经典著作那里已经有相关论述。马克
思在 1875 年写成的《哥达纲领批判》中提出，"在资本主义社会和共产主义社
会之间，有一个从前者变为后者的革命转变时期。同这个时期相适应的也有一
个政治上的过渡时期，这个时期的国家只能是无产阶级的革命专政"[1]。马克思
在这里强调了政治上的过渡性，以及过渡时期在政治上坚持无产阶级专政的必
要性。十月革命胜利后，列宁具体分析了构成俄国过渡时期经济结构的五种经
济成分，即宗法式的农民经济、小商品生产经济、私人资本主义经济、国家资
本主义经济以及社会主义经济，特别强调俄国在无产阶级专政的条件下经济上
的过渡性质。新中国成立后，我国实际上进入由新民主主义到社会主义的过渡
时期，在经济结构上存在国营经济、合作社经济、国家资本主义经济、私人资
本主义经济、个体经济五种经济成分，在政治上是工人阶级领导的，包括农民
阶级、小资产阶级和民族资产阶级在内的人民民主专政。这决定了中国过渡时
期的经济基础和上层建筑具有更加复杂的特征。

1950 年 6 月，斯大林为《真理报》组织讨论语言学问题发表了《马克思
主义与语言学问题》，并于同年 11 月在中国翻译出版。斯大林在该著作中关
于经济基础和上层建筑概念的经典定义吸引了国内学者的极大关注。1953 年，
时任中央马列学院（1955 年改名为中共中央直属高级党校）副院长的杨献珍，
在学习讨论斯大林这部著作时作了《关于中国新民主主义社会的基础与上层建

---

[1] 《马克思恩格斯选集》第 3 卷，人民出版社 2012 年版，第 373 页。

筑的问题》的发言。1955 年 6 月，杨献珍将原发言稿稍作修改后以《关于中华人民共和国在过渡时期的基础与上层建筑的问题》为题送中宣部审查。他在文章中坚持"综合经济基础论"，认为五种经济成分共同构成了过渡时期的经济基础，批评了认为只有社会主义性质的经济才是过渡时期的经济基础的"单一经济基础论"。

杨献珍是立足于中国现实存在的五种经济成分提出"综合经济基础论"的。杨献珍先从马克思、恩格斯、列宁、斯大林关于"基础"的经典论述谈起，认为"'基础'就是整个'社会'的诸种生产关系的总和"[①]。杨献珍重新强调了党的七届二中全会上关于新民主主义社会经济成分的分析，在他看来，由五种不同经济成分构成的"基础"是党一系列政策的出发点，过渡时期总路线和第一个五年计划就是在这个"基础"上形成的。杨献珍提出的"综合经济基础论"侧重于强调国民经济各部门之间的内在联系和平衡发展，提出不能"只顾本部门、本地区，而不顾其他部门、其他地区，只顾社会主义经济成分，不顾其他经济成分，或者只顾需要，不顾可能"[②]。

在深入阐述"综合经济基础论"的基础上，杨献珍着重批驳了"单一经济基础论"。持"单一经济基础论"者并不否认现实中五种经济成分的客观存在，但是他们认为资本主义经济、农民和手工业者的个体经济都不能称作社会主义类型国家政权的"基础"，半社会主义性质的合作社经济和国家资本主义经济也不完全是社会主义类型国家政权的"基础"，能够作为"基础"的只能是社会主义经济。杨献珍说，这种观点不但不符合七届二中全会关于我国经济基础的科学分析，同时也违背了《中华人民共和国宪法》，因为宪法明确规定国家所有制、合作社所有制、个体劳动者所有制和资本家所有制都是我国生产资料所有制的合法形式。在杨献珍看来，承认这个"基础"中同时存在多种经济成分的客观现实，与逐渐消灭"基础"中的非社会主义经济因素二者并不冲突。他进一步指出，持"单一经济基础论"者的错误就在于"他们不是从实际出发，不是从客观分析中国现存的社会经济结构出发，而是从概念出发，从片面地了解'生产关系的总和'这个概念出发"[③]。

---

① 杨献珍：《我的哲学"罪案"》，人民出版社 1981 年版，第 36 页。
② 杨献珍：《我的哲学"罪案"》，人民出版社 1981 年版，第 53 页。
③ 杨献珍：《我的哲学"罪案"》，人民出版社 1981 年版，第 50 页。

在提出"综合经济基础论"的同时，杨献珍提出了"单一上层建筑论"，即工人阶级领导的以工农联盟为基础的人民民主专政的政权和马克思列宁主义的共产主义世界观，构成了社会主义类型国家政治的和思想的上层建筑，在上层建筑中不包括反映资产阶级利益的资产阶级思想。杨献珍认为，"综合经济基础论"与"单一上层建筑论"二者相互结合，是符合中国过渡时期实际情况的正确判断。在社会主义过渡时期，虽然资本主义经济的存在是客观的，但是资产阶级思想是被批判的对象，因而不属于上层建筑。他依据斯大林在《马克思主义与语言学》中的相关论述，认为新中国上层建筑的任务和作用，就是"扩大和发展'基础'中的社会主义经济成分，日益缩小以至消灭'基础'中的非社会主义的经济成分"，从而最终使社会主义经济成为我国唯一的经济基础。

以杨献珍为代表的"综合经济基础论"在当时的理论界引起很多争论。1955年8月，时任中央党校哲学教研室主任的艾思奇写成《对杨献珍同志的〈关于中华人民共和国在过渡时期的基础与上层建筑〉一文的意见》，对杨献珍的观点进行了反驳。艾思奇认为我国在过渡时期存在社会主义经济与资本主义经济两种互相对抗的基础，二者之间进行着"谁战胜谁"的斗争。在这种激烈斗争过程中，"社会主义的经济基础逐步建立起来，资本主义的经济基础逐步归于消灭"，而"综合经济基础论"的根本错误就在于模糊了"两种互相对抗的基础的矛盾运动和尖锐斗争的过程"。[1]

艾思奇在反驳了"综合经济基础论"之后，紧接着又批评了杨献珍"单一上层建筑论"。艾思奇指出，一方面，那种认为过渡时期上层建筑中应该包括资产阶级思想的观点是完全错误的，不论是资产阶级的进步思想还是资产阶级的反动思想，都不是我们国家上层建筑中指导思想的一部分；另一方面，那种认为我国上层建筑中已经不存在资本主义因素的"单一上层建筑论"也是错误的。由于在过渡时期还存在资本主义经济，因而上层建筑中也必然存在资产阶级思想，这不但符合逻辑，也符合客观事实。上层建筑中除了客观存在着资产阶级思想之外，还存在着适应这种思想观点的政治法律制度等因素。但是，这些残存的资产阶级思想和政治法律制度是与作为国家指导思想的马克思主义和人民民主专政的国家政权根本对立、互相斗争着的。艾思奇并不认可杨献珍将与"综合经济基础论"不同的观点统统称为"单一经济基础论"，而是更加赞

① 《艾思奇文集》第2卷，人民出版社1983年版，第293页。

同"两种对立的经济基础论"。因为在艾思奇看来，无论是过渡时期的经济基础还是上层建筑都是由两种敌对的因素构成的，"过渡时期的经济基础不是单一的，而是两种互相敌对的基础的对立的统一；上层建筑也不是单一的，是占着统治地位的社会主义上层建筑和与它相敌对的资本主义上层建筑因素的对立的统一"①。

杨献珍与艾思奇二人的观点针锋相对，在当时的论争中具有很大的代表性。先后投入这场论争的还有严北溟、徐琳、肖前、林青山、张如心、屈万山、定思（原名潘梓年）等大批学者。其中，严北溟认为，过渡时期的经济基础和上层建筑都是"形成中的"，我国社会主义的经济基础是不能包括资本主义因素在内的；当民族资产阶级服从工人阶级领导时，它就可以作为上层建筑的一部分，但是这个上层建筑绝对不能包括资产阶级思想。② 定思关于过渡时期经济基础的观点与杨献珍基本一致。定思认为我们对经济基础的考察必须从现实出发，过渡时期不但有自己的经济基础，而且这个基础内也包括资本主义经济成分。关于上层建筑，定思突出了"社会主义类型的"国家的概念。他认为"社会主义类型的"国家不同于"社会主义的"国家，它不具有单一的社会主义上层建筑，非社会主义的阶级还客观存在着，他们与无产阶级在法律上享有平等的地位，在政治上拥有相同的权利。③

理论界这次关于过渡时期经济基础与上层建筑问题的探讨各执一端，长期没有定论。随着社会主义改造的完成，"过渡时期"随之成为历史，人们对这一问题的争论也逐渐降温。但是，随着社会主义建设指导思想中"左"的倾向越来越明显，理论界正常的讨论也逐渐蜕变为公开的学术批判。正如有学者指出的那样，"这次争论的积极成果没有被重视，对斯大林的上层建筑定义的学术批判也未得到认同，一些好的提法也最终未能为马克思主义哲学教科书所吸收"④。1964 年 8 月 24 日，《人民日报》转载了《解放日报》批判杨献珍哲学观点的文章《按照一分为二改造世界，还是按照"合二而一"改造世界？——

① 《艾思奇文集》第 2 卷，人民出版社 1983 年版，第 305 页。
② 参见严北溟：《我国过渡时期的基础和上层建筑》，湖北人民出版社 1955 年版，第 6—9 页。
③ 参见定思：《对我国过渡时期的经济基础与上层建筑怎样进行研究》，《哲学研究》1956 年第 4 期。
④ 胡为雄：《1950 年代中国哲学界有关经济基础与上层建筑的争论》，《毛泽东邓小平理论研究》2009 年第 1 期。

驳杨献珍同志关于学习辩证法的目的的几个论点》。11 月 1 日，《人民日报》将艾思奇《对杨献珍同志的〈关于中华人民共和国在过渡时期的基础与上层建筑〉一文的意见》一文以《驳杨献珍同志的"综合经济基础论"》为题加以发表，并附上说明，认为杨献珍的"综合经济基础论"是"矛盾调和论和阶级调和论，是反对社会主义道路的"。至此，理论界开始走上一边倒地批判杨献珍思想观点的道路。

回首这一段学术争论的历程，其道路虽然曲折，人们对马克思主义某些概念的经典定义的理解也不尽相同，但是人们都力求在马克思主义指导下具体分析中国的现实问题，是符合马克思主义中国化的基本原则的，并且也取得了一些重要的理论成果。艾思奇提出的"两种对立的经济基础论"反映了当时国际国内都存在的社会主义与资本主义"两条道路"之间激烈斗争的时代环境，适应了过渡时期经济、政治发展的客观需要，与党中央过渡时期的政策具有更大的理论契合度。杨献珍提出的"综合经济基础论"虽然屡遭批判，但是时过境迁，他主张的国民经济各部门"平衡发展"的观点现在来看仍然具有重要的借鉴意义。定思强调的"社会主义类型的国家"概念虽然只是针对过渡时期，但是就这一概念本身来说具有重要的理论价值，为我们理解什么是社会主义提供了重要参考。

20 世纪 50 年代，中国经由新民主主义社会过渡到了社会主义社会，是马克思主义发展史上的重要阶段，也是中国共产党历史上的里程碑式的时期。在这一时期，新民主主义社会理论得到发展，人民民主专政理论逐渐成熟，过渡时期总路线被提出，中国社会主义制度开始确立，社会意识形态在破旧立新中树立了马克思主义的主导地位。党的十八大报告在回顾这一段历史时指出："以毛泽东同志为核心的党的第一代中央领导集体带领全党全国各族人民完成了新民主主义革命，进行了社会主义改造，确立了社会主义基本制度，成功实现了中国历史上最深刻最伟大的社会变革，为当代中国一切发展进步奠定了根本政治前提和制度基础"①。社会主义改造完成后，如何在新确立的社会主义制度基础上领导人民群众建设富强和民主的国家，成为党和政府面临的最重要的时代任务，对中国特色社会主义建设道路的探索即将开启。

---

① 《十八大以来重要文献选编》（上），中央文献出版社 2014 年版，第 8 页。

第六章　苏共二十大及中苏论战

1956 年 2 月，苏联共产党在莫斯科大克里姆林宫召开苏共二十大。在这次大会上，赫鲁晓夫重申了苏联共产党对不同社会制度和政治制度国家之间和平共处政策的支持，否定了列宁关于只要帝国主义存在、战争就不可避免的理论，并且认为在一些国家通过议会道路可以和平过渡到社会主义。这次大会的一项最重要的内容，就是批判斯大林及其个人迷信，全盘否定了斯大林，披露了苏共和国际共产主义运动中的负面情况。这次大会是苏联历史乃至国际共产主义历史的一个重要转折点，对世界形势和社会主义阵营产生了重大的影响。

第一节　苏共二十大及秘密报告

1953 年 3 月 5 日，担任苏共总书记和国家主要领导职务长达 30 年之久的斯大林去世。3 月 6 日，苏共中央、部长会议、最高苏维埃主席团联席会议通过决议，任命马林科夫为部长会议主席。3 月 14 日，苏共中央举行全会，赫鲁晓夫提出"恢复列宁主义的集体领导"。马林科夫辞去担任近十四年的中央书记职务，由赫鲁晓夫等五人组成书记处。1953 年 9 月 3 日，赫鲁晓夫当选为苏联共产党中央委员会第一书记。1956 年 2 月 14 日，苏联共产党第二十次代表大会（简称苏共二十大）开幕，当天赫鲁晓夫代表苏共中央作《苏联共产党中央委员会向党的第二十次代表大会的总结报告》（简称总结报告），大会 24 日闭幕。闭幕当天晚上，一中全会举行。会后，二十大与会代表被紧急重新召集起来。24 日深夜至 25 日凌晨，赫鲁晓夫作了长达 4 个小时的题为《关于个人崇拜及其后果》的秘密报告，严厉批判个人崇拜和斯大林。报告认为，斯大林的一些不良品质在列宁活着的时候还只是处于萌芽状态，但在以后年代里已经发展到严重地滥用职权的地步，因而给苏共造成莫大的损失。秘密报告谴责斯大林为"暴君"①。赫鲁晓夫的秘密报告旋即震动苏共，不久后震惊世界，对社会主义阵营和国际局势产生了重大而深远的影响。

一、苏共二十大召开及秘密报告出台的背景

斯大林去世后，苏联党和国家各种矛盾和问题集中暴露，陷入危机。斯大林去世 3 个月后，赫鲁晓夫、马林科夫等人将贝利亚打倒，不久后（12 月 23 日）贝利亚被枪决。苏共内部高层各派势力重新分化组合，权力斗争激烈。

党内外强烈要求改革。赫鲁晓夫等领导人面临着如何对待斯大林遗产的棘手问题。斯大林时期，在高度集中统一体制之下，苏联社会主义建设曾取得巨大成就，赢得卫国战争胜利，战后苏联社会经济得到迅速恢复和发展。斯大林去世后，高度集权体制下政治经济领域各种问题浮出水面。对领导人的个人崇拜是斯大林时期遗留下来的突出的社会政治问题之一。秘密报告指责"斯大林个人独揽大权"，个人崇拜妨碍了政治、经济、文化等各方面体制的健康发展，束缚了人们的思想，抑制了人们积极性和创造力的发挥。斯大林时期的高压政策在党政军等各领域造成了很多冤假错案，党内和社会上要求平反由大规模政治镇压而造成的大量冤假错案的呼声很高，广大受镇压者迫切希望平反，重返社会生活。苏联政界上层一部分人渴望拥有能够保障人身安全的政治氛围，要求高层对大规模政治镇压给出一个合理的解释，摆脱和消除因"参与"大规模镇压给自己政治前程留下的阴影。人民群众和知识分子渴望"解冻"，期待着社会变革的到来。经济方面由于重工业优先发展的政策，轻工业和农业十分落

---

① ［苏］赫鲁晓夫、［意］维达利：《赫鲁晓夫的秘密报告》，王德树等译，华夏出版社 1989 年版，第 64 页。本章引用的《秘密报告》论述均来自此。

后，人民生活比较困难，对党和政府意见较大。广大党员和劳动人民的积极性不高，而社会上要求改革的声音越来越强。

在苏共高层，马林科夫首先使用"个人崇拜"这个提法来总结苏联在斯大林晚年时的不正常的政治生活，并首先提出要反对个人崇拜。1953年3月19日起，马林科夫开始主张反对个人迷信。他提议4月份召开苏共中央非例行全会，讨论个人迷信问题，起草了反对个人迷信的讲话和决议草案，因莫洛托夫和卡冈诺维奇等人的反对，会议未能如期召开。1953年7月2—7日，在召开讨论贝利亚问题的中央全会上，马林科夫除了讲贝利亚问题外，还着重讲了反对个人迷信问题。

1953—1955年间，马林科夫主持了针对斯大林模式的改革。政治上，启动了平反冤假错案和健全法制的工作，医生间谍案、明格列尔案、克里米亚案等一大批冤案的受害者得到平反，处决了斯大林晚年冤假错案的直接制造者贝利亚，改组了由贝利亚掌控的凌驾于党、中央、司法机关之上的内务部，恢复了检察院；经济上，提出了均衡发展战略，即像重视重工业那样地重视轻工业，用发展重工业那样的速度去发展轻工业，开始将经济重心调向轻工业、食品业和农业，将生产的重心转向日用消费品，将经济生产的目的定位为"迅速提高人民的物质和生活文化水平"。制定一系列政策，诸如提高国家的农产品收购价格、允许农民自由经营自留地和个人副业、降低对农税收的标准和农民副业缴售的标准、免除农民拖欠的农业税款、提出了农业机械化的方针以及创造性地提出要培养农业技术干部；行政上，调整高度集中的管理体制；外交上，紧缩关于爆发世界大战的估计，将外交重点由消灭帝国主义转到和不同社会制度的国家和平共处上来。

1953年起，苏共中央开始为被镇压的共产党员平反，成立专门委员会解决斯大林"大清洗"的遗留问题。3月28日由最高苏维埃主席团主席伏罗希洛夫签署公布，在苏联监狱和劳动改造营中关押的120万人被释放，40万人的案子停止侦查。4月1日，贝利亚向中央主席团提出关于为参加所谓的"医生谋杀案"人员平反的报告。4月3日，中央主席团讨论了这一报告并通过决议释放因"医生谋杀案"而被捕的医生及其家属并为其彻底平反，对那些想方设法捏造这一挑拨性案件并粗暴违反苏联法律的前国家安全部的工作人员追究刑事责任。随后，大量冤假错案相继平反。苏共的这些改革力度并不让人满意，社会不满情绪仍然很强。

二十大之前的几次党中央全会上，对于个人崇拜和它所造成的有害后果已经开始讨论。二十大总结报告记述，许多党组织和个人的工作，包括中央委员会委员们的工作，"受到了不顾情面的布尔什维克式的批评"①，党的某些工作人员，已被撤销中央委员的职务。这些会议上，中央委员会"本着列宁式样的直率态度和原则性"，暴露了各方面的严重缺点。

从斯大林去世到二十大之前，经过一系列改革，小有成效，但苏联各方面的问题仍然很严重。赫鲁晓夫等人认为仅仅将过错归咎于贝利亚等人是不行的，必须使改革更加彻底。二十大之前，苏共高层内部已经开始了酝酿批判个人崇拜和斯大林。

二、苏共二十大与总结报告

1956年2月14日（二十大开幕日），赫鲁晓夫作了《苏联共产党中央委员会向党的第二十次党代表大会的总结报告》，该报告包括三个部分：苏联的国际形势、苏联的国内状况、党。总结报告肯定了十九大以来党的工作，认为这是苏联共产党历史中，是加强国家威力、为建成共产主义、为争取世界和平而奋斗的历史中的一个重要时期。这个开幕式报告已经初露批判个人崇拜、批判斯大林的端倪。

总结报告突出强调高举不朽的列宁的伟大旗帜，忠实于列宁主义，并强调这是党的一切成就的源泉。在外交政策方面，总结报告强调苏联忠实于列宁主义的和平外交政策原则，积极地贯彻缓和国际紧张局势和加强和平的方针。在论述民族政策时强调党的民族政策过去是今后仍然是遵循伟大的列宁的指示。在论述党建工作时强调天才的领袖和导师列宁建立和巩固了共产党，它是劳动人民在争取人民的自由和幸福，争取共产主义的斗争中伟大的鼓舞力量和领导力量。总结报告中频繁引用列宁论述，而少有提到斯大林。这些论述已经表明，代表大会已经开始运用列宁主义来批评、否定斯大林时期的内政外交政策。

① [苏] 赫鲁晓夫：《苏联共产党中央委员会向党的第二十次党代表大会的总结报告》，《人民日报》1956年2月18日。本章引用的总结报告论述，均来自《人民日报》1956年2月18日。

国内政策方面，总结报告认为，苏共从十九大（1952 年 10 月召开）到二十大的三年零四个月对农业和工业的状况作了批判性的估计，并采取了若干重大举措。同时，总结报告提出要揭露经济活动、政府活动和党的活动中各方面所存在的缺点，打破陈腐的观念，坚决扫除一切过时的、阻碍前进的东西。报告已在批评斯大林时期的各项工作。

二十大总结报告号召苏联为巩固和平和国际安全而斗争。总结报告认为，包含着巨大危险的国际紧张局势有了某种程度的缓和。报告指出："中国革命的胜利是对殖民体系的一个重大的打击，它标志着帝国主义极惨重的失败"。"正是因为苏联和他的朋友们——中华人民共和国和其他人民民主国家——及时采取了一系列所有受到爱好和平的力量支持的外交步骤，国际舞台上才出现了好转情景。"报告肯定了中国的发展成就，指出虽然中华人民共和国开始建设社会主义比其他国家晚些，但已经取得了卓越的成就，中国已经进入大国行列。报告表明苏共在当时对中共和中国的友好态度。

总结报告认为，时代的主要特点是社会主义已经越出一个国家的范围而变成了世界体系。资本主义想阻挡这一世界历史进程是无能为力的。按照不同的规律、朝着相反的方向发展的两个对立的世界经济体系——资本主义经济体系和社会主义经济体系——的同时存在，已经成为不争的事实。报告认为，社会主义经济的发展方向是越来越充分地满足社会全体成员的物质和文化需要，资本主义经济的发展方向是越来越增加垄断资本的财富，进一步加紧对千百万劳动人民，特别是殖民地和附属国的劳动人民的剥削，降低他们的生活水平，是使经济更加军事化，加剧资本主义国家之间的竞争，使新的危机和震荡日益成熟起来；资本主义剥削的范围和资本主义的世界阵地越来越小，社会主义世界阵地日益扩大。

总结报告认为，世界力量对比正发生巨大的变化。国际舞台上出现了一个包括欧洲和亚洲爱好和平的社会主义国家和非社会主义国家的广大和平地区。这个地区包括的范围非常广阔，居民将近 15 亿，占全球人口的多数。列宁预言的世界历史的新时期已经到来：东方各国人民在决定全世界命运方面正在起着积极的作用。和战前时期不同，亚洲绝大多数的国家现在已经作为自主的国家或者作为坚决维护其独立外交政策权利的国家，出现在世界的舞台上。国际关系已经超出了主要是白种人的国家之间的关系范围，并且开始具有真正的世界关系的性质。

总结报告主张，社会主义和资本主义两个体系和平共处、和平竞赛。列宁关于社会制度不同的各国和平共处的原则，是苏联外交政策的总路线。社会制度不同的国家不仅仅是能够共处，而且还应当前进，改善关系，加强彼此的信任，实行合作。报告指出，和平共处不是策略措施，而是苏联外交政策的基本原则。苏联不会输出革命，不会推翻其他国家的资本主义，不会干涉那些现存资本主义国家的内政。社会主义只会追求在两种体系的竞赛中胜出，不会对资本主义国家进行武装干涉。报告指出，世界上两个最强大的国家——苏联和美国建立持久的友好关系，会对巩固世界和平有重大意义。报告强调了和平共处五项原则，认为如果这个原则能够成为苏联和美国关系的基础，会对全人类有着伟大的意义。报告认为，保证欧洲集体安全、保证亚洲集体安全、裁减军备是三个最重要的问题，解决这些问题就可以为持久和平奠定基础。总结报告承诺，苏联将不遗余力地解决裁军这个最重要的问题，将继续为结束军备扩张以及禁止原子武器和氢武器而努力。

关于不同国家向社会主义过渡的形式。总结报告认为，由于世界舞台的根本变化，在各个国家和民族向社会主义过渡方面也出现了新的前景。报告中谈到，十月革命前夕，列宁提道："一切民族都将走向社会主义，这是不可避免的，但是一切民族的走法却不完全一样，在民主的这种或那种形式上，在无产阶级专政的这种或那种形态上，在社会生活各方面的社会主义改造的速度上，每个民族都会有自己的特点。再没有比'为了历史唯物主义'而一律用浅灰色给自己描绘这方面的未来，在理论上更贫乏、在实践上更可笑的了：这不过是苏兹达利城的拙劣绘画而已。"[1] 报告认为列宁的这句话已经被历史的经验所证实。除了根据社会主义原则改造社会的苏维埃形式之外，还有人民民主形式。总结报告以俄国革命的经历论证和平过渡主张。列宁在 1917 年 4 月根据当时的情况，认为俄国革命的和平发展是可能的。十月革命胜利以后，在 1918 年的春天，列宁制定了他的著名的和平建设社会主义的计划。俄国资产阶级和国际资产阶级组织了武装干涉和内战来反对年轻的苏维埃国家，迫使工人和农民拿起武器。欧洲人民民主国家，由于历史条件的不同，没有发生内战。总结报告认为，不同国家向社会主义过渡的形式将会越来越多样化，而且这些形式的实现，不一定在任何情况下都要与内战联系在一起。报告强调，向社会主义过

---

① 《列宁全集》第 28 卷，人民出版社 2017 年版，第 163 页。

渡时，斗争的激烈程度，使用或不使用暴力，这与其说是取决于无产阶级，不如说取决于剥削阶级的抵抗程度，取决于剥削阶级自己是否使用暴力。

苏共二十大总结报告否定了在资本主义条件下战争不可避免的理论。大会报告强调了防止战争的可能性，对世界战争形势作出新的判断。谈到第三次世界大战是否可以避免时，报告承认，有这样一条马克思列宁主义原理：只要帝国主义存在，战争是不可避免的。报告接着指出，但是这个原理是针对这样一个情况制定的：（1）帝国主义是无所不包的世界体系；（2）对战争不感兴趣的社会和政治力量软弱，组织得不好的，因而不能迫使帝国主义放弃战争。过去几十年形势发生了划时代的变化。在目前，情况已经根本改变。国际社会主义阵营出现了，并且已经成为强大的力量。在这个阵营中，和平力量不仅具备了防止侵略的精神手段，而且具备了防止侵略的物质手段。一大批拥有数亿人口的其他国家正在积极地反对战争。资本主义国家的工人运动，成为一支巨大的力量。拥护和平的运动已经产生，并且成为一个强有力的因素。由此，总结报告得出结论：世界大战是可以避免的。

苏共二十大总结报告倡导苏联为巩固和平和国际安全而斗争，强调了和平倡议，其中包括几个最重要的方面：第一，改善大国之间的关系，主要是美苏之间的关系；第二，消除在东方存在的战争温床，防止新战争温床以及欧洲和亚洲纷争的发生；第三，为了缓和欧洲紧张局势，调整同一些国家的关系（同兄弟国家南斯拉夫关系正常化，同奥地利缔结国家条约，苏联和德意志联邦共和国建立外交关系，等等）；第四，寻找新的途径来解决建立欧洲集体安全体系问题、裁减军备问题、禁止原子武器问题和德国问题，等等；第五，坚决同一切希望和平的国家修好；第六，尽力扩大各方面的国际接触和联系，包括苏联政治家和其他国家的政治家的个人接触，苏共代表和其他国家工人政党代表之间的接触以及工会之间的接触、往来，议会代表团、社会人士代表团和其他代表团更多的相互访问，贸易关系和其他经济关系的发展，旅行访问人数和互派留学生的增加。这六项主要内容已经显露出较强的国际交往中淡化意识形态的倾向。总结报告认为，苏联的和平倡议已经成为对国际事件进程发生巨大影响的最重要因素之一。

总结报告认为，和平共处五项原则是具有不同社会制度的国家，在目前条件下最好的相互关系形式。和平共处原则是中华人民共和国和其他人民民主国家的外交政策的基石之一。总结报告高度评价了和平共处五项原则，认为中华人民共和国和印度共和国提出的、受到万隆会议和广大国际人士支持的著名的和平共处五项原则，是具有不同社会制度的国家在目前条件下处理相互关系的最好形式。和平共处五项原则是在 1954 年 4 月 29 日中印两国所签订的协定中首次系统阐述的。中国也是积极践行这五项原则的国家。1955 年 4 月在万隆举行的亚非国家会议上，中国总理周恩来支持关于提倡全面禁止生产核武器和普遍裁军的决议，并发表了有关中美关系的声明，提出中国人民同美国人民是友好的，中国人民不要去美国打仗。中国政府愿意同美国政府坐下来谈判，讨论缓和远东紧张局势的问题，特别是缓和台湾地区的紧张局势问题。

苏共二十大总结报告强调通过协商解决国际关系问题。报告认为，如果大家都有合作和达成协调的愿望，即使最复杂的国际关系也是能通过协商来解决的。大会主张协商的方式应当成为解决国际问题的唯一方式。

总结报告规定了党推行和平外交政策的任务。第一，坚定不移地奉行列宁关于不同社会制度的国家之间和平共处的政策。第二，竭力加强同中国、波兰、捷克斯洛伐克、保加利亚、匈牙利、罗马尼亚、阿尔巴尼亚、德意志民主共和国、朝鲜民主主义人民共和国、越南民主共和国和蒙古人民共和国的兄弟般的关系，竭力加强同南斯拉夫共和国各兄弟民族的友谊和合作。第三，不断地巩固同印度、缅甸、印尼、阿富汗、埃及、叙利亚等其他主张和平的国家的友谊和合作关系。第四，进一步改善同美国、英国、法国、德国、日本、意大利、土耳其、伊朗、巴基斯坦和其他国家的关系的积极政策，力求加强相互信任，广泛开展贸易关系，扩大在文化科技方面的接触和合作。第五，警惕地注意那些不愿意缓和国际紧张局势的集团的阴谋，及时揭露敌人对和平和各国人民的安全的破坏活动。总结报告提出的这几项任务反映了苏共中央推行和平外交政策的决心。

总结报告反复强调集体领导。报告评价列宁主义集体领导英明，再次强调集体领导的内涵，认为党的领导核心不是一个由个人关系或共同利益联系起来的小团体，而是一个由领导者组成的积极工作的集体，这些领导者之间的关系是以既不允许互相包庇也不允许个人敌对的原则性思想为基础的。总结报告严厉谴责了斯大林的重要助手贝利亚。报告认为帝国主义者曾经对他们的老代理人、卑鄙的钻到党和政府里来的贝利亚寄予特别大的希望。总结报告把打倒贝利亚归结为集体领导的胜利，认为中央委员会坚决制止了这个危险敌人和他的同谋者的罪恶阴谋活动是党的一个巨大胜利，是党的集体领导的胜利。总结报告还把贝利亚等人称为卑鄙的叛徒匪帮。总结报告严肃指出，党的生活的准则过去常常被破坏，现在最重要的是恢复和尽力加强列宁的集体领导原则。总结报告严厉批判斯大林长期的亲密同事贝利亚，强调集体领导，已经为 10 天后的秘密报告批判个人崇拜和斯大林埋下伏笔。

总结报告已经开始批判个人崇拜。报告强调正确认识个人在历史上的作用，坚决反对和马克思列宁主义不相容的个人崇拜。报告认为，个人崇拜把这个那个活动家变成创造奇迹的英雄，而同时缩小党和群众的作用，降低了他们的创造积极性，个人崇拜流行的结果就降低了党的集体领导的作用，有时给工作带来严重的损失。总结报告没有点斯大林的名，但实际上已经开始批判斯大林搞的个人崇拜。

总结报告认为党的宣传工作存在问题。整个说来，思想工作的状况不能令人满意，主要缺点是，它在相当大的程度上脱离了共产主义建设的实际。过去 17 年中，党的宣传主要是以《联共（布）党史简明教程》为基础。总结报告提出，必须编写一本通俗的、以历史事实为依据的马克思主义的党史教科书，其中要科学地概括地叙述我们党为共产主义而斗争的具有全世界历史性的经验，并且要一直叙述到现在。总结报告已经开始对《联共（布）党史简明教程》暗含不满。

总结报告最后提出党的建设、组织领导和政治思想工作方面的任务，除强调了要加强党的集体领导外，在政治建设方面提出以下要求：其一，尽力提高党的作用，严格遵守党的集体领导原则，广泛开展批评和自我批评，大胆揭露经济和文化建设中各方面的缺点；其二，发扬党内民主，发挥党组织和全体党员的主动性和加强他们的责任心；其三，提高一切党组织的思想工作水平。这几项有关党的生活的任务，实际上已经开始针对个人崇拜和斯大林。

三、秘密报告严厉批判个人崇拜，并严厉谴责斯大林

赫鲁晓夫 1956 年 2 月 14 日代表中央委员会所作的总结报告肯定了十九大以来的党的工作，简略批评了个人崇拜，露出了要批判斯大林的端倪，但还没有点名批判斯大林。24 日深夜 25 日凌晨的秘密报告《关于个人崇拜及其后果》则严厉批判了个人崇拜，严厉谴责了斯大林。秘密报告开头肯定了斯大林的功

绩，报告说关于斯大林的功绩，还在他活着的时候，就写了大量的书籍、小册子和研究论文，已经有了足够的研究。报告中多次提到斯大林的功绩，斯大林在准备和实现社会主义革命中，在国内战争中，以及在苏联建设社会主义的斗争中所起的作用。报告末尾强调，斯大林过去对党、对工人阶级和国际工人运动是有巨大功绩的。但秘密报告认为，斯大林的功绩被过分夸大了。

秘密报告暴露了苏共和国际共产主义运动中很多负面情况，要求肃清个人崇拜在各个领域的流毒和影响。在推出秘密报告前，苏共曾在小范围内讨论了是否向二十大代表揭露斯大林问题。一些领导人坚决反对公开斯大林的错误，内部也有不少人表示支持。这份报告让与会者感到十分震惊，如一枚炸弹炸得人们目瞪口呆。这份报告震动了苏共全党，也对国际共产主义运动产生了深远而重大的影响。

秘密报告开篇即直指个人崇拜和斯大林。报告指出，夸大某个人的作用，把他变成具有神仙般非凡品质的超人，这个人似乎无所不知，洞察一切，能代替所有人的思考，能做一切事情，他的行为没有半点错误。这种夸大是和马克思列宁主义的精神相违背的，是不能容许的。报告以马克思列宁主义为武器批评个人崇拜和斯大林。

秘密报告列举了马克思、恩格斯和列宁反对个人崇拜的论述并把它作为批判个人崇拜和斯大林的理论依据。报告中列举了马克思、恩格斯和列宁有关反对个人崇拜、反对迷信权威、主张集体领导。1877年，马克思在给德国政治活动家威廉·布洛斯的信中明确反对和斥责那些对他歌功颂德的东西，还批判拉萨尔的所作所为。恩格斯明确反对对马克思和他所作的宣扬。他强调党作为一个活生生的具有主动精神的整体的领导和组织作用，强调中央委员会的作用。他指出集体领导是党领导的指导原则。列宁在指出群众领袖和组织者的重大作用的同时，无情地揭露了个人崇拜的各种表现，同敌视马克思主义的"群氓"观点进行了不可调和的斗争。还在革命前的年代里，列宁认为党中央委员会是领导者的集体，是党的原则的保护者和说明者。报告中的一些论述以此为依据批判斯大林搞个人崇拜。

秘密报告搬出列宁对斯大林的负面评价，否定斯大林的人品。报告认为，斯大林的不良品质发展到严重地滥用职权的地步，"因而给我们党造成莫大的损失"。苏共把列宁《给代表大会的信》（列宁遗嘱）发给了二十次代表大会的代表们。秘密报告指出，列宁在写给党代表大会的信里说过："斯大林同志当了总书记，掌握了无限的权力，他能不能永远十分谨慎地使用这一权力，我没有把握。"① 列宁还要求撤换斯大林，他说："斯大林太粗暴，这个缺点在我们中间，在我们共产党人相互来往中是完全可以容忍的，但是在总书记的职位上就成为不可容忍的了。因此，我建议同志们仔细想个办法把斯大林从这位置上调开，任命另一个人担任这个职位，这个人在各方面同斯大林一样，只是有一点强过他，这就是较为耐心、较为谦恭、较有礼貌、较能关心同志，而较少任性等等。"② 列宁的这个要求在第十三次党代表大会的代表团中宣读过，并且代表团讨论了撤销斯大林总书记职务的问题。各代表团赞成斯大林留任，希望他认真考虑列宁的批评，从而改正这些深为列宁所担心的缺点。赫鲁晓夫在秘密报告中又宣读了娜捷施达·康斯坦丁诺夫娜·克鲁普斯卡娅给当时在政治局担任书记的加米涅夫的信和列宁写给斯大林的信。克鲁普斯卡娅是列宁的遗孀，她在信（1922 年 12 月 23 日写）中谴责斯大林对她态度非常粗暴，她因此"精神紧张到极点"，请求加米涅夫和季诺维也夫出面保护她。列宁在给斯大林的信（1923 年 3 月 5 日）中要求斯大林收回对克鲁普斯卡娅的批评，并向她道歉，否则"断绝我们之间的关系"。列宁还指出，"我认为反对我妻子的事就是反对我的"。秘密报告用这些遗嘱和信件材料，直接否定了斯大林的人品。报告指出斯大林的这些不良品质愈来愈发展，在晚年已达到令人不能容忍的地步。

归结起来，秘密报告严厉批判了斯大林的如下错误：

第一，"斯大林个人独揽大权"。秘密报告指出，斯大林无视党的生活准则，践踏党的集体领导原则。秘密报告中频繁提及斯大林粗暴。秘密报告认为，斯大林根本不允许实现集体领导和集体工作，他不仅对反对他的人要施加暴力，而且由于他的任性和专横，与他思想不一致的人，都可能被施以暴力。报告中说，党中央委员会在最近，特别是在贝利亚匪帮被揭露以后，审查了这个匪帮所制造的许多案件。审查之中发现了与斯大林的错误行为相联系的粗暴专横的极丑恶的情况。斯大林利用无限的权力，滥用职权，以中央的名义行事，但不征求中央委员们，甚至中央政治局委员们的意见。斯大林做了许多专横的事，他经常个人决定党和政府极其重要的事务，连政治局委员也不通知。赫鲁晓夫批判斯大林没有按照党章规定按时召开党代表大会。党的中央全会和

① 《列宁全集》第 43 卷，人民出版社 2017 年版，第 343 页。
② 《列宁全集》第 43 卷，人民出版社 2017 年版，第 344 页。

政治局会议也很少开，斯大林晚年不仅长期不开中央全会，连政治局会议也只是偶尔去几次。中央政治局的作用被大大降低了，它的工作被政治局内部的各种小委员会即所谓"五人小组"、"六人小组"、"七人小组"、"九人小组"等分割掉了，在政治局内成立"五人小组"、"六人小组"、"七人小组"和"九人小组"等各种委员会，政治局一些委员被排除参加最重要问题的决定。

第二，"最残酷的迫害"。秘密报告谴责斯大林是"轻率的暴君"。秘密报告认为，在国内一切剥削阶级被消灭之后，采用非常办法实行大规模恐怖已失去任何重要依据的时候，斯大林却要党和内务人民委员会去实行大规模恐怖。这种恐怖手段事实上不只用来反对被击败的剥削阶级残余，而且反对党和苏维埃国家的正直干部。他们被加上了虚假、诬陷、荒唐的"两面派"、"特务分子"、"破坏分子"等帽子，说他们策划某种臆想的"阴谋"活动。秘密报告认为，斯大林抛弃了思想斗争的方法，代之以行政暴力，大规模的镇压和恐怖手段。他愈来愈广泛地、愈来愈坚决地利用惩罚机关，往往破坏现存的一切道德标准和苏维埃法律。斯大林不是去证明自己在政治上的正确性，不是动员群众，而是往往采用镇压和肉体消灭的手段，不仅镇压和消灭真正的敌人，而且镇压和消灭对党和苏维埃政权没有犯罪的人们。在这方面毫无英明可言，有的只是炫耀暴力，而列宁对此曾很担心。镇压那些早已被党从政治上粉碎了的列宁主义的敌人——托洛茨基分子、季诺维也夫分子和布哈林分子，然后也镇压了许多正直的共产党人，镇压了党的干部，这些人亲身经历了国内战争和工业化与集体化最艰苦的年代，他们为了保卫党的列宁路线同托洛茨基分子和右派分子进行了积极的斗争。秘密报告说，斯大林经常使用"人民公敌"这个概念。这一名词可以使犯了思想错误或只卷入争论的人无须证明自己所犯错误的性质，它可以自动给这些人加上这个罪名，可以破坏革命法制的一切准则，对他们实施最残酷的迫害，以对付在某一点上不同意斯大林的人，对付那些只是被怀疑有敌意的人，对付那些受到诬陷的人。"人民公敌"这个概念，实质上已经排除了任何思想斗争和就某些问题哪怕是实际问题表达自己意见的可能性。

秘密报告举例说明了斯大林的"最残酷迫害"。秘密报告认为，斯大林制造了大量冤假错案。中央委员会组织了一个中央主席团领导下的委员会调查联共十七次代表大会选出的党中央委员会大多数正式的和候补的委员们遭受大规模的迫害是如何造成的，发现许多伪造的、虚假的控诉，不能容忍的破坏社会主义法制的事实，它曾使许多无辜的人牺牲了。1937—1938年被控为"敌人"

的许多党的、苏维埃的、经济的工作人员其实根本不是敌人、特务和破坏者，而是一贯正直的共产党人，他们只是遭尽诬陷，有时不能忍受兽性的折磨而自己给自己加上了（在伪造证件的审判员的授意下）各种各样严重而不可思议的罪名。委员会向主席团提供了大量关于迫害十七大代表和十七大选出的中央委员材料。经查，在第十七次党代表大会选出的139名中央正式和候补委员被逮捕和遭枪决（主要是在1937—1938年）的有98人，即70%。遭到这样命运的不仅是中央委员会委员，十七次党代表大会的大多数代表也遭到同样的命运。代表大会有表决权和发言权的1966名代表中，因被控犯有反革命罪行而被捕的占一半以上——1108人。秘密报告中暗示"基洛夫案件"的幕后黑手就是斯大林。报告认为所谓"列宁格勒事件"是伪造的，无辜牺牲的有沃兹涅先斯基、库兹涅佐夫、罗吉昂诺夫、波普科夫等同志。报告甚至说斯大林晚年"有一个消灭政治局内老同志的计划"。

第三，在卫国战争中的严重错误。秘密报告批评斯大林因缺乏警惕在卫国战略初期造成的巨大损失。秘密报告说，斯大林清洗了大量军事指挥员和政治工作干部，产生了严重后果，特别是在战争初期。在这几年之中，一部分指挥员从连、营直到高一级军事机关都遭到了镇压，那些在西班牙和远东有过作战经验的领导干部在这段时期内几乎全被消灭。秘密报告认为，战争初期，祖国之所以危在旦夕，很大程度上是由斯大林领导党和国家的错误方法造成的。大规模镇压军事干部的政策还破坏了部队纪律。报告批判斯大林盲目自大，不相信德军即将进攻苏联的情报，再加上"大清洗"残害了很多优秀的苏军将领，以至于在战争初期遭受惨败。在初期失利之后，斯大林又完全丧失了信心，认为"一切都完了"甚至"完全撒手不管"；在指挥战争的过程中，斯大林"按照地球仪制定作战计划"，造成哈尔科夫战役折损几十万士兵。

第四，在民族问题上的错误。秘密报告认为，斯大林所做的粗暴破坏苏维埃国家民族政策和列宁主义原则的行为是不可容忍的，把整个民族包括所有的共产党员和共青团员，从生长的地方大规模迁走，而这种迁移决不是从军事方面考虑而决定的。1943年年底，卫国战争前线上已经发生了有利于苏联的决定性转折的时候，通过并实行了将所有卡腊查耶夫人从占有的土地上迁出的决定。在同一时期，1943年12月底，卡尔梅茨自治共和国的全体居民遭到了同样的命运。1944年3月，切禅和印古什人从自己居住的地方全部迁出，切禅印古什自治共和国则被取消了。1944年4月，从卡巴尔达—巴尔卡尔自治共和国境内将所有巴尔卡尔人迁到遥远的地方，共和国则改名为卡巴尔达自治共和国。秘密报告谴责斯大林在民族问题上迫害无辜，报告中说，不要说是马克思列宁主义者，任何思想健全的人也想象不出，可以把个别人或个别集团的敌对行动的责任，加在包括妇女、孩子、老人、共产党员和共青团员在内的整个民族头上，使他们蒙受大规模的迫害和痛苦。

第五，在经济领域的错误。秘密报告认为个人崇拜助长了党的工作和经济活动中的有害方法，粗暴地破坏了党内民主和苏维埃民主，产生了命令主义，各种歪风，掩饰缺点和粉饰现实，出现不少奉承拍马、擅长欺骗和虚报成绩的人。报告认为，大量逮捕党的、苏维埃的、经济的、军事的工作人员给我们国家，给社会主义的建设事业招致了重大的损失。大规模镇压消极地影响了党的政治和精神状态，产生了不确定感，使病态的怀疑得以蔓延，在共产党员中散布了互不信任的气氛。各色诽谤家和野心家都积极活动起来了。党和苏维埃的工作公式化，使机关官僚主义化。赫鲁晓夫批判斯大林完全不了解农村情况，几十年不访问农村。"只是从电影上看农村和农业"，他的一系列错误政策导致苏联的农业领域问题严重。

第六，在与南斯拉夫关系问题上的错误。斯大林曾把铁托看作帝国主义的代理人，把南斯拉夫共产党开除出欧洲九国共产党和工人党情报局。秘密报告批评斯大林在苏南关系恶化事件中扮演了不光彩的角色。报告认为，苏南两党之间的问题都可以通过党内同志式的讨论得到解决。南斯拉夫问题这样处理是没有重大根据的，完全可以不同这个国家断绝外交关系。南斯拉夫的领导不是没有错误和缺点，这些错误和缺点被斯大林骇人听闻地予以夸大了，使得我们同友好的国家断绝了外交关系。报告指责斯大林是自大狂。赫鲁晓夫在报告中回忆，斯大林曾对他说过，"只要我动一下小手指，铁托就不存在了，他就垮了。"报告认为斯大林一贯猜疑和傲慢，说斯大林完全丧失了现实感，不仅对国内的个别人员，而且对所有其他党和国家也是这样的猜疑和傲慢。这一时段的南苏关系一定程度上是中苏论战的预演。苏共一度通过情报局控制社会主义阵营。1943 年 5 月，共产国际解散。1947 年成立的、以莫斯科为中心的欧洲九国共产党和工人党情报局成为社会主义阵营新的组织形式。由于苏共强迫情报局各成员批判南斯拉夫和铁托，并直接参与和指挥对东欧各党的清洗，情报局在社会主义各国名声极坏。1952 年，情报局的活动就基本上停止了。考虑到情报局浓厚的斯大林色彩，在二十大期间，苏共中央主席团召开会议，通过了解散情报局的决定。

第七，鼓励和支持自己的个人崇拜。秘密报告认为，斯大林本人千方百计地鼓励和支持对他的个人崇拜。报告列举了几个事例对此进行说明。斯大林自我吹嘘和缺乏最起码的谦虚精神的典型表现之一，是1948年《斯大林传略》的出版。这是一部毫无节制地阿谀奉承的书，它把斯大林写成神，使他成了一个永不犯错误的圣人，历史上各民族的"最"。斯大林利用《斯大林传略》和《联共（布）党史简明教程》大肆颂扬个人功绩，利用颁发"斯大林奖"，树立"斯大林纪念碑"以及用自己名字命名企业和城市来助长个人迷信。斯大林1951年7月2日签署了苏联部长会议在伏尔加—顿河运河上建立斯大林巨型雕像的决议，9月4日签发了关于拨铜33吨用于建立该像的命令。秘密报告没有提及斯大林早年也曾反对对自己的宣传和崇拜。20世纪30年代，卡冈诺维奇曾提出，"列宁不如斯大林，要用斯大林主义代替列宁主义"，斯大林当着政治局委员的面痛斥了他。

秘密报告提出要根除个人崇拜。报告把斯大林所犯的以上提到的这些错误归结为个人崇拜的后果。因此，报告末尾提出了根除和防止个人崇拜的几项具体举措：第一，布尔什维克式地谴责和根除个人崇拜，把它看成是和马克思列宁主义相敌对，与党的领导原则和党的生活准则毫不相容的东西，要同形形色色恢复个人崇拜的一切企图进行无情的斗争。在党的全部思想工作中，恢复并且坚决贯彻马克思列宁主义学说最重要的原则，即人民是历史的创造者，是人类一切物质财富和精神财富的创造者，马克思主义政党在改造社会和争取共产主义胜利的斗争中所起的决定性作用。要从马克思列宁主义立场出发，批判地审查和纠正历史、哲学、经济学以及文学艺术等方面因个人崇拜而广泛流行的那些错误观点。在最近的将来，根据科学的马克思主义客观精神，编写一部严肃的党史教材，一部苏联社会史教材和一部关于国内战争和伟大卫国战争的著作。第二，一贯坚决地继续党中央委员会在近几年所进行的工作，即在一切党组织中从上到下地严格遵守列宁的党的领导原则，首先是集体领导这个主要原则，遵守党章规定的党的生活准则，广泛开展批评与自我批评。第三，完全恢复体现在苏联宪法中关于苏维埃社会主义民主的列宁主义原则，同一切滥用职权的专横行为进行斗争。必须彻底纠正长期以来因个人崇拜的消极影响累积而成的破坏革命的社会主义法制的罪恶现象。

谴责斯大林和个人崇拜的秘密报告并未列入苏共二十大议程。不久以后报告的内容流出，震惊了整个世界。对斯大林的否定和批判关系到整个世界社会主义阵营和世界各国共产党、工人党和左翼力量的处境。这么重大的行动，苏共事先没有同各国共产党、工人党协商通报。苏共严厉批判个人崇拜，给全世界的共产党、工人党和左翼力量带来了话语权危机，给各国共产党、世界共产主义运动造成严重思想混乱和巨大损失。

苏共内部产生了重大分歧。1956 年在苏共举行的第二十次代表大会上，马林科夫、卡冈诺维奇和伏罗希洛夫等人大声疾呼，坚决反对赫鲁晓夫的秘密报告。会后不久，秘密报告在苏联内部开始引发强烈反应。在斯大林的故乡格鲁吉亚，秘密报告引起民族主义者和斯大林主义者的强烈不满。在纪念斯大林逝世三周年之际，第比利斯和其他大城市举行对斯大林的悼念活动，逐渐转化为直接针对《秘密报告》的抗议示威。1956 年 3 月 4 日开始，第比利斯的示威者高举斯大林画像，高呼"斯大林主义万岁"、"打倒赫鲁晓夫"等口号，并强制征用公共汽车和电车在市内游行示威。3 月 10 日，苏联当局使用部队和坦克驱散游行人群，和示威人群发生了冲突，最终部队向人群开枪。

1956 年，因肺病在莫斯科疗养的波兰人民共和国领导人博莱斯瓦夫·贝鲁特在读到赫鲁晓夫的秘密报告时，突发心脏病，于 3 月 12 日逝世。面对波兰国内日渐升温的反苏和反俄罗斯情绪，赫鲁晓夫于 3 月到华沙参加了贝鲁特的葬礼，并向波兰政府做出解释。

苏共领导人马林科夫、莫洛托夫、卡冈诺维奇等人于 1957 年 6 月 18 日召开的苏共中央主席团会议上提议撤换赫鲁晓夫。经过四天讨论，以七比四的多数通过解除赫鲁晓夫党中央第一书记职务的决议。赫鲁晓夫决定召开苏共中央全会改变局势，支持赫鲁晓夫的苏联国防部长朱可夫调用军用飞机抢运大批中央委员到莫斯科召开会议。赫鲁晓夫撇开苏共中央主席团，召开中央全会。经过七天的争论，中央全会通过了支持赫鲁晓夫的决议，把马林科夫、莫洛托夫、卡冈诺维奇等人定为"反党集团"，指责马林科夫等人在"反党的基础上勾结起来，打算改变党的政策，使党恢复苏共二十大所谴责的错误领导方法"。

苏共对斯大林的批判愈演愈烈。苏共二十大后，苏联掀起了批判斯大林的运动。《斯大林文集》被没收。他的许多信件和电报被焚毁。数以千计的以斯大林命名的城市、工厂、公园、街道和集体农庄被改名。各地的斯大林塑像被推倒。非斯大林化的风潮愈演愈烈。1961 年 10 月 31 日，苏共二十二大闭幕。会上，斯大林受到赫鲁晓夫和其他发言人的猛烈批评，大会通过把斯大林灵柩迁出列宁墓的决议，认为在列宁墓中继续保留斯大林的水晶棺是不适宜的，因为斯大林严重地违反了列宁的遗训，滥用权力，大规模镇压正直的苏维埃人，以及在个人崇拜时期的其他行为使他的灵柩在列宁墓中成为不可能。会后不久，根据这一决议，斯大林灵柩被迁出，遗体被火化，葬于克里姆林宫墙苏共中央领导人的墓群中。

第二节　苏共二十大的国际影响

　　赫鲁晓夫的秘密报告是在苏共二十大期间特别安排的一次会议上作的，报告没有散发，只有苏联情报机关克格勃保存了几份，用来听取苏联党内和东欧共产党国家的意见。这个报告被要求对外严格保密。报告特别说明这次代表大会关起门来的会议，要求党员应当知道分寸，不要把炮弹送给敌人，不要在他们面前宣扬苏共的家丑。苏共二十大后不久，苏共否定、批判斯大林的消息不胫而走。时任美国总统艾森豪威尔要求中央情报局局长杜勒斯想尽一切办法把赫鲁晓夫的秘密报告搞到手。艾森豪威尔认为，获得这份报告很有可能会使苏联发生人们无法想象的变化。中央情报局特工先是从波兰统一工人党中央书记处的一位书记那里弄到了报告的删节版，接着又通过在苏联的以色列情报机关"摩萨德"的帮助，从一个加入苏联共产党的犹太人手中购得报告全文。

　　1956年6月4日，美国国务院向外界公开"秘密报告"。同日，《纽约时报》将"秘密报告"全文刊发。自6月6日起，法国《世界报》根据美联社的译文连载了这份报告。"美国之音"每隔一小时就播放一次赫鲁晓夫的"秘密报告"。秘密报告让世界震惊，在全球范围内引发了连锁反应。东欧国家相继开始了对斯大林的批判，相继发生了一系列游行示威事件，有些事件甚至演化为暴力冲突，如波兹南事件和匈牙利事件。西方国家借此大肆批判斯大林，批判社会主义和共产主义，社会主义、共产主义和马克思主义的国际话语权在世界范围内一落千丈。

　　十月革命胜利之后，社会主义成为许多国家赢得民族独立、人民解放和社会发展的重要选择，一些国家先后走上社会主义道路，世界上近三分之一人口一度生活在社会主义旗帜下，社会主义力量大大增强，打破了资本主义的一统天下，成为维护世界和平发展的中坚力量。苏联作为世界历史上第一个社会主义国家，成为世界各国共产党和工人党纷纷效仿的模板，它的形象不可避免地成为世界关注的焦点。苏共二十大的召开以及赫鲁晓夫"秘密报告"的发表，无疑是在本就温吞暗涌的国际共产主义运动中投入了一颗石子，由层层涟漪最终不断扩散成为波涛骇浪。

一、苏共二十大对发达国家共产党的影响

赫鲁晓夫的秘密报告在国际媒体公开发表后，产生了巨大的影响，犹如原子弹爆炸，引发强大的冲击波。秘密报告在很多国家共产党队伍中相继引发了巨大混乱，引起连锁反应。1956 年 4 月 1 日，英国共产党中央通过一项决议，要求苏共中央就赫鲁晓夫的秘密报告发表一个公开声明，要求苏共对否定、批判斯大林做出解释。6 月 22 日，英国《工人日报》刊登英共政治委员会声明，对苏共中央没有就赫鲁晓夫的报告问题发表公开声明表示遗憾。美国共产党于 6 月 25 日发表声明称："我们认为，苏联共产党自己原是应该发表这篇演说的。我们不能同意这样的看法：所谈到的问题，不管多么令人痛心和可恶，完全是苏联共产党内部的事……把所有的错误和违反社会主义原则的行为都归于一个人是同把苏联社会主义进展中的一切成就和伟大成绩归于一个人一样错误的。"① 美共指责苏共秘密报告的归错思维方式同个人崇拜思维一样错误。

苏共二十大暴露了苏联共产党和国家政治、经济生活中的一些弊端，欧洲共产党加重了对苏联建设社会主义的模式的怀疑。他们认为，如果简单地模仿苏联社会主义模式，肯定会犯更大的错误，必须构建具有本国特点的社会主义模式。苏共二十大对走向社会主义不同道路的肯定，又使欧洲各党坚定了一个信念：既然有走向社会主义的不同道路，就应该有建设社会主义的不同模式，必须努力寻求具有本国特点的社会主义模式。1956 年 6 月，发达国家最强大的共产党意大利共产党召开中央委员会，意共领导人陶里亚蒂在会议上作了题

---

① 引自俞邃：《苏共二十大的内外反响和中苏关系》，《百年潮》2008 年第 3 期。

为《无产阶级专政的再考察——通向社会主义的不同道路》的报告。陶里亚蒂认为，赫鲁晓夫的秘密报告对斯大林缺乏马克思主义的分析，苏联模式已经不能并且也不应当被认为是必须遵循的了。

二、苏共二十大对社会主义阵营的冲击

斯大林逝世后，苏联对东欧国家的内政外交政策作出了一系列调整。秘密报告公开以后，东欧国家的共产党内出现了严重思想混乱和政治动摇。不少共产党人对马克思主义的科学性、苏联社会主义模式的合法性产生了怀疑，对共产主义事业的前途失去了信心，大批共产党员退党、脱离革命，有的甚至转向了反共立场。东欧社会主义国家的共产党受到很大压力，群众对领导人屈服苏联大国沙文主义和全盘学习苏联模式的教条主义非常不满，党内斗争激烈，西方自由主义乘虚而入，在一部分知识分子、青年学生中滋长了自由化思想。他们羡慕资本主义国家民主和自由的生活方式，其中有些人甚至主张把马克思主义同宗教、唯心主义、民族主义融合起来。一些共产党组织由于思想混乱、组织涣散，完全失去了战斗力，"波匈事件"的发生，更加剧了国际共产主义运动中的混乱，使战后曾一度蓬勃发展的运动形势遭到了很大挫折。

（一）波兰波兹南事件

"波匈事件"的爆发是苏共二十大全面否定斯大林的直接重大后果。"波匈事件"是指 1956 年 6 月波兰西部波兹南城发生的流血事件和 1956 年 10 月 23 日至 11 月 4 日匈牙利发生的震惊世界的大动乱。

波兹南事件发生的根本原因是波兰的"斯大林主义"者在社会主义建设中脱离本国国情照搬苏联模式，致使经济不景气，影响人民生活水平，引发群众不满情绪的积聚。1956 年 6 月上旬，波兹南的斯大林机车车辆厂工人派代表团到首都华沙找机械工业部谈判，要求政府增加工资和减少税收。因谈判陷入僵局，工人群众不等代表团返回，就到市区广场向市政当局直接请愿。28 日，该厂工人举行示威游行，因市政领导拒不接见工人代表，引起群众愤怒。此时，又传说在华沙的工人代表已被公安机关逮捕，群情更加激愤，高喊："我们要面包和自由！""俄国佬滚回去！""打倒秘密警察！"等口号。部分示威者

冲击政府机关，政府出动警察进行镇压。双方冲突中，至少死亡74人，800多人受伤，数百人被捕。6月30日，波兹南举行了有党和政府领导人参加的受难者安葬仪式，政府给机械工业部部长降职处分。7月10日政府宣布，分期偿还向波兹南斯大林机车车辆厂征收的超额税收等，矛盾趋于缓和。

1956年6月29日，波兰总理西伦凯维兹发表广播讲话，把波兹南事件定性为"帝国主义代理人"和"国内地下分子"精心策划的挑衅活动。7月，中央书记盖莱克领导的党政委员会着手调查波兹南事件的背景和起因，调查结果没有公布。9月27日—10月22日，波兹南法院开庭审判罢工事件参与者，其中22人被判刑。10月19日早晨，赫鲁晓夫率领阵容庞大的代表团，突然飞临华沙上空，波党领导人匆忙赶到机场迎接不速之客，宾主间爆发了一场"舌战"。赫鲁晓夫要求出席当天上午召开的波党八中全会，遭波方拒绝。波党八中全会如期举行，并临时增加议程，增选哥穆尔卡等人为中央委员，授权政治局和哥穆尔卡同苏共代表团会谈，还决定中断会议。上午，波苏两党代表团在贝尔维德尔宫开始了会谈。哥穆尔卡已是中央委员、中央第一书记正式候选人、全会授权的正式会谈代表。赫鲁晓夫面对的是波党中央已确立哥穆尔卡领导地位的既成事实。在苏波两党会谈中，哥穆尔卡反对苏联对波兰内政的干涉和压力，坚持走"波兰自己的道路"。10月21日，波兰统一工人党召开二届八中全会，在七中全会上还被批为"有右倾民族主义倾向"的哥穆尔卡当选为波兰统一工人党中央第一书记，新改组的党中央坚决为波兹南事件平反，释放被捕者。哥穆尔卡表示："把痛心的波兹南悲剧说成是帝国主义特务挑起的，这种笨拙的企图在政治上是非常幼稚的"，"波兹南工人抗议的是对社会主义基本原则的歪曲"。他还表示要推进改革，提出发展社会主义民主、扩大议会作用、建立工人自治机构、解散经营不善的农业合作社等政策。

波兰统一工人党坚决反对苏联的干涉，双方发生激烈争论。在波兰党和群众强烈要求下，苏联最终将包围华沙的驻波部队全部撤回基地，还将担任波兰国防部长的苏联元帅罗科索夫斯基调回苏联。波兰党和人民取得反苏斗争的巨大胜利。

（二）匈牙利事件

以劳动人民党中央委员会第一书记拉科西为首的"斯大林主义"者在匈牙利多年照搬苏联的经济、政治模式，对外一味追随苏联，对内推行极"左"路线。1953 年 3 月斯大林去世后，苏共中央开始反对个人崇拜，也要求社会主义国家共产党对自己的政策进行检查。同年 6 月，苏匈领导人举行会谈，马林科夫、贝利亚、莫洛托夫、赫鲁晓夫等苏共领导人批评了匈牙利劳动人民党的政策并敦促其予以改正。匈牙利部长会议主席纳吉推动实施了"新方针"，比其他东欧国家更早地开启了"非苏联模式化"进程。由于国内外反对势力阻挠，"新方针"仅实施了 22 个月。此后，纳吉以著述的方式进一步提出以匈牙利社会主义道路取代苏联模式、以主权独立与民族平等反对苏联控制，这些思想在党内知识分子中引发共鸣。

苏共二十大批判了个人崇拜，承认实现向社会主义过渡的多种道路，在匈牙利引起巨大反响。此前，匈牙利曾追随斯大林在本国发起清洗"铁托分子"运动中，造成一大批冤假错案，加上人民生活必需品严重短缺，引发匈牙利人民的强烈不满。党内要求解决领导危机和纠正错误的呼声日益高涨，拉科西集团竭力阻挠，以"社会主义法制基本得到恢复"为由拒绝改正错误。党内外改革派联合起来，要求改组党、惩办拉科西和恢复前总理纳吉的职务。

1956 年在波兰发生的波兹南"六月事件"和华沙"十月事件"对匈牙利事态的发展产生了直接影响。10 月 19 日至 21 日，波兰统一工人党二届八中全会召开，波兰顶住了苏联的压力，选举了主张走波兰式社会主义道路的哥穆尔卡为第一书记，这极大地激励了匈牙利群众。他们于 10 月 22 日开会讨论，向党中央政府提出要求苏军立即撤走，组织以纳吉为部长会议主席的新政府，惩办拉科西领导时期的一些负责人，确认工人罢工权利等要求。23 日下午，匈牙利组织了大规模的集会和支援波兰的示威游行，高呼"俄国佬滚出去"，"我们要纳吉"，"是匈牙利人就站在我们这边来"等口号。群众庆祝哥穆尔卡在波兰上台，要求匈牙利也进行类似的改革，重新任命纳吉为总理。晚 8 点，接替拉科西任匈牙利劳动人民党第一书记的格罗·埃诺发表广播讲话，把几十万示威群众称为"匈牙利人民的敌人"，不仅没有平息群众的情绪，反而激化了矛盾。9 点 30 分，人群推倒了位于布达佩斯市中心斯大林广场上的斯大林铜像。不久电台大厦前响起枪声，匈牙利安全部队向示威人群开枪，发生了严重流血冲突事件。

10 月 24 日—11 月 4 日，纳吉重任政府总理。24 日中午，纳吉在通过电台发表的"告匈牙利人民书"中向人民承诺：匈牙利政府将在"1953 年 6 月决议"的原则基础上，全力实现国家在党的生活、国家生活、政治生活、经济生活等各个方面的彻底民主化，"走符合我们民族特点的建设社会主义的匈牙利道路"①。23 日事件发生不久，格罗就向苏联驻匈牙利大使安德罗波夫请求苏联派军队镇压游行示威。23 日晚 10 点—11 点，苏共中央主席团召开会议，多数成员同意立即出兵。

24 日下午，在没有获得匈牙利政府正式邀请的情况下，苏联发动了代号为"行动波"的第一次干预行动。与此同时，由苏共领导成员米高扬、苏斯洛夫、谢洛夫组成的三人代表团赶赴匈牙利首都布达佩斯，直接干预匈牙利内政。25 日，布达佩斯爆发两起流血事件，苏军枪杀匈牙利人民。纳吉于 11 月 1 日兼任外交部部长，公开宣布要求苏军立即撤退，匈牙利政府废止华沙条约并实行中立，请求联合国干预。苏军的干预激怒了群众，导致部分学生、工人、士兵与苏军的武装冲突，苏军在镇压动乱中枪杀了许多无辜群众。29 日爆发更大规模的流血冲突。事件发生后，匈牙利劳动人民党瓦解。10 月 31 日晚些时候，纳吉获悉苏军正大规模地越过边境，向布达佩斯方向行进，就向苏联驻匈使馆提出严正抗议。11 月 1 日晚，匈牙利社会主义工人党宣告成立，由卡达尔担任第一书记，4 日成立以卡达尔为首的工农革命政府。同一天，苏军再次侵入首都布达佩斯。在苏联的两次军事干预下，事件被平息。事件共造成约 2700 名匈牙利人死亡。

1956 年 12 月初，匈牙利社会主义工人党郑重宣布"要创造性地运用马克思列宁主义，按照匈牙利的特点和当前的历史要求建设社会主义。它不会机械地抄袭其他建设社会主义的国家的做法，而要考虑到历史经验和成就，根据本国情况，沿着匈牙利独特的社会主义道路前进"②。这就是卡达尔时期的指导思想。鉴于拉科西推行教条主义政策和匈牙利事件中出现的无政府主义，卡达尔领导集团排除"左"和"右"的干扰，拨乱反正，大力整顿党的队伍和重建党的各级组织和机构、巩固人民民主政权、统一全党和全国人民的思想。1957 年 2 月匈牙利党中央决定将纳吉·伊姆雷、洛松齐·格佐永远开除出党，拉科西·马加什和格罗·埃诺也被永远开除出党。1957 年 6 月匈牙利党全国代表会议要求加强党在思想、组织上的团结一致，同时开展对教条主义和修正主义的斗争，提出永远不让党向右或向左偏离正确的道路。

① 引自孔寒冰：《东欧史》，上海人民出版社 2010 年版，第 369 页。
② 转引自刘祖熙主编：《东欧剧变的根源与教训》，东方出版社 1995 年版，第 142 页。

匈牙利事件是匈牙利人民反对苏联大国沙文主义和拉科西等领导人所犯极
"左"错误，要求独立自主的重大政治事件。1958 年，纳吉被以推翻匈牙利人
民民主国家制度罪和叛国罪判处死刑，6 月 16 日在布达佩斯被处决。1989 年
5 月匈牙利社会主义工人党中央全会重新评价纳吉，称他是"社会主义改革政
策的象征"。同年 6 月匈牙利政府发表声明，对他表示悼念，称他为"杰出的
国家领导人"。同年 6 月 16 日重新安葬。7 月，匈牙利最高法院宣布 1958 年
对他的判决违法、无效。匈牙利事件后，拉科西离开布达佩斯前往苏联，之后
一直侨居苏联直至去世。东欧剧变后，匈牙利人民后来重新肯定了匈牙利事
件，把这一事件称为"人民起义"，认为"与 1848—1849 年的革命和自由斗争
具有同等的意义"。

秘密报告的传播，特别是"波匈事件"之后，共产党员大批退党，共产
党的力量和影响迅速削弱。许多国家的共产党人感到异常压抑和沉重。"波
匈事件"发生后，西方发达国家的许多共产党员纷纷宣布退党，最著名的是
当时的美国共产党领袖法斯特公开谴责苏共对匈牙利人民的暴力镇压，并宣
布退出共产党。亚洲国家各党的做法比较谨慎，如在中国、朝鲜、越南和印
尼共产党内，严格限制关于个人崇拜问题的传达和讨论，所以受到的影响相
对较小。

尽管如此，苏共二十大有一些积极意义是应当肯定的。正如 1956 年 9 月，
中共八大政治报告认为，苏联共产党第二十次代表大会是具有世界意义的重大
事件。它不仅制定了规模宏伟的第六个五年计划，决定了进一步发展社会主义
事业的许多重大的政策方针，批判了在党内曾经造成严重后果的个人崇拜现
象，而且提出了进一步促进和平共处和国际合作的主张，对世界紧张局势的缓
和作出了显著的贡献。

第三节　中苏论战及其教训

中共和苏共两党矛盾萌芽于 20 世纪 20 年代中共早期革命时期，中共早

期领导人陈独秀等人和共产国际、苏共领导就中国革命问题产生过很多分歧。1956 年 3 月 24 日的政治局扩大会议上，毛泽东曾把斯大林对中国革命所犯的错误归纳为四点：第一，第二次国内革命战争时期，斯大林支持王明，"把当时我们根据地的力量搞垮百分之九十，把白区几乎搞垮了百分之百"[①]；第二，抗日战争时期，斯大林把王明从莫斯科派回来，王明从"左"倾转向搞右倾；第三，第二次世界大战结束后，斯大林决定把中国"全都交给美国，给蒋介石"[②]；第四，"就是说我是半个铁托或准铁托"[③]。

苏共、斯大林和中共的关系非常复杂。土地革命时期，毛泽东等认为苏联和共产国际的指示不符合缺少工人阶级的中国的国情，而决定发动农民进行革命，独立自主地开创了中国革命道路。1945 年苏联和国民党主导的国民政府签署了《中苏友好同盟条约》。新中国成立前夕，中共就已经宣布了"一边倒"的对外方针，明确要与苏联发展紧密关系。1950 年 2 月 14 日，刚成立的新中国与苏联签订了《中苏友好同盟互助条约》，中苏两国在政治、经济、军事、外交等方面结成了全面的同盟关系。中苏关系进入"蜜月期"。新中国成立之初，中国全面学习苏联模式。苏共二十大总结报告认为，在短短的历史时期内，伟大的中国将成为一个工业国，农业生产将在合作化的基础上达到很高的水平。总结报告提及，苏联正在协助兄弟中国人民建立自己强大的工业。在一个五年计划时期内，协助中国建立 156 项企业和 21 个单独车间，设备总值约为 56 亿卢布。该报告提及，苏联根据缔结的条约，正在帮助人民民主国家建设 391 项企业和 90 多个单独的车间和装置，给予人民民主国家长期贷款，总数达 210 亿卢布。苏联把和其他社会主义国家的关系定义为兄弟关系。然而，好景不长，到了 50 年代末 60 年代初，中苏关系却发生了逆转：党际的友好变成了公开的论战、国家关系上的同盟变成了敌对，贸易急剧下降，军事摩擦不断，1969 年双方更是发生了直接的较大规模的武装冲突。

---

① 《毛泽东文集》第 7 卷，人民出版社 1999 年版，第 120 页。

② 转引自沙健孙：《中国共产党史稿（1921—1949）》第 5 卷，中央文献出版社 2006 年版，第 15 页。

③ 《毛泽东外交文选》，人民出版社 1994 年版，第 254 页。

一、中苏论战的过程

20世纪五六十年代的中苏之间展开了有关评价斯大林、国际共产主义运动总路线、社会主义建设模式、马克思主义理论正统性等问题的论战。中苏两党的这场争论从1956年2月苏共二十大批判个人崇拜和斯大林开始，至1966年3月中共拒绝出席苏共二十三大，中苏两党关系中断，前后历时十年之久，所以又称"十年论战"。这是中苏两党产生分歧、进行论战并最终导致关系破裂的时期。这一时期又可分为四个阶段。

第一阶段，分歧扩大、内部争论阶段。从1956年2月苏共二十大到1960年4月中共发表《列宁主义万岁》等三篇文章。这是两党分歧产生、扩大并主要在内部进行争论阶段。中共为了维护社会主义阵营的团结，起初没有公开批评苏共二十大。中共对苏共二十大的最初公开反应是基本肯定。中苏两党先是围绕对斯大林的评价问题和"和平过渡"理论问题发生分歧，不久，双方又在有关国家主权、两国内政和对外战略等一系列问题上产生诸多分歧。

以朱德为团长的中共代表团参加了苏共二十大。但苏共没有邀请中共代表团参加秘密报告会议。会后，苏共把秘密报告速记稿给了中共。邓小平把速记稿带回了北京。1956年3月17日，毛主席主持召开中央书记处会议，讨论赫鲁晓夫在苏共二十大上的秘密报告。4月5日，《人民日报》发表《关于无产阶级专政的历史经验》一文。这篇文章是根据中国共产党中央政治局扩大会议的讨论，由人民日报编辑部写成的。文章题目由毛泽东提出，他多次对稿件作了批语和修改。中国共产党的声音，受到国际舆论的普遍重视，也发生了深远的影响。苏联《真理报》转载了这篇文章。中共这篇文章基本肯定了苏共二十大反对个人崇拜，指出："反对个人崇拜的问题，在苏共二十次代表大会中占有重要的地位。二十次代表大会非常尖锐地揭露了个人崇拜的流行，这种现象曾经在一个长时间内的苏联生活中，造成了许多工作上的错误和不良的后果。苏联共产党对于自己有过的错误所进行的这一个勇敢的自我批评，表现了党内生活的高度原则性和马克思列宁主义的伟大生命力。"[①]在基本肯定的同时，中共认为斯大林的历史功绩是主要的，不宜全盘否定。该文指出，"共产党人对

---

① 《关于无产阶级专政的历史经验》，《人民日报》1956年4月5日。

于共产主义运动中所发生的错误，必须采取分析的态度。有些人认为斯大林完全错了，这是严重的误解。斯大林是一个伟大的马克思列宁主义者，但是也是一个犯了几个严重错误而不自觉其为错误的马克思列宁主义者。我们应当用历史的观点看斯大林，对于他的正确的地方和错误的地方作出全面的和适当的分析，从而吸取有益的教训。不论是他的正确的地方，或者错误的地方，都是国际共产主义运动的一种现象，带有时代的特点。"[1] 显然，相对于苏共，中共对斯大林采取了更为宽容的科学态度。

苏共二十大引发的国际社会主义阵营的反应持续发酵。"波匈事件"相继爆发，国际形势更趋复杂。毛泽东认为，帝国主义在利用苏共二十大攻击社会主义阵营。在这种背景下，1956 年 12 月 29 日，《人民日报》发表《再论无产阶级专政的历史经验》一文，提出敌我矛盾和人民内部矛盾概念。该文指出我们面前有两种性质不同的矛盾：一种是敌我之间的矛盾，这是根本的矛盾，它的基础是敌对阶级之间的利害冲突；另一种是人民内部的矛盾，这是非根本的矛盾，它的解决首先必须服从于敌对斗争的总的利益，它可以而且应该从团结的愿望出发，经过批评或者斗争获得解决，从而在新的条件下得到新的团结。对斯大林的错误的纠正，即属此类。在特定历史条件下，人民内部的某种矛盾，可以逐步转化为对抗性矛盾，成为敌我矛盾的一部分。波匈在反对大国沙文主义的同时，发展为反社会主义，性质已发生变化，因此须采取断然措施。文章还对斯大林作出评价，认为斯大林功大于过，全面否定斯大林，助长了修正主义思潮的发展。这篇文章也是根据毛泽东的指示精神写成的。毛泽东在 12 月 19 日、20 日两天的下午和晚上连续召开政治局会议讨论修改稿。政治局和书记处的大多数成员都出席了。毛泽东认为，赫鲁晓夫一棍子把斯大林打死，结果他捡起石头打自己的脚，帝国主义乘机打他一棍子，无产阶级又从另一边打他一棍子，还有铁托和陶里亚蒂也从中间打他一棍子。斯大林这把刀子，赫鲁晓夫丢了，别人就捡起来打他，闹得四面楚歌。我们现在写这篇文章，是为他解围，方法是把斯大林这把刀子捡起来，给帝国主义一刀，给修正主义一刀，因为这把刀子虽然有缺口，但基本上还是锋利的。从毛泽东在政治局会议上发表的内部讲话和公开发表的这篇文章来看，毛泽东对否定斯大林越来越反感，但仍然在国内外舆论中维护苏共二十大和赫鲁晓夫。

---

[1] 《关于无产阶级专政的历史经验》，《人民日报》1956 年 4 月 5 日。

1957 年 11 月，毛泽东在莫斯科共产党和工人党代表会议上的讲话中强调，社会主义阵营要"以苏联为首"。中苏两党在这次莫斯科会议中发生激烈争论。1958 年 4 月下旬，苏联向中国提出在中国境内建设一座大功率长波电台的要求，希望由中苏共同建设。6 月 7 日，毛泽东提出，钱一定由中国出，不能由苏方出，共同使用；如苏方以高压加人，则不要回答，拖一段时间再说。7 月 21 日，苏联驻华大使向毛泽东转达了赫鲁晓夫和苏共中央关于苏联同中国建立一支共同核潜艇舰队的要求。毛泽东当即表示："首先要明确方针：是我们办，你们帮助？还是只能合办，不合办你们就不给帮助，就是你们强迫我们合办？"① 同合资建立长波电台一样，这也是一个涉及中国主权的政治问题。由于苏方的要求有损中国主权，中国领导人拒绝苏方要求。7 月 31 日，赫鲁晓夫赶到北京就上述两项要求向中国领导人作解释。最后，这两件事以苏联收回要求而告平息。

1959 年 6 月，苏联政府片面撕毁中苏双方签订的关于国防新技术的协定。紧接着，苏联塔斯社又于 9 月 9 日就中印边境冲突发表了实际上是偏袒印度的声明。1959 年 9 月苏美戴维营会谈以后，赫鲁晓夫便采取了一系列步骤，恶化同中国共产党的关系。赫鲁晓夫访美前后对我国内政外交一再进行影射攻击，并把中苏分歧公开化。这时，中共中央决定加强揭露帝国主义、批判修正主义的宣传力度。1959 年 10 月赫鲁晓夫访华时与中共领导人毛泽东发生激烈争吵。1960 年 4 月中共发表《列宁主义万岁》等三篇文章，不指名批评苏联领导人的某些观点。苏共领导人怀恨在心，伺机报复。这一阶段，两党主要是在内部互相争论表达不同观点，避免争论公开化。

第二阶段，互不点名的论战阶段。从 1960 年 6 月布加勒斯特会议到 1963 年 3 月中国发表《评美国共产党声明》(《人民日报》社论)等七篇文章。这一阶段，中苏两党双方主要围绕布加勒斯特会议、1960 年莫斯科各国共产党和工人党代表会议、苏共二十二大以及苏联撤回专家、苏联策动中国公民逃往苏联、中印边界冲突、加勒比海危机等一系列事件发生了尖锐的分歧和争吵。

1960 年 6 月 24 日—26 日，彭真率领中共代表团参加在布加勒斯特举行的社会主义国家共产党和工人党代表会议。会议前夕，苏共代表团突然散发苏共致中共中央通知书，全面攻击中共。会议中赫鲁晓夫带头攻击中共，污蔑中共

① 《毛泽东文集》第 7 卷，人民出版社 1999 年版，第 395 页。

是疯子，要发动战争，指责中共把帝国主义垄断资产阶级的旗帜拿起来，在中印边界问题上是纯粹的民族主义，还指责中共对苏采取"托洛茨基方式"等，对中共横加指责，同时将中苏分歧公开化。苏共的这种做法在国际共产主义运动中开了一个极端恶劣的先例。7月，苏联政府又突然单方面决定在1个月内撤走在华专家并撕毁200多项援华协定，致使中国在经济上蒙受巨大损失。

1961年10月17日—31日，苏联共产党第二十二次代表大会召开。应苏共邀请，周恩来率中共代表团参加。赫鲁晓夫代表苏共中央向大会作了《关于苏联共产党纲领》的报告和总结报告；代表大会讨论并通过了苏共纲领。苏共在会上提出了"全民国家"和"全民党"问题。总结报告中批判斯大林，谴责莫洛托夫、卡冈诺维奇、马林科夫"反党的派别集团"。赫鲁晓夫在大会上公开指责阿尔巴尼亚劳动党，批判阿尔巴尼亚领导人霍查和谢胡，公然要求阿尔巴尼亚领导人"放弃在党内和国家中的指挥职位"。苏共公开指名攻击阿尔巴尼亚，这实际上是针对中国的。10月21日，周恩来率领代表团全体成员代表中共中央为列宁和斯大林各献了一个花圈，在给斯大林的花圈上写着："献给伟大的马克思主义者斯大林"，严肃地表明了中共对斯大林的态度。10月22日，中共代表团同苏共领导人举行会谈。周恩来严肃地批评了公开批判阿尔巴尼亚劳动党的做法，还劝告苏共要搞好同阿尔巴尼亚的关系，苏共是大党，苏联是大国，是大哥，应当主动搞好同阿尔巴尼亚的关系。赫鲁晓夫表示反对中国共产党关于斯大林问题的立场。他认为中共这样的立场是支持他们党内的反党集团。10月23日，中共代表团团长周恩来提前回国。彭真代理中共代表团团长继续参加会议。

1962年12月12日，赫鲁晓夫在苏联最高苏维埃会议上发表讲话，指责中国在中印边境冲突和加勒比海危机中的原则立场。这是苏共领导指挥一些党对中共发起新一轮围攻的信号。1962年11月—1963年1月，保共八大、匈牙利党八大、捷共十二大、意共十大和德国统一社会党六大相继召开。赫鲁晓夫利用这五党召开代表大会的机会，在其部署下，按照苏共二十二大的方式，从公开指名攻击阿尔巴尼亚党，发展到公开指名攻击中共，而且一次比一次恶劣，甚至在德国统一社会党代表大会上，赫鲁晓夫亲自出马指名攻击中共。在这一阶段，双方在报刊上都尽量避免指名道姓地批判对方，苏联方面往往是借批判阿尔巴尼亚和其劳动党领导人霍查而暗批中国和毛泽东，中国方面往往是借助批判南斯拉夫和南共联盟领导人铁托而暗批苏联和赫鲁晓夫。

第三阶段，大论战阶段。从 1963 年 3 月苏共给中共来信提出国际共产主义运动总路线主张到 1964 年 10 月赫鲁晓夫黯然下台，这是中苏两党互相公开点名论战阶段。这一阶段，双方在国际共产主义运动总路线、对斯大林的评价、时代特征、战争与和平、和平共处、和平过渡、民族解放运动以及国际共运所涉及的其他重大问题，进行了指名道姓的、激烈的、公开的论战。中苏双方的论战文章主要是在这一阶段发表的，苏联发表了数千篇论战文章，而中国则集中发表了九篇评论文章，后被称为"九评"。

为了起草论战文章和信件，中共中央于 1963 年 3 月 2 日正式成立"中央反修文件起草小组"，直属中央政治局常委，以康生为组长、吴冷西为副组长、乔冠华、王力、姚臻、熊复为主要成员。小组实际上是邓小平主持。邓小平后来曾对这一段作出评价，他说："大论战我们发表了九篇文章，这些工作我都参加了。从现在的观点看，好多观点是不对的。我们的错误不是在个别观点，个别观点上谁对谁错很难讲。应该说，我们的许多观点现在看还是正确的。我们的真正错误是我们根据中国自己的经验和实践来论断和评价国际共运的是非，因此有些东西不符合唯物主义和辩证法的原则。主要是这个问题。"[1]

1963 年 6 月，邓小平率领中共代表团赴莫斯科参加中苏两党会谈。会谈期间，7 月 14 日苏共中央在《真理报》发表《给苏联各级党组织和全体共产党员的公开信》，对中共进行恶意攻击，承认中国领导同苏共之间存在着根本的原则性的分歧。从 1963 年 9 月—1964 年 7 月，中共中央以《人民日报》和《红旗》杂志编辑部名义，相继发表 9 篇评论（"九评"）苏共中央公开信的文章，批判"赫鲁晓夫修正主义"。"九评"分别为：《苏共领导同我们分歧的由来和发展》、《关于斯大林问题》、《南斯拉夫是社会主义国家吗？》、《新殖民主义的辩护士》、《在战争与和平问题上的两条路线》、《两种根本对立的和平共处政策》、《苏共领导是当代最大的分裂主义者》、《无产阶级革命和赫鲁晓夫修正主义》、《关于赫鲁晓夫的假共产主义及其在世界历史上的教训》。

中苏两党之间发生的举世罕见的"九评"大论战，对中苏两党两国、对社会主义阵营、对国际共产主义运动和当代世界政治格局，都产生了巨大而深远的影响。1964 年 1 月，在同安娜·露易斯·斯特朗的谈话中，毛泽东借孙悟空这个小说人物，对自己当时的心境和思考作了进一步的表露。他说，同修正

[1] 《邓小平年谱（一九七五——一九九七）》下，中央文献出版社 2004 年版，第 944 页。

主义斗争的转折点是苏共中央公开信对中国的攻击。"从那时起,我们就像孙悟空大闹天宫一样。我们丢掉了天条!记住,永远不要把天条看得太重了,我们必须走自己的革命道路。"[1]这场论战至今对世界格局产生着重大影响。中苏两党两国在许多重大原则问题上存在严重分歧。

第四阶段,中苏关系走向彻底破裂阶段。从 1964 年 10 月赫鲁晓夫下台到 1966 年 3 月苏共二十三大。在这一阶段,中共为缓和中苏关系进行了努力,力图挽回局面,但双方围绕是否召开世界共产党会议、援助越南等一系列问题发生严重分歧。1965 年 3 月苏联共产党牵头,在莫斯科召开了由 19 个党参加的"共产党和工人党代表协商会议",在苏联邀请的 26 个共产党中,中国、阿尔巴尼亚、日本、罗马尼亚等 7 国共产党拒绝参加会议。这次莫斯科会议后,中苏两党关系完全破裂,统一的社会主义阵营彻底分裂。1966 年 3 月中共没有接受苏共的邀请,拒绝参加苏共二十三大,中苏两党关系中断。

二、中苏论战的主要原因

中苏两党历史上有过多次摩擦和交锋。苏共曾对中共有过支持和帮助,也曾有过错误的指导和阻挠。新中国成立初期,两党两国关系进入蜜月期。从 1956 年 2 月苏共二十大开始,由于苏共事先没有同中共打招呼突然大肆批判斯大林,中共对此不理解,但仍然公开维护苏共二十大。但此后,中苏两党分歧开始逐渐增多。苏共二十大成为中苏两党发生分歧的重要节点。1958 年 7 月底,赫鲁晓夫第二次访问中国,在涉及中国国家主权和民族利益的"联合舰队"、"长波电台"等问题上与毛泽东发生激烈争论,苏联企图从军事上控制中国,中苏矛盾开始表现为国家利益的冲突和双方对外政策的分歧。此后,中苏论战不断升级,随后发展到公开交锋,使两党关系恶化乃至最终彻底破裂。

(一)中苏两党意识形态的主要分歧

中共不赞同苏共在二十大秘密报告中对斯大林的严厉批判,也对苏共二十大总结报告有关和平过渡等方面的观点难以赞同。这是"十年论战"发生理论

---

① 转引自王力生、王春涛:《现代性与中国社会主义精神》,人民出版社 2015 年版,第 86 页。

分歧的开端。第二次世界大战后，欧洲势力衰落，美苏在全球范围内激烈争夺世界霸权，面对以美国为首的西方阵营的冷战和遏制政策，苏联也在加强对社会主义阵营内部的政治、经济、意识形态控制。1949 年，毛泽东提出了"一边倒"的外交政策，新中国与苏联结盟。中国开始全面学习苏联模式。中苏结盟的考虑有西方国家敌视新中国的因素，主要是两国有着共同的政治经济、社会制度和意识形态。从 1950 年到 1957 年，苏联对新中国的经济文化建设给予了大规模的援助，苏联援建了大批中国建设项目。这段时期被称为中苏关系的"蜜月时期"。

尽管在"蜜月时期"两党也有矛盾和摩擦，但涉及的只是处理两党关系过程中的一些具体问题，与理论、路线、政策和意识形态关系不大。中苏两党在意识形态方面的一致，使中共接受苏联模式甚至力求紧跟苏共和苏联。在部分中共党员和群众中甚至存在着对苏共、苏联和斯大林的一定程度上的迷信。

经过新中国成立初期的社会主义改造和社会主义革命，新中国逐渐强大，面对社会建设的成就和经验，中共领导人对于中国社会主义建设和发展的信心大增。在苏共二十大上，苏共严厉批判斯大林，震惊中共领导人。中共很快就发表了对斯大林问题的看法，表明了在斯大林问题上的不同态度。关于对作为国际共产主义运动实际领导人的斯大林进行评价的问题，不仅是苏共和苏联的内政，还是一个影响面巨大的共同的进步事业的发展和重大意识形态问题，在具体方面关系到如何认识无产阶级专政，如何认识社会主义建设，如何认识国际共产主义运动的历史以及如何评价历史人物的问题。而和平过渡问题则是无产阶级走向社会主义的方式、道路问题，是一个科学社会主义的基本原理问题。中共认为苏共不应该随意改变。当然，对苏共否定和批判斯大林的认识和态度，也关系到对正在学习苏联经验的中国革命和建设道路、对中国共产党过去成功经验和一系列正在进行的新的革命尝试的认识和态度。这些分歧成为苏共二十大之后中苏意识形态分歧的根本所在。

在 1958 年之前，尽管中苏之间存在着意识形态的严重分歧，并且在 1957 年 11 月的莫斯科会议上双方也有争论，但并没导致双方关系的进一步恶化。然而，在 1958 年，两党在涉及国家利益的许多问题上开始发生严重冲突，并在两国的内政外交政策上出现了新的分歧，两党两国关系更加复杂化。

1959 年 1 月，赫鲁晓夫在苏共二十一大报告中对中国"大跃进"进行了不点名的批评。他认为，"由社会主义发展阶段向高级阶段过渡，是不能任意破坏或超越合乎规律的历史过程的。"①"有些同志会说,应当快些实行共产主义原则。但是,当没有为此创造好经济条件,没有达到物质财富的丰裕,以及人们还没有共产主义精神生活和工作的时候,过早地过渡到按需分配,就会损害共产主义建设事业。"②"如果哪个国家领导人开始骄傲自大起来,就会有利于敌人。"③"社会不能够不经过社会主义发展阶段,就从资本主义跳到共产主义。"④"平均主义并不意味着向共产主义过渡,而是破坏共产主义的声誉。"⑤这些言论引起了中共的反感。1959 年 7 月,赫鲁晓夫在波兰发表批评中国大跃进、人民公社的讲话,他说,苏联发现,通过公社走上社会主义道路,办法是错误的。他认为中国犯了脱离实际、急躁冒进、得不偿失的错误。毛泽东从内参上得知后,非常愤怒。

1960 年 4 月 22 日,列宁诞辰 90 周年。中共借此机会表达了与苏共不同的观点。《红旗》杂志编辑部发表《列宁主义万岁》,《人民日报》编辑部发表《沿着伟大列宁的道路前进》,中宣部部长陆定一发表《在列宁的革命的旗帜下团结起来》,这三篇文章公开点名批评了南斯拉夫修正主义,实际矛头则指向赫鲁晓夫,不指名地批评苏共领导人和平过渡等观点。毛泽东这时对苏共二十大提出的和平过渡、和平共处、和平竞赛观点的怀疑态度越来越明显,主张与苏联的分歧现在要公开谈。毛泽东继续肯定中苏分歧只是一个指头的问题,又开始在某种程度上把赫鲁晓夫同修正主义联系起来,认为苏联社会性质已经发生了变化。苏共中央和赫鲁晓夫也指责中共中央和毛泽东的理论、路线出了问题,认为中共背离了马克思列宁主义的原则,犯了教条主义、冒险主义的错误。

(二)政党自主权、国家主权与民族利益之争

中苏论战主要参加者之一邓小平指出:"各国的事情,一定要尊重各国的党、各国的人民,由他们自己去寻找道路,去探索,去解决问题,不能由别的党充当老子党,去发号施令。我们反对人家对我们发号施令,我们也绝不能对

---

① 《苏联共产党第二十一次代表大会主要文件》,人民出版社 1959 年版,第 125 页。
② 《苏联共产党第二十一次代表大会主要文件》,人民出版社 1959 年版,第 126 页。
③ 《苏联共产党第二十一次代表大会主要文件》,人民出版社 1959 年版,第 126 页。
④ 《苏联共产党第二十一次代表大会主要文件》,人民出版社 1959 年版,第 125 页。
⑤ 《苏联共产党第二十一次代表大会主要文件》,人民出版社 1959 年版,第 132 页。

人家发号施令。这应该成为一条重要的原则。"① 中国共产党为争取自己独立的政党主权在国际共产主义运动和世界社会主义阵营中经历了长期曲折的斗争。早在革命战争时期，由于不了解中国实际，苏共操纵的第三国际曾经多次给中国共产党错误指示，险些让中国共产党毁灭。这段历史警示中共必须争取和保持独立自主地位。中华人民共和国与苏维埃社会主义共和国联盟于 1950 年 2 月 14 日签订《中苏友好同盟互助条约》（同年 4 月 11 日起生效，有效期为 30 年）。从缔结该条约之日起，毛泽东和中国共产党就一直在谋求同苏联建立一种平等的盟友关系，而不是战略上的依附关系，对苏联和苏共从军事上控制中国、中共的企图保持警惕。苏中之间控制和反控制的斗争贯穿于中苏论战全过程。中苏论战全面爆发之后，赫鲁晓夫和苏共企图采用打压的办法，迫使中共就范，并企图在核武器问题上遏制中国，致使矛盾更加激化，论战不断升级。

赫鲁晓夫在执政之初，曾比较注意发展中苏关系。他纠正了斯大林时期对中国的一些不平等做法，如归还了旅顺海军基地、把中长铁路管理权和中苏合办公司的股份移交给中国、扩大了对中国的援助等，中苏友好关系在一段时期内得到了巩固和发展。与此同时，他也逐渐流露出控制中国的野心。1954 年 9 月，赫鲁晓夫访问北京，在与毛泽东会谈之时，毛泽东提出中国也想搞原子能、热核武器，希望苏联给予必要帮助。赫鲁晓夫表示惊讶，认为一穷二白、百废待兴的中国完全没有必要发展当时世界上最先进的武器。赫鲁晓夫想永远保持苏联在社会主义阵营的核垄断地位。

苏共还试图把中国拉入"经互会"（全称为"经济互助委员会"），参加社会主义大家庭的国际分工。"经互会"成立于 1949 年 1 月，是由苏联组织建立的一个由社会主义国家组成的政治经济合作组织，是一个相当于欧洲经济共同体的社会主义阵营的经济共同体，总部设在莫斯科。苏联操纵"经互会"在社会主义阵营搞不平等国际分工。"经互会"实际就是一个国际分工组织，苏联搞工业，其他卫星国搞农业、轻工业。毛泽东坚持中国独立自主发展本国工农业体系。当赫鲁晓夫向毛泽东提出拉中国进入"经互会"时，被当即回绝。毛泽东认为，中国是一个大国，加入"经互会"对中国的发展没有多少实际意义。赫鲁晓夫后来又在一些非正式场合提出要求中国在亚洲搞个类似"经互会"的东西，也被中国领导人拒绝。中国不想让别人捆住自己的手脚，而是致力于独

---

① 《邓小平文选》第 2 卷，人民出版社 1994 年版，第 319 页。

立自主地发展经济。赫鲁晓夫企图通过加强对社会主义阵营的控制来增加与美国讨价还价的筹码的战略意图与中国的国家利益存在严重冲突。

苏共企图控制中国和中共，除了把中国作为抗衡美国的筹码外，还把中国看作一种潜在威胁，害怕中国强大了会危及苏联在社会主义阵营中的"老大"地位。这一时期，苏联国内反对派的挑战也给赫鲁晓夫造成很大的压力，他在暂时战胜对手、保住权力之后，又视中国为威胁，采取手段，以军事合作为名觊觎中国主权，试图首先从军事战略上控制中国。

在控制中国的企图接连失败后，1959 年 6 月，苏联政府单方面撕毁中苏双方在 1957 年 10 月签订的《中华人民共和国政府和苏维埃社会主义共和国联盟政府关于生产新式武器和军事技术装备以及在中国建立综合性原子工业的协定》，拒绝向中国提供原子弹样品和生产原子弹的技术资料。苏联考虑到中共具有越来越强的独立自主意识，一旦拥有核武器后，军事上强大起来可能会有一定的冒险行动，甚至引发苏美冲突。苏联单方面撕毁核技术援助协定的另外一个重要国际背景，是斯大林去世后，苏联在推行美苏缓和战略。中国决定靠自己的力量研制核武器，苏联政府却又针对中国片面同美国媾和，与美国签订部分核武器禁止试验条约，企图剥夺中国人民采取措施抵抗美国核威胁的权利。这引发中共激烈反应，决定对苏共的真实面目进行彻底揭露，进一步把论战推向新的高潮。

苏联背信弃义撕毁协定给中国领导人造成了巨大心理伤害。邓小平曾指出，"从六十年代中期起，我们的关系恶化了，基本上隔断了。这不是指意识形态争论的那些问题，这方面现在我们也不认为自己当时说的都是对的。真正的实质问题是不平等，中国人感到受屈辱。"[①]中共领导人认为意识形态的争论可以暂时搁置，但大国沙文主义非坚决抵制不可。苏联企图把中国纳入它的战略轨道，中国则坚持维护独立自主的立场。中苏论战反映了苏中之间控制与反控制的斗争。保持独立自主是中共与苏共斗争的一条主线。中方的斗争是中共为维护国家和民族的利益，摆脱苏联控制，独立自主地走社会主义建设道路而作出的必然选择。

反对苏联的大国沙文主义是中方论战的主要目的。《关于建国以来党的若干历史问题的决议》认为："苏联领导人挑起中苏论战，并把两党之间的原则

① 《邓小平文选》第 3 卷，人民出版社 1993 年版，第 294—295 页。

争论变为国家争端，对中国施加政治上、经济上和军事上的巨大压力，迫使我们不得不进行反对苏联大国沙文主义的正义斗争。"①《决议》确认了中方论战的正义性。

（三）国际战略的分歧与冲突

20 世纪 50 年代中期苏美大国关系有所缓和之后，苏联的对外战略开始与中国面临的战略任务之间产生重大差异并发生冲突，原来被共同战略利益、共同意识形态所掩盖的双边关系和民族利益矛盾开始暴露出来。

1953 年赫鲁晓夫上台，开始调整对外政策，主动缓和紧张局势。随着国际形势的不断变化，苏联对世界形势的判断和国际战略也发生了显著变化。美苏代表的两大阵营仍处于继续对抗态势，但力量对比开始暂时朝着有利于苏联的方向发展，于是苏联调整了对外战略的总体构想。赫鲁晓夫等苏联领导人决定在外交上采取一系列主动措施，缓和东西方关系，为苏联争取更高国际地位，争取与美国平起平坐。1956 年 2 月在苏共二十大上，赫鲁晓夫全面系统地阐述了他在对外政策方面的观点，其新外交政策的核心就是"和平倡议"。其基本构想是：与西方国家和平共处，在和平竞赛中超过美国；强调发达资本主义国家的工人阶级可以通过议会道路和平取得政权；对社会主义国家强调一致性并谋求美国的认可；对亚非拉地区则加紧渗透扩张，鼓吹通过和平过渡走非资本主义道路，以便把这些国家纳入自己的战略轨道。这一战略的基本目标是谋求实现苏美合作主宰世界。苏联的和平战略以缓和代替全面对抗，从而使苏联赢得了外交上的主动权和较大的活动空间，和平攻势迫使西方承认了苏联在东欧的势力范围并扩大了苏联的国际影响。但赫鲁晓夫把美苏之间的和平共处作为所有社会主义国家外交政策的总路线，要求其他社会主义国家的对外政策服从苏联的国家利益，暴露了苏联的大国主义，造成社会主义阵营分化。1959 年初召开的苏共二十一大标志着苏联国际战略的重大转变。苏共二十一大进一步明确了国际战略"三和路线"，主动放弃了 1957 年《莫斯科宣言》中社会主义阵营"以苏联为首"的提法，主动避免刺激资本主义国家。

毛泽东等中共领导人对国际形势的判断及"战争不可避免，晚打不如早打"

———

① 《关于建国以来党的若干历史问题的决议》，人民出版社 1981 年版，第 31 页。

等观点与苏联尽量避免战争的战略产生了分歧。在苏联"三和"新战略与中国实际战略需求之间存在差异时，赫鲁晓夫无理要求中国服从苏联的国际战略需要。随着苏联上述国际战略的具体实施，中苏间的分歧也就在一系列问题上日益凸显，并在对外政策上发生了尖锐矛盾。

中苏之间虽然存在社会主义国家对外战略方面的分歧，但两国暂时没有发生直接的战略冲突。从1957年莫斯科会议开始，两国在缓和战略上的不协调日趋暴露。毛泽东认为，苏联领导人奉行的是一条谋求苏美媾和，并以中国的战略利益作为筹码，牺牲中国战略利益的外交战略。而赫鲁晓夫又把涉及中国方面的不利于苏美缓和的因素都视为障碍，对中国大加指责，要胁迫中国服从苏联的国际战略。

台湾海峡危机和中印冲突暴露了中苏双方的对外战略冲突。1958年8月台湾海峡出现危机，中国人民解放军炮击金门、马祖，台湾海峡响起的炮声震惊了美国，也震动了苏联。这本属中国内政问题，赫鲁晓夫却对中国所谓擅自行动不满，他认为中国领导人没有依照惯例把这一计划事先向苏联通报，可能会把苏联拖下水，甚至引发苏美大战。中国领导人认为，这是中国的内政，无须事先与苏方磋商。苏共对中国"擅自行动"多次大加指责，中苏领导人发生激烈争吵。

苏联出尔反尔，在中印边界问题上偏袒印度。1959年8月25日，印度总理贾瓦哈拉尔·尼赫鲁在策动和支持西藏上层反动集团进行武装叛乱失败以后，又蓄意挑起中印边境武装冲突。同年9月6日，中国领导人向苏联代办说明了此次冲突的真相和中国方面力求避免冲突的方针，并郑重指出：印度政府挑起边境冲突，其目的是反共反华。中国向苏联盟友通报真相，无疑想获得苏方支持——起码是保持善意中立。由于赫鲁晓夫想把印度作为苏联南下太平洋的跳板，极力谋求改善与印度的关系。9月9日上午，苏联代办通知中国政府，苏联政府将在9月10日就中印边界问题发表塔斯社声明。中国政府当即表示，苏联政府在这个问题上最好不要公开表态。9日晚，中国政府再次告诉苏联代办，中国方面已经公布了周恩来总理给尼赫鲁的信，请苏联政府考虑中国政府在这封信中所表示的态度和立场，不要发表这份塔斯社声明。这时，中国对获得苏联支持已经完全不抱希望，只希望苏联保持善意中立。然而，9月9日夜，苏联政府不顾中方多次劝阻，竟然提前发表了塔斯社声明，公开暴露了中苏之间的分歧。在这个表面上呼吁防止美国"坐得渔利"的声明中，苏联政府对中印边境冲突不问是非曲直，笼统地表示"遗憾"，表面上保持中立，实际上偏袒印度，指责中国。11 月 7 日，在同印度《新世纪》周刊记者的谈话中，赫鲁晓夫甚至认为中印边境事件是"可悲的"、"愚蠢的"。他暗示有 960 万平方公里国土面积的中国应该放弃自己的领土，满足面积为 300 万平方公里的印度的要求。苏联而且还在军事上为印度提供了大力的支持。1962 年 10 月 20 日，中印之间又爆发了边界冲突，中苏围绕中印边界武装冲突的分歧进一步加剧。

中苏在中印边界冲突问题上的分歧同在台湾海峡危机问题上的分歧一样，其实质是两国不同战略利益的冲突。中共认为，赫鲁晓夫畏惧帝国主义，奉行缓和政策，放弃斗争，强迫中国服从苏联的战略利益。中国不服从苏联就被指责为民族主义。苏共的缓和战略逐渐发展为国际共运的总路线，并要求中共服从。在中苏分歧不断扩大的过程中，双方都为弥合裂痕进行了多种尝试和多次努力。在当时的气氛下，双方都认定自己已经尽了力，都指责对方破坏了双边关系。中苏分裂不可避免，最终造成了国际共运、社会主义阵营乃至世界格局的大分化、大改组、大动荡，从而也影响到世界社会主义的发展，影响到马克思主义的理论创新。

三、中苏论战的主要观点

十年论战时期，中方发表论战文章起于 1956 年 4 月 5 日以《人民日报》编辑部名义发表的《关于无产阶级专政的历史经验》，止于 1965 年 5 月以《人民日报》编辑部名义发表的《反法西斯战争的历史经验》，中方前后发表了三十多篇论战文章。中方发表针对苏方及其追随者的论战文章主要有：1956 年发表的《关于无产阶级专政的历史经验》和《再论无产阶级专政的历史经验》；1960 年 4 月，以纪念列宁诞辰九十周年为由头发表的《列宁主义万岁》、《沿着伟大列宁的道路前进》、《在列宁的革命帜旗下团结起来》三篇文章；从 1962 年 12 月到 1963 年 3 月发表的《全世界无产者联合起来反对我们的共同敌人》、《陶里亚蒂同志同我们的分歧》、《在莫斯科宣言和声明的基础上团结起来》、《分歧从何而来——答多列士等同志》、《再论陶里亚蒂同志同我们的分歧》、《列宁主义和现代修正主义》和《评美国共产党的声明》七篇文章为下一步论战的重头文章作了准备，在内部被称为"前七篇"；1963 年 6 月 17 日，《人民日报》

发表中共中央对苏共中央来信的复信，题为《关于国际共产主义运动总路线的建议》（简称"二十五条"）；1963 年 9 月至 1964 年 7 月连续发表九篇文章评论苏共中央《给苏共各级党组织和全体共产党员的公开信》（简称"九评"），这是公开论战的重头戏。

（一）关于如何评价斯大林

这场论战的焦点问题首先是对斯大林的评价问题。苏共在 1956 年 2 月的二十大、1961 年 10 月的二十二大等众多场合批判斯大林。中共对苏共批判斯大林的态度先后有变化，开始基本上持肯定和默认态度，后来坚决反对赫鲁晓夫否定斯大林，同苏联发生了激烈的论战。

1956 年 11 月 30 日，毛泽东在接见苏联驻中国大使时强调，斯大林执政期间的根本方针和路线是正确的；不能用对待敌人的办法来对待自己的同志。中苏论战公开化以后，以毛泽东为代表的中共对赫鲁晓夫在 1956 年苏共二十大上集中批判斯大林问题进行了重新评价和分析，公开表明了中方新的态度。中共《苏共领导同我们分歧的由来和发展》（"一评"）于 1963 年 9 月 6 日在《人民日报》发表，认为苏共二十大"对于斯大林的批判，无论在原则上，在方法上，都是错误的"[1]。赫鲁晓夫的长篇秘密报告"全盘否定斯大林，丑化了无产阶级专政，丑化了社会主义制度，丑化了伟大的苏联共产党，也丑化了国际共产主义运动"[2]，"给了帝国主义、反动派和其他一切共产主义敌人以可乘之机，在国际共产主义运动中造成了极其严重的恶果。"[3]中共严厉批判苏共对斯大林的批判。换言之，批判斯大林自毁社会主义的国际话语权，败坏了苏联的声誉，败坏了无产阶级专政的声誉，败坏了社会主义和共产主义的声誉。中方认定"赫鲁晓夫在秘密报告中，捏造了大量的谎言"[4]，怀疑赫鲁晓夫在秘密报告中关于斯大林发动的肃反扩大化的大量史实和数据的真实性和可靠性。

一周后，中共在 9 月 13 日的《关于斯大林问题》（"二评"）中对赫鲁晓夫错误否定斯大林问题的批判再次升级。中方指出赫鲁晓夫在二十二大上集中否定斯大林也是完全错误的，集中揭露赫鲁晓夫这样作是"别有用心的"、"有着

---

① 《苏共领导同我们分歧的由来和发展》，《人民日报》1963 年 9 月 6 日。
② 《关于国际共产主义运动总路线的论战》，人民出版社 1965 年版，第 56 页。
③ 《关于国际共产主义运动总路线的论战》，人民出版社 1965 年版，第 63 页。
④ 《关于国际共产主义运动总路线的论战》，人民出版社 1965 年版，第 57 页。

不可告人的目的"，即"是为了扫除这个伟大的无产阶级革命家在苏联人民和世界人民中不可磨灭的影响"①，"是为了否定斯大林曾经捍卫和发展的马克思列宁主义，为他们全面推行修正主义路线开辟道路"②。这样，中共把批判赫鲁晓夫否定斯大林的错误已经上升到批判赫鲁晓夫修正主义的高度。

中方在《关于斯大林问题》一文中把赫鲁晓夫反对斯大林个人迷信斥责为政治阴谋。中方认为，赫鲁晓夫反对斯大林个人迷信，"是一个卑鄙的政治阴谋"，其实质在于：一是"把党的领袖斯大林同党的组织、同无产阶级、同人民群众对立起来"③；二是"丑化无产阶级政党，丑化无产阶级专政，丑化社会主义制度"④；三是"抬高自己，打击忠实于马克思列宁主义的革命者，为修正主义的阴谋家篡夺党和国家的领导开辟道路"⑤；四是"干涉兄弟党、兄弟国家的内部事务，力图按着自己的意愿颠覆兄弟党、兄弟国家的领导"⑥；五是"打击坚持马克思列宁主义的兄弟党，分裂国际共产主义运动"⑦。以上批判都有一定的事实依据。赫鲁晓夫通过反对斯大林个人迷信，在国内把马林科夫、莫洛托夫、卡冈诺维奇等党的领导人搞下台；在国际上，否定斯大林，给国际社会主义阵营造成巨大混乱。

中共逐渐从中肯地批评斯大林的错误到忽略甚至为斯大林错误进行辩护，一定程度上回避了斯大林的个人迷信曾经给苏联党和国家造成的巨大危害。总地看，中共认为斯大林是三分错误，七分成绩，总结起来还是一个伟大的马克思主义者，主张对斯大林进行三七开的评价。中共认为否定斯大林是丑化共产主义运动，给帝国主义者以可乘之机；苏联则认为要解除个人迷信给苏联带来的沉重影响，让苏联放开手脚更好地发展。

（二）关于国际共产主义运动总路线

苏共二十大提出了和平过渡的观点，认为工人阶级可以通过议会斗争过渡

---

① 《关于国际共产主义运动总路线的论战》，人民出版社 1965 年版，第 122 页。
② 《关于国际共产主义运动总路线的论战》，人民出版社 1965 年版，第 122 页。
③ 《关于国际共产主义运动总路线的论战》，人民出版社 1965 年版，第 124 页。
④ 《关于国际共产主义运动总路线的论战》，人民出版社 1965 年版，第 124 页。
⑤ 《关于国际共产主义运动总路线的论战》，人民出版社 1965 年版，第 125 页。
⑥ 《关于国际共产主义运动总路线的论战》，人民出版社 1965 年版，第 125 页。
⑦ 《关于国际共产主义运动总路线的论战》，人民出版社 1965 年版，第 125 页。

到社会主义。不久以后，中共即表达了不同观点。1957 年 11 月，毛泽东率中共代表团赴莫斯科参加各国共产党和工人党代表会议。会上，中共向苏共中央提交了书面的《关于和平过渡问题的意见提纲》，主要论点如下：第一，不能放弃武装斗争即以"非和平的方式"夺取革命胜利的道路和手段。中共认为，对于由资本主义向社会主义的过渡问题，有和平和非和平两种可能性，不是单提一种可能性，资产阶级不会自动退出历史舞台，这是阶级斗争的普遍规律。第二，要做好革命斗争的准备工作。中共指出，如果过多地强调经过争取议会多数取得政权的可能，容易松懈无产阶级、劳动人民和共产党的革命意志，在思想上解除自己的武装。相反，最重要的，应该是进行艰苦的聚积革命力量的工作。第三，如果缺少革命武装作为后盾或支持，无产阶级是很难取得议会多数的，就算取得议会多数，要维护、巩固这种多数也是不可能的。

1963 年 2 月 21 日，苏共给中共中央来信，声称"公开的日益尖锐的论战，动摇着兄弟党的团结"，介绍说，赫鲁晓夫在德国第六次党代表大会上提出停止论战、停止在自己的党内批评其他党的建议，现在苏共中央建议中苏举行高级会谈。2 月 23 日，毛泽东召集中央常委会研究了苏方 2 月 21 日的来信。随后中共组织写作班子起草了给苏共中央的复信。复信表明："我们欢迎来信中所表示的团结的愿望，欢迎来信所表示的兄弟党之间正常的平等的态度，欢迎你们肯定地赞成召开世界各国共产党和工人党代表会议的建议。"复信指出，中国共产党从来主张，兄弟党之间在原则问题上发生了分歧，应当从团结的愿望出发，进行同志式的讨论和相互批评，弄清是非，在马克思列宁主义的基础上，达到团结的目的。也就是说，应当遵循莫斯科宣言和声明的原则和方法，在国际共运内部，采取平等协商原则，通过双边的、多边的会谈，或者兄弟党会议的方法，来解决兄弟党之间的分歧。现在越来越多的兄弟党希望停止公开争论，这是好现象。复信表示，中共热烈地盼望，在最短期间内，兄弟党之间的公开争论能够停下来。这件事需要中苏两党和各有关兄弟党讨论一下，达成一个能为各方接受的公平的协议。这封复信经中央审定于 3 月 9 日发出。

1963 年 3 月 30 日，苏共中央给中共中央来了两万余言的长信。来信中，系统地提出了以"三和""两全"为核心的国际共产主义总路线。长信着重阐述了苏共对国际共运"总路线"的看法，论证苏方关于时代主题、关于世界社会主义阵营及力量对比变化、关于把世界战争排除于生活之外的可能性、关于和平共处的原则、关于社会主义同资本主义的经济竞赛是革命化的因素、关于以和平方法实现社会主义革命等问题的看法。与此同时，这封信影射攻击中共"人为地去推动革命"[①]，号召劳动人民高举红旗"为了英雄地死去"[②]；"把社会主义革命的胜利同世界大战联系在一起"[③]，"煽起民族主义情绪和偏见"[④]，"就会脱离马克思列宁主义"[⑤]；还把中共斥责为宗派主义者、教条主义者、"左"倾机会主义者，声称"如果不同宗派主义和教条主义进行始终不渝的斗争，它们也可能成为某些党在这一或那一发展阶段上的主要危险"[⑥]，苏共"今后仍将进行坚决的斗争，既反对右倾机会主义，也反对其危险目前并不小于修正主义的左倾机会主义"[⑦]。苏共的复信批评中共在搞"左"倾机会主义。

苏共关于国际共产主义总路线主张可以概括为"三和"（苏共二十大提出和平共处、和平竞赛、和平过渡）。苏联新外交政策的核心就是"三和路线"。其基本构想是：与西方国家和平共处，在和平竞赛中超过美国；强调发达资本主义国家的工人阶级可以通过议会道路和平取得政权；对社会主义国家强调一致性；对亚非拉地区则加紧渗透扩张，鼓吹通过和平过渡走非资本主义道路，以便把这些国家纳入自己的战略轨道。这一战略的基本目标是谋求实现苏美合作主宰世界。"三和路线"以缓和代替全面对抗，从而使苏联赢得了外交上的主动权和较大的活动空间，西方部分承认了苏联在东欧的势力范围，苏联的国际影响也有所扩大；但赫鲁晓夫把美苏之间的和平共处作为所有社会主义国家外交政策的总路线，甚至把它作为国际共产主义运动的总路线，要求其他社会主义国家的对外政策服从苏联的国家利益，暴露了苏联的大国主义，并成为造成社会主义阵营分化的思想渊源。

"三和"理论是中苏争论的一个焦点。起初，出于维护社会主义阵营团结的考虑，中共基本同意苏共提出的和平共处、和平竞赛、和平过渡。随着双方论战的升级，中共把"三和路线"否定了。中共认为"三和"理论是"修正主义"的纲领。

---

① 《关于国际共产主义运动总路线的论战》，人民出版社 1965 年版，第 471 页。
② 《关于国际共产主义运动总路线的论战》，人民出版社 1965 年版，第 471 页。
③ 《关于国际共产主义运动总路线的论战》，人民出版社 1965 年版，第 473 页。
④ 《关于国际共产主义运动总路线的论战》，人民出版社 1965 年版，第 479 页。
⑤ 《关于国际共产主义运动总路线的论战》，人民出版社 1965 年版，第 478 页。
⑥ 《关于国际共产主义运动总路线的论战》，人民出版社 1965 年版，第 480 页。
⑦ 《关于国际共产主义运动总路线的论战》，人民出版社 1965 年版，第 480 页。

1963年4月初,毛泽东召集政治局常委会讨论了苏共中央3月30日的来信。他分析认为,赫鲁晓夫集团不准备修改他们的路线。4月4日,根据毛泽东的意见,《人民日报》全文发表了苏共中央3月30日给中共中央的那封长信。与此同时,中共起草给苏共的复信。6月12日,刘少奇主持召开政治局全体会议,通过了修改后的复信。原来题目是《中共中央对苏共中央3月30日来信的答复》,在最后定稿时毛泽东把正标题改为《关于国际共产主义运动总路线的建议》,副标题改为《中国共产党中央委员会对苏联共产党中央委员会1963年3月30日来信的复信》。6月15日,中方把这封复信交给了苏方。6月17日,由《人民日报》全文发表,复信中提出了与苏共根本对立的总路线。

中共《关于国际共产主义运动总路线的建议》(以下简称《建议》)提出了自己的国际共产主义运动总路线与现阶段国际共产主义运动总路线的主张。《建议》首先指出,只能以马克思列宁主义关于无产阶级历史使命的革命理论为准则,而不能离开这个准则。《建议》肯定1957年和1960年两次莫斯科会议经协商通过的宣言和声明,认为这个宣言和声明指出了我们时代的特点,指出了社会主义革命和社会主义建设的共同规律,规定了各国共产党和工人党的共同路线,承认宣言和声明是国际共产主义运动的共同纲领。但是,《建议》也指出了几年以来在国际共产主义队伍中对于这个宣言和声明确实有不同的认识和态度的事实,并把这些不同认识和态度的"中心问题"概括为"承认不承认宣言和声明的革命原则的问题"①,"归根到底,这也就是承认不承认马克思列宁主义的普遍真理的问题,承认不承认十月革命道路的普遍意义的问题,承认不承认仍然处于帝国主义和资本主义制度之下的、占世界人口三分之二的人民还要进行革命的问题,承认不承认已经走上社会主义道路的、占世界人口三分之一的人民还要把革命进行到底的问题。"②《建议》还对国际共产主义的总路线做了概括性的表述:"全世界无产者联合起来,全世界无产者同被压迫人民、被压迫民族联合起来,反对帝国主义和各国反动派,争取世界和平、民族解放、人民民主和社会主义,巩固和壮大社会主义阵营,逐步实现无产阶级世界革命的完全胜利,建立一个没有帝国主义、没有资本主义、没有剥削制度的新

---

① 中共中央文献研究室:《建国以来重要文献选编》(第十六册),中央文献出版社1997年版,第418页。

② 中共中央文献研究室:《建国以来重要文献选编》(第十六册),中央文献出版社1997年版,第418页。

世界。"①《建议》严厉批评了苏共关于这个总路线的观点，指出："把国际共产主义运动的总路线片面地归结为'和平共处'、'和平竞赛'、'和平过渡'，那就是违反一九五七年宣言和一九六〇年声明的革命原则，那就是抛弃无产阶级世界革命的历史使命，那就是背离马克思列宁主义的革命学。"②

1963 年 7 月 5 日至 20 日，邓小平率领中共代表团与苏共在莫斯科举行会谈。7 月 14 日，苏共中央在《真理报》发表《给苏联各级党组织和全体共产党员的公开信》，对中共的复信进行全面系统的攻击。为此，毛泽东亲自主持发表了九篇评论苏共中央《公开信》的文章（即"九评"），两党之间的论战达到顶峰。中共认为苏联已不再是社会主义国家，资本主义在苏联已经复辟，中国要和苏联以及华沙条约组织国家划清界限。1964 年 10 月赫鲁晓夫下台之后，周恩来率中方代表团访问苏联，发现苏联并没有改变其路线的趋势，中共继续批判苏联的"没有赫鲁晓夫的赫鲁晓夫路线"。

（三）关于时代特征和时代主题的判断

中共认为，我们的时代，是资本主义和帝国主义走向灭亡、社会主义和共产主义走向胜利的时代。这个时代赋予我们的历史使命，是按照各国的具体条件，经过各国人民自己的手，逐步实现无产阶级革命的完全胜利，建立一个没有帝国主义、没有资本主义、没有剥削制度的新世界。这是历史发展的必然趋势，是全世界革命人民的共同要求。这种历史趋势是不以人们的意志为转移的客观规律，是任何力量所不能抗拒的。

在时代特征和时代主题问题上，中苏双方既有共同点又有分歧。苏共认为现代核战争会导致世界大战和人类的灭亡，和平共处是唯一选项，而拥有优越性的社会主义制度的共产主义国家可以在经济竞赛中彻底战胜资本主义。中共则认为新的世界大战不可避免，在战争中将灭亡的是帝国主义，而不是人类，社会主义将获得胜利。世界革命和各国人民的革命斗争是社会主义战胜资本主义的关键。中苏双方都认为新的世界大战有可能爆发，但也有制止的可能。双方强调的侧重点不同。苏共强调制止战争的可能性，强调打不起来，制止战争

---

① 中共中央文献研究室：《建国以来重要文献选编》（第十六册），中央文献出版社 1997 年版，第 419 页。

② 中共中央文献研究室：《建国以来重要文献选编》（第十六册），中央文献出版社 1997 年版，第 420 页。

的方法是苏美合作和国际裁军。中共强调战争爆发的可能性、紧迫性和危险性，强调打起来的可能性，制止战争的方法是壮大世界和平力量和亚非拉地区民族解放运动。美国是苏联和平共处的首要目标，美苏双方分别是两大阵营的核心，苏联特别重视美苏大国关系，主张美苏缓和。苏方认为他们之间的关系直接决定了世界的和平与稳定。但与此同时，中美关系正处于严重的敌对状态，在中方看来，美国是世界人民最凶恶的敌人，是侵略与战争的主要力量，苏联要与这样的国家和平共处是不可思议的，与美媾和，是投降主义的表现。中国坚决不接受"苏美合作主宰世界"。

（四）围绕"全民党与全民国家"理论的党性与国体之争

苏共二十二大的党章认为，由于社会主义在苏联的胜利，由于苏维埃社会的一致的加强，工人阶级的共产党已经变成苏联人民的先锋队，成了全体人民的党，在社会生活的各个方面扩大了自己的指导作用；作为无产阶级专政的国家而产生的国家，在新的阶段即现阶段上已变为全民的国家，变为表达全体人民的利益和意志的机构。中共对这两个转变有不同看法。

"全民党"是指相对于阶级政党而具有全民性质的政党。历史上，最早提出建立"全民党"的是西欧的社会民主党。"全民党"是民主社会主义政党理论的基本观点，是其对政党性质的基本定位。19世纪60年代末，德国和欧洲其他国家相继诞生了独立的工人政党，他们一开始大都称为社会民主党或社会民主工党，其中已经蕴含了增强政党社会性的意图。19世纪70年代，德国社会民主党的右倾机会主义分子苏黎世"三人团"（因赫希伯格、施拉姆、伯恩斯坦联名发表《德国社会主义的运动》而得名）主张"党应当不是片面的工人党"，而应该成为"'一切富有真正仁爱精神的人'的全面的党"①，这是"全民党"的最初提法和定位。这种地位淡化了政党的阶级性。"全民党"的政治定位具有以下几个基本特征：第一，它对政党社会基础的基本判断是"阶级对立和阶级斗争已经消失"，党的社会基础是全体国民，成员来自社会不同的阶级、阶层。第二，它声称其政党反映全体人民甚至是全人类的利益，即主张要实现"全体国民的价值"或"全人类的价值观"。第三，它的指导思想强调民主、人道、和谐等价值观。

---

① 《马克思恩格斯选集》第3卷，人民出版社2012年版，第734页。

中共认为，"全民国家""全民党"是放弃阶级和阶级斗争理论的一种表现，是要取消无产阶级专政和无产阶级政党，在理论上是十分荒谬的，在实践上是极其有害的，并把"两全"理论当作苏共修正主义体系化的标志。在 1962 年初召开的"七千人大会"上，毛泽东在讲话中断定苏共领导已完全蜕变为修正主义者，把他们和帝国主义者、反动的民族主义者、各国反动派同等看待。中共认为，"两全"是苏共继"三和"之后走向修正主义的一个里程碑，苏共二十大以来执行的修正主义错误路线已形成完整体系，赫鲁晓夫已经蜕变成为高薪阶层的代表，是社会主义社会中新生资产阶级分子的代表。

大论战阶段，中共"九评"中的最后一篇评论文章《关于赫鲁晓夫的假共产主义及其在世界历史上的教训》中专门严厉批判了苏共的"两全"。中共认为，赫鲁晓夫用所谓"全民国家"来代替无产阶级专政的国家，提出无产阶级专政先于国家消亡而结束，在无产阶级专政结束以后，还有一个"全民国家"的阶段，根本违反马克思列宁主义，放弃无产阶级专政。苏共用"全民党"来代替无产阶级政党，其"真正目的，就是要根本改变苏联共产党的无产阶级性质，把马克思列宁主义的党改造成为修正主义的党"[1]。苏共"面临着从无产阶级政党蜕化为资产阶级政党，从马克思列宁主义政党蜕化为修正主义政党的严重危险"[2]。

（五）关于科学社会主义基本原则和基本价值的分歧

据吴冷西回忆，在 1962 年初的"七千人大会"上，刘少奇指出："我们跟修正主义的分歧不是一般的分歧，而是关于世界革命的路线的分歧。"[3] 他还说，关于帝国主义的本质，关于战争与和平问题，关于兄弟党、兄弟国家相互关系准则这三大问题，我们和修正主义之间有严重分歧，因为它们关系到马克思列宁主义的基本原理。[4]

---

① 中共中央文献研究室：《建国以来重要文献选编》（第十九册），中央文献出版社 1998 年版，第 53 页。

② 中共中央文献研究室：《建国以来重要文献选编》（第十九册），中央文献出版社 1998 年版，第 53 页。

③ 吴冷西：《十年论战：(1956—1966) 中苏关系回忆录》（上），中央文献出版社 1999 年版，第 484 页。

④ 参见吴冷西：《十年论战：(1956—1966) 中苏关系回忆录》（上），中央文献出版社 1999 年版，第 484 页。

苏共二十大总结报告宣称，苏共在公正社会制度的理想即民主和社会主义的理想鼓舞下团结起来了。总结报告一起强调的公正、民主和社会主义这些价值，表明报告当时已经在一定程度上认同民主社会主义。换言之，民主社会主义在苏联已经有一定的影响。赫鲁晓夫对斯大林的批判，尤其是对资本主义和社会主义之间不可调和的冲突的修改，让中共不满。

中共认为，苏共已经放弃了科学社会主义的一些基本原则，和帝国主义媾和。中方把苏联称为"大党主义""大国主义""大国沙文主义""现代修正主义""假共产主义""社会帝国主义"，定性越来越严重。苏共也认为中共背离了科学社会主义的基本原则，一意孤行搞"左"倾机会主义和教条主义。

（六）关于马克思列宁主义正统之争

中苏论战中，双方都以马克思列宁主义为理论依据，批判对方背弃了马克思列宁主义。邓小平后来指出，"从一九五七年第一次莫斯科会谈，到六十年代前半期，中苏两党展开了激烈的争论。我算是那场争论的当事人之一，扮演了不是无足轻重的角色。经过二十多年的实践，回过头来看，双方都讲了许多空话。马克思去世以后一百多年，究竟发生了什么变化，在变化的条件下，如何认识和发展马克思主义，没有搞清楚。"①

苏共二十大总结报告中多次赞扬、肯定中国革命和建设，认为中共在开创性地发展马克思主义。总结报告分析了中共的巨大成就，指出中华人民共和国在社会主义建设事业中作出许多独特的贡献：中国经济在革命胜利以前是十分落后的，并带有半封建和半殖民地性质；这个人民民主国家，在掌握了具有决定意义的经济命脉以后，在社会主义革命发展的进程中，正在实行和平改造私营工商业和逐步地把它们变成社会主义经济组成部分的方针；中国共产党和其他人民民主国家的共产党和工人党，根据本国的特殊情况和特点对社会主义改造的伟大事业所实行的领导，就是行动中的创造性的马克思主义。苏共二十大高度赞赏中共创造性地发展了马克思主义。

与此同时，苏共二十大总结报告又表达了苏共的自信与自大，报告文末宣称，苏维埃国家不断地成长、不断地强大，它像一座巨大的灯塔耸立着，指引全人类走向新世界。中苏论战过程中，苏共指责中共为"左"倾机会主义、托

① 《邓小平文选》第3卷，人民出版社1993年版，第291页。

洛茨基主义、教条主义。中方则斥责苏方为修正主义、投降主义。1962年毛泽东对苏联在古巴导弹危机中的退缩进行了严厉的批判，认为赫鲁晓夫"从机会主义蜕变为投降主义"，苏联则认为中共的立场会导致核战争。1968年8月，苏军入侵捷克斯洛伐克镇压"布拉格之春"，中国把苏联的入侵称作"社会帝国主义"。

四、中苏论战的巨大影响

中苏论战，对中苏双方都产生了巨大影响，改变了战后的国际战略格局。从长时段看，中国先受到苏联的巨大压力，继而转守为攻，逐步取得相对苏联的战略优势。苏联则先是占据战略优势，继而在中美苏大三角格局中处于劣势，并最终解体，亡党亡国。

（一）对苏共和苏联的影响

中苏论战对苏共和苏联产生了巨大的影响，这些影响表现在政治、经济、军事等各个方面。其中，苏联最大的损失是失去了中国这个国际舞台上最为举足轻重的盟友。苏联以国际主义、世界革命和马克思主义为幌子，奉行大国沙文主义和霸权主义，对国际上持不同意见的社会主义国家搞压制和颠覆，加剧了国际共产主义运动的分裂，阻碍了社会主义的发展，压制了社会主义的生机。与中国的持续对抗成为苏联国力消耗的一个重要组成部分，苏联长期实行的僵化经济军事化发展模式得到加强，并最终在美苏争霸中败下阵来。

中苏论战对苏联的改革产生消极作用。中共在论战期间，对赫鲁晓夫进行了猛烈的批判，给他造成了巨大的国际压力，促使苏共和赫鲁晓夫的思想趋于保守。苏共二十二大之后，赫鲁晓夫的改革陷入困境，裹足不前，苏联体制日趋僵化，积重难返。

中苏论战对苏联经济发展造成了巨大损失。中苏两国经济互补性很强。苏共把意识形态上的分歧扩大到国家关系方面，不仅对中国的经济建设造成严重损失，而且给苏联自身造成巨大经济损失。中苏关系破裂之前，苏联给予中国较大的援助，这些援助并不是无偿的，中国以苏联紧缺的农产品、轻工业产品和矿产品等作为苏联援助的补偿，对苏联经济的发展起着重要支撑作用。中苏关系破裂后，中苏之间的贸易额锐减。在经济发展领域，苏联失去了中国支撑。

（二）对中共和中国的影响

中苏论战深刻地反映了世界各国共产党和工人党改变过去国际共运中党际关系上不正常做法的迫切要求。通过论战，中国共产党不仅维护了自己的民族尊严及独立地位，打破了苏共一统天下的格局，而且大大增强了其他国家的要求独立自主的共产党的信心，使平等协商、独立自主真正成为一股势不可挡的历史潮流。这是中苏论战最显著的积极意义。同时，中苏论战无论是对中苏自身，还是对世界社会主义运动、社会主义阵营和当代世界政治格局，都产生了直接而深远的消极影响，双方为此所付出的代价是十分惨重的。

对中国社会主义发展道路探索产生了一定的消极影响。中华人民共和国成立后，曾有过一段全面学习苏联模式的时期。经过一段实践，毛泽东很快意识到中国不能照搬苏联的做法。苏共二十大批判斯大林的同时，也暴露了苏联社会主义模式的弊端。它的积极作用是有益于世界人民尤其是国际社会主义阵营破除迷信，解放思想，以苏联为戒，探索适合本国情况的发展道路。论战开始时，中国社会主义建设从1953年执行第一个五年计划算起，已有三年多的实践经验。对于苏联经济建设中的一些缺点和错误也逐步有所了解。以苏联的经验教训为戒鉴，总结自己的经验，探索一条适合中国实际的建设社会主义道路的任务，已经提到了中国共产党面前。毛泽东提出"以苏为鉴"，力图走一条有别于斯大林模式的发展之路。在1956年4月25日，毛泽东在政治局扩大会议上作了《论十大关系》的报告，他对"十大关系"的每个方面进行阐述，几乎都要谈到苏联和斯大林的错误，都谈到应当吸取的教训。在谈到第十个关系时，毛泽东特别提到："我们的方针是，一切民族、一切国家的长处都要学，政治、经济、科学、技术、文学、艺术的一切真正好的东西都要学。但是，必须有分析有批判地学，不能盲目地学，不能一切照抄，机械搬用。他们的短处、缺点，当然不要学。"[①]"对于苏联和其他社会主义国家的经验，也应当采取这样的态度。过去我们一些人不清楚，人家的短处也去学。当着学到以为了不起的时候，人家那里已经不要了，结果栽了个斤斗，像孙悟空一样，翻过来了。比如，过去有人因为苏联是设电影部、文化局，我们是设文化部、电影局，就说我们犯了原则错误。他们没有料到，苏联不久也改设文化部，和我

————————

① 《毛泽东文集》第7卷，人民出版社1999年版，第41页。

们一样。有些人对任何事物都不加分析，完全以'风'为准。今天刮北风，他是北风派，明天刮西风，他是西风派，后来又刮北风，他又是北风派。自己毫无主见，往往由一个极端走到另一个极端。"① 中共已经认识到了苏联模式的弊端。

与此同时，这一时期，中苏论战与冲突也助推了中国阶级斗争扩大化倾向的发展。在论述"十大关系"时，毛泽东对阶级斗争的态度是："党内的原则争论，是社会上阶级斗争在党内的反映，是不允许含糊的。"② "只要中国和世界上还有阶级斗争，就永远不可以放松警惕。但是，说如今还有很多反革命，也是不对的。"③ 这个时候的中国，阶级斗争还没有扩大化。但是随着与苏联论争的升级，对阶级斗争的强调越来越突出。论战中，中共对国际共运中出现的一些新情况新问题未能进行足够冷静的分析，曾错误地认为资本主义已经在南斯拉夫复辟，南斯拉夫党也已变成修正主义的党。同时认为苏联存在着一个资产阶级的特权阶层，苏共内部则存在着一个以赫鲁晓夫为首的修正主义集团。南斯拉夫的"蜕变"，尤其是作为十月革命故乡的苏联的"蜕变"，对中国共产党刺激很大。反修防修逐渐成为严重的政治任务。毛泽东开始多次强调要防止和平演变，并将其提到了战略高度来认识。中共对国内阶级斗争形势作出了错误估计。在中苏论战中互相激发造成了斗争的尖锐，加深了对立，也使得中共对形势的判断更加严峻。

助推了一定程度的"左"倾错误和教条主义。在探索社会主义建设道路的过程中。大跃进时期，赫鲁晓夫对中国的政策进行攻击。论战过程中，赫鲁晓夫对中共国内政策都进行了大量讥讽和指责，中共中央和毛泽东对其产生了厌恶心理，论战至少助推了中共对苏联的对立情绪，中国的政策越来越左，中国共产党在一定程度上的"左"倾主义和教条主义越来越严重，使"左"的错误在理论上和实践上系统化了。

中苏论战是"文化大革命"发生的重要原因。反修防修发展的直接结果是"文化大革命"。"文化大革命"的起因非常复杂，中苏论战是诱发"文化大革命"的一个非常重要的原因。从当时的宣传来看，"文化大革命"是基于反修防修

---

① 《毛泽东文集》第 7 卷，人民出版社 1999 年版，第 41—42 页。
② 《毛泽东文集》第 7 卷，人民出版社 1999 年版，第 40 页。
③ 《毛泽东文集》第 7 卷，人民出版社 1999 年版，第 37 页。

考虑的，是以苏联出现赫鲁晓夫修正主义为鉴，对全党、全民进行"反修、防修"的思想教育运动，其政治口号是"挖出睡在身旁的赫鲁晓夫式人物"，防止"党变修国变色"。邓小平在分析"文化大革命"的起因时，指出毛泽东发动这样一次大革命，主要是从反修防修的要求出发的。这一要求对"文化大革命"的影响是巨大的。

中苏论战一定程度上恶化了中国社会主义的建设环境。由于苏联中止了对华大批建设项目的援助，撤回了大批苏联援华专家，中苏论战和中苏关系恶化的最直接后果是给中国经济建设造成了严重的破坏。新中国成立初期，中国推行"一边倒"的对外政策，全面学习苏联，经济、贸易和技术上产生了对苏联的过分依赖。1960年苏联突然单方面宣布中止合同，撤走专家，撕毁合同，严重打乱了中国正常的经济秩序，给中国的经济发展造成了难以估量的巨大损失。由于中国正处在大跃进极端困难时期，苏联的背信弃义简直是雪上加霜，给中国带来了极其严重的后果。

中苏论战还导致中国周边安全环境的恶化。在与兄弟党的关系及对外方针上，由于中国片面强调支援世界革命，推翻帝国主义的统治，逐步改变了外交上的统一战线策略和和平共处五项原则。中苏论战中，中共几乎把世界革命和国际主义放在高于一切的地位上，用已有的教条、公式或某些经中国革命实践检验而定型的方案，去评判外国党的是非，不符合中共所理解的马克思列宁主义的和中国经验的，往往斥为"修正主义"。国际社会的"支左反修"造成了中国外交在一段时间内的较为孤立的被动局面。

（三）对世界社会主义运动和共产主义运动的影响

中苏论战是冷战时期世界社会主义阵营的内部大分化，对世界社会主义和共产主义运动产生了重大影响。中苏论战造成了国际共产主义运动的长期动荡、分裂和曲折，统一的社会主义阵营不复存在；中苏论战打破了苏共长期以来对国际共产主义运动一统天下的局面，给予苏共大党主义、大国主义、霸权主义以沉重的打击，解放了各国共产党和工人党的思想，解放了世界左翼的思想，促使各国共产党和左翼认真地重新思索国际共产主义运动、社会主义运动、左翼运动中的许多重大理论问题和实践问题，促进了共产党、工人党和国际左翼力量的独立自主。

（四）对冷战国际政治格局的影响

冷战时期，中苏论战及其造成的中苏分裂也促使国际政治格局发生变化，对冷战格局产生了深远的历史影响。中苏论战和中苏分裂标志着中国"一边倒"外交政策的终结，中苏关系发生重大转变，从盟友变成了敌人。20 世纪 60 年代末，苏联在中苏边境陈兵百万，中苏爆发局部武装冲突，苏联也曾威胁要用核武器打击中国。苏联一度成为中国最为危险的敌国。世界社会主义阵营彻底分裂。中苏分裂和社会主义阵营解体之后，中国从社会主义阵营中分离出来，并逐步成为国际舞台上一支独立的重要政治力量，向两极格局提出挑战，国际政治开始出现向多极化方向发展的趋势。中苏分裂还使两大阵营的对抗改变了北约和华约两大军事集团的力量对比，由于失去了中国同盟，美国和苏联两个超级大国的力量对比也逐渐发生重大变化，美方优势逐渐突出，苏联渐渐支撑不住。

第七章 中国社会主义建设道路的艰辛探索

1956 年社会主义改造基本完成后，中国进入了社会主义建设的新阶段。虽然中国已根据马克思主义基本原理，参照苏联社会主义模式，立足中国国情确立了社会主义基本制度，但是生产力发展水平还很落后，人民生活水平还十分低下。在中国这样一个经济文化比较落后、人口众多、发展不平衡的东方大国到底该怎样建设社会主义？这是以毛泽东同志为主要代表的中国共产党人面临的全新课题，以毛泽东同志为主要代表的中国共产党人，把马克思列宁主义基本原理同中国革命具体实践结合起来，对这个全新课题进行了艰辛探索。"在探索过程中，虽然经历了严重曲折，但党在社会主义革命和建设中取得的独创性理论成果和巨大成就，为在新的历史时期开创中国特色社会主义提供了宝贵经验、理论准备、物质基础。"[①]

第一节 探索中国社会主义建设道路的提出及其实践过程

1956 年中共八大前后，毛泽东带领全党对适合中国国情的社会主义建设

---

① 习近平：《在庆祝改革开放 40 周年大会上的讲话》，人民出版社 2018 年版，第 5 页。

道路进行了初步的探索，在《关于正确处理人民内部矛盾的问题》《论十大关系》中提出了许多重要思想，取得了一些积极成果。这些重要思想是毛泽东思想的重要组成部分，为中国特色社会主义理论体系的形成和发展奠定了坚实的理论基础。

一、从"以俄为师"到"以苏联为鉴戒"，走自己的路

进行社会主义建设，首先要解决思想路线问题。新中国成立初期，由于缺乏建设经验，也为了寻求苏联的经济援助，加之当时苏联模式的弊端还没有完全暴露出来，苏联的社会主义建设取得了举世公认的成就等原因，中国的社会主义建设基本上照搬苏联模式。"苏联的今天就是我们的明天"一度成为响亮的口号。对于这一点，历来主张理论联系实际，勇于开拓创新的毛泽东"总觉得不满意，心情不舒畅"①。

1953 年斯大林逝世以后，苏联发生了很多变故，特别是一批重大的冤假错案被平反，围绕以重工业为中心的方针发生的争论，对南斯拉夫态度的转变，以及斯大林物色的接班人被替换等重大事件，引起中国共产党高层的很大震动，也使毛泽东认识到苏联经验中存在的一些问题。在国内，到 1955 年年底，随着我们在经济建设方面经验的积累，毛泽东也逐渐察觉到了苏联的某些经验并不符合中国国情。正是基于这样的历史背景，早在 1955 年年底，即在苏共二十大召开之前，毛泽东就在中央领导集体的小范围内提出了"以苏为鉴"的思想。薄一波回忆说："在我的记忆里，毛主席是在 1955 年年底就提出了'以苏为鉴'的问题。"②

苏共二十大的召开，使得毛泽东和党中央"以苏为鉴"、走自己道路的思想更加明确了。1956 年 2 月 14 日至 25 日，苏共二十大在莫斯科召开。2 月 24 日夜至 25 日晨，赫鲁晓夫突然召集与会苏共代表，作了长达四个半小时的题为《关于个人崇拜及其后果》的秘密报告，揭露了斯大林搞个人迷信、滥用权力、破坏社会主义法制等严重错误。报告在全世界范围内引起了轰动。对于

---

① 《毛泽东文集》第 8 卷，人民出版社 1999 年版，第 117 页。
② 薄一波：《若干重大决策与事件的回顾》上卷，人民出版社 1997 年版，第 488 页。

赫鲁晓夫的秘密报告，毛泽东一则以喜，一则以忧。对于全盘否定斯大林，他很不赞成，担心由此会带来一系列严重后果。但是，毛泽东也意识到苏共二十大有积极的一面。苏共二十大打破了神话斯大林及苏联模式的教条主义禁锢，使人们意识到苏联的社会主义并不是那么完美，对社会主义的认识并没有终结，各国的社会主义如何搞还有待于在实践中进行探索。这无疑是一次极大的思想解放。在1956年3月24日的政治局会议上，毛泽东谈到赫鲁晓夫对斯大林的批判时说，这样也有好处，破除迷信，帮助我们思考问题。搞社会主义建设不一定完全按照苏联那一套公式，可以根据本国的具体情况，提出适合本国国情的方针、政策。为了表明中共中央对苏共二十大和斯大林问题的态度，毛泽东主持起草了《关于无产阶级专政的历史经验》一文，并于1956年4月5日在《人民日报》发表。在4月4日召开的最后一次讨论该文修改稿的会议上，毛泽东说了一番意义深远的话。他说，发表这篇文章，我们对苏共二十大表示了明确的但也是初步的态度。议论以后还会有，问题在于我们自己从中得到什么教益。最重要的是独立思考，把马列主义的基本原理同中国革命和建设的具体实际相结合。民主革命时期我们在吃了大亏之后才成功地实现了这种结合，取得了中国新民主主义革命的胜利。现在是社会主义革命和建设时期，我们要进行第二次结合，找出在中国怎样建设社会主义的道路。这个问题，我几年前就开始考虑……现在感谢赫鲁晓夫揭开了盖子，我们应从各方面考虑如何按照中国的情况办事，不要再像过去那样迷信了。其实，过去我们也不是完全迷信，有自己的独创。现在更要努力找到中国建设社会主义的具体道路。①

在1956年4月25日发表的《论十大关系》讲话中，毛泽东指出："最近苏联方面暴露了他们在建设社会主义过程中的一些缺点和错误，他们走过的弯路，你还想走？过去我们就是鉴于他们的经验教训，少走了一些弯路，现在当然更要引以为鉴。""有人以为社会主义就了不起，一点缺点也没有了。哪有这个事？""我们的方针是，一切民族、一切国家的长处都要学，政治、经济、科学、技术、文学、艺术的一切真正好的东西都要学。但是，必须有分析有批判地学，不能盲目地学，不能一切照抄，机械搬用……对于苏联和其他社会主义国家的经验，也应当采取这样的态度。""我们要学的是属于普遍真理的东西，

① 参见吴冷西：《忆毛主席》，新华出版社1995年版，第9—10页。

并且学习一定要与中国实际相结合……我们的理论，是马克思列宁主义的普遍真理同中国革命的具体实践相结合。"①

此后，毛泽东在各种场合多次谈到如何对待外国经验、走自己的路的问题。1956年4月29日，他在会见拉丁美洲一些国家党的代表时说，照抄别国的经验很危险，成功的经验，在这个国家是成功的，但在另一个国家如果不同本国的情况相结合而一模一样地照搬就会导致失败。他认为，照抄别国的经验不仅会吃亏，而且会上当，"这是一条重要的国际经验"。1956年8月，他在同中国音乐家协会负责人的谈话中再次指出："马列主义的基本原理在实践中的表现形式，各国应有所不同。在中国，马列主义的基本原理要和中国的革命实际相结合。""要反对教条主义。在政治上我们是吃过亏的。什么都学习俄国，当成教条，结果是大失败，把白区搞掉几乎百分之百，根据地和红军搞掉百分之九十，使革命的胜利推迟了好些年。这就是因为不从实际出发，从教条出发的原故。"②1956年9月，毛泽东在会见南斯拉夫代表团时曾说："对斯大林的批评，我们人民中有些人还不满意。但是这种批评是好的，它打破了神化主义，揭开了盖子，这是一种解放，是一场'解放战争'，大家都敢讲话了，使人能想问题了。"③

这说明，毛泽东并不迷信苏联的社会主义模式，而是力图像民主革命时期开辟中国特色革命道路那样，寻找更加符合中国国情的社会主义建设道路。这充分显示了毛泽东作为伟大无产阶级革命家的政治勇气和理论勇气，也为他探索中国特色社会主义建设道路奠定了必不可少的思想基础。

二、《论十大关系》与探索中国特色社会主义建设道路的起步

为了开展大规模的社会主义现代化建设，毛泽东从1955年年底到1956年年初，在全国范围内展开了大规模的调研活动。1956年2月14日到4月24日，他又听取了各部门汇报。1956年4月25日至28日，中共中央政治局扩大会

①　《毛泽东文集》第7卷，人民出版社1999年版，第23、41、42页。

②　《毛泽东文集》第7卷，人民出版社1999年版，第78、79页。

③　《毛泽东文集》第7卷，人民出版社1999年版，第126—127页。

议在中南海颐年堂举行。出席会议的有政治局委员，各省、市、自治区党委第一书记。毛泽东在会上发表了《论十大关系》的讲话，畅谈了他对中国社会主义建设的深入思考。

1955 年年底，在生产资料私有制社会主义改造提速的背景下，毛泽东提出即将召开的中共八大的指导思想是反右倾保守。但是，在 1955 年 12 月 7 日到 1956 年 5 月 28 日期间，刘少奇先后约请中共中央、国务院 37 个部委局的八十多位负责人到他住处的会议室，请他们汇报本系统的基本情况和存在的问题。刘少奇从现实的具体情况出发，着重就如何更好地发展社会生产力，发扬社会主义民主，提高人民的物质和文化生活质量等方面，提出了很多意见和见解，丝毫没有反对右倾保守的气息。1955 年 12 月 21 日到 1956 年 1 月 12 日，毛泽东乘火车由京汉、粤汉线南下杭州，又经沪杭、沪宁、津浦线回京，从保定、邢台开始，沿途找地方干部谈话，作了一路的调查工作。回到北京后，他得知刘少奇正在听取一些部委汇报的事，很感兴趣，让薄一波也为他组织安排。自 1956 年 2 月 14 日至 4 月 24 日，他先后听取国务院 34 个部门的工作汇报，还有国家计委关于第二个五年计划的汇报，实际听取汇报的时间为 43 天。毛泽东一直重视调查研究，他说："调查就像'十月怀胎'，解决问题就像'一朝分娩'。"[1] 这次历时一个多月的调查研究，使毛泽东对国内建设特别是经济建设的实际情况有了比较系统和详细的了解，从而促发他对社会主义建设问题进行更深入地思考。在听取各部门口头汇报的过程中，毛泽东不断提出问题，发表见解，从而初步形成了《论十大关系》的基本思想观点。

"十大关系"，是毛泽东对国家经济、政治生活的一些重大问题的概括，它们是：重工业和轻工业、农业的关系；沿海工业和内地工业的关系；经济建设和国防建设的关系；国家、生产单位和生产者个人的关系；中央和地方的关系；汉族和少数民族的关系；党和非党的关系；革命和反革命的关系；是非关系；中国和外国的关系。

"以苏为鉴"，根据中国情况走自己的路，是贯穿《论十大关系》的基本精神。他在讲话中进一步明确提出了要避免苏联走过的弯路，以苏为鉴的问题。1958 年 5 月 18 日，毛泽东在中共八大二次会议各代表团团长会议上指出："十

---

① 《毛泽东选集》第 1 卷，人民出版社 1991 年版，第 110 页。

大关系的基本观点就是同苏联作比较，除了苏联办法之外，是否还可以找到别的办法，比苏联、东欧各国搞得更快更好。"① 毛泽东论述的十个问题（即十大关系），很大程度上是以苏联为鉴戒提出来的。如鉴于苏联忽视农业、轻工业，片面强调重工业，造成农轻重发展不平衡的教训，他提出今后我国的经济计划应该适当调整，更多地发展农业、轻工业，更多地利用和发展沿海工业，尽量降低军政费用的比重，多搞经济建设。鉴于苏联"把农民挖得很苦"的严重教训，他特别提出要处理好国家与农民的关系，强调要注意照顾农民的利益。鉴于苏联把什么都集中到中央，把地方卡得死死的，一点机动权也没有等做法，他强调在处理中央和地方关系时，要注意扩大地方的权力和独立性，发挥地方的积极性。在党和非党的关系上，毛泽东指出，苏联是打倒一切，把其他党派搞得光光的，只剩下共产党，很少能听到不同意见。在这一点上，我们和苏联不同。我们有意识地留下民主党派，让他们有发表意见的机会，对他们采取又团结又斗争的方针。

《论十大关系》提出了建设社会主义的基本方针，即：把党内党外、国内国外的一切积极的因素，直接的、间接的积极因素，全部调动起来，把我国建设成为一个强大的社会主义国家。这也是毛泽东关于怎样建设社会主义的根本指导思想。

《论十大关系》主要讨论的是经济问题。后来毛泽东说过，在十大关系中，重工业和轻工业、农业，沿海工业和内地工业，经济建设和国防建设，国家、生产单位和生产者个人，中央和地方，这五条是主要的。而这五条涉及的主要是经济问题，其中头三条主要涉及经济发展战略，后两条主要涉及经济管理体制。十大关系中的另外五条，讨论的则是同经济建设密切相关的国家政治生活中的一些重大问题。《论十大关系》是在社会主义改造接近基本完成、党和国家的工作重心向着大规模的社会主义建设转变的背景下作出的。与这种变化相适应，《论十大关系》不论在经济方面（这是主要的）还是政治方面，都提出了一些新的具有现实针对性的指导方针。

关于重工业和轻工业、农业的关系。这是经济关系中的核心。毛泽东认为，我们党在处理农、轻、重关系问题上没犯原则性的错误，比苏联和东欧国家做得好一些。由于我国工业基础，特别是重工业基础十分薄弱，因此必须优

---

① 《毛泽东年谱（1949—1976）》下卷，中央文献出版社 2003 年版，第 353 页。

先发展重工业。在优先发展重工业的前提下，毛泽东强调要更多地发展轻工业和农业，要增加农业、轻工业投资的比例。从长远观点来看，只有多发展农业、轻工业，才会使重工业发展得多些和快些，而且由于保障了人民生活的需要，会使重工业发展的基础更加巩固。

关于沿海工业和内地工业的关系。毛泽东指出，由于历史的原因，我们工业主要集中在沿海，这是一种不合理的状况。为了改善工业布局，应大力发展内地工业。为此，必须充分利用沿海工业基地。在合理安排工业布局的前提下，毛泽东强调要更多地利用和发展沿海工业。要趁战争短期打不起来的机会，扩建改建沿海原有的轻重工业，也可以新建一些厂矿。好好地利用和发展沿海工业的老底子，不仅有利于备战，而且可以更有力量来发展和支持内地工业。

关于经济建设和国防建设的关系。毛泽东指出，国防不可不有，因为还有敌人，我们还受敌人欺负和包围。但是，国防建设水平取决于经济建设的水平。他强调：可靠的办法就是把军政费用降到一个适当的比例，增加经济建设费用。只有经济建设发展得更快了，国防建设才能够有更大的进步。他强调，为了加强国防建设，首先要加强经济建设。

关于国家、生产单位和生产者个人的关系。毛泽东指出，国家和工厂、合作社的关系，工厂、合作社和生产者个人的关系，这两种关系都要处理好。为此，就不能只顾一头，必须兼顾国家、集体和个人三个方面。无论只顾哪一头，都不利于社会主义，不利于无产阶级专政。这是一个关系到六亿人民的大问题。如何处理好三者之间的关系？首先要下放权力，把什么东西统统都集中在中央或省市，不给工厂一点权力，一点机动的余地，一点利益，恐怕不妥。要给企业一定的自主权，才能发挥他们的积极性和创造性。其次，特别要照顾农民的利益，在合作社收入中，国家拿多少，合作社拿多少，农民拿多少，以及怎样拿法，都要规定得适当。再次，在处理国家和工人的关系时，既要提倡艰苦奋斗，又要提倡关心群众生活。

关于中央和地方的关系。毛泽东指出，处理好中央和地方的关系，这对于我们这样的大国大党是一个十分重要的问题。为了建设一个强大的社会主义国家，必须有中央的强有力的统一领导，必须有全国统一计划和统一纪律。在巩固中央统一领导的前提下，他更强调扩大一点地方的权力，给地方更多的独立性，让地方办更多的事情。中国是一个大国，地广人多，情况复杂，发挥中央和地方两个积极性，比只有一个积极性要好得多。

关于汉族和少数民族的关系。毛泽东提出必须搞好汉族和少数民族的关系，巩固各民族的团结，来共同努力建设伟大的社会主义祖国。为此，要反对地方民族主义，但重点是反对大汉族主义。

关于党和非党的关系。毛泽东提出，究竟是一个党好，还是几个党好？现在看来，恐怕是几个党好。不但过去如此，而且将来也可以如此，就是长期共存，互相监督。

关于革命和反革命的关系。毛泽东提出，反革命分子依然存在，但强调已经大为减少，社会镇反要少抓少杀，机关、学校、部队里面清查反革命，要坚持一个不杀，大部不抓。

关于是非关系。毛泽东认为，党内党外都要分清是非。强调对待犯错误的同志要采取"惩前毖后，治病救人"的方针，帮助他们改正错误，允许他们继续革命。

关于中国和外国的关系。毛泽东提出，要学习一切民族、一切国家的长处，但必须有分析有批判地学，不能盲目地学，不能一切照抄照搬。中国不仅要学习苏联和其他社会主义国家的经验，而且也要学习资本主义国家的先进的科学技术和企业管理方法中合乎科学的方面。

《论十大关系》适应我国即将迎来社会主义建设新高潮的历史性变化，以经济建设为重点，提出了党领导社会主义建设的新思路，提出了一些重要的方针和观点，对于国家后来的发展具有重要意义。1975 年 7 月 13 日，邓小平对《论十大关系》作过这样的评价："这篇东西太重要了，对当前和以后，都有很大的针对性和理论指导意义。"①

《论十大关系》堪称中国社会主义建设走自己的路的具有标志性的开篇之作。对此，毛泽东后来多次提及。1958 年 3 月，他在成都会议上指出："一九五六年四月的《论十大关系》，开始提出我们自己的建设路线，原则和苏联相同，但方法有所不同，有我们自己的一套内容。"②1960 年 6 月，他在《十年总结》中还指出，前八年照抄外国的经验。但从 1956 年提出十大关系起，开始找到自己的一条适合中国的路线。《论十大关系》的发表，表明毛泽东对

① 《邓小平年谱（一九七五——一九九七）》上卷，中央文献出版社 2004 年版，第 68 页。
② 《毛泽东文集》第 7 卷，人民出版社 1999 年版，第 369—370 页。

中国自己的社会主义建设道路已形成了比较系统的思路，使他的探索有了良好的开端。

三、发展科学文化的"双百"方针

这一时期，毛泽东探索社会主义建设道路的努力，还表现在为繁荣发展我国科学文化事业而提出了"百花齐放，百家争鸣"的方针。

"双百"方针的提出，与当时党大力加强知识分子工作密切相关。1956年1月，中央在北京召开了一次有党和国家各方面负责人和重要高校、科研院所、文艺团体及军事机关的党的负责人等共1279人参加的关于知识分子问题的会议。周恩来代表中央作《关于知识分子问题的报告》宣布：经过新中国成立后六年来贯彻执行党对知识分子的团结、教育、改造的政策，我国知识界的面貌已经发生了根本的变化。知识分子的绝大部分已经成为国家工作人员，已经为社会主义服务，已经是工人阶级的一部分。社会主义建设必须依靠体力劳动和脑力劳动的密切合作，依靠工人、农民、知识分子的兄弟联盟。这个判断奠定了社会主义时期党对知识分子的正确政策的基础。报告还向全党和全国发出了"向现代科学进军"的号召。毛泽东在这个会议上发表讲话，提出要进行技术革命、文化革命，革技术落后的命，革没有文化、愚昧无知的命。为此，他要求在比较短的时期内，造就大批的高级知识分子，同时要有更多的普通知识分子。

随后，1956年2月，中共中央正式作出《关于知识分子问题的指示》，同时批准成立国家科学规划委员会，并立即调集全国各门类各学科数百名科学工作者，着手编制我国1956年至1967年科学技术发展远景规划。全国掀起了"向科学进军"的热潮。

与此相适应，1956年4月28日，毛泽东在中共中央政治局扩大会议上的总结中，明确提出要在科学文化工作中实行"百花齐放，百家争鸣"的方针。他说："艺术问题上的百花齐放，学术问题上的百家争鸣，我看应该成为我们的方针。'百花齐放'是群众中间提出来的，不晓得是谁提出来的。人们要我题词，我就写了'百花齐放，推陈出新'。'百家争鸣'，这是两千年以前就有的事，春秋战国时代，百家争鸣。讲学术，这种学术也可以讲，那种学术也可以讲，不要拿一种学术压倒一切。你讲的如果是真理，信的人势必就会越来越多。"①5月2日，毛泽东在最高国务会议的讲话中再次宣布了"双百方针"。他说，在艺术方面的百花齐放的方针，学术方面的百家争鸣的方针，是有必要的。现在春天来了嘛，一百种花都让它开放，不要只让几种花开放，还有几种花不让它开放，这就叫百花齐放。百家争鸣，是说春秋战国时代，两千年以前那个时候，有许多学派，诸子百家，大家自由争论。现在我们也需要这个。5月26日，中共中央宣传部部长陆定一在中南海怀仁堂作题为《百花齐放，百家争鸣》的报告，代表中央向科学文化界阐明了这条方针。1956年9月党的八大更加明确了"百花齐放，百家争鸣"是繁荣我国科学文艺的方针。1957年3月，毛泽东在全国宣传工作会议上进一步指出："百花齐放，百家争鸣，这是一个基本性的同时也是长期性的方针，不是一个暂时性的方针。"②

"双百"方针的具体含义是：艺术上不同的形式和风格可以自由发展，科学上不同的学派可以自由争论。不能用行政的力量，强制推行一种风格、一种学派，禁止另一种风格、另一种学派。对于艺术和科学中的是非问题，应当通过自由讨论去解决，通过艺术和科学的实践去解决，而不应当用简单的方法去解决。利用行政力量等手段，强制推行一种风格、一种学派，禁止其他风格和其他学派，是会有害于艺术和科学发展的。

"双百"方针的提出，酝酿已久，有着很强的现实针对性。

首先，当时学术界存在一些错误的倾向和现象，引起了党中央和毛泽东的重视。新中国成立后，中国的自然科学和哲学社会科学都很落后。为了改变这种状况，中国从苏联聘请了一大批专家顾问，翻译了许多苏联的自然科学和哲学社会科学书籍。一批又一批青年学者也被送往苏联留学。学术界也掀起了向苏联专家学习的热潮。这在当时虽然有其必要性，但却因此而出现了学术上照搬照抄苏联的教条主义倾向。毛泽东曾要中宣部专门研究一下在科学研究和学术研究中对待苏联科学的教条主义态度问题。在自然科学界，还存在把不同学派与意识形态联系起来的错误做法，如在生物学方面，说摩尔根、孟德尔是资产阶级的，李森科、米丘林是社会主义的；在医学方面，说巴甫洛夫是社会主义医学，魏尔啸是资本主义医学，中医是封建医学。在 1956 年 4 月中央政治局扩大会议上，中宣部部长陆定一批评了这种贴标签、扣帽子的错误做法，明确说"把那些资本主义和封建主义的帽子套在自然科学上去是错误的"。同时，在学术界还存在着抬高某个学派、压制另一个学派的现象。这些情形无疑不利于中国学术的健康发展。

其次，当时科学文化界存在着不同学术观点的纷争，是统于一尊，还是容许争鸣，需要党中央出台明确的指导方针。在戏曲界，在 1950 年 11 月至 12 月召开的全国戏曲工作会议上，发生了京剧和地方戏以哪个为主的争论。在史学界，两位著名的马克思主义历史学家郭沫若和范文澜在中国封建社会开端问题上持不同的观点。范文澜主张中国封建社会始于西周。郭沫若则认为中国封建社会始于春秋战国时代。两种观点各有其赞成者，争论很激烈。对于这两个争论，毛泽东都表明了自己的态度。1951 年 4 月，中国戏曲研究院成立，毛泽东题词祝贺："百花齐放，推陈出新"。实际上也是对戏曲界争论的表态。对于史学界的争论，虽然毛泽东个人比较赞成郭沫若的观点，但当负责中国历史问题研究委员会工作的陈伯达向毛泽东请示工作方针时，毛泽东的答复是"百家争鸣"。陈伯达在历史研究会传达了这个口号。至此，"双百"方针已初具雏形。

再次，有鉴于苏联学术界和文艺界揭露出来的问题。毛泽东认为，苏联在文化方面不讲辩证法，"不搞对子，只搞'单干户'，说是只放香花，不放毒草，不承认社会主义国家中唯心主义和形而上学的存在。"[1] 1957 年 3 月，毛泽东在同文艺界代表谈话时又批评了苏联文艺界的教条主义。他说："苏联十月革命后，教条主义也厉害得很，那时的文学团体'拉普'曾经对作家采取命令主义，强迫别人必须怎样写作"，不过那时候还有一些言论自由，但"以后就只许讲党和政府的好话，不许讲坏话，不能批评，搞个人崇拜"。毛泽东明确提出："我们的文化教育政策不采取他们的办法，我们采取有领导的百花齐放、百家争鸣。"[2]

"双百"方针一提出，立即在科学文化界引起强烈反响。"双百"方针意味着在学术和艺术创作等问题上，鼓励人们平等地发表自己的观点和意见，允许

---

[1] 《毛泽东文集》第 7 卷，人民出版社 1999 年版，第 193 页。

[2] 《毛泽东文集》第 7 卷，人民出版社 1999 年版，第 253 页。

不同学术思想、不同学术流派同时存在和发展，从而大大解放了人们的思想，活跃了理论界、学术界、文化界的空气。更重要的是，"双百"方针调动了广大知识分子投身社会主义事业的积极性，推动了我国科学文化事业的繁荣和发展。这与毛泽东提出的调动一切积极因素为社会主义服务、为人民服务的社会主义建设基本方针是一致的。

"双百"方针是与《论十大关系》同时提出的。可以说，在新的历史条件下，《论十大关系》提出了经济和政治方面的新的指导方针，"双百"方针则是在科学文化方面提出的新的指导方针。二者都是毛泽东在探索中国自己的社会主义建设道路的起步阶段取得的重要成果。

四、党的八大与探索中国特色社会主义建设道路的初步成果

1956 年 9 月 15 日至 27 日，中国共产党第八次全国代表大会在北京全国政协礼堂隆重举行。这是党在全国范围内执政后召开的第一次全国代表大会。出席会议的代表共 1026 人，代表全国 1073 万党员。各民主党派领导人和无党派民主人士代表，苏联、南斯拉夫、法国、意大利等 50 多个外国的共产党和工人党代表团应邀列席大会。在大会上，毛泽东致开幕辞，刘少奇代表中央委员会作政治报告，周恩来作关于发展国民经济第二个五年计划的建议的报告，邓小平作关于修改党章的报告，朱德、陈云、董必武等一百多位代表作了大会发言或书面发言。

对于这次代表大会，毛泽东高度重视。从 1955 年 3 月全国党代表会议决定 1956 年下半年召开八大开始，毛泽东就投入到八大的准备工作中。他先后主持召开了为八大作准备的七届七中全会、八大预备会议。八大的两项重要准备工作，起草政治报告、修改党章和起草修改党章的报告，都是在毛泽东领导下进行的。在八大期间，毛泽东还先后会见了 29 个国家的共产党和其他工人政党代表团，在谈话中提出了一些重要观点，对八大路线进行了补充和理论阐发。八大通过的关于政治报告的决议，也是在毛泽东主持下做出的。在这个过程中，毛泽东对中国特色社会主义建设道路的探索在继续推进，取得了可喜的理论成果。

毛泽东在八大开幕词中，首先提出了这次大会的基本任务，即：总结七大

以来的经验，团结全党，团结国内外一切可能团结的力量，为了建设一个伟大的社会主义的中国而奋斗。接着，他强调指出：把马克思列宁主义的理论和中国革命的实践密切地联系起来，这是我们党的一贯的思想原则。在我们许多同志中间，仍然存在着主观主义、官僚主义、宗派主义等违反马克思列宁主义的观点和做法，必须用加强党内的思想教育的方法加以克服。随后，毛泽东提出，为了把中国由落后的农业国转变为先进的工业国，必须善于学习。要善于向世界各国人民学习。我们决不可有傲慢的大国主义的态度，决不应当由于革命的胜利和在建设上有了一些成绩而自高自大。国无论大小，都各有长处和短处。即使我们的工作得到了极其伟大的成绩，也没有任何值得骄傲自大的理由。虚心使人进步，骄傲使人落后，我们应当永远记住这个真理。

八大的政治报告总结了七大以来，特别是新中国成立后七年来的基本经验，根据新的形势，提出党的基本任务和一系列新的方针政策。八大政治报告是毛泽东、刘少奇、周恩来等多位中央领导人参与起草和修改的集体智慧的结晶，但其基本精神和主要内容却来自毛泽东的《论十大关系》。关于这一点，刘少奇后来在八大二次会议上明确讲过，他说："党中央委员会向第八届全国代表大会第一次会议的工作报告，就是根据毛泽东同志关于处理十大关系的方针政策而提出的。"①这个政治报告和大会通过的关于政治报告的决议，都是在毛泽东主持下起草的，其中的观点反映了毛泽东当时的看法。他改变其中关于主要矛盾的正确论断，是在 1957 年反右派运动之后。

八大政治报告和决议，不仅系统地论述了以十大关系为中心的一系列方针政策，而且做出了一些新的论断。报告宣布：改变生产资料私有制为社会主义公有制这个极其复杂和困难的历史任务，现在在我国已经基本上完成了。我国社会主义和资本主义谁战胜谁的问题，现在已经解决了。这是对国内形势作出的一个重要判断。决议指出：我们国内的主要矛盾，已经是人民对于建立先进的工业国的要求同落后的农业国的现实之间的矛盾，已经是人民对于经济文化迅速发展的需要同当前经济文化不能满足人民需要的状况之间的矛盾。党和全国人民的当前的主要任务，就是要集中力量来解决这个矛盾，把我国尽快地从落后的农业国变为先进的工业国。由于社会主义革命已经基本完成，国家的主要任务已经由解放生产力变为保护和发展生产力。关于中国社会主要矛盾以及

---

① 《建国以来重要文献选编》第 11 册，中央文献出版社 1995 年版，第 300 页。

党和国家主要任务的判断，是八大作出的最重要的理论贡献，也是毛泽东社会主义建设思想进一步深化的主要表现。

八大关于修改党的章程的报告，把执政党建设问题放在了中心位置。报告提出了在全国执政的情况下加强党的建设的主要方针。报告突出提出反对官僚主义和骄傲自满情绪的问题，认为它必然会发展成为主观主义和宗派主义，从而提出了"党必须经常注意进行反对主观主义、官僚主义和宗派主义的斗争，经常警戒脱离实际和脱离群众的危险"[1]。这与毛泽东在八大开幕词中阐述的观点是一致的。反对主观主义、宗派主义、官僚主义，警惕脱离实际、脱离群众的危险，是毛泽东一贯的思想，他认为在党成为全国执政党后，更应重视这方面的问题。鉴于苏联的教训，关于修改党的章程的报告还强调了党的集体领导原则，反对突出个人，反对个人崇拜，"同过去剥削阶级的领袖相反，工人阶级政党的领袖，不是在群众之上，而是在群众之中，不是在党之上，而是在党之中。正因为这样，工人阶级政党的领袖，必须是密切联系群众的模范，必须是服从党的组织、遵守党的纪律的模范。对于领袖的爱护——本质上是表现于对于党的利益、阶级的利益、人民的利益的爱护，而不是对于个人的神化。苏联共产党第二十次代表大会的一个重要的功绩，就是告诉我们，把个人神化会造成多么严重的恶果……我们的任务是，继续坚决地执行中央反对把个人突出、反对对个人歌功颂德的方针，真正巩固领导者同群众的联系，使党的民主原则和群众路线，在一切方面都得到贯彻执行。"[2]这与1956年4月毛泽东主持撰写的《关于无产阶级专政的历史经验》一文中谈到的要从斯大林问题上吸取教训，防止突出个人和个人崇拜，保证群众路线和集体领导的观点是一致的。

在经济建设方面，大会提出了坚持既反保守又反冒进即在综合平衡中稳步前进的经济建设方针。周恩来的报告就近年来党领导经济工作中出现的突出问题，着重提出，应该根据需要和可能，合理地规定国民经济的发展速度，把计划放在既积极又稳妥可靠的基础上，以保证国民经济比较均衡地发展。大会决议提出：如果对凭借有利条件较快地发展生产力的可能性估计不足，那就是保守主义的错误；如果不估计到各种客观限制而规定一种过高的速度，那就是冒险主义的错误。党必须随时注意防止和纠正这两种错误倾向。大会还提出在三

---

① 《邓小平文选》第 1 卷，人民出版社 1994 年版，第 215 页。

② 《邓小平文选》第 1 卷，人民出版社 1999 年版，第 234—235 页。

个五年计划或者再多一些的时间内，在我国建成一个基本上完整的工业体系的战略设想。大会决议采纳了陈云提出的"三个主体，三个补充"思想，即：国家与集体经营、计划生产和国家市场是主体，一定范围内国家领导的个体经营、自由生产和自由市场作为补充。这是对突破传统社会主义模式、探索经济体制改革道路的重要尝试。

在政治关系方面，大会提出，为了适应社会主义改造和社会主义建设的新形势，要进一步扩大民主，健全法制，着手系统地制定比较完备的法律，使党和政府的活动做到"有法可依""有法必依"；共产党和各民主党派、无党派民主人士实行"长期共存，互相监督"的方针，坚持中国共产党领导的统一战线和多党合作。

在科学文化建设方面，确认"百花齐放，百家争鸣"为发展科学和文化艺术的指导方针，努力创造社会主义的民族的新文化。

关于台湾问题，大会提出愿意用和平的方式使台湾重新回到祖国的怀抱。这是党的正式文件中第一次提出和平解决台湾问题。

在对外关系方面，坚持以互相尊重主权和领土完整、互不侵犯、互不干涉内政、平等互利、和平共处五项原则为基础的外交政策，大会提出，中国准备同一切尚未同我国建交的国家建立正常的外交关系；中国以五项原则为基础的和平共处政策不排斥任何国家，对于美国，我们也同样具有同他和平共处的愿望。

党的八大还决定实行党的代表大会常任制。这一思想，是毛泽东首先提出来的。鉴于斯大林的深刻教训，毛泽东于 1956 年 4 月 28 日在中共中央政治局扩大会议上的总结讲话中提出："是否可以仿照人民代表大会的办法，设党的常任代表。我们有人民的国会，有党的国会，党的国会就是党的代表大会。设常任代表有什么好处呢？就是可以一年开一次代表大会。我们已经有十年（实际上是十一年——引者注）没有开党的代表大会了，有了常任代表制度，每年就非开会不可。是不是可以考虑采用这个办法，比如五年一任。这还没有写到党章草案上去，提出来请大家考虑，看是否可以。"[①] 毛泽东的这个建议得到了党中央领导集体的一致赞同。在八大关于修改党的章程的报告中，在我党的历史上第一次系统地提出和阐述了党的代表大会常任制问题，主要包括两个方面：一是党代表常任，任期与党委相同；二是实行年会制，即每年召开一次党

---

① 《毛泽东文集》第 7 卷，人民出版社 1999 年版，第 54 页。

的代表大会。党的八大首次较为完整地提出了党的代表大会常任制的概念，并规定了常任制的两大内容，这是个重大跨越。虽然在国内外形势急剧变化的历史条件下，党的代表大会常任制很快夭折，但这一设想对于工人阶级政党尤其是执政的工人阶级政党怎样搞好党的建设、怎样推进党内民主建设、怎样执好政等重大而基本的问题都具有重要的启发意义。

1956年9月24日，毛泽东在会见南斯拉夫共产主义者同盟代表团时，应客人的要求，谈到了中国的前途问题。他说："关于中国的前途，就是搞社会主义。要使中国变成富强的国家，需要五十年到一百年的时光。现在已不存在障碍中国发展的力量。中国是一个大国，它的人口占全世界人口的四分之一，但是它对于人类的贡献是不符合它的人口比重的。将来这种状况会改变的，可是这已不是我这一辈的事，也不是我儿子一辈的事。将来要变成什么样子，是要看发展的。中国也可能犯错误，也可能腐化，由现在较好的阶段发展到不好的阶段，然后又由不好的阶段发展到较好的阶段。当然即便不好总不会像蒋介石时代那样黑暗，是辩证的，即肯定、否定、否定之否定，这样曲折地发展下去。"[1]这种充满辩证精神的关于中国社会主义前途的看法，可以看作对八大内容的一个重要补充。

党的八大召开于中国由社会主义革命阶段转向全面社会主义建设阶段的历史转折关头，是一次团结的大会、胜利的大会，也是党的历史上第一次以社会主义全面建设为主题的代表大会。党的八大根据我国社会主义改造基本完成后的形势，提出国内主要矛盾已经不再是工人阶级和资产阶级的矛盾，而是人民对于经济文化迅速发展的需要同当前经济文化不能满足人民需要的状况之间的矛盾，全国人民的主要任务是集中力量发展社会生产力，实现国家工业化，逐步满足人民日益增长的物质和文化需要。党提出努力把我国逐步建设成为一个具有现代农业、现代工业、现代国防和现代科学技术的社会主义强国，领导人民开展全面的大规模的社会主义建设。八大把《论十大关系》基本思想具体化，关于社会主义建设的思想理论更丰富、更具体、更全面。八大提出的关于中国社会主要矛盾以及党和国家主要任务的判断，关于执政党建设的理论，关于反对个人崇拜的思想，关于经济建设既反保守又反冒进的方针，关于民主法制建设、台湾问题、对外关系的新方针政策，关于"必须善于学习"的观点，关于

---

[1] 《毛泽东文集》第7卷，人民出版社1999年版，第124页。

党代会常任制的具体设想，关于"三个主体、三个补充"以及建立初步完整的工业体系的构想，都是《论十大关系》中没有提到的，是党中央和毛泽东在探索中国特色社会主义建设道路上取得的新成果。

五、《关于正确处理人民内部矛盾的问题》与关于社会主义社会矛盾学说的创立

党的八大后，毛泽东继续探索符合中国国情的社会主义建设道路，取得了新的成就。最突出的成果，就是发表了著名的《关于正确处理人民内部矛盾的问题》，创立了关于社会主义社会矛盾的学说。

关于社会主义社会的矛盾问题，列宁认为，在社会主义社会，对抗消失了，矛盾仍将存在。由于列宁领导社会主义建设的实践时间太短，他对社会主义社会矛盾问题未能展开论述。斯大林长期否认社会主义社会存在矛盾。他认为，社会主义社会的生产关系和生产力完全适合，工人、农民、知识分子亲密团结，友爱合作，在政治道义上完全一致，这是社会主义社会发展的动力。直到1952年，在《苏联社会主义经济问题》一书中，斯大林才勉强承认社会主义社会还有矛盾，说如果搞得不好，社会主义的生产关系和生产力之间也会发生冲突。但是，列宁和斯大林既没有把生产力和生产关系的矛盾、经济基础和上层建筑之间的矛盾当作社会主义社会的基本矛盾，更没有提出社会主义社会存在敌我矛盾和人民内部矛盾两类不同性质的矛盾。斯大林在20世纪三四十年代犯了严重的肃反扩大化的错误，一个重要的根源就是在理论上根本否认基本矛盾的存在，把大量的人民内部矛盾当作敌我矛盾处理。对此，毛泽东是引以为鉴的。

1956年，被毛泽东称为"多事之秋"。这一年，在国际国内都出现了一些新矛盾新问题，成为促使毛泽东提出社会主义社会矛盾学说的直接动因。

在国际上，1956年2月，在苏共二十大上赫鲁晓夫作了秘密报告，揭露了斯大林的严重错误和苏联社会存在的矛盾，在世界范围内引起强烈震动。同年6月和10月，波兰和匈牙利先后发生严重事件。11月11日，南斯拉夫共产主义者同盟主席铁托在南斯拉夫海滨城市普拉发表演说。他提出，波匈事件的根源，是有人把斯大林主义的倾向强加在他们头上。而斯大林错误的产生，问题不仅仅是个人崇拜，问题是使个人崇拜得以产生的制度，在于官僚主义组

织机构等。国际共运中的这些新情况和波折引起毛泽东和党中央的高度关注和深刻反思。1956 年 12 月，毛泽东在主持修改《再论无产阶级专政的历史经验》时谈到，上层建筑与经济基础、生产关系与生产力的矛盾不仅存在，而且如果处理不好，还可能由非对抗性矛盾发展成为对抗性的矛盾。苏波关系和匈牙利事件都说明了这一点。[①]

在国内，社会主义改造基本完成以后，由于改造过程中存在一些偏差，以及一些干部的严重官僚主义，1956 年下半年，国内经济生活和政治生活中出现了不少紧张情况。许多城市粮食、肉、蛋等日用品供应不足，一些学生、工人和复员转业军人在升学、就业、安置等方面遇到困难，从而引发了一些社会矛盾，有些地方甚至发生工人罢工、学生罢课的事件。从 1956 年 9 月到 1957 年 3 月半年时间内，全国各地大约有一万多名工人罢工，一万多名学生罢课。从 1956 年 10 月起，广东、河南、安徽、浙江、江西、山西、河北、辽宁等省，还出现了部分农民要求退社的情况。在"百花齐放，百家争鸣"方针提出后，知识分子的思想日趋活跃，对党和政府工作的批评意见，对现实不满的言论，开始日益增多。

面对国际国内这些新的矛盾和问题，全党普遍缺乏思想准备。社会主义社会不是没有矛盾了吗？为什么会出现工人罢工、学生罢课、农民闹退社的事件，甚至在波兰、匈牙利还出现了更严重的对抗局面？为什么长期以来被视为伟大的马克思主义者、无产阶级革命导师的斯大林也会犯那么严重的错误？这些问题困扰着许多党员和干部。而中国共产党现有的理论学说已无法有效地解答这些问题。在国内的实践中，一些干部则用老眼光去看待新问题，按照革命时期的经验办事，把一些矛盾和问题一概视为阶级斗争的表现，用处理敌我矛盾的办法处理罢工、罢课事件，造成了矛盾激化。这种状况引起了毛泽东的高度关注。如何正确认识和处理社会主义社会的矛盾问题，成为摆在毛泽东和党中央面前亟待解决的新课题。

从 1956 年 4 月开始，毛泽东开始酝酿提出社会主义社会矛盾问题。为了表明中国共产党对斯大林问题的态度，总结苏共二十大的经验教训，毛泽东主持撰写了《关于无产阶级专政的历史经验》一文，并于 1956 年 4 月 5 日在《人民日报》发表。根据毛泽东的思想，文章明确提出社会主义社会也存在矛盾，指

---

① 　参见吴冷西：《十年论战》（上），中央文献出版社 1999 年版，第 77—78 页。

出："否认矛盾存在，就是否认辩证法。各个社会的矛盾性质不同，解决矛盾的方式不同，但是社会的发展总是在不断的矛盾中进行的。社会主义社会的发展也是在生产力和生产关系的矛盾中进行着的。"[①]4月25日，毛泽东在《论十大关系》的讲话中，也论述到矛盾问题。他说：这十种关系，都是矛盾。世界是由矛盾组成的。没有矛盾就没有世界。我们的任务，是要正确处理这些矛盾。同年12月4日，他在致黄炎培的信中，首次提出社会主义社会存在两类矛盾。他认为，社会总是充满着矛盾。即使社会主义社会和共产主义社会也是如此，不过矛盾的性质和阶级社会有所不同罢了。在社会主义社会有两类矛盾，一类是"敌我之间的"，一类是"人民内部的"。前者要用镇压的方法解决，后者要用说服的方法解决。[②]为了解答因国际共运出现的新情况新问题而产生的种种疑虑和困惑，1956年12月29日，《人民日报》发表了毛泽东主持撰写的《再论无产阶级专政的历史经验》一文。根据毛泽东的意见，文章一开篇就提出了关于正确区别和处理两类不同性质矛盾的问题，作为全文立论的根据。文章第一次提出了整个世界范围内存在两类矛盾的观点，指出：在我们面前有两种不同性质的矛盾，第一种是敌我之间的矛盾（在帝国主义阵营同社会主义阵营之间，帝国主义同全世界人民和被压迫民族之间，帝国主义国家的资产阶级同无产阶级之间，等等）。这是根本的矛盾，它的基础是敌对阶级之间的利害冲突。第二种是人民内部的矛盾（在这一部分人民和那一部分人民之间，共产党内这一部分同志和那一部分同志之间，社会主义国家的政府和人民之间，社会主义国家互相之间，共产党和共产党之间，等等）。这是非根本的矛盾，它的发生不是由于阶级利害的根本冲突，而是由于正确意见和错误意见的矛盾，或者由于局部性质的利害矛盾。1957年1月，毛泽东在省、市、自治区党委书记会议上讲话，谈了七个问题：要足够地估计成绩；统筹兼顾，各得其所；国际问题；百花齐放，百家争鸣；闹事问题；法制问题；农业问题。其中除第三点国际问题外，其余六个问题，都成为后来发表的《关于正确处理人民内部矛盾的问题》的重要内容。

在此基础上，1957年2月27日，毛泽东在有1800多人出席的扩大的最高国务会议上，发表了《关于正确处理人民内部矛盾的问题》的重要讲话。随后，28日整天和3月1日上午，出席最高国务会议扩大会议的全体人员分组

---

① 《建国以来重要文献选编》第8册，中央文献出版社1994年版，第231页。
② 参见《毛泽东文集》第7卷，人民出版社1999年版，第164页。

讨论毛泽东的讲话。3月1日下午，李济深、章伯钧等16人做了大会发言，会议结束时，毛泽东作了45分钟的总结讲话，对27日讲话进行了补充，同时回答了讨论时提出的一些问题。3月6日至13日，中共中央在北京召开了全国宣传工作会议，而且破例邀请党外人士参加。会议的主要议题，就是传达贯彻毛泽东的《关于正确处理人民内部矛盾的问题》讲话。会议期间，毛泽东先后召开了五个座谈会，一边了解情况，一边发表议论。3月12日下午，毛泽东发表了讲话。3月17日至20日，毛泽东离京南下，先后在天津、济南、南京、上海四地发表讲话，主题仍然是如何处理人民内部矛盾。通过这一系列的谈话和讲话，毛泽东对2月27日《关于正确处理人民内部矛盾的问题》讲话稿的内容进行了发挥和补充，使得其思想更有条理，更加丰富和深化。四次讲话的许多内容，后来都补充到正式发表的《关于正确处理人民内部矛盾的问题》一文中。1957年4月24日至6月17日，毛泽东对《关于正确处理人民内部矛盾的问题》讲话稿进行了长达55天的修改。其间，由于发生了反右派运动，中国的政治形势急剧变化，毛泽东作出了一些新的判断，并直接反映到对《关于正确处理人民内部矛盾的问题》的修改中。虽然由于政治形势的变化，正式发表稿中加进了强调阶级斗争很激烈、社会主义和资本主义之间谁战胜谁的问题还没有真正解决等同原讲话稿精神不协调的论述，但正式发表稿保持了原讲话稿的主题、基本内容和基本框架。6月19日，经过反复修改的《关于正确处理人民内部矛盾的问题》一文在《人民日报》正式发表。可见，这篇著作是毛泽东经过长时间的不断探索和反复思考而形成的。该文是毛泽东在社会主义时期的最重要的著作之一，它系统地阐述了关于社会主义社会矛盾问题的学说，其主要内容包括：

第一，社会主义社会的基本矛盾。毛泽东指出，马克思主义哲学认为，对立统一规律是宇宙的根本规律。矛盾是普遍存在的，矛盾着的对立面既统一又斗争，由此推动事物的运动和变化。矛盾是普遍存在的，不过按事物的性质不同，矛盾的性质也就不同。对许多人说来，承认这个规律是一回事，应用这个规律去观察问题和处理问题又是一回事。许多人不敢公开承认我国人民内部还存在着矛盾，正是这些矛盾推动着社会向前发展。许多人不承认社会主义社会还有矛盾，因而使得他们在社会矛盾面前缩手缩脚，处于被动地位。他指出，在社会主义社会，基本的矛盾仍然是生产关系和生产力之间的矛盾，上层建筑和经济基础之间的矛盾。不过，社会主义社会的这些矛盾，同旧社会相比具有根本不同的性质和情况。社会主义生产关系已经建立起来，它是和生产力的发展相适应的；但是，它又不很完善，这些不完善的地方和生产力的发展又是相矛盾的。除了生产关系和生产力发展的这种又相适应又相矛盾的情况以外，还有上层建筑和经济基础的又相适应又相矛盾的情况，而且，相适应的方面是主要的。因此，社会主义社会的基本矛盾是非对抗性的矛盾，无须通过革命，而是可以通过社会主义制度的自我调节和完善得到解决。

第二，社会主义社会的两类矛盾。毛泽东指出，在我们的面前有两类矛盾，这就是敌我之间的矛盾和人民内部的矛盾。这是性质完全不同的两类矛盾。在我国现有条件下，人民内部的矛盾包括工人阶级内部的矛盾，农民阶级内部的矛盾，知识分子内部的矛盾，工农两个阶级之间的矛盾，工人、农民同知识分子之间的矛盾，工人阶级和其他劳动人民同民族资产阶级之间的矛盾，民族资产阶级之间的矛盾，等等。我们的人民政府是真正代表人民利益的政府，但是它同人民群众之间也有一定的矛盾，这种矛盾也是人民内部的一个矛盾。一般说来，人民内部的矛盾，是在人民利益根本一致的基础上的矛盾。毛泽东指出，敌我之间的矛盾是对抗性的矛盾。人民内部的矛盾，在劳动人民之间说来，是非对抗性；在被剥削阶级和剥削阶级之间说来，除了对抗性的一面以外，还有非对抗性的一面。他还指出，对抗性的矛盾和非对抗性的矛盾在一定条件下可以互相转化。毛泽东还提出，两类矛盾的性质不同，解决的方法也不同。敌我矛盾要用强制性的专政的方法去解决，人民内部矛盾只能用民主的说服教育的方法来解决。

第三，国家政治生活的主题和正确处理人民内部矛盾的具体方针。毛泽东指出，由于剥削阶级已经消灭，革命时期的大规模的急风暴雨式的群众阶级斗争已基本结束，我们的根本任务已经由解放生产力变为在新的生产关系下保护和发展生产力，虽然还有反革命，但是不多了，社会主义社会大量的、普遍存在的是人民内部矛盾。因此，正确处理人民内部矛盾已经成为国家政治生活的主题。为此，他提出了正确处理人民内部矛盾的各项具体方针。在人民内部的日常政治生活中，实行"团结—批评—团结"的方针，即从团结的愿望出发，经过批评或者斗争使矛盾得到解决，从而在新的基础上达到新的团结。在国家经济生活中，实行"统筹兼顾，适当安排"的方针；在共产党与民主党派的关系上，实行"长期共存，互相监督"的方针；在科学文化工作中，实行"百花齐放，百家争鸣"的方针；在汉民族和少数民族的关系上，实行既反对大汉族主义，又反对地方民族主义的方针；从根本上改善同知识分子的关系，要善于团结知识分子，充分发挥他们的聪明才智，为社会主义事业服务。这些方针和政策的着眼点，在于调动一切积极因素，团结一切可以团结的人，并尽可能地将消极因素变为积极因素，为建设社会主义这一伟大事业服务。

毛泽东《关于正确处理人民内部矛盾的问题》的，科学地总结了一年多来国际共运和国内政治经济生活中出现的新动向，运用马克思主义对立统一规律分析社会主义社会，在马克思主义发展史上第一次比较系统地论述了社会主义社会矛盾的学说。他提出，生产力和生产关系的矛盾、经济基础和上层建筑之间的矛盾是社会主义社会的基本矛盾，社会主义社会的矛盾分为敌我矛盾和人民内部矛盾两类，正确处理人民内部矛盾是国家政治生活的主题，并详细阐明了处理人民内部矛盾的一系列具体方针。这是毛泽东对科学社会主义理论的重要丰富和发展，在八大前后探索中国特色社会主义建设道路过程中具有里程碑的意义。毛泽东关于社会主义社会矛盾的学说，揭示了社会主义建设中的客观规律，为党的工作重心的转移提供了理论支持，为社会主义改革提供了理论依据，对中国的社会主义建设具有宏观指导意义，至今仍闪烁着真理的光芒。

需要指出的是，虽然由于复杂的原因，毛泽东不久就在认识上部分偏离了他在八大前后探索的正确轨道，但他在八大前后所作的走自己的路以建设社会主义强大国家的努力，以及所取得的成果，成为后来探索中国特色社会主义建设道路的源头活水，具有不可磨灭的历史功绩。

第二节　调整时期毛泽东对社会主义建设道路的反思

从 1961 年至 1965 年，在中国社会主义建设史上被称为国民经济调整时期。为了纠正"大跃进"的失误，1961 年 6 月，中共中央作出《关于改进商业工作的若干规定（试行草案）》（即商业四十条）。同年 12 月，中共中央又制定了《商业工作条例（试行）草案》（即商业一百条）。1962 年 9 月，中共八届十中全会作出《关于商业工作问题的决定》。调整时期是新中国开始全面建设社会主义历史阶段中的一个重大转折时期。此阶段，毛泽东及党和国家其他领导人，对"大跃进"中的错误进行了反思，对社会主义建设道路作了进一步探索。

一、毛泽东在《十年总结》中对新中国成立以来的反思

从 1960 年上半年开始，连续三年的"大跃进"给国民经济带来的严重恶果越来越清楚地暴露出来，全国范围内经济进入了严重困难时期。

严峻的困难使毛泽东与中共中央其他领导人的头脑冷静了下来，对工作中的经验教训进行总结。1960 年 6 月 8 日至 18 日，中共中央在上海召开中共政治局扩大会议，主要讨论第二个五年计划后三年的补充计划。在 6 月 14 日的政治局扩大会议上，毛泽东提出："建设时间还很短，认识不足，要经常总结，使我们的认识更加全面一点。不要隐讳我们犯的错误，只有抓紧总结，才能及时指导。"在 18 日会议的最后一天，他写了《十年总结》。从总结历史经验的角度对新中国成立后十年间的社会主义革命与社会主义建设，作了一个轮廓式、提纲式的总结。

实际上，毛泽东在写这篇文章前已酝酿了很长时期。大体上从 1959 年 11 月的杭州会议开始，毛泽东就试图对新中国成立以来的十年经验进行总结。后经 1960 年 1 月的上海会议、3 月的天津会议，又经过一些小型会议的交谈，到此次上海会议，为全面降低计划指标，需要从历史与现实、理论与实践的结合上，解决党内高层领导的思想认识问题。因此，他认为时机已成熟，就写出了这篇重要文章。

文章回顾了新中国成立以来、主要是"大跃进"以来的社会主义建设工作。对一些基本史实作出判断。如，"前八年照抄外国的经验。但从一九五六年提出十大关系起，开始找到自己的一条适合中国的路线"。也有一些是不正确的判断，比如说，"七八两月在庐山基本上取得了主动"。文章对国家计委在这次会上提出的新方案仍不满意，认为"后三年的指标，仍然存在一个极大的危险，就是对于留有余地，对于藏一手，对于实际可能性，还要打一个大大的折扣，当事人还不懂得"。文章进而肯定了周恩来主持制定的第二个五年计划。他指出："一九五六年周恩来同志主持制定的第二个五年计划，大部分指标，如钢等，替我们留了三年余地多么好啊！农业方面则犯了错误，指标高了，以致不可能

完成。要下决心改，在今年七月的党代会上一定要改过来。从此就完全主动了。同志们，主动权是一个极端重要的事情。主动权，就是'高屋建瓴'、'势如破竹'。这件事来自实事求是，来自客观情况在人们头脑中的真实的反映，即人们对于客观外界的辩证法的认识过程。我们过去十年的社会主义革命和社会主义建设，就是这样一个过程。中间经过许多错误的认识，逐步改正这些错误，以归于正确。"他也批评了一些同志，强调了实事求是的原则，说"管农业的同志，和管工业的同志、管商业的同志，在这一段时间内，思想方法有一些不对头，忘记了实事求是的原则，有一些片面思想（形而上学思想）"，"现在就全党同志来说，他们的思想并不都是正确的，有许多人并不懂得马列主义的立场、观点和方法。我们有责任帮助他们懂得，特别是县、社、队的同志们"。[①] 他自己也作了自我批评，说："我本人也有过许多错误。有些是和当事人一同犯了的"。

对于错误，他指出："如列宁所说，不犯错误的人从来没有。郑重的党在于重视错误，找出错误的原因，分析所以犯错误的主观和客观的原因，公开改正。……真理不是一次完成的，而是逐步完成的。我们是辩证唯物论的认识论者，不是形而上学的认识论者。自由是必然的认识和世界的改造。由必然王国到自由王国的飞跃，是在一个长期认识过程中逐步地完成的。"[②]

他最后指出："对于我国的社会主义革命和建设，我们已经有了十年的经验了，已经懂得了不少的东西了。但是我们对于社会主义时期的革命和建设，还有一个很大的盲目性，还有一个很大的未被认识的必然王国，我们还不深刻地认识它。我们要以第二个十年时间去调查它，去研究它，从其中找出它的固有的规律，以便利用这些规律为社会主义革命和建设服务。"[③]

毛泽东在会上谈到《十年总结》时说：我企图从历史来说明问题，使我们盲目性少一点，自觉性多一点，被动少一点，主动性多一点，不要丧失主动权。邓小平也指出，《十年总结》是全面的，提到认识论的高度解决问题，从思想方法上解决问题。刘少奇、周恩来、邓小平等中央领导人和与会人员都一直赞成这个总结。

《十年总结》对新中国成立以来的革命、建设历程进行了初步总结，在当

---

① 《建国以来重要文献选编》第 13 册，中央文献出版社 1996 年版，第 419—420 页。
② 《毛泽东文集》第 8 卷，人民出版社 1999 年版，第 197—198 页。
③ 《毛泽东文集》第 8 卷，人民出版社 1999 年版，第 198 页。

时起到了积极作用。同时，作为那个时代的产物，这个总结也存在着很大的局限性。它肯定了总路线、"大跃进"、人民公社，肯定了庐山会议以来对彭德怀等人的错误批判，肯定了《嵖岈山卫星人民公社章程》，而且对当时已严重泛滥开来的"五风"问题完全没有涉及。

二、在调查研究中对社会主义建设问题的再认识

（一）大兴调查研究之风

在社会主义建设方面，由于庐山会议后期错误开展了"反右倾"斗争，再加上自然灾害和苏联政府的逼债，使党和国家遭受了新中国成立以来最严重的经济困难。为扭转困难局面，1960 年 12 月 24 日至 1961 年 1 月 18 日，中共中央在北京相继召开中央工作会议和八届九中全会。在中央工作会议上，毛泽东先后听取了五次汇报，强调各级干部要调查研究。在会议最后一天，他又发表了以大兴调查研究之风为主旨的讲话。他提出，工作中要做到情况明，决心大，方法对，首要是要情况明，这是一切工作的基础，所以要摸清情况，要调查研究。要求大家回去后"大兴调查研究之风，一切从实际出发"。[①] 在八届九中全会上，毛泽东再次号召大兴调查研究之风，使 1961 年成为实事求是年、调查研究年。1961 年 3 月，在广州召开的"三南"会议（中南、西南、华东三个地区的大区和省、市、自治区负责人参加的会议）与中央工作会议上，他又着重讲了调查研究问题。会议还通过了经他修改审定的《关于认真进行调查工作问题给各中央局，各省、市、区党委的一封信》。信中要求县级以上党委的领导人员，首先是第一书记，要深入基层，亲身进行有系统的典型调查，每年一定要有几次，当作领导工作的首要任务，并要定出制度，造成风气。信里还强调："在调查的时候，不要怕听言之有物的不同意见，更不要怕实际检验推翻了已经作出的判断和决定。"[②] 这就增强了人们在调查研究中解放思想的勇气与力量。因此，此信的发出，进一步推动了全党范围内的调查研究工作。

广州会议后，毛泽东、刘少奇、周恩来、朱德、陈云、邓小平等中央领导人

带头到地方进行调查研究。各地方、各部门的负责人也纷纷下去进行调查研究。

（二）对社会主义建设问题的再认识

调查的重点集中在农村问题上，主要是反对"五风"，特别是"共产风"。早在 1960 年 7 月北戴河会议上，针对农村人民公社急于过渡与刮"共产风"的情况，毛泽东提出要恢复郑州会议以后在纠"左"过程中逐步制定的一些农村政策。从 10 月开始，中共中央部署整风整社，要求彻底肃清"五风"，并开始调整农业政策。对于严重的农村问题，毛泽东认为，除需要集中劳动力加强农业战线外，还需要从坚决纠正"五风"、坚持以生产队为基础的公社三级所有制入手，调整目前农村公社中的社会主义生产关系，贯彻社会主义按劳分配原则。

在调查研究中，毛泽东提出了衡量党的工作的两个标准："不论办什么事一定要适合情况，适合情况了就能增产，适合情况了群众就高兴。"[①]根据这两个标准，全党进行了深入的调查研究。

从群众要求、从对生产有利出发，毛泽东等中央领导人十分重视农业生产的最基层的要求。调查研究主要是围绕人民公社的体制和分配弊端而展开，形成了对农村问题的再认识。毛泽东主持制定的《农村人民公社工作条例（修正草案）》（条例从 1961 年 3 月草案出台到 1962 年 9 月修正案正式通过，历时一年零六个月，经过了从中央到基层的反复讨论）就是当时在此基础上形成的指导农村社会主义建设的一个重要文件。可以说，农村人民公社工作条例的起草与修改过程，既是调查研究本身的生动体现，也是调查研究所取得的丰硕成果。

一是在原则上认识到平均主义不是社会主义，共产主义也不是平均主义，企图过早地否定按劳分配原则而代之以按需分配原则，是不可能成功的空想。

1958 年的"大跃进"与人民公社化运动预想我国不久将可能跃进到单一全民所有制和过渡到共产主义，引起了分配上的"共产风"，大公社的统一核算，平均主义的部分供给制，破坏了按劳分配原则，伤害了农民的生产积极性。党在纠正两个急于过渡问题的同时，也开始认识并纠正平均主义的问题。

从分配制度来看，公社成立后，供给制和它的载体公共食堂，是社员与社

---

① 转引自逄先知、金冲及编：《毛泽东传（1949—1976）》（下），中央文献出版社 2003 年版，第 1123 页。

员之间平均主义的真正源头，成为抑制社员生产积极性的重要因素。在1959年庐山会议上，张闻天就指出："现在有些人把供给制、公共食堂等同于社会主义、共产主义"，"其实，这完全是两回事，是两个不同的范畴。社会主义并不一定要采取供给制、公共食堂这种办法"。后来他进一步指出："有人把供给制说成是共产主义因素，这当然是不对的。各取所需性质的供给制才是共产主义的。最低限度的必要消费品的供给，不能这样说。"[①] 但他的意见没有被接受。在《农业六十条》草案中，仍强调要办好公共食堂。《农业六十条》起草后，从中央到地方各级领导人在调查中发现，群众纷纷要求改变供给制，解散公共食堂。在讨论《农业六十条》过程中，刘少奇、周恩来、朱德、邓小平等在给毛泽东和中共中央的报告中，均要求解散公共食堂。经过调查研究，毛泽东也认为，供给制与食堂是平均主义的东西。于是，中央领导集体对这一问题逐渐达成共识。在1961年6月的《农村人民公社工作条例（修正草案）》中，删去了原草案中关于供给制的条文，要求生产队记工评分，按工分实行按劳分配，使社员的劳动付出和劳动所得直接挂钩。对于公共食堂，也规定办不办食堂，"完全由社员讨论决定"，对于不参加公共食堂的社员也不得加以歧视。这一决定公布后，得到了广大社员的热烈拥护。

党还从缩小社、队规模，下放基本核算单位入手来解决平均主义问题。1962年2月，毛泽东在浙江调研时提出把小队改成生产队，把生产队改成大队，明升暗降，原来的小队变成生产、消费单位。毛泽东还要浙江省委研究把基本核算单位放在生产小队好，还是生产队好？在后来的调研中，他反复思考，多方商量，继续强调要解决生产小队间的平均主义问题，扩大生产小队的地位与权力，把它作为一级重要的核算单位，甚至基本核算单位的问题。1961年3月毛泽东主持制定了《农村人民公社工作条例（草案）》，即《农业六十条》或《六十条》。这个文件规定："人民公社各级的规模，都应该利于生产，利于经营管理，利于组织生活，利于团结，不宜过大。特别是生产大队的规模不宜过大，避免在分配上把经济水平相差过大的生产队拉平，避免队和队之间的平均主义。"[②]9月，毛泽东根据几个省的意见，给中共中央写信说，生产权在小队，分配权在大队，使群众的生产积极性仍然受到影响，建议"三级所有，队

---

① 《张闻天选集》，人民出版社1985年版，第497、537页。

② 王道霞等：《建国以来农业合作化史料汇编》，中共党史出版社1992年版，第632页。

为基础"，即基本核算单位是小队而不是大队，认为要调动农民的积极性，"非走此路不可"。10 月，中共中央发出《关于农村基本核算单位问题给中央局，各省、市、区党委的指示》，要求各级党委有关负责人深入基层进行调查研究。经过又一轮大规模的调查研究，1962 年 2 月，中共中央发出《关于改变农村人民公社基本核算单位问题的指示》，决定将人民公社的基本核算单位由原来的生产大队下放到生产队，使生产队具有生产管理权和分配决定权，克服束缚生产队积极性的平均主义。以生产队为基本核算单位，克服了生产队与生产队间的平均主义，增加了生产队生产的积极性和主动性。

二是认识到在社会主义阶段，商品生产与商品交换的存在是必要的，应大力发展而不是企图去压制与消灭。

毛泽东指出：历来就有商品生产，现在加一种社会主义商品生产，在社会主义建设时期，要有计划地大大发展社会主义的商品生产。刘少奇认为，两种所有制和按劳分配，都是商品存在的原因，只要有按劳分配存在，哪怕两种所有制的差别消灭了，商品还会存在，不过商品的性质变了。他认为只要不消灭按劳分配，商品生产就不能取消。关于自留地和家庭副业问题。《六十条》草案中专门有一章讲家庭副业问题，强调"人民公社社员的家庭副业，是社会主义经济的必要的补充部分。它附属于集体所有制和全民所有制，是它们的助手"。[①] 以条例的形式将此肯定下来，经过宣传和动员，终于消除和缓解了社员的顾虑，调动了社员经营自留地和家庭副业的积极性，对于他们开展生产自救、渡过灾荒难关发挥了重要作用。

不可否认，《六十条》本身仍存在严重的缺陷。比如，它仍肯定了农村人民公社是政社合一的组织，是"社会主义社会在农村的基层单位"和"社会主义政权在农村的基层单位"，将人民公社制作为农村基本制度和基层政权而加以维护。

（三）七千人大会前后全党对社会主义道路的又一次探索高潮

1961 年到 1965 年，党对社会主义建设的一些重要问题有了比较清醒的认识，这几年是我们党对社会主义建设道路探索经历的第三次高潮。

一是提出了关于建成社会主义是一个长期过程的思想，对于认识社会主义

---

① 王道霞等：《建国以来农业合作化史料汇编》，中共党史出版社 1992 年版，第 635 页。

建设的长期性、艰巨性与波浪式发展作了有益的探索。在 1958 年发动"大跃进"的时候，毛泽东曾经信心十足地认为，只要有几年、几十年的时间，就可以赶上和超过英、美等发达资本主义国家。严重的挫折使他冷静下来。1960年 12 月 30 日，他在一次谈话时讲到，"看来建设社会主义只能逐步地搞，不能一下子搞得太多太快"，并恢复了过去"大概要搞半个世纪"的估计。① 在1961 年 1 月中央工作会议上，毛泽东进一步指出："现在看来，搞社会主义建设不要那么十分急。十分急了办不成事，越急就越办不成，不如缓一点，波浪式地向前发展。""我看我们搞几年慢腾腾的，然后再说。今年、明年、后年搞扎实一点。不要图虚名而招实祸。"②9 月，他在同英国蒙哥马利元帅谈话时，谈到要建设起强大的社会主义经济，"要有几十年到一百年的时间，比如五十年到一百年。一个世纪不算长。"③ 接着，在 1962 年 1 月七千人大会上，他强调：在社会主义建设上，我们还有很大盲目性。社会主义经济，对于我们来说，还有许多未被认识的必然王国，"要准备着由于盲目性而遭受到许多的失败和挫折，从而取得经验，取得最后的胜利。由这点出发，把时间设想得长一点，是有许多好处的，设想得短了反而有害"。他宣布："中国的人口多、底子薄，经济落后，要使生产力很大地发展起来，要赶上和超过世界上最先进的资本主义国家，没有一百多年的时间，我看是不行的。"④

二是提出了关于认识社会主义建设规律问题。对于搞社会主义建设，搞工业，毛泽东在 1958 年时曾经很自信，认为没有什么神秘，不要把它看得那么困难，号召破除迷信，敢想、敢说、敢做。但是，经过 1960 年的大挫折，他的看法改变了。1961 年 8 月，他在中央常委和大区负责人会议上，指出：我们有把握的、有成套经验的还是民主革命，"讲到社会主义革命，则不甚了了……会不会遭许多挫折和失败？一定会。现在遭了挫折和失败，碰了钉子，但还碰得不够，还要碰……对社会主义，我们现在有些了解，但不甚了了。我们搞社会主义是边建设边学习的。搞社会主义，才有社会主义经验……搞社会

① 参见薄一波：《若干重大决策与事件的回顾》下卷，中共中央党校出版社 1993 年版，第1270 页。

② 《毛泽东文集》第 8 卷，人民出版社 1999 年版，第 236—237 页。

③ 转引自逄先知、金冲及编：《毛泽东传（1949—1976）》（下），中央文献出版社 2003 年版，第 1173 页。

④ 《毛泽东文集》第 8 卷，人民出版社 1999 年版，第 302 页。

主义我们没有一套，没有把握。比如工业，我就不甚了了。计划工作怎么搞，现在总搞不好"。① 9月在同英国蒙哥马利元帅谈话时，又指出："怎样干社会主义革命、社会主义建设，我们没有干过，没有经验。过去那一套我们会办的事情没有了。要办的是社会主义革命和社会主义建设，而我们没有经验。"② 在七千人大会上，他进一步指出："我讲我们中国共产党人在民主革命时期艰难地但是成功地认识中国革命规律这一段历史情况的目的，是想引导同志们理解这样一件事：对于建设社会主义的规律的认识，必须有一个过程。必须从实践出发，从没有经验到有经验，从有较少的经验，到有较多的经验，从建设社会主义这个未被认识的必然王国，到逐步地克服盲目性、认识客观规律、从而获得自由，在认识上出现一个飞跃，到达自由王国。"③

三是提出了关于正确处理重工业同农业、轻工业的关系，实行工农业同时并举的思想。毛泽东把中国工业化道路问题归结为如何处理重工业、轻工业与农业的发展关系问题，提出要用多发展一些农业和轻工业来促进重工业发展。早在1959年庐山会议前期，他提出："过去安排是重、轻、农，这个次序要反一下"，"过去是重、轻、农、商、交，现在强调把农业搞好，次序改为农、轻、重、交、商。""现在讲挂帅，第一应该是农业，第二是工业。"④ 这一年9月，毛泽东在同他人谈话时，进一步提出：要以农业为基础，工业为主导，农轻重为序。⑤ 在1960年夏北戴河会议上讨论通过的根据毛泽东指示草拟的《关于全党动手，大办农业，大办粮食的指示》进一步强调，"农业是国民经济的基础，这个思想应当成为全体干部全党全民一致的认识，并且真正贯彻到各方面的实际工作中去"。⑥ 在七千人大会前后，周恩来、陈云等中央领导人也提出了把农业放在首位，重视农业生产，加强工业对农业的支援等思想。1962年9月中共八届十中全会发表的公报说，我国人民当前的迫切任务是："贯彻执行毛泽东同志提

---

① 转引自逄先知、金冲及编：《毛泽东传（1949—1976）》（下），中央文献出版社2003年版，第1168—1169页。

② 转引自逄先知、金冲及编：《毛泽东传（1949—1976）》（下），中央文献出版社2003年版，第1171页。

③ 《毛泽东文集》第8卷，人民出版社1999年版，第300页。

④ 《毛泽东文集》第8卷，人民出版社1999年版，第78页。

⑤ 转引自《毛泽东经济年谱》，中共中央党校出版社1993年版，第492页。

⑥ 《建国以来重要文献选编》第13册，中央文献出版社1996年版，第522页。

出的以农业为基础、以工业为主导的发展国民经济的总方针","坚决地把工业部门的工作转移到以农业为基础的轨道上来。"1964 年 6 月,毛泽东在中共中央工作会议上又提出了"以农业为基础,以工业为主导"的发展国民经济的总方针。这是五年调整乃至后来长时期里我国社会主义经济建设遵循的一条基本方针。

四是提出了关于发展社会主义商品生产和商品交换,重视价值规律作用的观点。1961 年 2 月,毛泽东在浙江调查时,强调要使各级干部真正懂得共产主义和社会主义的区别,全民所有制和集体所有制的区别,等价交换,不能剥夺农民。这种思想不是建设社会主义,而是破坏社会主义。[①] 9 月,他在听取河北省委负责人汇报时又指出:"按劳分配就是搞嘛。还有什么问题?还讨论了什么?"[②] 七千人大会时,他在修改刘少奇的工作报告时特意加上了一句话:按劳分配和等价交换两个原则,是建设社会主义阶段必须严格遵守的马列主义原则。1962 年 11 月 22 日,中共中央、国务院发出《关于发展农村副业生产的决定》(以下简称《决定》)。《决定》进一步指出,恢复和发展农村的副业生产,是当前巩固集体经济、恢复和发展农业生产的一个重要问题,在恢复和发展副业生产的过程中,正确解决"归谁所有、归谁经营"的问题,又是"关键性的问题"。《决定》要求各级党委、政府充分认识家庭副业,是"社会主义经济不可缺少的补充部分,不是'资本主义',不应该采取行政手段乱加干涉和限制",而应加强思想和经济领导,积极采取各种措施,鼓励和帮助它继续发展。

五是提出不但要有总路线,还要有一整套具体的工作方针、政策与方法的思想。为使党的各项工作走上正轨,毛泽东在 1961 年 6 月中央工作会议上强调:"我们已经搞了十一年,有了社会主义建设总路线,积累了很多经验。只有总路线还不够,还必须有一整套具体政策。现在要好好总结经验,逐步地把各方面的具体政策制定出来。"[③] 在 1962 年七千人大会上,毛泽东又指出:"有了总路线还不够,还必须在总路线指导之下,在工、农、商、学、兵、政、党各个方面,有一整套适合情况的具体的方针、政策和办法,才有可能说服群众和干部,并且把这些当作教材去教育他们,使他们有一个统一的认识和统一的行动,然后才有可能取得革命事业和建设事业的胜利,否则是不可能的。""总

---

① 参见自逄先知、金冲及编:《毛泽东传(1949—1976)》(下),中央文献出版社 2003 年版,第 1124 页。
② 转引自《毛泽东年谱(一九四九———九七六)》第 5 卷,中央文献出版社 2013 年版,第 30 页。
③ 转引自《刘少奇选集》下卷,人民出版社 1985 年版,第 367 页。

之，工、农、商、学、兵、政、党这七个方面的工作，都应当好好地总结经验，制定一整套的方针、政策和办法，使他们在正确的轨道上前进。"尽管毛泽东仍然肯定总路线，但他提出的通过制定一整套具体政策来实现调整的思想是非常正确的。正是在这一思想的指导下，在调查研究的基础上，中共中央先后制定或批准下发了一系列工作条例，初步形成了适合我国国情的社会主义建设的各项具体政策。

他还把制定各方面的工作条例看作系统总结经验教训、探索社会主义建设规律的一种重要方法与途径。他指出："在总路线指导之下，制定一整套的具体的方针、政策和办法，必须通过从群众中来的方法，通过作系统的周密的调查研究的方法，对工作中的成功经验和失败教训，作历史的考察，才能找出客观事物所固有的而不是人们主观臆造的规律，才能制定适合情况的各种条例。"①

六是提出按经济办法管理经济的思想。在领导国民经济调整过程中，按行政手段来管理工业的弊端明显显现出来，客观上提出了改善经济管理体制的要求和任务。1963 年 12 月，刘少奇在同工业部门负责人谈话时指出："中央成立部，各省成立厅，都是行政机构，管理企业，恐怕不合适"，"我们现在的办法是中央各部和省、市的厅、局都干预经济，这是超经济的办法。"他还建议有关领导对如何管理好企业的问题进行讨论，"体制问题要好好研究"。②两个月后，他进一步指出，用行政办法管理企业的问题要加以解决。针对党与政府对企业具体事物干预过多而缺乏全局观点，他强调："党委和政府超脱一点，不好吗？站在公司之上、矛盾之上，有问题我们来裁判，不要做当事人，不好吗？……自己不滚进去，不是聪明的办法吗？超脱一点，就有全局观点了。党和政府不是不管，是怎样管的问题。管计划、平衡、仲裁、监督、思想政治工作。生产由公司、工厂去经营。"此后，刘少奇又多次提出"要按经济管理的原则"来组织、按"经济办法"来管理经济生活的思想。周恩来也提出要按经济方法来办托拉斯。毛泽东对此给予肯定，说"目前这种按行政方法管理经济的办法，不好，要改"，"打破省、专、县界嘛！就是要按经济渠道办事"。③

七是对农业生产责任制的初步探索。在调整经济、克服困难的过程中，全

① 《毛泽东文集》第 8 卷，人民出版社 1999 年版，第 305 页。
② 《刘少奇年谱（1898—1969）》，中央文献出版社 1996 年版，第 583 页。
③ 《毛泽东年谱（一九四九——一九七六）》第 5 卷，中央文献出版社 2013 年版，第 302、303 页。

国许多农村为尽快恢复农业生产自发地搞起了包产到户。1961 年，安徽省委主张对此加以支持与引导，毛泽东表示可以试验。除安徽外，甘肃、浙江、河北、广东、广西等省区也都实行了各种形式的生产责任制，大都取得较好效果，受到基层干部与群众拥护。经过调查研究，1962 年 5 月，中央农村工作部部长邓子恢在写给中共中央和毛泽东的《关于当前农村人民公社若干政策问题的意见》中提出，建立农业生产责任制是搞好农业生产的"根本环节"，通过责任制，才能把集体利益与个人利益有机地结合起来。刘少奇也指出："过渡时期一切有利于调动农民生产积极性的办法都可以用。不要说哪一种办法是最好的、唯一的……农业上也要退够，包括包产到户、单干。"[①]同一时期，周恩来、邓小平、陈云等中共中央领导人也对包产到户表示赞成与支持，并准备在中央领导层进行研究。

三、经济、政治领域里的调整

"大跃进"与人民公社化运动所导致的严重损失和困难，使全党和人民受到了很大教育。为了把党的工作重新纳入较为正确的轨道，毛泽东和中共中央从 1960 年下半年开始了调整政策。

1961 年 1 月，党中央召开八届九中全会，正式决定从 1961 年起对国民经济实行"调整、巩固、充实、提高"方针。

（一）经济领域里的调整

农业是整个国民经济的基础，政策的调整首先从农村开始。1960 年 11 月 3 日，中共中央发出经毛泽东审定修改的《关于农村人民公社当前政策的紧急指示信》（简称《指示信》），这是比较系统地调整农村政策的开始。《指示信》要求全党用最大努力来纠正"共产风"，重申彻底清理"一平二调"，坚决退赔，加强生产队的基本所有制，实行生产小队的小部分所有制，允许社员经营少量自留地和小规模家庭副业，恢复农村集市。为消除和缓解农民怕政策多变的

---

① 《刘少奇、邓小平、邓子恢等关于农业生产责任制的论述选载》，《党的文献》1992 年第 4 期。

顾虑，《指示信》所确定的这些政策后来被写进了毛泽东主持制定的《农村人民公社工作条例（修正草案）》，用条例的形式固定下来。1962年9月中共八届十中全会通过的《农业六十条》修正草案明确规定：公社和大队的规模，一般以维持原来的乡和高级农业社的规模为宜；"生产队是人民公社中的基本核算单位。它实行独立核算，自负盈亏，直接组织生产，组织收益的分配。这种制度定下来以后，至少三十年不变"[①]；"生产队办不办食堂，完全由社员讨论决定"，口粮分配"不论办不办食堂，都应该分配到户，由社员自己支配"。[②] 到1961年8月，据全国27个省、市、自治区的统计，共有公社55682个（包括已经调整和预定秋收后调整的规划数），比调整前增加30478个；生产大队为70.9万个，增加22.5万个。

对工业的调整，首先是在摸清工业产量底数的基础上，降低工业计划指标。1961年6月，中央在庐山召开工作会议，作出《关于当前工业问题的指示》，要求当机立断，把工业生产与基本建设指标降到切实可靠、留有余地的水平上。会后经中央批准，国家计委对八届九中全会所定的1961年计划作了较大调整。基建投资由167亿元降为87亿元，钢由1900万吨降为850万吨，粮食由4100亿斤降为2700亿斤。其次是整顿企业秩序。1961年9月的庐山会议讨论通过了由邓小平主持修订的《国营工业企业工作条例（草案）》（即《工业七十条》）。《工业七十条》规定，要建立各级、各个方面的责任制度，克服无人负责或瞎指挥现象；必须执行国家的技术政策，加强技术管理，以保证设备处于良好状态，保证产品的质量符合标准；要遵照节约原则，认真实行经济核算，加强财务管理；要贯彻按劳分配原则，反对平均主义。条例还对党委领导下的厂长负责制、职工代表大会制等作了详细规定。

在商业、手工业调整方面，1961年6月19日，中央发出《关于改进商业工作的若干规定（试行草案）》（简称《商业40条》）与《关于城乡手工业若干政策问题的规定（试行）草案》（简称《手工业35条》）。《商业40条》重新肯定了国营、集体、合作、个体商业并存的体制，决定恢复已撤销或合并的供销合作社、合作商店、合作小组，有领导地开放农村集贸市场，并有一部分人直

---

① 王道霞等：《建国以来农业合作化史料汇编》，中共党史出版社1992年版，第735页。

② 中华人民共和国国家农业委员会办公厅编：《农业集体化重要文件汇编》（下册），中共中央党校出版社1981年版，第784页。

接从事个体经营。《手工业35条》肯定了全民所有制、集体所有制、个体所有制并存体制，决定把并、转过多的手工业再恢复到手工业合作社形式，并恢复和发展一批个体手工业。

七千人大会后，经济调整进一步拓展。1962年5月，中央政治局常委会决定对经济进行大刀阔斧的调整。在工业调整方面，主要是：第一，进一步大力精简职工，减少城镇人口；第二，进一步压缩基建规模，停建缓建大批基建项目；第三，缩短工业战线，实行必要的关、停、并、转。在农村政策调整方面，一是决定进一步从人力、物力、财力各方面加强和支援农业战线，加强农村基层的领导力量。另一重大政策调整是把人民公社的基本核算单位下放到生产队。1962年2月，中共中央发出《关于改变农村人民公社基本核算单位问题的指示》，决定以生产队（即小队，相当于原初级社）为基本核算单位，实行以生产队为基础的三级集体所有制，至少三十年不变。

（二）政治领域里的调整

在进行经济调整的同时，还在政治上采取了一系列措施，调整各方面关系。

一是贯彻与落实党的知识分子政策。知识分子政策的调整，是从制定科研、高教、文艺等工作条例开始的。最早制定的是《关于自然科学研究机构当前工作的十四条意见（草案）》，即《科研十四条》。1961年7月，中共中央批准了这个文件，并强调，"做好知识分子工作，很关紧要"。随后，中共中央又批发试行教育部起草的《教育部直属高等学校暂行工作条例（草案）》（即《高教六十条》）、《全日制中学暂行工作条例（草案）》（即《中教五十条》）和中宣部协同文化部与全国文联起草的《关于当前文学艺术工作的意见》（即《文艺八条》）等条例。这些条例的中心内容是调整党与知识分子的关系以及贯彻科学、文艺工作中"百花齐放，百家争鸣"的方针。在这个过程中，中共中央日益认识到从指导思想上来彻底调整知识分子政策的必要性与重要性。为进一步调动知识分子的积极性，在1962年3月于广州召开的全国科技工作会议和文艺工作会议上，周恩来发表讲话，重新肯定我国绝大多数知识分子已是属于劳动人民的知识分子而不是属于资产阶级的知识分子，并强调在社会主义建设中要发挥科学和科学家的作用。陈毅在这两个会议上宣布为知识分子"脱帽""加冕"，即脱资产阶级知识分子之帽，加劳动人民知识分子之冕。3月底，周恩来又在二届全国人大三次会议的《政府工作报告》中宣布，我国知识分子是"属于劳动人民的知识分子。我们信任他们、关心他们，使他们很好地为社会主义服务。如果还把他们看成是资产阶级知识分子，显然是不对的"。① 这一报告是经过中共中央批准了的。知识分子阶级属性的再确定，推动了知识分子政策的落实，重新调动了广大知识分子为社会主义服务的积极性。

二是进行甄别平反工作。一方面是对近几年在统一战线方面存在的严重"左"倾错误进行了检查，主动缓和关系，对在政治运动中受到伤害的党外人士进行甄别平反，并连续1959年就已开始的摘掉右派帽子的工作。到1962年，大部分被划为右派分子的人已摘掉了"右派分子"的帽子。另一方面是对党内政治关系进行调整。七千人大会后，中共中央发出《关于加速进行党员、干部甄别工作的通知》，加快对近几年主要在"反右倾"斗争中被错误批判和处分的党员干部的甄别平反工作，对全国县以下的干部来一个"一揽子"解决，除了个别有严重问题的外，都不留"尾巴"。到1962年8月，全国有六百多万党员、干部和群众获得平反。

经过1962年大幅度调整后，国内形势开始好转。但是党在政治思想上的"左"的错误并没有从根本上得到纠正，而且还在发展。

1962年9月的八届十中全会提出阶级、形势、矛盾问题，把一定范围内存在的阶级斗争进一步扩大化、绝对化。会议结束时，接受1959年庐山会议的教训，提出不要因为强调阶级斗争而放松经济工作，要分开一个工作问题，一个阶级斗争问题，我们决不要因为对付阶级斗争问题而妨碍了我们的工作。……要把工作放在第一位，阶级斗争跟它平行，不要放在很严重的地位。这样，全党全国的工作出现一种复杂情况：一方面，政治上阶级斗争扩大化的"左"的错误一步步发展；另一方面，经济上调整与恢复的任务基本上还能够按原定计划继续进行。1963年9月，中共中央举行工作会议，决定从1963年起，再用三年时间，继续进行调整、巩固、充实、提高的工作，作为第二个五年计划到第三个五年计划间的过渡阶段。

在继续调整的三年中，还进行了某些经济体制改革的试验：

一是试办托拉斯。为改善国家工业管理体制，刘少奇、周恩来等开始考虑用经济办法管理工业企业，利用像托拉斯这一类生产、交换和科学实验的综合性的组织形式，来为社会主义服务。从1964年上半年起，国家经委会同工业、

---

① 《周恩来统一战线文选》，人民出版社1984年版，第426页。

交通各部门开始研究试办托拉斯的具体方案。8月，中共中央、国务院批转了国家经委提出的《关于试办工业、交通托拉斯的意见的报告》。从 1964 年开始试办到 1966 年上半年，中央和各省在工业和交通部门成立了一些托拉斯企业，把工业和经营同类产品的许多企业联合组成专业性大公司，主要按经济规律而不是靠行政办法进行管理。

二是劳动用工制度和教育制度改革的试验。早在 1957 年，刘少奇就提出过要少用固定工，多招亦工亦农的临时工。1958 年，他进一步提出要有两种劳动制度和两种教育制度：一种是全日制的劳动制度和教育制度，另一种是半工半读或半农半读的劳动制度和教育制度。进入 20 世纪 60 年代中期，随着建设事业的发展，刘少奇感到更有必要改革劳动和教育制度。他还把这件事看作巩固社会主义制度、防止资本主义复辟的根本措施。1964 年刘少奇的意见得到中央肯定。此后在全国范围内开始逐步推广固定工和临时工并行的劳动制度，在一些单位试验半工半读或半农半读的教育制度。

1961 年至 1965 年的大规模调整，基本上解决了国民经济比例失调的问题，国民经济恢复到了"大跃进"前即 1957 年的水平。

四、毛泽东独立自主及防止"和平演变"的外交思想

（一）独立自主的外交思想

独立自主，是指不屈服不依赖任何外来的压力，独立地处理本国、本党的对内对外事务，它是毛泽东在领导中国社会主义革命与建设的实践中，逐渐形成的一个处理党际关系、国际关系和进行社会主义革命与建设的指导思想，也是中国和平外交政策的一项基本原则。

早在新中国成立前夕，毛泽东就在新政治协商会议筹备会上强调："中国必须独立，中国必须解放，中国的事情必须由中国人民自己作主张，自己来处理，不容许任何帝国主义国家再有一丝一毫的干涉。"[1]新中国成立后，党、国家和人民面临着巩固独立、谋求发展的双重艰巨任务。基于此，在毛泽东独立自主的外交思想指导下，中国一直奉行独立自主的和平外交政策。

---

[1] 《毛泽东外交文选》，中央文献出版社、世界知识出版社 1994 年版，第 90 页。

　　在处理中国与其他国家相互关系方面，奉行和平共处五项原则。新中国成立后，毛泽东就提出"另起炉灶"的外交思想与方针。新中国对国民党政府与外国签订的条约进行重新审查，按其内容分别予以或承认、或废除、或修改的原则；不承认旧的外交关系，宣布在平等互利与互相尊重领土主权的基础上同一切国家建立外交关系的原则立场，并声明台湾是中国领土不可分割的一部分，是涉及中国独立、主权与领土完整的重大原则问题。

　　毛泽东主张坚决捍卫国家主权，保卫国家安全，维护国家统一，反对外来干涉，抵御战争威胁，巩固国家独立。他坚持内政不容干涉、主权不可侵犯的原则，反对帝国主义、霸权主义，领导全党和全国人民围绕台湾问题同美国的侵略与干涉进行了不妥协的斗争。1950 年 6 月朝鲜战争爆发后，美国派兵进驻台湾海峡，企图割裂中国领土。6 月 28 日，毛泽东发表讲话，指出："中国人民早已声明，全世界各国的事务应由各国人民自己来管，亚洲的事务应由亚洲人民自己来管，而不应由美国来管。"他号召"全国和全世界人民团结起来，进行充分的准备，打败美帝国主义的任何挑衅"。[1] 在 20 世纪 60 年代，面对苏联的霸权主义、大国沙文主义，毛泽东断然拒绝了苏联所提出的有损中国国家主权的要求，并领导中国人民对苏联的武装挑衅给予了有力反击。

　　毛泽东主张互相尊重、和平共处、互不干涉内政。1953 年年底，周恩来提出的和平共处五项原则在世界范围内产生了重大影响。毛泽东对此给予充分肯定。1954 年 12 月，他在同缅甸总理吴努会谈时指出："五项原则是一个大发展，还要根据五项原则做些工作。我们应该采取些步骤使五项原则具体实现，不要使五项原则成为抽象的原则，讲讲就算了。"他强调：中国人民在国际交往方面，应当坚决、彻底、干净、全部地消灭大国主义；中国不会干涉邻国的内部事务，既不会利用邻国的共产党去干涉那个国家的内政，也不会利用华侨去干涉居留国的内政。[2]毛泽东既反对苏联的大国沙文主义，也严格要求自身。他多次同来访的亚、非、拉国家的客人谈到，中国经验只能供你们参考，你们以你们的经验为主，参考外国经验为辅。要根据自己的情况去决定自己的政策，不要生搬硬套中国的经验。

---

① 参见《毛泽东外交文选》，中央文献出版社、世界知识出版社 1994 年版，第 137、138 页。
② 参见《毛泽东外交文选》，中央文献出版社、世界知识出版社 1994 年版，第 186—190 页。

　　反对战争，维护世界和平，也是毛泽东处理中国与其他国家关系的一个重要思想原则。1950 年，针对国际上当时的"中国威胁论"，毛泽东宣布中国"不称霸"。[1]1960 年，针对当时国际上关于中国"好战""好斗"的议论与攻击，他指出："不管美国承认不承认我们，不管我们进不进联合国，世界和平的责任我们是要担负的。我们不会不进联合国就无法无天，像孙行者大闹天宫那样。我们要维持世界和平，不要打世界大战。我们主张国与国之间不要用战争来解决问题。"[2]

　　在国家间的关系上，毛泽东坚决反对帝国主义、霸权主义，维护世界和平。1954 年 9 月，他在会见印度乌玛·尼赫鲁夫人时指出，五项原则应当适用于各国之间的关系。毛泽东一向主张大国与小国一律平等。12 月，他在会见缅甸总理吴努时说："我们反对大国有特别的权利，因为这样就把大国和小国放在不平等的地位。大国高一级，小国低一级，这是帝国主义的理论。""既然说平等，大国就不应该损害小国，不应该在经济上剥削小国，在政治上压迫小国，不应该把自己的意志、政策和思想强加在小国身上。既然说平等，互相就要有礼貌，大国不能像封建家庭里的家长，把其他国家看成是它的子弟。""不论大国小国，互相之间都应该是平等的、民主的、友好的和互助互利的关系，而不是不平等的和互相损害的关系。"[3]1958 年 8 月，针对"大国是不好惹的，小国是可以随便欺侮的"论调，他指出："大国、小国应该平等相待。……国家大小只是形式。"[4]1964 年 9 月，毛泽东在同法国技术展览会负责人谈话时又强调："各国的事情应由各国人民来管，不能允许任何外国人干涉。"[5]为使不谋求霸权成为国际法上调整国家关系的基本原则，中国政府进行积极倡导并付出了极大努力。

　　毛泽东认为，独立自主也是中国共产党处理同各国共产党与工人党相互关系的基本原则。针对苏联长期大搞大党主义，鼓吹所谓"社会主义大家庭"内搞"有限主权论"，毛泽东认为，各国无产阶级及其政党应当在马克思主义基础上加强相互学习与支持，同时，各国无产阶级政党应当独立自主地决定与处

① 　转引自 1983 年 1 月 12 日《人民日报》。
② 　《毛泽东外交文选》，中央文献出版社、世界知识出版社 1994 年版，第 453 页。
③ 　《毛泽东外交文选》，中央文献出版社、世界知识出版社 1994 年版，第 191—192 页。
④ 　《毛泽东外交文选》，中央文献出版社、世界知识出版社 1994 年版，第 334 页。
⑤ 　《毛泽东外交文选》，中央文献出版社、世界知识出版社 1994 年版，第 542 页。

理本国的革命与建设问题，把一个党的意见强加于别国党是十分错误的。为此，毛泽东批评了苏联在对待其他社会主义国家那种不以平等待人、不尊重别国主权的大国主义的表现，坚决抵制大党主义，顶住了来自"老子党"的控制与压力。同时，中国共产党在处理与别国共产党的关系时，也坚持在马克思主义基础上独立自主地发展与各国共产党的关系，反对干涉别国党的内部事务的原则。

在毛泽东看来，经济独立是外交独立的基础与前提。1958 年 6 月 17 日，毛泽东在一个批示中提出："自力更生为主，争取外援为辅，破除迷信，独立自主地干工业、干农业、干技术革命和文化革命，打倒奴隶思想，埋葬教条主义，认真学习外国的好经验，也一定研究外国的坏经验引以为戒，这就是我们的路线。"① 所以，要增强中国在国际上的地位，必须坚持"独立自主为主，争取外援为辅"的方针。

（二）防止"和平演变"的外交思想

1953 年美国国务卿杜勒斯强调"和平演变"的战略，要"用和平的方法使全中国得到自由"。1957 年艾森豪威尔政府提出"和平取胜战略"，鼓吹要通过"和平演变"来促进"苏联世界内部的变化"。毛泽东觉察到并提出了防止和平演变的问题，指示有关部门要注意动向，认真研究。②1959 年 11 月毛泽东在杭州召集讨论与研究国际形势小范围会议。针对杜勒斯近期的"和平的转变"主张，他说，和平转变谁呢？就是转变我们这些国家，搞颠覆活动，内容转到合乎他的那个思想。就是说，他那个秩序要维持，不要动，要动我们，用和平演变，腐蚀我们。他还强调，杜勒斯搞和平演变，在社会主义国家内部是有其一定的社会基础的。③ 对社会主义国家存在着被"和平演变"的内部因素，毛泽东强调指出："不论在老的和新的党员里面，都有一些品质不纯和作风不纯的人。他们是个人主义者、官僚主义者、主观主义者，甚至是变了质的分子。还有些人挂着共产党员的招牌，但是并不代表工人阶级，而是代表资产阶级。党内并不纯粹，这一点必须看到，否则我们是要吃亏的。"④ 在 1962 年 9

月中共八届十中全会上，他又强调：国外帝国主义的压力与国内资产阶级的影响的存在，是党内产生修正主义思想的社会根源。

到 1964 年，毛泽东把防止和平演变问题正式提上日程。1 月 12 日，毛泽东就巴拿马人民的爱国斗争发表谈话，指出："美帝国主义的侵略政策和战争政策，也严重地威胁着苏联、中国和其他社会主义国家。它还力图对社会主义国家推行'和平演变'政策，实行资本主义复辟，瓦解社会主义阵营。"①

此后，毛泽东多次阐发他关于防止"和平演变"的思想。他认为"和平演变"的主要危险在党内，一再提出要警惕出修正主义，特别是领导层出修正主义的问题；提出意识形态领域是"和平演变"和反"和平演变"的重要领域，强调必须用社会主义思想文化占领舆论阵地；也特别强调加强党的建设，特别是反腐倡廉，防止各级领导干部蜕化变质对防止"和平演变"的重要性。

毛泽东更是把培养革命事业的接班人，作为防止"和平演变"的百年大计。苏联的问题，引起毛泽东等人对革命事业接班人问题的极大重视。从防止帝国主义搞"和平演变"，确保党和国家长治久安的需要出发，毛泽东向全党提出了培养和造就千百万无产阶级革命事业接班人的任务。1964 年 3 月，中共中央组织部部长安子文在各中央局组织部长座谈会上说："最近两年多来，主席和中央负责同志考虑的是什么问题？集中起来，就是鉴于苏联的教训，如何把我们的革命事业传下去，不致中途发生问题。"6 月，毛泽东在党的重要会议上指出：苏联出了修正主义，我们也有可能出修正主义。如何防止出修正主义，怎样培养无产阶级的革命接班人？我看有五条：第一，要教育干部懂得一些马列主义，懂得多一些更好，要搞马列主义，不搞修正主义。第二，要为大多数人民谋利益，为大多数人服务。第三，要能团结大多数人，包括反对自己反对错了的人。第四，民主作风，不要"一言堂"，不搞家长作风。第五，自己有了错误，要作自我批评。

经过近一年的中苏论战，随着国内"四清""五反"运动的进行，毛泽东越来越担心中国出修正主义，被"和平演变"的危险性。他在主持讨论《九评》修改稿时，说赫鲁晓夫集团在苏联搞和平演变，是向所有社会主义国家，包括中国在内，向所有共产党，包括中国共产党在内，敲响了警钟。帝国主义对我们第一代、第二代大概没有指望了，但他们寄希望于第三代、第四代

---

① 《毛泽东文集》第 8 卷，人民出版社 1999 年版，第 354—355 页。

"和平演变"，杜勒斯辈就是这么公开说的。因此我们要准备后事，要培养革命接班人。①《九评》将毛泽东提出的条件写了进去，并强调从根本上来说，这是老一辈无产阶级革命家所开创的革命事业是不是后继有人的问题，是将来党和国家的领导能不能继续掌握在无产阶级革命家手中的问题，是我们的子孙后代能不能沿着马克思列宁主义的正确道路继续前进的问题。总之，这是关系我们党和国家命运的生死存亡的极其重大的问题，是无产阶级革命事业的百年大计、千年大计、万年大计。我们一定要使帝国主义的预言彻底破产。

受当时主客观条件的限制，毛泽东关于防止"和平演变"的思想也存在一定局限性。这主要体现在：一是在防止"和平演变"的斗争中，对国内阶级斗争形势和党内状况作出了过分严重的估计，造成一系列阶级斗争扩大化的错误，直至"文化大革命"，给社会主义事业造成巨大损失；二是只强调危险来自于右的、修正主义的方面，没有认识到"左"的、教条主义也同样会葬送社会主义；三是仅着眼于从阶级斗争的角度来思考防止资本主义复辟，忽视了发展社会生产力和加强民主、法制建设对防止"和平演变"的重大意义。一方面，党和国家必须以大力发展社会生产力为中心任务，为战胜一切旧制度奠定坚实的物质技术基础和文化基础；另一方面，民主与法制的制度化建设是确保无产阶级领导权的可靠保证。

第三节　中国"文化大革命"及其历史教训

在世界社会主义史上，列宁曾在俄国十月革命胜利之后，提出过进行一场"文化革命"，大力发展社会主义文化，提高人民群众的科学文化素质。在中国社会主义建设史上，毛泽东也曾发动过一场"文化大革命"，即"无产阶级专政下的继续革命"。

---

① 参见吴冷西：《十年论战》（下），中央文献出版社 1999 年版，第 781 页。

一、"文化大革命"的基本过程

(一)"文化大革命"的导火索

1965 年 11 月 10 日,上海《文汇报》发表了姚文元的《评新编历史〈海瑞罢官〉》的文章。这件事成为"文化大革命"的导火索。这篇文章点名批判北京市副市长、著名史学家吴晗,毫无根据地把他于 1960 年为响应毛泽东提倡海瑞精神而写的《海瑞罢官》一剧中描述明朝历史上海瑞所进行的"退田""平冤狱",同 1962 年受到指责的"单干风""翻案风"联系起来,对剧本作了猛烈的政治攻击,说它是资产阶级反对无产阶级专政这种阶级斗争的反映。到 1966 年年初,这一批判发展到史学界、文艺界,形成思想文化领域内的大批判。

1966 年 2 月 3 日,彭真作为 1964 年成立的文化革命小组组长,召开小组会议,拟定了《关于当前学术讨论的汇报提纲》(后来被称为《二月提纲》),提纲的主旨是试图就这场学术批判运动的性质、方针、要求等方面,对已经出现的极左倾向加以适当地约束,把批判运动置于党的领导之下,限定在学术讨论的范围内,不赞成把它变成严重的政治批判。

3 月底,毛泽东连续找康生、江青、张春桥等人谈话,严厉指责《二月提纲》混淆阶级界线,不分是非,是错误的。毛泽东谈话后,中央书记处于 4 月停止了彭真的工作。

与批判《海瑞罢官》同时,在林彪的策动下,军队系统制造了对中央书记处书记、国务院副总理、人民解放军总参谋长罗瑞卿的政治陷害事件。随后,罗瑞卿被隔离审查。与此同时,中央书记处书记、中央办公厅主任杨尚昆以无中生有的罪名被调离,中宣部部长陆定一受诬陷被停止一切工作。

这一系列接连发生的涉及党和国家高层领导人的政治事件,同报纸上的政治批判相呼应,在党内外引起强烈的震动,造成"阶级斗争"无处不在的紧张气氛,给人一种印象,党内尤其是高层真的出现了修正主义。

(二)"文化大革命"的全面发动

1966 年 5 月,中共中央政治局扩大会议通过了《中国共产党中央委员会通知》(后称《五一六通知》),《通知》一是宣布撤销《二月提纲》和"文化革命五人小组"及其办事机构,提出重新设立"文化革命小组",隶属于政治局常委会。这是为了开展"文化大革命"采取的组织措施;二是列举《二月提纲》10条罪状,逐条批判,提出一套"左"的理论、路线、方针、政策,认为《二月提纲》是一个为资产阶级复辟作舆论准备的修正主义纲领;三是结语,要求各级党委立即停止执行《二月提纲》,夺取文化领域中的领导权,号召向党、政、军、文各界的"资产阶级代表人物"猛烈开火,要求全党"高举无产阶级文化革命的大旗,彻底揭露那批反党反社会主义的所谓'学术权威'的资产阶级反动立场,彻底批判学术界、教育界、文艺界、新闻界、出版界的资产阶级反动思想,夺取在这些文化领域中的领导权"①。同时要求批判、清洗混进党里、政府里、军队里和文化领域的资产阶级代表人物。这个《通知》集中反映了毛泽东对当时党和国家政治形势的严重错误估计。毛泽东认为,国内无产阶级同资产阶级的斗争已经到了十分严重的地步。在资产阶级的猖狂进攻下,无论城市与乡村,都有相当大一个多数的单位的领导权不在马克思主义者和人民群众手中。更严重的是党的领导层出了修正主义。

5月,中央政治局扩大会议以反党集团的罪名对彭真、罗瑞卿、陆定一、杨尚昆进行了错误的批判。随后,停止或撤销了这些人在党内担任的一切职务。会议还决定撤销原来由彭真担任组长的文化革命小组,重新设立文化革命小组,隶属于政治局常委之下。中央文革小组的成员是:组长陈伯达,顾问康生,副组长江青、张春桥,组员王力、关锋、戚本禹、姚文元等。这个小组实际上作为一个不受中央政治局约束的特殊的机构开展活动,成为"文化大革命"的指挥部。6月1日,《人民日报》发表《横扫一切牛鬼蛇神》的社论,号召群众起来进行"文化大革命"。

为了消除"文化大革命"的阻力,8月1日,毛泽东主持召开了党的八届十一中全会。8月7日,会议印发了毛泽东写的《炮打司令部——我的一张大字报》,指责企图打压无产阶级文化大革命运动是长资产阶级的威风,灭无产阶级的志气。会议通过了《中共中央关于无产阶级文化大革命的决定》(后简称《十六条》)。这是继《五一六通知》后,从全局指导"文化大革命"的又一个纲领性文件。《决定》共分十六条,阐述了无产阶级"文化大革命"的性质、目的、斗争对象,及采取的方式和有关政治规定。《决定》说:"当

① 《毛泽东年谱(一九四九——一九七六)》第5卷,中央文献出版社2013年版,第579页。

前开展的无产阶级文化大革命，是一场触及人们灵魂的大革命，是我国社会主义革命发展的一个更深入、更广阔的新阶段。""在当前，我们的目的是斗垮走资本主义道路的当权派，批判资产阶级的反动学术'权威'，批判资产阶级和一切剥削阶级的意识形态"①。会议期间和会后，刘少奇、邓小平等一些中央领导同志相继受到批判，毛泽东的个人领导实际上取代了党中央的集体领导。

5月的中央政治局会议和八届十一中全会实际上在党内完成了"文化大革命"的法定程序。

（三）全面动乱局面的形成

就在八届十一中全会召开的当天，毛泽东写信给清华大学附属中学红卫兵，表示对他们的造反精神的热烈支持，这使红卫兵运动在全国迅速兴起。从8月18日到11月26日，毛泽东在北京先后八次接见红卫兵和大中学校师生，总共约1100万人次。中共中央、国务院发出通知，要求各地组织大中学校学生或学生代表、教职工代表免费到北京，参观"文化大革命"，使红卫兵和学校师生的大串连走向高潮。这是造成社会大动乱的一个重要步骤。为了继续推进这场运动，1966年10月，又在北京召开了中央工作会议。会议批判了刘少奇、邓小平所谓的"资产阶级反动路线"。会后，一场声势浩大的批判"资产阶级反动路线"的风暴在全国掀起。整个社会逐步陷入动乱之中。10月初，中央转发军委关于军队院校进行"文化大革命"的紧急指示，宣布取消原有的由党委领导运动的规定。从此，"踢开党委闹革命"成为广泛流行的口号，更加助长了无政府主义狂潮的泛滥。中央文革小组策动造反派，把攻击的火力集中转向各级党政领导机关。中央和地方的许多党政领导干部受到批斗，机关工作普遍陷入瘫痪、半瘫痪状态。

1966年11月，中央又发出在工业交通系统和在农村进行"文化大革命"的两个文件（简称《工业十条》和《农业十条》），改变了运动只限于文教部门和党政机关的原定部署，要求把它扩展到工厂农村，这是造成全国大动乱的又一个严重步骤。从此，工农业生产几乎陷入停滞。

1967年1月，首先在上海，然后在全国掀起了一场由选择派夺取党和政

---

① 《邓小平年谱（1904—1974）》下卷，中央文献出版社2009年版，第1929页。

府各级领导权的狂暴行动，"文化大革命"由此进入所谓"全面夺权"的新阶段。这一狂潮一经引发便不可收拾，使全国陷入空前的混乱之中。在夺权之后组成的临时权力机构被称为"革命委员会"。

在全国各省、市、自治区革命委员会成立后，毛泽东决定召开党的第九次全国代表大会。1969 年 4 月，党的第九次全国代表大会在北京召开。林彪代表党中央在这次大会上作政治报告。报告的主题是"无产阶级专政下继续革命的理论"。这个理论被称为毛泽东思想的最新发展。它是毛泽东关于社会主义阶段阶级斗争"左"倾错误观点发展到"文化大革命"时期的总结概括，也是"文化大革命"的总的指导思想。这次大会通过的党章，对八大党章的正确内容作了错误的修改。把"无产阶级专政下继续革命的理论"写进了总纲，而只字未提发展生产力，也没有提社会主义现代化建设；还取消了有关党员权利的规定。党章还把林彪"是毛泽东同志的亲密战友和接班人"写入总纲。这显然是一种严重违反党的民主集中制原则的做法，这在中共党史上也是从未有过的。这次大会使"文化大革命"的理论和实践合法化，并使林彪、江青在中央的地位得到加强。

（四）"文化大革命"的结束

中共九大之后，党内矛盾和社会矛盾继续激化，社会秩序和国家工作陷入更大的混乱。整党建党作为"斗、批、改"的一项重要任务，使党内政治生活发生严重扭曲。与此同时，教育战线进行了所谓的"教育改革"，结果教育战线也相继出现了混乱。

毛泽东在认为党的重建问题基本解决之后，转而把考虑的重点转向政府的重建方面。1970 年 8 月 23 日，党的九届二中全会在庐山召开。会上围绕是否设国家主席的问题展开争论，林彪坚持设国家主席的主张，陈伯达、吴法宪等人在分组讨论时，按林彪的授意也主张设国家主席。毛泽东此时觉察到林彪等人为争夺个人权力进行的宗派活动，并采取系列措施停止了这一活动，削弱了林彪集团的权势。林彪集团眼见形势对他们不利，决心铤而走险，策划武装政变。在这一企图被发现后，林彪、叶群、林立果于 9 月 13 日强行乘飞机外逃叛国，最后机毁人亡。一场武装政变的阴谋彻底粉碎。

林彪事件之后，毛泽东在周恩来协助下，采取一系列措施，解决与此事件有关的各种重要问题，在全国开展了"批林整风"运动，但并没有认识到"文化大革命"的全局性错误，政治局势并未得到改观。1973 年 8 月，中共第十次全国代表大会召开。大会继续了九大的"左"倾错误，继续肯定"九大的政治路线和组织路线都是正确的"；仍旧号召全党"坚持无产阶级专政下的继续革命"，坚持"无产阶级文化大革命"。十大之后，江青、张春桥、姚文元、王洪文在中央政治局内结成"四人帮"，江青集团的势力得到加强，他们企图篡党夺权的野心和活动更加猖獗。但是，许多干部、党员通过林彪事件大大提高了政治觉悟，提高了识别能力。一场更激烈的否定和肯定"文化大革命"的斗争正在逐步地酝酿和形成。

1974 年 10 月 11 日，中共中央发出通知，决定召开第四届全国人民代表大会。通知传达毛泽东的意见说："无产阶级文化大革命，已经八年。现在以安定为好。全党全军要团结。""四人帮"不顾毛泽东的意见，加紧了篡党夺权的阴谋活动。1975 年 1 月，第四届全国人民代表大会第一次会议召开。周恩来在政府工作报告中，重申了 1964 年 12 月三届人大提出的我国国民经济发展按两步设想的蓝图："第一步，用十五年时间，即在 1980 年以前，建立一个独立的比较完整的工业体系和国民经济体系；第二步，在本世纪内，全面实现农业、工业、国防和科学技术的现代化，使我国国民经济走在世界的前列。"在毛泽东的支持下，邓小平开始主持党中央和国务院的日常工作，开始了全面整顿工作。由于整顿触及到"四人帮"的利益，邓小平再次被打倒。

1976 年 1 月 8 日，周恩来逝世；7 月 6 日，朱德逝世；9 月 9 日，毛泽东逝世。"四人帮"加紧了夺取党和国家最高领导权的活动。这些活动让老一辈革命家们深感忧虑。经过华国锋、叶剑英、李先念等党和国家领导人的共同研究和反复磋商，并征得中央政治局多数同志的同意后，决定采取断然措施。10 月 6 日，华国锋、叶剑英代表中央政治局，宣布对"四人帮"及其在北京的骨干实行审查。长达十年的"文化大革命"结束。

二、"文化大革命"时期的政治经济体制变动

"文化大革命"是中国历史上一幕惨痛的悲剧，它使党、国家和人民遭受到新中国成立以来最严重的挫折和损失。在"文化大革命"时期，中国的政治

经济体制遭到严重冲击，各级人民代表大会、政协、政府和党的各级组织长期处于不正常的状态甚至陷入瘫痪，公安、检察、司法等负责维护社会秩序的机关也陷入混乱，民主与法制遭到肆意践踏。在动乱的冲击与错误经济建设思想的影响下，国民经济出现较大的起伏，经济建设进程遭到严重冲击，但在全国各族人民的共同努力下，工农业生产仍获得一定增长，科学技术战线也取得若干新成就。

（一）"文化大革命"时期的政治体制变动

"文化大革命"对党的各级组织和国家的政权机构产生了严重冲击，从根本上来讲，是由错误的理论及其一系列错误实践产生的严重后果，"文化大革命"是在纯洁党的组织，巩固和加强无产阶级专政的名义和号召下进行的，但是实践的结果与宣扬的目标背道而驰。在思想文化领域里的"左"倾错误批判不断升级的背景下，1965 年 11 月 10 日上海《文汇报》刊发了姚文元的《评新编历史剧〈海瑞罢官〉》一文，文中将吴晗于 1960 年创作的《海瑞罢官》一剧中的"退田""平冤案"与 1962 年受到指责的"单干风""翻案风"联系起来，进行了猛烈的政治攻击，成为引发"文化大革命"的导火索。由于文章的发表在学术界引起普遍反感，并遭到中央有关部门和北京市委的冷遇，《人民日报》和北京各报十余天没有转载。这大大加深了毛泽东对北京市委和中央一些主要领导人的不满，认为北京市委是"针插不进，水泼不进"的独立王国。1966年 2 月初，彭真召集文化革命五人小组开会，起草了《关于当前学术讨论的汇报提纲》（后被称为《二月提纲》），这一提纲使得思想文化领域里的批判运动有所缓和，但引起江青等人的极度不满，此后，围绕对《二月提纲》的否定开始了一场更严重的斗争，斗争的范围也从意识形态领域扩展到政治领域和党的高级领导机关，从而严重冲击了党和国家的政治体制。

1966 年 5 月 16 日中央政治局扩大会议通过的《中国共产党中央委员会通知》（简称《五一六通知》）对《二月提纲》进行了全面批判，成为发动"文化大革命"的纲领性文件，会议决定撤销以彭真为首的"文化革命五人小组"，成立中央文化革命小组（简称"中央文革小组"），这个小组实际上逐步成为不受中央政治局约束的、直接指挥"文化大革命"的领导机构。1967 年在上海夺权的带动下，各地掀起由造反派夺取各级党政领导机关乃至各工厂、农村领导机构权力的"一月革命"风暴，"文化大革命"由此进入"全面夺权阶段"，很快发展为"打倒一切"以至"全面内战"的局面。二月抗争被诬为"二月逆流"之后,中央政治局停止活动,"中央文革小组"继1966年下半年逐渐在实际上取代中央书记处后,又实际上取代了中央政治局的职能。在夺权后组建"革命委员会"作为临时权力机构,到1968年9月,经过20个月社会大动乱的几次反复,全国(除台湾省外)29个省、市、自治区先后勉强成立革命委员会,形成了党政合一、政企合一的领导体制,导致了更高程度的集权,实际上是国家政治体制和行政体制的一次大倒退。而在"以阶级斗争为纲""踢开党委闹革命"的口号下,广大党员被长时间停止过组织生活,从支部、党委到县委、省委在长达数年的时间里基本处于瘫痪状态,甚至公然提出"重建"中国共产党的口号,1969年召开的中共九大和1973年召开的中共十大未能恢复党的正常状态,反而使个人崇拜更加泛滥,民主集中制遭到严重破坏,个人领导实际上取代了党中央的集体领导。国家政权也遭到严重削弱,公检法被"彻底砸烂",本来薄弱的民主法制荡然无存,各级政权机关被夺权,社会秩序十分混乱。当然,广大党员、干部和群众对"左"倾错误进行了不懈的抗争,从而在一定程度上降低了"文化大革命"的破坏力。

(二)"文化大革命"时期的经济体制变动

在"左"倾错误思想的影响下,国民经济出现较大起伏,在遭遇重大损失的同时经济建设也取得了一定的成就,从根本上讲是因为党和国家实现工业化、现代化的目标始终不渝,追求国家兴盛、民族富强仍是广大干部、党员、群众的共同愿望。1966年下半年的红卫兵运动和全国大串联,不仅给全国铁路交通造成严重混乱,也使工农业生产受到直接影响,由于当时大部分生产指挥系统尚未被打乱,加之五年调整打下的较好基础,使得1966年生产建设仍取得较好成绩。1966年年底,在"全面夺权"中,经济工作的指挥、调度和管理系统陷入瘫痪或半瘫痪状态,国民经济计划无法执行以致被废置,甚至1968年成为我国建立经济计划体制以来没有制定国民经济年度计划的一年,同时党委领导下的厂长负责制、按劳分配原则、利润指标、经济核算等也被当作"资产阶级"的东西加以摒弃。

随着各级革委会的建立,中共九大的召开尤其是党的各级组织相继恢复,国内形势稍趋安定,主持政府工作的周恩来等领导人抓住时机,着手恢复各主要工业部门和其他综合经济部门的工作以加强对经济的计划管理。但1970年

二三月间召开的全国计划会议，由于过高估计外敌入侵的战争危险和对初显好
转的国内经济形势估计过于乐观，转而强调"以战备为纲"，集中力量建设战
略后方，建立自成体系的经济协作区，以实现国民经济的"新飞跃"，因此制
订的计划纲要出现急于求成、盲目追求高指标高速度的倾向，实施过程则出现
向地方急速、盲目下放企业管理权限问题，造成中央企业事业单位急剧地大规
模下放到地方，这种盲目急进的建设和体制变动带来了严重问题。1971 年开
始执行第四个五年计划，由于片面追求高指标，忽视经济工作中的矛盾，基建
规模未能适当压缩，反而进一步扩大，经济建设的冒进之风有增无减，由此造
成国民经济比例严重失调，市场供求关系紧张，人民生活水平严重下降。1972
年至 1973 年国务院通过压缩基建规模，调整农、轻、重比例关系，调整国防
建设与经济建设关系，加强经济工作集中统一领导等，使得经济形势明显好
转。1975 年周恩来在四届全国人大的政府工作报告中，再次提到实现四个现
代化的目标，并且邓小平逐步全面主持中央和国务院的日常工作，根据毛泽东
要安定团结、把国民经济搞上去的指示，进行了大刀阔斧的整顿。以党的整顿
为核心，全面整顿工业、农业、商业、财贸、文教、科技、军队等，通过冲破
重重阻挠和抗拒，1975 年的形势明显好转，国民经济迅速回升，但由于"反
击右倾翻案风"的开展，使得整顿被迫中断。

三、"文化大革命"的错误及教训

长达十年的"文化大革命"动乱，使党、国家和各族人民遭到新中国成立
以来时间最久、范围最广、损失最大的挫折，全国陷入严重的政治危机和社会
危机。十年浩劫造成的恶果是多方面的，物质方面的损失可以计算，精神文化
和灵魂创伤却难以估量，错误应当客观审视，教训也要深刻总结。

(一)"文化大革命"的错误

1981 年 6 月，党的十一届六中全会通过的《关于建国以来党的若干历史
问题的决议》是这样给"文化大革命"定性的："一九六六年五月至一九七六
年十月的'文化大革命'，使党、国家和人民遭到建国以来最严重的挫折和损
失。这场'文化大革命'是毛泽东同志发动和领导的。他的主要论点是：一

大批资产阶级的代表人物、反革命的修正主义分子，已经混进党里、政府里、军队里和文化领域的各界里，相当大的一个多数的单位的领导权已经不在马克思主义者和人民群众手里。党内走资本主义道路的当权派在中央形成了一个资产阶级司令部，它有一条修正主义的政治路线和组织路线，在各省、市、自治区和中央各部门都有代理人。过去的各种斗争都不能解决问题，只有实行文化大革命，公开地、全面地、自下而上地发动广大群众来揭发上述的黑暗面，才能把被走资派篡夺的权力重新夺回来。这实质上是一个阶级推翻一个阶级的政治大革命，以后还要进行多次。这些论点主要地出现在作为'文化大革命'纲领性文件的《五一六通知》和党的'九大'的政治报告中，并曾被概括成为所谓'无产阶级专政下继续革命的理论'，从而使'无产阶级专政下继续革命'一语有了特定的含义。"① 从起因、过程和结果看，"文化大革命"是一场由领导者错误发动，被反革命集团利用，给党、国家和各族人民带来严重灾难的内乱。

"文化大革命"的历史，证明毛泽东发动"文化大革命"的主要论点既不符合马克思列宁主义，也不符合中国实际。"文化大革命"名义上是直接依靠群众，实际上既脱离了党的组织，又脱离了广大群众。"文化大革命"不是也不可能是任何意义上的革命或社会进步。它根本不是"乱了敌人"而只是乱了自己，因而始终没有也不可能由"天下大乱"达到"天下大治"。

毛泽东在全局上一直坚持"文化大革命"的错误，但也制止和纠正过一些具体错误，保护过一些党的领导干部和党外著名人士，使一些负责干部重新回到重要的领导岗位。他领导了粉碎林彪反革命集团的斗争，对江青、张春桥等人也进行过重要的批评和揭露，不让他们夺取最高领导权的野心得逞。这些都对后来我们党顺利地粉碎"四人帮"起了重要作用。他晚年仍然警觉地注意维护我国的安全，顶住了帝国主义的压力，执行正确的对外政策，坚决支援各国人民的正义斗争，并且提出了划分三个世界的正确战略和我国永远不称霸的重要思想。在"文化大革命"中，我们党没有被摧毁并且还能维持统一，国务院和人民解放军还能进行许多必要的工作，我国社会主义制度的根基仍然保存着，社会主义经济建设还在进行，我们的国家仍然保持统一并且在国际上发挥重要影响。这些都同毛泽东的巨大作用分不开。因为这一切，特别是因为他对

---

① 《改革开放三十年重要文献选编》上，人民出版社 2008 年版，第 194 页。

革命事业长期的伟大贡献，中国人民始终把毛泽东看作自己敬爱的伟大领袖和导师。

（二）"文化大革命"的教训

历史不能假设，教训应当总结。"文化大革命"的历史教训是惨痛的、深刻的、警醒的，在我国进行社会主义现代化建设的长时期里，应当从多方面不断地进行深刻的反思和总结。

必须科学对待马克思主义。马克思主义是我们行动的指南，但是不可能给我国社会主义事业中的各种问题提供现成答案。从指导思想上来看，由于我们党的历史特点，在社会主义改造基本完成以后，在观察和处理社会主义社会发展进程中出现的政治、经济、文化等方面的新矛盾新问题时，容易把已经不属于阶级斗争的问题仍然看作阶级斗争，并且面对新的条件下的阶级斗争，又习惯于沿用过去熟悉而这时已不能照搬的进行大规模急风暴雨式群众性斗争的旧方法和旧经验，从而导致阶级斗争的严重扩大化。同时，这种脱离现实生活的主观主义的思想和做法，由于把马克思、恩格斯、列宁、斯大林著作中的某些设想和论点加以误解或教条化，反而显得有"理论根据"。马克思主义的基本原理必须坚持，但并不能把马克思主义看成一成不变的教条。时代是思想之母，实践是理论之源，只有将马克思主义与中国的基本国情、民族特色、时代特征紧密结合，马克思主义才能够展现出更强大、更有说服力的真理力量。在坚持中发展，在发展中坚持，才是对待马克思主义的科学态度。

必须正确认识基本国情。社会主义运动的历史不长，社会主义国家的历史更短，社会主义社会的发展规律有些已经比较清楚，但探索社会主义建设规律是一个长期的历史过程。我们党过去长期处于战争和阶级斗争的激烈环境中，对于迅速到来的新生的社会主义社会和全国规模的社会主义建设事业，缺乏充分的思想准备和科学研究。我国是在经济文化落后的背景下建设社会主义的，由于对"什么是社会主义、怎样建设社会主义"的根本问题认识不清，因此对国内外形势做出了错误的判断。建设中国特色社会主义要立足基本国情，坚持实事求是的思想路线，充分认识建设社会主义的长期性和复杂性，挖掘新材料、发现新问题、提出新观点、建构新理论，独立探索中国自己的社会主义建设道路，接续推进马克思主义的中国化、时代化、大众化。

必须坚持民主集中制和集体领导原则。"文化大革命"之所以能够发动起来并持续十年之久，与党和国家的领导制度极不健全、党的权力过分集中于个人有着密切关系。"左"倾错误的个人领导、家长制和"一言堂"实际上取代了党中央的集体领导，对毛泽东的个人崇拜被鼓吹到狂热的程度，使党和国家政治生活中的集体领导原则和民主集中制不断受到削弱以致破坏，因此，使得党和国家难以防止和制止"文化大革命"的发动与发展。为此，必须改革和完善党和国家的领导制度，健全民主集中制和集体领导原则，反对任何形式的个人崇拜和个人专断。

必须健全和发展社会主义民主与法制。"文化大革命"时期，"大鸣、大放、大字报、大辩论"的"大民主"形式和"造反有理"的口号对"文化大革命"起到了推动作用，并使民主法制遭到严重破坏，使得长期以来缺乏足够重视的社会主义民主法制更加被削弱。没有民主和法制就没有社会主义，这也是滋长个人崇拜的重要根源，正是在这种条件下，领袖个人的重大决策失误，就极容易造成全局性的大灾难，并且难以制止和扭转，这是一个沉痛的深刻教训。为此，必须坚持党的领导、人民当家作主、依法治国有机统一，必须发展社会主义民主，坚持以党内民主带动人民民主，必须全面推进依法治国，坚定不移走中国特色社会主义法治道路，完善以宪法为核心的中国特色社会主义法律体系，建设中国特色社会主义法治体系，建设社会主义法治国家，发展中国特色社会主义法治理论，坚持依法治国、依法执政、依法行政共同推进，坚持法治国家、法治政府、法治社会一体建设，坚持依法治国和以德治国相结合，依法治国和依规治党有机统一，提高全民族法治素养和道德素质。真正确保党的任何一级组织和它的领导人都不能有超出法律之上的特权。

必须接续推进党的建设。要制定科学的党的建设的方针与政策，不断推进党的长期执政能力建设、先进性和纯洁性建设，而不能把阶级斗争、路线斗争作为加强党的建设的主要内容和主要方法，不断提高党的建设的科学化水平和党的建设质量，把党建设成为始终走在时代前列、人民衷心拥护、勇于自我革命、经得起各种风浪考验、朝气蓬勃的马克思主义执政党。对于党和国家肌体中确实存在的某些阴暗面，理应作出恰当的估计并运用符合党章要求、宪法和法律规定的正确途径措施加以解决，但决不应该采取"文化大革命"的理论和方法，甚至提出"重建"党的各级组织，而要在坚持正确的思想路线、政治路线、组织路线的基础上妥善解决这些问题。中国特色社会主义最本质的特征是中国共产党领导，中国特色社会主义制度的最大优势是中国共产党领导，要通过不断增强党自我净化、自我完善、自我革新、自我提高的能力，始终保持党同人民群众的血肉联系，唯此才能以高度的历史使命感和时代责任感不断推进中华民族伟大复兴的进程。

"文化大革命"是在探索中国自己的社会主义道路中误入歧途的结果，产生这些错误的原因是多方面的，但归根结底，并不是由社会主义根本制度本身所造成的，而且依靠社会主义制度的自我完善和自我革新完全可以纠正这些错误。历史证明，中国共产党依靠广大人民群众纠正了这些错误，但历史的警醒是深刻的、持久的。我们应当深入科学系统地总结"文化大革命"的教训，为党和人民进行伟大斗争、推进伟大工程、创造伟大事业、实现伟大梦想提供宝贵精神财富。回顾历史是为了总结历史正反两方面的经验、把握历史与社会的发展规律、增强开拓前进的勇气和力量。坚持真理、修正错误，在中国这片大地上绝不允许"文化大革命"的内乱再度发生，中国也会以更坚定的信念继续开拓中国特色社会主义道路。

第八章　苏联和东欧社会主义国家
改革的理论和实践

　　恩格斯说："所谓社会主义社会不是一种一成不变的东西，而应当和任何其他社会制度一样，把它看成是经常变化和改革的社会。"① 这句话阐明了一个深刻的道理，那就是改革是社会主义制度发展和完善的必由之路。社会主义就其根本制度和基本制度而言远比资本主义制度优越得多，这一点是毋庸置疑的。但同时应当看到，社会主义根本制度和基本制度的优越性要充分发挥出来，不仅需要建立与之相适应的具体制度即社会主义体制或模式，而且必须随着社会的发展不断对这些体制和模式进行改革，使其永葆生命力。苏联社会主义模式的确立和发展，反映了 20 世纪二三十年代苏联共产党领导苏联人民进行社会主义探索的理论和实践。第二次世界大战结束后，随着东欧国家社会主义制度的建立，这种以权力高度集中为主要特点的社会主义模式也扩展到了这些国家。然而，随着时代的变化和苏联东欧社会主义国家经济的发展、人民民主和党内民主的增强，这种模式越来越不适应进一步发展的需要，对其进行改革也就提上了这些国家的议事日程。南斯拉夫早在 20 世纪 40 年代末就首开社会主义国家改革之先河，苏联和其他东欧国家也在 50 年代至 70 年代普遍采取了一些改革举措，掀起了一波改革的潮流。

---

① 《马克思恩格斯选集》第 4 卷，人民出版社 2012 年版，第 601 页。

第一节　苏联和东欧改革的初步尝试

苏联和东欧国家体制改革的对象是形成于 20 世纪 30 年代的苏联模式。由于这种社会主义模式形成于斯大林执政时期，故又被称为"斯大林模式"。这种社会主义模式的产生和发展，是苏联在国内的经济文化相对落后，国际上受到帝国主义国家包围、封锁乃至武装入侵的险恶环境中求生存的必要之举。它的主要特点是权力高度集中，能够在短时间内依靠政治权力形成强有力的领导，大大提高政府的行政效率和社会动员能力；利用指令性计划经济来整合全部经济资源，把有限的人力、物力和财力集中用于推动工业化特别是军事工业的高速发展；凭借一元化的思想文化塑造群众的意识形态和价值取向，掌控社会舆论。正是在这种模式的推动下，苏联不仅很短时间就实现了农业集体化，而且只用了三个五年计划就完成了资本主义国家用 50 年到 100 年才完成的工业化任务，创造了令西方世界不得不叹服的工业化奇迹，奠定了反法西斯战争胜利的物质基础，战后又迅速恢复了国民经济，推动了世界社会主义阵营的形成，"在战前、战时和战后三次使社会主义制度显示出了优越性"。① 20 世纪 50 年代初，苏联模式这种曾在世界社会主义运动乃至整个世界历史进程中发挥过重要作用的社会主义模式的缺点越来越明显地暴露出来。1948 年苏南关系破裂造成的巨大困难，促使铁托领导的南斯拉夫共产党人重新审视苏联模式，南斯拉夫因而成为东欧社会主义国家中的改革先行者。斯大林去世后，赫鲁晓夫对其进行的揭批以及此后采取的一系列非斯大林化的举措，在客观上有利于消除人们对斯大林的个人崇拜和对苏联模式的迷信，不仅推动了苏联的社会主义改革，而且对波兰、匈牙利、捷克斯洛伐克等东欧国家的改革起到了示范作用。

---

① 高放：《苏联弊病的历史沿革及其教训》，《探索与争鸣》2015 年第 8 期。

一、苏联改革的初步尝试

1953 年 3 月 5 日，创建了苏联模式并领导党和国家 20 多年的斯大林与世长辞，苏联的历史翻开了新的一页。赫鲁晓夫在同年 9 月召开的中央全会上当选为苏共中央第一书记，又经过三年多的政治斗争最终确立了自己最高领导人的地位。斯大林留给赫鲁晓夫的是一份具有双重意味的"遗产"。一方面，经过第二次世界大战考验和战后经济恢复，苏联已成为能够与美国在全球对峙的政治、经济和军事大国。它领导着一个由十多个社会主义国家组成的横跨欧亚大陆的社会主义阵营，同以美国为首的资本主义阵营长期对峙；它的工业经济实力迅速恢复，达到并超过了战前水平；它的科学技术取得了长足的进步，造出了原子弹，发射了人造卫星，在军事上形成了同西方阵营的均势。另一方面，苏联模式的弊端日益显露，改革的呼声越来越高。在经济上，高度集中的计划经济排斥了价值规律和市场竞争，单一生产资料公有制、指令性计划经济和工资等级制造成了国家、企业和个人的利益相互分离，企业管理者和劳动者缺乏从事经营管理和生产劳动的积极性，导致劳动生产率较低，人力物力浪费严重，企业的经济效益差。优先发展重工业特别是军事工业的方针使国民经济比例失调，轻工业生产相对滞后，农业长期萎靡不振，严重影响了人民物质文化生活水平的提高。苏共的广大党员和群众普遍意识到，"苏联的国民经济还无法完全满足居民日益增长的社会经济需求，也无法解决国家发展所提出的一系列至为重要的任务"。[①] 在政治上，权力从基层到中央层层过度集中，加之自上而下的干部委任制和事实上的职务终身制不利于监督权力，形成了斯大林的个人专断，最终导致了严重破坏社会主义民主和法制的"肃反"扩大化悲剧的发生。斯大林逝世之后，人们开始提出为受到迫害的政治犯平反的要求。贝利亚被逮捕并处决后，这种要求更加强烈，出现了"法院里堆放了几百万份上诉，要求对仍被关在监狱和集中营里的人的案子重新进行复查、或亲属要求为死者平反，恢复名誉。国家司法机关再也不能对这些要求盖上'拒绝重新审

---

① ［俄］雷日科夫：《大国悲剧：苏联解体的前因后果》，徐昌翰等译，新华出版社 2010 年版，第 4 页。

理'的印章置之不理"①的景象。总而言之，这一阶段苏联的经济和政治状况，使得从战后初期就开始在社会各阶层中酝酿的那种"再也不能这样生活下去"的变革思潮汇成了一股势不可当的时代潮流。人们看得很清楚，苏联模式中固有的问题已成为苏联经济社会未来发展的巨大阻碍，对其进行改革已是大势所趋、民心所向。

要改革苏联模式，对斯大林及其创造的社会主义模式进行评价是绕不开的一步。在这个问题上，赫鲁晓夫在1956年2月召开的苏共二十大上所作的题为《关于个人崇拜及其后果》的秘密报告成了重要的转折点。在报告中，赫鲁晓夫列举了大量数字和事例，揭露了斯大林的个人崇拜给苏联党和国家带来的严重后果，分析了斯大林所犯错误的主观原因，提出了从理论上和实践上肃清个人崇拜的要求和措施。这份报告中存在的缺点和不足是非常明显的。它没有对斯大林一生的是非功过作出全面、公正的评价，极易使人产生全盘否定斯大林的印象。更严重的是，赫鲁晓夫将斯大林的个人崇拜和独断专行归因于其个人粗暴、任性的不良品质，对导致这些问题的社会历史根源和体制因素却避而不谈，没有完成对苏联模式进行评价的任务。这份报告带来的消极影响也是确实存在的，赫鲁晓夫虽在报告中提到"我们应当掌握限度，决不能向敌人提供弹药，决不能在敌人面前谈论我们的家丑"，②可他在作报告之前并未在苏共党内和其他国家的共产党之间进行必要的沟通和协调，在国内外敌对势力的推波助澜下，许多国家的共产党人因没有做好充分的准备而陷入思想混乱，波兰、匈牙利等社会主义国家发生了的剧烈的社会动荡。不过，赫鲁晓夫秘密报告的积极意义也是不容否认的。它在"捅了篓子"的同时也"揭了盖子"，破除了斯大林的个人迷信，最直接的影响就是为给受到迫害的人平反昭雪开辟了道路。据统计，到1953年，斯大林时期的政治犯只有约4000人被释放，1954—1955年，这个数字仅小幅增长到了12000人。而在1956—1957年，获释的人数激增至700万—800万，还有500万—600万人在死后恢复了名誉。③平反冤假

① [苏] 罗伊·A.麦德维杰夫等：《赫鲁晓夫的执政年代》，邹子婴等译，吉林人民出版社1981年版，第22页。
② [苏] 尼基塔·谢·赫鲁晓夫：《赫鲁晓夫回忆录》，赵绍棣等译，中国广播电视出版社1988年版，第585页。
③ 参见 [苏] 罗伊·A.麦德维杰夫：《赫鲁晓夫的执政年代》，邹子婴等译，吉林人民出版社1981年版，第25—26页。

错案提高了苏共和赫鲁晓夫本人的威望，为即将开始的改革争取到了民心。更重要的是，秘密报告促使各国共产党人对苏联社会主义体制模式进行深入的反思。意大利共产党总书记陶里亚蒂明确提出："苏联的模型已经不能并且也不应当被认为是必须遵循的模型了。"[①] 波兰统一工人党中央第一书记哥穆尔卡强调："社会主义的形式也能够是不同的。它可以是在苏联产生的那种形式，也可以是像我们在南斯拉夫所看到的那种形式，它还可以有别的不同形式。只有通过各个建设社会主义国家的经验和成就，才能产生在一定条件下最好形式的社会主义。"[②] 匈牙利社会主义工人党第一书记卡达尔也指出："匈牙利社会主义工人党将创造性地运用马克思列宁主义，按照匈牙利本国的特点和当前的历史要求来建设社会主义。它不会机械地抄袭其他建设社会主义国家的办法，而要考虑到历史经验和成就，根据本国特点，沿着匈牙利自己的建设社会主义道路前进。"[③] 这些思考为推动各国共产党进一步探索社会主义建设道路创造了条件。

赫鲁晓夫的改革广泛涉及经济、政治、文化和外交等领域，改革的重点放在农业生产、国民经济管理体制和党政领导体制上。赫鲁晓夫的经济体制改革总体思路是强调物质利益和下放权力，旨在调动地方和基层经济组织的积极性，发挥劳动者的创造力。他选择农业作为经济改革的突破口，采取的措施包括：减少国家对农业的干预，扩大集体农庄和国营农场的自主权；打破平均主义的分配格局，实行各种形式的承包责任制；取消农产品义务交售制，提高收购价格；鼓励农民经营个人副业，降低对副业的税收；改组机器拖拉机站，将农业机器卖给集体农庄，提高集体农庄的农业技术水平；动员大批志愿者开垦荒地，增加粮食产量等。赫鲁晓夫采取的这些措施，一度使苏联的粮食和其他农产品的产量大幅度提高，但他在看到改革的初期效果之后对农业生产形成了不切实际的乐观情绪，改变了行之有效的做法。赫鲁晓夫经济改革的另一个重要内容是国民经济管理体制。他看到原有的以部门为主体的管理体制中存在着容易滋生官僚主义、形成部门壁垒、不能充分发挥地方和企业积极性的问题，于是改部门管理为区域管理，撤销了中央绝大多数部，把全国划分为 105 个经济行政区，每区设立一个国民经济委员会作为工业建筑业的管理机构，把中央

---

① ［意］陶里亚蒂：《陶里亚蒂言论集》，世界知识出版社 1966 年版，第 90 页。

② 世界知识出版社编辑：《关于波兰目前局势》，世界知识出版社 1957 年版，第 23 页。

③ 世界知识出版社编辑：《关于匈牙利事件》，世界知识出版社 1957 年版，第 76 页。

管理的工业企业和建筑业组织下放到地方。然而，这样的改组不但没有收到预期效果，反而助长了地方主义和本位主义，造成了生产管理的混乱和工业增长速度的下滑。赫鲁晓夫为了扭转局面，加强对国民经济控制，进一步对边疆区和州的党组织进行了改组，将原本统一的党组织分割为工业党组和农业党组，结果却是加剧了党政不分，使国民经济更加混乱。因此，在苏联人眼里，他所作的调整甚至连改革都称不上，不过是一次未经周密思考和仔细权衡的改组而已。

在政治领域中，赫鲁晓夫的改革重点是加强社会主义民主，恢复和健全法制，完善干部人事制度。具体做法有：第一，加强社会主义民主，定期召开党的代表大会和中央主席团会议，强调通过集体领导作出重大决策。第二，结束政治镇压，恢复和健全法制。整顿国家安全部门，将其置于党的领导之下。强化公检法机关的职权，强调对公民的拘捕和审判要依法进行。第三，改变事实上的干部任职终身制，推行干部任期制和轮换制。苏共二十二大通过的新党章规定，在每次例行选举中，党的中央委员会和主席团的成员更换至少1/4，加盟共和国党中央、边疆区委、州委的成员更换至少1/3，市委、区委、基层党委会或支委会成员至少更换1/2。对领导干部连任的次数也作了限制。这些措施无疑是符合现代政治文明的发展方向和苏联经济社会发展要求的，也纠正了旧体制中的一些偏差，但未能抓住权力过度集中这一本质问题，且改革的力度和速度没有掌控好，弯子转得太急，大面积触犯了官僚阶层的既得利益，引起了大量新的矛盾，在反对改革的政治力量联合起来将赫鲁晓夫赶下台后，他推行的政治体制改革也就半途而废。

由于赫鲁晓夫对旧体制的弊端缺乏全面、深刻的认识，没有找到建立新体制的正确途径，加上他作为改革领导者在自身素质和作风上存在的短板，他领导的改革自然难以收到理想的效果。但是，赫鲁晓夫改革毕竟发生在十月革命的故乡和苏联模式的诞生之地，它破除了人们对斯大林个人和苏联社会主义模式的迷信，改变了苏联旧体制中不适合生产力发展的一些方面，不仅在苏联历史上写下了浓墨重彩的一笔，而且引领世界社会主义运动进入一个改革的新时代。

赫鲁晓夫被解职之后，苏联进入了长达18年的勃列日涅夫时代。勃列日涅夫执政初期纠正了赫鲁晓夫的一些失误，并尝试着对经济体制进行"较为系统和涉及面较广的改革"，延续赫鲁晓夫的改革思路，走扩大企业自主权、发挥经济杠杆的激励作用的道路。在农业领域，推动农产品采购制度改革，实行固定计划收购和超计划交售奖励制度，规定了五年不变的收购计划，对农庄、农场超过固定收购计划指标后交售给国家的农产品，国家在原收购价基础上提价 50% 收购。加强物质刺激，进一步提高农产品的收购价格，1965—1979 年间先后提价 7 次。国营农场和其他农业企业实行经济核算，减少计划指标，扩大经营自主权；改革利润分配和使用办法，小部分利润上缴，大部分留归农场支配。① 在城市工业领域中，时任苏联部长会议主席柯西金领导了旨在建立"新经济体制"的改革，主要内容包括：改进工业计划工作，简化计划指标，扩大企业的经营自主权；加强经济核算，更多地利用经济杠杆和物质刺激；改革统一调拨的物资供应体制，采用更加灵活的供应方式，鼓励企业之间建立直接的经济联系；等等。由于在理论上做了较为充分的准备并通过若干企业的试点积累了经验，"新经济体制"改革在一定程度上调整了国家、企业和个人的利益，在一定时期内为经济发展提供了动力，促进了经济增长率和综合国力的提升，改善了人民群众的生活。

勃列日涅夫执政初期结束了赫鲁晓夫时代的轻率改革尝试所带来的混乱状况，使苏联社会经济回归稳定，在经济体制上也进行了较为谨慎的改革，这些都是值得称道的。但总体而言，他并没有进行全面而深刻的改革的自觉认识和坚定决心。政治体制改革裹足不前，甚至有所倒退。农村和城市的经济体制改革在价值规律和市场机制的作用这个根本性的问题上未能取得突破，始终在苏联模式体制的基本框架里打转，充其量只是局部的、小幅度的改革，自然无法取得持续的效果。进入 20 世纪 70 年代以后，苏联的经济增长势头放缓，进入了一个矛盾积累期。

二、南斯拉夫自治社会主义

南斯拉夫是第一个对苏联模式进行改革的社会主义国家，也是世界上唯一的尝试建设以自治为核心、以分权为主要特征的自治社会主义制度的国家。虽然它是在特殊的历史背景和政治、经济条件下对社会主义建设道路进行探索和

---

① 参见陆南泉：《苏联经济体制改革史论》，人民出版社 2007 年版，第 255—263 页。

实践，但其冲破传统体制束缚、大胆探索新路的改革勇气是值得肯定的，其经验和教训也可为其他国家社会主义改革事业的推进提供参照和借鉴，在世界社会主义运动史上无疑具有重要的意义。

第二次世界大战后初期，南斯拉夫仿效苏联的做法搞工业化和集体化，制定"一五"计划来恢复遭到战争破坏的国民经济。1948年6月苏南关系彻底破裂、南斯拉夫共产党被开除出共产党和工人党情报局之后，南共为了证明自己走的是社会主义道路，一度强化本国的苏联模式，把全部工业和零售商业收归国有，在农村推进合作化运动，带来的却是生产、交换和分配遭到扭曲，群众的积极性被挫伤的不良后果。加上来自苏联东欧集团的政治压力、经济封锁和军事威胁，以及国内发生的严重的自然灾害，处境极其险恶。在这种历史背景下，南共开始冲破苏联模式的束缚，反思苏联模式的弊端。铁托旗帜鲜明地提出："我们选择自己的社会主义道路，而拒绝斯大林模式。"[1] 南共批评苏共"把重点放在强大的官僚国家机器上"，[2] 正确地认识到苏联模式的根本问题在于经济权力的高度集中和政治上的"官僚变形"，并据此确定了以自治为主要方向的改革思路。南共理论权威爱德华·卡德尔（Edvard Kardelj）指出：自治是所有社会主义运动的内在要求。没有自治也就没有社会主义。因为，自治是这样一种生产关系的表现形式，即劳动者在这种生产关系中可以获得从企业的经济政策到社会计划，对自己的劳动资料、劳动条件和劳动成果进行直接管理和施加直接影响的可能性。而这正是社会主义人际关系的实质。[3]1950年，南斯拉夫正式宣布工人自治的思想是南斯拉夫社会主义发展的基础和主要方向。经过几十年的不懈探索，把权力从国家向共和国和自治省、地方、企业不断下放，形成了比较系统的自治社会主义理论和政治经济体制，走出了一条极富特色的自治社会主义道路。

南共从马克思、恩格斯、列宁的论述中寻找自治社会主义的理论根据。首先，南共从《黑格尔法哲学批判》、《德意志意识形态》和《国际工人协会共同章程》等著作中汲取了马克思关于"工人阶级的解放应该由工人阶级自己去争取"的思想作为改革的理论基石，强调工人阶级作为革命的历史主体，只有经

---

① 转引自陈新明：《南斯拉夫自治社会主义的失败》，《当代世界与社会主义》2008年第6期。

② [南] P.弗兰尼茨基：《论南斯拉夫社会自治思想的理论基础》，《哲学译丛》1980年第6期。

③ 中国社会科学院苏联东欧研究所编：《南斯拉夫政治经济体制改革文献选编》（内部资料），第253页。

过自己的行动和实践，才能在解放全社会的同时也解放自身。其次，南共把马克思主义的"国家作为统治阶级的工具最终将消亡"的思想作为建设自治社会主义的理论前提。马克思和恩格斯在《哲学的贫困》、《共产党宣言》、《科学社会主义从空想到科学的发展》、《〈法兰西内战〉导言》等著作中反复强调，国家是阶级压迫的工具，必将随着阶级的消灭而消亡；无产阶级推翻资产阶级统治之后建立的无产阶级专政，不过是达到消灭一切阶级和进入无阶级社会的过渡。南共认为，无产阶级专政的国家政权承担着管理国家事务、组织社会经济的重任，在短期内存在是完全必要的，但要防止无产阶级专政从工人阶级的工具变成工人阶级的主人，就必须尽快促进国家职能的逐步消亡。南共还引证列宁的观点，强调国家消亡的次序先是国家的经济职能即强迫性劳动，然后是国家的惩罚机关和镇压机关，最后才是最尖锐的工具军队[1]，即国家的消亡首先从经济职能开始。南共提出，应把原本集中于国家的经济管理权力下放给地方和各级自治机构，把工厂和企业逐步交给工人集体来管理，借此推动国家经济职能的消亡。最后，南共从马克思主义关于建立自由生产者联合体的思想中找到了自治社会主义的实现途径。南共认为，在现行的国家所有制下，管理权过分集中所导致的管理者同劳动者、劳动者同生产资料相脱离，是南斯拉夫社会主义生产关系中的基本矛盾。这一矛盾的存在，束缚了企业和劳动者的积极性和创造性，阻碍了生产力的发展。要解决这个矛盾，就要从马克思和恩格斯在《论土地国有化》、《共产党宣言》等著作中所设想的未来社会的"自由平等的生产者联合的制度"着手，以生产者与生产资料直接结合的社会所有制取代国家所有制，在此基础上发展商品生产。

在实践中，南共领导下的南斯拉夫从 1949 年决定建立国营经济企业工人委员会，开始了工人自治的试点。从 1950 年开始，经过工人自治、社会自治和联合劳动三个阶段的不断发展，建立起了一套与苏联和其他东欧社会主义国家明显不同的自治社会主义模式。

改革的第一阶段是工人自治（1950—1963）。1950 年 6 月 27 日，南斯拉夫联邦国民议会颁布了《关于劳动集体管理国营经济企业和高级经济联合组织的基本法》，标志着工人自治阶段正式开始。这部被称为"工人自治法"的基

---

① 参见［苏］尼·伊·布哈林：《过渡时期经济学》，列宁批注，郑异凡、余大章译，重庆出版社 2016 年版，第 143 页。

本法规定，企业从国家行政机关管理改为由工人自治，工人先通过普遍、平等、直接、无记名投票的方式选举产生工人委员会，再由工人委员会选出管理委员会。工人委员会有权通过企业规章，批准企业的基本计划和决算，对企业管理和执行经济计划作出决定；有权讨论管理委员会的工作报告和各项措施并作出决议，并可罢免和撤换管理委员会及其成员。[1]在工人的权力扩大的同时，企业也被赋予了更多的自主权。它们可以自行组织生产过程，自行决定产品的数量、质量和类型，可以支配更高比例的企业收益用于扩大再生产和增加职工收入。国家承认商品生产和市场在社会主义条件下的作用，在经济管理中注意运用价值规律和市场机制，相继取消了联邦计划委员会和大多数联邦共和国的经济部、局，以非强制性的协商计划取代了指令性计划指标，取消了消费品价值管制和农产品统销制度，通过投资、税收、外贸、关税等经济手段引导企业与市场发生联系，提高企业的竞争力和经济的活力。在这一阶段，为了配合经济体制改革，南共在政治体制改革方面也采取了一些措施。一是精简联邦一级的国家机构，扩大各共和国和自治省的权力。二是改变领导干部由上级指定任命且无固定任期的做法，从中央到地方和基层的各级领导干部普遍实行选举制和任期制，明确了干部的权利、义务和职责，制定了对干部的培训、使用和考核的办法。三是改变党发挥作用的方式，实行党政职能分开，发挥议会、政府和社会团体的作用。1952年召开的南共第六次代表大会将党更名为"南斯拉夫共产主义者联盟"（以下简称"共盟"），将党的"领导作用"改为"引导作用"，宣布党的任务是对群众进行政治思想教育，采用说服的方法来影响其他组织机构。共盟改变了以党代政的做法，探索党政分开的领导体制，规定党政最高职务由不同的人来担任，解散了它在各级行政机构和社会文化机构中的组织，不再直接干预和处理政府工作。

改革的第二个阶段是社会自治（1963—1971）。1963年4月南联邦国民议会通过了第三部宪法，标志着改革进入了第二个阶段即社会自治的阶段。1963年宪法把除党和军队机关之外的其他国家机关和社会事业单位都纳入了自治的范围，在农业合作社、教育、科学、文化机构中广泛建立了与工人委员会类似的组织。工人自治制度也得到了完善，工业企业的独立性进一步增强，企业获

---

[1]　参见中国社会科学院苏联东欧研究所编：《南斯拉夫政治经济体制改革文献选编》（内部资料），第6—12页。

准保留更多的收入，在更大的范围内决定自己的内部事务。1964 年，政府取消了对企业收入的累进税。1965 年又将银行政策的名义控制权让渡给主要的企业和机构储户。与经济体制改革相适应，南斯拉夫在 20 世纪 60 年代末 70 年代初对政治体制进行了重大改革，重点是加强各共和国和自治省的权力和推进党内民主化。共和国和自治省的权力在这一阶段显著扩大。1968 年，南共把干部任免权完全下放给了各共和国和自治省，年底又取消了议会联邦院，将其全部权力移交给民族院，并明确规定民族院代表必须忠实地代表选派他们的议会的观点。1970 年 4 月，共盟主席团通过决议，承认各共和国和自治省拥有主权，而将联邦的权力限制在外交、国防、维持统一的国内市场、保持各共和国和各民族之间平等等领域。在党内生活方面，1964 年 12 月召开的共盟"八大"规定各共和国和自治省的党代会必须在全国党代会之前召开，选举产生本共和国、自治省的领导机构，并对重大问题作出决议，再交由全国党代会审议通过。这一规定体现了党内事务中的民族自治原则。共盟还强调了限制各级党委会的领导职务连选连任的原则，将党内领导职务终身制改为任期制和轮换制。1969 年 3 月，共盟"九大"制订的新章程中删去了下级组织服从上级组织的规定。

在改革的第三个阶段（1971 年后）即联合劳动阶段，南斯拉夫的自治制度在经济和政治领域都有了实质性的进展。1974 年宪法和 1976 年《联合劳动法》的通过和实施，标志着比较完整的社会主义自治制度的基本形成。在经济领域中，通过建立联合劳动组织将大、中型企业分解为较小的单位，不仅要推动劳动者与生产资料更加直接的结合和促进工人更直接地参与生产管理，而且要把整个经济生活纳入一个自愿的社会计划中来。联合劳动组织共分为三级。第一级是作为联合劳动的基本经济实体的联合劳动基层组织，第二级是由若干个联合劳动基层组织组成的联合劳动组织，第三级是由若干个彼此之间有经济联系的联合劳动组织共同组成的联合劳动复合组织。在政治领域中，通过实行代表团制密切政权与人民群众之间的联系，确保广大劳动者参与国家事务管理的权利得以实现。1974 年宪法规定，基层组织的代表团由本组织劳动者以无记名投票方式直接选举产生的成员组成，各基层组织代表团再从自己的成员中选出参加区议会、共和国和自治省议会直至联邦议会的代表。各级议会代表团均为常设机构，任期四年，其成员不得兼任政府职务，不得兼任两级议会的代表，也不得连续两次以上入选同一基层组织的代表团。各级议会代表必须经常性地接受代表团和基层自治组织的指导和监督，并与选民保持密切的联系。

经过 20 世纪 50 年代至 70 年代二十多年的建设，南斯拉夫自治社会主义已形成了自己独具特色的体制模式，有力地推动了南斯拉夫社会主义事业的发展，在较短的时间内使南斯拉夫从落后的农业国变为中等发达的工业国家。根据南斯拉夫联邦统计局公布的数据，"1950—1980 年社会总产值增加 5 倍，人均社会产值增加 3 倍，年均增长率为 6.3%，其中工业产值增长 11 倍，农业年均增长 3.8%。人口构成也发生了变化，城市人口从战前的 33% 上升到 71%。教育事业取得的成就尤为惊人，1979—1980 年度平均每一万人中在校大学生 201 人，居欧洲首位"[①]。当然，由于缺乏经验，南斯拉夫在自治社会主义建设中不可避免地遇到了一些问题。70 年代以后，南斯拉夫的经济增长速度逐步放缓，进入 80 年代，南斯拉夫的经济状况日益恶化，外债负担沉重，通货膨胀加剧，失业人数增多。在政治上，民族主义、地方主义倾向抬头，党的领导地位被削弱，威胁到了南斯拉夫作为一个多民族联邦国家的存续。这些问题的出现，表明自治社会主义模式仍不成熟，进一步深化改革势在必行。但无论如何，以铁托为首的南斯拉夫共产党人大胆探索符合本国国情的社会主义道路的勇气是值得称道的，他们在改革尝试中积累的经验和获得的教训都为世界社会主义运动提供了宝贵的借鉴。

三、东欧国家的改革

在苏共二十大和赫鲁晓夫改革的影响下，波兰、匈牙利等东欧社会主义国家决定走自己的道路，建立符合本国国情的社会主义体制模式，纷纷在 20 世纪 50 年代开始了改革，形成了第一波改革浪潮。60 年代至 70 年代，在苏联推行新经济体制的鼓舞下，东欧国家又掀起了新一波改革热潮，1968 年以杜布切克为首的捷共领导的"布拉格之春"改革运动，无论就其广度还是深度而言都前所未有，把东欧国家的改革推向了顶峰。随着这次改革因苏联的干涉而告失败，苏东社会主义国家改革的整体势头受到了遏制，相继放缓了改革的步伐。

波兰、匈牙利两国的改革都是在苏共二十大、赫鲁晓夫改革和国内流血事

---

① 赵杰：《南斯拉夫自治社会主义体制改革述略》，《南都学刊》1988 年第 2 期。

件的促动下发生的。波兰在 1956 年"波兹南事件"之后开始探索"通向社会主义的波兰道路",在 20 年间克服了重重阻力,不断对旧体制进行改革。1956 年哥穆尔卡复出之后,顺应群众的要求,对旧体制进行了改革。采取的主要举措有:在经济领域内,改变经济管理权过度集中的状况,削减国家下达给企业的指令性计划指标;扩大地方和企业的权力,把部分企业的管理权下放给省市,成立工人委员会,在企业内部实行工人自治;进行物质激励,通过发放奖金来调动职工的生产积极性;放弃全盘集体化,解散大量农民不满意的合作社。在政治上,恢复法制,平反冤假错案,削弱保安部门的权力;发扬民主,肯定议会的法律地位,允许在议会中就重大政策问题进行广泛的辩论。从 20 世纪 60 年代起,哥穆尔卡领导下的波兰统一工人党再次启动改革,进一步减少了指令性指标,建立了一些自负盈亏的联合公司,用赢利率作为标准来衡量企业的经营效果,更加注重运用价格、税收等经济杠杆。这些改革措施促进了波兰的经济发展,提高了人民的生活水平。但哥穆尔卡执政期间的改革缺乏深入的理论论证,干部群众的认识也不一致,导致实施过程中不断出现反复和倒退。70 年代初,盖莱克接替哥穆尔卡担任党的第一书记,开始了第三次体制改革。这次改革的力度较大,把企业的管理权下放给"大经济组织"联合公司,中央下达的指令性计划指标大多被取消,只保留了出口产品的销售额、国内市场供货额、投资最高限额三项。但是,在改革初见成效之后,盖莱克等党政领导人被胜利冲昏了头脑,不切实际地提出了"高速度、高投资、高消费"的三高经济发展战略,试图通过大量投资和举借外债来加速国民经济发展,在短时间内"再建一个波兰"。结果却适得其反,造成了国民经济比例失调,财政赤字增加,外债负担沉重的恶果。波兰的经济形势迅速恶化,国内市场供需矛盾尖锐,特别是食品供应紧张,严重影响了人民生活,群众对政府的不满情绪加剧。70 年代中期以后,波兰的经济体制重新回到了集中管理的轨道上,盖莱克的改革尝试以失败而告终。

与波兰相比,匈牙利的改革更有生命力,成效也更为显著。1956 年 10 月,匈牙利首都布达佩斯爆发了震惊世界的"十月事件",造成的死亡、外逃的人数多达 30 万,经济损失高达 220 亿福林。惨痛的教训,促使以卡达尔为首的匈牙利社会主义工人党痛下决心进行改革。匈牙利党领导的经济体制改革的第一阶段是 1956—1957 年,改革的主要内容是发挥市场作用来推动农业发展。具体做法是:取消农产品义务交售制,由国家按市场价格向农民购买;允许合作社成员拥有一定面积的自留地，开展自主经营，确保集体利益与个人利益较好地结合起来；减少指令性计划。1966 年，匈牙利党在时隔 10 年之后又开始了第二阶段的经济体制改革。这次，改革的重心放在了工业企业的计划与市场如何结合上。1966 年 5 月通过的《匈牙利社会主义工人党中央委员会关于经济体制改革的决议》明确指出，匈牙利经济体制改革的基本特点是"在生产资料社会主义所有制的基础上，把国民经济按计划发展的中央管理同商品关系和市场的积极作用有机地联系起来。"[①] 建立这种有机联系的目的，是"一方面在国民经济计划中仍由中央一级决定经济发展的主要指标和主要比例……另一方面则在社会主义经济总体中，保障给市场机制以更广泛的活动余地，即给供求价格以相互直接的影响，给卖者与买者之间真正的商品关系以广阔的活动余地。"[②] 在实践中，匈牙利党改革了各经济部门的计划、价格和工资体制，确保工业企业的经营管理获得了相对独立性。1979 年，匈牙利改革进入了第三个阶段，主要举措包括不再下达指令性计划，进一步推动价格改革，把部分大企业拆分成若干个中小企业以便形成市场竞争的局面，允许职工从事第二职业，等等。在政治体制方面，匈牙利党主要抓了以下几项改革。一是改革和完善了党的领导体制，舍弃了过去的包办代替的做法，强调党的领导作用要通过党对国家机关和社会团体的政治指导、对经济工作和社会活动的监督来体现，通过制定政策和说服教育的方式、发挥党员的模范作用来实现。要求党组织严格遵守民主集中制原则，发扬党内民主，实行集体领导，反对个人迷信。二是精简政府机构，撤销和合并一些部级机构，削减机关工作人员。三是加强社会主义法制，解散国家保安局，改组公检法机构；注重立法，先后制定和修订了宪法、刑法、劳动法、选举法等多部法律，颁布了大量法令和条例。四是实行广泛的联盟政策。匈牙利党在对"十月事件"进行深刻反思的基础上，提出了"谁不反对我们，谁就是同我们在一起"的著名口号，广泛团结党外人士、知识分子、信教群众和宗教界人士等社会群体。总之，在所有东欧国家中，匈牙利经济政治体制改革相对成功，虽然在市场经济、党政分开、干部制度等方面还存在着一些问题，但改革中的匈牙利保持了长期稳定的政治局面，促进了经济的

---

① 中国社会科学院苏联东欧研究所编：《匈牙利政治经济体制改革文献选编》（内部资料），第 27 页。

② 中国社会科学院苏联东欧研究所编：《匈牙利政治经济体制改革文献选编》（内部资料），第 27 页。

发展，积累了丰富的经验。

捷克斯洛伐克第二次世界大战前是一个较发达的工业国家，在战争中受到的破坏也不很严重，战后经过短暂的国民经济恢复期，到 1948 年经济就已基本恢复到战前水平。同年，捷共粉碎了资产阶级政党的政变图谋后独掌政权。此后，捷克斯洛伐克照搬照抄苏联经验，经济上实行指令性计划经济，排斥市场机制；政治上高度集中权力，对包括党的总书记斯兰斯基在内的质疑苏联体制模式的人进行清洗。结果，苏联模式的弊端很快就在捷克斯洛伐克显现出来。从 1953 年起，捷克斯洛伐克陷入了严重的经济困难，工业产值增幅下降，技术更新缓慢，生产效率低下；农业、轻工业发展滞后，消费品供应不足；工人实际收入下降，不满情绪加剧，发生了大规模上街游行和冲击政府机关的骚乱。面对这种情况，捷共成立了由国家计委主席直接领导的改革委员会，在 1956—1958 年进行了第一次全国性经济改革。改革的主要内容有：取消总产值指标，代之以劳动生产率指标等更科学的指标；赋予企业更大的投资自主权，允许企业使用部分利润提成进行自由投资；普遍实行奖励制度，借助物质利益加强对企业和职工的激励。[①] 这次改革旨在通过权力下放和开展物质刺激来提高经济增长率，没有彻底突破苏联模式的框框，同时外受苏联压制，内遭国内保守派掣肘，当然不可能取得实质性的进展。60 年代初，捷共的政策重新趋向集中化，曾经采取的改革措施大多被取消。不过，这次改革尝试中毕竟包含着一些积极因素，为下一步的改革积累了经验。

捷共从改革立场的后退造成了更严重的后果。1963—1967 年，捷克斯洛伐克的经济从低速增长到陷入停滞，五年计划不能按期完成，财政赤字高企，物价飞涨。在巨大的经济压力下，掌权的捷共保守派只得作出让步，于 1963 年再次成立全国经济改革委员会，由著名经济学家、改革派人士奥塔·希克（Ota Sik）担任委员会负责人，制定出了包括扩大企业在生产和投资领域中的自主权、逐步向市场机制过渡、企业收入和职工收入必须与市场上实现的经济成果挂钩等内容的经济改革方案。[②] 这个方案在当时看来非常激进，在捷共党内引发了严重的分歧，因而迟迟无法付诸实施。但随着 60 年代后期经济形势

---

① 参见 [捷] 奥塔·希克：《捷克斯洛伐克的经济改革和"布拉格之春"》，《苏联东欧问题》1981 年第 1 期。

② 参见 [捷] 奥塔·希克：《捷克斯洛伐克的经济改革和"布拉格之春"》，《苏联东欧问题》1981 年第 1 期。

的继续恶化和社会矛盾的进一步激化，捷共领导层内部权力斗争的天平逐渐向改革派倾斜。1968 年 1 月，亚历山大·杜布切克（Alexander Dubček）在捷共中央全会上当选为党中央第一书记，4 月召开的捷共中央全会又通过了《捷克斯洛伐克共产党行动纲领》（以下简称《行动纲领》），由此揭开了被称为"布拉格之春"的改革运动的序幕。

捷共提出的改革思路和举措有三个主要特点：一是不再迷信苏联模式，旗帜鲜明地强调探索符合本国国情的社会主义道路。《行动纲领》对捷共在旧的政治经济体制下所犯的错误进行了反思和批判，公开宣称要创造一套彻底从捷克斯洛伐克条件出发的新模式，寻找一条"捷克斯洛伐克通向社会主义的道路"，表达了改革苏联模式的坚定决心。二是从单纯的经济改革转向全面改革。《行动纲领》把改革扩展到政治领域，提出改革党和国家的领导制度，发展社会主义民主。三是深入开展经济体制改革，不是对原有经济体制进行小修小补，而是彻底改革指令性计划经济体制，实行有计划的市场经济。"布拉格之春"被勃列日涅夫视为对苏联模式的威胁和对苏联对社会主义阵营控制权的挑战，必欲除之而后快。1968 年 8 月 20 日夜，苏联、波兰、匈牙利、保加利亚和民主德国等华约成员国的 50 万大军入侵捷克斯洛伐克，占领了捷全境，扶植亲苏的保守派上台，将以杜布切克为首的改革派领导和几十万捷共党员清除出党，以武力扼杀了"布拉格之春"改革。

总体来看，苏联和东欧社会主义国家早在 20 世纪五六十年代就对苏联模式的典型特点——权力高度集中引起的问题有所认识，并针对这些问题进行了不同程度的改革，经济发展取得了一定成效，党内民主和人民民主有了一定发展。苏东国家在政治经济体制改革中积累的成功经验，如将计划与市场相结合、通过物质利益调动企业和劳动者积极性、发扬社会主义民主、完善社会主义法治等做法，不仅为它们此后探索社会主义模式开辟了道路，也为包括中国在内的其他社会主义国家推动改革事业提供了有益的借鉴。然而，同其他事物一样，社会主义改革不可能逾越时代的局限。对于像市场经济这样的改革中的核心问题而言，要在党内国内获得广泛认同是需要一个过程的，远远超出了五六十年代的认识水平。还应看到，在苏东阵营中，苏联的认识和态度对改革的命运是具有决定意义的。当苏联在改革理论和实践中尚未取得根本性突破的时候，东欧国家的改革也不可能获得实质性的进展。从赫鲁晓夫干涉匈牙利和波兰改革，到勃列日涅夫派出坦克碾碎捷克斯洛伐克的"布拉格之春"改革之梦，都证明了这一点。遗憾的是，苏联在扼杀东欧社会主义国家改革探索的同时，也窒息了本国社会主义的生机，使苏联模式中固有的矛盾长期得不到解决，积重难返，为 80 年代末 90 年代初的东欧剧变和苏联解体埋下了隐患。

第二节　苏联和东欧改革的理论成果

任何一次成功的改革都需要有正确的理论指导。20 世纪 50 年代至 70 年代，苏联和东欧社会主义国家的改革力量为了探索政治经济体制改革的新路径，针对苏联模式的主要弊端——权力过度集中展开了比较广泛的理论研究和探讨，提出了许多新观点新看法，虽然受到改革实践水平的限制和国内外保守势力的掣肘而未能在实质性上突破苏联模式的局限，但取得的理论成果为人们完整准确地理解马列主义并运用其有效地指导社会主义实践提供了可贵的经验，不仅对当时的改革起到了指导作用，而且对后来社会主义国家的改革也具有一定的启示意义。

一、对社会主义发展阶段的新认识

社会主义所处的发展阶段问题，是科学社会主义的一个基本理论问题，也是各国社会主义建设和改革中首先要面对的一个重大实践课题，是共产党人制定正确的路线、方针和政策的出发点和总依据。马克思早在《1844 年经济学哲学手稿》中就指出，未来的共产主义社会是分为不同阶段的。在 1875 年为批驳拉萨尔主义的错误观点而撰写的《哥达纲领批判》中，马克思比较集中地阐释了共产主义社会的阶段划分，明确提出无产阶级夺取政权后，未来社会的发展必然要经历三个阶段，第一个阶段是从资本主义向共产主义社会的过渡时期，"在资本主义社会和共产主义社会之间，有一个从前者变为后者的革命转变时期。同这个时期相适应的也有一个政治上的过渡时期，这个时期的国家

只能是无产阶级的革命专政。"①第二个阶段是共产主义社会的第一阶段，这个
阶段的社会性质虽已发生改变，但"它不是在它自身基础上已经发展了的，恰
好相反，是刚刚从资本主义社会中产生出来的，因此它在各方面，在经济、道
德和精神方面都还带着它脱胎出来的那个旧社会的痕迹。"②第三个阶段是共产
主义的高级阶段，即人类从必然王国向自由王国的飞跃。需要强调的是，马克
思主义的创始人马克思恩格斯始终把未来的社会看作不断变化和发展的社会，
认为"在将来某个特定的时刻应该做些什么，应该马上做些什么，这当然完全
取决于人们将不得不在其中活动的那个既定的历史环境"，③因此在相关论著中
对共产主义社会的发展阶段及其特点都只作了原则性的阐述。事实证明，马
克思恩格斯采取的这种态度是科学和严谨的。他们对未来社会基本特征和发
展阶段的预测，主要是建立在对西方资本主义国家进行观察和思考的基础之
上的，这与实践中无产阶级社会主义革命在经济文化相对落后的国家取得胜
利明显不同。此外，马克思恩格斯虽然积极投身于革命实践，但是毕竟没有
亲身经历过无产阶级夺取政权后的社会，自然也不可能根据那时的情况来探
索新社会的发展阶段问题，这个任务只能由从事社会主义建设和改革的实践
者们来承担。

　　列宁在领导俄国社会主义革命和建设的具体实践中，对未来社会的发展阶
段进行了深入的思考。他不仅把马克思说的"共产主义社会的第一阶段"称为
"社会主义社会"，把"共产主义社会的高级阶段"称为"共产主义社会"，总
结了生产资料公有制和按劳分配等社会主义社会的基本特征，并指出了社会主
义社会不同于共产主义社会的一些特点，如以工业化和电气化为物质技术基
础，生产资料公有制采取国家所有制和合作社集体所有制两种形式，实行按劳
分配原则的同时离不开商品货币关系；计划经济下仍需市场机制在一定领域内
发挥作用；等等。此外，他先后使用过"初级形式的社会主义""发达的社会
主义""完备形式的社会主义"等概念，用意并不在于创造科学完整的概念体系，
而是要强调落后国家建设社会主义需要经过成熟程度不同的几个阶段。列宁的
这些论断，丰富和发展了马克思恩格斯关于未来社会发展阶段的理论。遗憾的

---

① 《马克思恩格斯选集》第 3 卷，人民出版社 2012 年版，第 373 页。
② 《马克思恩格斯选集》第 3 卷，人民出版社 2012 年版，第 363 页。
③ 《马克思恩格斯选集》第 4 卷，人民出版社 2012 年版，第 541 页。

是，列宁领导的社会主义建设实践比较短暂，他对社会主义社会的许多论断同样是原则性的，许多设想也没有来得及付诸实践。

列宁逝世以后，苏联领导人出现了忽视经济文化落后的现实国情，超越阶段，急于向共产主义过渡的倾向。斯大林在 1936 年就宣布苏联建成了社会主义社会，1939 年在苏共十八大上进一步提出苏联已处在"逐渐过渡到共产主义的阶段"。[①] 1952 年 10 月苏共十九大通过的新党章明确提出："现在，苏联共产党的主要任务是：从社会主义逐步过渡到共产主义，最后建成共产主义社会。"[②] 赫鲁晓夫执政之初曾对急于向共产主义社会过渡的倾向提出批评，但后来他在超越阶段上比斯大林走得更远。1959 年，赫鲁晓夫在苏共二十一大上宣布，苏联已进入"全面展开共产主义建设时期"。[③] 1961 年，他在苏共二十二大提出了一个时间表，即苏联要在"20 年内基本建成共产主义社会"。[④] 赫鲁晓夫虽未具体说明苏联社会当时所处的社会主义发展阶段，但他的上述说法中所包含的逻辑是不言自明的，那就是苏联的社会主义社会已进入成熟和发达的阶段。勃列日涅夫执政后，提出了系统的"发达社会主义"理论。1967 年 11 月，他在庆祝十月革命 50 周年的大会报告中正式宣布苏联已建成了"发达的社会主义社会"，之后又在苏共二十四大报告等处多次重申这一论断，并对"发达的社会主义社会"的经济、政治和文化进行了阐释。1977 年，"发达的社会主义社会"被写入了苏联宪法。直到勃列日涅夫逝世后，继任的安德罗波夫才对苏联所处的社会主义发展阶段作出重大修正，将已建成发达社会主义社会的提法改为苏联正处于发达社会主义社会的"起点"，契尔年科执政的年代坚持了发达社会主义社会起点论，戈尔巴乔夫当政之初的看法也与契尔年科相同，在苏共二十七大之后才提出苏联只是"发展中的社会主义"。

东欧国家除南斯拉夫之外受苏联的影响都很深，在自身所处的社会主义发展阶段问题上大多持"发达的社会主义社会"的观点。保加利亚共产党在 1958 召开的党的"七大"上宣布实现了从资本主义向社会主义的过渡，1966

---

① 《苏联共产党代表大会、会议和中央全会决议汇编》第 5 分册，人民出版社 1958 年版，第 11 页。

② 《苏联共产党代表大会、会议和中央全会决议汇编》第 5 分册，人民出版社 1958 年版，第 298 页。

③ 《苏联共产党第二十一次代表大会主要文件》，人民出版社 1959 年版，第 158 页。

④ 《苏联共产党第二十二次代表大会主要文件》，人民出版社 1961 年版，第 216—217 页。

年的"九大"就提出"进一步建设发达的社会主义社会",随后又宣布要在20年内大体建成发达社会主义社会,然后开始向共产主义过渡。捷克斯洛伐克共产党早在1958年捷共"十一大"上就提出了建设发达社会主义社会的任务,1971年党的"十四大"强调指出,要沿着建设发达社会主义社会的道路前进。1976年"十五大"再次确认了建设发达社会主义社会的任务,捷克斯洛伐克从此进入了建设发达社会主义社会的阶段。在匈牙利,社会主义工人党在1961年提出了建设发达社会主义社会的任务,1975年党的"十一大"正式规定开始建设发达的社会主义社会,并规划了在未来的15—20年内建立发达的社会主义社会的时间表。在波兰,统一工人党总书记盖莱克在1973年召开的党的"六大"上第一次提出,70年代应当成为发达社会主义社会在波兰形成并继续前进的时期。在同年召开的波党第一次全国代表会议上,盖莱克又宣称,要用20年时间在波兰建设发达的社会主义社会。1975年波党的"七大"宣布,波兰进入了一个建设发达社会主义的新的更高阶段。德国统一社会党1959年在党的"五大"上宣布,民主德国已实现了从资本主义向社会主义的过渡,建立了社会主义基础。之后在1963年召开的"六大"和1967年的"七大"上都提出了建设发达社会主义的任务。1976年"九大"通过了新党纲,更加明确地提出了进一步建设发达社会主义社会,为逐步过渡到共产主义创造基本前提条件。罗马尼亚把社会主义原则确立之后的社会阶段称为"全面发展的社会主义社会"。这个概念是罗共在1969年召开的"十大"上提出的,1974年的罗共"十一大"明确指出,全面发展的社会主义社会从1971年开始建设,用20—25年时间建成。与苏联和其他东欧国家相比,南斯拉夫的社会主义发展阶段理论有明显不同。南斯拉夫把社会主义社会分为"行政社会主义"和"社会主义自治制度社会"两个阶段,由这两个阶段组成的社会主义社会只是从资本主义社会向共产主义社会过渡的一种社会形态。[①]

　　总之,虽然马克思、恩格斯、列宁等革命导师对社会主义社会的发展阶段作了科学的预测,但在经济文化相对落后的国家步入社会主义社会之后将要经历哪些发展阶段,还要由各国共产党人把马克思主义基本原理同本国的具体实际相结合,依据国情特别是生产力发展水平来探索本国社会主义所处的阶段,

---

[①]　参见周思源:《东欧国家社会主义发展阶段的理论简介》,《当代世界社会主义问题》1987年第4期。

这个过程必然是漫长的、艰辛的。就此而言，苏联和东欧社会主义国家在20世纪50年代至70年代的社会主义建设初期，由于缺乏经验，对社会主义发展阶段问题的认识存在偏差是难以避免的。所有的国家都没能摆脱超越阶段、急于向共产主义过渡的倾向，无论是苏联等国作出的"发达社会主义"判断，还是南斯拉夫设定的建设"自治社会主义"目标，都与当时它们的经济、政治、文化的实际发展水平相去甚远。在理论上对自身发展阶段的定位过高，导致许多苏东国家提出了不切实际的目标和任务，给它们的社会主义建设造成了严重的不良后果。

我们同时应当看到，苏联和东欧社会主义国家在经历了一个曲折的认识过程之后，积累了一些经验，也总结了不少教训，对超越阶段的错误作了一定程度的纠正，在社会主义发展阶段理论上提出了一些颇有价值的观点。概而言之，主要包括：第一，社会主义不是短暂的、过渡性的阶段，而是一个相当长的历史时期，其本身也要经过若干个发展阶段才能走向成熟。第二，在划分社会主义发展阶段的标准问题上，抛弃了过去那种脱离生产力水平来谈发展阶段的错误做法，转而以生产力发展水平为主要标准，在综合考量经济、政治、文化发展水平的基础上，对社会主义的发展阶段作出判断。第三，由于各国的国情不同、生产力发展水平各异，走上社会主义道路后所经历的发展阶段也不可能完全相同。

二、经济体制改革的理论

苏联模式的高度集中的指令性计划经济体制的最大特点，可归结为管理权限的高度集中化，管理方法的高度行政化。在这种体制模式下，中央的经济管理部门决定全部生产经营活动，制定出无所不包的指令性计划，依靠行政手段实行全面直接的指令性计划管理，[①] 地方、企业和个人缺乏生产经营的自主权，与劳动成果也缺乏直接联系，因而从事管理、参加劳动和改进技术的积极性、主动性不高，造成了企业经济效益低下和各种生产资源大量浪费。50—70年代苏东国家经济体制改革中的理论探讨就是围绕苏联模式的上述弊

---

① 参见陆南泉：《苏联经济体制改革史论》，人民出版社2007年版，第80—84页。

端展开的，虽然没有取得根本性的理论突破，但触及了社会主义经济生活中的许多规律问题。

第一，关于生产资料所有制和经营方式问题。所有制理论在马克思主义政治经济学中具有特殊重要的地位，它的发展与变化，对社会主义国家经济体制改革的方向和成效具有决定性的影响。按照马克思和恩格斯的设想，社会主义社会中"整个社会直接占有一切生产资料——土地、铁路、矿山、机器等等，让它们供全体成员共同使用，并为了全体成员的利益而共同使用"[①]，即所有制为单一公有制，生产资料由全体社会成员直接占有。不过，苏联和东欧不是马克思恩格斯预料的建立在高度发达生产力基础上的社会主义社会，而是在经济文化相对落后的条件下建设社会主义，其经济成分中是否仍然强调只有全民所有制和集体所有制两种公有制经济？国家所有制是否就是马克思恩格斯所说的社会所有制？生产资料的占有方式与经营方式有何区别和联系？这些理论问题都需要作出解答。然而，苏联和东欧社会主义国家的所有制理论一直存在着教条主义倾向。譬如认为社会主义社会中只有全民所有制和集体所有制两种所有制形式；再如把国家所有制等同于全民所有制甚至社会所有制，认为国家所有制是公有制的最高形式，主张国家作为全体人民的代表直接占有和支配生产资料；把集体所有制视为公有制的低级形式，一味好"大"求"公"，急于实现从集体所有制到全民所有制的过渡；等等。这些理论教条束缚了人们的头脑，对苏联东欧国家的建设和发展产生了消极影响。随着经济体制改革的推进，生产资料所有制问题被提上了议事日程。苏东国家对此进行了探索，提出了许多新的观点。其一，在社会主义社会的生产资料所有制结构问题上，认为在现有的生产力发展水平之下，仅靠单一的国家所有制的经济不可能满足全体社会成员不断增长的物质需求，所以不但要充分发挥公有制经济的另一个组成部分——集体经济的重要作用，而且要发挥个体经济的补充作用。匈牙利、波兰和民主德国都提出了在保证公有制和计划经济统治地位的前提下，让多种经济成分共存和发展。匈牙利社会主义工人党中央委员会在 1966 年 5 月通过了《关于经济体制改革的决议》，一面坚持"同时发展社会主义所有制的两种形式"，一面强调"在社会主义成分占绝对优势的同时，作为合法存在的私有成分，包括小手工业、零售商业、自产自销和非农民辅助经济仍有存在的必

---

① 《马克思恩格斯选集》第 4 卷，人民出版社 2012 年版，第 272 页。

要"。① 不过，苏联的经济理论仍排斥个体经济等非公有制经济，截至 20 世纪 70 年代末，这两种经济成分的从业者和产值在总人口和国民经济中所占比重均微乎其微。其二，在生产资料公有制的实现形式的问题上，对国家所有制进行了深入的思考，认识到了现行的国家所有制不能充分体现企业作为经营者和劳动者作为主人翁的地位，导致了社会主义经济缺乏活力的结果。苏联和多数东欧国家不赞成取消国家所有制，主张通过向企业下放权力来促使它们更多地参与对生产资料的支配和使用，以此调整和完善国家所有制。南斯拉夫的所有制理论创新力度最大，把国家所有制和社会所有制区别开来，强调在国家所有制下劳动者作为生产资料的所有者仍与生产资料和生产管理相分离，因而国家所有制是一种公有制的低级形式，必将被更能体现社会主义原则的社会所有制所取代。南共认为，当生产力发展水平有所提高，生产者具备了一定管理能力时，就应当推动国家所有制向更高级的公有制形式社会所有制过渡，把企业交给劳动者管理，让劳动者直接使用社会所有的生产资料进行劳动，并直接管理生产过程和支配劳动成果。其三，生产资料公有制可以采取多种经营方式。苏东各国认为，生产资料所有制决定着经济活动的方向，具有稳定性；生产资料的经营方式则是体现所有制的组织形式和机制，采取不同的经营方式不会改变生产资料所有制的性质。提出了公有制生产资料的经营方式多样化的任务，为 80 年代后开展所有权和经营权分开的改革做了理论准备。

第二，关于经济管理民主化问题。苏联模式下的经济管理强调中央集权，由中央通过行政手段进行管理。这种管理体制缺乏经济民主，不利于发挥劳动者的积极性和创造性，不利于提高企业的经济效益。50 年代南斯拉夫提出的自治社会主义理论在改革旧的集权体制、推动经济管理民主化方面走得最远，它所主张的工人自治、社会自治和联合劳动，极力强调工人和企业在生产经营中的决定权和自主权，实际上排斥了国家对经济生活的干预，是对国家通过行政手段管理经济的彻底否定。苏联和其他东欧国家看到了南斯拉夫的自治理论中存在的问题，即把企业和工人行使的直接经济民主与通过各级政府的经济管理和利益协调而形成的间接经济民主割裂开来、对立起来，在纠正过去的管理体制的偏差时，却造成了把自治绝对化、否定必要的干预和适当的集中的

---

① 中国社会科学院苏联东欧研究所编：《匈牙利政治经济体制改革文献选编》（内部资料），第 23 页。

倾向，容易产生国民经济发展的失调乃至失控的风险。苏东国家随后在它们自己的经济体制改革中，试图建立一种集权和分权相结合的经济管理体制，以期达到既能发挥企业作为微观经济主体的积极性和主动性，又能确保国家作为宏观经济决策者发挥调控作用的目标。在改革的基本思路上，呈现出精简管理层次、削弱行政部门的管理权限、扩大企业自主权和工人权力等共性特点。波兰在 20 世纪 50 年代就借鉴南斯拉夫的经验，引入了工人自治的概念，建立了工人委员会作为自治组织。罗马尼亚在 50 年代末开始建立工人生产会议，允许工人参与关于企业生产问题的讨论。匈牙利也在企业中成立了职工代表大会和企业委员会。在认识中央的集中管理和扩大企业自主权的关系时，匈牙利可以作为各国理论探索的典范。匈牙利一方面肯定其国民经济仍是公有制基础上的计划经济，经济体制改革的目标不是削弱中央的集中管理，而是提高中央管理的效率；另一方面，匈牙利又强调扩大企业自主权与加强中央的集中管理并不矛盾，而是相互促进的。只有扩大企业自主权，才能使中央计划摆脱经济活动中的细枝末节，把关注点放在重大经济问题上。纷繁复杂的微观经济活动交给企业，对于中央计划不到或计划不周的领域，反而能够进行有效调节。所以，中央计划的制订应以确定国民经济发展的主要目标和重大比例关系为基本任务，企业计划则应依据市场的供求状况和自身能力，考虑如何贯彻落实中央计划，二者并行不悖。

　　第三，关于商品生产、计划与市场关系问题。改革前的苏联模式采取指令性计划管理，忽视价值规律和市场调节的作用，不利于提高企业的经济效益，影响了国民经济发展的协调性。南斯拉夫在 50 年代的改革中率先提出了将市场经济与社会主义结合起来的问题，采取了许多被称为"市场社会主义"的举措，如用自治社会计划取代指令性计划，通过市场机制，利用价值规律来调节生产、流通和分配。赫鲁晓夫执政之初也采取了一些带有市场化倾向的改革措施，如以农产品采购制取代义务交售制，在工业领域内实行承包责任制等。不过，这些改革举措大多来自他在实际工作中的感受，没有对旧体制进行过深层次的理论思考，因而改革缺乏必要的理论论证和支撑。但在其执政后期，赫鲁晓夫对商品生产和利润问题进行了一些理论思考。1961 年 10 月，他在苏共二十二大报告中说："把物质刺激和精神刺激正确地结合起来——这是我们的方针，我们在整个共产主义建设时期的路线。当社会处在社会主义阶段的时候，不要按劳分配，不要商品货币关系以及像价格、利润、财政、信贷这样一些范畴是不行的"。[1] 1962 年，他授意《真理报》发表利别尔曼教授的《计划·利润·奖金》一文，并支持理论界围绕利别尔曼建议展开理论争鸣。这项建议的主旨就是加强利润刺激，主张在利润分配的基础上建立国家与企业的关系，提高企业的生产积极性。尽管利别尔曼建议尚未付诸实施，赫鲁晓夫就已被赶下了台，但这一建议对以后勃列日涅夫时代的柯西金新经济体制改革产生了明显的启发，并跨越了苏联一国的界限波及大多数东欧国家，对各国的社会主义经济体制改革向更深层次推进产生了积极影响。1963 年，捷克斯洛伐克经济改革委员会制订的改革方案中，就包含有向市场机制过渡、企业和职工的收入与经济成果挂钩等内容。而在匈牙利，如前文所述，社会主义工人党把本国经济体制改革的基本特点概括为："在生产资料社会主义所有制的基础上，把国民经济按计划发展的中央管理同商品关系和市场的积极作用有机地联系起来"。

三、政治体制改革的理论

苏联模式下政治体制高度集权的特点表现在政治生活的方方面面。在党政关系中，权力集中于党，党政不分，以党代政。国家权力机关和政府部门的重要决定均由党的决策机构及其领导人作出。在中央与地方的关系中，权力集中于中央，地方缺乏自主权。在党内，党的集体领导名存实亡，各级党组织的权力都集中在党委书记手里，形成从基层到中央的层层个人集权。在干部制度方面，实行自上而下的干部委任制和事实上的职务终身制，群众缺乏监督干部的有力手段。这样一套高度集权的政治体制的形成，既是十月革命后内忧外患的客观历史条件的结果，又是俄罗斯长期的历史文化传统使然。在粉碎国内外反动势力绞杀和巩固新生的无产阶级政权，奠定国民经济基础和发展重工业及军事工业，战胜德意日法西斯和战后迅速恢复经济的过程中，这套政治体制都展现出了独特的优势。不过，作为一种在准战时、战时和战后经济恢复期等非常时期的特定历史条件下建立和发展起来的政治体制，它不可避免地存在着局限性，随着时代的前进和社会的发展，个人崇拜盛行、党和政府官僚化、特权阶层滋生、民主和法制破坏等弊端日益显露出来，对其进行改革也就提上了社会

---

[1] 参见《苏联共产党代表大会文件汇编》，人民出版社 1961 年版。

主义国家的议事日程。20 世纪 50—70 年代，苏联和东欧国家对政治体制改革的理论思考主要围绕以下几个问题展开。

第一，关于党的领导地位和作用。确定党的地位和作用，是决定政治体制改革性质和方向的首要理论问题。无产阶级政党在社会主义社会中应当发挥什么作用？马克思恩格斯并未给出现成答案，因为根据他们的设想，无产阶级夺取政权后党会随着阶级和国家的消亡而消亡。十月革命前后，列宁反复强调党在社会主义建设中应发挥领导作用。斯大林坚持了列宁关于党的"领导作用"的说法，进而提出了党是无产阶级专政体系的"领导核心"和无产阶级的"最高组织形式"。赫鲁晓夫和勃列日涅夫也都强调党的领导地位和作用。苏共二十二大通过的党章明文规定，党是"苏联社会的领导力量和指导力量"。① 勃列日涅夫主持制定的 1977 年宪法也规定，党是"苏联社会政治体制的核心"和"一切国家机关和社会团体的核心"。② 东欧各国大都坚持党在国家政治生活中的领导地位，波兰、匈牙利、罗马尼亚、保加利亚、捷克斯洛伐克都在宪法中规定党是社会主义国家和社会的"领导力量"。③ 南斯拉夫共产党对党的地位和作用的看法在 50 年代初发生了明显变化。在 1952 年 11 月召开的南共"六大"上，南共更名为"南斯拉夫共产主义者联盟"，党的作用从"领导"变为"思想上的指导"。大会制定的《南斯拉夫共产主义者联盟章程》规定，党要"引导"劳动人民和被压迫民族奋斗。党的主要任务是"用社会主义的精神教育群众。"④ 南共的上述理论变化，是与它倡导的国家消亡理论和自治理论联系在一起的，与苏联和其他东欧国家有显著的区别。

第二，关于党政关系。南斯拉夫最早提出实行党政分开以解决党政不分、以党代政的问题。南共"六大"决议指出，南共在自己的工作中不是而且也不能是组织国家生活和社会生活的直接的实际领导者和管理者。这为"六大"以后采取的一系列党政分离的措施奠定了理论基础。1958 年 4 月，南共联盟"七大"通过的新党纲进一步明确"南斯拉夫共产主义者联盟对于政权机关和社会

---

① 《苏联共产党章程汇编》，求实出版社 1982 年版，第 201 页。

② 中国社会科学院苏联东欧研究所编：《苏联东欧国家政治体制及其改革》，求实出版社 1987 年版，第 12—13 页。

③ 1986 年，波兰统一工人党在党的十大决议中提出了党发挥三种作用的提法，即"对工人阶级、劳动者、人民的服务作用，对社会的指导作用，对国家的领导作用"。

④ 《南斯拉夫资料汇编》，世界知识出版社 1957 年版，第 1—2 页。

自治机关所遵循的基本原则不是发号施令，而是发挥公民的积极性和主动性以及共产主义者联盟盟员在执行社会主义建设任务，在维护社会利益和发展人与人之间新的社会主义关系等方面起个人模范作用"。[①] 赫鲁晓夫的改革中也包含着党政分开的内容，如提出要把党政最高领导职务分开，党政机构之间要进行分工。1961 年，苏共二十二大把"党组织不能代替苏维埃、工会、合作社和劳动者的其他社会团体，不允许混淆党的机关和其他机关的职能"[②] 写入党章。在苏联改革的影响下，东欧一些国家也开始尝试党政分开。匈牙利、波兰、保加利亚等国都有限制党政兼职，保证党政职务分开的相关规定。匈牙利、捷克斯洛伐克的认识更为深刻，在两国改革的标志性文献中都有涉及党政职能分开，要求党不包办具体行政工作和生产经营活动的内容。如匈牙利社会主义工人党在 1966 年通过的《关于经济体制改革的决议》中指出："党在经济生活中的领导作用体现在政治领导、协调和监督上。党在对社会、政治和经济进程作科学分析的基础上，制订社会、经济发展的主要目标，并通过组织和宣传工作促进主要目标的实现。党组织无论何时何地都不能取代经济组织的直接领导，而是将其领导建立在对经济领导（国家和企业领导）的工作指导上，以及共产党员的协调行动上。"[③] 捷共中央在 1968 年 4 月公布《行动纲领》中提出了改革党的领导方式的任务，强调党政机关应当分开，党不能包揽一切，不能直接管理行政，要保证国家机构、代议机构和司法机构的独立性，等等。

第三，关于社会主义民主与法制。鉴于苏联和一些东欧国家过去的党内外民主生活不正常，甚至发生个人崇拜和个人专断的深刻教训，苏东各国从 50 年代起对如何健全民主制度，落实广大党员和人民群众的民主权利作了理论思考。得出的基本经验包括：在党内贯彻民主集中制，恢复集体领导，加强党内监督，调动党员的积极性；在全社会健全法制，消除官僚主义和特权现象，密切党群关系，充分发扬社会主义民主。南斯拉夫高度重视政治民主，把自治原则贯彻到政治制度的各个环节和政治生活的各个方面，完善了民主选举制度、议会制度、党的集体领导制度，创设了代表团制，确保人民群众的意见和要求通过各种民主渠道得到反映。自赫鲁晓夫在苏共二十大上批判斯大林的个人崇

---

① 《南斯拉夫资料续编》，世界知识出版社 1958 年版，第 586 页。

② 中共中央党校党建研究室编：《苏联共产党章程汇编》，求实出版社 1982 年版，第 215 页。

③ 《匈牙利政治经济体制改革文献选编》，中国社会科学院苏联东欧研究所 1985 年编，第 54 页。

拜之后,苏共恢复了重大决策的集体领导制,按照党章定期召开党的代表大会、中央全会和主席团会议,苏共二十大通过的党章将集体领导制确定苏共的最高组织原则;健全法制,把安全部门置于党和政府的领导之下,加强了公检法机关建设,强调依法办事;扩大地方苏维埃的权力,将一些社会管理职能交给社会团体行使。捷克斯洛伐克的"布拉格之春"把发展社会主义民主作为政治体制改革的主题,宣布要保障宪法赋予公民的各项权利和自由,使人民能够监督党和政府、参与国家管理。改革思路是改变党的领导方式,发挥民族阵线表达和维护各阶级、阶层和集团利益的功能,健全法制,建立权力监督制约机制和民主参与机制。

第四,关于干部制度。高素质的干部队伍既是政治体制改革的重要内容,又是改革得以顺利实施的必要条件。因此,苏东国家在改革中都很注意完善干部制度。南斯拉夫对干部制度的大胆改革,包括废除干部任职终身制,实行任期制、轮换制和退休制;废除一定级别干部的任命制,实行招聘制;取消干部特权;推进干部年轻化和专业化等,为苏联和其他东欧国家改革干部制度提供了借鉴。赫鲁晓夫实行的干部任期制和按比例轮换制,显然受到了南斯拉夫经验的启发。不过,赫鲁晓夫不仅对各级干部的调整和更换的幅度更大,而且改革的目的是为了防止权力过分集中在少数人甚至一个人手中,"在个人迷信的道路上建立可靠的关卡",现实针对性更强。匈牙利也实行干部轮换制和任期制,把一些政府职务和社会职务向党外人士开放,还在文教科研卫生部门实行了招聘制。保加利亚共产党强调干部的专业素质和管理水平,建立了比较完善的干部考核评定制度和干部培训制度,并从60年代末起试行经济干部招聘选举制,即公开发布招聘信息,候选人自愿报名,经考察考试后,由招聘委员会无记名投票决定后交由上级任命。70年代后招聘选举制在基层经济干部的任用中广泛推开。

第三节 苏联和东欧改革实践的意义

20世纪50—70年代苏联东欧国家的改革虽然没有从根本上改变权力高度

集中的经济政治体制，但对苏联模式的窠臼有了不同程度的突破，取得了明显的实践效果。在世界社会主义运动中，实行苏联模式的不仅是苏联和东欧国家，中国、越南、老挝、朝鲜、古巴等社会主义国家在成立之初也不同程度地搬用了苏联模式的经济、政治和文化体制。这些社会主义国家同样面临着通过体制改革实现模式转换，消除苏联模式的弊端，建设具有本国特色社会主义的任务。因此，总结苏联和东欧改革的经验，汲取其教训，绝不仅仅是科学地认识历史的问题，而是关乎社会主义事业兴衰成败的重要的实践问题，具有非凡的现实意义。

一、苏联和东欧改革的成绩

苏联和东欧国家的改革虽然有差异，但其着力点都是发扬社会主义政治民主和经济民主，理顺党政关系、中央与地方的关系、计划与市场的关系，总的方向都是放权、让权。它们的改革从不同的方面，在不同的程度上触及了苏联模式的弊端，积累了许多成功的经验，在实践中起到了调动地方、基层和劳动者参与社会主义建设积极性的作用，是增强社会活力、发挥社会主义优越性的有益探索。

第一，苏联和东欧国家的改革打破了人们对苏联模式的迷信，使改革旧体制的必要性和重要性深入人心，推动了各国对建设具有本国特色社会主义道路的探索。社会主义本是一种历久弥新的社会制度，其生机和活力固然源于马克思主义理论的内在科学性，更是来自各国共产党人各具特色的理论探求和实践创造的结果。但是，苏联模式在其产生之后的一个相当长的时期内被奉为建设社会主义的唯一样板，对其稍加改变就被视作"离经叛道"而备受指责甚至遭到严酷的政治迫害。造成这种不正常现象的原因，除了苏联的大党主义、大国主义错误之外，无疑还包括苏东国家对马克思主义经典作家的某些论述的教条式理解，以及对本国国情缺乏客观清醒的认识。苏联和南斯拉夫、波兰、匈牙利、捷克斯洛伐克等国的改革，加深了各国共产党人对社会主义理论的理解，提升了他们把握本国国情的水平，推动着他们在冲破单一模式束缚、促进马克思主义基本原理同本国国情相结合的道路上迈出了可贵的一步。

第二，改革在一定程度上促进了苏东社会主义国家的政治进步。各国党在政治体制改革中普遍把批判个人崇拜和平反冤假错案作为突破口。不仅对斯大林的个人崇拜现象进行了尖锐的批判，而且意识到了个人崇拜并非领导者个人的错误所致，触及了个人崇拜产生的体制根源。如哥穆尔卡曾指出，个人崇拜是一种始于苏联、后来移植到所有共产党的明确地行使权力的制度。铁托也认为个人崇拜是制度的产物，并指出其根源有官僚主义组织机构，领导方法和一长制，以及忽视劳动群众作用和愿望等。① 大规模平反冤假错案是改革中的又一个顺应民心之举。赫鲁晓夫执政期间总共为 2000 多万人恢复了名誉，哥穆尔卡在重新担任波党中央第一书记之后从狱中释放了 7000 多名政治犯，匈牙利、罗马尼亚、捷克斯洛伐克等国也为 1948—1954 年期间政治清洗的大批受害者平反昭雪，此举大大缓和了社会矛盾，有利于凝聚改革共识。此外，一些政治体制改革的有益尝试，如干部选拔任用和退休制度改革、司法制度改革、选举制度改革、党的集体领导制度改革等尽管在推行过程中一度出现反复甚至倒退，但在经过实践检验之后得到了充分的肯定。还有一些改革举措如党政分开、精简政府机构等虽然暴露出了许多问题，但也为后来的改革提供了借鉴和启示。

第三，改革在一定历史时期内增强了苏联和东欧国家的综合国力，提高了人民的生活水平。1950 年，苏联的国民收入仅为美国的 31%，工业总产值为美国的 30%。20 世纪 70 年代中期之后，这两项指标已分别达到了美国的67% 和 80% 以上。同样的情况也出现在农业领域。苏联的农业总产值在 50 年代初仅相当于美国的 70%，70 年代后上升到了 85%。② 美苏差距在这一阶段进一步缩小。东欧国家在各自改革的"黄金时期"也取得了不凡的经济成就。波兰在执行得较好的 1956—1960 年五年计划期间，工业生产较之 1955 年增加了 59.6%，全国职工的实际工资增幅高达 29%，农业生产也增长了 20%。匈牙利在 1963—1973 年期间的国民收入比 50 年代翻了四番，工业总产值比 50年代增长了 7 倍，年均增长 6.5%—7%，农业也跻身世界前列，人民生活水平得到很大提高，年均消费水平以 5%—6% 的速度增长。③

---

① 参见蒲国良：《原苏联东欧社会主义国家政治体制改革的回顾与反思》，《当代世界与社会主义》2013 年第 3 期。

② 参见陆南泉、张础、陈义初等编：《苏联国民经济发展七十年》，机械工业出版社 1988 年版，第 3 页。

③ 参见刘邦义：《试论哥穆尔卡的改革——兼与卡达尔、杜布切克改革的比较》，《俄罗斯研究》1996 年第 4 期。

二、苏联和东欧改革的教训

在肯定 20 世纪 50—70 年代苏联和东欧国家改革成就的同时，我们更应该看到，这些国家没有抓住改革的良机，它们的经济政治体制改革中存在着很大的局限性，总体而言没有突破苏联模式的框架，只不过是对旧体制的修修补补，深层次的矛盾并没有得到根本解决，而是积累起来，成为导致 80 年代后经济增长率下降和社会陷入全面危机的巨大隐患，在社会主义国家的改革史上留下了深刻的教训。

第一，在理论上没有实现重大的突破。改革是不是在正确的理论指导下进行，是决定改革能否获得成功的关键。二十多年间苏联和东欧国家的改革之所以成效甚微，归根结底是因为对苏联模式的弊端及其导致的后果没有清醒的理论认识，没能把计划经济和市场经济与社会基本制度剥离开来，没能认识到民主是社会主义政治的本质要求，当然不可能下定全面、彻底地改革苏联模式的决心。赫鲁晓夫虽然揭批了斯大林，但是他"揭露的、批判的并力图战而胜之的是斯大林，而不是斯大林主义"，[①] 表明他对于斯大林执政年代形成的苏联模式其实是继承多于批判，所以他的改革注定是肤浅的、片面的。勃列日涅夫当政之初也作过一些改革尝试，但他在理论上更保守，在改革中"往往是一只脚向民主迈进，另一只脚却陷入教条主义和主观主义的泥潭"，[②] 致使苏联模式在他的任内日益僵化。与苏联相比，东欧国家对苏联模式的政治经济体制的改革更加多样化，也更富于活力。然而，总体而言东欧国家仍把计划经济视为社会主义经济的本质特征，因而在经济体制改革中止步于向企业放权和有限地发挥市场机制的作用，无法建立有效的市场机制而真正赋予企业活力，在政治体制改革中也没有找到扩大社会主义民主的有效途径。在外受苏联压制、内有反对派掣肘的情况下，东欧各国的改革自然难以奏效。

第二，在改革中缺乏整体谋划，无法做到各领域改革协调推进和有序实施。同其他类型的社会一样，社会主义社会也是经济基础和上层建筑的统一

---

① [俄] 格·阿·阿尔巴托夫：《苏联政治内幕：知情者的见证》，徐葵等译，新华出版社 1998 年版，第 139 页。

② [苏] 尤·阿克秀金：《赫鲁晓夫——同时代人的回忆》，李树柏等译，东方出版社 1990 年版，第 3 页。

体。进行体制改革时，往往会产生牵一发而动全身的效果。这就要求改革的领导者高屋建瓴，对改革进行通盘设计，协调推进各领域的改革特别是经济体制改革和政治体制改革，避免出现一个领域的改革滞后影响其他领域改革的情况。但在苏联东欧国家，改革多为在实际工作中遇到困难之后采取的应对之策，缺乏深入的理论思考和计划的整体性。赫鲁晓夫的许多心血来潮的改革措施在这一点上表现得尤为明显。除全盘谋划外，改革还需要按步骤有序实施。为确保达到预期成效，重要的改革措施推出之前最好进行试点，俟其成功后再加以推广。匈牙利、保加利亚等国在这方面积累了一些成功的经验，但苏联和多数东欧国家在改革中都出现过混乱局面，结果自然是事与愿违。

第三，改革趋向于自我封闭，没有与世界大势联系起来。20世纪50年代之后，以电子技术和信息技术为先导的新科技革命迅猛发展，为生产力的高速发展创造了前提和基础；全球化的进程大大加速，世界各国的经济文化交流更加频繁。在这种时代条件下，任何一个国家都不可能在封闭状态下求得发展。对于志在赶超西方发达资本主义国家的苏联和东欧国家来说，新技术革命和全球化是难得的历史机遇。遗憾的是，它们没有抓住这次历史机遇，没能通过对外开放引进自身发展急需的资金、先进技术和管理经验，也没能实现从追求数量扩张的粗放型经济到强调科技含量的集约型、知识型经济的转变。究其原因，仍是苏东国家决策者的思想僵化和教条主义所致。他们过分强调与资本主义国家的意识形态差异，努力避免与西方国家发生经济联系，生产出来的产品只用于满足国内市场和社会主义阵营的内部需求而不参与国际竞争，使企业丧失了改进技术和开发新产品的动力，造成了劳动生产率低下、生产和管理技术落后、产品质量低劣的恶果。长期自外于世界市场的结果，是日益固化、僵化的苏联模式越来越难以适应全球化和新科技革命的内在要求，苏东各国也在与西方国家的竞争中处于越来越不利的地位。

第四，没有充分发动人民群众参与到改革的进程中来。苏联模式弊端的一个重要表现，是人民群众因处于无权地位而不能积极主动地参与经济政治生活。苏东国家实行的自上而下的改革并没有改变这种状况。一方面，人民当家作主的政治权力长期得不到贯彻落实，他们的愿望和要求只能通过有限的渠道被动地反映到改革之中，参与改革的积极性自然会受到极大影响；另一方面，苏东国家没有把提高人民生活水平放到改革的首要位置上来。苏联模式以重工业尤其是军事工业为中心的经济发展战略是在反对帝国主义国家武装干涉和德国法西斯侵略的背景下形成的，在和平与发展成为新的时代主题后本应立即进行调整。然而在第二次世界大战结束之后的几十年中，苏联为了同美国争夺世界霸权而继续扩充军备，致使严重失调的国民经济比例迟迟得不到修正，农业和轻工业发展相对滞后，日用消费品供应紧张，人民生活长期得不到改善，对改革的关心程度下降。历史证明，只有在党和国家的高层领导与基层群众之间通过良好的双向互动形成了合力时，改革才能成为不可抗拒的历史潮流，达到预期的效果。没有了群众的支持和参与，改革也就成了无源之水、无本之木，这是苏联和东欧国家改革失败的一条重要的教训。

三、苏联和东欧改革的国际影响

苏联和东欧国家 20 世纪 50—70 年代改革所产生的国际影响，主要体现在对以中国为代表的社会主义国家和社会主义力量的启示之中。事实上，中国和其他社会主义国家的共产党人在 80 年代后的改革中取得的理论突破和实践成果，没有一个不是建立在汲取苏东国家的经验教训的基础之上的，中国共产党更是其中的卓越典范。正是通过反思和借鉴苏东国家的改革理论和实践，中国共产党人开启了改革开放的伟大历史进程，形成了中国特色社会主义理论，创建了中国特色社会主义。中国改革开放的成功经验择其要者，就是明确了苏联模式的弊端并以之为改革目标，在科学认识本国社会主义所处的发展阶段的基础上，开展社会主义市场经济体制和民主政治体制建设。

中国的改革改的就是苏联模式的弊端，对此中国共产党人有着清醒的认识。早在 1978 年 9 月，邓小平同志就明确指出："从总的状况来说，我们国家的体制，包括机构体制等，基本上是从苏联来的，是一种落后的东西，人浮于事，机构重叠，官僚主义发展。文化大革命以前就这样。一件事人多了，转圈子。有好多体制问题要重新考虑。""多少年来，就是文化大革命以前，我们的脑筋开动得也不够，这些年来思想僵化了。企业管理，过去是苏联那一套，没有跳出那个圈子。"[1] 这表明他在改革开放之前，就已经从苏联模式政治经济体制弊端的角度来看待我国社会主义建设初期发生的失误，明确了改革的主攻目

---

[1] 《邓小平思想年谱（一九七五——九九七）》，中央文献出版社 1998 年版，第 77—78 页。

标。1982 年，邓小平在党的十二大开幕词中宣布，"把马克思主义的普遍真理同我国的具体实际结合起来，走自己的路，建设有中国特色的社会主义，这就是我们总结长期历史经验得出的基本结论"，^① 旗帜鲜明地提出了党在新时期的总任务和改革的总纲领。1988 年 5 月，邓小平再次强调："我们过去照搬苏联搞社会主义的模式，带来很多问题。我们很早就发现了，但没有解决好。我们现在要解决好这个问题，我们要建设的是具有中国自己特色的社会主义"，^② 在苏联和东欧各国已是积重难返、濒临解体的情况下，廓清了思想认识，重申了我国改革开放的初衷。

中国共产党人吸取了苏东国家过高估计自身所处的社会主义发展阶段的教训，把社会主义初级阶段作为自己改革和建设的总依据，使自己的发展目标和发展战略更加切合实际。1981 年 6 月，党的十一届六中全会通过的《关于建国以来党的若干历史问题的决议》第一次提出"我们的社会主义制度还是处于初级的阶段"，"我们的社会主义制度由比较不完善到比较完善，必然要经历一个长久的过程"。^③ 1982 年 9 月，党的十二大报告明确指出："我国的社会主义社会现在还处在初级发展阶段，物质文明不发达。"^④ 党的十三大对社会主义初级阶段理论进行了系统的论述，阐明了社会主义初级阶段的内涵、主要矛盾以及矛盾的解决途径，制定了党在这个阶段的基本路线。社会主义初级阶段理论的创立，为在经济文化落后的国家建设社会主义的难题提供了理论解答，深化和发展了马克思主义关于未来社会发展阶段的理论；摆脱了苏东国家长期以来存在的超越历史阶段的"左"的倾向影响，为我们党制定科学的经济社会发展目标和政策提供了根本依据。

苏东国家把社会主义与市场因素相结合的有关探索，特别是东欧国家在改革中创造的"市场社会主义"模式，成为中国和越南等社会主义国家在 20 世纪七八十年代经济体制改革初期的重要参照。以匈牙利为代表的东欧国家在改革中对"市场社会主义"理论探索与实践尝试，其本质是要把市场机制引入计划经济体制，在宏观层面上保持国有经济的统治地位和计划经济的总体框架，在微观层面上则引进市场因素，给企业更多的自主权。从东欧的经验出

① 《邓小平文选》第 3 卷，人民出版社 1993 年版，第 3 页。
② 《邓小平文选》第 3 卷，人民出版社 1993 年版，第 261 页。
③ 《关于建国以来党的若干历史问题的决议》，中共党史出版社 2012 年版，第 116 页。
④ 《中国共产党第十二次全国代表大会文件汇编》，人民出版社 1982 年版，第 29 页。

发，中国的经济体制改革从一开始就破除了完全排斥市场调节的僵化的计划经济观念，把"计划经济为主，市场调节为辅"作为改革的最初思路。邓小平在1979年提出了"社会主义也可以搞市场经济"，[①] 1981年党的十一届六中全会通过的《关于建国以来党的若干历史问题的决议》中提出："必须在公有制基础上实行计划经济，同时发挥市场调节的辅助作用。要大力发展社会主义商品生产和商品交换。"[②] 1982年党的十二大进一步提出了"计划经济为主，市场调节为辅"的原则。这些都体现了在坚持计划经济的前提下利用市场机制和价值规律的思路。中国共产党人并未止步于苏联和东欧国家的经验，而是随着改革开放实践进展不断推进对社会主义经济体制的探索，逐渐深化对计划与市场关系的认识。1984年党的十二届三中全会通过的《中共中央关于经济体制改革的决定》得出了"商品经济的充分发展，是社会经济发展的不可逾越的阶段，是实现我国经济现代化的必要条件"的崭新认识，提出了社会主义计划经济"是在公有制基础上的有计划的商品经济"的重要论断。[③] 1987年党的十三大作出了新的概括："社会主义有计划商品经济的体制，应该是计划和市场内在统一的体制"，"计划和市场的作用范围都是覆盖全社会的"。[④] 这就突破了"主辅论"，使市场成为与计划同一层次的范畴。1992年邓小平发表"南方谈话"，明确提出："计划多一点还是市场多一点，不是社会主义与资本主义的本质区别。计划经济不等于社会主义，资本主义也有计划；市场经济不等于资本主义，社会主义也有市场。计划和市场都是经济手段。"[⑤] 从根本上破除了把计划经济和市场经济看作属于社会基本制度范畴的理论束缚，实现了从计划经济到市场经济的理论飞跃，明确了建立社会主义市场经济体制的改革目标模式。除作为经济理论方面的借鉴外，苏东国家在经济体制改革中的一些具体做法，如把农业作为改革的突破口，建立各种生产经营责任制等，也为中国和越南等社会主义国家的改革实践提供了启示。

在政治体制改革方面，苏联和东欧国家在50—70年代的改革虽然限于各种主客观因素没能取得实质性的进展，但改革苏联模式下权力过分集中的党政

① 《邓小平文选》第2卷，人民出版社1993年版，第236页。
② 《三中全会以来重要文献选编》（下），人民出版社1982年版，第841页。
③ 参见《新时期经济体制改革重要文献选编》（上），中央文献出版社1998年版，第277页。
④ 《新时期经济体制改革重要文献选编》（上），中央文献出版社1998年版，第478—479页。
⑤ 《邓小平文选》第3卷，人民出版社1993年版，第373页。

领导体制的大方向已十分清晰，反对个人崇拜、发展社会主义民主和健全社会主义法制、正确处理党政关系、正确处理中央和地方关系等改革的基本命题也已确定，为中国和其他社会主义国家 80 年代的改革积累了经验。党的十一届三中全会之后，以邓小平同志为核心的第二代中央领导集体对社会主义国家党的建设和政权建设的经验教训进行了深刻反思，认识到仿效苏联政治体制建立起来的高度集权的政治体制存在着很多弊端。1980 年 8 月 18 日邓小平发表了题为《党和国家领导制度的改革》重要讲话，指出"从党和国家的领导制度、干部制度方面来说，主要的弊端就是官僚主义现象，权力过分集中的现象，家长制现象，干部领导职务终身制现象和形形色色的特权现象"，[①] 找到了旧体制的总病根；吸取了斯大林破坏社会主义法制的教训，认识到"领导制度、组织制度问题更带有根本性、全局性、稳定性和长期性"，[②] 确定了"切实改革并完善党和国家的制度，从制度上保证党和国家政治生活的民主化、经济管理的民主化、整个社会生活的民主化，促进现代化建设事业的顺利发展"[③] 的根本任务；提出了"认真调查研究，比较各国的经验，集思广益，提出切实可行的方案和措施"[④] 的要求，明确了实行民主集中制、理顺党政分工、实现中央与地方合理分权、推动干部"四化"等改革思路。《党和国家领导制度的改革》系统阐述了党和国家领导制度改革的基本思想，为我国的政治体制改革定下了基调。随后，党中央采取了几项重大举措来推动政治体制改革，主要包括：废除领导干部终身制，建立干部离退休制度；实行党政分开，减少党政干部兼职，明确党和政府各自的职能和工作范围；下放权力，划清中央和地方的职权范围，中央决定大政方针和原则问题，把不适宜中央办的事情下放给各级地方政府、基层企事业单位的和人民群众，等等。

总结本章的内容可以看出，苏联模式确实曾有过值得肯定的丰功伟绩，对社会主义国家的历史乃至人类历史都作出了不可磨灭的贡献。但当它适用的准战时、战时、战后恢复期等非常时期的特殊历史情境时过境迁时，苏联模式被证明无法承担起建设现代化的社会主义经济、发展高度的社会主义民主政治以及满足人民群众日益丰富的物质文化需求的历史任务，而苏联和东欧国家在

---

① 《邓小平文选》第 2 卷，人民出版社 1994 年版，第 327 页。
② 《邓小平文选》第 2 卷，人民出版社 1994 年版，第 333 页。
③ 《邓小平文选》第 2 卷，人民出版社 1994 年版，第 336 页。
④ 《邓小平文选》第 2 卷，人民出版社 1994 年版，第 336 页。

20 世纪 50—70 年代进行的有限改革又未能从根本上突破原有体制的框架，为 80、90 年代的剧变埋下了隐患。这给了我们深刻的启示，任何一种社会主义模式，即便有其理论和历史的必然性与合理性，可一旦超出了该模式产生、发展的时代条件和国情基础，成为一种绝对化的东西，就会引发一系列的问题。这时如果墨守成规不进行改革或者裹足不前不能将改革进行到底，就无法克服旧体制模式的弊端，难以展示社会主义制度具有的优越性。只有像中国共产党人那样，将马克思主义基本原理与本国的国情和人民群众的实际需要结合起来，以巨大的理论勇气和高度的政治智慧，积极稳妥地改革和完善社会主义体制机制，才能使社会主义的理论和实践适应时代的发展和人民的要求，在新的历史阶段不断获得生机和活力。

第九章　其他社会主义国家的马克思主义

从第二次世界大战结束到 20 世纪 70 年代末期，除东欧各社会主义国家和中国在探索适合本国国情的社会主义建设道路外，世界上其他社会主义国家执政的共产党也在把马克思主义基本原理与本国实际相结合，探索适合本国国情的社会主义建设道路，并把这种探索积累的经验上升到马克思主义的高度，用自身的实践创新和理论创新，丰富和发展了马克思主义。

第一节　亚洲：越南、朝鲜、老挝的社会主义思想

越南、朝鲜、老挝是第二次世界大战后建立起来的至今仍然在坚持走社会主义道路的亚洲国家，这些国家同中国一样，仍然处于不发达的社会主义阶段。这些国家在探索适合本国国情的社会主义建设道路的过程中，也形成了各具特色的马克思主义观和社会主义思想。

一、越南的胡志明思想

位于印支半岛东部的越南是一个美丽富饶、有着悠久文明历史的国家。从

19 世纪开始，法国不断地侵略蚕食越南。1885 年，中法战争结束，清政府与法国签订《中法新约》，放弃了对越南的宗主权，越南正式沦为法国的殖民地。第二次世界大战期间，日本帝国主义占领越南，取代了法国殖民者的统治。1945 年 8 月 19 日，在胡志明和越南共产党的领导下，越南人民举行全国总起义，取得"八月革命"的伟大胜利，并成立了越南民主共和国。但在 1946 年 12 月，法国再次占领了越南。此后，以胡志明为首的越南共产党领导人民开展了英勇的抗法斗争，并于 1954 年取得具有决定性意义的奠边府战役的胜利，迫使法国侵略者签订关于同意撤军的《日内瓦协议》。根据该协议，越南以北纬 17 度线为临时军事分界线，分界线以南的地区在美国的支持下组成南越政权，实行资本主义制度，北方在苏联和中国的帮助下，建设社会主义。1965 年美国发动侵略越南的战争。越南党和人民经过长达 10 年的浴血奋战，于 1975 年取得了抗美战争的胜利，实现了南北统一。1976 年，统一的越南社会主义共和国成立。

在越南人民为实现民族独立与国家统一而进行的奋斗中，作为越南共产党领袖的胡志明居功至伟，他成功地领导了越南的社会主义革命和越南北方的社会主义建设。胡志明（1890—1969 年），1890 年 5 月出生于越南义安省，他早年当过教师、海员和杂役，1920 年在法国加入共产党，1923 年到苏联学习，1924 年参加共产国际五大，同年年底至 1927 年在中国进行革命活动。1930 年 2 月，他领导成立印度支那共产党（即后来的越南共产党、老挝共产党和柬埔寨共产党）。1941 年发起建立越南独立同盟，领导反对法国殖民者和日本帝国主义的斗争。胡志明于 1945 年 9 月 2 日在河内宣布越南民主共和国成立，并出任临时政府主席。1946 年 3 月当选为越南民主共和国主席、总理。1951 年 2 月当选为越南劳动党主席。1945 年至 1954 年间，他领导了抗法战争；20 世纪 60 年代又带领越南人民进行了抗美救国战争。1969 年 9 月在河内逝世。在长期的革命斗争中，胡志明根据越南本国国情和风云变幻的国际形势，创造性地将马克思列宁主义和越南本国的革命实际结合起来，实现了马克思列宁主义在越南的本土化，形成了胡志明思想。

（一）关于民族解放革命的理论

领导越南的民族解放革命是胡志明毕生的事业。在这个过程中，胡志明既遵循列宁关于殖民地问题的理论，也自觉地从越南本身的历史和现状出发，形成了一套具有鲜明的本国特色的民族解放革命理论。

第一，在民族解放斗争中，既要独立自主也要争取外援。受到马克思的"无产阶级自我解放"理论、列宁殖民地问题理论的启发和共产国际的影响，胡志明提出了"民族自我解放的思想"，即要以自己的力量解放自己，不能把民族解放的希望寄托于西方宗主国。1921 年 7 月，胡志明在巴黎的殖民地各民族联合会上指出："请允许我们依照马克思的话对你们说，只有自己起来斗争，才有希望获得解放。"① 他在生前曾多次鼓舞越南人民要勇于反抗殖民统治，"像法国人在 1789 年所曾做过的和今天革命的无产阶级所做的一样，组织起来并进行斗争，以夺取这些政权"。② 他强调指出："殖民地民族解放革命不是完全附属于宗主国革命，越南人民完全可以主动站起来，'以我们的力量解放自己'"。③

另外，胡志明也并不否认国际无产阶级的援助对于越南本国革命的巨大帮助，认为共产国际应该帮助殖民地国家人民组织起来，并为他们的解放运动提供指导。列宁强调："各国共产党必须直接帮助附属的或没有平等权利的民族（例如爱尔兰人、美国的黑人等）和殖民地的革命运动。"④ 根据列宁的这个重要观点，胡志明在立足于依靠本国革命力量的基础上，十分重视国际无产阶级的外部援助。他利用自己的共产国际成员的身份和各种机会，督促共产国际和宗主国的无产阶级关注殖民地问题。胡志明在 1924 年召开的共产国际第五次代表大会上，强调共产国际对殖民地解放运动的责任，呼吁"共产国际必须协助他们（殖民地农民）组织起来，必须供给他们以领导干部，指导他们走向革命和解放。"⑤ 在同年发表的《俄国革命与各殖民地民族》中，他强调要"使殖民地各个民族——向来彼此涣散——更加相互了解和相互团结，由此，为日后东方各国间的联合奠定基础。这个联合是无产阶级革命的臂膀之一"。⑥

第二，在革命性质的问题上，强调民族解放的特殊重要性。胡志明是重视

---

① 《胡志明选集》第 1 卷，越南外文出版社 1962 年版，第 219 页。

② 《胡志明选集》第 1 卷，越南外文出版社 1962 年版，第 73 页。

③ ［越］武元甲：《胡志明思想——若干重要的创见》，《共产主义杂志》1996 年第 19 期。

④ 《列宁全集》第 39 卷，人民出版社 2017 年版，第 166 页。

⑤ 《胡志明选集》第 1 卷，越南外文出版社 1962 年版，第 52 页。

⑥ 《胡志明选集》第 1 卷，越南外文出版社 1962 年版，第 184 页。

民族斗争的革命家。他将越南革命定位于反帝民族革命,并强调要与帝国主义国家无产阶级革命相互配合、相互支援。在印支共成立大会上通过的《简要政纲》和会后发表的《印度支那共产党成立号召书》中,胡志明为越南民族民主革命提出了一条正确的路线。这一路线是从越南的半殖民地和半封建国家性质出发,确定越南新型资产阶级民主的革命性质,其革命任务是推翻帝国主义和封建主义的压迫统治,使越南完全独立,从而不经过资本主义发展阶段而直接走向社会主义。20 世纪 20 年代末 30 年代初,在共产国际六大的左倾路线的影响下,印度支那共产党的政策将阶级斗争、社会革命置于民族革命之上,而且在打倒帝国主义和封建势力的两个主要任务之间,没有明确首要任务,这直接导致 1930—1931 年印支共发动过左的工农运动,伤害了广大原本可以团结的富农、中小地主和中小资产者。经过印度支那共产党一届六中、七中全会的反思,直到 1941 年 5 月 19 日由胡志明亲自主持的印度支那共产党一届八中全会,该党的革命路线才重新回到"民族革命高于阶级斗争"的正确方向,一届八中全会强调了民族解放的口号,成立了越南独立同盟阵线。一届八中全会"实质修正了以往的二阶段革命论,明确地提出当前革命任务只限于民族解放,而非民族民主主义革命"。[①] 它所作的战略、策略大调整,将民族解放问题提到前所未有的高度,"对八月革命的胜利有着决定性的意义"。[②]

第三,在革命道路的问题上,把中心城市武装起义与农村包围城市结合起来。越南具有和中国相似的国情,印支共也具有和中共类似的经历。所有这些,都促使印支共注意借鉴中国革命的经验。至于早在 20 年代后期就在一些重要问题上同毛泽东不谋而合的胡志明,更是十分重视学习中国革命的经验教训。中越两国最大的历史共同点就是农民占全国人口的大多数,这是作为革命领导者的无产阶级必须要团结的对象。胡志明在《对殖民地问题的几点意见》里直接抨击"宗主国的无产阶级对殖民地的情况漠不关心",[③] 指出在法国各殖民地中,殖民地农民的奋起已经成熟,农民是革命的一个重要因素。"如果说目前农民仍处在消极状态,那是因为他们没有组织起来,缺乏

---

① [日]白石昌也:《越南:革命与建设》,月旦出版社 1994 年版,第 60 页。
② 越南共产党中央委员会党史研究会:《越南共产党历史》,真理出版社 1981 年版,第 339 页。
③ 《胡志明选集》第 1 卷,越南外文出版社 1962 年版,第 5 页。

领导人"。①

1927 年，胡志明在关于农民问题的专文中明确指出："在农业国和半农业国，如果革命无产阶级没有广大农民群众的积极支持，无产阶级革命的胜利是不可能的。……无产阶级在革命中的决定性盟友将是农民大众。"②他还特别强调，中国 1927 年革命失败的决定性因素之一，即中共不够重视农民问题，对待农民的政策不当，总结"广州革命失败的一个原因就是无产阶级在城市起义而外围无重大的农民革命运动。而且中国许多省份（如山东）的农民起义失败的主要原因是没有与工业中心的工人阶级革命运动相配合，没有得到城市无产阶级运动的支持。"③胡志明通过反思当时的中国农民革命，比较深入地论述了农民在资产阶级革命和无产阶级革命中的重要作用，酝酿形成了关于中心城市举行武装起义与农村包围城市互相配合共同夺取革命胜利的重要思想。

（二）关于向社会主义过渡的理论

20 世纪中期的越南北部尚且处于落后的农业社会阶段，而且战争和南北的分裂的局势给北方的社会主义过渡带来了严峻的挑战。胡志明曾说过，"社会主义革命是一场最困难和最深刻的社会变革。我们要建设一个在我们民族史上从没有过的全新的社会……我们要改变旧的生产关系，消灭剥削阶级，建立没有压迫剥削的新的生产关系"④；而这一切又是在一个"边抗战边建国"的特殊环境中去完成，难免在过渡工作中出现偏差和问题。艰巨的历史使命和未知的现实挑战向执政的越共及其领导人提出了更高的要求。

对于殖民地国家在取得解放后如何过渡到社会主义的问题，列宁创造性地提出了在无产阶级及其政党的领导下实行"两个过渡"的思想。他说："在先进国家无产阶级的帮助下，落后国家可以不经过资本主义发展阶段而过渡到苏维埃制度，然后经过一定的发展阶段过渡到共产主义。"关于如何实行第二个过渡，列宁并没有具体地进行说明。他认为，"这不可能预先指出。实际经验将会给我们启示"。⑤以胡志明为代表的越南共产党人是在遵循列宁的"两个

---

① 《胡志明选集》第 1 卷，越南外文出版社 1962 年版，第 57 页。

② 《胡志明全集》，越南国家政治出版社 2000 年版，第 413 页。

③ 《胡志明全集》，越南国家政治出版社 2000 年版，第 417 页。

④ 《胡志明选集》第 3 卷，越南外文出版社 1963 年版，第 171 页。

⑤ 《列宁选集》第 4 卷，人民出版社 1972 年版，第 336 页。

过渡"理论的基础上对越南北方进行社会主义改造和建设的。关于如何实现"第二个过渡",胡志明提出了四种途径:一是"发展国营经济成分,以便为社会主义奠定物质基础,并促进社会主义改造"。在宪法里规定了国营经济是全民所有制,它领导整个国民经济,国家必须保证它的优先发展。二是在农村走合作化道路,因为"农业合作化是推进北方社会主义改造的主要环节"。越共对农业实行社会主义改造的路线,是领导个体农民从具有社会主义萌芽性质的变工组逐步进入具有半社会主义性质的低级生产合作社,然后再进入社会主义性质的高级生产合作社。三是"对于手工业者和其他个体劳动者,国家保护他们生产资料的所有权",引导他们加入手工业合作社,帮助他们改进技术和经营方式,鼓励他们以自主、自愿的原则组织生产。四是对私营资本主义工商业实行和平改造,"国家不废除他们对生产资料和其他财产的所有权,并大力指导他们的经营活动"。[①] 值得一提的是,国家在经济上鼓励、帮助他们通过公私合营和其他形式进行社会主义改造的同时,在政治上仍把民族资产阶级纳入越南祖国战线成员之中。

1955 年抗法战争结束后,越南用三年的时间进行经济恢复和土地改革工作,到 1957 年年底完成了民主革命的任务。1958 年 11 月,越共召开二届十四中全会,制定了"发展经济、改造经济和发展文化的三年计划",提出对农民个体经济成分、手工业者和私营资本主义经济进行社会主义改造,并且特别强调农业合作化是引导北方农民走上社会主义的唯一正确道路,是北方进行社会主义改造的中心环节。1958—1960 年,越南北方的农业合作社发展到4.14 万个,手工业合作社发展到 2760 个,北方原有的 729 个私营企业被改造成 661 个公私合营企业和 68 个合作社。

在越南的社会主义改造中,农业合作化运动进行的最为坚决彻底。1960年年底,北方农村有 68% 的土地和 85% 的农户加入合作社。1971 年以后,农业合作化运动向大型化方向发展,初级社不断转为高级社,即从最初的"一村一社"发展到"几村一社"甚至"一乡一社"。到 1981 年,全北方的农业合作社数量比 1960 年减少了 2/3 以上。越南南方自 1976 年统一后,也在 1985 年年底完成了合作化。农业合作化运动彻底变革了越南农村的社会经济关系,使社会主义经济制度得以确立。但是,这种在很大程度上效仿苏联和中国"大跃

---

① 《胡志明选集》第 3 卷,越南外文出版社 1963 年版,第 307 页。

进"时期的高度集中僵化的生产关系严重脱离了社会生产力的实际水平，侵犯了农民的利益，挫伤了农民的生产积极性，导致了粮食产量持续下降，不得不靠进口粮食以维持民生。胡志明在生前就已注意到农业合作化当中出现的严重问题。1956 年，胡志明在《就北方土地改革基本完成给农村同胞和干部的信》中批评了越共的过左做法：我们的一些干部没有很好地掌握政策，没有认真地走群众路线，而且党中央和政府的领导有的地方又不够具体，缺少督促检查，因此在进行土地改革的时候……产生了许多缺点和错误。……必须纠正的缺点是：没有完全依靠贫雇农，没有紧密团结中农，没有真正地联合富农，等等。尽管越共从方针政策制定上没有犯教条主义错误，但是在实际执行过程中背离了既定的方针，采取了一些过激的做法，致使农村一度出现紧张的局面，它严重影响了土地工作的成绩，在一定程度上减缓了越南农村走向社会主义的步伐。

（三）关于人的思想

关于人的思想理论观点在胡志明思想中占有重要地位。胡志明的人文思想是在东西方文化交融的历史背景下产生的，他曾说过，"孔子、耶稣、马克思、孙逸仙难道没有共同点吗？他们都欲为人类谋幸福、为社会谋福利。倘若他们今天尚在，聚会在一起，我相信他们一定能够如亲密朋友相处，……我要努力做他们的小学生"。由此可见，胡志明对世界各种文明持有兼收并蓄的态度，这也体现于他的人文思想当中。

在胡志明看来，人并非泛化、抽象的人，而是具体的人，首先是那些受尽蹂躏的自己的同胞，其次才是不分肤色、种族的被压迫的勤劳的全人类。概括地说，他的人文思想有四个主要方面：（1）对人充满仁爱；（2）对人的力量和价值充满信心；（3）争取人的解放的斗争意志；（4）待人处事大公无私。在此基础上，胡志明进一步认为国家与人民的关系共生共赢的：人民富裕起来并不可怕，因为在一个一切权力属于人民、由人民管理、一切为了人民的国家里，人民富裕就是国家富裕，"只有人民富裕了，国家才能强盛"。胡志明也明确指出，要不断地改善人民的生活，就必须集中一切人力来发展生产，还必须把生产和节约结合起来经常性地同贪污、铺张浪费这种不负责任的工作方式作斗争。总之，国家一方面要为人民谋福利，"党的一切方针、政策只有一个目的，那就是提高人民的生活水平"；另一方面，要依靠人民，"用人民的财富和力量为人民谋利益，无论何时人民都会积极行动，我们的事业都会取得成功"。①

二、朝鲜的主体社会主义

1953 年 7 月，朝鲜战争结束，朝鲜劳动党和共和国政府带领朝鲜北部的人民群众进行了恢复和发展国民经济与建设社会主义基础的奋斗。1953 年 8 月，朝鲜劳动党中央委员会在第六次全体大会上确定了战后经济建设的基本路线，即"优先发展重工业，同时发展轻工业和农业"。在苏联、中国等社会主义国家的帮助下，朝鲜根据既定的基本路线仅用了三年多的时间（1953—1956 年）就成功地恢复了被战争摧毁的国民经济，并在之后实行了以高速度为特征的国民经济五年计划（1957—1961 年）。1955 年 4 月，金日成在朝鲜劳动党的中央全会上又提出"依靠恢复和发展战后国民经济的斗争中所取得的成就，来建设社会主义的基础"。从 1953 年到 1958 年，朝鲜完成了对农业、手工业和资本主义工商业的社会主义改造，并在工业经济中实现了完全的公有制成分，因而在生产关系层面上完成了建设社会主义基础的任务。

朝鲜的社会主义制度是在日本战败投降后建立的，它虽然与苏军的大力帮助有关，但也有着较为深厚的本土基础。从 20 世纪 30 年代开始，以金日成为代表的朝鲜共产主义者就在中国东北和中朝边境开展抗日武装斗争，并在这个过程中形成了较为成熟的党和军队的组织体系和工作体系，并产生了独立自主的革命思想萌芽。1961 年 9 月，朝鲜劳动党的第四次全国代表大会宣布朝鲜的社会主义进入全面建设的时期。从此开始，朝鲜逐步形成了具有本国特点的社会主义模式（即"主体社会主义"）。

（一）"主体思想"与"红旗思想"的形成

朝鲜的社会主义模式又被称为主体社会主义，它是伴随着金日成的"主体思想"的形成和发展趋于成熟的，也就是说，主体思想是朝鲜社会主义发展的指针。金正日当选为朝鲜劳动党中央委员会书记后，在坚持"主体思想"不动

---

① ［越］双成：《胡志明思想的概念和体系》，《共产主义杂志》1993 年第 1 期。

摇的基础上，又进一步提出"红旗思想"。上述两个思想理论，成为"朝鲜式社会主义"发展的理论指针。

主体思想的提出是基于朝鲜独立自主建设社会主义的需要，其发端可追溯到金日成在中国东北领导朝鲜的共产主义者进行抗日斗争的时期。1937年11月，金日成发表《朝鲜共产主义者的任务》，提出了进行本国革命必须坚持和贯彻自主立场的问题。他说，"自主立场是共产主义者相信本国人民的力量，用自己的力量负责把本国革命进行到底的根本立场。在革命斗争中只有彻底坚持自主立场，才能制定并彻底维护和贯彻符合本国实际情况的革命路线和方针，才能在各种困难和考验中为本国革命而斗争到底"。金日成在成为朝鲜最高领导人以后又专门谈道，"我国的革命具有自己的特点，它的全过程和别的国家不同。我们党发展的主客观条件，我们国家的政权形式、社会经济的变革和经济、文化建设的进程也都具有自己的特点"，[1] 因此"不能亦步亦趋地沿着别人所走的道路走，我们必须按照朝鲜的方式来进行建国事业"。[2]

"主体思想"指的主要是朝鲜的社会主义建设必须丢掉依赖心理，树立主体，坚持自主立场和创造性立场，主要依靠自己的力量来解决革命和建设中的一切问题，同时反对教条主义和形式主义，反对照抄照搬别国的经验。关于"主体思想"的具体内容，金日成概括为四个方面，即在思想上树立主体，政治上自主，经济上自立，国防上自卫。[3] 所谓思想上树立主体，既是指所有的人都要有为朝鲜革命服务的主体思想，也是指要根据本国国情来决定思想领域的工作方法、内容和形式；政治上的自主，一方面指的是在对外活动方面行使完全的平等权和自主权，另一方面是指从本国的具体国情出发，独立自主地制定和实施全部路线和政策；经济上自立指的是要建设一个基本上能够依靠自己满足国家需要的民族自主经济；国防上的自卫是指要用自己的力量建设一个强大的能够自卫的国防力量。金日成说，"树立主体，这意味着坚持这样的原则：独立地、根据本国的实际情况，并且主要依靠自己的力量，解决革命和建设中的一切问题。这是反对教条主义，并根据本国的历史条件和民族特点运用马克思列宁主义的普遍真理和国际革命运动经验的现实的创造性的立场。这是丢掉

---

① 《金日成著作选集》第1卷，朝鲜平壤外文出版社1980年版，第146—147页。

② 《金日成著作选集》第2卷，朝鲜平壤外文出版社1980年版，第33—34页。

③ 参见《金日成著作选集》第4卷，朝鲜平壤外文出版社1976年版，第201页。

对别人的依赖心理，发扬自力更生的精神，坚决由自己负责解决自己的问题的自主立场"。①

1955 年年底，金日成在劳动党的宣传工作会议上第一次提出要树立"主体"的问题。1965 年 4 月，金日成在印度尼西亚阿里亚哈姆社会科学院的讲话中首次公开提出"主体思想"的概念。1970 年朝鲜劳动党五大规定，党的指导思想是把"马克思列宁主义创造性地体现于朝鲜现实的主体思想"。1972年颁布的朝鲜民主主义人民共和国宪法规定主体思想是本国一切活动的指针。1980 年，朝鲜劳动党通过的党章把主体思想作为党的唯一的指导方针。这样，在朝鲜的社会主义模式逐步成型的同时，"主体思想"作为党和国家的指导思想的地位也最终被确立。

主体思想的内容是随着实践的发展而不断丰富和完善的。它最初强调的是要在革命和建设中坚持自主立场和创造立场，而金日成在 20 世纪 70 年代又赋予其以人为主的哲学含义。1972 年 9 月，金日成在接受日本记者采访时，提出"人是一切的主人、人决定一切"②是主体思想的基础，因此，主体思想的要求就是"一切都要以人为中心来考虑，一切都要为人服务"。根据以人为主的哲学基础，金日成在 1975 年朝鲜劳动党成立 30 周年的庆祝大会上，对主体思想又作了新的阐释："主体思想科学地阐明了人在世界上所占的地位和作用，从而给予人们对自然和社会的最正确的见解，给予人们认识世界和改造世界的强有力的武器"；"主体思想是以劳动人民群众为中心加以阐述的革命理论，是以劳动群众的作用为基础的革命战略策略。我国革命和共产主义运动的思想和理论的总结——主体思想，极其丰富，它包括了对自然和社会进行改造的所有领域的革命理论，对革命和建设中的一切问题做出了正确的回答"。

朝鲜劳动党把社会主义的基本特征概括为人民群众真正做了社会的主人、社会的一切都是为了人民服务的真正的人民的社会。金日成指出，"我国的社会主义，是根据人民群众在社会历史发展中所占的地位和所起的作用，让人民群众做一切的主人，让一切都为人民群众服务的以人民为中心的社会主义"。③

① ［朝］金日成：《关于我国革命的主体》第 1 卷，朝鲜外国文出版社 1975 年版，第 421—422 页。

② 肖枫：《社会主义向何处去——冷战后世界社会主义运动大扫描》上卷，当代世界出版社 1999 年版，第 384 页。

③ ［朝］金日城：《迎接朝鲜劳动党成立三十周年》，人民出版社 1977 年版，第 5 页。

他还认为，"以人民群众为中心的我们朝鲜式社会主义，是最彻底地体现了工人阶级的志向和要求的社会主义"。① 根据朝鲜劳动党的论述，"朝鲜式社会主义"的特色主要表现在四个方面：（1）政治上的自主，人民群众拥有真正的政治权利和自由的真正的民主，做了社会的主人；（2）经济上的自立，只有公有制这一种生产资料所有制形式，而且全民所有制占唯一的支配地位，社会主义经济不是市场经济，而是计划经济，不是隶属经济，而是自立经济，人民群众成为经济生活的主人，享受着平等、幸福的生活；（3）思想文化上的主体化，主体思想占主导地位，使人们成为具有共产主义思想的新人；（4）对外关系上，能自主、平等的做出自己的判断，受到尊重和维护主权，国防上的自卫，有强大的国防力量保卫国家安全。

（二）朝鲜式社会主义体制的确立

在具体的体制层面上，朝鲜虽然在很大程度上效仿苏联模式，但也根据本国国情和在革命与建设当中积累的实践经验在经济、政治等领域作出了不同程度的微调。

（1）在政治体制方面，实行强化党领导的无产阶级专政

1961 年的朝鲜劳动党四大提出，要胜利地建设社会主义和共产主义，就必须随着革命与建设的深入发展进一步加强党的领导和无产阶级专政。1967 年 5 月，金日成发表《从资本主义到社会主义的过渡时期和无产阶级专政》，就朝鲜的过渡时期和无产阶级专政等问题作了阐述，强调必须坚持和加强无产阶级专政。朝鲜的政治体制建设主要是围绕强化党的领导和实行"先军政治"而展开。

——劳动党领导的多党合作的政党制度。除劳动党以外，朝鲜还有社会民主党和天道教青友党作为参政党存在。朝鲜劳动党是国家的执政党，其组织结构与其他国家的无产阶级政党基本一致。

——以国家主席为中心的国家制度。从 1947 年开始，朝鲜的最高权力机关是人民委员会，内阁是其执行机关。这种议行高度合一的政治体制在最高领导层趋于稳定以后发生了一定的改变。1972 年 12 月，朝鲜制定和通过了本国

① ［朝］金正日：《以人民群众为中心的我们朝鲜式社会主义是战无不胜的》，朝鲜外国文出版社 1991 年版，第 3—4 页。

的第一部社会主义宪法，规定国家权力机构以国家主席为中心，中央人民委员会是国家权力的最高领导机关，国家主席通过中央人民委员会行使权力（金日成逝世后，国家主席职务被宣布永远空置）。另外，最高人民会议是国家的最高权力机关和最高立法机关，政务院是国家权力机关的最高执行机关，道、市、郡人民会议是国家的地方权力机关。由各级的法院和检察院组成国家的司法系统。组织和管理国家机关的基本原则是民主集中制。

——机制化的思想政治教育工作。为了加强党的领导，朝鲜劳动党极为重视对干部群众的思想教育工作，从新中国成立初期就开始探索建立把思想政治教育和社会主义建设结合起来的机制化工作方法。1957 年，朝鲜在全国工业战线开展"千里马运动"，劳动党将其上升到社会主义建设总路线的高度加以强调。金日成指出，"这个路线的实质在于用共产主义思想教育和改造全体劳动人民，使它们更加紧密地团结在党的周围，高度地发挥他们的革命热情和创造才能，更好更快地建设社会主义"。1964 年，朝鲜开始在农村开展思想、技术和文化三大革命，认为这是朝鲜社会主义、共产主义发展的客观要求，1970年这一运动又扩展到全国的各行各业。

（2）在经济体制方面，实行一元化与细部化结合的计划经济

与同时代的其他社会主义国家一样，朝鲜北部在"二战"后也是实行高度集中的计划经济体制。但是，朝鲜的计划经济模式也有自身独到的特点，这就是一元化与细部化的结合。所谓的一元化，就是指把分布于全国的各层级和各部门的计划机关整合成一个计划体系，让所有的下级计划机关在国家计划委员会的统一领导下执行统一的计划。为此，朝鲜成立了直属国家计划委员会的地区计划委员会，在市、区、郡和工矿企业成立了国家计划部。所谓的细部化，就是指国家计划机关直接把整个经济的发展和每个工厂、企业的经营活动紧密联系起来，并根据各经济部门和地方、企业的实际情况，将计划具体化，使国家的每一个"细部"都能与相应的统一指标准确地衔接。实行一元化和细部化结合的计划经济，就是为了实现统一的国家计划与具体的各企业、各单位的高效对接，让国民经济能够有计划、按比例地发展。

在工业企业的管理上，朝鲜创建了政治挂帅的"大安工作体系"。它的主要内容有以下几个方面：一是废除一长制，企业的经营决策和日常管理由党委集体领导进行，强调通过思想政治工作鼓励劳动者完成生产任务；二是建立集中统一的生产指挥体系，厂长领导全盘工作，工程师担任"总参谋长"，统一

领导生产；三是领导机关的工作人员深入基层指导工作，发现问题，及时解决；四是建立统包统配的原材料供应体系和全面负责职工生活的后勤供应体系。由此可见，这一企业经营管理体制强调的是党委集体领导、政治工作先行，同时企业的运作也较为接近军事化的垂直式领导。朝鲜劳动党认为"大安工作体系"能够实现科学合理的生产经营，符合社会主义制度的优越性。

在农业生产的管理上，推行工厂模式的"分组管理制"。为了加强对农业生产的领导，朝鲜从 1961 年至 1966 年建立起以郡合作农场经营委员会为基干的农业领导体系，即通过成立"郡合作农场经营委员会"把领导农业的职能从人民委员会中分离出来，作为领导农业的专门机关，将农业技术人员和直接为农业服务的国家企业都集中于该机关。朝鲜的党和政府强调这是"企业式方法领导农业"，为的是既便于领导合作农场也便于对农民进行物资技术帮助。此外，朝鲜的合作农场普遍实行"分组管理制"，即给各作业班的分组固定一定数量的土地、劳动力、耕牛和生产工具，并根据国家计划确定的每公顷土地的产量和实际完成情况，给农场员工评记工分。

(3) 在生产资料所有制方面，不断向全民所有制过渡

在完成社会主义改造后，朝鲜的所有制结构包括全民所有制和集体所有制，前者主要体现在工业方面，后者主要体现在农业方面。劳动党认为，在社会主义制度确立后，必须继续革命，把集体所有制都变为全民所有制，从而建立无阶级的社会，为向共产主义过渡准备条件。在这一思想的指导下，朝鲜在相当长的一段时间内进行着变集体所有制为全民所有制的努力。1962 年，全朝鲜的农业合作社改为农场，由郡合作农场经营委员会领导，使集体所有制的农业单位按照全民所有制的工业单位的模式发展。

(4) 在社会福利体制方面，实行较为广泛的免费项目

朝鲜实行较高程度的社会福利体制，在主要的社会民生领域推行免费政策：第一，教育免费，朝鲜 1956 年实施初等义务教育，1958 年实施中等义务教育，1975 年实施 11 年免费教育。约有 50% 的高中生可以升入大学学习，大学发放助学金；第二，医疗免费，一切医疗设施和药品都由国家无偿提供；第三，住房免费，城乡居民的住房都由国家分配。城市居民自结婚之日起，由国家免费分给住房一套，面积 80—150 平方米不等，农村住房也由国家统一修建；第四，实行退休养老制度，国家统一安排所有人的工作，女性 55 岁、男性 60 岁退休，由国家发放退休金。

三、马克思主义在老挝的传播和发展

老挝建于公元 749 年，近代长期遭受外国殖民主义的统治。1893 年，老挝沦为法国的殖民地，1940 年被日本占领，1945 年 10 月趁日本投降而获得独立。1946 年 3 月，老挝再度被法国占领，直至 1954 年宣布独立。老挝人民民主共和国于 1975 年成立，从此老挝走上了社会主义道路。1976 年，老挝进行了社会主义改造，但由于政策过激，造成经济停滞。1979 年，老挝人民革命党四大明确指出老挝仍处于"向社会主义过渡的初级阶段"。据此，老挝人民革命党提出了"革新开放"的战略方针。苏东剧变后，老挝人民革命党于 1989 年 10 月提出要坚持党的领导、坚持马列主义、坚持社会主义等"六项原则"，重申了继续实行"有原则的全面革新路线"。老挝作为现存的共产党执政国家，在社会主义革命、建设和改革进程中，一直在探索把马克思主义的基本原理和本国具体实际相结合，形成符合本国国情的革命、建设和改革道路。

（一）马克思主义在老挝的发展历程

马克思主义在老挝的发展，经历反对帝国主义和反对封建主义的民族民主革命时期，走上社会主义道路之后的社会主义改造时期，社会主义政策调整时期，社会主义革新开放时期这四个历史时期的探索，逐渐形成具有本国特色的社会主义发展道路。

老挝人民革命党正是在本国民族解放运动的大背景下一步步走上历史舞台的。1940 年以后，日本代替法国控制了老挝，老挝开展了抗日斗争。老挝人民革命党的前身是胡志明于 30 年代创建的印度支那共产党老挝地区委员会，并联合一批知识分子和部分王室成员组成统一战线性质的"伊沙拉"①。1945 年 8 月，老挝人民举行起义。8 月 15 日，日本无条件投降，印度支那出现统治的真空，以越南胡志明为首的印度支那共产党趁机发动武装起义，废除了君主制，建立自己的政权。1946 年 5 月，法国卷土重来，再次统治了老挝，原来的国王复位，王国改名为老挝王国。1949 年，法国和老挝签订《法—老条

---

① 也叫"自由老挝""寮国自由民族统一战线""自由老挝阵线"。1956 年改名为老挝爱国阵线。1979 年改名为老挝建国阵线。

约协定》，法国正式承认老挝是法兰西联邦内的独立国家。法老协定签订以后，"伊沙拉"政府宣告解体。以凯山·丰威汉、苏发努冯等为代表的左翼力量继续拿起武器，在老挝北部建立起自己的根据地，重建老挝"伊沙拉"阵线，组成抗战政府，建立由印度支那共产党老挝支部负责人凯山·丰威汉指挥的武装部队"巴特寮"，制定明确的抗战政策。此后，老挝出现了老挝王国和寮国抗战政府这两个政府并存的局面。

1951 年，印支共二大决定越南、老挝、柬埔寨三国分别建党。1955 年 3 月，原老挝籍党员代表 300 多人召开第一次党的全国代表大会，成立老挝人民党，选举凯山·丰威汉为党中央书记。一大的党章提出，要团结民众和各不同民族，为祖国的解放事业而斗争，使老挝实现和平、独立、民主和统一。随着法国统治的结束，老挝于 1957 年 11 月成立了君主制的联合政府，巴特寮编入王国政府军队。老挝表面上实现了统一。

1972 年，老挝人民党召开二大，宣布将党的名称改为老挝人民革命党。这次大会还通过了党纲和党章，确定了党在民族民主革命和向社会主义过渡时期的政治任务、斗争方式。此后，人民革命党领导老挝人民开展了解放斗争，直到 1975 年取得了全国政权，并再次废除君主制，成立了老挝人民民主共和国。

（二）马克思主义在老挝发展的理论成果

在革命、建设和改革的历史进程中，老挝人民革命党在坚持把马克思主义的基本原理和本国具体实际相结合，对马克思主义理论的本土化进行了艰苦的探索，在丰富马克思列宁主义指导思想、对社会主义发展阶段的科学认识、社会主义改革目标、对时代特征的判断以及党的建设等方面形成了丰富的本土化理论成果，为老挝建设具有本国特色社会主义、实行社会主义革新开放等提供了科学的理论指导。

老挝人民革命党成立之时就明确宣布：老挝人民党是马克思列宁主义政党。在此后的岁月里，老挝人民革命党始终坚持并忠于马克思列宁主义，把马克思列宁主义作为党的思想基础，不断结合老挝的实际情况，吸收和运用人类文明的成果和世界各国的经验，丰富和发展马克思列宁主义的理论宝库。老挝人民革命党强调，要增强主动性和创造性，深入研究马克思列宁主义理论，联系新的条件和实际，运用马克思列宁主义的基本原理来解决老挝社会主义建设中的具体问题。

在认识社会主义发展阶段的问题上，老挝人民革命党曾经犯过严重的教条主义错误，其主要的体现就是照搬苏联、越南的社会主义模式，在经济非常落后的社会状况下片面强调消灭私营经济，建立了一个高度行政补贴式的经济管理体制，其教训是惨痛而深刻的。

四、蒙古的社会主义历程

蒙古曾经是亚洲最落后的地区之一，西、北、东三面环山，南面被大戈壁沙漠包围，形成一个广大的平原盆地，适合畜牧业的发展，出产牲畜和皮毛，矿藏资源丰富。该国原是中国的一部分，1911 年在沙俄的策动下宣布"自治"，1921 年 7 月宣布"独立"。在苏俄的帮助下，蒙古在 1924 年成立了人民共和国。在此后的 68 年间，蒙古人民共和国作为一个"独立"的社会主义国家，却进行着一场"非独立"的社会主义建设，在经历了发展、繁荣以及危机后，于 1992 年改国名为蒙古国，最终放弃了社会主义道路。

（一）革命建政时期（1921—1924 年）

1911 年，蒙古的部分王公在沙俄的支持下，利用中国国内爆发辛亥革命之机，发动驱逐清政府官员的武装起义，成立了"自治"的君主立宪制政府。之后，中国军阀又进入蒙古，强迫蒙古取消"自治"。1921 年年初，日本帝国主义支持的沙俄残余势力入侵蒙古，再度恢复蒙古的君主政权，并正式对外宣布"独立"。与此同时，伟大的十月革命对蒙古产生了十分巨大的影响。

1921 年 3 月，蒙古人民革命领袖苏赫·巴托尔在恰克图建立了外蒙古人民党（1925 年改称蒙古人民革命党），并成立临时人民政府和人民军司令部，作为准备实行武装起义的机关。7 月，人民军解放了库伦（今乌兰巴托），宣布成立人民革命政府。新政府有封建主和上层喇嘛参加，保留君主政体的形式，但国王的权力受到很大限制。1922 年，人民政府开始实行民主改造，取消了牧民的封建徭役，宣布土地国有，废除封建称号与等级，地方政府机关实行民选，改组法庭，取消了封建主的法律特权。对此，反动封建主极为不满，他们勾结日本帝国主义和白匪军，举行叛乱，并在 1923 年 2 月毒死苏赫巴托尔。此后，乔巴山领导蒙古人民同反动势力进行坚决斗争，并大力发展生产，加强经济建设，使政权得以巩固。

1924 年 6 月，在苏联红军的帮助下，人民革命政权正式废除了君主政体，并于 11 月成立蒙古人民共和国。同年 8 月，蒙古人民革命党召开第三次全国代表大会，制定了消灭封建残余，发展生产力，在社会主义国家的帮助下，越过资本主义向社会主义过渡的总路线。

（二）民主革命基本完成时期（1924—1934 年）

由于取消了封建阶级的特权，消灭了外国商业高利贷资本，蒙古自由牧民经济得到了大量发展。1925 年 9 月，蒙古党四大制定了关于实现全国非资本主义发展任务的具体措施。为了消灭封建经济，从 1926 年起，国家对世俗地主、寺院以及高级喇嘛的产业征收累进税，以削弱封建主的经济基础，并实行政教分离。1928 年 12 月，第五届大呼拉尔会议又作出没收封建主财产交给贫牧户、排挤外国资本、节制国内资本的决定，并将其作为民主革命的基本任务。政府还建立了专门的领导机构，依靠广大劳动牧民，没收封建主的财产。

在 1930 年 2 月召开的八大上，蒙古党照搬苏联的经验，认为蒙古革命已进入社会主义建设的阶段，因而不顾蒙古经济是以分散的畜牧业为主，并且十分落后的特点，效仿苏联农业集体化的做法，提出"牧产全盘集体化"的"左"倾路线。各地用强迫命令的方法建立集体牧场，用收重税的办法禁止私营工商业、手工业和运输业；强迫喇嘛还俗；对中等牧民采取了没收其财产的政策。结果造成严重的商品荒，牧民大量屠宰牲畜，几年内损失牲畜近 700 万头。超过 900 个寺庙和修道院被破坏。"左"倾路线的推行，使党内成分严重不纯。封建反动势力利用群众的不满情绪，煽动牧民暴乱。

执行"左"倾路线所造成的灾难性后果，使蒙古党意识到过早实行畜牧业集体化、消灭私有制是不合时宜的。1932 年 6 月，蒙党中央委员会和中央监察委员会举行特别全会，批判了"左"倾错误，规定党在现阶段的基本任务是，尽量发展国家的生产力，铲除封建主义残余，逐步限制资本主义成分，奠定逐步向非资本主义发展道路的基础。

（三）确立社会主义制度时期（1934—1948 年）

在经济社会形势趋于稳定后，1934 年 9 月召开的蒙古党九大提出对国内封建残余势力发动决定性的进攻。1938 年至 1939 年，党和政府封闭了一切与敌人有勾结的寺院，使拥有大量寺院、财富和人员的封建喇嘛教组织失去了基础。整个封建神权教会制度在蒙古彻底瓦解。本民族的工业、农牧业等由于摆脱了外国资本主义的影响，也得到较快发展。1938 年，蒙古国内的工业生产已能够供应国内商品市场 25% 的需要，在工业、机械化运输业和商业中占绝对压倒优势的国营和合作社的经济成分日益壮大。这一时期，蒙古与苏联的经济联系也已经十分密切。1945 年 8 月 9 日，苏联对日宣战，第二天，蒙古也对日宣战。随着第二次世界大战的结束，蒙古的社会主义建设也进入了一个新时期，开始全面实行苏联模式的计划经济。

（四）社会主义建设时期（1948—1986 年）

从 1948 年开始，蒙古总共进行了 7 个"五年计划"的社会主义建设。在苏联模式的框架中，蒙古的政治、经济、教育卫生等事业都有了稳步的发展。

1960 年以前，蒙古一直坚持以畜牧业为主的发展方针。1961 年蒙古党十四大决定实行社会主义工业化，提出在不久的将来把蒙古从农牧业—工业国建成工业—农牧业国，并且批准了第三个五年计划的实施方案。"三五"计划期间，蒙古把基本建设投资的 70% 用于发展工业。1962 年，蒙古被接纳为"经济互助委员会"成员国，其经济和贸易由此纳入由苏联主导的社会主义阵营"国际分工"体系。"五五"计划期间，为了摆脱农牧业落后的局面，蒙古党和政府又放弃了优先发展工业的方针，把经济建设的重点转向农牧业，增加了对农牧业的投资。1981 年，蒙古党举行第十八次全国代表大会，大会在总结历史经验的基础上，确定了优先发展出口加工业的方针。

随着七个"五年计划"的陆续开展，蒙古的工业和农业种植业有了长足的进步。达尔汗、额尔登特和乔巴山三座新兴工业城市相继建立使蒙古的工业生产有了迅速发展，社会主义工业所占的比重不断增长。1980 年工业固定资产比 1960 年增长 11 倍，工业总产值增长 4.9 倍。1960 年工业总产值占社会总产值的 24.5%，1980 年则占 42.5%，1985 年又增长到 45%。城市人口的比重则从 1956 年的 21% 上升到 1989 年的 55.7%。到 1983 年有数十座大型工业和文化福利设施投入使用。特别是蒙苏联合兴建的额尔登特大型联合企业和现代化的额尔登特市已全部完成设计能力，年开采量为 160 万吨，号称"世界十大铜相矿之一"和"亚洲最大的铜钼矿"。1980 年还在蒙古最长的河流色楞河上架起了蒙古桥梁史上最长的一座大桥，乌兰巴托—阿尔泰无线电中断线路也投入使用。蒙古由单一的畜牧业国逐渐变成拥有矿业、动力、燃料等现代工业体系的工业国家。在农业种植业方面，全国总耕地面积在 1980 年代约 13 多万公顷，每年的播种面积为 70—80 万公顷，人均粮食已达 400 公斤。

由于生产和教育的发展以及苏联等社会主义国家的援助，蒙古人民的生活水平有了很大提高。1960 年至 1980 年，职工平均工资增加 30%，农牧业社员实际收入增加 3 倍，20 年间平均每人实际收入增加了 1 倍。1976 年 16—49 岁的人中受过初等及以上教育的人占 92.8%，中等专科学校数 1978 年比 1960 年增加了 60%，学生人数增加了 1 倍。医疗卫生条件也有了很大的改观：平均每千人有 11 张病床，2.3 名医生。那一时期的蒙古医疗条件甚至在世界范围内也属于较为优越之列。

第二节　拉丁美洲：古巴革命与马克思主义在古巴

1953 年古巴革命胜利之后，卡斯特罗及其革命战友开始接受马克思主义，实现了从民族民主革命向社会主义革命的转变，使古巴成功走上了社会主义道路。古巴革命和古巴社会主义建设所取得的成就，在拉丁美洲乃至整个国际共产主义运动史上都产生了十分重要的影响。

一、古巴革命与社会主义制度的建立

（一）古巴革命

古巴是拉丁美洲加勒比海中的一个岛国，面积仅有 11.45 万平方公里，人口 1100 多万。从 1513 年至 1898 年，古巴一直处于西班牙的殖民统治之下，古巴人民为反对殖民统治进行了长期的斗争。19 世纪，古巴人民为争取独立和解放，进行了第一次独立战争（1868—1878 年）和第二次独立战争（1895—

1898 年）。

古巴在西半球的地理位置非常重要，它是南北美洲之间和墨西哥湾的入口
处，处在大西洋到太平洋、南美洲到北美洲两条航线的交叉点上，贯通着四十
余条国际航线，被称为"墨西哥湾的钥匙"。由于在地理上靠近美国的佛罗里
达州，美国对古巴垂涎已久，视其为"后院"和向南的窗口，并认为这个"熟
透的果子"早晚会掉入自己的怀中。19 世纪后期，美国资本主义迅速发展，
逐步进入帝国主义阶段，美国资本在此期间控制了古巴的制糖、烟草、造船等
工业部门。1895 年，古巴革命党领袖何塞·马蒂发动反对殖民主义的武装起
义。为了维护在古巴的经济利益，美国在古巴第二次独立战争即将取得最后胜
利的时刻，以"援助"古巴独立为名，进行武装干涉。

1898 年，美国在战胜西班牙后迫使后者签订《巴黎和约》，其中包括古巴
"在西班牙撤出后应由美国占领"的内容。1899 年，美国开始对古巴进行军事
占领和管制，直至 1902 年撤军。在此期间，美国强迫古巴通过了实际上承认
美国宗主国地位的宪法，并扶植自己的傀儡出任总统，完成了对该国的政治
控制。

之后，美国又从经济上对古巴进行渗透和控制。由于古巴盛产甘蔗，美国
从一开始就把古巴作为自己的蔗糖供应地，其在该国的投资主要用于制糖业。
到 20 世纪 50 年代，美国对古巴制糖业的投资已达 10 多亿美元，该国的 39 家
产量最高、规模最大的糖厂（约占全国糖产量的 40%）都由美资直接控制，
而其他的糖厂也由美国的各大银行垄断。为了保证制糖业的原料供应，美国对
古巴的甘蔗种植也实行垄断。根据 1959 年的统计，古巴全国最大的 28 家糖业
公司控制着 201.73 万公顷土地，约占全部耕地的 1/5。甘蔗的种植、生产、销
售严重依赖国际市场，尤其是美国市场，每年生产的蔗糖有 95% 以上用于出
口，60% 输往美国。除此以外，美国在古巴的其他行业中投资比重也很高。据
统计，美国资本直接控制了古巴公共事业的 80%、电力及电话的 90%、采矿
业的 90%、铁路交通的 50%、银行存款的 40% 和全部炼油业，而古巴 70% 的
粮食和 80% 的生活日用品都是从美国进口。

政治上的操控压制和经济上的殖民剥削使古巴国内的社会矛盾不断激
化。1933 年，古巴陆军参谋长巴蒂斯塔开始控制政府的所有重大决策，并在
1940—1944 年出任古巴总统。1952 年，巴蒂斯塔在确信无法在竞选中获胜的
情况下，发动军事政变并夺取政权，实行独裁统治。此次上台后，巴蒂斯塔马

上解散议会，废除 1940 年以来带有资产阶级进步性质的宪法，制定了"宪法条例"和反劳工法。次年，宣布古巴人民社会党为"非法"。1954 年，又宣布禁止罢工和群众集会。在其上台后的短短几年内，古巴就有数万人被杀或遭监禁、流放，10 万多人流亡他国，上百万人失业。与此同时，美国资本进一步控制了古巴经济，古美还签署了《军事互助条约》，据此，美国在关塔那摩海军基地的军警直接参与了镇压古巴人民革命的行动。

巴蒂斯塔独裁统治在政治、经济、内政和外交方面所造成的广大人民同外国垄断集团及其代理人之间的深刻矛盾，引起了国内民众的强烈反抗，并逐渐形成燎原之火。1953 年 7 月 26 日，菲德尔·卡斯特罗率领 165 人的革命者队伍攻打圣地亚哥德古巴市郊蒙卡达兵营，以便夺取武器武装人民，开展广泛的解放运动。这次起义未能成功，许多革命者牺牲，菲德尔·卡斯特罗等幸存者也被捕入狱。同一时间发动的对巴亚莫城兵营的进攻也以失败告终。攻打兵营成为反对独裁，争取民族独立和民主自由的开端，鼓舞了古巴劳动人民进行反对帝国主义垄断组织和地主、资本家的革命斗争。这次起义之后，名为"七·二六运动"的组织正式登上国内的政治舞台，提出了进行武装斗争反对暴政的问题。

鉴于全国爆发了要求特赦政治犯的人民运动，巴蒂斯塔于 1954 年 11 月总统选举前夕释放了攻打蒙卡达的参加者。菲德尔·卡斯特罗因大赦获释后，返回了哈瓦那。1955 年，菲德尔·卡斯特罗与其弟劳尔·卡斯特罗迁居墨西哥，他们在那里组织了一支革命部队，伺机打回古巴。1956 年 11 月，卡斯特罗率领革命队伍返回古巴，并在马埃斯特腊山区建立革命根据地，开展游击战。在反对巴蒂斯塔暴政的斗争中，马埃斯特腊山区成为联合一切反政府力量的中心。古巴建立了以菲德尔·卡斯特罗总司令领导的"七·二六运动"为中心的，包括人民社会党、"三·一三革命指导委员会"及其他政党派别都积极参加的民族民主反帝阵线。为了发动广大的底层民众起来革命，卡斯特罗于 1957 年 7 月 12 日宣布的《土地改革宣言》和 1958 年 10 月 10 日宣布的《农民土地权》第三号法令。根据这些文件，解放区没收了地主的土地，分给农民，这就使得革命的社会基础迅速扩大。农民、工人、大学生等纷纷参加起义队伍。1957 年年底至 1958 年年初，游击队发展到 2000 多人，菲德尔·卡斯特罗把游击队改编为起义军。

从 1958 年起，古巴革命战争进入转折的阶段。从 8 月开始，起义军兵分两路发动进攻。由卡米洛·西恩富戈斯和切·格瓦拉领导的两个纵队开出马埃斯特腊山区，穿越奥连特省和卡马圭省南部沼泽地，在古巴西部地区展开进攻，攻下了福缅托、圣克拉拉等重要城市，而由菲德尔·卡斯特罗和劳尔·卡斯特罗领导的部队也在当年年底解放了东部重镇圣地亚哥，迫使独裁者巴蒂斯塔出逃美国。1959 年 1 月，革命军队攻克首都哈瓦那，建立了民主革命政权。

（二）走上社会主义道路

古巴革命是在爱国主义、民族主义和民主主义的旗帜下取得胜利的，领导革命的"七·二六"运动组织的内部成分也较为复杂，并不是一个以马克思主义为指导的无产阶级革命政党。正因为如此，卡斯特罗在革命初期宣称古巴革命并非共产主义的性质，它"不是红色的、极权主义的，而是橄榄绿色的、人道主义的"，是"穷人所有，穷人所治，穷人所享"的革命。事实上，新政权在最初的确是采取资产阶级的改良办法。在 1959 年的头几个月中，古巴革命政权进行了土地改革，但对土地的原占有者进行了赔偿，对民间的创业和投资也持有保护的态度，并且没有宣布要对公用事业实行国有化。然而，两大阵营对峙的国际局势，以及当时世界范围内的社会主义运动与民族解放运动的大潮，使美国政府对近在咫尺的古巴出现的革命政权保持着高度的戒备。

1959 年 5 月，卡斯特罗访问美国，目的是让美国承认古巴的主权独立与新政权的合法地位。然而，美国并不允许自己的眼皮子底下出现一个反对帝国主义的革命政权，卡斯特罗的访问并没有达到预期的目的。此后，美国政府开始从政治、经济、军事、外交和文化等多方面发动攻势，企图瓦解倾向于社会主义的古巴新政府。在 1959 年 8 月和 1960 年 8 月，美国政府先后两次唆使美洲国家外长协商会议通过对古巴进行"集体干涉"的决议。美国总统艾森豪威尔于 1959 年 11 月批准了国务卿赫脱提出的"改变或替代卡斯特罗政权"的建议，并在 1960 年 2 月指示中央情报局局长杜勒斯制定组织古巴流亡政府的计划。1960 年 5 月，美国宣布停止对古巴的一切经济援助；7 月，取消古巴对美国的出口食糖份额；10 月，对古巴实行除食品和药品外的经济禁运。在完成政治与经济方面的包围与封锁后，美国于 1961 年 1 月正式与古巴断交，并在 4 月策划并支持古巴流亡分子 1000 多人从猪湾入侵古巴，企图通过军事手段颠覆该国政府。

美国主导的扼制与颠覆政策彻底粉碎了古巴走资本主义道路的可能性，而就在这时，苏联方面对古巴给予了大力的支持。1960 年 2 月，苏联部长会议第一副主席米高扬访问古巴。米高扬赞扬了古巴的土地改革，并与古巴政府签署经济协议，向古巴购买食糖，并且提供贷款和其他经济援助。当年的 5 月，古巴恢复同苏联的外交关系。

苏联在从经济上对古巴给予帮助的同时，也承诺要从军事上保护古巴的革命政权。赫鲁晓夫表示要用"炮兵"，必要时甚至可以用"火箭"来保卫古巴。1960 年 6 月，当美国政府对古巴实行经济制裁后，苏联表示可以帮助古巴防范来自美国的入侵，并于其后开始向古巴出售武器。此外，其他的社会主义国家对古巴给予了大力的援助和支持。中国、阿尔巴尼亚、匈牙利、捷克斯洛伐克、蒙古、朝鲜等国也都向古巴提供了物质援助和道义声援，这就使古巴很快地向社会主义阵营靠拢。

1961 年 4 月，卡斯特罗公开宣布古巴革命是社会主义的性质，是一场贫苦人民所有的、由贫苦人民进行的、为了贫苦人民的社会主义民主革命。5 月 1 日，古巴政府明确宣布：古巴革命是社会主义革命，古巴宪法是社会主义宪法，古巴是社会主义国家。随后，"七·二六运动"、人民社会党、"三·一三"革命指导委员会合并为古巴革命统一组织，并在 1965 年改名为古巴共产党。古巴政府在之前改革的基础上，继续推行一系列社会主义改造，使古巴走上了社会主义道路。

（三）建立社会主义制度

古巴革命政权在执政初期从经济方面的社会主义改造入手，大致在 1963 年基本确立了社会主义经济制度。当国内外形势趋于稳定之后，古巴又在 1970 年代建立和完善了一整套无产阶级专政的政治体制。

在经济方面，实行土地改革和工商业国有化运动。

第一，实行社会主义的农村土地改革。革命后的古巴先后在农村实行了两次土地改革。1959 年 5 月，古巴颁布土地改革法，规定废除大庄园制，征收美国和本国大庄园主 30 卡瓦耶里亚以上的土地，同时无偿分给农民两卡土地，并且禁止外国人拥有土地。1963 年，古巴又进行第二次土改，规定征收超过 5 卡以上的土地。与此同时，政府积极推行农业合作化运动。到 1963 年，农业中的国营农场占土地总面积的 70%，合作社占 18%，个体农民只占 12%。这样，古巴在消灭大庄园制和富农经济的基础上，基本完成了对农业的社会主义改造。

第二，推行工商业的全盘国有化。对城市工商企业的国有化是从 1960 年 8 月没收美资企业开始的。古巴政府通过对 500 多家美资企业和银行的国有化运动，掌握了国民经济的命脉，并且还将国内的 380 多家私营工商企业和银行也收归国有。另一方面，古巴还通过向其他社会主义国家大量借债的方式引进了大批的轻重工业企业，以求奠定本国的工业基础。到 1963 年，古巴的工业企业实现了完全的国有化。

第三，建立计划经济模式。在 1960 年代的社会主义改造中，古巴形成了一套独特的计划经济模式，其特点就是两种经济领导体制并存：一是预算拨款制，包括大部分工业部门；二是经济核算制，在农业、外贸和部分工业部门中实施。前者比后者的集中程度更高。这同样是一种高度集中的经济管理体制，古巴早期的社会主义经济建设是在这种排斥商品货币作用的体制框架下进行的，因而也相应地实行平均主义的分配制度，并且逐步推行以医疗、教育免费为主要内容的高福利社会政策。

在政治方面，逐步建立和完善社会主义政治体制。古巴在革命胜利的初期是仿照苏联模式建立自己的党、政、群以及军队的体制的，但各个系统的主要机构的职能并无明确的划分。直到 20 世纪 70 年代，古巴开始建立和完善本国的政治体制。1976 年，古巴颁布新宪法，规定古巴共产党是社会和国家的最高领导力量。古巴的最高权力机关为全国人民政权代表大会，由该大会选出的国务委员会为在会、休会期间的常设机构。国家最高权力的执行机构为部长会议；国务委员会主席同时兼任政府首脑和武装部队的最高统帅，负责领导任何中央机构，并监督司法系统和人民政权机关。菲德尔·卡斯特罗长期担任古巴共产党第一书记和国务委员会主席，集党、政、军大权于一身。部长会议成员由政府首脑提名，由全国人民政权代表大会正式任命。国务委员会和部长会议除主席外均设第一副主席和若干名副主席。全国的政权组织分为县、省、中央三级。

二、切·格瓦拉的马克思主义观

切·格瓦拉是第三世界共产主义革命运动的传奇人物，也是拉美地区著名的马克思主义思想家。1928 年 6 月 14 日，格瓦拉出生于阿根廷罗萨里奥市的一个贵族家庭，1945 年考入布宜诺斯艾利斯国立大学医学系。青年时代的格瓦拉曾经不止一次地游历拉丁美洲。通过旅行，格瓦拉开始真正了解拉丁美洲人民的贫穷与苦难，这些经历促成他在思想上逐渐地接近马克思主义。1952 年 9 月，格瓦拉在他的一篇日记中写道，"写下这些日记的人，在重新踏上阿根廷的土地时，就已经死去。我，已经不再是我"。1954 年，格瓦拉在危地马拉为阿本斯的民主政府服务。阿本斯被军人推翻后，他于 1955 年逃往墨西哥，并在墨西哥城同卡斯特罗兄弟相遇。当时的卡斯特罗兄弟正在为重返古巴进行武装斗争并推翻巴蒂斯塔独裁政权作准备，格瓦拉迅速加入了菲德尔·卡斯特罗领导的"七·二六运动"组织，并作为后者的重要助手赢得了古巴革命的胜利。卡斯特罗曾回忆说，"那时他已经是位马克思主义者，虽然未参加任何政党，但已是一位坚定的马克思主义者"。革命胜利后，格瓦拉被授予古巴公民的身份，并先后担任国家银行总裁和工业部长，领导对古巴经济的社会主义改造工作。在此期间，他还创作了具有深远意义的"游击战指南"。1965 年 4 月，格瓦拉前往刚果，指导当地的革命武装进行游击战争。1966 年，格瓦拉又几经辗转来到玻利维亚，在当地共产主义者的帮助下建立游击战训练营地。1967 年 10 月，在美国中央情报局的帮助下，玻利维亚政府军在拉伊格拉地区包围了格瓦拉领导的游击队，格瓦拉不幸被捕牺牲。

（一）"格瓦拉主义"

"二战"结束后，社会主义的风潮伴随着被压迫民族解放运动席卷世界，以格瓦拉、卡斯特罗为代表的拉美革命领袖应运而生，他们在吸收马克思列宁主义关于资本主义和帝国主义相关论述的基础上，从拉丁美洲的历史和现状出发，提出了"大陆革命论""革命输出论""游击中心论"等独具特色的革命理论，这也被称为"格瓦拉主义"。

——大陆革命论。"大陆革命论"是切·格瓦拉关于社会主义革命思想的集中体现，是关于为保卫古巴社会主义革命成果而发动整个拉美大陆革命的设想。以格瓦拉为代表的一批拉美革命者认为，在古巴革命胜利以后，整个拉美大陆的阶级关系发生了根本变化，那就是敌我矛盾会更加尖锐，美帝国主义"一定要在任何一个现存制度受到触动的地方进行干涉，决不允许出现另一个古巴"，因而"绝望的，歇斯底里大发作的帝国主义决心玩弄各种阴谋，给他们的傀儡政府提供武器以至军队，以图消灭任何起义的人民；庄园上凶猛地残忍地施行最野蛮的镇压形式；大资产阶级不择手段地来封锁人民革命的道路，这三种力量联合起来直接反对拉丁美洲发生的革命"。他们还认为民族资产阶级会由于阶级对立的加剧彻底丧失革命性，并且成为帝国主义的"帮凶"和"走狗"。由此他们得出结论：拉丁美洲革命不再是反帝反封建的民族民主性质，而是反对资本主义的社会主义革命了。同时他们认为拉丁美洲爆发社会主义革命的条件已经成熟，革命的高潮已经来到，"到处都在爆发社会主义革命"，"各国只有建立社会主义式样的政府，没有别的选择"。

出于这种对革命形势的过高预计，格瓦拉提出拉丁美洲各国人民必须建立反帝统一战线，进行联合斗事的思想，并且表示要继承西蒙·玻利瓦尔的遗愿，进行"越出国界"的"第二次独立战争"，以实现社会主义革命。格瓦拉在《拉丁美洲革命的策略和战略》中认为社会主义在一国内取得胜利是不可能的，为了保卫社会主义古巴，必须在全大陆发动社会主义革命。格瓦拉不仅认为大陆革命是必需的，同时坚持实现大陆革命是可能的。他在《致三大洲会议的信》中说："在本大陆，除了巴西以外，实际上都讲一种语言。……这些国家的阶级具有更大的共同性，这种共同性比其他洲更为齐全，使这些国家具有了'美洲国防'型的共同点。语言、习惯、宗教和共同的主人，使他们团结起来"。格瓦拉继而强调，拉美地区的社会主义如要成功，就必须"开辟第二个第三个越南"，"使安第斯山成为美洲的马埃斯特腊山"，使"整个美洲大陆的广阔土地成为同帝国主义作殊死战的舞台"。总之他认为，拉丁美洲的共同性决定了社会主义将同时爆发。因此，他们主张建立"一个全大陆革命的指挥部""组织一支国际无产阶级军队，进行大陆革命"，并且把这种理论付诸实践，把古巴变成训练拉丁美洲游击队的大本营，以此来推动大陆革命的爆发。

——革命输出论。格瓦拉主义进而认为，社会主义仅仅在拉美大陆进行也是不够的，它更应该在全世界范围内进行。格瓦拉继承列宁对帝国主义的论断，认为帝国主义是资本主义的最高阶段，也是一个世界性的体系，这就决定了"帝国主义的侵略是没有国界"。因此，必须在世界范围内同帝国主义展开广泛而持久的斗争，各国人民反帝反殖的斗争也应该是"超越国界"的。格瓦拉呼吁"必须建立一个反帝战争的全球战略",社会主义的古巴必须对占世界人口大多数的亚洲、非洲和拉丁美洲进行大力的革命援助。

从 20 世纪 60 年代至 80 年代,古巴开始倾力向以非洲的刚果、安哥拉、埃塞俄比亚等国派遣志愿军、军事顾问和其他专业技术人员,支援当地革命,以图实现卡斯特罗、格瓦拉等人关于让非洲"从原始社会直接推进社会主义"的设想。以非洲南部的安哥拉为例,从 1965 年以后,古巴开始向该国派遣大量帮助训练游击队的军事顾问,之后又进一步派遣志愿军进入该国参加内战。到 1983 年,古巴驻安哥拉军事力量的人数已经突破了 5 万。此外,古巴还向安哥拉派遣了超过 5000 人的教师、医生、建筑工人以及其他经济和技术方面的顾问,并且接收安哥拉军事人员在本国进行游击战训练。直至 1988 年纳米比亚独立,古巴在付出了伤亡 1.4 万人的代价后,才宣布撤回驻扎在安哥拉的所有军事力量。随着 20 世纪 90 年代的苏东剧变和经互会解体,古巴在国际局势变化和自身失去经济支援后,才最终放弃了输出革命的政策。

——游击中心论。对实现社会主义革命的具体途径,格瓦拉主义强调要走"古巴革命的道路",即坚持"游击中心论"。所谓的"游击中心论",就是指在革命战争的初期,由少数革命者组成的"游击中心"组织在偏僻的山区,通过袭击敌人,扩大政治影响,吸引革命者参加游击队,不断衍生发展,直到向反动政府发动总攻击,夺取全国胜利为止。"游击中心论"认为,游击战争由一两个伟大人物领导的小分队即可取得胜利,并不一定需要马克思列宁主义政党的领导。因此,格瓦拉及其追随者提出了"游击队是先锋队""起义军可以创造党"的口号。同时,格瓦拉主义也并不主张在游击战争中发动群众和建立根据地。在玻利维亚领导游击战争时,格瓦拉就认为当地农民"贪生怕死""忍气吞声""急躁冒进"和"不可信赖",因此凡是有群众的地方都是"不安全"的。他和卡斯特罗也反对建立革命根据地。格瓦拉说,"建立革命根据地等于使自己的武器放弃了主动性,任由敌人使用最精良的武器",卡斯特罗则宣称:"根据地在什么地方?根据地在革命战士的背包里"。

（二）理想社会主义观

除革命方面的理论外,格瓦拉对怎样才能建成真正的社会主义也有着独到的理解。格瓦拉等人主要从事革命活动的地区是在受苏联的影响相对较小的拉丁美洲，这就使得他们形成了一套有别于苏联官方意识形态的马克思主义观，这集中体现为格瓦拉对于"理想社会主义"的认知。

在苏联的官方意识形态中，社会主义的首要任务是集中力量发展生产力。这一理论观点首先由列宁在生前提出，后又在斯大林执政时期被加以固化。格瓦拉明确反对这种以发展生产力为中心的"现实社会主义"，他认为建设社会主义与某些价值取向是不可分割的，如果社会主义想在自己的土地上与资本主义作生产力和消费力的斗争并战胜它，使用资本主义的武器——商品形式、竞争、以自己为中心的个人主义——那么就注定会失败。

格瓦拉之所以反对苏联的社会主义模式，是因为他认为塑造社会主义的新人类是一个比经济建设更重要的问题。在 1963 年的一次采访中，格瓦拉明确表示："我对没有共产主义理想的经济型社会主义不感兴趣。我们在与贫困作斗争的同时也在离心离德……如果共产主义没有自己的意识形态，它可能只是一种分配方式而不再是一种革命的道德规范"。在 1965 年发表的《古巴的社会主义和人民》中，他更是反对"用自己的拜物主义征服资本主义"的观点："社会主义可以在资本主义给我们遗留下的腐朽工具的帮助下实现白日梦……建设物质基础和塑造新人类都是建成共产主义所必需的"。[①]

在格瓦拉看来，社会主义代表了建设一个建立在平等、团结、集体主义、革命利他主义、自由讨论和群众参与这些价值观基础之上的新社会这样一种历史性的工作。真正的社会主义应该探索新的经济管理方法、如何自由表达不同的意见，以及怎样发扬社会主义民主。格瓦拉进一步认为，除非社会主义能够提供一种文明的，符合社会道德的，与卑鄙的个人主义、无限制的利己主义、竞争、资本主义文明特有的与所有人为敌的战争、"人吃人"的世界等完全相对立的社会模式，否则它就是无意义的，也无法在经济上取得成功。

那么，如何实现革命道德主导的理想社会主义？格瓦拉认为必须用精神激励的方法来培育社会主义新人。他主张古巴应该同时进行物质基础与上层建筑、社会主义与共产主义的建设任务，具体做法就是废除货币，建立"不用钱的文明"，反对"物质动力"，用劳动竞赛来激励工作。格瓦拉强烈认为

---

① [法] 迈克尔·洛伊：《切·格瓦拉对新社会主义的探索》，《当代世界与社会主义》2010年第 1 期。

用精神鼓励取代物质刺激，能帮助消灭阶级分化，促进收入均等，加强人民的团结。

在社会主义改造完成后，古巴开始探索进行社会主义经济建设的道路和体制。从 1964 年到 1966 年，古巴的领导层为此开展过激烈的辩论。以时任全国土改委员会主席罗德里格斯为代表的一方主张实行经济核算制，他们认为：在社会主义经济建设中，价值规律将继续发挥有益的作用，政府应该自觉利用这个规律来调节社会主义计划经济；通过财政、信贷、价格、市场等经济杠杆调节社会经济生活；企业应有自治权，通过自筹资金来发展生产；贯彻按劳分配的原则，通过劳动定额制度和物质刺激来提高劳动生产率。但是，以时任工业部部长格瓦拉为代表的另一方则主张实行财政预算制，他们认为：革命者在社会主义建设中的首要任务是加速消灭市场经济和商品生产，其根本途径是实行生产资料的全盘集体化和高度集中化，通过国家财政拨款来发展生产；建设资金不足，可以向友好国家借款；分配上，以精神鼓励为主，反对物质刺激，逐步实行按需分配和平均主义。辩论的结果，是格瓦拉一派的观点占上风，古巴实行了一种不同于其他社会主义国家的、兼具冒险主义和理想主义的经济模式。1965 年，古巴取消了财政部和中央统一计划；1967 年，取消国营企业之间的购销关系，代之以簿记登记制度，取消贷款和农业税，大学里不再研究社会主义政治经济学，取消公共财会专业；1968 年春，古巴政府发动"革命攻势"，接管了几乎全部的小商小贩和小企业，消灭了城市中的私营经济；与此同时，扩大了免费的社会服务，取消了工资级别，用精神鼓励代替物质刺激；取消了贷款利息和对农民的全部税收。同时，古巴还开展了塑造"新人"运动，即鼓励人们自愿工作、自愿奉献而不求社会赞扬、不领受报酬。但实践的结果却是国民经济的结构严重失调，劳动者积极性受到打击，经济形势不断恶化，致使政府不得不在 70 年代开始"纠偏"。卡斯特罗后来承认"当时古巴犯了唯心主义错误"，"看起来我们当时好像在向共产主义的生产和分配方式日益靠近，实际上在背离社会主义建设的正确轨道上越走越远"，[1]并且强调革命者要有理想，但也要是现实主义者。

---

[1] ［古巴］菲德尔·卡斯特曼：《在古巴共产党第一、二、三次全国代表大会上的中心报告》，人民出版社 1990 年版，第 86 页。

三、卡斯特罗的社会主义思想

作为社会主义古巴的缔造者，卡斯特罗始终坚持科学社会主义的基本原则。他曾经说过，"社会主义是一个新的社会制度，它具有巨大的创造力，能够发展新的思想和新的经验。在思想和经验方面，我们应该采取行动，应该进行创造，力争最好地解读马克思、恩格斯和列宁的思想，也在我们所处的环境和条件下作出自己的贡献"。① 在数十年的革命生涯中，他也正是一直致力于科学社会主义理论的古巴本土化，从革命的实践中不断探索和总结，提出了一系列思想理论，为丰富和发展马克思主义的科学社会主义理论做出了卓越的贡献。

（一）社会主义的本质特征

卡斯特罗十分重视社会主义对公平和全民平等的实践，反复强调"公平正义"是社会主义的基础和主要特征。卡斯特罗认为，社会主义正如我们认为的那样，应当为所有的人提供一种"真正的和绝对的机会平等"，使其在体力和治理方面获得充分的发展，而不应受到任何性别、类别、种族、经济地位的歧视，因此应当创造条件，真正地根除赤贫、饥馑、贫困、娼妓和吸毒，杜绝人与社会财富、个人与集体、目标与规范相分离的现象，——而实现这些目标，正是社会主义的价值所在，因为"只有社会主义才能把广大人民群众如此紧密地团结在一起，开展精神、政治、经济和社会领域的伟大斗争。作为一种政治、经济和社会制度，只有社会主义才能实现正义"。② 因此，他把政治平等、经济平等和社会平等作为社会公正的目标，始终着眼于占人口大多数的普通人民群众，即在政治上他强调群众的参与，在经济上实行公平分配，在社会方面反对种族歧视和性别歧视等。他认为，只有这样才能体现社会主义的优越性。

由于卡斯特罗把公平正义视作社会主义的根基，所以古巴与其他社会主义国家的一个重要的不同之处，就是在它的社会主义制度确立之初就已经建

---

① ［古巴］萨洛蒙·苏希·萨尔法蒂编：《卡斯特罗语录》，宋晓平等译，社会科学文献出版社 2010 年版，第 257 页。

② ［古巴］埃斯特万·拉索·埃尔南德斯：《菲德尔与古巴社会主义》，《拉丁美洲研究》2006 年第 10 期。

立了一套以全民免费享受公共物品为特征的社会保障和福利体系。卡斯特罗宣称，"在古巴没有一个人是不受保护的"。政府首先承担了教育和医疗的一切费用，而在 1960 年代后期，免费的范围越来越广，标准越来越高。如免费教育不仅包括各级各类学校免费，而且还包括免除学生的食、宿、交通、制服费用等等；免费医疗不仅包括免除医疗费，还包括免除病人和陪床人员的食宿费用；国家还对大量食品提供补贴。体育比赛、公园和博物馆不收门票，工厂免费提供午餐。部分住宅免收房租，煤气和公共交通的收费也是象征性的。为此全国的教育经费是革命前古巴的 11 倍，公共卫生经费是革命前的 20 倍。

（二）关于社会主义取代资本主义

卡斯特罗是着重从道德价值的层面批判资本主义的罪恶性质的，他认为："资本主义社会是特权社会，是堕落的社会；是人剥削人、人与人为敌、人吃人——正如恩格斯或马克思所说的社会。资本主义是狼的社会，而不是什么新的社会。资本主义的胚胎始于三千或四千多年前。不管要给资本主义制度——本质上是帝国主义制度——变多少花样，它都是罪恶的，不可维护的"。他提出："资本主义和帝国主义没有任何东西给各国人们，给的只有凌辱、不平等、剥削、弱肉强食。"[1]

关于全球化，卡斯特罗指出，全球化不是哪一个人的发明创造或者异想天开，它是历史的规律，是全世界生产力发展的结果。马克思早就设想了一个全球化的世界，那是对财富进行公平分配的世界，这样的世界在地球上还远未建立。[2] 我们不反对全球化，也不可能反对全球化。我们所反对的是新自由主义全球化。新自由主义的全球化是对第三世界最可耻的再殖民化，它是现代帝国主义的最后一种表现形式，是帝国主义强加给世界的，是持续不下去的，必将垮台。

卡斯特罗还认为，制度决定了资本主义的历史命运，而矫正资本主义制度缺失的，只有社会主义。这是因为社会主义社会对主要生产资料实行社会所有

---

① 《八十年代世界共产党代表大会重要文件选编》，中国广播电视出版社 1989 年版，第 999 页。
② 参见［古巴］菲德尔·卡斯特罗：《全球化与现代资本主义》，社会科学出版社 2000 年版，第 276 页。

制，取消一切形式的人剥削人的现象；劳动作为所有人的权利和义务是一种创造性的活动；按照实施共同的经济社会规律和统一的计划发展经济的办法来领导社会。他继而指出，在社会主义社会，绝大多数人民以越来越民主、广泛和自觉的形式参加决定同国家政治、经济和社会生活有关的问题，建立以互助友爱为特点的新型的社会主义关系是社会主义和共产主义所特有的，其根本目的是为社会所有成员谋福利，使他们获得多方面的发展。卡斯特罗因此坚信：全球化背景下的资本主义国家经济在加速崩溃，制度的规律正在把它"引向没落和消亡"，而社会主义是消除资本主义弊病的伟大变革，只有社会主义能够摆脱"大危机"，"拯救人类"。①

（三）关于社会主义经济体制改革

卡斯特罗对于坚持公有制基础上的计划经济是毫不动摇的，强调没有计划经济就不可能有社会主义，而市场经济是资本主义的。20世纪末，随着苏联式社会主义在世界范围内的失败和古巴自身的严重经济困难，卡斯特罗在仍然坚持把计划经济作为古巴经济体制调整的目标模式的前提下，提出可以"运用某些市场形式"进行改革。

1997年，卡斯特罗在古共五大上说：资本主义制度没有前途，因为它是非人道的、混乱的、无政府主义的，因此谁也别对我们说：放弃一切计划；战后曾持续发展的日本，就是按计划经济工作的；我们不能把我们的社会经济发展交给市场的盲目规律，当然这不是说我们不能运用某些市场形式；我们将继续实行我们的纲要、计划，伴之以已提到议事日程的必要的权力下放，同时实行必要的监督，以免陷入资本主义的无政府状态。这次大会的经济决议指出，"在完善国有制形式，保持国有制主体地位的同时，可以发展多种所有制形式"。② 之后，卡斯特罗在回答联合国教科文组织前领导人费德里科·马约尔的提问时又强调指出："凡是适合全民所有的就实行全民所有，凡是适合集体所有就实行集体所有，凡是适合个体或其他形式的就实行个体或其他形式"。有限度的经济体制改革使古巴的所有制形式在一定程度上实现了多样化，其主

---

① ［古巴］菲德尔·卡斯特罗：《全球化与现代资本主义》，社会科学出版社2000年版，第310—330页。

② ［古巴］费德里科·马约尔、王牧：《卡斯特罗就社会主义前途、私有化和全球化等答马约尔问》，《国外社会科学文摘》2000年第12期。

要包括全民所有制经济、集体经济、个体经济和"新兴经济"（即合资或独资的外向型企业、合作社企业和国有民营企业等）。

随着改革的深入，国家开始引入市场机制，发挥市场在价值规律中的作用。古巴国内一些人也因此希望积极地实现私有化，改革国有企业。面对这一情况卡斯特罗明确指出："在我党的干部和领导人的头脑中没有将我们的工业私有化的想法"，"我们不想通过私有化在古巴建立一个富人阶级，因为这一阶级会获得巨大权力，会反对社会主义"，"我们不会把工厂私有化，我们不会产生一个实业家、有产者和企业主阶级。我们不会将企业私有化，不会走这条道路"。①

（四）塑造社会主义新人

马克思认为精神文化在社会发展中至关重要：当思想渗透到群众之中，就能转变成物质力量。卡斯特罗努力提升现实以达到思想的高度。"为全体人民的利益而工作的思想变成了通过增加生产来强化社会的物质力量"。② 这意味着人们的精神动力能提高生产力，共产主义思想道德需要在社会主义阶段不断提升。在这一点上，卡斯特罗与切·格瓦拉有着高度的一致，那就是都把道德激励看作政治必然性，必须在物质极大丰富之前就采用。卡斯特罗赞同马克思"跨越资本主义卡夫丁峡谷"的观点。社会主义可以不经过资本主义阶段而直接到达共产主义社会。因此，卡斯特罗更多强调精神建设、道德品质更重于经济建设和物质。他甚至反对苏联建设中的经济至上原则，认为经济决定论属于资本主义市场经济规律。

卡斯特罗认为，为使社会主义能在古巴生存和发展，不仅需要建立牢固的制度，而且需要造就具有社会主义觉悟的人。这就是"社会主义的人"或"新人"。这样的人为社会而生存，摈弃私有观念，不再为社会所异化。但"社会主义的人"不会自发产生，需要进行革命教育和坚持不懈的政治思想工作。只有这样，才能发展社会主义的生活方式和全面造就高质量的、具有共产主义道德风尚与原则的人。古巴在 1960 年代后期开始了塑造"新人"的运动，即鼓励人们自愿工作、自愿奉献而不求社会赞扬、不领受报酬。

---

① 转引自徐世澄：《卡斯特罗评传》，人民出版社 2008 年版，第 349 页。
② Heldon B.liss, *Fidel Castro's Political and Social Thought*, London: Westview Press, 1994, p.49.

（五）国际主义思想

卡斯特罗的国际主义思想建立在联合世界人民共同反对资本主义（帝国主义）的社会主义原则基础上，而其出发点是古巴的民族独立，——在这一点上他与古巴历史上的民族英雄何塞·马蒂一脉相承。一方面，何塞·马蒂曾提出"两个美洲"的思想，认为古巴和拉美其他国家同属于"我们的美洲"，而美国是"另一个美洲"或"欧洲的美洲"，"一个不了解我们的强大邻国的蔑视态度是我们美洲的最大的危险"。① 为此，他认为古巴只有立足拉美，团结拉美各国人民，才能反对帝国主义的侵略和威胁，才有希望掌握自己的命运。卡斯特罗认识到"我们的美洲"（拉丁美洲）和"别的美洲"（美国）是不同的，"面对美国对美洲的阴谋策划，马蒂教导了卡斯特罗拉美的团结对古巴主权的价值"。另一方面，马蒂也着重强调了古巴人民要具有国际主义精神，那就是"祖国是人类"："要同全世界联合起来，而不是只同世界的一部分联合起来，不是同世界的一部分联合起来反对另一部分"。② 卡斯特罗就此提出，古巴不仅要爱自己的国家和人民，还要把爱心洒遍整个世界；古巴独立的重要意义就是能够支持别的拉美国家获得自由，同时推动古巴与世界各国人民的团结。

关于国际主义的具体原则，卡斯特罗指出：第一，取得独立的民族应该支援未独立民族的斗争，这不仅是一种义务，而且对取得独立的民族本身也是有利的；第二，对革命者来说，爱国主义和国际主义是统一的，当出现矛盾时前者应服从于后者，即先人类，后祖国；第三，在拉丁美洲，各国的革命斗争从来都是互相支援的，今后也将如此。在古巴的社会主义制度建立之后，卡斯特罗和切·格瓦拉等人长期致力于对非洲和拉美地区的国家提供革命援助，对非洲各国的民族独立和拉美世界的左翼社会主义运动都产生了难以估量的推动作用。在这个过程中，卡斯特罗和格瓦拉还专门提出过"大陆革命论""游击中心论""革命输出论"等关于第三世界国家民族独立和社会主义革命的理论主张，其中虽不免有偏颇之处，但它们在理论和实践上所产生的影响是极其深远的。

---

① 《何塞·马蒂诗文选：长笛与利剑》，毛金里、徐世澄译，云南人民出版社 1995 年版，第 59、44 页。

② Heldon B.liss, *Fidel Castro's Political and Social Thought*, London: Westview Press, 1994, p.35.

参考文献

（一）马克思主义著作

《马克思恩格斯全集》第 23 卷，人民出版社 1972 年版。

《马克思恩格斯全集》第 4 卷，人民出版社 1958 年版。

《马克思恩格斯选集》第 1 卷，人民出版社 1995 年版。

《马克思恩格斯选集》第 1、3、4 卷，人民出版社 2012 年版。

《列宁全集》第 36 卷，人民出版社 1985 年版。

《列宁选集》第 4 卷，人民出版社 1995 年版。

《列宁选集》第 3、4 卷，人民出版社 2012 年版。

《列宁专题文集 论社会主义》，人民出版社 2009 年版。

《斯大林选集》（下），人民出版社 1979 年版。

《毛泽东选集》第 1—4 卷，人民出版社 1991 年版。

《毛泽东文集》第 1 卷，人民出版社 1993 年版。

《毛泽东文集》第 3、4、5 卷，人民出版社 1996 年版。

《毛泽东文集》第 6、7、8 卷，人民出版社 1999 年版。

《建国以来毛泽东文稿》第 5 册，中央文献出版社 1991 年版。

《建国以来毛泽东文稿》第 7 册，中央文献出版社 1992 年版。

《建国以来毛泽东文稿》第 9、10、11 册，中央文献出版社 1996 年版。

《毛泽东年谱（1893—1949）》中、下卷，人民出版社、中央文献出版社 1993 年版。

《毛泽东年谱（1893—1949）》下卷，中央文献出版社 2002 年版。

《毛泽东年谱（1949—1976）》第 1—3 卷，中央文献出版社 2013 年版。

《毛泽东哲学批注集》，中央文献出版社 1988 年版。

《毛泽东书信选集》，中央文献出版社 2003 年版。

《毛泽东经济年谱》，中共中央党校出版社 1993 年版。

《毛泽东外交文选》，中央文献出版社、世界知识出版社 1994 年版。

《邓小平文选》第 1、2 卷，人民出版社 1994 年版。

《邓小平文选》第 3 卷，人民出版社 1993 年版。

《邓小平年谱（一九七五——一九九七）》（下），中央文献出版社 2004 年版。

《刘少奇选集》上卷，人民出版社 1981 年版。

《刘少奇选集》下卷，人民出版社 1985 年版。

《建国以来刘少奇文稿》第一、三、四册，中央文献出版社 2005 年版。

《刘少奇年谱》下卷，中央文献出版社 1996 年版。

《刘少奇论新中国经济建设》，中央文献出版社 1993 年版。

《周恩来选集》上卷，人民出版社 1980 年版。

《周恩来选集》下卷，人民出版社 1984 年版。

《周恩来统一战线文选》，人民出版社 1984 年版。

《周恩来教育文选》，教育科学出版社 1984 年版。

《朱德选集》，人民出版社 1983 年版。

《陈云文选》第 2 卷，人民出版社 1995 年版。

《张闻天选集》，人民出版社 1985 年版。

《任弼时选集》，人民出版社 1987 年版。

《蔡和森文集》，人民出版社 1980 年版。

《毛泽东周恩来刘少奇朱德论党的宣传工作》，中共中央党校出版社 1989 年版。

（二）其他著作

中央档案馆：《中共中央文件选集》第 1 册，中共中央党校出版社 1989 年版。

中央档案馆：《中共中央文件选集》第 4 册，中共中央党校出版社 1989 年版。

中央档案馆：《中共中央文件选集》第 16、17、18 册，中共中央党校出版社 1992 年版。

中央档案馆、中共中央文献研究室：《中共中央文件选集（1949 年 10 月—1966 年 5 月）》第 2、3、7、14、17、43 册，人民出版社 2013 年版。

中共中央文献研究室：《建国以来重要文献选编》第 4、6、7 册，中央文献出版社 1993 年版。

中共中央文献研究室：《建国以来重要文献选编》第 8 册，中央文献出版社 1994 年版。

中共中央文献研究室：《建国以来重要文献选编》第 11 册，中央文献出版社 1995 年版。

中共中央文献研究室：《建国以来重要文献选编》第 20 册，中央文献出版社 1998

年版。

中央档案馆、中共中央文献研究室:《建党以来重要文献选编》第 22 册,中央文献出版社 2011 年版。

中共中央文献研究室:《三中全会以来重要文献选编》上、下册,人民出版社 1982 年版。

中共中央文献研究室:《新时期经济体制改革重要文献选编》(上),中央文献出版社 1998 年版。

《中国共产党第十二次全国代表大会文件汇编》,人民出版社 1982 年版。

中共中央文献研究室:《十八大以来重要文献选编》(上),中央文献出版社 2014 年版。

中国民主同盟中央委员会:《中国民主同盟历史文献》,文史资料出版社 1983 年版。

中华人民共和国国家农业委员会办公厅:《农业集体化重要文件汇编》(下册),中共中央党校出版社 1981 年版。

《毛泽东传(1949—1976)》下,中央文献出版社 2003 年版。

《刘少奇传》下,中央文献出版社 1998 年版。

《中国共产党的九十年》(新民主主义革命时期),中共党史出版社 2016 年版。

《中国共产党历史(1949—1978)》第 2 卷(上),中共党史出版社 2011 年版。

柳建辉、曹普主编:《中国共产党执政历程》第 2 卷,人民出版社 2011 年版。

柳建辉主编:《中国共产党史稿》第 7 卷,四川人民出版社 2011 年版。

中共中央党史研究室:《中国共产党历史》第 2 卷,中共党史出版社 2011 年版。

张素华、边彦军等主编:《说不尽的毛泽东:百位名人学者访谈录》(上),辽宁人民出版社 1993 年版。

张素华、边彦军等主编:《说不尽的毛泽东:百位名人学者访谈录》(下),辽宁人民出版社 1995 年版。

龚育之:《龚育之论中共党史》上册,湖南人民出版社 1999 年版。

龚育之、石仲泉主编:《马克思主义中国化研究:历史进程和基本经验》(上),北京人民出版社 2009 年版。

庄福龄主编:《马克思主义史》第 3 卷,人民出版社 1996 年版。

《若干重大决策与事件的回顾》上卷,中共中央党校出版社 1991 年版。

李维汉:《回忆与研究》上下册,中共党史资料出版社 1986 年版。

《周扬文论选》,人民文学出版社 2009 年版。

杨献珍:《我的哲学"罪案"》,人民出版社 1981 年版。

《艾思奇文集》第 2 卷,人民出版社 1983 年版。

吴冷西:《忆毛主席》,新华出版社 1995 年版。

吴冷西:《十年论战》(上),中央文献出版社 1999 年版。

贾泽林、周国平、王克千、苏国勋等:《苏联当代哲学(1945—1982)》,人民出版社 1986 年版。

贾泽林等编译:《苏联哲学纪事(1953—1976)》,生活·读书·新知三联书店 1979 年版。

李尚德:《20 世纪马克思主义哲学在苏联》,社会科学文献出版社 2009 年版。

商务印书馆编辑部:《人道主义、人性论研究资料》第 1 辑,商务印书馆 1963 年版。

《哲学研究》编辑部:《苏联哲学资料选辑》第 1 辑,上海人民出版社 1963 年版。

徐焰等:《毛泽东军事思想发展史》,解放军出版社 2001 年版。

刘继贤:《论毛泽东军事思想体系》,解放军出版社 2014 年版。

陈宇主编:《毛泽东军事战略》,解放军出版社 2015 年版。

郑文翰主编:《毛泽东思想研究大系》(军事卷),上海人民出版社 1993 年版。

严北溟:《我国过渡时期的基础和上层建筑》,湖北人民出版社 1955 年版。

胡海涛:《建国初期对唯心主义的四次批判》,百花洲文艺出版社 2006 年版。

王道霞等:《建国以来农业合作化史料汇编》,中共党史出版社 1992 年版。

逄先知:《回顾毛泽东关于防止和平演变的论述》,中央文献出版社 1990 年版。

陆南泉:《苏联经济体制改革史论》,人民出版社 2007 年版。

陆南泉、张础、陈义初等编:《苏联国民经济发展七十年》,机械工业出版社 1988 年版。

《胡适思想批判(论文汇编)》第四辑,生活·读书·新知三联书店 1955 年版。

《胡适思想批判资料集刊》,新文艺出版社 1955 年版。

陆南泉著:《苏联经济体制改革史论》,人民出版社 2007 年版。

《苏联共产党第二十一次代表大会主要文件》,人民出版社 1959 年版。

《苏联共产党第二十二次代表大会主要文件》,人民出版社 1961 年版。

《共产国际有关中国革命的文献资料》第 1 辑,中国社会科学出版社 1982 年版。

《苏联共产党代表大会、会议和中央全会决议汇编》第 5 分册,人民出版社 1958 年版。

《苏联共产党代表大会文件汇编》,人民出版社 1961 年版。

世界知识出版社缉:《关于波兰目前局势》,世界知识出版社 1957 年版。

世界知识出版社缉:《关于匈牙利事件》,世界知识出版社 1957 年版。

中国社会科学院苏联东欧研究所编:《南斯拉夫政治经济体制改革文献选编》(内部资料)。

中国社会科学院苏联东欧研究所编:《匈牙利政治经济体制改革文献选编》(内部资料)。

中国社会科学院苏联东欧研究所编:《苏联东欧国家政治体制及其改革》, 求实出版社 1987 年版。

《南斯拉夫资料汇编》, 世界知识出版社 1957 年版。

《南斯拉夫资料续编》, 世界知识出版社 1958 年版。

《匈牙利政治经济体制改革文献选编》, 中国社会科学院苏联东欧研究所 1985 年编。

[苏] 日丹诺夫:《苏联哲学问题》, 新华书店 1950 年版。

[苏] 日丹诺夫:《在关于亚历山大洛夫著"西欧哲学史"一书讨论会的发言》, 人民出版社 1957 年版。

[苏] B.E.叶夫格拉弗夫:《苏联哲学史》, 商务印书馆 1998 年版。

[苏] 亚历山大洛夫:《西欧哲学史》, 商务印书馆 1989 年版。

[苏] 李森科:《论生物学界的现状》, 新华书店 1949 年版。

[英] 洛伦·R.格雷厄姆:《俄罗斯和苏联科学简史》, 复旦大学出版社 2000 年版。

[加] 阿格尔:《西方马克思主义概论》, 中国人民大学出版社 1991 年版。

[南斯拉夫] 马尔科维奇:《马克思的社会批判理论》,《南斯拉夫哲学论文集》, 生活·读书·新知三联书店 1979 年版。

[南斯拉夫] 洛维奇:《官僚主义的社会主义》,《南斯拉夫哲学论文集》, 生活·读书·新知三联书店 1979 年版。

[南斯拉夫] 苏佩克:《社会实践的辩证法》,《南斯拉夫哲学论文集》, 生活·读书·新知三联书店 1979 年版。

[俄] 雷日科夫:《大国悲剧:苏联解体的前因后果》, 新华出版社 2010 年版。

[苏] 罗伊·A.麦德维杰夫等:《赫鲁晓夫执政年代》, 吉林人民出版社 1981 年版。

[苏] 尼基塔·谢·赫鲁晓夫:《赫鲁晓夫回忆录》, 中国广播电视出版社 1988 年版。

[意] 陶里亚蒂:《陶里亚蒂言论集》, 世界知识出版社 1966 年版。

[苏] 尼·伊·布哈林:《过渡时期经济学》, 列宁批注, 重庆出版社 2016 年版。

[俄] 格·阿·阿尔巴托夫:《苏联政治内幕:知情者的见证》, 新华出版社 1998 年版。

[苏] 尤·阿克秀金:《赫鲁晓夫——同时代人的回忆》, 东方出版社 1990 年版。

Leszek kolakowski, *Marxism and Beyond*, Pall Mall Publication, London, 1969.

Adam Schaff, *A philosophy of man,* London, lawrence & wishart, 1963.

Adam Schaff, *Marxism and the Human Individual,* New York: McGraw-Hill, 1970.

Karel Kosík, *Dialectics of The Concrete,* Boston, 1976.

（三）期刊文献

张象：《第四讲 东欧人民民主国家的建立和巩固》（上），《历史教学》1988 年第1 期。

马细谱：《十月革命与东欧社会主义道路》，《世界历史》2007 年第 5 期。

安启念：《苏联哲学的人道化及其社会影响》（上），《高校理论战线》1997 年第 1 期。

安启念：《苏联哲学的人道化及其社会影响》（下），《高校理论战线》1997 年第 2 期。

孙其明：《也论建国初期中国社会的主要矛盾》，《同济大学学报》（社会科学版）2002 年第 6 期。

甄宝亭：《关于建国初期的革命性质、任务和主要社会矛盾》，《社会科学》1982 年第 9 期。

董国强：《论建国初期的国内主要矛盾》，《南京大学学报》（哲学社会科学版）1995 年第 1 期。

黄小同：《"四面八方"经济政策思想源于刘少奇》，《中共党史研究》1999 年第 1 期。

李安增：《过渡时期总路线与新民主主义社会论》，《党史研究与教学》1999 年第 6 期。

逄先知、李捷：《毛泽东与过渡时期总路线》，《党的文献》2001 年第 4 期。

高放：《苏联弊病的历史沿革及其教训》，《探索与争鸣》2015 年第 8 期。

高峻：《毛泽东与邓子恢关于农业合作化思想的分歧及其原因探析》，《中国社会经济史研究》1995 年第 3 期。

季龙：《逐步实现手工业社会主义改造：季龙回忆录（选摘）》，《中国集体经济》2004 年第 8 期。

季龙：《逐步实现手工业社会主义改造：季龙回忆录（选摘）》，《中国集体经济》2004 年第 10 期。

顾龙生：《中国手工业改造的理论与实践》，《中共党史研究》1990 年第 1 期。

定思：《对我国过渡时期的经济基础与上层建筑怎样进行研究》，《哲学研究》1956 年第 4 期。

胡为雄：《1950 年代中国哲学界有关经济基础与上层建筑的争论》，《毛泽东邓小平理论研究》2009 年第 1 期。

《刘少奇、邓小平、邓子恢等关于农业生产责任制的论述选载》，《党的文献》1992 年第 4 期。

李捷：《对毛泽东防止和平演变思想的回顾与思考》，《党的文献》1991 年第 3 期。

陈新明：《南斯拉夫自治社会主义的失败——关于集权与分权关系的思考》，《当代世界与社会主义》2008 年第 6 期。

赵杰：《南斯拉夫自治社会主义体制改革述略》，《南都学刊》1988 年第 2 期。

周思源：《东欧国家社会主义发展阶段的理论简介》，《当代世界社会主义问题》

1987 年第 4 期。

蒲国良：《原苏联东欧社会主义国家政治体制改革的回顾与反思》，《当代世界与社会主义》2013 年第 3 期。

刘邦义：《试论哥穆尔卡的改革——兼与卡达尔、杜布切克改革的比较》，《今日东欧中亚》1996 年第 4 期。

钱俊瑞：《在第一次全国教育工作会议上的总结报告要点》，《人民日报》1949 年 12 月 30 日。

《正确执行婚姻法，消灭封建的婚姻制度》，《人民日报》1951 年 8 月 5 日。

《中国人民政治协商会议共同纲领》，《人民日报》1949 年 9 月 30 日。

[苏] E.H. 切斯诺考夫：《全苏现代自然科学中的哲学问题会议》，《自然辩证法研究通讯》1959 年第 2 期。

[苏] 阿·涅斯米扬诺夫：《关于现代自然科学中哲学问题的全苏会议苏联科学院院长阿·涅斯米扬诺夫院士的开幕词》，《自然辩证法研究通讯》1959 年第 2 期。

[苏] 弗罗洛夫：《60—80 年代苏联哲学总结与展望》，《哲学译丛》1993 年第 2 期。

[俄] 罗伊·麦德维杰夫：《斯大林与语言学——苏联学术史的一个片段》，《当代世界社会主义问题》2005 年第 1 期。

[苏] 尤金：《斯大林关于语言学问题的著作对于社会科学发展的意义》，《人民日报》1951 年 10 月 17 日。

[南] P. 弗兰尼茨基：《社会主义和异化问题》，南斯拉夫《实践》杂志 1965 年第 2、3 期。

[南] P. 弗兰尼茨基：《论南斯拉夫社会自治思想的理论基础》，《哲学译丛》1980 年第 6 期。

[南] 爱德华·卡德尔：《论南斯拉夫的人民民主》，《共产主义者周报》1949 年第 4 期。

[捷] 奥塔·希克：《捷克斯洛伐克的经济改革和"布拉格之春"》，《苏联东欧问题》1981 年第 1 期。

[苏] 赫鲁晓夫：《关于修改联共（布）党章的报告》，《真理报》1952 年 10 月 13 日。

大 事 记

1945 年

2 月 4—11 日	雅尔塔会议在苏联克里米亚半岛召开。
4 月 23 日——6 月 11 日	中国共产党第七次全国代表大会召开。毛泽东致开幕词《两个中国之命运》和闭幕词《愚公移山》，向大会提交《论联合政府》书面政治报告。
4 月 28 日	墨索里尼被处决。
4 月 30 日	苏军占领柏林。希特勒自杀身亡。
5 月 7 日	德国宣布无条件投降。
5 月 9 日	捷克斯洛伐克人民民主共和国成立。
8 月 9 日	毛泽东发表《对日寇的最后一战》的声明。
8 月 14 日	日本政府照会美、英、中、苏四国，宣布接受波茨坦公告。
8 月 15 日	日本宣布无条件投降。
8 月 28 日	毛泽东抵达重庆开始与蒋介石会晤。
9 月 2 日	越南民主共和国成立。
10 月 12 日	老挝人民民主共和国成立。
10 月 24 日	联合国正式成立。
11 月 23 日	大韩民国临时政府迁回国内，成为了今天的韩国。
11 月 29 日	南斯拉夫联邦人民共和国成立。

1946 年

1 月 11 日　阿尔巴尼亚人民共和国成立。

2 月 1 日　匈牙利共和国成立（1949 年 8 月改称匈牙利人民共和国）。

3 月 5 日　英国前首相丘吉尔在杜鲁门的陪同下，在美国密苏里州富尔敦城的威斯敏斯特学院发表演讲，宣称"从波罗的海的什切青到亚得里亚海的里亚斯特，一幅横贯欧洲大陆的铁幕已经降落下来"。后被称为"铁幕演说"。

8 月　毛泽东在会见美国记者安娜·路易斯·斯特朗时提出了"一切反动派都是纸老虎"的论断，强调从长远来看，真正强大的人民，而不是反动派。这次谈话为人民群众提供了重要的战略思想武器。

9 月 15 日　保加利亚人民共和国成立。

1947 年

3 月 12 日　杜鲁门在众议院大厅向国会两院联席会议发表了被称为"杜鲁门主义"的特别咨文。

6 月 5 日　马歇尔在哈佛大学发表援欧演说，正式抛出了"马歇尔计划"。

6 月 16—25 日　围绕着批判亚历山大洛夫所著的《西欧哲学史》而召开的全苏哲学讨论会，成为苏联战后哲学发展史上最重大的事件之一。

7 月　中共中央工委召开的全国土地会议讨论并制定了《中国土地法大纲》。

9 月　苏联、南斯拉夫、波兰、罗马尼亚、保加利亚、匈牙利、捷克斯洛伐克、法国、意大利等九国的共产党和工人党代表团在波兰的什卡拉尔斯卡—波伦巴小城举行会议，成立情报局。

12 月 25 日　毛泽东在《目前形势和我们的任务》中概括了十大军事原则，标志着人民解放军战略战术的进一步完善，意味着毛泽东军事思想在解放战争时期发展到了新的高度。

12 月 30 日　罗马尼亚人民共和国成立。1965 年改名为罗马尼亚社会主义共和国。

1948 年

1 月　毛泽东在《关于目前党的政策中的几个重要问题》中提出在革命统一战线中领导者要更好地实现对被领导者的引领，必须具备两个条件：率领被领导者向着共同的敌人作坚决的斗争，并取得胜利；对被领导者给予物质福利，至少不损害其利益，同时对被领导者给予政治教育。

2 月　毛泽东在给刘少奇的电报中阐述了"在不同地区实施土地法的不同策略"。他主张日本投降以前的老解放区只须调整一部分土地，在1945 年 9 月至 1947 年 8 月内解放的地区完全适用土地法，在大反攻后新解放的地区应分阶段推进土地法。

4 月　毛泽东在晋绥干部会议上强调：依靠贫农，团结中农，有步骤地、有分别地消灭封建剥削制度，发展农业生产，这就是中国共产党在新民主主义革命时期，在土地改革工作中的总路线和总政策。

6 月 28 日　共产党和工人党情报局宣布把"铁托集团"开除出世界共产主义运动。

7 月 31 日—
8 月 7 日　全苏农业科学院大会的召开。李森科作了题为《论生物学界的现状》的报告，向基因遗传理论发动全面攻击。

9 月 9 日　朝鲜民主主义人民共和国成立。

1949 年

1 月　苏联、保加利亚、罗马尼亚、匈牙利、波兰、捷克斯洛伐克等六国发表联合公报，宣布成立经济互助委员会（简称"经互会"）。

3 月 5 日　毛泽东在七届二中全会上指出党的中心任务为"动员一切力量恢复和发展生产事业"，分析了新民主主义的五种经济形态，并发出了"务必使同志们继续地保持谦虚、谨慎、不骄、不躁的作风，务必使同志们继续地保持艰苦奋斗的作风"。

4 月 4 日　美、加、英、法、比、荷、卢、丹、挪、冰、葡、意 12 国签署《北大西洋公约》。同年 8 月，北大西洋公约组织正式成立。

6 月 30 日　为纪念中国共产党建立二十八周年，毛泽东发表了《论人民民主专政》的重要篇章，就人民民主专政的必要性、科学内涵、领导力量、阶级基础、主要职能等作了深入论述。

8 月 18 日	毛泽东发表《别了，司徒雷登》。
9 月 21 日	中国人民政治协商会议通过具有临时宪法性质的《中国人民政治协商会议共同纲领》，将公私兼顾、劳资两利、城乡互助、内外交流的"四面八方"政策规定为中华人民共和国经济建设的根本方针。
10 月 1 日	中华人民共和国成立。
10 月 7 日	德意志民主共和国成立。
12 月 23—31 日	教育部召开第一次全国教育工作会议。

1950 年

2 月 14 日	中苏签署《中苏友好同盟互助条约》。
6 月	毛泽东在七届三中全会上强调"不要四面出击"，免得树敌太多，造成全国关系紧张，而应集中力量反对主要敌人，解决主要矛盾。这一稳步前进的慎重方针，促进了中国共产党执政后在很短的时间之内就实现了天下大治的良好局面。
6 月 20 日	斯大林在《真理报》上发表的《论语言学中的马克思主义》。马尔主义主导的"马克思主义语言学"结束了其在苏联的统治。
6 月 25 日	朝鲜战争爆发。
6 月 27 日	南斯拉夫联邦国民议会颁布了《关于劳动集体管理国营经济企业和高级经济联合组织的基本法》，标志着工人自治阶段正式开始。
7 月 4 日	斯大林发表《论语言学的几个问题》。
10 月 25 日	中国人民志愿军赴朝。

1951 年

2 月	中共中央《关于加强理论教育的决定》（草案）指出要加强理论学习，加强对马列主义和毛泽东思想的学习。
3 月底 4 月初	第一次全国组织工作会议通过了《关于整顿党的基层组织的决议》和《关于发展新党员的决议》，随后整党建党工作在各地开展。
5 月	毛泽东撰写题为《应当重视电影〈武训传〉的讨论》的社论，被各地报刊纷纷转发，意识形态领域以唯物史观教育为目的的批判性运动得以开启。

9 月	周恩来受中央委托向北京和天津高校教师作了题为《关于知识分子的改造问题》的报告，强调知识分子的改造就是要学习工人阶级、劳动人民的思想和立场。
11 月	召开的南共"六大"上，南共更名为"南斯拉夫共产主义者联盟"，党的作用从"领导"变为"思想上的指导"。
12 月	在党政机关中"反贪污、反浪费、反官僚主义"的运动和在私营工商业中"反行贿、反偷税漏税、反盗骗国家财产、反偷工减料、反盗窃国家经济情报"的斗争在全国开展。于 1952 年 10 月结束的"三反"和"五反"运动，打退了资产阶级的猖狂进攻，为后来顺利实现对资本主义工商业的社会主义改造奠定了基础。
年底	发起了反贪污、反浪费、反官僚主义的"三反"运动。

1952 年

2—9 月	斯大林发表了他一生中最后一部重要理论著作《苏联社会主义经济问题》。
9 月	毛泽东在写给黄炎培的信中提到，对资本家的教育改造要统一到爱国主义和《共同纲领》的基础上来。

1953 年

3 月 5 日	斯大林逝世。
6 月	毛泽东在中央政治局会议上对过渡时期总路线作了比较完整的表述。这年 12 月，他又将过渡时期总路线的内容最后改定为："从中华人民共和国成立，到社会主义改造基本完成，这是一个过渡时期。这条总路线是照耀我们各项工作的灯塔，各项工作离开它，就要犯右倾或'左'倾的错误"。
6 月 17 日	"东柏林事件"爆发。
12 月	中共中央在《关于目前政权性质问题的指示》中指出："人民民主专政实质上就是无产阶级专政"。
12 月 31 日	提出"和平共处五项原则"。

1954 年

2 月　　　　随着过渡时期总路线对中国社会带来的大变革，理论界关于过渡时期社会经济基础和上层建筑性质问题的大讨论序幕拉开。

9 月 15—28 日　　第一届全国人大会议召开。

1955 年

4 月　　　　亚非国际会议在印度尼西亚的万隆召开。周恩来提出了"求同存异"原则。

5 月　　　　《哲学问题》第三期发表了彼得罗相的《马克思主义与人道主义》一文，这是苏联 50 年代最早系统阐述人道主义问题的论文。

5 月 14 日　　苏联、阿尔巴尼亚、保加利亚、民主德国、波兰、罗马尼亚、捷克斯洛伐克、匈牙利八国在华沙缔结《友好合作互助条约》。

7 月　　　　毛泽东在《关于农业合作化问题》的报告中不点名地批评了邓子恢领导下的农业工作部在农业合作化问题上的所谓右倾错误。这一报告在 10 月经修改后引发各地，直接推动了全国农业合作化高潮的到来。

7 月 17 日　　美国撕毁了《日内瓦协议》，取代法国在越南南方的地位，吴庭艳在美国支持下发动政变，建立越南共和国（即所谓"南越"）。

10 月　　　　毛泽东在同工商界代表谈话中鼓励工商业者主动掌握自己的命运，站在社会主义方面逐步顺应新制度。这一谈话稳定了工商业人士的情绪，促进他们进一步接受了社会主义改造。

1956 年

1 月　　　　首都北京率先宣布完成了全行业公私合营，北京市经验经中央批转后在全国各地推广。

2 月 14—25 日　苏共二十大召开。赫鲁晓夫作《关于个人崇拜及其后果》的"秘密报告"。

2 月　　　　中苏论战开始。

4 月	毛泽东在中共中央政治局扩大会议上发表《论十大关系》的报告，向全党提出"以苏为鉴"，探索本国建设社会主义道路的问题。
4 月	毛泽东主持撰写了《关于无产阶级专政的历史经验》。
4 月 5 日	《人民日报》发表《关于无产阶级专政的历史经验》一文。
4 月 28 日	毛泽东在中共中央政治局扩大会议上的总结中，明确提出要在科学文化工作中实行"百花齐放，百家争鸣"的方针。
6 月 4 日	美国国务院向外界公开"秘密报告"。
6 月 28—30 日	波兰爆发了波兹南事件。
9 月 15—27 日	中共八大召开。中国共产党在八大确认：社会主义制度在我国已经基本建立起来了。
10 月	匈牙利事件爆发。
12 月	匈牙利社会主义工人党中央在卡达尔主持下通过决议，强调，匈牙利社会主义工人党，要"同匈牙利劳动人民党领导所犯的罪恶的教条主义错误、对列宁主义的歪曲划清界限"。
12 月 29 日	《人民日报》发表《再论无产阶级专政的历史经验》一文，提出敌我矛盾和人民内部矛盾概念。

1957 年

5 月 15 日	毛泽东发表《事情正在起变化》一文。
10 月	苏联成功发射第一颗人造地球卫星。

1958 年

5 月 5—23 日	中共八大二次会议召开。
11 月 21—25 日	在莫斯科的苏联科学院科学家之宫召开了全苏第一届自然科学哲学会议，这是在理论上透视苏联时代（尤其是斯大林和赫鲁晓夫时期）对哲学与自然科学之间的关系认识的重要窗口。

1959 年

6 月　　　　　苏联政府片面撕毁中苏双方签订的关于国防新技术的协定。中苏两党两国关系逐步恶化。

9 月 9 日　　苏联塔斯社就中印边境冲突发表了实际上是偏袒印度的声明。赫鲁晓夫在苏共二十一大上宣布，苏联已进入"全面展开共产主义建设时期"。

1960 年

4 月　　　　　中共发表《列宁主义万岁》《沿着伟大列宁的道路前进》《在列宁的革命的旗帜下团结起来》三篇文章，不指名批评苏联领导人的某些观点。

6 月—　　　　中国发表《评美国共产党声明》（《人民日报》社论）等 7 篇文章。
1963 年 3 月

6 月 8—18 日　中共中央在上海召开中共政治局扩大会议，毛泽东写了《十年总结》。

6 月 24—26 日　彭真率领中共代表团参加在布加勒斯特举行的社会主义国家共产党和工人党代表会议。

1961 年

1 月 11 日—　　召开中共扩大的中央工作会议（又称"七千人大会"），毛泽东作关
2 月 7 日　　　于民主集中制问题的重要讲话。

3 月　　　　　毛泽东主持制定了《农村人民公社工作条例（草案）》，即《农业六十条》。

9 月　　　　　第一届不结盟国家和政府首脑会议在南斯拉夫首都贝尔格莱德召开。

10 月 17—31 日　苏联共产党第二十二次代表大会召开。苏共二十二大提出了一个时间表，即苏联要在"20 年内基本建成共产主义社会"。

1962 年

12 月 12 日　　赫鲁晓夫在苏联最高苏维埃会议上发表讲话，指责中国在中印边境冲突和加勒比海危机中的原则立场。这是苏共领导指挥一些党对中共发起新一轮围攻的信号。

1963 年

4 月　　南联邦国民议会通过了第三部宪法，标志着改革进入了第二个阶段即社会自治的阶段。

9 月—
1964 年 7 月　　中共中央以《人民日报》和《红旗》编辑部名义，相继发表 9 篇评论（"九评"）苏共中央公开信的文章，批判"赫鲁晓夫修正主义"。"九评"分别为：《苏共领导同我们分歧的由来和发展》、《关于斯大林问题》、《南斯拉夫是社会主义国家吗?》、《新殖民主义的辩护士》、《在战争与和平问题上的两条路线》、《两种根本对立的和平共处政策》、《苏共领导是当代最大的分裂主义者》、《无产阶级革命和赫鲁晓夫修正主义》、《关于赫鲁晓夫的假共产主义及其在世界历史上的教训》。

1964 年

10 月　　赫鲁晓夫下台。

1965 年

3 月　　苏联共产党牵头，在莫斯科召开了由 19 个党参加的"共产党和工人党代表协商会议"，在苏联邀请的 26 个共产党中，中国、阿尔巴尼亚、日本、罗马尼亚等 7 国共产党拒绝参加会议。

11 月 10 日　　上海《文汇报》发表了姚文元的《评新编历史〈海瑞罢官〉》的文章。这件事成为"文化大革命"的导火索。

1966 年

2 月 3 日　　彭真作为 1964 年成立的文化革命小组组长，召开小组会议，拟定了《关于当前学术讨论的汇报提纲》（后来被称为《二月提纲》）。

3 月	苏共二十三大召开。
5 月	中共中央政治局扩大会议通过的《中国共产党中央委员会通知》(后称《五一六通知》)。宣布撤销《二月提纲》和"文化革命五人小组"及其办事机构,提出重新设立"文化革命小组",隶属于政治局常委会。
5 月	中央政治局扩大会议以反党集团的罪名对彭真、罗瑞卿、陆定一、杨尚昆进行了错误的批判。
6 月 1 日	《人民日报》发表《横扫一切牛鬼蛇神》的社论,号召群众起来进行"文化大革命"。
8 月 1—12 日	召开中共八届十一中全会,通过《关于无产阶级文化大革命的决定》。会议期间,印发了毛泽东 5 日写的《炮打司令部——我的一张大字报》。
8 月 18 日—11 月 26 日	毛泽东在北京先后 8 次接见红卫兵和大中学校师生,总共约 1100 万人次。

1967 年

1 月	首先在上海,然后在全国掀起了一场由选择派夺取党和政府各级领导权的狂暴行动,"文化大革命"由此进入所谓"全面夺权"的新阶段。
11 月	赫鲁晓夫在庆祝十月革命 50 周年的大会报告中正式宣布苏联已建成了"发达的社会主义社会"。

1968 年

2 月 22 日	杜布切克开启了名为"布拉格之春"的全面改革。
4 月	召开的捷共中央全会通过了《捷克斯洛伐克共产党行动纲领》(以下简称《行动纲领》),由此揭开了被称为"布拉格之春"的改革运动的序幕。
8 月	苏联及其盟国入侵捷克斯洛伐克,镇压了"布拉格之春"。
12 月	毛泽东发出"知识青年到农村去,接受贫下中农的再教育,很有必要"的号召,全国立即掀起了知识青年上山下乡的高潮。

1969 年

4 月 1—24 日　　中国共产党第九次全国代表大会在北京召开。

7 月 20 日　　美国宇航员尼尔·奥尔登·阿姆斯特朗和巴兹·奥尔德林乘坐"阿波罗 11 号"登陆月球。

11 月 12 日　　刘少奇逝世。

1970 年

4 月 24 日　　东方红一号发射中国首枚人造卫星。

8 月 23 日　　党的九届二中全会在庐山召开。

1971 年

4 月 10 日　　中美开始"乒乓外交"。

7 月 9 日　　周恩来同美国总统尼克松的国家安全事务助理基辛格在北京举行秘密会谈。

9 月 13 日　　九·一三事件：林彪乘飞机外逃，坠机死亡于蒙古温都尔汗。

10 月 25 日　　联合国大会第 26 届会议以 76 票赞成、35 票反对、17 票弃权的压倒多数，通过了阿尔巴尼亚、阿尔及利亚等 23 个国家提出的要求恢复中华人民共和国在联合国的一切合法权利和立即把蒋介石集团的代表从联合国一切机构中驱逐出去的提案。

1973 年

8 月　　中共第十次全国代表大会召开。

1975 年

1 月 13—17 日　　第四届全国人民代表大会第一次会议在北京举行。

5 月　　越南南方全部解放，越南共和国灭亡。

1976 年

1 月 8 日	周恩来逝世。
7 月	越南南北宣布统一，国号为"越南社会主义共和国"。
7 月 6 日	朱德逝世。
9 月 9 日	毛泽东逝世。
10 月 6 日	华国锋、叶剑英代表中央政治局，对"四个帮"及其在北京的骨干实行审查。长达十年的"文化大革命"结束。

1977 年

2 月 7 日	《人民日报》、《解放军报》、《红旗》杂志发表题为《学好文件抓好纲》的社论。
2 月	邓小平同前来看望的王震谈话。对"两个凡是"的提法提出异议，认为这不是马克思主义，不是毛泽东思想。
4 月 7 日	中共中央作出关于学习《毛泽东选集》第 5 卷的决定。
7 月 16—21 日	中国共产党第十届中央委员会第三次全体会议在北京召开。
8 月 4—8 日	科学和教育工作座谈会召开，邓小平主持会议。
8 月 12—18 日	中国共产党第十一次全国代表大会在北京召开。
8 月 19 日	党的十一届一中全会召开，邓小平当选为中共中央副主席、中央军委副主席。
10 月	全国高等学校招生工作会议顺利召开，通过《关于一九七七年高等学校招生工作意见》。

索　引

主题索引

A

阿尔巴尼亚　001,017,043,049,050,051,
052,053,056,084,085,086,293,313,
315,450

B

保加利亚　001,002,008,015,016,017,
020,043,049,050,051,053,054,056,
057,058,059,067,076,079,080,081,
082,293,406,409,416,417,418,422

北大西洋公约组织　001,003,013,050

波兰　001,002,004,008,015,016,017,
018,020,047,049,051,054,055,058,
060,069,070,076,131,138,141,146,
293,301,302,304,305,306,317,353,
354,392,394,395,402,403,406,410,
412,414,416,417,419,420

波兰模式　002

波兹南事件　002,069,138,302,304,305,
403

伯恩斯坦修正主义　020

不结盟运动　038,039

布拉格之春　068,073,074,078,146,332,
402,405,406,418

C

朝鲜　001,002,005,007,014,015,042,
044,049,050,060,064,065,066,099,
100,101,102,229,293,308,374,419,
428,435,436,437,438,439,440,450

朝鲜劳动党　065,066,099,100,101,102,
435,437,438,439,440

初级形式的社会主义　408

D

大国沙文主义　008,016,020,304,308,
311,319,320,331,332,374

大跃进　316,317,334,335,358,359,360,
362,365,369,373,433

党内民主　045,074,089,094,177,294,

299,352,389,391,401,404,406

德意志民主共和国 001,049,050,059,
082,083,155,293

帝国主义 015,020,035,036,038,039,
045,060,061,062,063,075,076,085,
095,097,159,161,162,164,165,166,
167,180,182,183,184,186,188,189,
193,196,197,200,204,205,206,207,
209,210,213,214,215,216,217,218,
219,231,236,261,270,274,286,288,
290,292,293,299,305,311,312,313,
322,323,324,327,328,330,331,332,
335,355,373,374,375,377,378,388,
392,422,429,431,441,443,447,448,
449,452,453,458,461

第二次世界大战 001,003,004,005,017,
018,022,023,028,030,033,036,043,
049,051,052,053,054,057,067,086,
099,103,130,138,146,157,309,391,
393,428,429,445

第二国际 020

第三世界国家 007,036,037,038,039,
043,461

第三条道路 172

杜鲁门主义 007,010,011,012,013,014,
015,020,058

F

发达社会主义 080,409,410,411

发展中国家 029,033,035,039

法兰克福学派 131

法西斯主义 040,041,042,043,067,122,
129,213,216

反法西斯国家 003

封建主义 061,108,138,182,184,186,
188,193,200,206,213,214,215,216,

217,218,219,220,232,274,278,347,
431,441,444

G

改良主义 021,201

格瓦拉主义 085,452,453,454

个体农业经济和手工业经济 190

工人党 015,016,019,020,055,058,070,
071,078,079,132,299,301,302,303,
305,306,307,308,312,315,325,327,
329,331,333,335,348,375,395,398,
403,404,410,412,415,416,417

工人自治 046,068,132,305,398,399,
400,403,413,414

共产党和工人党情报局 015,019,020,
132,299,398

共产国际 016,053,054,061,062,063,
065,067,097,194,299,309,429,430,431

共产主义 001,007,009,010,011,015,
021,033,034,049,050,058,062,065,
067,076,078,085,091,101,103,111,
125,127,128,129,130,132,139,140,
141,142,143,145,146,155,156,157,
194,199,203,204,210,211,223,227,
267,281,282,286,289,294,295,300,
301,302,303,304,310,311,313,314,
316,317,318,323,324,325,326,327,
328,330,331,332,335,352,353,355,
362,363,367,400,407,408,409,410,
411,414,416,417,430,432,435,436,
437,438,439,440,446,449,451,452,
455,456,459,460

共产主义理想 127,455

古巴 001,002,049,332,419,446,447,
448,449,450,451,452,453,454,455,
456,457,458,459,460,461

官僚资本主义　061, 182, 186, 193, 211, 213, 219, 229, 232

国际共产主义运动　001, 049, 050, 103, 146, 286, 295, 303, 304, 310, 311, 313, 314, 316, 318, 323, 324, 326, 327, 328, 332, 335, 446

国家资本主义　088, 188, 190, 191, 192, 201, 229, 230, 232, 233, 235, 260, 262, 263, 264, 265, 266, 267, 268, 271, 272, 273, 281, 282

过渡时期总路线　202, 226, 229, 230, 231, 232, 233, 234, 235, 236, 237, 245, 247, 257, 265, 274, 275, 277, 280, 282, 285

H

后资本主义社会　030

胡志明思想　002, 091, 092, 428, 429, 430, 434, 435

霍查主义　085

J

集体所有制　127, 234, 235, 236, 242, 244, 270, 364, 367, 370, 371, 408, 412, 440

柬埔寨　001, 044, 049, 063, 064, 092, 093, 429, 442

捷克斯洛伐克　001, 015, 016, 017, 045, 047, 049, 050, 051, 054, 056, 057, 058, 059, 068, 070, 072, 073, 074, 075, 076, 077, 079, 085, 146, 150, 156, 293, 332, 392, 405, 406, 410, 415, 416, 417, 418, 419, 420, 450

金日成主义　099

经济全球化　001, 029

军国主义　004, 040, 041, 042

K

卡斯特罗主义　085

科学社会主义　036, 050, 111, 141, 208, 212, 227, 260, 316, 330, 331, 358, 399, 407, 457

L

老挝　001, 044, 049, 063, 064, 092, 095, 096, 097, 419, 428, 429, 441, 442, 443

冷战时期　001, 084, 335, 336

历史唯物主义　110, 131, 142, 149, 277, 278, 291

列宁主义　019, 050, 061, 062, 086, 087, 090, 099, 105, 106, 108, 110, 121, 124, 125, 129, 130, 133, 203, 217, 223, 224, 282, 286, 289, 292, 293, 294, 295, 297, 298, 299, 300, 307, 310, 311, 312, 317, 322, 324, 325, 326, 327, 328, 330, 331, 335, 337, 340, 349, 378, 387, 395, 429, 436, 437, 442, 452, 454

垄断资本主义　022, 023, 026, 027, 030, 188

伦理社会主义　141

罗马尼亚　001, 015, 016, 017, 018, 043, 049, 051, 053, 056, 057, 058, 068, 078, 079, 293, 315, 410, 414, 416, 420

M

马克思主义　001, 002, 003, 017, 019, 021, 022, 030, 031, 032, 033, 034, 035, 036, 045, 048, 055, 060, 075, 082, 085, 090, 091, 103, 104, 106, 107, 108, 109, 110, 111, 112, 119, 120, 121, 122, 123, 124, 125, 127, 128, 129, 130, 131, 132, 133, 135, 136, 137, 138, 139, 141, 142, 144, 145, 146, 147, 148, 149, 150, 151, 152, 154,

155, 156, 157, 158, 159, 160, 162, 163,
164, 165, 173, 193, 194, 203, 204, 207,
211, 213, 216, 222, 223, 224, 226, 227,
237, 238, 243, 260, 268, 273, 274, 276,
278, 279, 280, 281, 283, 284, 285, 294,
295, 300, 302, 304, 310, 313, 322, 324,
331, 332, 337, 347, 354, 356, 358, 375,
376, 380, 387, 388, 389, 390, 399, 408,
410, 412, 419, 424, 427, 428, 441, 442,
446, 449, 451, 452, 455, 457

马克思主义大众化　223, 278

马克思主义哲学　103, 104, 106, 107, 109,
111, 112, 119, 120, 127, 130, 131, 133, 138,
148, 149, 151, 154, 157, 284, 356

马克思主义中国化　158, 223, 237, 285

马歇尔计划　011, 012, 013, 014, 015, 016,
020, 058

毛泽东思想　002, 062, 086, 087, 090, 091,
158, 164, 181, 185, 203, 208, 217, 221,
222, 223, 224, 264, 338, 382

贸易自由化　033

门罗主义　011

蒙古　001, 004, 007, 049, 097, 098, 099,
293, 443, 444, 445, 446, 450

民主集中制　082, 089, 090, 156, 177, 178,
205, 206, 209, 382, 385, 389, 404, 417,
426, 439

民族独立运动　043

民族分离主义　010

民族解放运动　007, 011, 030, 038, 043,
044, 045, 314, 329, 441, 449, 452

民族利己主义　008

民族主义　044, 059, 076, 091, 301, 304,
305, 313, 322, 326, 330, 344, 357, 402, 449

民族资产阶级　171, 174, 183, 184, 185,
190, 198, 200, 201, 205, 206, 208, 209,

210, 212, 219, 220, 227, 228, 260, 261,
262, 263, 268, 269, 270, 271, 272, 273,
281, 284, 357, 433, 453

N

纳粹主义　004

南斯拉夫　001, 002, 015, 019, 039, 046,
047, 049, 050, 051, 052, 053, 056, 059,
066, 067, 068, 069, 085, 131, 132, 133,
134, 135, 136, 137, 138, 143, 146, 292,
293, 299, 313, 314, 317, 334, 338, 340,
348, 352, 353, 391, 392, 395, 397, 398,
399, 400, 401, 402, 409, 410, 411, 413,
414, 416, 417, 418, 419

Q

全民党　313, 329, 330

全民国家　080, 313, 329, 330

全民所有制　233, 235, 267, 269, 362, 364,
367, 370, 412, 433, 438, 440, 459

全球扩张主义　010

R

人道的、民主的社会主义　131

人道主义马克思主义　103, 131, 132, 133,
138, 141, 148

人民公社化运动　362, 369

人民民主　008, 015, 016, 018, 049, 050,
051, 052, 055, 056, 060, 061, 062, 066,
079, 082, 087, 089, 095, 096, 097, 171,
172, 173, 179, 183, 190, 193, 203, 204,
205, 206, 207, 208, 209, 210, 211, 212,
213, 214, 220, 229, 241, 261, 268, 281,
282, 283, 285, 290, 291, 292, 307, 308,
309, 327, 331, 389, 391, 406, 441, 442

人民民主专政 008,061,062,087,089,
096,203,204,205,206,207,208,209,
210,211,212,213,220,229,241,261,
268,281,282,283,285

S

社会党 020,021,053,055,056,059,065,
082,083,084,313,410,448,450

社会民主党 020,021,053,054,056,057,
078,082,146,155,329,438

社会沙文主义 020

社会主义 001,002,003,006,007,008,
009,010,011,012,013,014,015,016,
017,018,019,020,021,022,027,030,
033,036,037,044,045,046,047,048,
049,050,052,053,054,055,056,058,
059,060,061,062,064,066,067,068,
069,070,071,072,073,074,075,076,
077,078,079,080,081,082,083,084,
085,086,087,088,089,090,091,092,
093,094,095,096,097,098,099,100,
101,102,103,110,111,113,119,121,122,
123,124,125,126,127,128,129,130,
131,132,133,135,136,137,138,141,
143,144,145,146,150,151,152,153,
154,155,156,157,179,180,181,182,
183,185,186,187,189,191,192,193,
194,195,196,197,198,199,200,201,
202,203,204,206,208,209,210,211,
212,219,226,227,228,229,230,231,
232,233,234,235,236,237,238,239,
240,241,242,243,244,245,246,247,
248,249,251,252,253,254,255,256,
257,258,259,260,261,262,263,264,
265,266,267,268,269,270,271,272,
273,274,275,277,280,281,282,283,
284,285,286,287,290,291,292,295,
297,299,300,301,302,303,304,305,
306,307,308,309,310,311,312,314,
315,316,317,318,319,320,321,322,
323,324,325,326,327,328,329,330,
331,332,333,334,335,336,337,338,
339,340,341,342,343,344,345,346,
347,348,349,350,351,352,353,354,
355,356,357,358,359,360,361,362,
363,364,365,366,367,368,371,372,
373,375,376,377,378,380,381,382,
387,388,389,390,391,392,393,394,
395,396,397,398,399,400,401,402,
403,404,406,407,408,409,410,411,
412,413,414,415,416,417,418,419,
420,421,422,423,424,425,426,427,
428,429,431,432,433,434,435,436,
437,438,439,440,441,442,443,444,
445,446,449,450,451,452,453,454,
455,456,457,458,459,460,461

社会主义阵营 001,002,003,007,011,
013,014,015,016,018,019,020,021,
036,037,044,049,050,058,060,078,
103,138,211,286,287,292,299,301,
302,304,310,311,312,314,315,316,
318,319,320,322,324,325,326,327,
333,335,336,355,377,392,393,406,
422,445,450

社会主义制度 001,007,019,044,045,
049,050,062,076,077,083,087,089,
101,103,138,145,146,154,194,199,
208,238,241,285,323,324,328,357,
373,388,390,391,392,397,424,427,
435,440,444,446,450,457,461

剩余价值理论 035

十一届三中全会 091,426

十月革命　006,043,051,052,061,121,
　　122,198,204,268,281,291,302,327,
　　334,347,378,396,409,415,416,443
世界社会主义　017,019,020,021,030,
　　036,044,050,055,075,121,273,301,
　　318,322,325,333,335,336,378,392,
　　396,398,402,410,419,437
世界体系理论　035
私人资本主义经济　188,189,190,191,
　　192,193,196,200,201,230,260,262,
　　263,264,281
斯大林模式　016,046,066,288,333,392,
　　398
苏共二十大　001,002,021,047,059,066,
　　067,069,103,131,133,146,286,287,
　　289,300,301,302,303,304,306,308,
　　309,310,311,315,316,317,320,323,
　　324,326,330,331,333,338,339,353,
　　354,394,402,417
苏联　001,002,003,004,005,006,007,
　　008,009,010,011,012,013,014,015,
　　016,017,018,019,020,021,024,027,
　　028,029,030,037,040,041,044,045,
　　046,047,048,049,050,052,053,054,
　　055,056,057,058,059,060,065,066,
　　067,068,069,070,072,074,075,076,
　　077,078,079,080,082,083,085,086,
　　092,096,097,098,099,103,104,105,
　　110,111,112,113,114,115,118,119,120,
　　121,122,123,124,125,126,127,128,
　　129,130,131,132,133,136,137,138,
　　146,153,154,155,157,166,182,193,
　　195,197,201,211,217,226,231,236,
　　238,241,242,250,251,266,278,286,
　　287,288,289,290,291,292,295,298,
　　299,300,301,302,303,304,305,306,

　　307,308,309,310,312,313,314,315,
　　316,317,318,319,320,321,322,323,
　　324,326,327,328,329,330,331,332,
　　333,334,335,336,337,338,339,340,
　　341,342,344,346,347,348,350,353,
　　361,374,375,376,377,391,392,393,
　　394,395,396,397,398,399,400,402,
　　404,405,406,407,409,410,411,412,
　　413,414,415,416,417,418,419,420,
　　421,422,423,424,425,426,427,429,
　　434,435,438,443,444,445,446,450,
　　451,455,459,460
苏维埃政权　008,057,119,205,268,297

T

铁托主义　067,085
统一战线　004,044,055,083,092,158,
　　165,167,168,169,170,171,172,173,
　　198,205,206,207,266,271,275,278,
　　335,351,372,441,453
托洛茨基主义　085,121,331

W

文化大革命　002,047,084,089,090,091,
　　334,335,378,379,380,381,382,383,
　　384,385,386,387,388,389,390,423
无产阶级　008,021,031,035,036,053,
　　054,055,058,062,075,080,087,090,
　　091,097,104,109,121,129,130,155,
　　179,182,183,184,185,186,187,189,
　　190,191,194,195,200,201,203,204,
　　205,206,207,208,211,212,213,219,
　　221,227,228,238,260,263,267,268,
　　274,279,281,284,291,292,304,310,
　　311,314,316,322,323,324,325,327,
　　328,329,330,339,340,343,350,354,

355,375,377,378,379,380,381,382,
383,384,387,399,407,408,415,416,
430,431,432,438,449,450,453

X

西方马克思主义 132,133,136,154,157

西方中心论 035

小资产阶级 072,171,188,200,201,204,
205,206,208,209,212,219,221,224,
261,274,279,281

新马克思主义 151,154

新民主主义社会 181,182,184,185,186,
187,188,189,192,194,195,196,197,
198,199,200,201,202,210,213,219,
221,226,227,229,232,237,248,259,
274,281,282,285

新殖民主义 035,039,314

匈牙利 001,002,015,016,017,043,047,
049,050,051,056,057,058,059,060,
068,070,071,072,073,076,077,084,
131,150,152,250,293,302,304,305,
306,307,308,313,353,354,392,394,
395,402,403,404,406,410,412,413,
414,415,416,417,418,419,420,422,
424,450

Y

雅尔塔体系 004,006,007,009,017

依附理论 035,036

异化理论 131,133,135,138

意识形态 001,003,007,022,067,075,
084,085,103,104,113,119,121,122,
123,124,128,130,132,135,145,146,
151,154,155,156,213,216,220,221,
222,223,274,276,278,280,285,292,
315,316,319,320,332,346,377,381,

384,392,398,422,455

庸俗唯物主义 134

越南 001,002,044,049,050,060,062,
063,064,091,092,093,094,293,308,
315,419,424,425,428,429,430,431,
432,433,434,441,442,443,453

越南共产党 050,062,063,064,091,092,
093,094,429,431,432

Z

政治经济体制改革 398,400,404,406,
407,413,417

殖民体系 028,035,038,043,044,290

中国 001,002,003,004,005,007,008,
011,013,014,018,024,027,029,030,
033,035,036,037,038,039,042,043,
044,045,047,049,050,060,061,062,
064,065,066,084,085,086,087,088,
089,090,091,092,093,094,097,132,
136,158,159,160,161,162,163,164,
165,166,167,168,169,170,171,172,
173,174,175,176,178,179,180,181,
182,183,184,185,186,187,188,189,
190,191,193,194,195,196,197,198,
199,200,203,204,205,206,207,208,
209,210,211,212,213,214,215,216,
217,218,219,220,221,222,223,224,
226,227,228,229,230,231,232,233,
234,237,238,239,240,241,242,243,
244,245,247,248,252,253,254,255,
256,257,258,259,260,261,262,263,
264,265,266,267,268,270,273,274,
275,276,277,278,279,280,281,282,
283,284,285,290,293,308,309,310,
312,313,314,315,316,317,318,319,
320,321,322,323,325,327,328,329,

331, 332, 333, 334, 335, 336, 337, 338,
339, 340, 341, 344, 345, 346, 347, 348,
349, 350, 351, 352, 353, 354, 356, 358,
359, 360, 361, 365, 366, 373, 374, 375,
376, 377, 378, 379, 383, 384, 385, 386,
387, 388, 389, 390, 391, 394, 398, 400,
404, 406, 413, 416, 417, 419, 423, 424,
425, 426, 427, 428, 429, 431, 432, 434,
435, 436, 439, 443, 450, 458
中间道路　172
中苏大论战　002
主体社会主义　002, 435
资本主义　001, 002, 003, 005, 009, 010,
012, 013, 016, 017, 019, 021, 022, 023,
025, 026, 027, 030, 032, 033, 034, 035,
036, 039, 043, 046, 047, 050, 051, 058,
059, 060, 061, 062, 063, 072, 075, 076,
088, 089, 090, 097, 098, 099, 103, 109,
122, 124, 125, 126, 127, 129, 130, 135,
143, 152, 153, 154, 156, 172, 182, 183,
186, 187, 188, 189, 190, 191, 192, 193,
194, 195, 196, 197, 198, 200, 201, 202,
203, 204, 207, 210, 211, 212, 213, 219,
227, 228, 229, 230, 231, 232, 233, 234,
235, 237, 241, 243, 245, 246, 247, 249,
252, 257, 259, 260, 261, 262, 263, 264,
265, 266, 267, 268, 269, 270, 271, 272,

273, 274, 275, 281, 282, 283, 284, 285,
290, 291, 292, 303, 304, 317, 320, 325,
326, 327, 328, 331, 334, 344, 347, 349,
356, 365, 367, 373, 377, 378, 381, 387,
391, 392, 393, 407, 408, 409, 410, 422,
425, 429, 431, 432, 433, 435, 438, 444,
445, 447, 449, 452, 453, 455, 458, 459,
460, 461
资产阶级　020, 021, 032, 034, 043, 051,
052, 053, 054, 055, 057, 058, 063, 072,
088, 089, 090, 103, 104, 106, 107, 108,
110, 119, 120, 123, 124, 125, 126, 127,
128, 130, 132, 139, 151, 156, 171, 174,
175, 176, 182, 183, 184, 185, 186, 187,
188, 189, 190, 191, 195, 198, 200, 201,
202, 204, 205, 206, 207, 208, 209, 210,
211, 212, 219, 220, 221, 224, 227, 228,
230, 232, 235, 243, 249, 260, 261, 262,
263, 265, 266, 267, 268, 269, 270, 271,
272, 273, 274, 275, 276, 277, 278, 279,
280, 281, 282, 283, 284, 291, 313, 325,
330, 334, 346, 355, 357, 371, 372, 376,
377, 379, 380, 381, 385, 386, 387, 399,
405, 431, 432, 433, 448, 449, 453
自由劳动联合体　136
自治社会主义　002, 132, 137, 397, 398,
399, 402, 411, 413

人名索引

A

阿尔文·托夫勒　031

阿明　035
艾森豪威尔　302, 376, 449
艾思奇　283, 284, 285

安德罗波夫 086,307,409

B

薄一波 192,202,228,247,248,250,252,
338,341,365
贝霍夫斯基 104
勃列日涅夫 069,070,075,079,086,396,
397,406,409,415,416,421
布尔加宁 068

C

陈独秀 204,309
陈毅 061,167,371
陈云 061,261,269,272,348,351,361,
366,369

D

戴高乐 006
丹尼尔·贝尔 030,031
邓小平 060,061,181,273,284,310,314,
317,318,319,328,331,335,344,348,
350,360,361,363,369,370,381,383,
386,423,424,425,426
董必武 061,348
杜布切克 074,075,077,078,402,406,420
杜勒斯 015,302,376,378,449
杜鲁门 007,008,009,010,011,012,013,
014,015,020,041,058,213

E

恩格斯 017,025,032,034,045,107,109,
110,112,122,133,139,165,194,212,
222,227,267,268,269,281,295,329,
387,388,391,398,399,408,410,412,
416,457,458

恩维尔·霍查 053,085,086

F

费兰克 035
弗洛姆 131

G

伽达默尔 131
戈德曼 131
戈尔巴乔夫 081,084,130,409
郭沫若 061,347

H

哈贝马斯 131
海德格尔 131,147,153
何干之 277
贺龙 061
赫鲁晓夫 037,047,060,068,069,080,
085,086,119,286,287,289,294,296,
299,301,302,303,304,305,306,310,
311,312,313,314,315,316,317,318,
319,320,321,322,323,324,325,326,
327,328,330,331,332,334,335,338,
339,353,377,392,393,394,395,396,
397,402,406,409,414,415,416,417,
418,420,421,422,450
黑格尔 104,112,139,398
胡塞尔 131,153
胡适 275,276,277,278
华国锋 383
黄炎培 061,171,221,270,355

J

季诺维也夫 296,297
加米涅夫 296

加约·彼得洛维奇　133

蒋介石　015,159,160,161,162,164,165,
　　166,167,170,171,172,174,207,309,352

金日成　065,066,099,100,101,435,436,
　　437,438,439

金正恩　099,100

金正日　099,435,438

K

凯山·丰威汉　095,442

考茨基　020

L

李达　204,277

李森科　113,114,115,116,117,118,119,
　　120,346

李维汉　170,232,262,265

李先念　383

列斯泽克·科拉科夫斯基　131,138

林伯渠　061

刘少奇　061,160,168,179,182,183,188,
　　191,192,193,194,197,198,199,200,
　　201,202,203,211,212,215,216,221,
　　222,228,245,246,247,248,262,263,
　　264,265,269,327,330,341,348,349,
　　360,361,363,364,367,368,369,372,
　　373,381

卢卡奇　131,150,151,152,154

罗伯特·杰克逊　041

罗斯福　006,009,013,040

吕贝尔　131

M

马尔库塞　131

马克思　001,002,003,017,019,021,022,
　　025,030,031,032,033,034,035,036,
　　045,048,050,055,060,061,062,075,
　　082,085,086,087,088,090,091,099,
　　103,104,105,106,107,108,109,110,
　　111,112,119,120,121,122,123,124,125,
　　126,127,128,129,130,131,132,133,
　　134,135,136,137,138,139,141,142,
　　143,144,145,146,147,148,149,150,
　　151,152,153,154,155,156,157,158,
　　159,160,162,163,164,165,173,193,
　　194,203,204,207,211,212,213,216,
　　217,222,223,224,226,227,237,238,
　　243,260,267,268,269,273,274,276,
　　278,279,280,281,282,283,284,285,
　　292,294,295,299,300,302,304,307,
　　310,311,313,317,322,324,325,326,
　　327,328,329,330,331,332,335,337,
　　340,347,349,354,356,358,375,376,
　　378,380,387,388,389,390,391,395,
　　398,399,407,408,409,410,412,416,
　　419,424,427,428,429,430,434,436,
　　437,441,442,443,446,449,451,452,
　　454,455,457,458,460

马寅初　061,224

麦克阿瑟　041

毛泽东　002,047,050,061,062,085,086,
　　087,088,089,090,091,158,159,160,
　　161,162,163,164,165,166,167,168,
　　169,170,171,172,173,174,175,176,
　　177,178,179,180,181,182,183,184,
　　185,187,188,189,192,193,194,195,
　　196,197,198,199,202,203,204,205,
　　206,207,208,209,210,211,212,213,
　　214,216,217,218,219,220,221,222,
　　223,224,225,226,227,228,229,230,
　　231,232,233,234,235,236,237,238,

239, 240, 241, 242, 243, 244, 245, 246,
247, 248, 249, 250, 251, 252, 253, 254,
255, 256, 257, 258, 259, 260, 261, 262,
263, 264, 265, 266, 267, 268, 269, 270,
271, 272, 273, 274, 275, 276, 278, 279,
280, 284, 285, 309, 310, 311, 312, 314,
315, 316, 317, 318, 319, 321, 323, 325,
327, 328, 330, 332, 333, 334, 335, 337,
338, 339, 340, 341, 342, 343, 344, 345,
346, 347, 348, 349, 350, 351, 352, 353,
354, 355, 356, 357, 358, 359, 360, 361,
362, 363, 364, 365, 366, 367, 368, 369,
370, 373, 374, 375, 376, 377, 378, 379,
380, 381, 382, 383, 384, 386, 387, 388,
389, 432

米高扬　211, 307, 450

莫洛托夫　008, 016, 288, 301, 306, 313, 324

N

尼·齐奥塞斯库　078, 079

尼赫鲁　039, 321, 375

尼克松　078, 085

P

朴宪永　065

普雷德腊格·弗兰尼茨基　133

普雷维什　035

Q

乔巴山　097, 098, 099, 444, 445

乔治·凯南　009, 012

丘吉尔　004, 009, 058

R

日夫科夫　080, 081, 082

阮文灵　093

S

萨特　131, 147

桑托斯　035

斯大林　001, 002, 009, 012, 016, 017, 037,
045, 046, 047, 054, 059, 066, 067, 068,
069, 070, 080, 084, 085, 086, 103, 104,
105, 110, 111, 118, 119, 121, 122, 123, 124,
125, 131, 133, 136, 138, 139, 146, 151,
154, 155, 157, 183, 203, 211, 222, 223,
228, 264, 281, 283, 284, 286, 287, 288,
289, 290, 293, 294, 295, 296, 297, 298,
299, 300, 301, 302, 303, 304, 305, 306,
309, 310, 311, 313, 314, 315, 316, 318,
319, 323, 324, 331, 333, 338, 339, 340,
350, 351, 353, 354, 388, 392, 393, 394,
396, 398, 409, 416, 418, 420, 421, 426, 455

苏赫·巴托尔　097, 443

孙中山　060, 168, 210

T

铁托　019, 039, 046, 052, 059, 067, 068,
085, 133, 299, 306, 309, 311, 313, 353,
392, 398, 402, 420

W

王明　309

魏斯曼　114

Y

亚当·沙夫　131, 138, 141

亚历山大洛夫　104, 105, 106, 107, 108,
109, 110, 111

叶剑英　061, 383

尤金　104, 123, 124, 130

Z

张闻天　182, 188, 189, 190, 191, 264, 363
周恩来　037, 038, 061, 170, 171, 172, 178,
　197, 198, 216, 224, 228, 229, 231, 233,
234, 235, 246, 262, 269, 272, 293, 313,
321, 328, 345, 348, 349, 350, 359, 360,
361, 363, 366, 368, 369, 371, 372, 374,
382, 383, 385, 386
朱德　061, 197, 198, 202, 216, 310, 348,
　361, 363, 383

后　记

　　《马克思主义发展史》（十卷本）以整体性的视野阐述马克思主义 170 余年来形成、发展和在新的实践中不断深化的历史过程，着重总结马克思主义创新发展的历史经验，探索马克思主义发展的基本规律及未来趋势，特别关注马克思主义中国化的理论成果和基本经验，力求为未来世界社会主义实践尤其是新时代中国特色社会主义实践提供科学的理论支持。

　　本卷（第七卷）全面系统论述了第二次世界大战后到中国"文化大革命"结束时期三十余年中主要社会主义国家的马克思主义理论创新。其中，第一章重点介绍第二次世界大战结束后马克思主义发展的时代背景，分析冷战格局的形成、科学技术的发展和时代主题的转换对马克思主义产生的影响；第二章主要介绍第二次世界大战后欧亚各国对社会主义革命和建设道路的探索，重点分析战后斯大林社会主义经济思想的发展，同时介绍了欧亚各国在社会主义建设初期对社会主义发展道路的探索及其成果；第三章主要介绍苏联东欧各国对马克思主义哲学的探讨，重点介绍冷战时期苏联关于马克思主义哲学的讨论和苏联学者关于马克思恩格斯早期思想的研究，同时介绍东欧各国学者对马克思主义哲学的探讨以及这些探讨对发展马克思主义的影响；第四章主要介绍在新中国成立之前毛泽东关于夺取全国胜利和建设新中国的战略思想；第五章主要介绍中国的过渡时期总路线和社会主义改造理论；第六章主要介绍苏共二十大及中苏关于共产主义论战的主要情况；第七章主要介绍社会主义改造完成之后毛泽东对社会主义建设道路的艰辛探索；第八章主要介绍苏联和东欧社会主义国家在 20 世纪六七十年代改革的理论和实践以及这些改革的理论成功和实践意义；第九章主要介绍这一时期其他社会主义国家的马克思主义，包括越南、朝鲜、老挝的社会主义思想和古巴革命与马克思主义在古巴的发展。

　　本卷是集体研究、集体编写的结果。全书得到了丛书总主编和编委会专家学者的全面指导。本卷作者在编写过程中，曾就提纲、主要内容和编写中的热点难点问题进行反复讨论。参加本卷编写的作者和分工是：秦宣负责统筹全书的编写，并负责撰写本卷第七章；黄继锋、刘明明负责撰写第三章；夏克强负责撰写第一章、第九章；欧阳奇负责第四章、第五章的撰写；路克利负责第二章、第六章的撰写；陈崎负责第八章的撰写。在后期统稿过程中，杨彬彬曾协助主编做了大量工作。全书最后由秦宣负责统稿。

　　由于本书是论述"冷战"这一特殊时期马克思主义在社会主义国家的发展状况，书中涉及的人物、事件较多，而且有一些人物、事件颇具争议性，故书中难免出现表述不准、论述不到位的情况，在此请广大读者批评指正。本书的编写完成，特别得到杨瑞森教授、梁树发教授的支持，同时得到了人民出版社郇中建、毕于慧、杜文丽的鼎力支持和热情帮助，在此一并表示感谢。

秦　宣

2020 年 10 月

编 后 语

马克思主义是不断发展的开放的理论，始终站在时代前沿，引领时代发展。总结自马克思主义诞生以来的发展史，是全部马克思主义理论研究者的一件大事，更是一件难事。中国人民大学作为我国马克思主义教学与研究高地，始终重视这项工作。从 1996 年《马克思主义史》（四卷本）出版，历经了 27 年的光阴，在新时代的呼唤下，这部《马克思主义发展史》（十卷本）终于呈现在各位读者面前。这是一部由中国人民大学组织编写、以推进马克思主义中国化时代化为主旨的巨著，具有科研启动时间早、参研人数多、设计体量大、理论难度高、持续时间长等显著特点。这部书得到了中央有关部门和领导同志的高度重视，先后入选国家出版基金项目和国家出版"十三五"规划项目，受到来自中共中央党校、中国社会科学院、北京大学、中央民族大学等高校和研究机构同人的鼎力相助，更有中国人民大学党委和人民出版社的全力支持。在一路关注和支持下，人大人践行着人民大学的优良传统和红色基因，以高度的理论使命感为指引，以扎实的马克思主义理论功底为支柱，敢于担当、求真务实、团结协作，以"一马当先"精神完成了这部鸿篇巨著。

以责任担当精神书写理论创新的辉煌篇章。时代是思想之母，实践是理论之源，理论之树常青是源于其始终随着实践的变化而发展。人大人想要承担起"十卷本"的编写重任，也一定能够承担起这项历史重任。自学校诞生之日起，一代代人大人紧扣时代脉搏，根据时代变化和实践发展，不断深化认识，不断总结经验，不断推动理论创新和实践创新的良性互动，用思想之力量发社会之先声。我们在 2014 年作出编写这部书的决定绝不是一个偶然，而是历史的必然。党的十八大召开，标志着中国特色社会主义进入新时代。一年多之后，编写这套丛书作为重大科研课题正式获批立项。这一年多的时间虽然短暂，但新时代的精神已经鲜明彰显。此后，一些新理念新思想新战略不断涌现，其中所蕴含着的一些重大而崭新的理论问题已深刻展现出来，我国的社会生活也在发生着深刻变化。特别是党的十九大明确提出习近平新时代中国特色社会主义思想，实现了马克思主义中国化新的飞跃，更加充分证明开展《马克思主义发展史》（十卷本）的编写工作是一项非常正确的决定。这是中国人民大学及其马克思主义理论学者对时代精神强力召唤的真诚回应，是所肩负的崇高历史责任的自觉担当。

以求真务实精神描绘人大学派的精神底色。习近平总书记曾寄语哲学社会科学工作者，要"自觉以回答中国之问、世界之问、人民之问、时代之问为学术己任"。人大人始终以"立学为民、治学报国"为学术追求，以实事求是、求真务实的精神直面"世界怎么了"、"人类向何处去"的时代之题，创作出了一大批经世济民、历久弥新的学术成果。《马克思主义发展史》（十卷本）便是这样一部回应时代需要和现实国情的学术巨著。一方面，习近平新时代中国特色社会主义思想是马克思主义中国化时代化的原创性成果，是马克思主义发展史上又一里程碑式的重大发展。为了推进理论的体系化、学理化，本书在编写过程中坚持"两个结合"，坚守好马克思主义魂脉和中华优秀传统文化根脉，新设专章，从学科角度重点研究阐释我们党提出的新理念新论断中的原理性理论成果，把握相互的内在联系，不断深化对党的理论创新的规律性认识。另一方面，将马克思主义发展史与党的百年历史、党的二十大接轨，充分彰显马克思主义在当代中国的理论进展和思想伟力，系统阐释马克思主义中国化理论在哲学、政治经济学和科学社会主义等相关学科的最新成果，呈现马克思主义理论在中华大地上的勃勃生机。

以团结协作精神汇聚著书立言的磅礴力量。时光荏苒，一瞬九载春秋，这个过程虽然"道阻且长"，但人大人"行则将至"。我们常说，讲团结就是讲政治，服从集体、凝心聚力；讲协作就是讲效率、术业专攻、高效落实。自课题立项之日起，时任中国人民大学党委书记、本书编委会主任靳诺教授就高度关注并全力支持本书的编写工作；年逾八旬的庄福龄教授首倡编写十卷本《马克思主义发展史》，亲自主持本书的筹划和编写大纲的制定，病榻上仍心系本书编写直至逝世；杨瑞森教授临危受命"挑起大梁"，特别是在第十卷的编撰中，亲自召集一批知名专家发挥专长、打磨书稿；更有一大批中青年马克思主义理论学者参与到本书的编写工作之中。中国人民大学党委作为团结协作的"领头羊"，统筹各方面工作，不忘著书立说的初心使命；各位总主编、各卷主编及作者服从安排、相互协作、尽心竭力、数易其稿，才使如此鸿篇巨著得以保质、高效地产出。正是一代代人大人讲团结、重协作，汇聚成了人才荟萃、名家云集的中国人民大学马克思主义理论教学与研究高地，凝结成了《马克思主义发展史》（十卷本）这部心血之作。特别需要提到的是，人民出版社高度重视、全力支持本书出版工作，毕于慧编审全程参与本书的编写、出版等工作，为这套十卷本的高效优质出版提供了重要保证。

本书的编写工作即将告一段落，我们力求将马克思主义发展至今的历程、观点、人物、事件等完整地呈现于此书。这部书立足中国特色社会主义新时代，整合近年来最新的马克思恩格斯著作手稿、马克思主义理论最新研究观点，以整体性的视野详述马克思主义170余年来形成、发展和在新的实践中不断深化的历史过程。这既是几代人大人的心血之作，也期待能够成为马克思主义发展史研究的扛鼎之作。新征程上，人大人将以坚持党的领导为根本统领，以传承红色基因为文化血脉，以扎根中国大地为发展根基，以加快建设中国特色、世界一流的社会主义大学为目标使命，继续发扬"一马当先"精神，充分发挥中国人民大学马克思主义理论研究底蕴深厚的优势，始终担当起人大马理学派应有的历史使命，踔厉奋发，笃行不息，为不断推动当代中国马克思主义和二十一世纪马克思主义发展作出应有的贡献！

本书编委会
2023 年 10 月

项目统筹：毕于慧

责任编辑：杜文丽

封面设计：石笑梦

版式设计：周方亚

责任校对：王　惠

图书在版编目（CIP）数据

马克思主义发展史.第七卷，"二战"后马克思主义在社会主义各国的发展：

　　1945—1978 / 秦宣 主编 . — 北京：人民出版社，2023.10

ISBN 978 - 7 - 01 - 021766 - 6

I.①马… II.①秦… III.①马克思主义 - 历史 IV.① A81

中国版本图书馆 CIP 数据核字（2019）第 297577 号

马克思主义发展史（第七卷）

MAKESI ZHUYI FAZHANSHI (DIQIJUAN)

——"二战"后马克思主义在社会主义各国的发展（1945—1978）

秦　宣　主编

人 民 出 版 社 出版发行

（100706　北京市东城区隆福寺街 99 号）

北京中科印刷有限公司印刷　新华书店经销

2023 年 10 月第 1 版　2023 年 10 月北京第 1 次印刷

开本：710 毫米 ×1000 毫米 1/16　印张：33

字数：531 千字

ISBN 978 - 7 - 01 - 021766 - 6　定价：150.00 元

邮购地址 100706　北京市东城区隆福寺街 99 号

人民东方图书销售中心　电话（010）65250042　65289539